全国技工院校专业目录

人力资源社会保障部

（2022年修订）

中国劳动社会保障出版社

图书在版编目(CIP)数据

全国技工院校专业目录. 2022 年/人力资源社会保障部编. -- 修订本. -- 北京：中国劳动社会保障出版社，2022

ISBN 978-7-5167-5721-5

Ⅰ. ①全… Ⅱ. ①人… Ⅲ. ①技工学校-专业-介绍-中国 Ⅳ. ①G718.1

中国版本图书馆 CIP 数据核字(2022)第 237940 号

中国劳动社会保障出版社出版发行

(北京市惠新东街 1 号 邮政编码：100029)

*

北京市艺辉印刷有限公司印刷装订 新华书店经销

787 毫米×1092 毫米 16 开本 37.25 印张 880 千字

2022 年 12 月第 1 版 2025 年 6 月第 3 次印刷

定价：79.00 元

营销中心电话：400-606-6496

出版社网址：http://www.class.com.cn

http://jg.class.com.cn

中华人民共和国人力资源和社会保障部

人社部函〔2022〕146号

人力资源社会保障部
关于颁布《全国技工院校专业目录
（2022年修订）》的通知

各省、自治区、直辖市及新疆生产建设兵团人力资源社会保障厅（局）：

为贯彻落实《技工教育“十四五”规划》（人社部发〔2021〕86号），适应行业产业结构升级、国家职业分类及职业资格更新调整，满足技工院校深化教学改革和规范教学管理的需要，我部对2018年颁布的《全国技工院校专业目录》进行了修订，形成了《全国技工院校专业目录（2022年修订）》（以下简称《目录》），现予以颁布。

本次修订全面反映了近年来国家对职业院校开设相关专业培养技能人才的要求，广泛征集吸收国务院有关部门、地方、行业企业和技工院校意见，依据《中华人民共和国职业分类大典（2022年版）》《国家职业资格目录（2021年版）》等，对专业对应职业（工种）、职业资格（职业技能等级）等内容进行了全面调整。《目录》涵盖了15个专业大类，330个专业。

各地人力资源社会保障部门要做好技工院校专业建设规划，根据经济社会发展和学校办学实际科学设置专业，避免盲目和重复建设，并加强对技工院校专业设置和日常教学活动的管理和指导。各技工院校要以《目录》为基本依据，规范专业设置、招生和教学安排，做好全国技工院校电子注册和统计信息管理系统录入工作。

各技工院校、行业组织可根据产业发展、教学实际等及时提出增补专业建议。省级人力资源社会保障部门可定期征集增补专业建议，组织专家对其合理性、可行性和必要性等进行研究论证后，于每年11月集中向我部提交本地区增补专业建议。我部组织专家充分调研论证，确定年度增补专业，并于次年4月向社会公布。各地在实施过程中有任何问题和建议，请及时报告我部职业能力建设司。有关技术性问题，可咨询我部教材办公室。

职业能力建设司联系电话：(010) 84207452

部教材办公室联系电话：(010) 64961623

人力资源社会保障部

2022年12月13日

修订说明

人力资源社会保障部于2018年和2020年先后颁布《全国技工院校专业目录（2018年修订)》和2020年度增补专业，对推动技工院校专业建设、学籍管理等工作发挥了重要作用。随着我国产业结构逐步升级，技工院校专业建设不断发展，职业分类更新调整，为更好地适应发展需求，满足技工院校深化教学改革需要，人力资源社会保障部职业能力建设司会同教材办公室开展了全国技工院校专业目录修订工作。本次修订内容主要有以下几点：

一、紧密围绕经济社会发展需求，充分吸收相关行业企业建议，新增了一批反映新产业、新技术、新职业的专业，新增专业19个，专业数量达到330个。

二、根据《中华人民共和国职业分类大典（2022年版)》，对全部专业对应（相关）的职业（工种）进行了全面修订。

三、根据《国家职业资格目录（2021年版)》《人力资源社会保障部办公厅关于做好水平评价类技能人员职业资格退出目录有关工作的通知》（人社厅发〔2020〕80号）等，将“职业资格”条目调整为“职业资格（职业技能等级)”并修订了相关条目内容。

四、根据各地人力资源社会保障部门、技工院校、有关部委行业协会和企业意见，对各专业的“职业能力”“专业主要教学内容”等条目进行了针对性修订。

目　录

01　机　械　类

02 电工电子类

03　信　息　类

04　交　通　类

05 服 务 类

06　财经商贸类

07 农 业 类

08 能 源 类

09　化　工　类

10 冶 金 类

11 建 筑 类

12 轻 工 类

13 医药类

14　文化艺术类

15　其　　他

01 机 械 类

0101　机床切削加工（车工）

0101-4　中级

专业编码： 0101-4

专业名称： 机床切削加工（车工）

培养目标： 培养从事操作车床，进行工件旋转表面切削加工的中级技能人才。

学习年限： 3 年（初中毕业生），2 年（高中毕业生）

职业能力：

具有积极的人生态度、健康的心理素质、良好的职业道德和较扎实的文化基础知识；具有获取新知识、新技能的意识和能力，能适应不断变化的职业社会；了解企业生产流程，严格执行机械设备操作规定，遵守各项工艺规程，具有安全意识，重视环境保护，并能解决一般性专业问题。同时具有下列专业能力：

1. 能识读机械零件图与简单装配图，绘制零件图，使用计算机绘图软件。
2. 能安装夹具，调整车床，装夹形状规则零件。
3. 能正确选用刀具和修磨常用刀具。
4. 能正确使用各种常用量具检验车削加工质量。
5. 能对典型零件进行车削工艺分析，并制定其加工顺序。
6. 能操作车床对典型零件进行加工。
7. 能操作铣床对简单零件进行加工。
8. 能维护保养车床设备及工艺装备，排除使用过程中的一般故障。

对应或相关职业（工种）： 车工（6-18-01-01）①

职业资格（职业技能等级）： 车工（普通车床）②

专业主要教学内容：

机械制图与 CAD、机械测量技术、典型机械结构、金属材料选用与热处理、常用机械加工技术、钳工技能、铣工技能、车工综合技能等。

对应上一级专业编码： 0101-3

0101-3　高级

专业编码： 0101-3

专业名称： 机床切削加工（车工）

培养目标： 培养从事操作车床，进行工件旋转表面切削加工的高级技能人才（高级工）。

---

① 职业（工种）及编码选自《中华人民共和国职业分类大典（2022 年版）》，下同。

② 括号内为工种/职业方向名称，下同。

学习年限：2 年（达到中级技能水平学生），3 年（高中毕业生），5 年（初中毕业生）

职业能力：

具有积极的人生态度、健康的心理素质、良好的职业道德和较扎实的文化基础知识；具有获取新知识、新技能的意识和能力，能适应不断变化的职业社会；熟悉企业生产流程，严格执行机械设备操作规定，遵守各项工艺规程，重视环境保护，并具有独立解决非常规问题的基本能力；能指导他人进行工作或协助培训一般操作人员。同时具有下列专业能力：

1. 能识读机械零件图与装配图，绘制复杂、畸形零件图，熟练使用各种绘图软件。

2. 能对具有组合要求的零件进行车削工艺分析，并制定其加工工艺规程。

3. 能对多件组合零件进行加工。

4. 能正确使用各种车削加工常用量具，对多件组合零件形状、位置精度进行检验和控制。

5. 能掌握组合夹具的使用方法，设计、制作简单结构的车床夹具，并进行定位分析。

6. 能正确选用各类专用及特殊刀具，刃磨车削加工刀具。

7. 能进行车床一般故障排除，并配合进行新车床的检验、装配与调整。

8. 能操作数控车床加工简单型面零件。

对应或相关职业（工种）：车工（6-18-01-01）

职业资格（职业技能等级）：车工（普通车床）

专业主要教学内容：

切削原理与刀具选用、典型夹具结构、典型结构受力分析、金属切削机床典型结构、典型零件加工工艺规程、机械设计基础、常用电力拖动控制线路安装、数控车床操作与编程、车工综合技能等。

对应上下级专业编码：0101-2、0101-4

0101-2　预备技师

专业编码：0101-2

专业名称：机床切削加工（车工）

培养目标：培养从事车床切削加工、设备维护、生产管理等工作的高级技能人才（预备技师）。

学习年限：2 年（达到高级技能水平学生），3 年（达到中级技能水平学生），4 年（高中毕业生），6 年（初中毕业生）

职业能力：

具有积极的人生态度、健康的心理素质、良好的职业道德和较扎实的文化基础知识；具有获取新知识、新技能的意识和能力，能适应不断变化的职业社会；严格执行机械设备操作规定，遵守各项工艺规程，重视环境保护，并能根据生产流程变化，独立解决工作过程中非常规性的综合问题，具有一定的革新能力；能指导他人进行工作或培训一般操作人员，能协助部门领导进行生产现场的相关管理工作。同时具有下列专业能力：

1. 能测绘机构部件，绘制装配图，熟练应用 CAD/CAM/CAPP/CAE 软件。

2. 能正确使用各类车床附件和工、夹、刃具，并进行设计、制作与维修。

3. 能对复杂零件进行工艺分析，熟练编制零件车削加工工艺规程。

4. 能操作卧式、立式车床对复杂、精密、大型零件进行加工。

5. 能对复杂、精密、大型零件的车削加工质量进行检验，诊断车削加工质量问题并提出解决方案。

6. 能进行车床精度检测和车床故障排除，对车床进行改造，并能应用组合夹具。

7. 能应用数控车床进行零件加工。

对应或相关职业（工种）：车工（6-18-01-01）

职业资格（职业技能等级）：车工（普通车床）

专业主要教学内容：

材料力学性能与选用、机械设计、CAD/CAM/CAPP/CAE、自动化控制技术、金属切削机床结构调整、液压传动与气动控制基础、数控车床操作与编程、车工综合技能等。

对应下一级专业编码：0101-3

0102 机床切削加工（铣工）

0102-4 中级

专业编码：0102-4

专业名称：机床切削加工（铣工）

培养目标：培养从事操作铣床，进行工件铣削加工的中级技能人才。

学习年限：3 年（初中毕业生），2 年（高中毕业生）

职业能力：

具有积极的人生态度、健康的心理素质、良好的职业道德和较扎实的文化基础知识；具有获取新知识、新技能的意识和能力，能适应不断变化的职业社会；了解企业生产流程，严格执行机械设备操作规定，遵守各项工艺规程，具有安全意识，重视环境保护，并能解决一般性专业问题。同时具有下列专业能力：

1. 能识读机械零件图与简单装配图，绘制零件图，使用计算机绘图软件。

2. 能对典型零件进行铣削工艺分析，并制定其加工顺序。

3. 能正确安装铣床夹具，调整铣床，装夹典型零件。

4. 能正确选用、安装各种铣削工、夹、刃具。

5. 能操作铣床对典型零件进行加工。

6. 能操作车床对简单零件进行加工。

7. 能正确使用各种常用量具检验铣削加工质量。

8. 能维护保养铣床设备及工艺装备，排除使用过程中的一般故障。

对应或相关职业（工种）：铣工（6-18-01-02）

职业资格（职业技能等级）：铣工（普通铣床）

专业主要教学内容：

机械制图与 CAD、机械测量技术、典型机械结构、金属材料选用与热处理、常用机械加工技术、钳工技能、车工技能、铣工综合技能等。

对应上一级专业编码：0102-3

0102-3　高级

专业编码：0102-3

专业名称：机床切削加工（铣工）

培养目标：培养从事操作铣床，进行工件铣削加工的高级技能人才（高级工）。

学习年限：2 年（达到中级技能水平学生），3 年（高中毕业生），5 年（初中毕业生）

职业能力：

具有积极的人生态度、健康的心理素质、良好的职业道德和较扎实的文化基础知识；具有获取新知识、新技能的意识和能力，能适应不断变化的职业社会；熟悉企业生产流程，严格执行机械设备操作规定，遵守各项工艺规程，重视环境保护，并具有独立解决非常规问题的基本能力；能指导他人进行工作或协助培训一般操作人员。同时具有下列专业能力：

1. 能识读机械零件图与装配图，绘制复杂、畸形零件图，熟练使用各种绘图软件。
2. 能对复杂零件进行铣削工艺分析，并制定其加工工艺规程。
3. 能调整卧式、立式铣床，安装铣床夹具，正确装夹零件，并能进行定位分析。
4. 能正确使用各种常用量具，对复杂零件铣削质量进行检验和控制。
5. 能正确选用各类铣床专用及特殊刀具，修磨铣床刀具。
6. 能进行铣床设备一般故障排除，以及铣床设备的验收、装配、调整和维护。
7. 能操作卧式、立式铣床对较复杂零件进行铣削加工。
8. 能操作数控铣床加工简单型面零件。

对应或相关职业（工种）：铣工（6-18-01-02）

职业资格（职业技能等级）：铣工（普通铣床）

专业主要教学内容：

切削原理与刀具选用、典型夹具结构、典型结构受力分析、金属切削机床典型结构、典型零件加工工艺规程、机械设计基础、常用电力拖动控制线路安装、数控铣床操作与编程、铣工综合技能等。

对应上下级专业编码：0102-2、0102-4

0102-2　预备技师

专业编码：0102-2

专业名称：机床切削加工（铣工）

培养目标：培养从事铣床切削加工、设备维护、生产管理等工作的高级技能人才（预备技师）。

学习年限：2 年（达到高级技能水平学生），3 年（达到中级技能水平学生），4 年（高中毕业生），6 年（初中毕业生）

职业能力：

具有积极的人生态度、健康的心理素质、良好的职业道德和较扎实的文化基础知识；具有获取新知识、新技能的意识和能力，能适应不断变化的职业社会；严格执行机械设备操作规定，遵守各项工艺规程，重视环境保护，并能根据生产流程变化，独立解决工作过程中非常规性的综合问题，具有一定的革新能力；能指导他人进行工作或培训一般操作人员，能协助部门领导进行生产现场的相关管理工作。同时具有下列专业能力：

1. 能测绘机构部件，绘制装配图，熟练应用 CAD/CAM/CAPP/CAE 软件。
2. 能正确使用各类铣床附件和工、夹、刃具，并进行设计、制作、维修和精度检验。
3. 能对复杂零件进行工艺分析，熟练编制零件铣削加工工艺规程。
4. 能操作卧式、立式铣床对复杂、精密、大型零件进行加工。
5. 能对复杂、精密、大型零件的铣削加工质量进行检验，诊断铣削加工质量问题并提出解决方案。
6. 能进行铣床精度检测和铣床故障排除，并对铣床进行改造。
7. 能应用数控铣床进行零件加工。

对应或相关职业（工种）：铣工（6-18-01-02）

职业资格（职业技能等级）：铣工（普通铣床）

专业主要教学内容：

材料力学性能与选用、机械设计、CAD/CAM/CAPP/CAE、自动化控制技术、金属切削机床结构调整、液压传动与气动控制基础、铣床维修技术、数控铣床操作与编程、铣工综合技能等。

对应下一级专业编码：0102-3

0103 机床切削加工（磨工）

0103-4 中级

专业编码：0103-4

专业名称：机床切削加工（磨工）

培养目标：培养从事操作磨床，进行工件磨削加工的中级技能人才。

学习年限：3 年（初中毕业生），2 年（高中毕业生）

职业能力：

具有积极的人生态度、健康的心理素质、良好的职业道德和较扎实的文化基础知识；具有获取新知识、新技能的意识和能力，能适应不断变化的职业社会；了解企业生产流程，严格执行机械设备操作规定，遵守各项工艺规程，具有安全意识，重视环境保护，并能解决一般性专业问题。同时具有下列专业能力：

1. 能识读机械零件图与简单装配图，绘制零件图，使用计算机绘图软件。
2. 能安装夹具，调整磨床，装夹形状规则零件。
3. 能正确选用、安装、调整砂轮和修磨砂轮。
4. 能正确使用各种常用量具检验磨削加工质量。
5. 能对典型零件进行磨削工艺分析，并制定其加工顺序。
6. 能操作磨床对典型零件进行磨削加工。
7. 能维护保养磨床设备及工艺装备，排除使用过程中的一般故障。
8. 能操作车床、铣床进行简单工件的加工。

对应或相关职业（工种）：磨工（6-18-01-04）

职业资格（职业技能等级）：磨工

专业主要教学内容：

机械制图与CAD、机械测量技术、典型机械结构、金属材料选用与热处理、常用机械加工技术、钳工技能、车工技能、铣工技能、磨工综合技能等。

对应上一级专业编码：0103-3

0103-3　高级

专业编码：0103-3

专业名称：机床切削加工（磨工）

培养目标：培养从事操作磨床，进行工件磨削加工的高级技能人才（高级工）。

学习年限：2年（达到中级技能水平学生），3年（高中毕业生），5年（初中毕业生）

职业能力：

具有积极的人生态度、健康的心理素质、良好的职业道德和较扎实的文化基础知识；具有获取新知识、新技能的意识和能力，能适应不断变化的职业社会；熟悉企业生产流程，严格执行机械设备操作规定，遵守各项工艺规程，重视环境保护，并具有独立解决非常规问题的基本能力；能指导他人进行工作或协助培训一般操作人员。同时具有下列专业能力：

1. 能识读机械零件图与装配图，绘制复杂、畸形零件图，熟练使用各种绘图软件。
2. 能对复杂零件进行磨削工艺分析，并制定其加工工艺规程。
3. 能正确选用各类磨削砂轮，并正确安装、调试、修正各类砂轮。
4. 能熟练调整外圆、平面磨床，安装磨床夹具并正确装夹零件，进行定位分析。
5. 能正确使用各种常用量具，对复杂零件磨削质量进行检验和控制。
6. 能进行磨床设备一般故障排除，以及磨床设备的验收、装配、调整和维护。
7. 能操作外圆、平面磨床对较复杂零件进行磨削加工。
8. 能操作数控铣床加工简单型面零件。

对应或相关职业（工种）：磨工（6-18-01-04）

职业资格（职业技能等级）：磨工

专业主要教学内容：

切削原理与刀具选用、典型夹具结构、典型结构受力分析、金属切削机床典型结构、典型零件加工工艺规程、机械设计基础、常用电力拖动控制线路安装、数控铣床操作与编程、磨工综合技能等。

对应上下级专业编码：0103-2、0103-4

0103-2　预备技师

专业编码：0103-2

专业名称：机床切削加工（磨工）

培养目标：培养从事磨床切削加工、设备维护、生产管理等工作的高级技能人才（预备技师）。

学习年限：2年（达到高级技能水平学生），3年（达到中级技能水平学生），4年（高中毕业生），6年（初中毕业生）

职业能力：

具有积极的人生态度、健康的心理素质、良好的职业道德和较扎实的文化基础知识；具有获取新知识、新技能的意识和能力，能适应不断变化的职业社会；严格执行机械设备操作规定，遵守各项工艺规程，重视环境保护，并能根据生产流程变化，独立解决工作过程中非常规性的综合问题，具有一定的革新能力；能指导他人进行工作或培训一般操作人员，能协助部门领导进行生产现场的相关管理工作。同时具有下列专业能力：

1. 能测绘机构部件，绘制装配图，熟练应用 CAD/CAM/CAPP/CAE 软件。

2. 能熟练使用各类磨床附件和工、夹、刃具，并进行设计、制作、维修和精度检验。

3. 能对复杂零件进行工艺分析，熟练编制零件磨削加工工艺规程。

4. 能操作外圆、平面磨床对复杂、精密、大型零件进行加工。

5. 能对复杂、精密、大型零件的磨削加工质量进行检验，诊断磨削加工质量问题并提出解决方案。

6. 能熟练掌握各类磨床维修知识，对磨床进行精度检测和故障排除，具有调试磨床的能力。

7. 能操作数控铣床进行零件加工。

对应或相关职业（工种）：磨工（6-18-01-04）

职业资格（职业技能等级）：磨工

专业主要教学内容：

材料力学性能与选用、机械设计、CAD/CAM/CAPP/CAE、自动化控制技术、液压传动与气动控制基础、金属切削机床结构调整、磨床维修技术、数控铣床操作与编程、磨工综合技能等。

对应下一级专业编码：0103-3

0104　铸造成型

0104-4　中级

专业编码：0104-4

专业名称：铸造成型

培养目标：培养从事操作铸造设备，使用铸造工具，进行金属熔化和铸造成型加工的中级技能人才。

学习年限：3 年（初中毕业生），2 年（高中毕业生）

职业能力：

具有积极的人生态度、健康的心理素质、良好的职业道德和较扎实的文化基础知识；具有获取新知识、新技能的意识和能力，能适应不断变化的职业社会；了解企业生产流程，严格执行机械设备操作规定，遵守各项工艺规程，具有安全意识，重视环境保护，并能解决一般性专业问题。同时具有下列专业能力：

1. 能识读机械零件图、铸造工艺图，绘制零件图，使用计算机绘图软件。

2. 能对典型零件进行铸造工艺分析，并制定其加工顺序。

3. 能配砂，控制型砂的质量，进行典型型面的造型和制芯，分析浇注系统。

4. 能应用炉前技术对材料进行熔炼。

5. 能进行典型铸件的手工浇注和特种铸造。

6. 能判断和鉴别铸件常见缺陷，分析缺陷原因并提出改进措施。

7. 能对铸造设备及工艺装备进行维护、保养、调试和排除使用过程中的一般故障。

对应或相关职业（工种）：铸造工（6-18-02-01）

职业资格（职业技能等级）：铸造工

专业主要教学内容：

机械制图与CAD、机械测量技术、典型机械结构、常用机械加工技术、金属材料选用与热处理、金属冶炼工艺与技能、砂型技术、炉前技术、铸造工综合技能等。

对应上一级专业编码：0104-3

0104-3 高级

专业编码：0104-3

专业名称：铸造成型

培养目标：培养从事操作铸造设备，使用铸造工具，进行金属熔化和铸造成型加工的高级技能人才（高级工）。

学习年限：2年（达到中级技能水平学生），3年（高中毕业生），5年（初中毕业生）

职业能力：

具有积极的人生态度、健康的心理素质、良好的职业道德和较扎实的文化基础知识；具有获取新知识、新技能的意识和能力，能适应不断变化的职业社会；熟悉企业生产流程，严格执行机械设备操作规定，遵守各项工艺规程，重视环境保护，并具有独立解决非常规问题的基本能力；能指导他人进行工作或协助培训一般操作人员。同时具有下列专业能力：

1. 能识读机械零件图、装配图与多种熔炉构造图，绘制复杂、畸形零件图，熟练使用各种绘图软件。

2. 能分析铸件结构工艺性能，编制铸造作业指导书。

3. 能分析型砂、芯砂、制芯、浇注系统方面对铸造质量的影响，提出改进措施。

4. 能操作变频电炉和有芯保温电炉对材料进行熔炼，并能进行较复杂铸件的手工浇注和特种铸造。

5. 能浇注大型、复杂铸件，并能根据不同材料、结构及特点选择浇注系统类型和开设浇注系统的位置。

6. 能判断和鉴别铸件常见缺陷，分析缺陷原因，在工艺、配料、熔炼、去除杂质方面提出改进措施。

7. 能合理选用工艺装备，对多种熔炼设备进行调整和验收，对一般的铸造设备进行检修。

对应或相关职业（工种）：铸造工（6-18-02-01）

职业资格（职业技能等级）：铸造工

专业主要教学内容：

典型铸造设备结构、典型结构受力分析、材料力学性能与选用、典型零件加工工艺规程、机械设计基础、金属冶炼工艺与技能、金属压力加工技能、热处理技能、铸造工综合技能等。

对应下一级专业编码：0104-4

0105 锻造成型

0105-4 中级

专业编码：0105-4

专业名称：锻造成型

培养目标：培养从事操作锻造机械设备及辅助工具，进行金属工件毛坯的下料、加热、制坯、成型等锻造加工的中级技能人才。

学习年限：3年（初中毕业生），2年（高中毕业生）

职业能力：

具有积极的人生态度、健康的心理素质、良好的职业道德和较扎实的文化基础知识；具有获取新知识、新技能的意识和能力，能适应不断变化的职业社会；了解企业生产流程，严格执行机械设备操作规定，遵守各项工艺规程，具有安全意识，重视环境保护，并能解决一般性专业问题。同时具有下列专业能力：

1. 能识读机械零件图、较复杂的锻件图和简单的模具图，绘制锻件检验样板草图，使用计算机绘图软件。
2. 能根据工艺规程选择工量具和样板。
3. 能调整常用锻造设备，排除使用过程中的一般故障。
4. 能安置调整常用工具、模具，根据锻件表面质量判断工具、模具耗损情况。
5. 能对典型锻件进行正确加温，处理加热不当引起的钢坯缺陷。
6. 能进行典型锻件的自由锻和模锻操作加工。
7. 能应用工具、量具和样板验收较复杂锻件，分析锻件表面缺陷并提出纠正措施。

对应或相关职业（工种）：锻造工（6-18-02-02）

职业资格（职业技能等级）：锻造工

专业主要教学内容：

机械制图与CAD、机械测量技术、典型机械结构、常用机械加工技术、金属材料选用与热处理、塑性材料加工技能、炉前技术、锻造工综合技能等。

对应上一级专业编码：0105-3

0105-3 高级

专业编码：0105-3

专业名称：锻造成型

培养目标：培养从事操作锻造机械设备及辅助工具，进行金属工件毛坯的下料、加热、制坯、成型等锻造加工的高级技能人才（高级工）。

学习年限：2年（达到中级技能水平学生），3年（高中毕业生），5年（初中毕业生）

职业能力：

具有积极的人生态度、健康的心理素质、良好的职业道德和较扎实的文化基础知识；具

有获取新知识、新技能的意识和能力，能适应不断变化的职业社会；熟悉企业生产流程，严格执行机械设备操作规定，遵守各项工艺规程，重视环境保护，并具有独立解决非常规问题的基本能力；能指导他人进行工作或协助培训一般操作人员。同时具有下列专业能力：

1. 能识读六拐曲轴等较复杂锻件图、精密锻件图、锻造模具装配图，绘制复杂、畸形零件图，并熟练使用各种绘图软件。

2. 能编制较复杂锻件的工艺规程，绘制大型复杂锻件的检验样板，并能计算锻件质量。

3. 能对关键锻造设备及工艺设备进行调整和检修。

4. 能锻制和修改自用工具，修整工具、模具。

5. 能对较复杂锻件进行正确加温，处理因加热不当引起的钢坯缺陷，编制锻件加温质量控制文件。

6. 能进行较复杂锻件的自由锻和模锻操作加工，并划线检查。

7. 能对高合金钢或有色金属合金钢进行锻造和冷却。

8. 能应用工具、量具和样板验收复杂锻件，分析锻件不合格的原因，并提出纠正措施和修复方法。

对应或相关职业（工种）：锻造工（6-18-02-02）

职业资格（职业技能等级）：锻造工

专业主要教学内容：

典型锻造设备结构、典型结构受力分析、材料力学性能与选用、典型零件加工工艺规程、机械设计基础、锻压模具结构、金属压力加工技能、热处理技能、锻造工综合技能等。

对应下一级专业编码：0105-4

0106　数控加工（数控车工）

0106-4　中级

专业编码：0106-4

专业名称：数控加工（数控车工）

培养目标：培养从事数控车床操作及编程的中级技能人才。

学习年限：3 年（初中毕业生），2 年（高中毕业生）

职业能力：

具有积极的人生态度、健康的心理素质、良好的职业道德和较扎实的文化基础知识；具有获取新知识、新技能的意识和能力，能适应不断变化的职业社会；了解企业生产流程，严格执行机械设备操作规定，遵守各项工艺规程，具有安全意识，重视环境保护，并能解决一般性专业问题。同时具有下列专业能力：

1. 能读懂并绘制中等复杂程度轴类和盘类零件的零件图，会使用计算机绘图软件。

2. 能读懂复杂零件的数控车床加工工艺文件，编制简单轴类和盘类零件的数控加工工艺文件。

3. 能使用通用夹具进行零件装夹与定位。

4. 能根据数控加工工艺文件选择、安装和调整数控车床常用刀具，并能正确刃磨所用车削刀具。

5. 能使用计算机绘图设计软件或手工方式进行基点坐标计算。

6. 能编制由直线、圆弧组成的二维轮廓数控加工程序以及内外螺纹的加工程序，在编程过程中能熟练运用固定循环、子程序。

7. 能运用数控车床加工外形、内孔、槽、螺纹等，并符合图样精度要求。

8. 能根据说明书完成数控车床的定期及不定期维护保养，包括机械、电、气、液压、数控系统检查和日常保养等。

对应或相关职业（工种）：车工（6-18-01-01）

职业资格（职业技能等级）：车工（数控车床）

专业主要教学内容：

机械制图与 CAD、金属材料选用与热处理、常用机械加工技术、机械测量技术、车工技能、铣工技能、磨工技能、数控车床操作与编程综合技能等。

对应上一级专业编码：0106-3

0106-3　高级

专业编码：0106-3

专业名称：数控加工（数控车工）

培养目标：培养从事数控车床操作及编程的高级技能人才（高级工）。

学习年限：2 年（达到中级技能水平学生），3 年（高中毕业生），5 年（初中毕业生）

职业能力：

具有积极的人生态度、健康的心理素质、良好的职业道德和较扎实的文化基础知识；具有获取新知识、新技能的意识和能力，能适应不断变化的职业社会；熟悉企业生产流程，严格执行机械设备操作规定，遵守各项工艺规程，重视环境保护，并具有独立解决非常规问题的基本能力；能指导他人进行工作或协助培训一般操作人员。同时具有下列专业能力：

1. 能读懂中等复杂程度的装配图，根据装配图拆画零件图，并熟练使用各种绘图软件。

2. 能编制复杂零件的数控车床加工工艺文件。

3. 能选择和使用数控车床组合夹具和专用夹具，分析并计算车床夹具的定位误差。

4. 能根据难加工材料的特点，选择刀具的材料、结构和几何参数；能刃磨特殊车削刀具。

5. 能运用变量编程编制含有公式曲线零件的数控加工程序。

6. 能利用数控加工仿真软件实施加工过程仿真，以及加工代码检查、干涉检查、工时估算。

7. 能进行细长和薄壁零件、单线和多线等节距的梯形螺纹及锥螺纹零件、深孔零件和配合零件的加工。

8. 能判断数控车床的一般机械故障并完成数控车床的定期维护保养，进行机床几何精度和机床切削精度的检验。

对应或相关职业（工种）：车工（6-18-01-01）

职业资格（职业技能等级）：车工（数控车床）

专业主要教学内容：

典型夹具结构、切削原理与刀具选用、机械设计基础、典型结构受力分析、CAD/CAM、金属切削机床典型结构、典型零件加工工艺规程、车工技能、常用电力拖动控制线路安装、数控铣床操作与编程、液压传动与气动控制基础、数控车床操作与编程综合技能等。

对应上下级专业编码：0106-2、0106-4

0106-2 预备技师

专业编码：0106-2

专业名称：数控加工（数控车工）

培养目标：培养从事数控车床操作及编程的高级技能人才（预备技师）。

学习年限：2 年（达到高级技能水平学生），3 年（达到中级技能水平学生），4 年（高中毕业生），6 年（初中毕业生）

职业能力：

具有积极的人生态度、健康的心理素质、良好的职业道德和较扎实的文化基础知识；具有获取新知识、新技能的意识和能力，能适应不断变化的职业社会；严格执行机械设备操作规定，遵守各项工艺规程，重视环境保护，并能根据生产流程变化，独立解决工作过程中非常规性的综合问题，具有一定的革新能力；能指导他人进行工作或培训一般操作人员，能协助部门领导进行生产现场的相关管理工作。同时具有下列专业能力：

1. 能读懂常用数控车床的机械结构图及装配图，并能绘制工装装配图。

2. 能编制高难度、高精密、特殊材料零件的数控加工多工种工艺文件，对零件的数控加工工艺进行分析，并提出改进建议。

3. 能设计与制作车床专用夹具。

4. 能推广应用新刀具，依据切削条件和刀具条件估算刀具使用寿命并根据刀具使用寿命计算及设置相关参数。

5. 能编制车削中心、车铣中心的三轴及三轴以上的加工程序。

6. 能利用 CAD/CAM 软件进行自动编程。

7. 能加工具有较高配合要求的零件、多拐曲轴等异形零件以及车铣复合加工零件。

8. 能分析和排除液压和机械故障，进行机床定位精度、重复定位精度的检验。

对应或相关职业（工种）：车工（6-18-01-01）

职业资格（职业技能等级）：车工（数控车床）

专业主要教学内容：

机械设计、材料力学性能与选用、CAD/CAM/CAPP/CAE、数控车床结构、车工技能、简单 PLC 控制电路安装与调试、单片机控制设备安装与调试、液压传动与气动控制技术、数控车床操作与编程综合技能等。

对应下一级专业编码：0106-3

0107 数控加工（数控铣工）

0107-4 中级

专业编码：0107-4

专业名称：数控加工（数控铣工）

培养目标：培养从事数控铣床操作及编程的中级技能人才。

学习年限：3 年（初中毕业生），2 年（高中毕业生）

职业能力：

具有积极的人生态度、健康的心理素质、良好的职业道德和较扎实的文化基础知识；具有获取新知识、新技能的意识和能力，能适应不断变化的职业社会；了解企业生产流程，严格执行机械设备操作规定，遵守各项工艺规程，具有安全意识，重视环境保护，并能解决一般性专业问题。同时具有下列专业能力：

1. 能读懂中等复杂程度的零件图以及分度头尾架、弹簧夹头套筒、可转位铣刀结构等简单机构装配图，并能使用计算机绘图软件。

2. 能读懂复杂零件的铣削加工工艺文件，编制由直线、圆弧组成的二维轮廓零件的铣削加工工艺文件。

3. 能使用铣削加工通用夹具装夹零件并能找正。

4. 能根据数控加工工艺文件选择、安装和调整数控铣床常用刀具，并正确刃磨所使用铣削刀具。

5. 能使用计算机绘图设计软件或手工方式进行基点坐标计算。

6. 能编制由直线、圆弧组成的二维轮廓数控加工程序，在编程过程中能熟练运用固定循环、子程序。

7. 能运用数控机床进行平面、垂直面、斜面、阶梯面、键槽、内孔和由直线及圆弧组成的平面轮廓的铣削加工。

8. 能根据说明书完成数控铣床的定期及不定期维护保养，包括机械、电、气、液压、数控系统检查和日常保养等。

对应或相关职业（工种）：铣工（6-18-01-02）

职业资格（职业技能等级）：铣工（数控铣床）

专业主要教学内容：

机械制图与 CAD、金属材料选用与热处理、常用机械加工技术、机械测量技术、铣工技能、数控铣床操作与编程综合技能等。

对应上一级专业编码：0107-3

0107-3　高级

专业编码：0107-3

专业名称：数控加工（数控铣工）

培养目标：培养从事数控铣床操作及编程的高级技能人才（高级工）。

学习年限：2 年（达到中级技能水平学生），3 年（高中毕业生），5 年（初中毕业生）

职业能力：

具有积极的人生态度、健康的心理素质、良好的职业道德和较扎实的文化基础知识；具有获取新知识、新技能的意识和能力，能适应不断变化的职业社会；熟悉企业生产流程，严格执行机械设备操作规定，遵守各项工艺规程，重视环境保护，并具有独立解决非常规问题的基本能力；能指导他人进行工作或协助培训一般操作人员。同时具有下列专业能力：

1. 能读懂中等复杂程度的装配图，根据装配图拆画零件图；能读懂数控铣床主轴系统、进给系统的机构装配图。

2. 能编制二维、简单三维曲面零件的铣削加工工艺文件。

3. 能选择和使用专用夹具装夹异形零件，分析并计算铣床夹具的定位误差。

4. 能根据难加工材料的特点，选择刀具的材料、结构和几何参数；能选用专用刀具和其他专用工具。

5. 能编制较复杂的二维轮廓铣削程序，并根据加工要求编制二次曲面的铣削程序。

6. 能利用CAD/CAM软件进行中等复杂程度的实体造型，生成平面轮廓、平面区域、三维曲面、曲面轮廓、曲面区域、曲线的刀具轨迹并通过后置处理生成加工程序。

7. 能编制数控加工程序并铣削加工含有平面、垂直面、斜面、阶梯面、复杂曲面轮廓、二次曲面轮廓的零件。

8. 能判断数控铣床的一般机械故障并完成数控铣床的定期维护保养，进行机床几何精度和机床切削精度的检验。

对应或相关职业（工种）： 铣工（6-18-01-02）

职业资格（职业技能等级）： 铣工（数控铣床）

专业主要教学内容：

典型夹具结构、切削原理与刀具选用、机械设计基础、典型结构受力分析、CAD/CAM、金属切削机床典型结构、典型零件加工工艺规程、铣工技能、常用电力拖动控制线路安装、数控车床操作与编程、液压传动与气动控制基础、数控铣床操作与编程综合技能等。

对应上下级专业编码： 0107-2、0107-4

0107-2　预备技师

专业编码： 0107-2

专业名称： 数控加工（数控铣工）

培养目标： 培养从事数控铣床操作及编程的高级技能人才（预备技师）。

学习年限： 2年（达到高级技能水平学生），3年（达到中级技能水平学生），4年（高中毕业生），6年（初中毕业生）

职业能力：

具有积极的人生态度、健康的心理素质、良好的职业道德和较扎实的文化基础知识；具有获取新知识、新技能的意识和能力，能适应不断变化的职业社会；严格执行机械设备操作规定，遵守各项工艺规程，重视环境保护，并能根据生产流程变化，独立解决工作过程中非常规性的综合问题，具有一定的革新能力；能指导他人进行工作或培训一般操作人员，能协助部门领导进行生产现场的相关管理工作。同时具有下列专业能力：

1. 能读懂常用数控铣床的机械原理图及装配图，并能绘制工装装配图。

2. 能编制高难度、精密、薄壁零件的数控加工工艺规程，对零件的多工种数控加工工艺进行合理性分析并提出改进建议。

3. 能设计与制作高精度箱体类、叶片、螺旋桨等复杂零件的专用夹具，对现有的数控铣床夹具进行误差分析并提出改进建议。

4. 能推广应用新刀具，依据切削条件和刀具条件估算刀具使用寿命并根据刀具使用寿命计算及设置相关参数。

5. 能根据零件与加工要求编制具有指导性的变量编程程序。

6. 能利用计算机 CAD/CAM 软件对复杂零件进行实体或曲线曲面造型并通过后置处理生成加工程序。

7. 能进行特殊材料零件、带有薄壁的零件、曲面零件、易变形零件的铣削加工，使用四轴以上铣床对叶片、螺旋桨等复杂零件进行多轴铣削加工（加工要求：孔、轴径公差等级为 IT6，几何公差等级为 IT7，表面粗糙度为 $Ra1.6$ μm）。

8. 能分析和排除液压和机械故障，进行机床定位精度、重复定位精度的检验。

对应或相关职业（工种）：铣工（6-18-01-02）

职业资格（职业技能等级）：铣工（数控铣床）

专业主要教学内容：

机械设计、材料力学性能与选用、CAD/CAM/CAPP/CAE、数控铣床结构、铣工技能、简单 PLC 控制电路安装与调试、单片机控制设备安装与调试、液压传动与气动控制技术、数控铣床操作与编程综合技能等。

对应下一级专业编码：0107-3

0108 数控加工（加工中心操作工）

0108-4 中级

专业编码：0108-4

专业名称：数控加工（加工中心操作工）

培养目标：培养从事加工中心操作及编程的中级技能人才。

学习年限：3 年（初中毕业生），2 年（高中毕业生）

职业能力：

具有积极的人生态度、健康的心理素质、良好的职业道德和较扎实的文化基础知识；具有获取新知识、新技能的意识和能力，能适应不断变化的职业社会；了解企业生产流程，严格执行机械设备操作规定，遵守各项工艺规程，具有安全意识，重视环境保护，并能解决一般性专业问题。同时具有下列专业能力：

1. 能读懂中等复杂程度的零件图以及分度头尾架、弹簧夹头套筒、可转位铣刀结构等简单机构装配图，并能使用计算机绘图软件。

2. 能读懂复杂零件的铣削加工工艺文件，编制直线、圆弧面、孔系等简单零件的数控加工工艺文件。

3. 能使用铣削加工通用夹具（如压板、平口钳等）装夹零件及找正。

4. 能根据加工中心特性、零件材料、加工精度和工作效率等选择刀具及几何参数，并确定数控加工需要的切削参数和切削用量；能使用刀具预调仪或者在机内测量刀具的半径及长度；能对所使用的刀具进行正确的刃磨。

5. 能使用计算机绘图设计软件或手工方式进行基点坐标计算。

6. 能编制钻、扩、铰、镗等孔类加工程序，平面加工程序，以及含直线插补、圆弧插补二维轮廓的加工程序。

7. 能运用加工中心进行平面、垂直面、斜面、阶梯面、键槽、孔系和由直线及圆弧组成的平面轮廓的加工（加工要求：尺寸公差等级为 IT7，几何公差等级为 IT8，表面粗糙度为 *Ra*3. 2 μm）。

8. 能根据说明书完成加工中心的定期及不定期维护保养，包括机械、电、气、液压、数控系统检查和日常保养等。

对应或相关职业（工种）：多工序数控机床操作调整工（6-18-01-07）、加工中心操作工＊（6-18-01-07）[①]、铣工（6-18-01-02）

职业资格（职业技能等级）：多工序数控机床操作调整工

专业主要教学内容：

机械制图与 CAD、金属材料选用与热处理、常用机械加工技术、机械测量技术、铣工技能、加工中心操作与编程综合技能等。

对应上一级专业编码：0108-3

0108-3　高级

专业编码：0108-3

专业名称：数控加工（加工中心操作工）

培养目标：培养从事加工中心操作及编程的高级技能人才（高级工）。

学习年限：2 年（达到中级技能水平学生），3 年（高中毕业生），5 年（初中毕业生）

职业能力：

具有积极的人生态度、健康的心理素质、良好的职业道德和较扎实的文化基础知识；具有获取新知识、新技能的意识和能力，能适应不断变化的职业社会；熟悉企业生产流程，严格执行机械设备操作规定，遵守各项工艺规程，重视环境保护，并具有独立解决非常规问题的基本能力；能指导他人进行工作或协助培训一般操作人员。同时具有下列专业能力：

1. 能读懂中等复杂程度的装配图，并根据装配图拆画零件图；能读懂加工中心主轴系统、进给系统的机构装配图。

2. 能编制箱体类零件的加工中心加工工艺文件。

3. 能选择和使用专用夹具装夹异形零件，并分析计算定位误差；能设计与自制装夹辅具（如轴套、定位件等）。

4. 能选用专用工具，并根据难加工材料的特点选择刀具的材料、结构和几何参数。

5. 能编制较复杂的二维轮廓加工程序，运用固定循环、子程序进行零件的加工程序编制，运用变量编程。

6. 能利用 CAD/CAM 软件进行中等复杂程度的实体造型，生成平面轮廓、平面区域、三维曲面、曲面轮廓、曲面区域、曲线的刀具轨迹并通过后置处理生成加工程序。

7. 能编制数控加工程序并铣削加工含有平面、垂直面、斜面、阶梯面、模具型腔、相贯孔、刚性攻螺纹、螺旋槽、柱面凸轮的零件（加工要求：尺寸公差等级为 IT7，几何公差等级为 IT8，表面粗糙度为 *Ra*3. 2 μm）。

8. 能对复杂、异形零件进行精度检验，并根据测量结果分析产生误差的原因；能通过修正刀具补偿值和修正程序来减小加工误差。

---

① ＊表示工种，编码为该工种所属职业的职业编码，下同。

9. 能判断加工中心的一般机械故障，并完成加工中心的定期维护保养；能进行机床几何精度和机床切削精度的检验。

对应或相关职业（工种）：多工序数控机床操作调整工（6-18-01-07）、加工中心操作工＊（6-18-01-07）、铣工（6-18-01-02）

职业资格（职业技能等级）：多工序数控机床操作调整工

专业主要教学内容：

典型夹具结构、切削原理与刀具选用、机械设计基础、典型结构受力分析、CAD/CAM、金属切削机床典型结构、典型零件加工工艺规程、铣工技能、常用电力拖动控制线路安装、数控车床操作与编程、液压传动与气动控制基础、加工中心操作与编程综合技能等。

对应上下级专业编码：0108-2、0108-4

0108-2 预备技师

专业编码：0108-2

专业名称：数控加工（加工中心操作工）

培养目标：培养从事加工中心操作及编程的高级技能人才（预备技师）。

学习年限：2 年（达到高级技能水平学生），3 年（达到中级技能水平学生），4 年（高中毕业生），6 年（初中毕业生）

职业能力：

具有积极的人生态度、健康的心理素质、良好的职业道德和较扎实的文化基础知识；具有获取新知识、新技能的意识和能力，能适应不断变化的职业社会；严格执行机械设备操作规定，遵守各项工艺规程，重视环境保护，并能根据生产流程变化，独立解决工作过程中非常规性的综合问题，具有一定的革新能力；能指导他人进行工作或培训一般操作人员，能协助部门领导进行生产现场的相关管理工作。同时具有下列专业能力：

1. 能读懂常用加工中心的机械原理图及装配图，加工中心自动换刀系统、旋转工作台分度机构的装配图以及高速加工中心主轴系统的装配图。

2. 能编制高难度、高精度箱体类、支架类等复杂零件、易变形零件的数控加工工艺文件；能对零件的多工种数控加工工艺进行合理性分析，并提出改进建议。

3. 能设计与制作高精度箱体类零件、带有叶片和螺旋桨等复杂轮廓零件的专用夹具，对现有的加工中心夹具进行误差分析并提出改进建议。

4. 能推广应用新刀具，依据切削条件和刀具条件估算刀具使用寿命并根据刀具使用寿命计算及设置相关参数。

5. 能根据零件与加工要求编制具有指导性的变量编程程序。

6. 能利用计算机 CAD/CAM 软件对复杂零件进行实体或曲线曲面造型并通过后置处理生成加工程序，以及编制复杂零件的三轴联动、四轴联动或五轴联动的加工程序。

7. 能操作立式、卧式加工中心以及高速加工中心。

8. 能进行特殊材料零件、复杂箱体类零件、叶片和螺旋桨零件、大型零件、精密零件、易变形零件的加工（加工要求：孔、轴径公差等级为 IT6，几何公差等级为 IT7，表面粗糙度为 $Ra1.6$ μm）。

9. 能分析和排除液压和机械故障，进行机床定位精度、重复定位精度的检验。

对应或相关职业（工种）：多工序数控机床操作调整工（6-18-01-07）、加工中心操作工＊（6-18-01-07）、铣工（6-18-01-02）

职业资格（职业技能等级）：多工序数控机床操作调整工

专业主要教学内容：

机械设计、材料力学性能与选用、CAD/CAM/CAPP/CAE、加工中心结构、铣工技能、简单 PLC 控制电路安装与调试、单片机控制设备安装与调试、液压传动与气动控制技术、加工中心操作与编程综合技能等。

对应下一级专业编码：0108-3

0109　数控机床装配与维修

0109-4　中级

专业编码：0109-4

专业名称：数控机床装配与维修

培养目标：培养从事数控机床装配与维修的中级技能人才。

学习年限：3 年（初中毕业生），2 年（高中毕业生）

职业能力：

具有积极的人生态度、健康的心理素质、良好的职业道德和较扎实的文化基础知识；具有获取新知识、新技能的意识和能力，能适应不断变化的职业社会；了解企业生产流程，严格执行机械设备操作规定，遵守各项工艺规程，具有安全意识，重视环境保护，并能解决一般性专业问题。同时具有下列专业能力：

1. 能读懂并绘制数控机床各部分零件的零件图，读懂数控机床部件、机床电气图，使用计算机绘图软件。

2. 能读懂数控机床部件装配的装配工艺，并按照工序选择工具和工装；能根据电气图要求确认常用电气元件及导线、电缆线的规格。

3. 能进行钻孔、攻螺纹、手工刃磨钻头等钳加工操作并达到相应的加工精度要求。

4. 能完成有配合、密封要求的零部件装配，对主轴轴承、主轴箱进行拆卸和装配，对电气柜的配电板进行配线与装配。

5. 能对电气维修中的配线质量进行检查，解决配线中出现的问题，对主轴轴承、主轴箱等部件进行装配后的试车调整。

6. 能检修齿轮、花键轴、轴承、密封件、弹簧和紧固件等，并能检查调整各零部件的配合间隙。

7. 能运用数控机床的诊断功能或电气梯形图等分析机床故障，排除数控机床调试中常见的故障。

8. 能简单操作一种系统的数控机床，进行一种型号的数控系统的数控编程。

9. 能判断加工中因操作不当引起的故障。

对应或相关职业（工种）：机床装调维修工（6-20-03-01）、数控机床装调维修工＊（6-20-03-01）、机修钳工（6-31-01-02）、电工（6-31-01-03）

职业资格（职业技能等级）：机床装调维修工

专业主要教学内容：

机械制图与CAD、金属材料选用与热处理、常用机械加工技术、金属切削机床结构、数控机床结构、机械测量技术、钳工技能、电工技能、数控机床操作与编程、液压传动与气动控制基础、数控机床装配维修综合技能等。

对应上一级专业编码：0109-3

0109-3　高级

专业编码：0109-3

专业名称：数控机床装配与维修

培养目标：培养从事数控机床装配与维修的高级技能人才（高级工）。

学习年限：2年（达到中级技能水平学生），3年（高中毕业生），5年（初中毕业生）

职业能力：

具有积极的人生态度、健康的心理素质、良好的职业道德和较扎实的文化基础知识；具有获取新知识、新技能的意识和能力，能适应不断变化的职业社会；熟悉企业生产流程，严格执行机械设备操作规定，遵守各项工艺规程，重视环境保护，并具有独立解决非常规问题的基本能力；能指导他人进行工作或协助培训一般操作人员。同时具有下列专业能力：

1. 能读懂数控机床机械、电气总装配图，绘制连接件装配图，并能熟练使用机械与电气绘图软件。

2. 能根据整机装配与调试要求选择工具和工装。

3. 能完成两种以上部件的装配或一种以上数控机床的总装配，并能按照电气图要求安装两种以上型号数控机床全部电路。

4. 能进行数控机床总装后的几何精度、工作精度的检测与调整，读懂三坐标测量报告、激光检测报告并能进行一般性误差（如垂直度、平行度、同轴度、位置度等）的分析与调整。

5. 能进行数控机床通电试车并通过机床通信口将机床参数与PLC程序传入CNC控制器中。

6. 能使用系统参数、PLC参数、变频器参数对数控机床进行调整，对两种以上型号（系统）的数控机床进行编程与操作，通过零件试切来进行误差分析与调整。

7. 能通过仪器、仪表检查故障点，通过数控系统诊断功能、PLC梯形图等诊断数控机床常见电气、机械、液压故障。

8. 能完成两种以上规格数控机床常见机械、电气故障维修。

9. 能通过修改常用参数调整机床性能。

对应或相关职业（工种）：机床装调维修工（6-20-03-01）、数控机床装调维修工*（6-20-03-01）、机修钳工（6-31-01-02）、电工（6-31-01-03）

职业资格（职业技能等级）：机床装调维修工

专业主要教学内容：

典型夹具结构、切削原理与刀具选用、机械设计基础、数控原理、简单PLC控制电路安装与调试、常用电力拖动控制线路安装与维修、金属切削机床典型结构、典型零件加工工艺规程、钳工技能、电工技能、数控机床操作与编程、液压传动与气动控制技术、数控机床装配维修综合技能等。

对应上下级专业编码：0109-2、0109-4

0109-2　预备技师

专业编码：0109-2

专业名称：数控机床装配与维修

培养目标：培养从事数控机床装配与维修的高级技能人才（预备技师）。

学习年限：2 年（达到高级技能水平学生），3 年（达到中级技能水平学生），4 年（高中毕业生），6 年（初中毕业生）

职业能力：

具有积极的人生态度、健康的心理素质、良好的职业道德和较扎实的文化基础知识；具有获取新知识、新技能的意识和能力，能适应不断变化的职业社会；严格执行机械设备操作规定，遵守各项工艺规程，重视环境保护，并能根据生产流程变化，独立解决工作过程中非常规性的综合问题，具有一定的革新能力；能指导他人进行工作或培训一般操作人员，能协助部门领导进行生产现场的相关管理工作。同时具有下列专业能力：

1. 能读懂数控机床机械、电气、液压、气动系统原理图。

2. 能提出装配需要的专用夹具、胎具的设计方案并绘制草图，根据产品的技术要求编制装配工艺规程，借助词典看懂进口设备相关外文简要说明。

3. 能完成数控机床的机械总装、试车、机械部分的调整，对数控系统直线轴和旋转轴进行补偿，完成新产品的装配与调试。

4. 能通过阅读使用说明书对各种型号（系统）的数控机床进行编程与操作。

5. 能判断装配关系的合理性，对数控机床 PLC 程序中、装配关系中不合理之处提出修改方案并实施解决。

6. 能修改数控机床的参数并排除由此引起的故障；能对三坐标测量报告、激光测量报告进行误差分析，并对数控机床的几何精度、工作精度、定位精度、重复定位精度进行调整。

7. 能分析和排除各种数控机床机械、电气、液压和气动故障。

8. 能对数控机床机械结构工艺性、机床电气的不合理之处提出改进建议，对损坏的零件进行测绘和修复。

对应或相关职业（工种）：机床装调维修工（6-20-03-01）、数控机床装调维修工*（6-20-03-01）、机修钳工（6-31-01-02）、电工（6-31-01-03）

职业资格（职业技能等级）：机床装调维修工

专业主要教学内容：

机械设计、材料力学性能与选用、单片机控制设备安装与调试、伺服控制系统、钳工技能、电工技能、自动化控制技术、数控机床装配维修综合技能等。

对应下一级专业编码：0109-3

0110　数控编程

0110-3　高级

专业编码：0110-3

专业名称：数控编程

培养目标：培养从事数控编程工作的高级技能人才（高级工）。

学习年限：2 年（达到中级技能水平学生），3 年（高中毕业生），5 年（初中毕业生）

职业能力：

具有积极的人生态度、健康的心理素质、良好的职业道德和较扎实的文化基础知识；具有获取新知识、新技能的意识和能力，能适应不断变化的职业社会；熟悉企业生产流程，严格执行机械设备操作规定，遵守各项工艺规程，重视环境保护，并具有独立解决非常规问题的基本能力；能指导他人进行工作或协助培训一般操作人员。同时具有下列专业能力：

1. 能读懂中等复杂程度的装配图，并根据装配图拆画零件图；能读懂简单塑料模具、冷冲模具的装配图。

2. 能正确选择箱体类零件的加工设备、装夹方案、加工用刀具和相关的切削用量。

3. 能输出在不同 CAD/CAM 软件之间转换的模型数据，导入不同 CAD/CAM 软件的模型数据。

4. 能使用草图功能进行参数化建模造型，进行多种形式的曲面造型。

5. 能手工编制 2.5 轴加工程序、用户固定循环程序和宏程序。

6. 能运用 CAD/CAM 软件编制内外轮廓、孔系的加工程序，并能正确设置加工中的各项加工参数；能通过后置处理生成各种系统的加工程序。

7. 能运用 CAD/CAM 软件验证刀具路径的正确性，通过加工模拟评估零件的表面质量。

8. 能设置程序传输参数，采用计算机对加工程序进行正确的传输；能通过局域网正确传输加工程序。

9. 能根据所加工零件的特点对操作工提出加工技术要求，分析加工过程中产生的质量误差并提出解决方案。

对应或相关职业（工种）：车工（6-18-01-01）、铣工（6-18-01-02）、多工序数控机床操作调整工（6-18-01-07）

职业资格（职业技能等级）：车工（数控车床）、铣工（数控铣床）、多工序数控机床操作调整工

专业主要教学内容：

典型夹具结构、切削原理与刀具选用、机械设计基础、典型结构受力分析、机械测量技术、常用电子仪器使用、常用电工工具和电工仪表使用、车工技能、数控车床操作与编程、数控铣床操作与编程、CAD/CAM、液压传动与气动控制基础、典型模具结构、加工中心编程综合技能等。

对应上一级专业编码：0110-2

0110-2 预备技师

专业编码：0110-2

专业名称：数控编程

培养目标：培养从事数控编程工作的高级技能人才（预备技师）。

学习年限：2 年（达到高级技能水平学生），3 年（达到中级技能水平学生），4 年（高中毕业生），6 年（初中毕业生）

职业能力：

具有积极的人生态度、健康的心理素质、良好的职业道德和较扎实的文化基础知识；具有获取新知识、新技能的意识和能力，能适应不断变化的职业社会；严格执行机械设备操作规定，遵守各项工艺规程，重视环境保护，并能根据生产流程变化，独立解决工作过程中非常规性的综合问题，具有一定的革新能力；能指导他人进行工作或培训一般操作人员，能协助部门领导进行生产现场的相关管理工作。同时具有下列专业能力：

1. 能根据零件三轴以上的加工特征选择合适的加工设备，根据零件的加工要求选择车铣复合加工设备。

2. 能分析零件的加工难点，制定解决措施；能根据零件的形状和技术要求，制定多工序、多次定位的加工工艺；能完成零件多次装夹的方案设计。

3. 能根据零件的加工要求对曲面进行编辑，修正数据转换后出现的缺陷。

4. 能根据零件的装夹方案完成夹具锁紧机构等主要零件的三维建模。

5. 能利用计算机 CAD/CAM 软件编制三轴以上联动加工程序和车铣复合加工程序。

6. 能对多轴加工的刀具轨迹进行后置处理，生成数控加工程序；能完成多轴铣加工或车铣复合加工刀具轨迹的模拟切削和仿真加工。

7. 能编制现场操作方案，分析多轴加工过程中出现的质量问题并提出解决方案。

对应或相关职业（工种）：车工（6-18-01-01）、铣工（6-18-01-02）、多工序数控机床操作调整工（6-18-01-07）

职业资格（职业技能等级）：车工（数控车床）、铣工（数控铣床）、多工序数控机床操作调整工

专业主要教学内容：

材料力学性能与选用、冷冲模结构与设计、注塑模结构与设计、CAD/CAM/CAPP/CAE、简单 PLC 控制电路安装与调试、单片机控制设备安装与调试、车铣复合加工中心操作与编程、液压传动与气动控制技术、模具设计与制造、四轴数控加工中心编程综合技能等。

对应下一级专业编码：0110-3

0111 工量具制造与维修

0111-4 中级

专业编码：0111-4

专业名称：工量具制造与维修

培养目标：培养从事工具、量具制造及维修的中级技能人才。

学习年限：3 年（初中毕业生），2 年（高中毕业生）

职业能力：

具有积极的人生态度、健康的心理素质、良好的职业道德和较扎实的文化基础知识；具有获取新知识、新技能的意识和能力，能适应不断变化的职业社会；了解企业生产流程，严格执行机械设备操作规定，遵守各项工艺规程，具有安全意识，重视环境保护，并能解决一般性专业问题。同时具有下列专业能力：

1. 能读懂较复杂的工艺文件、工艺装备的装配图及相关技术标准。
2. 能制作简单的辅助工具及夹具。
3. 能进行较复杂大型工件的划线及一般铸件的立体划线，并能合理借料。
4. 能制作多元组合几何图形的配合零件，并达到一般配合精度。
5. 能进行较复杂的工具、量具、刀具、模具、夹具等工艺装备的组装、修整及调试。
6. 能按图样、技术标准及工艺文件对所组装的工具、量具、夹具、刀具等工艺装备进行检查。
7. 能分析一般工艺装备的故障原因，并进行故障排除。

对应或相关职业（工种）：工具钳工（6-18-04-06）、模具工（6-18-04-01）、量具和刃具制造工（6-18-04-05）、铣工（6-18-01-02）、磨工（6-18-01-04）

职业资格（职业技能等级）：钳工

专业主要教学内容：

机械制图与 CAD、典型机械结构、金属材料选用与热处理、常用机械加工技术、机械测量技术、立体划线技能、液压传动与气动控制基础、刮削与研磨技能、铣工技能、磨工技能、工具钳工综合技能等。

对应上一级专业编码：0111-3

0111-3　高级

专业编码：0111-3

专业名称：工量具制造与维修

培养目标：培养从事工具、量具制造及维修的高级技能人才（高级工）。

学习年限：2 年（达到中级技能水平学生），3 年（高中毕业生），5 年（初中毕业生）

职业能力：

具有积极的人生态度、健康的心理素质、良好的职业道德和较扎实的文化基础知识；具有获取新知识、新技能的意识和能力，能适应不断变化的职业社会；熟悉企业生产流程，严格执行机械设备操作规定，遵守各项工艺规程，重视环境保护，并具有独立解决非常规问题的基本能力；能指导他人进行工作或协助培训一般操作人员。同时具有下列专业能力：

1. 能对大型、特殊机械装备进行安全检查。
2. 能读懂复杂、精密、大型工艺装备的装配图及相关工艺文件和技术标准。
3. 能设计简单专用工具及夹具。
4. 能进行复杂、精密、大型工具、检具、量具的准备和调试。

5. 能制作多元组合几何图形的配合零件，并达到较高配合精度。

6. 能进行精密、复杂、大型工具、量具、夹具、刀具等工艺装备的组装、修整。

7. 能参加大型、精密、复杂工艺装备的现场验证和鉴定。

8. 能分析大型、精密、复杂工艺装备的故障产生原因，编制故障排除方案。

对应或相关职业（工种）：工具钳工（6-18-04-06）、模具工（6-18-04-01）、量具和刃具制造工（6-18-04-05）、铣工（6-18-01-02）、磨工（6-18-01-04）

职业资格（职业技能等级）：钳工

专业主要教学内容：

计算机辅助设计、切削原理与刀具选用、机械设计基础、典型结构受力分析、液压传动与气动控制技术、工夹具制造技能、金属切削机床结构与维修、数控铣床操作与编程、工具钳工综合技能等。

对应上下级专业编码：0111-2、0111-4

0111-2　预备技师

专业编码：0111-2

专业名称：工量具制造与维修

培养目标：培养从事工具、量具制造及维修的高级技能人才（预备技师）。

学习年限：2 年（达到高级技能水平学生），3 年（达到中级技能水平学生），4 年（高中毕业生），6 年（初中毕业生）

职业能力：

具有积极的人生态度、健康的心理素质、良好的职业道德和较扎实的文化基础知识；具有获取新知识、新技能的意识和能力，能适应不断变化的职业社会；严格执行机械设备操作规定，遵守各项工艺规程，重视环境保护，并能根据生产流程变化，独立解决工作过程中非常规性的综合问题，具有一定的革新能力；能指导他人进行工作或培训一般操作人员，能协助部门领导进行生产现场的相关管理工作。同时具有下列专业能力：

1. 能编制一般工艺装备的加工工艺及修复工艺，并能解决关键问题。

2. 能进行精孔、深孔、小孔及特殊孔的钻削。

3. 能设计较复杂的专用工具。

4. 能运用数控或激光设备进行工具、量具的制造。

5. 能解决工艺装备组装过程中的技术难题。

6. 能应用 CAD/CAM/CAPP/CAE 软件进行工、量具的辅助设计。

对应或相关职业（工种）：工具钳工（6-18-04-06）、模具工（6-18-04-01）、量具和刃具制造工（6-18-04-05）、铣工（6-18-01-02）、磨工（6-18-01-04）

职业资格（职业技能等级）：钳工

专业主要教学内容：

材料力学性能与选用、机械设计、CAD/CAM/CAPP/CAE、自动化控制技术、特种加工技能、机械精密检测与机床精度检验、工具钳工综合技能等。

对应下一级专业编码：0111-3

0112　机械设备维修

0112-4　中级

专业编码：0112-4

专业名称：机械设备维修

培养目标：培养从事通用设备安装、维修及操作的中级技能人才。

学习年限：3 年（初中毕业生），2 年（高中毕业生）

职业能力：

具有积极的人生态度、健康的心理素质、良好的职业道德和较扎实的文化基础知识；具有获取新知识、新技能的意识和能力，能适应不断变化的职业社会；了解企业生产流程，严格执行机械设备操作规定，遵守各项工艺规程，具有安全意识，重视环境保护，并能解决一般性专业问题。同时具有下列专业能力：

1. 能读懂设备说明书及施工图样。
2. 能通过修前检查确定设备的修复件、更换件。
3. 能初步识读设备安装设计图样并进行安装施工。
4. 能进行组合夹具的组装。
5. 能排除通用设备机电方面的常见故障。
6. 能对一般运动副进行修复，对圆形孔及圆形导轨进行刮削。
7. 能对常用设备进行几何精度检查、设备运用精度检查。

对应或相关职业（工种）：机修钳工（6-31-01-02）、电工（6-31-01-03）

职业资格（职业技能等级）：钳工

专业主要教学内容：

机械制图与 CAD、典型机械结构、金属材料选用与热处理、常用机械加工技术、机械测量技术、立体划线技能、液压传动与气动控制基础、刮削与研磨技能、铣工技能、电工技能、机修钳工综合技能等。

对应上一级专业编码：0112-3

0112-3　高级

专业编码：0112-3

专业名称：机械设备维修

培养目标：培养从事通用设备安装、维修并能进行零件加工的高级技能人才（高级工）。

学习年限：2 年（达到中级技能水平学生），3 年（高中毕业生），5 年（初中毕业生）

职业能力：

具有积极的人生态度、健康的心理素质、良好的职业道德和较扎实的文化基础知识；具有获取新知识、新技能的意识和能力，能适应不断变化的职业社会；熟悉企业生产流程，严格执行机械设备操作规定，遵守各项工艺规程，重视环境保护，并具有独立解决非常规问题的基本能力；能指导他人进行工作或协助培训一般操作人员。同时具有下列专业能力：

1. 能对作业组内其他成员的安全准备进行检查和监督。

2. 能根据施工作业计划、修理及安装工艺，对施工过程进行分解。

3. 能完成精密、大型、复杂、成套、高温、高压和数控设备的搬迁和安装。

4. 能通过设备二级保养对零部件的机械磨损进行修理。

5. 能设计并制造机械设备的通用夹具。

6. 能通过设备外观状况检查判断设备机电方面的主要故障。

7. 能实施精密、大型、复杂设备的工作精度检查，并对工件超差进行分析和排除引起超差的故障。

8. 能对金属零件进行动平衡、无损诊断等特殊检查。

对应或相关职业（工种）：机修钳工（6-31-01-02）、电工（6-31-01-03）

职业资格（职业技能等级）：钳工

专业主要教学内容：

计算机辅助设计、机械设计基础、典型结构受力分析、起重机械吊装操作、液压传动与气动控制技术、机床拆装与维修技能、铣工技能、车工技能、特种加工技能、机修钳工综合技能等。

对应上下级专业编码：0112-2、0112-4

0112-2 预备技师

专业编码：0112-2

专业名称：机械设备维修

培养目标：培养从事机电设备维修与管理的高级技能人才（预备技师）。

学习年限：2 年（达到高级技能水平学生），3 年（达到中级技能水平学生），4 年（高中毕业生），6 年（初中毕业生）

职业能力：

具有积极的人生态度、健康的心理素质、良好的职业道德和较扎实的文化基础知识；具有获取新知识、新技能的意识和能力，能适应不断变化的职业社会；严格执行机械设备操作规定，遵守各项工艺规程，重视环境保护，并能根据生产流程变化，独立解决工作过程中非常规性的综合问题，具有一定的革新能力；能指导他人进行工作或培训一般操作人员，能协助部门领导进行生产现场的相关管理工作。同时具有下列专业能力：

1. 能对作业全过程的环境及安全生产进行检查。

2. 能参与编写施工计划、工艺文件及操作规程。

3. 能进行专用检具、精密仪器、故障诊断仪器的准备。

4. 能针对产品质量问题对设备工艺参数进行分析和修改。

5. 能处理精密、大型、高速运行设备修理、调试中出现的疑难技术问题。

6. 能对机械设备进行部件及组件的维修与更换，并能进行精度检测。

对应或相关职业（工种）：机修钳工（6-31-01-02）、电工（6-31-01-03）

职业资格（职业技能等级）：钳工

专业主要教学内容：

材料力学性能与选用、机械设计、CAD/CAM/CAPP/CAE、自动化控制技术、机械故障诊断、机床夹具设计与制造、机械精密检测与机床精度检验、机修钳工综合技能等。

对应下一级专业编码：0112-3

0113 煤矿机械维修

0113-4 中级

专业编码：0113-4

专业名称：煤矿机械维修

培养目标：培养从事煤矿机械设备安装、调试、运行、维护和维修的中级技能人才。

学习年限：3 年（初中毕业生），2 年（高中毕业生）

职业能力：

具有积极的人生态度、健康的心理素质、良好的职业道德和较扎实的文化基础知识；具有获取新知识、新技能的意识和能力，能适应不断变化的职业社会；了解企业生产流程，严格执行机械设备操作规定，遵守各项工艺规程，具有安全意识，重视环境保护，并能解决一般性专业问题。同时具有下列专业能力：

1. 能掌握常用计量器具的工作原理及使用注意事项，并能熟练使用及对其进行维护和保养。

2. 能识读机械零件图与装配图，绘制零件图，并能使用计算机绘图软件。

3. 能识读并绘制机械系统原理图和液压系统原理图，并进行简单的机械设计。

4. 能对一般零件进行加工工艺分析（如车、铣等），制定其加工工艺，并能操作机械加工设备（如车床、铣床等）进行一般工件和零部件的加工。

5. 能维护保养机械加工设备，并排除其使用过程中的一般故障。

6. 能掌握煤矿机械检修的基础知识和通用方法，并能对煤矿机械通用零部件进行检修。

7. 能对各种煤矿固定机械、矿用电机车、煤矿小型设备进行日常维护与故障处理，并能对其进行小修、中修和大修。

对应或相关职业（工种）：机修钳工（6-31-01-02）

职业资格（职业技能等级）：钳工

专业主要教学内容：

机械制图与 CAD、工程与材料力学基础知识、煤矿电工基础知识、机械零件基础知识、金属材料选用与热处理、液压传动基础、钳工工艺与技能训练、车工工艺与技能训练、极限配合与机械测量实训、煤矿机械基础知识、煤矿固定设备维修工艺与技能训练等。

对应上一级专业编码：0113-3

0113-3 高级

专业编码：0113-3

专业名称：煤矿机械维修

培养目标：培养从事煤矿机械设备安装、调试、运行、维护和维修的高级技能人才（高级工）。

学习年限：2 年（达到中级技能水平学生），3 年（高中毕业生），5 年（初中毕业生）

职业能力：

具有积极的人生态度、健康的心理素质、良好的职业道德和较扎实的文化基础知识；具有获取新知识、新技能的意识和能力，能适应不断变化的职业社会；熟悉企业生产流程，严格执行机械设备操作规定，遵守各项工艺规程，重视环境保护，并具有独立解决非常规问题的基本能力；能指导他人进行工作或协助培训一般操作人员。同时具有下列专业能力：

1. 能对常用计量器具和机械加工设备进行维修。

2. 能使用计算机绘图软件绘制要加工的零部件。

3. 能对典型零件进行加工工艺分析（如车、铣等），并制定其加工工艺规程；能操作机械加工设备（如车床、铣床等）进行较复杂零件的加工。

4. 能对煤矿固定机械设备进行安装，并对其进行中修和大修。

5. 能对矿用电机车和煤矿小型设备进行中修和大修。

对应或相关职业（工种）：机修钳工（6-31-01-02）

职业资格（职业技能等级）：钳工

专业主要教学内容：

机械设计技术基础、钳工工艺与技能训练、车工工艺与技能训练、数控加工技术、机械制造工艺、煤矿机械设备安装工艺、煤矿固定设备维修工艺与技能训练等。

对应下一级专业编码：0113-4

0114 化工机械维修

0114-4 中级

专业编码：0114-4

专业名称：化工机械维修

培养目标：培养从事化工机械设备、管路安装、维修、调试和质量检测分析的中级技能人才。

学习年限：3年（初中毕业生），2年（高中毕业生）

职业能力：

具有积极的人生态度、健康的心理素质、良好的职业道德和较扎实的文化基础知识；具有获取新知识、新技能的意识和能力，能适应不断变化的职业社会；了解企业生产流程，严格执行机械设备操作规定，遵守各项工艺规程，具有安全意识，重视环境保护，并能解决一般性专业问题。同时具有下列专业能力：

1. 能严格遵守化工机械设备安装维修操作规程。

2. 能安装与维修简单的化工生产装置和化工管路，以及进行简单的焊接、铆接操作。

3. 能识读化工工艺流程图、化工设备布置图和一般机械设备的装配图，看懂随机技术文件，并能正确理解化工机械设备安装、维修施工方案和检修工艺规程等。

4. 能掌握基本的技术测量方法，测绘机械零件图，正确选用各种维修工器具，制作检修所需的辅助工器具。

5. 能掌握化工机械设备试车、管路安装与试压技术，熟悉典型化工机械设备的基本结构、主要零件材质。

6. 能通过维修前的检查，确定设备的修复件、更换件，修补各类零部件缺陷。

7. 能运用各种检修技术和方法，分析、判断和解决机械设备的一般故障。

8. 能对化工装置进行防腐、绝热施工。

对应或相关职业（工种）：机修钳工（6-31-01-02）、化工检修钳工＊（6-31-01-02）

职业资格（职业技能等级）：钳工

专业主要教学内容：

机械制图与CAD、化工识图、机械基础、金属材料选用与热处理、化工机械设备使用与维护、化工生产技术应用、化工生产安全技术、腐蚀与防护、化工管路安装、化工机械设备安装及维修、化工检修钳工技能、化工检修焊工技能、机械安装技能、机泵管阀检修实训、化工设备检修实训等。

对应上一级专业编码：0114-3

0114-3　高级

专业编码：0114-3

专业名称：化工机械维修

培养目标：培养从事化工机械设备、管路安装、维修、调试和质量检测分析的高级技能人才（高级工）。

学习年限：2年（达到中级技能水平学生），3年（高中毕业生），5年（初中毕业生）

职业能力：

具有积极的人生态度、健康的心理素质、良好的职业道德和较扎实的文化基础知识；具有获取新知识、新技能的意识和能力，能适应不断变化的职业社会；熟悉企业生产流程，严格执行机械设备操作规定，遵守各项工艺规程，重视环境保护，并具有独立解决非常规问题的基本能力；能指导他人进行工作或协助培训一般操作人员。同时具有下列专业能力：

1. 能安装与维修化工生产装置和化工管路，以及进行焊接、铆接、管道安装和维护操作。

2. 能读懂较复杂的装配图、工艺流程图，并能测绘较复杂的机械零件图。

3. 能应用各种检修技术和方法分析、判断机械设备的故障，解决运行中的疑难问题。

4. 能编制检修工艺和施工方案，检修较复杂的机械设备。

5. 能通过维修前的检查，确定设备的修复件、更换件，修补各类零部件缺陷。

6. 能实施对大型、精密、复杂设备运行状况的检查，并能分析和排除因非工艺原因引起的设备异常。

7. 能对化工机械设备进行安装、运行、调试和操作。

对应或相关职业（工种）：机修钳工（6-31-01-02）、化工检修钳工＊（6-31-01-02）

职业资格（职业技能等级）：钳工

专业主要教学内容：

机械基础、极限配合与机械测量、化工机械使用与维护、化工生产基础、化工生产安全技术、电工基础应用、化工管路安装、化工机械安装及维修、化工检修钳工技能、化工检修焊工技能、机械安装技能、机泵管阀检修实训、化工设备检修实训等。

对应下一级专业编码：0114-4

0115 机械装配

0115-4 中级

专业编码：0115-4

专业名称：机械装配

培养目标：培养从事机械设备操作、装配和维护的中级技能人才。

学习年限：3 年（初中毕业生），2 年（高中毕业生）

职业能力：

具有积极的人生态度、健康的心理素质、良好的职业道德和较扎实的文化基础知识；具有获取新知识、新技能的意识和能力，能适应不断变化的职业社会；了解企业生产流程，严格执行机械设备操作规定，遵守各项工艺规程，具有安全意识，重视环境保护，并能解决一般性专业问题。同时具有下列专业能力：

1. 能读懂车床的主轴箱、进给箱，铣床的进给变速箱等部件装配图，并能绘制零件图。
2. 能根据机械设备的技术要求，制定一般设备装配工艺。
3. 能刃磨钻头并按图样要求钻复杂工件上的小孔、斜孔、深孔、盲孔、多孔、相交孔。
4. 能对平板、方箱燕尾形导轨及轴瓦等进行刮削、研磨。
5. 能装配普通金属切削机床部件并达到技术要求。
6. 能进行设备的几何精度检验。
7. 能排除立钻、台钻、摇臂钻等钳工常用设备的故障。

对应或相关职业（工种）：装配钳工（6-20-01-01）、铣工（6-18-01-02）、磨工（6-18-01-04）

职业资格（职业技能等级）：钳工

专业主要教学内容：

机械制图与 CAD、典型机械结构、金属材料选用与热处理、常用机械加工技术、机械测量技术、立体划线技能、液压传动与气动控制基础、刮削与研磨技能、铣工技能、磨工技能、机床部件装配与调试技能、装配钳工综合技能等。

对应上一级专业编码：0115-3

0115-3 高级

专业编码：0115-3

专业名称：机械装配

培养目标：培养从事机械设备操作、装配和维护的高级技能人才（高级工）。

学习年限：2 年（达到中级技能水平学生），3 年（高中毕业生），5 年（初中毕业生）

职业能力：

具有积极的人生态度、健康的心理素质、良好的职业道德和较扎实的文化基础知识；具有获取新知识、新技能的意识和能力，能适应不断变化的职业社会；熟悉企业生产流程，严格执行机械设备操作规定，遵守各项工艺规程，重视环境保护，并具有独立解决非常规问题的基本能力；能指导他人进行工作或协助培训一般操作人员。同时具有下列专业能力：

1. 能读懂车床、立式钻床等设备的装配图，以及简单的电气系统原理图。

2. 能编制复杂设备的装配工艺规程。

3. 能进行复杂畸形工件的划线。

4. 能钻削、铰削高精度孔系。

5. 能对旋转体进行动平衡。

6. 能装配普通金属切削机床，并达到技术要求。

7. 能对普通机床进行性能及精度检验。

8. 能分析设备几何精度超差原因，并实施设备精度调整。

对应或相关职业（工种）：装配钳工（6-20-01-01）、铣工（6-18-01-02）、磨工（6-18-01-04）

职业资格（职业技能等级）：钳工

专业主要教学内容：

计算机辅助设计、机械设计基础、典型结构受力分析、起重机械吊装操作、电工技能、液压传动与气动控制技术、机床拆装与维修技能、车工技能、装配钳工综合技能等。

对应上下级专业编码：0115-2、0115-4

0115-2 预备技师

专业编码：0115-2

专业名称：机械装配

培养目标：培养从事机械设备操作、装配和维护的高级技能人才（预备技师）。

学习年限：2 年（达到高级技能水平学生），3 年（达到中级技能水平学生），4 年（高中毕业生），6 年（初中毕业生）

职业能力：

具有积极的人生态度、健康的心理素质、良好的职业道德和较扎实的文化基础知识；具有获取新知识、新技能的意识和能力，能适应不断变化的职业社会；严格执行机械设备操作规定，遵守各项工艺规程，重视环境保护，并能根据生产流程变化，独立解决工作过程中非常规性的综合问题，具有一定的革新能力；能指导他人进行工作或培训一般操作人员，能协助部门领导进行生产现场的相关管理工作。同时具有下列专业能力：

1. 能读懂复杂设备机械、液（气）压系统原理图，以及数控设备基本原理图和机械装配图。

2. 能根据新产品的技术要求，编制装配工艺规程。

3. 能进行精密机床导轨刮削。

4. 能装配高速、精密、复杂设备，并达到技术要求。

5. 能对高精度设备加工试件不合格参数产生原因进行综合分析并处理。

6. 能对高速、精密、复杂设备的几何精度进行检验，并分析超差原因和提出解决方法。

对应或相关职业（工种）：装配钳工（6-20-01-01）、铣工（6-18-01-02）、磨工（6-18-01-04）

职业资格（职业技能等级）：钳工

专业主要教学内容：

材料力学性能与选用、机械设计、CAD/CAM/CAPP/CAE、自动化控制技术、机械精密检测与机床精度检验、装配钳工综合技能等。

对应下一级专业编码：0115-3

0116　机械设备装配与自动控制

0116-4　中级

专业编码：0116-4

专业名称：机械设备装配与自动控制

培养目标：培养从事机械设备和生产线的制造及装配调试、运行操作、维护管理的中级技能人才。

学习年限：3 年（初中毕业生），2 年（高中毕业生）

职业能力：

具有积极的人生态度、健康的心理素质、良好的职业道德和较扎实的文化基础知识；具有获取新知识、新技能的意识和能力，能适应不断变化的职业社会；了解企业生产流程，严格执行机械设备操作规定，遵守各项工艺规程，具有安全意识，重视环境保护，并能解决一般性专业问题。同时具有下列专业能力：

1. 能识读机械零件图与简单装配图，并能绘制零件图。
2. 能熟悉零件的加工工艺，并能选择合适的机械制造加工方法。
3. 能读懂高、低压电器相关设备的装配图、电气控制原理图及接线图。
4. 能分析、检修、排除机械设备的电气部分常见故障。
5. 能操作常用机械加工设备。
6. 能分析设备的机械传动、控制电路。
7. 能进行常用机械设备的安装、调试及维护。

对应或相关职业（工种）：装配钳工（6-20-01-01）、电工（6-31-01-03）

职业资格（职业技能等级）：钳工、电工

专业主要教学内容：

机械制图与 CAD、典型机械结构、金属材料选用与热处理、常用机械加工技术、机械测量技术、液压传动与气动控制基础、铣工技能、磨工技能、机床部件装配与调试技能、电工技能、常用电力拖动控制线路安装与维修、装配钳工综合技能等。

对应上一级专业编码：0116-3

0116-3　高级

专业编码：0116-3

专业名称：机械设备装配与自动控制

培养目标：培养从事机械设备和生产线的制造及装配调试、运行操作、维护管理的高级技能人才（高级工）。

学习年限：2 年（达到中级技能水平学生），3 年（高中毕业生），5 年（初中毕业生）

职业能力：

具有积极的人生态度、健康的心理素质、良好的职业道德和较扎实的文化基础知识；具有获取新知识、新技能的意识和能力，能适应不断变化的职业社会；熟悉企业生产流程，严格执行机械设备操作规定，遵守各项工艺规程，重视环境保护，并具有独立解决非常规问题的基本能力；能指导他人进行工作或协助培训一般操作人员。同时具有下列专业能力：

1. 能分析机械传动结构，并绘制其装配图。
2. 能读懂 X62W 型铣床、MGB1420 型磨床等较复杂机械设备的电气控制原理图。
3. 能根据机械制造工艺、工装、机床及刀具等基本知识编制零件加工工艺规程。
4. 能编制复杂设备的装配工艺规程。
5. 能设计并制造作业中使用的专用工、夹具。
6. 能应用 CAD/CAM 软件进行零件的造型设计。
7. 能分析、检修、排除较复杂机械设备的机械、电气部分常见故障。
8. 能对常用自动化设备进行安装、调试、维护和管理。

对应或相关职业（工种）：装配钳工（6-20-01-01）、电工（6-31-01-03）

职业资格（职业技能等级）：钳工、电工

专业主要教学内容：

计算机辅助设计、机械设计基础、典型结构受力分析、液压传动与气动控制技术、常用电力拖动控制线路安装与维修、常用机床电器控制线路安装与维修、金属切削机床结构与维修、铣工技能、装配钳工综合技能等。

对应上下级专业编码：0116-2、0116-4

0116-2 预备技师

专业编码：0116-2

专业名称：机械设备装配与自动控制

培养目标：培养从事机械设备和生产线的制造及装配调试、运行操作、维护管理的高级技能人才（预备技师）。

学习年限：2 年（达到高级技能水平学生），3 年（达到中级技能水平学生），4 年（高中毕业生），6 年（初中毕业生）

职业能力：

具有积极的人生态度、健康的心理素质、良好的职业道德和较扎实的文化基础知识；具有获取新知识、新技能的意识和能力，能适应不断变化的职业社会；严格执行机械设备操作规定，遵守各项工艺规程，重视环境保护，并能根据生产流程变化，独立解决工作过程中非常规性的综合问题，具有一定的革新能力；能指导他人进行工作或培训一般操作人员，能协助部门领导进行生产现场的相关管理工作。同时具有下列专业能力：

1. 能应用相关软件测量机构部件，绘制零件图与装配图。
2. 能对复杂零件进行工艺分析并编制加工工艺规程。
3. 能应用普通机床和数控机床进行零件加工。
4. 能对机械设备的传动及控制部分进行检测与维修。
5. 能对复杂、精密、大型零件的加工质量进行检验并提出解决方案。

6. 能对自动化设备和生产线的调试、维护和改装制定相关技术文件。

对应或相关职业（工种）：装配钳工（6-20-01-01）、电工（6-31-01-03）

职业资格（职业技能等级）：钳工、电工

专业主要教学内容：

材料力学性能与选用、机械设计、CAD/CAM/CAPP/CAE、简单 PLC 控制电路安装与调试、自动化控制技术、机械精密检测与机床精度检验、特种加工技能、装配钳工综合技能等。

对应下一级专业编码：0116-3

0117　模具制造

0117-4　中级

专业编码：0117-4

专业名称：模具制造

培养目标：培养从事模具制造、安装及调试的中级技能人才。

学习年限：3 年（初中毕业生），2 年（高中毕业生）

职业能力：

具有积极的人生态度、健康的心理素质、良好的职业道德和较扎实的文化基础知识；具有获取新知识、新技能的意识和能力，能适应不断变化的职业社会；了解企业生产流程，严格执行机械设备操作规定，遵守各项工艺规程，具有安全意识，重视环境保护，并能解决一般性专业问题。同时具有下列专业能力：

1. 能读懂和分析冲压件排样图、工序图及注塑件浇注系统。
2. 能根据一般模具结构件的制造工艺规程选用加工设备。
3. 能根据零件图选用合适的工、夹具和模具标准件、紧固件。
4. 能进行模具零件的手工加工。
5. 能利用机加工设备进行模具的零、部件加工。
6. 能使用数控线切割、电火花成型设备进行模具成型件的特种加工。
7. 能完成整套模具的装配、间隙调整、试模及试件的检测。

对应或相关职业（工种）：模具工（6-18-04-01）、工具钳工（6-18-04-06）

职业资格（职业技能等级）：模具工、钳工

专业主要教学内容：

机械制图与 CAD、典型机械结构、金属材料选用与热处理、常用机械加工技术、机械测量技术、液压传动与气动控制基础、钳工技能、铣工技能、磨工技能、模具结构与设计基础、线切割加工技能、模具制造工综合技能等。

对应上一级专业编码：0117-3

0117-3　高级

专业编码：0117-3

专业名称：模具制造

培养目标：培养从事模具精密制造的高级技能人才（高级工）。

学习年限：2 年（达到中级技能水平学生），3 年（高中毕业生），5 年（初中毕业生）

职业能力：

具有积极的人生态度、健康的心理素质、良好的职业道德和较扎实的文化基础知识；具有获取新知识、新技能的意识和能力，能适应不断变化的职业社会；熟悉企业生产流程，严格执行机械设备操作规定，遵守各项工艺规程，重视环境保护，并具有独立解决非常规问题的基本能力；能指导他人进行工作或协助培训一般操作人员。同时具有下列专业能力：

1. 能进行精密多工位模零件排样、工序图设计。
2. 能编制较复杂模具零件的加工工艺规程。
3. 能设计、制造模具零件的二类工、夹具。
4. 能完成成型零件的尺寸计算及材料选用、热处理要求的制定。
5. 能进行模具复杂结构件的数控铣加工、电火花加工、线切割加工或激光加工等。
6. 能进行全套多工位模或复杂模具的安装、调试。
7. 能进行多工位模的刃口、多腔模型腔磨损后的修复、保养。
8. 能进行复杂产品、模具的三维建模，并能应用模具仿真技术。

对应或相关职业（工种）：模具工（6-18-04-01）、工具钳工（6-18-04-06）

职业资格（职业技能等级）：模具工、钳工

专业主要教学内容：

计算机辅助设计、机械设计基础、典型结构受力分析、模具 CAD/CAM、液压传动与气动控制技术、塑料成型工艺与模具设计、冷冲压工艺与模具设计、电火花加工技能、研磨与抛光技能、数控铣床操作与编程、模具制造工综合技能等。

对应上下级专业编码：0117-2、0117-4

0117-2　预备技师

专业编码：0117-2

专业名称：模具制造

培养目标：培养从事模具精密制造的高级技能人才（预备技师）。

学习年限：2 年（达到高级技能水平学生），3 年（达到中级技能水平学生），4 年（高中毕业生），6 年（初中毕业生）

职业能力：

具有积极的人生态度、健康的心理素质、良好的职业道德和较扎实的文化基础知识；具有获取新知识、新技能的意识和能力，能适应不断变化的职业社会；严格执行机械设备操作规定，遵守各项工艺规程，重视环境保护，并能根据生产流程变化，独立解决工作过程中非常规性的综合问题，具有一定的革新能力；能指导他人进行工作或培训一般操作人员，能协助部门领导进行生产现场的相关管理工作。同时具有下列专业能力：

1. 能进行高强度、长寿命模具的选材与热处理工艺编制。
2. 能进行模具自动送料机构设计、制造、调试。
3. 能进行典型产品的模具自动化与生产线的机构设计和加工。
4. 能完成全套多工位模或复杂模具的安装、调试。

5. 能完成复杂产品、模具的三维建模，进行拉深件、注塑件的仿真分析。

6. 能应用模具制造新工艺、新技术、新设备、新材料对产品进行工艺改进，解决生产中的工艺难题。

对应或相关职业（工种）：模具工（6-18-04-01）、工具钳工（6-18-04-06）

职业资格（职业技能等级）：模具工、钳工

专业主要教学内容：

材料力学性能与选用、机械设计、CAD/CAM/CAPP/CAE、自动化控制技术、精密模具的热处理工艺与应用、机床夹具设计与制造、特种加工技能、快速模具和原型制作、模具制造工综合技能等。

对应下一级专业编码：0117-3

0118　模具设计

0118-3　高级

专业编码：0118-3

专业名称：模具设计

培养目标：培养从事模具产品设计的高级技能人才（高级工）。

学习年限：2 年（达到中级技能水平学生），3 年（高中毕业生），5 年（初中毕业生）

职业能力：

具有积极的人生态度、健康的心理素质、良好的职业道德和较扎实的文化基础知识；具有获取新知识、新技能的意识和能力，能适应不断变化的职业社会；熟悉企业生产流程，严格执行机械设备操作规定，遵守各项工艺规程，重视环境保护，并具有独立解决非常规问题的基本能力；能指导他人进行工作或协助培训一般操作人员。同时具有下列专业能力：

1. 能识读一般复杂程度的冷冲压、塑料注射模具装配图，能从装配图中拆分零件图，根据零件图建立装配图。

2. 能进行一般冲压件的工艺计算和冷冲压模具结构设计及注塑模浇注系统、总体结构、零部件设计。

3. 能根据产品模型与设计意图，建立相关的模具三维实体模型，并掌握三维模型通用交换文档的转换方法。

4. 能应用 CAD/CAM/CAE 软件系统进行冷冲模具标准件建库与选用、非标准件的设计及结构分析与加工工艺分析。

5. 能应用 CAD/CAM/CAE 软件系统处理塑料制品的收缩、塑料零件的分型，设计浇注系统、脱模系统和冷却系统等。

6. 能熟练使用 CAX 软件系统进行标准模架的调用，绘制模具装配图，进行模具的标准化设计。

对应或相关职业（工种）：模具工（6-18-04-01）、工具钳工（6-18-04-06）、模具设计工程技术人员（2-02-07-06）

职业资格（职业技能等级）：模具工

专业主要教学内容：

工程力学、机械设计基础、模具CAD/CAM、工业产品设计、模具制造工艺学、塑料成型工艺与模具设计、冷冲压工艺与模具设计、机械制造工艺、模具钳工工艺与技能、电火花加工技能、模具设计师综合技能等。

对应上一级专业编码：0118-2

0118-2　预备技师

专业编码：0118-2

专业名称：模具设计

培养目标：培养从事模具产品设计的高级技能人才（预备技师）。

学习年限：2年（达到高级技能水平学生），3年（达到中级技能水平学生），4年（高中毕业生），6年（初中毕业生）

职业能力：

具有积极的人生态度、健康的心理素质、良好的职业道德和较扎实的文化基础知识；具有获取新知识、新技能的意识和能力，能适应不断变化的职业社会；严格执行机械设备操作规定，遵守各项工艺规程，重视环境保护，并能根据生产流程变化，独立解决工作过程中非常规性的综合问题，具有一定的革新能力；能指导他人进行工作或培训一般操作人员，能协助部门领导进行生产现场的相关管理工作。同时具有下列专业能力：

1. 能识读较复杂的塑料注射模具装配图样。
2. 能根据模具结构制定模具加工工艺并独立进行模具的装配与调试。
3. 能根据国标、部标、企标制定标准规范。
4. 能根据产品模型与设计意图，进行相关模具总体结构的配置设计。
5. 能根据产品开发计划，制定模具支持计划与实施方案。
6. 能在模具CAD/CAM/CAPP/CAE软件中进行产品模具的主要项目分析。

对应或相关职业（工种）：模具工（6-18-04-01）、工具钳工（6-18-04-06）、模具设计工程技术人员（2-02-07-06）

职业资格（职业技能等级）：模具工

专业主要教学内容：

材料力学性能与选用、机械设计、CAD/CAM/CAPP/CAE、自动化控制技术、快速模具和原型制作、产品的逆向造型、模具设计师综合技能等。

对应下一级专业编码：0118-3

0119　焊接加工

0119-4　中级

专业编码：0119-4

专业名称：焊接加工

培养目标：培养从事焊接加工的中级技能人才。

学习年限：3年（初中毕业生），2年（高中毕业生）

职业能力：

具有积极的人生态度、健康的心理素质、良好的职业道德和较扎实的文化基础知识；具有获取新知识、新技能的意识和能力，能适应不断变化的职业社会；了解企业生产流程，严格执行机械设备操作规定，遵守各项工艺规程，具有安全意识，重视环境保护，并能解决一般性专业问题。同时具有下列专业能力：

1. 能正确选择和使用焊接常用金属材料的焊条、焊剂、焊丝、保护气体等。
2. 能进行焊件组对及定位焊。
3. 能正确选择和应用常见焊接方法以及相关设备和辅助装置。
4. 能运用常用焊接与切割方法对常用金属材料进行焊接与切割。
5. 能控制和改善焊接接头的性能并能控制和矫正焊接残余变形。
6. 能根据力学性能和 X 射线检验结果评定焊接质量。
7. 能防止一般焊接缺陷和进行缺陷的返修。

对应或相关职业（工种）：焊工（6-18-02-04）、冲压工（6-18-01-12）

职业资格（职业技能等级）：焊工

专业主要教学内容：

机械制图与 CAD、典型机械结构、金属材料选用与热处理、电工技能、钳工技能、焊接检验技能、冷作钣金工技能、焊工综合技能等。

对应上一级专业编码：0119-3

0119-3　高级

专业编码：0119-3

专业名称：焊接加工

培养目标：培养从事焊接加工的高级技能人才（高级工）。

学习年限：2 年（达到中级技能水平学生），3 年（高中毕业生），5 年（初中毕业生）

职业能力：

具有积极的人生态度、健康的心理素质、良好的职业道德和较扎实的文化基础知识；具有获取新知识、新技能的意识和能力，能适应不断变化的职业社会；熟悉企业生产流程，严格执行机械设备操作规定，遵守各项工艺规程，重视环境保护，并具有独立解决非常规问题的基本能力；能指导他人进行工作或协助培训一般操作人员。同时具有下列专业能力：

1. 能进行焊接设备的验收、使用及一般故障的维修。
2. 能进行铸铁、有色金属、异种金属等不同位置的焊接坡口的准备和进行焊接加工（任选一种材料）。
3. 能熟练运用焊接工具、辅助设备以及工艺装备进行焊接与切割加工。
4. 能根据不同金属材料选择焊接材料及制定焊接加工工艺。
5. 能防止特殊材料、典型结构的焊接缺陷。
6. 能应用渗透试验、水压试验进行焊接检验。
7. 能运用常用焊接方法进行各种位置的焊接操作。
8. 能进行各种焊接性能试验的试件制备。

对应或相关职业（工种）：焊工（6-18-02-04）、冲压工（6-18-01-12）

职业资格（职业技能等级）：焊工

专业主要教学内容：

计算机辅助设计、焊接结构装配图识读、焊条电弧焊技能、气焊与气割技能、等离子弧切割与碳弧气刨技能、气体保护焊技能、埋弧焊技能、焊接接头试验、焊接检验技能、冷作钣金工技能、特种焊接与切割技能、锅炉压力容器焊接技能、焊工综合技能等。

对应上下级专业编码：0119-2、0119-4

0119-2　预备技师

专业编码：0119-2

专业名称：焊接加工

培养目标：培养从事焊接加工的高级技能人才（预备技师）。

学习年限：2 年（达到高级技能水平学生），3 年（达到中级技能水平学生），4 年（高中毕业生），6 年（初中毕业生）

职业能力：

具有积极的人生态度、健康的心理素质、良好的职业道德和较扎实的文化基础知识；具有获取新知识、新技能的意识和能力，能适应不断变化的职业社会；严格执行机械设备操作规定，遵守各项工艺规程，重视环境保护，并能根据生产流程变化，独立解决工作过程中非常规性的综合问题，具有一定的革新能力；能指导他人进行工作或培训一般操作人员，能协助部门领导进行生产现场的相关管理工作。同时具有下列专业能力：

1. 能编制各种金属材料的焊接加工工艺规程。
2. 能进行特殊材料的焊接加工和运用新型焊接工艺与方法。
3. 能进行焊接缺陷分析、焊接应力与变形的控制、焊接成品的检验与验收。
4. 能进行焊接设备及焊接辅助设备的验收、维护和修理并根据生产需要进行焊接工艺的设计与改进。
5. 能对简单焊接接头进行受力分析、静载强度计算及接头可靠性分析。
6. 能进行焊接生产成本核算及定额管理。

对应或相关职业（工种）：焊工（6-18-02-04）、冲压工（6-18-01-12）

职业资格（职业技能等级）：焊工

专业主要教学内容：

典型结构受力分析、机械设计基础、焊接工艺规程制定、焊接结构可靠性分析、机床夹具设计、焊接检验技能、焊接生产管理、焊接结构与生产、焊接设备维护与故障排除技能、冷作钣金工技能、焊工综合技能等。

对应下一级专业编码：0119-3

0120　冷作钣金加工

0120-4　中级

专业编码：0120-4

专业名称：冷作钣金加工

培养目标：培养从事金属板材成形和铆焊加工的中级技能人才。

学习年限：3 年（初中毕业生），2 年（高中毕业生）

职业能力：

具有积极的人生态度、健康的心理素质、良好的职业道德和较扎实的文化基础知识；具有获取新知识、新技能的意识和能力，能适应不断变化的职业社会；了解企业生产流程，严格执行机械设备操作规定，遵守各项工艺规程，具有安全意识，重视环境保护，并能解决一般性专业问题。同时具有下列专业能力：

1. 能绘制圆管、棱管、正圆锥管或正棱锥管等简单件的展开图。

2. 能对一般原材料进行简单的放样、号料，并能使用剪床、常规气割设备、砂轮机等切割原材料。

3. 能使用弯板机、弯管机、压力机、压弯机等专用或通用成形设备进行一般构件的成形。

4. 能进行薄板的简单成形操作。

5. 能进行一般典型金属结构装配和铆接、螺纹连接、焊接及胀接等连接方法的基本操作。

6. 能独立制作一般钢结构产品并对一般连接构件的变形进行矫正。

7. 能对较简单的钢结构产品进行测量与检验。

对应或相关职业（工种）：冲压工（6-18-01-12）、冷作钣金工 *（6-18-01-12）、焊工（6-18-02-04）

职业资格（职业技能等级）：冲压工

专业主要教学内容：

机械制图与 CAD、典型机械结构、金属材料选用与热处理、常用机械加工技术、机械测量技术、材料成形技能、电工技能、钳工技能、冲压工艺与设备操作、材料号料与下料、构件变形矫正、焊工技能、冷作钣金工综合技能等。

对应上一级专业编码：0120-3

0120-3　高级

专业编码：0120-3

专业名称：冷作钣金加工

培养目标：培养从事金属板材成形和铆焊加工的高级技能人才（高级工）。

学习年限：2 年（达到中级技能水平学生），3 年（高中毕业生），5 年（初中毕业生）

职业能力：

具有积极的人生态度、健康的心理素质、良好的职业道德和较扎实的文化基础知识；具有获取新知识、新技能的意识和能力，能适应不断变化的职业社会；熟悉企业生产流程，严格执行机械设备操作规定，遵守各项工艺规程，重视环境保护，并具有独立解决非常规问题的基本能力；能指导他人进行工作或协助培训一般操作人员。同时具有下列专业能力：

1. 能读懂复杂桁架、机架、箱门构件，中、高压容器等复杂构件的图样并对其进行展开放样。

2. 能分析中等复杂程度钢结构产品的变形原因并进行矫正。

3. 能操作相关的冷作钣金加工设备、焊接与切割设备。

4. 能选择和运用中等复杂程度钢结构产品装配和连接的方法，并能根据产品的特点和技术要求，设计制作所需工装与夹具。

5. 能对成形缺陷进行工艺分析，并采取相应措施。

6. 能对中等复杂程度的钢结构产品进行测量与检验。

7. 能对焊接、铆接、胀接、咬接等的连接缺陷进行分析，并采取相应措施。

8. 能按技术要求检验复杂构件。

对应或相关职业（工种）：冲压工（6-18-01-12）、冷作钣金工＊（6-18-01-12）、焊工（6-18-02-04）

职业资格（职业技能等级）：冲压工

专业主要教学内容：

计算机辅助设计、机械设计基础、典型结构受力分析、材料成形工艺分析及应用、构件连接、构件装配、钳工技能、焊工技能、冷作钣金工综合技能等。

对应上下级专业编码：0120-2、0120-4

0120-2　预备技师

专业编码：0120-2

专业名称：冷作钣金加工

培养目标：培养从事冷作钣金加工的高级技能人才（预备技师）。

学习年限：2 年（达到高级技能水平学生），3 年（达到中级技能水平学生），4 年（高中毕业生），6 年（初中毕业生）

职业能力：

具有积极的人生态度、健康的心理素质、良好的职业道德和较扎实的文化基础知识；具有获取新知识、新技能的意识和能力，能适应不断变化的职业社会；严格执行机械设备操作规定，遵守各项工艺规程，重视环境保护，并能根据生产流程变化，独立解决工作过程中非常规性的综合问题，具有一定的革新能力；能指导他人进行工作或培训一般操作人员，能协助部门领导进行生产现场的相关管理工作。同时具有下列专业能力：

1. 能根据一般构件绘制零件加工图，绘制异形构件和复杂相贯构件的展开图。

2. 能对成形、连接和变形缺陷进行工艺分析和处理。

3. 能分析构件图样及其技术要求，制定工艺流程，编写工艺规程。

4. 能计算出焊接、铆接、胀接及咬接的强度以及加工余量。

5. 能按图样技术要求进行产品功能试验和检验。

6. 能应用、推广国内外业内的新技术、新工艺、新设备、新材料。

对应或相关职业（工种）：冲压工（6-18-01-12）、冷作钣金工＊（6-18-01-12）、焊工（6-18-02-04）

职业资格（职业技能等级）：冲压工

专业主要教学内容：

材料力学性能与选用、机械设计、冷作钣金加工工艺装备设计、冲压加工技能、焊工技能、冷作钣金工综合技能等。

对应下一级专业编码：0120-3

0121　制冷设备运用与维修

0121-4　中级

专业编码：0121-4

专业名称：制冷设备运用与维修

培养目标：培养从事制冷设备安装、运行、调试、维修的中级技能人才。

学习年限：3 年（初中毕业生），2 年（高中毕业生）

职业能力：

具有积极的人生态度、健康的心理素质、良好的职业道德和较扎实的文化基础知识；具有获取新知识、新技能的意识和能力，能适应不断变化的职业社会；了解企业生产流程，严格执行机械设备操作规定，遵守各项工艺规程，具有安全意识，重视环境保护，并能解决一般性专业问题。同时具有下列专业能力：

1. 能完成制冷压缩机、辅助设备及冷却设备的启动操作。
2. 能熟练使用常用电工工具，正确选用万用表、兆欧表等常用电工仪表。
3. 能分析制冷设备电气控制电路，并能判断制冷设备电气系统一般性故障。
4. 能拆装中小型活塞式制冷压缩机。
5. 能维护保养中小型制冷系统的换热器和辅助设备。
6. 能操作和调节中小型制冷系统。
7. 能完成制冷系统的排污及气密性试验。
8. 能完成制冷系统的交接班工作，并能对运行参数进行分析。

对应或相关职业（工种）：制冷空调系统安装维修工（6-29-03-05）、制冷工（6-11-01-04）、制冷空调设备装配工（6-20-05-07）、电工（6-31-01-03）

职业资格（职业技能等级）：制冷空调系统安装维修工、制冷工

专业主要教学内容：

机械制图与 CAD、电工电子技能、电力拖动原理与技能、热力基础知识及实验、制冷原理与装置、制冷系统常见部件安装与维护、焊工技能、钳工技能、电工技能、制冷工综合技能等。

对应上一级专业编码：0121-3

0121-3　高级

专业编码：0121-3

专业名称：制冷设备运用与维修

培养目标：培养从事制冷设备安装、运行、调试、维修的高级技能人才（高级工）。

学习年限：2 年（达到中级技能水平学生），3 年（高中毕业生），5 年（初中毕业生）

职业能力：

具有积极的人生态度、健康的心理素质、良好的职业道德和较扎实的文化基础知识；具有获取新知识、新技能的意识和能力，能适应不断变化的职业社会；熟悉企业生产流程，严

格执行机械设备操作规定，遵守各项工艺规程，重视环境保护，并具有独立解决非常规问题的基本能力；能指导他人进行工作或协助培训一般操作人员。同时具有下列专业能力：

1. 能测量制冷设备电气控制电路，排除制冷设备电气故障。
2. 能修理各类制冷压缩机。
3. 能选择与维修制冷设备热交换器和制冷辅助设备。
4. 能维护和调试中小型制冷系统。
5. 能判断和排除中小型制冷系统故障。
6. 能根据制冷系统负荷变化的情况制定运行方案。
7. 能根据制冷系统的负荷变化调整制冷压缩机、辅助设备及制冷剂系统的运行状态。
8. 能读懂一般复杂程度低压电器的装配图、电气原理图及接线图。

对应或相关职业（工种）：制冷空调系统安装维修工（6-29-03-05）、制冷工（6-11-01-04）、制冷空调设备装配工（6-20-05-07）、电工（6-31-01-03）

职业资格（职业技能等级）：制冷空调系统安装维修工、制冷工

专业主要教学内容：

电动机原理及检修、变压器装配工艺及技能、电器工艺与工装技能、电工仪表与测量技能、电工技能、制冷工综合技能等。

对应上下级专业编码：0121-2、0121-4

0121-2　预备技师

专业编码：0121-2

专业名称：制冷设备运用与维修

培养目标：培养从事制冷设备安装、运行、调试、维修的高级技能人才（预备技师）。

学习年限：2年（达到高级技能水平学生），3年（达到中级技能水平学生），4年（高中毕业生），6年（初中毕业生）

职业能力：

具有积极的人生态度、健康的心理素质、良好的职业道德和较扎实的文化基础知识；具有获取新知识、新技能的意识和能力，能适应不断变化的职业社会；严格执行机械设备操作规定，遵守各项工艺规程，重视环境保护，并能根据生产流程变化，独立解决工作过程中非常规性的综合问题，具有一定的革新能力；能指导他人进行工作或培训一般操作人员，能协助部门领导进行生产现场的相关管理工作。同时具有下列专业能力：

1. 能完成制冷系统控制仪表和器件的调整。
2. 能分析和检测中小型制冷装置电气控制线路。
3. 能判断和排除制冷系统电子控制线路的故障。
4. 能选择和大修制冷压缩机、节流装置、热交换器、辅助设备。
5. 能分析并运行管理单级、双级、复叠压缩制冷系统。
6. 能判断和排除较复杂的制冷系统故障。

对应或相关职业（工种）：制冷空调系统安装维修工（6-29-03-05）、制冷工（6-11-01-04）、制冷空调设备装配工（6-20-05-07）、电工（6-31-01-03）

职业资格（职业技能等级）：制冷空调系统安装维修工、制冷工

专业主要教学内容：

工程热力学、制冷与低温原理、制冷与空调技术、PLC操作、计算机辅助电路设计基础、单片机控制、制冷工综合技能等。

对应下一级专业编码：0121-3

0122　数控电加工

0122-4　中级

专业编码：0122-4

专业名称：数控电加工

培养目标：培养从事数控电加工机床操作及编程的中级技能人才。

学习年限：3年（初中毕业生），2年（高中毕业生）

职业能力：

具有积极的人生态度、健康的心理素质、良好的职业道德和较扎实的文化基础知识；具有获取新知识、新技能的意识和能力，能适应不断变化的职业社会；了解企业生产流程，严格执行机械设备操作规定，遵守各项工艺规程，具有安全意识，重视环境保护，并能解决一般性专业问题。同时具有下列专业能力：

1. 能识读带有曲线等较复杂零件的图样与工艺文件，进行一般零件的测绘（如简单的凸凹模、电极或工夹具零件）；能使用计算机绘图软件或手工方式进行基点计算。

2. 能根据电极丝直径手工编制由直线、圆弧组成的二维直通型轮廓零件的线切割加工程序，能进行电火花点位加工程序的手工编制。

3. 能根据加工图样或工艺文件选择装夹定位基准，使用通用夹具进行工件装夹与定位。

4. 能正确进行电极丝的安装校正，合理配制工作液，根据加工要求选择电参数，进行电极丝定位，完成线切割加工准备工作。

5. 能根据电极损耗量设计简单的矩形或圆柱工具电极，进行电极的人工安装校正以及电极与工件之间的定位找正。

6. 能根据电火花成形加工工艺指标选择电加工参数（包括电参数与非电参数）。

7. 能运用线切割机床加工二维直通型零件，根据零件加工状态和质量对电极丝、工作液及电参数进行调整，并能处理加工过程中出现的短路、断丝等特殊情况。

8. 能正确使用机床操作面板上的各种功能，进行单个型孔型腔加工，或多型腔不同深度零件的点位加工，并根据加工状态调整电加工参数，发现和排除加工中的不正确现象。

9. 能根据说明书完成线切割机床或电火花成形机床的定期及不定期维护保养，包括机械、电、气、液压、数控系统检查和日常保养等。

对应或相关职业（工种）：电切削工（6-18-01-08）

职业资格（职业技能等级）：电切削工

专业主要教学内容：

机械制图与CAD、金属材料选用与热处理、常用机械加工技术、机械测量技术、钳工技能、电加工工艺学、线切割编程操作技能、电火花成形编程操作技能等。

对应上一级专业编码：0122-3

0122-3　高级

专业编码：0122-3

专业名称：数控电加工

培养目标：培养从事数控电加工机床操作及编程的高级技能人才（高级工）。

学习年限：2 年（达到中级技能水平学生），3 年（高中毕业生），5 年（初中毕业生）

职业能力：

具有积极的人生态度、健康的心理素质、良好的职业道德和较扎实的文化基础知识；具有获取新知识、新技能的意识和能力，能适应不断变化的职业社会；熟悉企业生产流程，严格执行机械设备操作规定，遵守各项工艺规程，重视环境保护，并具有独立解决非常规问题的基本能力；能指导他人进行工作或协助培训一般操作人员。同时具有下列专业能力：

1. 能读懂装配图及其技术要求、机床传动及工作原理图，绘制凸模、齿轮、成形刀具等复杂零件图，使用计算机绘图。

2. 能对零件进行电加工工艺分析，优化线切割加工路线与电参数，调整机床、电极丝、工作液至最佳加工状态，能进行电火花成形工艺与加工条件的选择。

3. 能对带锥度零件、上下异形零件、齿轮等复杂曲线进行线切割编程加工，使用软件自动编程并传输程序；能进行硬质合金、紫铜等较难加工材料，以及大厚度零件、薄壁零件、易变形件、超机床加工范围零件等的线切割加工。

4. 能对多工位多型腔零件进行手工及自动编程加工，进行硬质合金及铝、铜、钛等合金材料的电火花加工，并能根据加工精度、加工效率、成形电极损耗调整加工参数与电极。

5. 能熟练使用电加工专用标准化夹具，对带有规则曲线的精密零件以及难装夹零件进行装夹、定位、测量。

6. 能设计、计算一般复杂程度的工具电极，进行简单工装夹具的设计。

7. 能用精密量具量仪检测工件、电极，分析误差产生的原因并采取措施。

8. 能判定线切割或电火花成形机床的常见故障并完成电加工机床的定期维护保养，进行机床几何精度和机床加工精度检验。

对应或相关职业（工种）：电切削工（6-18-01-08）

职业资格（职业技能等级）：电切削工

专业主要教学内容：

机械原理与机械零件、模具工程技术基础、典型零件加工工艺规程、精密测量技术、典型夹具结构、电工基础、普通机床加工技能、线切割编程操作技能、电火花成形编程操作技能等。

对应上下级专业编码：0122-2、0122-4

0122-2　预备技师

专业编码：0122-2

专业名称：数控电加工

培养目标：培养从事数控电加工机床操作及编程的高级技能人才（预备技师）。

学习年限：2 年（达到高级技能水平学生），3 年（达到中级技能水平学生），4 年（高

中毕业生），6 年（初中毕业生）

职业能力：

具有积极的人生态度、健康的心理素质、良好的职业道德和较扎实的文化基础知识；具有获取新知识、新技能的意识和能力，能适应不断变化的职业社会；严格执行机械设备操作规定，遵守各项工艺规程，重视环境保护，并能根据生产流程变化，独立解决工作过程中非常规性的综合问题，具有一定的革新能力；能指导他人进行工作或培训一般操作人员，能协助部门领导进行生产现场的相关管理工作。同时具有下列专业能力：

1. 能根据装配图拆画零件图、测绘电切削加工机床常用配件零件图，熟练使用电加工常用编程软件。

2. 能对零件的加工工艺方案进行合理分析，编制零件加工工艺规程，并解决关键加工难题。

3. 能设计多工件加工、群孔零件、难装夹零件等高精度、高难度零件的专用夹具，对现有电切削加工用夹具进行误差分析并提出改进建议。

4. 能设计精密、复杂零件的成形电极，进行各类零件与电极的装夹定位。

5. 掌握多种模具的电加工要点、精密复杂零件及镜面电火花加工的关键技术，能综合运用平动工艺和多轴联动加工方法实现复杂型腔模具或微小零件加工；能对高难度、高精度、具有复杂曲面的零件进行线切割加工；能解决电切削加工中出现的实际难题。

6. 能分析放电加工表面质量与尺寸误差产生的原因，针对加工过程中可能产生的误差采取避免措施。

7. 能根据机床说明书对各种线切割与电火花成形机床进行调整、试车，检验电切削加工机床的加工精度、重复定位精度。

8. 能推广应用新技术、新工艺、新设备、新材料，并对一般电火花加工设备进行改进。

对应或相关职业（工种）：电切削工（6-18-01-08）

职业资格（职业技能等级）：电切削工

专业主要教学内容：

机械设计、材料力学性能与选用、CAD/CAM/CAPP/CAE、机床部件装配与调试技能、单片机控制设备安装与调试、液压传动与气动控制基础、电切削加工综合技能等。

对应下一级专业编码：0122-3

0123　机电设备安装与维修

0123-4　中级

专业编码：0123-4

专业名称：机电设备安装与维修

培养目标：培养从事机电设备安装、操作、维修的中级技能人才。

学习年限：3 年（初中毕业生），2 年（高中毕业生）

职业能力：

具有积极的人生态度、健康的心理素质、良好的职业道德和较扎实的文化基础知识；具有获取新知识、新技能的意识和能力，能适应不断变化的职业社会；了解企业生产流程，严格执行机电设备操作规定，遵守各项工艺规程，具有安全意识，重视环境保护，并能解决一般性专业问题。同时具有下列专业能力：

1. 能识读简单的装配图，并能绘制固定板、支架、轴、套、联轴器等机电装配零件图。
2. 能识读一般机电设备中的液（气）压系统原理图。
3. 能识读高低压电器相关设备的布局图、电气控制原理图及接线图。
4. 能拆装、检修交流异步电动机、直流电动机及各种特种电动机。
5. 能分析、检修、排除典型机电设备的常见故障。
6. 能进行一般机电设备的安装与操作。

对应或相关职业（工种）：电工（6-31-01-03）、装配钳工（6-20-01-01）

职业资格（职业技能等级）：电工、钳工

专业主要教学内容：

电工电子技术、机械制图与电气识图、机械基础、机械构造、互换性与测量技术、液压传动与气动控制基础、安全用电、电气测量、电机及电机拖动、电力拖动控制线路安装与维修、机电设备安装工艺、电工基本技能、装配钳工基本技能等。

专业方向：索道安装与维修

对应上一级专业编码：0123-3

0123-3　高级

专业编码：0123-3

专业名称：机电设备安装与维修

培养目标：培养从事机电设备安装、操作、编程、调试及维修的高级技能人才（高级工）。

学习年限：2 年（达到中级技能水平学生），3 年（高中毕业生），5 年（初中毕业生）

职业能力：

具有积极的人生态度、健康的心理素质、良好的职业道德和较扎实的文化基础知识；具有获取新知识、新技能的意识和能力，能适应不断变化的职业社会；熟悉企业生产流程，严格执行机电设备操作规定，遵守各项工艺规程，具有安全意识，重视环境保护，并具有独立解决非常规问题的基本能力；能指导他人进行工作或协助培训一般操作人员。同时具有下列专业能力：

1. 能识读较复杂机电设备中的液（气）压系统原理图。
2. 能测绘较复杂的机电设备电气线路图，列出电气元件明细表。
3. 能用 PLC 改造继电控制设备，编写程序并构建较复杂的 PLC 控制系统。
4. 能装配较复杂的机电设备，并达到技术要求。
5. 能分析、检修、排除较复杂机电设备控制系统及装置的故障。
6. 能安装、调试、维修模块化生产控制系统，并为改装编制相关的技术文件。
7. 能使用计算机进行辅助设计。
8. 能正确使用手册、标准和与本专业有关的技术资料。

对应或相关职业（工种）：电工（6-31-01-03）、装配钳工（6-20-01-01）

职业资格（职业技能等级）：电工、钳工

专业主要教学内容：

计算机辅助设计、机械设计、液压传动与气动控制技术、可编程序控制器技术、单片机应用技术、传感器技术、变频器技术、电力电子技术、交直流调速系统安装与调试、模块化生产控制系统安装与调试、电工综合技能、装配钳工综合技能等。

专业方向：索道安装与维修

对应上下级专业编码：0123-2、0123-4

0123-2　预备技师

专业编码：0123-2

专业名称：机电设备安装与维修

培养目标：培养从事机电设备安装、调试、编程、操作、维修和管理的高级技能人才（预备技师）。

学习年限：2 年（达到高级技能水平学生），3 年（达到中级技能水平学生），4 年（高中毕业生），6 年（初中毕业生）

职业能力：

具有积极的人生态度、健康的心理素质、良好的职业道德和较扎实的文化基础知识；具有获取新知识、新技能的意识和能力，能适应不断变化的职业社会；严格执行机电设备操作规定，遵守各项工艺规程，重视环境保护，并能根据生产流程变化，独立解决工作过程中非常规性的综合问题，具有一定的革新能力；能指导他人进行工作或培训一般操作人员，能协助部门领导进行生产现场的相关管理工作。同时具有下列专业能力：

1. 能安装、调试带有 PLC、传感器、变频器、人机界面（HMI）等综合性较强的机电设备。

2. 能根据工艺要求设计电气原理图、电气接线图并能编制 PLC 程序。

3. 能设计完成工业控制网络。

4. 能分析、检修、排除复杂机电设备的机械故障、电气故障及液（气）控系统故障。

5. 能编制一般机电设备的大修工艺。

6. 能对柔性制造系统（FMS）的各项质量标准及操作过程的质量进行分析与控制。

对应或相关职业（工种）：电工（6-31-01-03）、装配钳工（6-20-01-01）

职业资格（职业技能等级）：电工、钳工

专业主要教学内容：

液压与气动系统安装与调试、机电设备故障诊断、自动化控制技术、PLC 与变频器及传感器综合应用、人机界面（HMI）安装与调试、工业控制网络安装与调试、柔性制造系统（FMS）安装与调试等。

专业方向：索道安装与维修

对应下一级专业编码：0123-3

0124　机电产品检测技术应用

0124-4　中级

专业编码：0124-4

专业名称：机电产品检测技术应用

培养目标：培养从事机电产品检测及鉴定工作的中级技能人才。

学习年限：3 年（初中毕业生），2 年（高中毕业生）

职业能力：

具有积极的人生态度、健康的心理素质、良好的职业道德和较扎实的文化基础知识；具有获取新知识、新技能的意识和能力，能适应不断变化的职业社会；了解产品的生产流程，严格执行产品检测规程，具有安全意识，重视环境保护，并能解决一般性专业问题。同时具有下列专业能力：

1. 了解机电产品常用材料的一般性能、材料的缺陷形式及对性能的影响。
2. 能识读机械零件图和装配图，掌握零件材料、零件尺寸对产品性能、安全和使用寿命的影响。
3. 能识读电器电子产品工作原理图，掌握元器件及组装质量对产品性能、安全和使用寿命的影响。
4. 能正确使用常用量具、检验工具和常用电工仪表。
5. 了解常见的机电产品生产流程和主要生产工艺，了解生产过程的质量检验。
6. 能对典型零件、元件及产品进行检测。

对应或相关职业（工种）：质检员（6-31-03-05）、无损检测员（6-31-03-04）、物理性能检验员（6-31-03-02）

职业资格（职业技能等级）：质检员、无损检测员、物理性能检验员

专业主要教学内容：

机械制图与 CAD、金属材料力学及金相检验、常用机械加工技术、极限配合与技术测量、电工学、电子技术与产品、电工电子仪表、机械检测技术等。

对应上一级专业编码：0124-3

0124-3　高级

专业编码：0124-3

专业名称：机电产品检测技术应用

培养目标：培养从事机电产品检测及鉴定工作的高级技能人才（高级工）。

学习年限：2 年（达到中级技能水平学生），3 年（高中毕业生），5 年（初中毕业生）

职业能力：

具有积极的人生态度、健康的心理素质、良好的职业道德和较扎实的文化基础知识；具有获取新知识、新技能的意识和能力，能适应不断变化的职业社会；熟悉产品的生产流程，严格执行产品检测规程，具有安全意识，重视环境保护，并具有独立解决非常规问题的基本能力；能指导他人进行工作或协助培训一般操作人员。同时具有下列专业能力：

1. 熟练掌握机电产品材料内在质量的缺陷判别和检测方法。

2. 能快速诊断、检测机械零件、机械产品缺陷，提出消除缺陷的方法。

3. 能快速诊断、检测电器电子产品缺陷，提出消除缺陷的方法。

4. 掌握现代复杂技术测量仪器原理，并能正确使用准直仪、激光干涉仪、三坐标测量机等。

5. 能正确使用复杂的电工电子仪表。

6. 掌握产品质量控制方法，能运用质量管理图表分析产品质量。

7. 掌握自动检测（主动测量）原理和方法，能正确调整参数，正确利用检测结果。

对应或相关职业（工种）：质检员（6-31-03-05）、无损检测员（6-31-03-04）、物理性能检验员（6-31-03-02）

职业资格（职业技能等级）：质检员、无损检测员、物理性能检验员

专业主要教学内容：

机械检测技术，典型自动测量装置原理及应用，准直仪、激光干涉仪测量原理及使用，三坐标测量机应用，传感器测量技术，质量管理方法等。

对应上下级专业编码：0124-2、0124-4

0124-2　预备技师

专业编码：0124-2

专业名称：机电产品检测技术应用

培养目标：培养从事机电产品检测、鉴定及检测装置的维修、调整、修正等工作的高级技能人才（预备技师）。

学习年限：2 年（达到高级技能水平学生），3 年（达到中级技能水平学生），4 年（高中毕业生），6 年（初中毕业生）

职业能力：

具有积极的人生态度、健康的心理素质、良好的职业道德和较扎实的文化基础知识；具有获取新知识、新技能的意识和能力，能适应不断变化的职业社会；严格执行产品检测规程，重视环境保护，并能独立解决工作过程中非常规性的综合问题，具有一定的革新能力；能指导他人进行工作或协助培训一般操作人员，能协助部门领导进行相关管理工作。同时具有下列专业能力：

1. 能检测复杂的机电产品，快速准确地撰写检测报告。

2. 能独立或组织完成新产品的质量鉴定。

3. 在说明书的指导下，能独立掌握新型检测装置、检测仪器的性能和使用方法。

4. 能独立修复、修正检测量具、仪表和装置。

5. 能自行设计、装配、修调检测工具和量具。

6. 能快速准确地完成精密、大型、微型等要求较高的特殊产品的检测。

7. 能参与产品标准的制定工作，确定合理的检测方法和检测装置。

对应或相关职业（工种）：质检员（6-31-03-05）、无损检测员（6-31-03-04）、物理性能检验员（6-31-03-02）

职业资格（职业技能等级）：质检员、无损检测员、物理性能检验员

专业主要教学内容：

机械检测技术、检测仪表及设计、量具修调、复杂检测仪表调整、产品标准及鉴定规程、专用检测仪器仪表等。

对应下一级专业编码：0124-3

0125　金属热处理

0125-4　中级

专业编码：0125-4

专业名称：金属热处理

培养目标：培养从事金属热处理工作的中级技能人才。

学习年限：3 年（初中毕业生），2 年（高中毕业生）

职业能力：

具有积极的人生态度、健康的心理素质、良好的职业道德和较扎实的文化基础知识；具有获取新知识、新技能的意识和能力，能适应不断变化的职业社会；了解企业生产流程，严格执行机械设备操作规定，遵守各项工艺规程，具有安全意识，重视环境保护，并能解决一般性专业问题。同时具有下列专业能力：

1. 能根据零件图的技术要求，选用设备和确定有关的热处理工艺参数。
2. 能正确使用和维护常用热处理设备及测温、控温装置。
3. 能合理选择冷却介质及工件冷却形式。
4. 能通过目测火色判断炉温和掌握冷却时间。
5. 掌握通用机械零件及典型工具的热处理操作，了解一般零件热处理工艺并具有初步的质量分析能力。

对应或相关职业（工种）：金属热处理工（6-18-02-03）

职业资格（职业技能等级）：金属热处理工

专业主要教学内容：

机械制图与 CAD、金属工艺学、机械设计基础、热加工仪表与检测、热加工（铸造、锻压或热处理）工艺、热加工设备及选用、热加工（铸造、锻压或热处理）生产实训、机械综合设计、热加工工艺及工装设计等。

对应上一级专业编码：0125-3

0125-3　高级

专业编码：0125-3

专业名称：金属热处理

培养目标：培养从事金属热处理工作的高级技能人才（高级工）。

学习年限：2 年（达到中级技能水平学生），3 年（高中毕业生），5 年（初中毕业生）

职业能力：

具有积极的人生态度、健康的心理素质、良好的职业道德和较扎实的文化基础知识；具有获取新知识、新技能的意识和能力，能适应不断变化的职业社会；熟悉企业生产流程，严

格执行机械设备操作规定，遵守各项工艺规程，重视环境保护，并具有独立解决非常规问题的基本能力；能指导他人进行工作或协助培训一般操作人员。同时具有下列专业能力：

1. 能识读零件图，选用设备，确定典型钢件及有色金属、特殊钢的热处理工艺参数。
2. 能正确使用和维护高级热处理设备，对热处理设备进行工艺参数调试及故障排除。
3. 能合理、准确选择冷却介质及工件冷却形式。
4. 能通过目测火色准确判断炉温和正确掌握冷却时间。
5. 掌握典型机械零件、工具的热处理操作，掌握热处理的质量检验及缺陷补救方法。

对应或相关职业（工种）：金属热处理工（6-18-02-03）

职业资格（职业技能等级）：金属热处理工

专业主要教学内容：

热处理设备、金属工艺学、机械设计基础、热加工仪表与检测、热加工（铸造、锻压或热处理）工艺、高级热处理工技术、热加工设备及选用、热加工（铸造、锻压或热处理）生产实训、机械综合设计、热加工工艺及工装设计等。

对应下一级专业编码：0125-4

0126　汽车制造与装配

0126-4　中级

专业编码：0126-4

专业名称：汽车制造与装配

培养目标：培养从事汽车整车制造、装配的中级技能人才。

学习年限：3 年（初中毕业生），2 年（高中毕业生）

职业能力：

具有积极的人生态度、健康的心理素质、良好的职业道德和较扎实的文化基础知识；具有获取新知识、新技能的意识和能力，能适应不断变化的职业社会；了解企业生产流程，严格执行机械设备操作规定，遵守各项工艺规程，具有安全意识，重视环境保护，并能解决一般性专业问题。同时具有下列专业能力：

1. 能识别汽车各部件总成及常用运行材料。
2. 能在工位上进行简单的整车装配工作。
3. 能识读机械零件图与简单装配图，绘制零件图。
4. 了解汽车整车的装配及生产过程。
5. 能对汽车部件与总成进行分解和装复操作。
6. 能完成有常规要求的紧固件、密封件等零件的装配。
7. 能对汽车内饰件进行生产与装配。
8. 能熟练进行汽车驾驶操作。
9. 能进行简单汽车维护、保养作业。

对应或相关职业（工种）：汽车生产线操作工（6-22-01-01）、汽车饰件制造工（6-22-01-02）、汽车零部件再制造工 L（6-22-01-03）、汽车装调工（6-22-02-01）、汽车回收拆解工 L（6-22-02-02）、汽车维修工（4-12-01-01）

职业资格（职业技能等级）：汽车装调工、汽车维修工

专业主要教学内容：

汽车构造、汽车电器、汽车机械基础、机械制图与CAD、装配钳工技能、汽车内饰件加工工艺、发动机与底盘拆装技能训练、汽车驾驶技能训练、汽车维护技能训练等。

对应上一级专业编码：0126-3

0126-3　高级

专业编码：0126-3

专业名称：汽车制造与装配

培养目标：培养从事汽车整车制造、装配的高级技能人才（高级工）。

学习年限：2年（达到中级技能水平学生），3年（高中毕业生），5年（初中毕业生）

职业能力：

具有积极的人生态度、健康的心理素质、良好的职业道德和较扎实的文化基础知识；具有获取新知识、新技能的意识和能力，能适应不断变化的职业社会；熟悉企业生产流程，严格执行机械设备操作规定，遵守各项工艺规程，重视环境保护，并具有独立解决非常规问题的基本能力；能指导他人进行工作或协助培训一般操作人员。同时具有下列专业能力：

1. 能使用汽车装配与调试基本设备和工具。
2. 能根据装配作业指导书完成汽车整车装配。
3. 能进行多工位装配操作。
4. 能根据要求正确运用工具完成有预紧力的零件装配。
5. 能完成汽车整车的装配与调试。
6. 能对汽车进行二级维护、保养作业。

对应或相关职业（工种）：汽车生产线操作工（6-22-01-01）、汽车饰件制造工（6-22-01-02）、汽车零部件再制造工L（6-22-01-03）、汽车装调工（6-22-02-01）、汽车回收拆解工L（6-22-02-02）、汽车维修工（4-12-01-01）

职业资格（职业技能等级）：汽车装调工、汽车维修工

专业主要教学内容：

汽车制造工艺学、汽车工程材料、现代汽车制造技术、汽车车身与附属设备、汽车总装与调试技术、汽车运用技术、汽车维护技术、汽车装调、装配钳工综合技能等。

对应上下级专业编码：0126-2、0126-4

0126-2　预备技师

专业编码：0126-2

专业名称：汽车制造与装配

培养目标：培养从事汽车整车制造、装配的高级技能人才（预备技师）。

学习年限：2年（达到高级技能水平学生），3年（达到中级技能水平学生），4年（高中毕业生），6年（初中毕业生）

职业能力：

具有积极的人生态度、健康的心理素质、良好的职业道德和较扎实的文化基础知识；具

有获取新知识、新技能的意识和能力，能适应不断变化的职业社会；严格执行机械设备操作规定，遵守各项工艺规程，重视环境保护，并能根据生产流程变化，独立解决工作过程中非常规性的综合问题，具有一定的革新能力；能指导他人进行工作或培训一般操作人员，能协助部门领导进行生产现场的相关管理工作。同时具有下列专业能力：

1. 能对汽车整车性能进行判定。

2. 能对汽车整车系统进行调整与装配。

3. 能诊断并排除汽车整车机械故障（如发动机、自动变速器、电器故障等）。

4. 能对汽车机械部分进行调试。

5. 能对工、夹、量具及装配设备进行简单的维护，排除汽车总装过程中出现的简单故障。

6. 能使用汽车检测设备，对汽车故障进行诊断并排除。

对应或相关职业（工种）：汽车生产线操作工（6-22-01-01）、汽车饰件制造工（6-22-01-02）、汽车零部件再制造工 L（6-22-01-03）、汽车装调工（6-22-02-01）、汽车回收拆解工 L（6-22-02-02）、汽车维修工（4-12-01-01）

职业资格（职业技能等级）：汽车装调工、汽车维修工

专业主要教学内容：

汽车性能检测技术、汽车故障诊断、现代发动机燃油喷射技术、现代汽车底盘技术、汽车生产与质量管理技术、汽车维修技术、汽车综合检测训练等。

对应下一级专业编码：0126-3

0127　机电一体化技术

0127-4　中级

专业编码：0127-4

专业名称：机电一体化技术

培养目标：培养从事机电设备操作、机电装调、维护维修和机电产品质量检测、营销、售后服务的中级技能人才。

学习年限：3 年（初中毕业生），2 年（高中毕业生）

职业能力：

具有积极的人生态度、健康的心理素质、良好的职业道德和较扎实的文化基础知识；具有获取新知识、新技能的意识和能力，能适应不断变化的职业社会；了解企业生产流程，严格执行机电设备操作规定，遵守各项工艺规程，具有安全意识，重视环境保护，并能解决一般性专业问题。同时具有下列专业能力：

1. 能识读机械零件图与简单装配图，并能运用计算机软件辅助绘制零件图。

2. 能进行钳工基本操作，熟悉零件的加工工艺，操作普通机床完成零部件的加工和装配。

3. 能识读简单机电设备中的液压与气动系统原理图，进行简单液压与气动元器件的连接和回路调试。

4. 能使用常用电工工具，正确选用常用电工仪表，读懂高低压电器相关设备的装配图、

电气控制原理图及接线图。

5. 能安装简单机械设备的配电箱，拆装交流异步电动机和直流电动机，绕制小型变压器、焊接典型电子电路并进行测试，进行简单电路安装。

6. 能进行 PLC 选型，构建及调试简单 PLC 控制设备电气系统，解决调试中出现的问题，使设备正常运转。

7. 能进行简单机电产品的机械安装、电路安装、液压与气动连接、PLC 控制和操作使用。

8. 能检修和排除简单机电产品的常见故障，进行日常维护与保养。

9. 能对简单机电产品进行质量检测、营销、售前技术讲解和售后技术服务。

对应或相关职业（工种）：电工（6-31-01-03）、装配钳工（6-20-01-01）

职业资格（职业技能等级）：电工、钳工

专业主要教学内容：

机械制图、电气识图、安全用电、机械基础、电工基础、液压传动与气动控制基础、钳工工艺与技能训练、普通加工工艺与技能训练、电工基本技能、常用电工工具和电工仪表使用、配电线路安装与维修、变压器绕制与检修、电子线路装接调试与维修、电力拖动控制线路与技能训练、PLC 控制电路安装与调试、市场营销等。

专业方向：机电一体化技术（机械方向）、机电一体化技术（电气方向）、综合机械及自动化

对应上一级专业编码：0127-3

0127-3 高级

专业编码：0127-3

专业名称：机电一体化技术

培养目标：培养从事机电设备操作、机电装调、维护维修和机电产品质量检测、营销、售后服务的高级技能人才（高级工）。

学习年限：2 年（达到中级技能水平学生），3 年（高中毕业生），5 年（初中毕业生）

职业能力：

具有积极的人生态度、健康的心理素质、良好的职业道德和较扎实的文化基础知识；具有获取新知识、新技能的意识和能力，能适应不断变化的职业社会；熟悉企业生产流程，严格执行机电设备操作规定，遵守各项工艺规程，重视环境保护，并具有独立解决非常规问题的基本能力；能指导他人进行工作或协助培训一般操作人员。同时具有下列专业能力：

1. 能读懂、绘制机械装配图样，正确使用常用工具装配机电设备的机械部分，并正确使用相关量具和仪器校验机械精度。

2. 能测绘典型电子线路，绘制原理图，正确识别电气元器件及材料，使用相关工具按规范安装元器件及电气线路。

3. 能使用相关工具安装液压、气动回路，正确调整液压与气动系统各点的压力值及流量等。

4. 能遵守设备安装中机械、电气相关的技术标准，正确选用工具、量具、量仪，连接机电设备各系统组成，进行机电联调。

5. 能正确使用仪器仪表测试各类数据，对机电设备进行参数准备、参数载入、配置驱动和数据备份。

6. 能下载 PLC、触摸屏等控制程序，并能准确判断机电设备运行结果是否符合要求，正确填写机电设备安装和调试各类文件。

7. 能分析一般机电设备的机械传动、控制电路和应用功能，按照工艺和标准进行机电设备操作。

8. 能进行一般机电设备日常维护和保养，检修和排除常见故障，填写机电设备操作和维护维修文件。

9. 能对一般机电产品进行质量检测、营销、售前技术讲解和售后技术服务。

对应或相关职业（工种）：电工（6-31-01-03）、装配钳工（6-20-01-01）

职业资格（职业技能等级）：电工、钳工

专业主要教学内容：

计算机辅助设计（CAD）、电气原理图绘制（EDA）、机械设计基础、典型机械结构受力分析、互换性与测量技术、机械测量技术、电工电子技术、电气测量技术、可编程序控制器技术、液压传动与气动控制技术、装配钳工综合技能训练、电工综合技能训练、数控机床故障诊断与维修技能训练、电力拖动控制线路安装与维修、机床电气控制线路安装与维修等。

专业方向：机电一体化技术（机械方向）、机电一体化技术（电气方向）、综合机械及自动化

对应上下级专业编码：0127-2、0127-4

0127-2　预备技师

专业编码：0127-2

专业名称：机电一体化技术

培养目标：培养从事机电产品和自动化生产线的操作使用、安装调试、维护维修、管理与设计的高级技能人才（预备技师）。

学习年限：2 年（达到高级技能水平学生），3 年（达到中级技能水平学生），4 年（高中毕业生），6 年（初中毕业生）

职业能力：

具有积极的人生态度、健康的心理素质、良好的职业道德和较扎实的文化基础知识；具有获取新知识、新技能的意识和能力，能适应不断变化的职业社会；严格执行机电设备操作规定，遵守各项工艺规程，重视环境保护，并能根据生产流程变化，独立解决工作过程中非常规性的综合问题，具有一定的革新能力；能指导他人进行工作或培训一般操作人员，能协助部门领导进行生产现场的相关管理工作。同时具有下列专业能力：

1. 能分析较复杂机电设备和自动化生产线的机械传动、控制电路和应用功能，按照操作要求进行使用和生产。

2. 能读懂机械装配图样，正确使用相关工具装配较复杂机电设备和自动化生产线的机械部分，并正确使用相关量具和仪器校验机械精度。

3. 能测绘具有双面印制电路的电子线路板，识读较复杂机电设备和自动化生产线的电

气控制原理图和液压气动原理图，安装调试电气控制系统和液控、气控系统。

4. 能根据工艺要求设计电气原理图、电气接线图，设计可编程逻辑运算程序和人机界面。

5. 能遵守安装中机械、电气相关技术标准，正确选用工具、量具、量仪，连接较复杂机电设备和自动化生产线各系统组成，进行机电联调。

6. 能正确执行安全操作规程，完成设备清洁、润滑、紧固和保养；能熟练使用巡检器具，读懂指示仪表的数据，观察判断设备运行异常状态，并正确填写巡检记录单。

7. 能读懂设备装配图及原理图，正确查明机械故障点，使用常用的工、夹、量具调整传动件配合和修复机械零部件，并调整恢复整机精度。

8. 能通过故障现象分析判断液压气动回路故障范围，找出故障点，并正确排除故障。

9. 能正确使用常用仪表检测电气回路各工作点的参数，判别 PLC 运行结果的正确性，正确分析故障现象，查找各种常见电气故障，并正确排除。

10. 能对操作过程进行质量分析与控制，进行工业控制网络设计，针对客户反馈进行改进、大修或升级改造。

对应或相关职业（工种）：电工（6-31-01-03）、装配钳工（6-20-01-01）

职业资格（职业技能等级）：电工、钳工

专业主要教学内容：

传感器技术、变频器技术、电力电子技术、单片机控制技术、自动化控制技术、机械精密检测与机床精度检验技术、机电设备安装工艺、PLC 与变频器及传感器综合应用、交直流调速系统安装与调试、伺服系统安装与维修、模块化生产控制系统安装与调试、人机界面（HMI）安装与调试、过程控制设备安装与维修、机电设备故障诊断、工业控制网络安装与调试、柔性制造系统（FMS）安装与调试、工厂电气控制设备及其应用等。

专业方向：机电一体化技术（机械方向）、机电一体化技术（电气方向）、综合机械及自动化

对应下一级专业编码：0127-3

0128　多轴数控加工

0128-3　高级

专业编码：0128-3

专业名称：多轴数控加工

培养目标：培养从事多轴数控机床操作及编程的高级技能人才（高级工）。

学习年限：2 年（达到中级技能水平学生），3 年（高中毕业生），5 年（初中毕业生）

职业能力：

具有积极的人生态度、健康的心理素质、良好的职业道德和较扎实的文化基础知识；具有获取新知识、新技能的意识和能力，能适应不断变化的职业社会；熟悉企业生产流程，严格执行机械设备操作规定，遵守各项工艺规程，重视环境保护，并具有独立解决非常规问题的基本能力；能指导他人进行工作或协助培训一般操作人员。同时具有下列专业能力：

1. 能读懂中等复杂程度的装配图，并根据装配图拆画零件图；能读懂多轴数控机床主

轴系统、进给系统的机构装配图。

2. 能编制箱体类、支架类等较复杂零件、易变形零件的数控加工工艺文件。

3. 能选择和使用专用夹具装夹异形零件，并分析和计算定位误差，设计、制作高精度箱体类、叶片等复杂零件的专用夹具。

4. 能选用专用工具，并根据难加工材料特性合理选择刀具材料和切削参数，进行刀具刀柄的优化使用，提高生产效率，降低成本。

5. 能根据零件加工要求，编制较复杂的二维轮廓加工程序，编制具有指导性的变量编程程序。

6. 能利用 CAD/CAM 软件对中等复杂程度的零件进行实体或曲线曲面造型，生成平面轮廓、平面区域、三维曲面、曲面轮廓、曲面区域、曲线的刀具轨迹并通过后置处理生成多轴数控加工程序。

7. 能编制多轴数控加工程序并铣削加工含有平面、垂直面、斜面、阶梯面、模具型腔、相贯孔、刚性攻螺纹、螺旋槽、柱面凸轮的零件，能进行特殊材料零件的铣削加工，能进行复杂箱体类零件加工（加工要求：尺寸公差等级为 IT7，几何公差等级为 IT8，表面粗糙度为 $Ra3.2\ \mu m$）。

8. 能检验复杂、异形零件的精度，并根据测量结果分析产生误差的原因；能通过修正刀具补偿值和修正程序来减小加工误差。

9. 能判断多轴数控机床的一般机械故障，并完成多轴数控机床的定期维护保养；能进行机床几何精度和切削精度检验。

对应或相关职业（工种）：多工序数控机床操作调整工（6-18-01-07）

职业资格（职业技能等级）：多工序数控机床操作调整工

专业主要教学内容：

机械设计基础、液压传动与气动控制基础、典型夹具结构、典型结构受力分析、金属切削机床典型结构、切削原理与刀具选用、CAD/CAM 应用技术、典型零件加工工艺规程、常用电力拖动控制线路安装、铣工技能、多轴数控机床操作与编程综合技能、数控车床操作与编程综合技能等。

对应上一级专业编码：0128-2

0128-2　预备技师

专业编码：0128-2

专业名称：多轴数控加工

培养目标：培养从事多轴数控机床操作及编程的高级技能人才（预备技师）。

学习年限：2 年（达到高级技能水平学生），3 年（达到中级技能水平学生），4 年（高中毕业生），6 年（初中毕业生）

职业能力：

具有积极的人生态度、健康的心理素质、良好的职业道德和较扎实的文化基础知识；具有获取新知识、新技能的意识和能力，能适应不断变化的职业社会；严格执行机械设备操作规定，遵守各项工艺规程，重视环境保护，并能根据生产流程变化，独立解决工作过程中非常规性的综合问题，具有一定的革新能力；能指导他人进行工作或培训一般操作人员，能协助部门领导进行生产现场的相关管理工作。同时具有下列专业能力：

1. 能读懂常用多轴加工中心的机械原理图及装配图，自动换刀系统、旋转工作台分度机构的装配图及高速加工中心主轴系统的装配图，根据产品编程的工艺需要，绘制辅助曲面。

2. 能编制高难度、高精度箱体类、支架类等复杂零件、易变形零件的数控加工工艺文件；能对零件的多工种数控加工工艺进行合理性分析，并提出改进建议，确定零件数控加工工艺文件。

3. 能设计与制作高精度箱体类零件、带有叶片和螺旋桨等复杂轮廓零件的专用夹具；能对现有的多轴机床夹具进行误差分析并提出改进建议。

4. 能推广应用新刀具，依据切削条件和刀具条件估算刀具使用寿命，并根据刀具使用寿命计算和设置相关参数；能进行刀具刀柄的优化使用，提高生产效率，降低成本；能选择和使用适合高速切削的工具系统；能充分利用刀具的几何特征进行工艺优化，提高加工效率。

5. 能根据零件与加工要求编制具有指导性的变量编程程序。

6. 能编制特殊曲线轮廓的铣削程序；能利用计算机 CAD/CAM 软件对复杂零件进行实体或曲线曲面造型并通过后置处理生成加工程序，以及编制复杂零件的四轴联动或五轴联动的加工程序；能利用软件生成加工报表。

7. 能利用数控加工仿真软件分析和优化数控加工程序，实现多工位仿真；能操作多轴立式、卧式加工中心及高速加工中心，针对机床现状调整数控系统相关参数，校正多轴机床的多轴偏心问题。

8. 能进行特殊材料零件、复杂箱体类零件、叶片和螺旋桨零件、大型零件、微型零件、精密零件、易变形零件的加工（加工要求：孔、轴径公差等级为 IT6，几何公差等级为 IT7，表面粗糙度为 *Ra*1.6 μm）。

9. 能对复杂、异形零件进行精度检验，并根据测量结果分析产生误差的原因；能通过修正刀具补偿值和修正程序来减小加工误差。

10. 能对微型多轴数控机床进行安装和调试；能进行机床几何精度和切削精度检验；能分析和排除一般液压和机械故障，进行机床定位精度和重复定位精度检验；能进行机床定期维护、维修和保养。

对应或相关职业（工种）：多工序数控机床操作调整工（6-18-01-07）

职业资格（职业技能等级）：多工序数控机床操作调整工

专业主要教学内容：

机械设计、液压传动与气动控制技术、材料力学性能与选用、多轴数控机床典型结构、CAD/CAM/CAPP/CAE、简单 PLC 控制电路安装与调试、单片机控制设备安装与调试、自动控制技术、工业机器人控制与应用、多轴数控机床操作与编程综合技能、多轴数控机床安装与调试、多轴数控机床维修与保养等。

对应下一级专业编码：0128-3

0129　计算机辅助设计与制造

0129-3　高级

专业编码：0129-3

专业名称：计算机辅助设计与制造

培养目标：培养运用计算机辅助设计技术、数控加工技术、3D 打印技术，从事产品数字化设计与协同制造的高级技能人才（高级工）。

学习年限：2 年（达到中级技能水平学生），3 年（高中毕业生），5 年（初中毕业生）

职业能力：

具有积极的人生态度、健康的心理素质、良好的职业道德和较扎实的文化基础知识；具有获取新知识、新技能的意识和能力，能适应不断变化的职业社会；熟悉企业生产流程，严格执行机械设备操作规定，遵守各项工艺规程，重视环境保护，并具有独立解决非常规问题的基本能力；能指导他人进行工作或协助培训一般操作人员。同时具有下列专业能力：

1. 能识读、测绘中等复杂零件图样，使用计算机 CAD 软件绘制产品二维工程图。

2. 能进行基本的工程力学分析，并运用标准手册查阅相关技术资料，使用二维、三维设计软件完成中等复杂产品的三维建模。

3. 能手工编制中等复杂零件的加工程序，用计算机软件自动生成数控加工程序。

4. 能选择常用材料、刀具、加工设备，设置加工参数，完成程序验证。

5. 能使用 CAM 软件独立编制中等复杂零件的数控机床（数控车床、数控铣床）加工程序，操作数控机床加工工件。

6. 能完成中等复杂零件的质量检测，根据加工任务，对工艺方案和加工程序提出优化建议。

7. 能使用至少两种常用计算机软件进行中等复杂零件正向数字建模和逆向数字建模设计，操作 3D 打印机打印中等复杂零件。

8. 能合理选用 3D 打印增材制造或数控加工减材制造方式，运用计算机辅助设计技术、数控加工技术、3D 打印技术，从事中等复杂产品的数字化设计与协同制造。

9. 能对典型数控机床和 3D 打印设备进行维护，诊断和排除简单故障。

对应或相关职业（工种）：制图员（3-01-02-07）、多工序数控机床操作调整工（6-18-01-07）

职业资格（职业技能等级）：制图员、多工序数控机床操作调整工

专业主要教学内容：

机械制图、机械基础、工业设计基础、金属材料选用与热处理、极限配合与技术测量、数控编程与工艺、机械测量技术、产品数字化设计、3D 打印技术、逆向工程技术、车工/铣工基本技能、计算机辅助设计（CAD）技能训练、计算机辅助制造（CAM）技能训练、数控车工/数控铣工技能训练、3D 打印和逆向工程技能训练、产品数字化设计与协同制造等。

对应上一级专业编码：0129-2

0129-2 预备技师

专业编码：0129-2

专业名称：计算机辅助设计与制造

培养目标：培养运用计算机辅助设计技术、数控加工技术、3D 打印技术，从事产品数字化设计与协同制造的高级技能人才（预备技师）。

学习年限：2 年（达到高级技能水平学生），3 年（达到中级技能水平学生），4 年（高中毕业生），6 年（初中毕业生）

职业能力：

具有积极的人生态度、健康的心理素质、良好的职业道德和较扎实的文化基础知识；具有获取新知识、新技能的意识和能力，能适应不断变化的职业社会；严格执行机械设备操作规定，遵守各项工艺规程，重视环境保护，并能根据生产流程变化，独立解决工作过程中非常规性的综合问题，具有一定的革新能力；能指导他人进行工作或培训一般操作人员，能协助部门领导进行生产现场的相关管理工作。同时具有下列专业能力：

1. 能识读、测绘复杂零件图样，使用计算机 CAD 软件绘制产品二维工程图。

2. 能进行基本的工程力学分析，并运用标准手册查阅相关技术资料，使用二维、三维设计软件完成复杂产品的三维建模。

3. 能手工编制复杂零件的加工程序，用计算机软件自动生成数控加工程序。

4. 能选择特殊材料和刀具、多轴加工设备，设置加工参数，完成程序验证。

5. 能使用 CAM 软件独立编制复杂零件的数控机床（数控车床、数控铣床、加工中心、多轴加工机床）加工程序，操作数控机床加工工件。

6. 能完成复杂零件的质量检测及分析，根据加工任务，对工艺方案和加工程序提出优化建议。

7. 能使用至少两种常用计算机软件进行复杂零件正向数字建模和逆向数字建模创新设计，能操作 3D 打印机打印复杂零件。

8. 能合理选用 3D 打印增材制造或数控加工减材制造方式，运用计算机辅助设计技术、数控加工技术、3D 打印技术，从事复杂产品的数字化设计与协同制造。

9. 能对典型数控机床和 3D 打印设备关键部件进行装调，排除一般故障和进行日常维护保养。

对应或相关职业（工种）：制图员（3-01-02-07）、多工序数控机床操作调整工（6-18-01-07）

职业资格（职业技能等级）：制图员、多工序数控机床操作调整工

专业主要教学内容：

数控机床原理、金属切削原理与刀具、机床电路控制与 PLC、多轴编程与仿真、多轴加工技术、精密检测技术、产品数字化创新设计、计算机辅助设计（CAD）技能训练、计算机辅助制造（CAM）技能训练、3D 打印和逆向工程技能训练、多轴数控机床操作技能训练、产品创新设计与数字协同制造技能训练、产品协同装配与调试技能训练等。

对应下一级专业编码：0129-3

0130　3D 打印技术应用

0130-4　中级

专业编码：0130-4

专业名称：3D 打印技术应用

培养目标：培养从事 3D 数字建模、逆向造型、3D 打印设备操作、模型后处理、协同制造、3D 打印设备维护及营销服务的中级技能人才。

学习年限：3 年（初中毕业生），2 年（高中毕业生）

职业能力：

具有积极的人生态度、健康的心理素质、良好的职业道德和较扎实的文化基础知识；具有获取新知识、新技能的意识和能力，能适应不断变化的职业社会；了解企业生产流程，严格执行机械设备操作规定，遵守各项工艺规程，具有安全意识，重视环境保护，并能解决一般性专业问题。同时具有下列专业能力：

1. 能运用常用计算机绘图软件绘制中等复杂零件图的二维图形，进行 3D 数字建模。

2. 能使用 3D 扫描设备扫描中等复杂样件，采集数据和进行点云数据处理，进行 3D 逆向造型。

3. 能使用数据处理软件导入中等复杂的三维模型，分析模型，并选择合适的打印工艺；能把中等复杂的三维模型导入切片软件，在简易设置模式下完成切片参数设置，编制打印程序。

4. 能按工艺文件要求安装打印耗材，导入打印文件，操作 FDM 类型 3D 打印机打印中等复杂的三维模型，并符合图样精度要求。

5. 能使用雕刻刀等工具修整打印模型，去除毛刺和支撑材料，进行模型后处理。

6. 能编制简单零件数控加工程序，完成数控零件加工和检测。

7. 能合理选用 3D 打印增材制造或数控加工减材制造方式，进行简单产品的协同制造。

8. 能根据说明书完成 3D 打印设备的常见故障维修和日常维护保养。

9. 能推广销售常见 3D 打印设备，从事售前和售后技术服务工作。

对应或相关职业（工种）：增材制造设备操作员 L/S①（6-18-01-13）、制图员（3-01-02-07）

职业资格（职业技能等级）：增材制造设备操作员、制图员

专业主要教学内容：

机械制图、美术基础、色彩构成、产品手绘、平面设计、立体造型设计、CAD 辅助设计、3D 扫描技术及应用、3D 打印设备原理与维护、市场营销、零件普通加工、零件数控编程与加工、3D 数字建模技能训练、逆向工程技能训练、3D 打印技能训练、数控机床加工技能训练等。

对应上一级专业编码：0130-3

---

① L 为“绿色职业”标识，“S”为“数字职业”标识，下同。

0130-3　高级

专业编码：0130-3

专业名称：3D 打印技术应用

培养目标：培养从事 3D 数字建模、逆向造型、3D 打印设备操作、模型后处理、协同制造、3D 打印设备装调及营销服务的高级技能人才（高级工）。

学习年限：2 年（达到中级技能水平学生），3 年（高中毕业生），5 年（初中毕业生）

职业能力：

具有积极的人生态度、健康的心理素质、良好的职业道德和较扎实的文化基础知识；具有获取新知识、新技能的意识和能力，能适应不断变化的职业社会；熟悉企业生产流程，严格执行机械设备操作规定，遵守各项工艺规程，重视环境保护，并具有独立解决非常规问题的基本能力；能指导他人进行工作或协助培训一般操作人员。同时具有下列专业能力：

1. 能识读中等复杂程度的装配图，根据装配图拆画零件图，绘制各种标准件和常用件。

2. 能运用常用计算机绘图软件绘制复杂的二维图形和包含曲面的三维图形，进行 3D 数字建模。

3. 能使用 3D 扫描设备扫描复杂样件，采集数据和进行点云数据处理，进行逆向造型和创新设计。

4. 能根据客户要求使用数据处理软件处理复杂的三维模型，编制打印工艺文件；能把复杂的三维模型导入切片软件，在高级设置模式下完成切片参数设置，编制打印程序。

5. 能按工艺文件要求安装打印耗材，导入打印文件，操作 FDM、SLA 类型 3D 打印机打印复杂的三维模型，处理程序中断等各种情况，所打印的模型符合图样精度要求。

6. 能运用静置、强制固化、去粉、包裹等工艺处理打印作品，进行模型后处理。

7. 能编制中等复杂零件数控加工程序，完成数控零件加工和检测；能完成中等复杂产品的协同制造。

8. 能根据说明书将 3D 打印机零部件组装成整机，进行打印平台平整度的检验和打印测试；能判断 3D 打印机的一般机械故障和电路故障，并完成 3D 打印机的定期维护保养。

9. 能推广销售不同类别 3D 打印设备，从事售前、售后技术服务和培训工作。

对应或相关职业（工种）：增材制造设备操作员 L/S（6-18-01-13）、制图员（3-01-02-07）

职业资格（职业技能等级）：增材制造设备操作员、制图员

专业主要教学内容：

机械基础、安全用电、零件测绘与分析、产品数字化设计、逆向工程技术、3D 打印技术、多轴加工技术、精密检测技术、产品协同装配与调试技术、产品创新设计与 3D 打印综合技能训练、产品创新设计与多轴数控加工综合技能训练、产品创新设计与数字协同制造、3D 打印设备装调与故障诊断等。

对应下一级专业编码：0130-4

0131　金属材料分析与检测

0131-4　中级

专业编码：0131-4

专业名称：金属材料分析与检测

培养目标：培养从事金属金相分析和金属性能检测的中级技能人才。

学习年限：3 年（初中毕业生），2 年（高中毕业生）

职业能力：

具有积极的人生态度、健康的心理素质、良好的职业道德和较扎实的文化基础知识；具有获取新知识、新技能的意识和能力，能适应不断变化的职业社会；了解企业生产流程，严格执行设备操作规定，遵守各项工艺规程，具有安全意识，重视环境保护，并能解决一般性专业问题。同时具有下列专业能力：

1. 能根据零件图的技术要求，看懂热处理工艺卡。
2. 能用火花鉴别法鉴别碳素钢的碳含量。
3. 能熟练使用各种硬度计测量工件的硬度。
4. 能熟练制备金相试样，并能保养和维护金相制备设备。
5. 能使用金相显微镜观察常规金相组织。
6. 能使用相关设备测量材料的力学性能。
7. 能使用磁粉探伤仪检测工件的表面裂纹。
8. 能对热处理工件的热处理质量进行判断。

对应或相关职业（工种）：金属热处理工（6-18-02-03）、物理性能检验员（6-31-03-02）、无损检测员（6-31-03-04）

职业资格（职业技能等级）：金属热处理工、物理性能检验员、无损检测员

专业主要教学内容：

机械识图、机械基础、极限与配合、热处理原理及工艺、常用金属材料热处理、金相分析与检验、热处理设备、磁粉探伤技术、热处理实训等。

对应上一级专业编码：0131-3

0131-3　高级

专业编码：0131-3

专业名称：金属材料分析与检测

培养目标：培养从事金属金相分析和金属性能检测的高级技能人才（高级工）。

学习年限：2 年（达到中级技能水平学生），3 年（高中毕业生），5 年（初中毕业生）

职业能力：

具有积极的人生态度、健康的心理素质、良好的职业道德和较扎实的文化基础知识；具有获取新知识、新技能的意识和能力，能适应不断变化的职业社会；熟悉企业生产流程，严格执行设备操作规定，遵守各项工艺规程，重视环境保护，并具有独立解决非常规问题的基本能力；能指导他人进行工作或协助培训一般操作人员。同时具有下列专业能力：

1. 能识读机械零件图与简单装配图，绘制零件图。

2. 能制定常用材料的热处理工艺。

3. 能根据工件的热处理技术要求，正确选用热处理生产及检测设备。

4. 能熟练运用火花鉴别法鉴别出常用金属材料的牌号。

5. 能熟练使用化学分析法测量出常用金属材料的化学成分。

6. 能熟练使用超声波探伤仪检测工件的内部缺陷。

7. 能熟练评定金属材料各种金相组织的级别。

8. 能熟练检测工件表面热处理的金相组织。

9. 能撰写热处理工件质量检测及分析报告。

对应或相关职业（工种）：金属热处理工（6-18-02-03）、物理性能检验员（6-31-03-02）、无损检测员（6-31-03-04）

职业资格（职业技能等级）：金属热处理工、物理性能检验员、无损检测员

专业主要教学内容：

金属工艺学、机械设计基础、新材料与新工艺、热处理设备、金属材料及热处理、材料力学性能、超声波探伤、材料分析测试技术、化学与材料成分检测、热处理质量分析、热处理实训等。

对应下一级专业编码：0131-4

0132　新能源汽车制造与装配

0132-4　中级

专业编码：0132-4

专业名称：新能源汽车制造与装配

培养目标：培养从事新能源汽车部件制造、总成及整车装配的中级技能人才。

学习年限：3 年（初中毕业生），2 年（高中毕业生）

职业能力：

具有积极的人生态度、健康的心理素质、良好的职业道德和较扎实的文化基础知识；具有获取新知识、新技能的意识和能力，能适应不断变化的职业社会；了解企业生产流程，严格执行机械设备操作规定，遵守各项工艺规程，具有安全意识，重视环境保护，并能解决一般性专业问题。同时具有下列专业能力：

1. 能了解新能源汽车各种开关、功能设置、警告灯含义和注意事项。

2. 能了解新能源汽车的基本结构、实现功能、工作原理、驱动形式和行驶性能。

3. 能掌握驾驶要领，驾驶新能源汽车。

4. 能识读简单机械零件图与装配图，绘制简单零件图。

5. 能看懂新能源汽车关键功能部件装配工艺卡和装配质量检验卡，掌握关键功能部件的制造和装配工艺。

6. 能加工、制造新能源汽车简单零部件。

7. 能使用新能源汽车装配与调试简单设备、工具和防护用具。

8. 能根据新能源汽车关键功能部件装配工艺卡和装配质量检验卡，完成有常规要求的

紧固件、密封件等简单零件的装配，并按照流程完成关键功能部件的总成及装配。

9. 能完成新能源汽车简单维护保养作业。

对应或相关职业（工种）：汽车生产线操作工（6-22-01-01）、汽车饰件制造工（6-22-01-02）、汽车零部件再制造工 L（6-22-01-03）、汽车装调工（6-22-02-01）、汽车回收拆解工 L（6-22-02-02）、汽车维修工（4-12-01-01）

职业资格（职业技能等级）：汽车装调工、汽车维修工

专业主要教学内容：

新能源汽车认知、汽车机械基础、机械识图与 CAD、电工电子技术基础、汽车构造、汽车电器、汽车驾驶技能训练、装配钳工基本技能、新能源汽车高压安全、维修电工基础、发动机与底盘拆装技能训练、汽车维护技能训练等。

对应上一级专业编码：0132-3

0132-3 高级

专业编码：0132-3

专业名称：新能源汽车制造与装配

培养目标：培养从事新能源汽车部件制造、总成，以及整车试制、装配、调整、质量检验、性能检测的高级技能人才（高级工）。

学习年限：2 年（达到中级技能水平学生），3 年（高中毕业生），5 年（初中毕业生）

职业能力：

具有积极的人生态度、健康的心理素质、良好的职业道德和较扎实的文化基础知识；具有获取新知识、新技能的意识和能力，能适应不断变化的职业社会；熟悉企业生产流程，严格执行机械设备操作规定，遵守各项工艺规程，重视环境保护，并具有独立解决非常规问题的基本能力；能指导他人进行工作或协助培训一般操作人员。同时具有下列专业能力：

1. 能了解新能源汽车充电机功能布局和电能补给方式，以及充电结构原理和性能，掌握充电方法及注意事项，能维护充电系统。

2. 能掌握多种新能源汽车基本结构、实现功能、工作原理、驱动形式和行驶性能。

3. 能掌握驾驶技巧，熟练驾驶新能源汽车。

4. 能识读较复杂的机械零件图与装配图，绘制较复杂的零件图。

5. 能看懂新能源汽车总装配工艺卡和装配质量检验卡，掌握新能源汽车的制造和装配工艺。

6. 能加工、制造新能源汽车较复杂的零部件。

7. 能正确使用新能源汽车装配与调试设备和工具，进行多工位装配操作。

8. 能根据新能源汽车装配工艺卡和装配质量检验卡，完成有预紧力的零件装配，并按照流程完成新能源汽车整车装配与调试。

9. 能完成新能源汽车二级维护保养作业。

对应或相关职业（工种）：汽车生产线操作工（6-22-01-01）、汽车饰件制造工（6-22-01-02）、汽车零部件再制造工 L（6-22-01-03）、汽车装调工（6-22-02-01）、汽车回收拆解工 L（6-22-02-02）、汽车维修工（4-12-01-01）

职业资格（职业技能等级）：汽车装调工、汽车维修工

专业主要教学内容：

汽车工程材料、汽车构造、汽车充电原理、现代汽车制造技术、CAD/CAM、新能源汽车制造工艺学、新能源汽车装配工艺学、装配钳工综合技能训练、整车拆装实训、整车装配与调试、整车控制策略、整车维护与保养等。

对应下一级专业编码：0132-4

0133　飞机制造与装配

0133-4　中级

专业编码：0133-4

专业名称：飞机制造与装配

培养目标：培养从事飞机零部件制造与飞机部装、总装的中级技能人才。

学习年限：3 年（初中毕业生），2 年（高中毕业生）

职业能力：

具有积极的人生态度、健康的心理素质、良好的职业道德和较扎实的文化基础知识；具有获取新知识、新技能的意识和能力，能适应不断变化的职业社会；了解企业生产流程，严格执行航空生产工作规定，遵守各项工艺规程，具有安全意识，重视环境保护，并能解决一般性专业问题。同时具有下列专业能力：

1. 能识读机械零件图与简单装配图，绘制一般难度的零件图。

2. 能进行划线、孔加工、静平衡调整、刮削、研磨、连接件与轴承的装配等钳工基本操作。

3. 能对中等复杂钳工零件进行加工，并对加工难点进行工艺分析，制定加工工艺路线。

4. 能完成中等复杂飞机钣金零件的收边、放边、拔缘、拱曲、咬缝等钣金工艺操作。

5. 能正确使用各种常用量具进行加工质量检验。

6. 能识读基本的飞机结构装配图，并能编制加工工艺规程。

7. 能完成飞机铆接装配中等复杂组合件的零件加工、间隙修合以及铆接装配工作。

8. 能分析和解决飞机铆接装配生产中出现的简单问题。

9. 能正确使用和保养飞机生产中所应用的风钻、铆枪、钻床、闸压床、拉弯机、拉形机等设备、工具，排除使用过程中出现的简单故障。

10. 能掌握航空基础知识，了解航空生产的基本概念和专业标准。

对应或相关职业（工种）：飞机装配工（6-23-03-01）、装配钳工（6-20-01-01）、冲压工（6-18-01-12）

职业资格（职业技能等级）：钳工、冲压工

专业主要教学内容：

航空基础知识、机械制图、飞机制图、极限配合与技术测量、机械基础、金属材料与热处理、装配钳工工艺与技能、飞机铆接工工艺与技能、飞机钣金工工艺与技能等。

对应上一级专业编码：0133-3

0133-3 高级

专业编码：0133-3

专业名称：飞机制造与装配

培养目标：培养从事飞机零部件制造与飞机部装、总装的高级技能人才（高级工）。

学习年限：2 年（达到中级技能水平学生），3 年（高中毕业生），5 年（初中毕业生）

职业能力：

具有积极的人生态度、健康的心理素质、良好的职业道德和较扎实的文化基础知识；具有获取新知识、新技能的意识和能力，能适应不断变化的职业社会；熟悉企业生产流程，严格执行航空生产工作规定，遵守各项工艺规程，重视环境保护，并具有独立解决非常规问题的基本能力；能指导他人进行工作或协助培训一般操作人员。同时具有下列专业能力：

1. 能识读并绘制机械零件图与装配图，并能使用计算机绘图软件绘制零件图。
2. 能掌握飞机制造中协调与互换知识，正确编制和使用装配指令。
3. 能刃磨钻头并按图样要求钻复杂零件上的小孔、斜孔、深孔、盲孔以及铰削高精度孔。
4. 能完成简单的机械装配与调整工作，并对装配质量进行检验。
5. 能进行平面、曲面、孔的刮削、研磨。
6. 能完成复杂飞机钣金零件的收边、放边、拔缘、拱曲、咬缝、卷边、校正等钣金工艺操作。
7. 能识读飞机结构装配图，并能编制加工工艺规程。
8. 能完成飞机铆接装配复杂组合件的零件加工、间隙修合以及铆接装配工作。
9. 能分析和解决飞机铆接装配生产中出现的一般问题。
10. 能正确使用与维护模具、型架夹具。
11. 能了解航空生产的新技术、新工艺、新设备、新材料。

对应或相关职业（工种）：飞机装配工（6-23-03-01）、装配钳工（6-20-01-01）、冲压工（6-18-01-12）

职业资格（职业技能等级）：钳工、冲压工

专业主要教学内容：

航空基础知识、机械制图、飞机制图、极限配合与技术测量、机械基础、金属材料与热处理、金属切削原理与刀具、模具结构设计、CAD/CAM 基础、装配钳工工艺与技能、飞机铆接工工艺与技能、飞机钣金工工艺与技能、飞机型架制造与安装工艺、飞机装配工艺学等。

对应下一级专业编码：0133-4

0134 产品检测与质量控制

0134-4 中级

专业编码：0134-4

专业名称：产品检测与质量控制

培养目标：培养从事机电产品检测并对产品质量进行分析与控制的中级技能人才。

学习年限：3 年（初中毕业生），2 年（高中毕业生）

职业能力：

具有积极的人生态度、健康的心理素质、良好的职业道德和较扎实的文化基础知识；具有获取新知识、新技能的意识和能力，能适应不断变化的职业社会；了解企业生产流程，严格执行机械设备操作规定，遵守各项工艺规程，具有安全意识，重视环境保护，并能解决一般性专业问题。同时具有下列专业能力：

1. 了解机电产品常用材料的一般性能、缺陷形式及对性能的影响。
2. 能识读机械零件图和装配图，掌握零件材料、尺寸对产品性能、安全和使用寿命的影响。
3. 能识读机电产品工作原理图，掌握元器件及组装质量对产品性能、安全和使用寿命的影响。
4. 能正确使用常用量具、检验工具和电工仪表。
5. 了解常见机电产品的生产流程和生产工艺，能应用常见机电产品零部件生产过程的质量检验方法。
6. 能对典型零件、元件及产品进行检测，并能应用抽样检验方法。
7. 能对产品检测过程中发现的缺陷进行原因分析，并能提出改进建议。
8. 能应用 6S 管理方法，了解 ISO 9000 质量管理体系。

对应或相关职业（工种）：质检员（6-31-03-05）、无损检测员（6-31-03-04）、物理性能检验员（6-31-03-02）

职业资格（职业技能等级）：质检员、无损检测员、物理性能检验员

专业主要教学内容：

机械制图与 CAD、金属材料力学及金相检验、极限配合与技术测量、常用机械加工技术、电工与电子技术、电工电子仪表、机械检测技术、进料检验与供应商管理、质量管理与控制技术等。

对应上一级专业编码：0134-3

0134-3　高级

专业编码：0134-3

专业名称：产品检测与质量控制

培养目标：培养从事机电产品检测并对产品质量进行分析、控制与管理的高级技能人才（高级工）。

学习年限：2 年（达到中级技能水平学生），3 年（高中毕业生），5 年（初中毕业生）

职业能力：

具有积极的人生态度、健康的心理素质、良好的职业道德和较扎实的文化基础知识；具有获取新知识、新技能的意识和能力，能适应不断变化的职业社会；熟悉企业生产流程，严格执行机械设备操作规定，遵守各项工艺规程，重视环境保护，并具有独立解决非常规问题的基本能力；能指导他人进行工作或协助培训一般操作人员。同时具有下列专业能力：

1. 熟练掌握机电产品材料内在质量的缺陷判别和检测方法。

2. 能快速诊断、检测机械零件、机械产品缺陷，对缺陷进行原因分析，提出并实施纠正与预防措施。

3. 能快速诊断、检测电气电子产品缺陷，对缺陷进行原因分析，提出并实施纠正与预防措施。

4. 能使用准直仪、激光干涉仪、三坐标测量机等仪器设备。

5. 能使用复杂的电工电子仪表。

6. 能熟练应用抽样检验方法。

7. 能根据产品质量控制方法，运用质量管理图表和统计技术分析产品质量。

8. 能应用自动检测（主动测量）原理和方法，并正确调整参数和利用检测结果。

9. 能根据工作单位的实际需要制定/修订检验标准书。

10. 能熟练应用6S管理方法，初步具备推行ISO 9000质量管理体系及开展内部质量管理体系审核的能力。

对应或相关职业（工种）：质检员（6-31-03-05）、无损检测员（6-31-03-04）、物理性能检验员（6-31-03-02）

职业资格（职业技能等级）：质检员、无损检测员、物理性能检验员

专业主要教学内容：

机械检测技术、典型自动测量装置原理及应用、准直仪和激光干涉仪测量原理及使用方法、三坐标测量机应用、传感器测量技术、进料检验与供应商管理、过程质量控制、质量管理与控制技术等。

对应下一级专业编码：0134-4

0135　工业机械自动化装调

0135-3　高级

专业编码：0135-3

专业名称：工业机械自动化装调

培养目标：培养从事工业机械自动化装调的高级技能人才（高级工）。

学习年限：2年（达到中级技能水平学生），3年（高中毕业生），5年（初中毕业生）

职业能力：

具有积极的人生态度、健康的心理素质、良好的职业道德和较扎实的文化基础知识；具有获取新知识、新技能的意识和能力，能适应不断变化的职业社会；熟悉企业生产流程，严格执行设备操作规定，遵守各项工艺规程，重视环境保护，并具有独立解决非常规问题的基本能力；能指导他人进行工作或协助培训一般操作人员。同时具有下列专业能力：

1. 能识读零件图和焊接图，并能用车削、铣削或焊接方式加工简单零件。

2. 能识读装配图并据其完成零部件装配工作。

3. 能根据零部件加工工艺设计工装夹具。

4. 能运用先进检测设备和量具检测高精度设备部件。

5. 能根据系统原理图拆卸修理或更换液压装置，以及检查其回路。

6. 能运用电气测试仪器诊断电气系统故障并将其安全排除。

7. 能完成工业机械自动化设备装配与调试工作。

8. 能对工业机械自动化设备进行日常维护和检修。

对应或相关职业（工种）：装配钳工（6-20-01-01）、机床装调维修工（6-20-03-01）、电工（6-31-01-03）、工业机器人系统运维员 S（6-31-07-01）

职业资格（职业技能等级）：钳工、机床装调维修工、电工、工业机器人系统运维员

专业主要教学内容：

三维 CAD 造型技术、夹具制作、极限配合与技术测量、机械制造工艺、电力拖动控制线路、零件手工加工、零件车铣加工、零件焊接加工、液压传动与气动技术、机构制作、机械传动与装调等。

对应上一级专业编码：0135-2

0135-2 预备技师

专业编码：0135-2

专业名称：工业机械自动化装调

培养目标：培养从事工业机械自动化装调的高级技能人才（预备技师）。

学习年限：2 年（达到高级技能水平学生），3 年（达到中级技能水平学生），4 年（高中毕业生），6 年（初中毕业生）

职业能力：

具有积极的人生态度、健康的心理素质、良好的职业道德和较扎实的文化基础知识；具有获取新知识、新技能的意识和能力，能适应不断变化的职业社会；严格执行设备操作规定，遵守各项工艺规程，重视环境保护，并能根据生产流程变化，独立解决工作过程中非常规性的综合问题，具有一定的革新能力；能指导他人进行工作或培训一般操作人员，能协助部门领导进行生产现场的相关管理工作。同时具有下列专业能力：

1. 能识读零件图和焊接图，并能用车削、铣削或焊接方式加工简单零件。

2. 能识读和解读工作原理图和工程图样，并能根据相关技术资料分析解决工业机械自动化装调问题。

3. 能诊断和排除机械、动力传输、液压气动等设备的电气安装故障。

4. 能熟练使用热成像仪、对中仪、故障诊断仪等测试和校准测量设备诊断工业机械自动化装调故障。

5. 能排除工业机械自动化设备故障，并完成相关维修工作。

对应或相关职业（工种）：装配钳工（6-20-01-01）、机床装调维修工（6-20-03-01）、电工（6-31-01-03）、工业机器人系统运维员 S（6-31-07-01）

职业资格（职业技能等级）：钳工、机床装调维修工、电工、工业机器人系统运维员

专业主要教学内容：

工业设计与三维 CAD 技术、夹具制作、刀具切削原理、极限配合与技术测量、零件手工加工、零件车铣加工、零件焊接加工、机构制作、液压传动与气动技术、气电液综合控制技术、机械传动与装调、智能控制技术、工业设备故障诊断技术等。

对应下一级专业编码：0135-3

0136　数字化设计与制造

0136-3　高级

专业编码： 0136-3

专业名称： 数字化设计与制造

培养目标： 培养从事数字化设计与制造的高级技能人才（高级工）。

学习年限： 2 年（达到中级技能水平学生），3 年（高中毕业生），5 年（初中毕业生）

职业能力：

具有积极的人生态度、健康的心理素质、良好的职业道德和较扎实的文化基础知识；具有获取新知识、新技能的意识和能力，能适应不断变化的职业社会；熟悉企业生产流程，严格执行设备操作规定，遵守各项工艺规程，重视环境保护，并具有独立解决非常规问题的基本能力；能指导他人进行工作或协助培训一般操作人员。同时具有下列专业能力：

1. 能运用设计软件完成较复杂产品正向造型、创新设计，以及三维建模和数字化装配。

2. 能运用三维扫描设备采集较复杂样件数据并进行点云数据处理，完成较复杂产品逆向造型、创新设计，以及三维建模和数字化装配。

3. 能运用 CAE 软件在三维建模基础上对较复杂产品进行仿真装配和结构分析。

4. 能读懂和编制较复杂产品零部件的加工工艺文件、数控加工工艺文件，运用 CAM 软件编制 CAM 程序，完成常规工艺仿真、优化以及生产节拍验证。

5. 能按照加工工艺完成较复杂零件加工所需夹具的数字化设计和验证。

6. 能熟练操作多种数控机床（数控车床、数控铣床、多轴加工中心等）完成较复杂零件的 CAM 编程加工和质量检测，了解数字化双胞胎的设计、加工、工艺优化的流程和方法。

7. 能操作逆向扫描和增材制造设备，完成较复杂产品的逆向造型、创新设计、快速原型制造（RPM），以及质量检测。

8. 能在产品数据管理（PDM）系统环境下进行常见产品设计与制造的数字化管理，对工艺方案和加工程序提出优化建议。

9. 能完成数字化设计和管理数据的归档整理和分析。

10. 能完成数控机床、增材制造等数字化制造设备的维护和常见故障诊断与排除。

对应或相关职业（工种）： 制图员（3-01-02-07）、车工（6-18-01-01）、铣工（6-18-01-02）、多工序数控机床操作调整工（6-18-01-07）、增材制造设备操作员 L/S（6-18-01-13）

职业资格（职业技能等级）： 制图员、车工、铣工、多工序数控机床操作调整工、增材制造设备操作员

专业主要教学内容：

机械零部件测绘、工业设计案例与技巧、典型夹具结构、典型零件加工工艺、CAD/CAM、逆向扫描和建模、数控加工工艺学、数控车床操作与编程、数控铣床操作与编程、加工中心操作与编程、精密检测技术、增材制造技术、数字化质量检测、产品数据管理（PDM）系统、数控机床常见故障诊断与排除、增材制造设备常见故障诊断与排除等。

对应上一级专业编码： 0136-2

0136-2　预备技师

专业编码：0136-2

专业名称：数字化设计与制造

培养目标：培养从事数字化设计与制造的高级技能人才（预备技师）。

学习年限：2 年（达到高级技能水平学生），3 年（达到中级技能水平学生），4 年（高中毕业生），6 年（初中毕业生）

职业能力：

具有积极的人生态度、健康的心理素质、良好的职业道德和较扎实的文化基础知识；具有获取新知识、新技能的意识和能力，能适应不断变化的职业社会；严格执行设备操作规定，遵守各项工艺规程，重视环境保护，并能根据生产流程变化，独立解决工作过程中非常规性的综合问题，具有一定的革新能力；能指导他人进行工作或培训一般操作人员，能协助部门领导进行生产现场的相关管理工作。同时具有下列专业能力：

1. 能运用设计软件完成复杂产品正向造型、创新设计，以及三维建模和数字化装配。

2. 能运用三维扫描设备采集复杂样件数据并进行点云数据处理，完成复杂产品逆向造型、创新设计，以及三维建模和数字化装配。

3. 能运用 CAE 软件在三维建模基础上对复杂产品进行仿真装配和结构分析。

4. 能读懂和编制复杂产品零部件的加工工艺文件、数控加工工艺文件，运用 CAM 软件编制 CAM 程序，完成常规工艺仿真、优化以及生产节拍验证。

5. 能按照加工工艺完成复杂零件加工所需夹具的数字化设计和验证。

6. 能结合制造执行系统（MES）管理软件，熟练操作多种数控机床（数控车床、数控铣床、多轴加工中心等）完成复杂零件加工和质量检测，掌握数字化双胞胎的设计、加工、工艺优化的流程和方法。

7. 能操作多种逆向扫描和增材制造设备，完成复杂产品的逆向造型、创新设计和快速原型制造（RPM），以及质量检测。

8. 能在产品数据管理（PDM）和产品全生命周期管理（PLM）系统环境下，进行产品创新设计、制造和功能验证全过程的数字化管理，对工艺方案、加工程序和客户反馈提出优化建议。

9. 能完成数字化设计和管理数据的归档整理和分析。

10. 能完成数控机床、增材制造等数字化制造设备的维护和常见故障诊断与排除。

对应或相关职业（工种）：制图员（3-01-02-07）、车工（6-18-01-01）、铣工（6-18-01-02）、多工序数控机床操作调整工（6-18-01-07）、增材制造设备操作员 L/S（6-18-01-13）

职业资格（职业技能等级）：制图员、车工、铣工、多工序数控机床操作调整工、增材制造设备操作员

专业主要教学内容：

机械设计、CAE/CAPP、多轴编程与仿真加工、产品数字化创新设计、工业互联网技术、制造执行系统（MES）、产品全生命周期管理（PLM）、产品数字化设计与制造综合技能训练、数字化制造车间维护、数字化制造车间故障诊断与排除等。

对应下一级专业编码：0136-3

0137 智能制造技术应用

0137-3 高级

专业编码：0137-3

专业名称：智能制造技术应用

培养目标：培养从事智能制造技术应用的高级技能人才（高级工）。

学习年限：2 年（达到中级技能水平学生），3 年（高中毕业生），5 年（初中毕业生）

职业能力：

具有积极的人生态度、健康的心理素质、良好的职业道德和较扎实的文化基础知识；具有获取新知识、新技能的意识和能力，能适应不断变化的职业社会；熟悉企业生产流程，严格执行设备操作规定，遵守各项工艺规程，重视环境保护，并具有独立解决非常规问题的基本能力；能指导他人进行工作或协助培训一般操作人员。同时具有下列专业能力：

1. 能识读及运用 CAD 软件绘制产品的零件图和装配图。
2. 能读懂较复杂产品零件的加工工艺，运用 CAM 软件编写较复杂零件加工程序，并运用机械加工设备完成加工。
3. 能完成工业机器人的编程与操作，实现加工及物料传送功能。
4. 能安装、调试立体仓库等仓储系统。
5. 能安装、调试工业机器人的末端执行机构。
6. 能安装、调试智能检测系统及优化检测程序。
7. 能运用 PLC 编程与控制技术对非标自动化设备进行联调控制。
8. 能运用工业软件对智能制造单元布局、制造流程等进行辅助设计与仿真。
9. 能对智能制造生产线进行组网、联调和流程优化，实现智能加工生产与管控。

对应或相关职业（工种）：装配钳工（6-20-01-01）、工业机器人系统操作员 S（6-31-07-03）、工业机器人系统运维员 S（6-31-07-01）、工业视觉系统运维员 S（6-31-07-02）、物联网安装调试员（6-25-04-09）、智能硬件装调员（6-25-04-05）、数字孪生应用技术员 S（4-04-05-10）、智能制造工程技术人员 S（2-02-38-05）

职业资格（职业技能等级）：钳工、工业机器人系统操作员、工业机器人系统运维员、物联网安装调试员

专业主要教学内容：

数控加工及工艺优化、数控加工刀具管理及在线检测、工业机器人集成与应用、智能物流系统安装与调试、非标执行机构优化与改造、智能传感器检测技术应用、智能生产线集成控制技术应用、智能制造单元三维模拟仿真设计与应用、工业互联网技术与应用、智能控制系统联调与运行等。

对应上一级专业编码：0137-2

0137-2 预备技师

专业编码：0137-2

专业名称：智能制造技术应用

培养目标：培养从事智能制造技术应用的高级技能人才（预备技师）。

学习年限：2 年（达到高级技能水平学生），3 年（达到中级技能水平学生），4 年（高中毕业生），6 年（初中毕业生）

职业能力：

具有积极的人生态度、健康的心理素质、良好的职业道德和较扎实的文化基础知识；具有获取新知识、新技能的意识和能力，能适应不断变化的职业社会；严格执行设备操作规定，遵守各项工艺规程，重视环境保护，并能根据生产流程变化，独立解决工作过程中非常规性的综合问题，具有一定的革新能力；能指导他人进行工作或培训一般操作人员，能协助部门领导进行生产现场的相关管理工作。同时具有下列专业能力：

1. 能管理与维护智能加工设备，完成复杂产品零件的编程、加工和工艺优化，以及完成智能加工刀具的在线检测与维护。

2. 能完成四轴和六轴工业机器人和无人搬运车（AGV）等工业机器人的编程、操作与维护。

3. 能运用仓库控制系统（WCS）管理维护立体仓库。

4. 能运用与维护智能检测系统（包括视觉检测和图像处理系统）。

5. 能运用 PLC 编程与控制技术优化智能制造系统程序，并试运行智能制造生产线以及对常见故障进行诊断排除。

6. 能运用工业软件对智能制造产线工艺流程等进行三维模拟仿真。

7. 能运用数据采集与监视控制（SCADA）系统、通信网络系统等采集、分析与处理智能制造系统数据，实现智能生产与管控。

8. 能运用物联网信息技术、大数据技术、MES/ERP 系统、云数据控制中心管理平台等优化与维护智能制造系统。

对应或相关职业（工种）：装配钳工（6-20-01-01）、工业机器人系统操作员 S（6-31-07-03）、工业机器人系统运维员 S（6-31-07-01）、工业视觉系统运维员 S（6-31-07-02）、物联网安装调试员（6-25-04-09）、智能硬件装调员（6-25-04-05）、数字孪生应用技术员 S（4-04-05-10）、智能制造工程技术人员 S（2-02-38-05）

职业资格（职业技能等级）：钳工、工业机器人系统操作员、工业机器人系统运维员、物联网安装调试员

专业主要教学内容：

机械设计及应用、PLC 编程与控制技术、视觉检测和图像处理技术应用、数控精密加工及工艺优化、工业机器人系统集成应用与维护、智能物流系统安装与调试、智能传感器检测技术应用、智能生产线集成控制技术应用、智能制造系统三维模拟仿真设计与应用、智能制造生产线仿真与虚拟调试、工业互联网技术应用、智能生产与管控、智能制造系统数据集成处理、智能制造系统管理与服务等。

对应下一级专业编码：0137-3

0138　智能装备安装与调试

0138-4　中级

专业编码： 0138-4

专业名称： 智能装备安装与调试

培养目标： 培养从事简单智能装备、智能制造单元、相关设施及系统安装与调试的中级技能人才。

学习年限： 3 年（初中毕业生），2 年（高中毕业生）

职业能力：

具有积极的人生态度、健康的心理素质、良好的职业道德和较扎实的文化基础知识；具有获取新知识、新技能的意识和能力，能适应不断变化的职业社会；了解企业生产流程，严格执行设备操作规定，遵守各项工艺规程，具有安全意识，重视环境保护，并能解决一般性专业问题。同时具有下列专业能力：

1. 能读懂简单智能装备的电气控制原理图。
2. 能读懂简单智能制造单元的电气原理图、接线图、机械装配图等。
3. 能根据要求完成简单智能制造单元主要硬件设备和控制系统的安装。
4. 能运用工业软件，完成简单产品的建模、加工、装配等工艺流程。
5. 能完成智能制造单元设备（如机器人、机床等）的简单配置、程序编写与调试、基本功能测试。
6. 能操作简单智能制造单元，根据要求实现简单工艺的加工、装配等生产任务。
7. 能根据智能制造系统及各组成单元的软件信息，对简单智能制造单元各设备进行维护及维修，处理简单故障。

对应或相关职业（工种）： 装配钳工（6-20-01-01）、机床装调维修工（6-20-03-01）、工业机器人系统操作员 S（6-31-07-03）、智能硬件装调员（6-25-04-05）

职业资格（职业技能等级）： 钳工、机床装调维修工、工业机器人系统操作员

专业主要教学内容：

机械制图、机械基础、公差与配合、CAD/CAM、数控机床与编程、电工电子技术基础、电气控制与 PLC 应用、工业机器人技术基础、智能制造技术基础、智能装备安装与调试技能训练等。

对应上一级专业编码： 0138-3

0138-3　高级

专业编码： 0138-3

专业名称： 智能装备安装与调试

培养目标： 培养从事中等复杂智能装备、智能制造单元、相关设施及系统安装与调试的高级技能人才（高级工）。

学习年限： 2 年（达到中级技能水平学生），3 年（高中毕业生），5 年（初中毕业生）

职业能力：

具有积极的人生态度、健康的心理素质、良好的职业道德和较扎实的文化基础知识；具有获取新知识、新技能的意识和能力，能适应不断变化的职业社会；熟悉企业生产流程，严格执行设备操作规定，遵守各项工艺规程，重视环境保护，并具有独立解决非常规问题的基本能力；能指导他人进行工作或协助培训一般操作人员。同时具有下列专业能力：

1. 能根据要求完成中等复杂智能制造单元主要硬件设备和控制系统的安装。

2. 能运用工业软件，完成中等复杂产品的建模、加工、装配等工艺流程。

3. 能完成中等复杂智能制造单元（如机器人、机床等）的基本功能测试。

4. 能操作中等复杂智能制造单元，根据要求实现中等复杂工艺的加工、装配、验证等生产任务。

5. 能根据智能制造系统及各组成单元的软件信息，对中等复杂智能制造单元各设备进行维护及维修，处理故障。

对应或相关职业（工种）：装配钳工（6-20-01-01）、机床装调维修工（6-20-03-01）、工业机器人系统操作员 S（6-31-07-03）、智能硬件装调员（6-25-04-05）、智能制造工程技术人员 S（2-02-38-05）

职业资格（职业技能等级）：钳工、机床装调维修工、工业机器人系统操作员

专业主要教学内容：

机械工程、电工电子技术、电气控制与 PLC 应用、工业机器人集成与应用、智能物流系统安装与调试、智能传感器检测技术应用、智能生产线集成控制技术应用、智能制造单元三维模拟仿真设计与应用、工业互联网技术与应用、智能制造单元安装与调试技能训练等。

对应上下级专业编码：0138-2、0138-4

0138-2　预备技师

专业编码：0138-2

专业名称：智能装备安装与调试

培养目标：培养从事复杂智能装备、智能制造单元（产线）、相关设施及系统安装与调试的高级技能人才（预备技师）。

学习年限：2 年（达到高级技能水平学生），3 年（达到中级技能水平学生），4 年（高中毕业生），6 年（初中毕业生）

职业能力：

具有积极的人生态度、健康的心理素质、良好的职业道德和较扎实的文化基础知识；具有获取新知识、新技能的意识和能力，能适应不断变化的职业社会；严格执行设备操作规定，遵守各项工艺规程，重视环境保护，并能根据生产流程变化，独立解决工作过程中非常规性的综合问题，具有一定的革新能力；能指导他人进行工作或培训一般操作人员，能协助部门领导进行生产现场的相关管理工作。同时具有下列专业能力：

1. 能根据要求完成复杂智能制造单元（产线）主要硬件设备和控制系统的安装。

2. 能运用工业软件，完成复杂产品的建模、加工、装配等工艺流程。

3. 能完成复杂智能制造单元（产线）的特殊功能测试。

4. 能操作复杂智能制造单元（产线），根据要求实现复杂工艺的加工、装配等生产任务。

5. 能根据智能制造系统及各组成单元的软件的信息，对复杂智能制造单元（产线）各设备进行维护及维修，处理特殊故障。

对应或相关职业（工种）：装配钳工（6-20-01-01）、机床装调维修工（6-20-03-01）、工业机器人系统操作员 S（6-31-07-03）、智能硬件装调员（6-25-04-05）、智能制造工程技术人员 S（2-02-38-05）

职业资格（职业技能等级）：钳工、机床装调维修工、工业机器人系统操作员

专业主要教学内容：

机械设计及应用、PLC 编程与控制技术、智能产线虚拟仿真、智能装备故障诊断与维修、工业互联网与物联网、人工智能技术应用、数据库与数据挖掘技术、计算机视觉处理技术、智能产线安装与调试技能训练等。

对应下一级专业编码：0138-3

0139 智能装备运行与维护

0139-4 中级

专业编码：0139-4

专业名称：智能装备运行与维护

培养目标：培养从事简单智能装备、智能制造单元、相关设施及系统运行与维护的中级技能人才。

学习年限：3 年（初中毕业生），2 年（高中毕业生）

职业能力：

具有积极的人生态度、健康的心理素质、良好的职业道德和较扎实的文化基础知识；具有获取新知识、新技能的意识和能力，能适应不断变化的职业社会；了解企业生产流程，严格执行设备操作规定，遵守各项工艺规程，具有安全意识，重视环境保护，并能解决一般性专业问题。同时具有下列专业能力：

1. 能根据操作手册，完成简单智能装备、智能制造单元、相关设施及系统的上电、开机、关机与运行等简单操作。

2. 能根据安全生产规程，完成简单智能装备、智能制造单元、相关设施及系统的机械和电气安全检查。

3. 能识读机械和电气原理图，完成智能装备、智能制造单元、相关设施及系统的简单故障诊断与排除。

4. 能根据保养手册，完成简单智能装备、智能制造单元、相关设施及系统的清洁、润滑、防腐等维护与保养，并做好保养记录。

5. 能根据生产任务要求，完成简单智能设备、设施及系统的测试与试运行，实现安全生产。

对应或相关职业（工种）：电工（6-31-01-03）、车工（6-18-01-01）、铣工（6-18-01-02）、工业机器人系统运维员 S（6-31-07-01）、工业视觉系统运维员 S（6-31-07-02）

职业资格（职业技能等级）：电工、车工、铣工、工业机器人系统运维员

专业主要教学内容：

机械制图、机械基础、公差与配合、CAD/CAM、数控机床与编程、电工电子技术基础、电气控制与 PLC 应用、工业机器人技术基础、智能制造技术基础、智能装备运行与维护等。

对应上一级专业编码：0139-3

0139-3　高级

专业编码：0139-3

专业名称：智能装备运行与维护

培养目标：培养从事中等复杂智能装备、智能制造单元、相关设施及系统运行与维护的高级技能人才（高级工）。

学习年限：2 年（达到中级技能水平学生），3 年（高中毕业生），5 年（初中毕业生）

职业能力：

具有积极的人生态度、健康的心理素质、良好的职业道德和较扎实的文化基础知识；具有获取新知识、新技能的意识和能力，能适应不断变化的职业社会；熟悉企业生产流程，严格执行设备操作规定，遵守各项工艺规程，重视环境保护，并具有独立解决非常规问题的基本能力；能指导他人进行工作或协助培训一般操作人员。同时具有下列专业能力：

1. 能根据工作任务要求，完成工业机器人、PLC、数控机床等智能装备的编程、调试与操作。

2. 能根据产品加工工艺，运用工业软件，编制产品的加工程序并验证。

3. 能运用生产管控 MES 软件，完成中等复杂智能装备、智能制造单元、相关设施及系统的生产管控。

4. 能运用生产管控 MES 软件，采集数据和状态，完成中等复杂智能装备、智能制造单元、相关设施及系统的监控。

5. 能根据运行日志，完成设备停机、异响、异常抖动等中等复杂故障诊断与排除。

6. 能根据中等复杂智能装备、智能制造单元、相关设施及系统的组成及运行状态，完成设备硬件更换、软件升级、系统备份等维护与保养工作。

对应或相关职业（工种）：电工（6-31-01-03）、车工（6-18-01-01）、铣工（6-18-01-02）、工业机器人系统运维员 S（6-31-07-01）、工业视觉系统运维员 S（6-31-07-02）、智能制造工程技术人员 S（2-02-38-05）

职业资格（职业技能等级）：电工、车工、铣工、工业机器人系统运维员

专业主要教学内容：

机械工程、数控机床与编程、电工电子技术、电气控制与 PLC 应用、工业机器人技术与应用、MES 技术与应用、数据采集与交互技术、智能装备故障诊断与维修、智能装备运行与维护技术、智能制造工程与技术等。

对应上下级专业编码：0139-2、0139-4

0139-2　预备技师

专业编码：0139-2

专业名称：智能装备运行与维护

培养目标：培养从事复杂智能装备、智能制造单元（产线）、相关设施及系统运行与维护的高级技能人才（预备技师）。

学习年限：2 年（达到高级技能水平学生），3 年（达到中级技能水平学生），4 年（高中毕业生），6 年（初中毕业生）

职业能力：

具有积极的人生态度、健康的心理素质、良好的职业道德和较扎实的文化基础知识；具有获取新知识、新技能的意识和能力，能适应不断变化的职业社会；严格执行设备操作规定，遵守各项工艺规程，重视环境保护，并能根据生产流程变化，独立解决工作过程中非常规性的综合问题，具有一定的革新能力；能指导他人进行工作或培训一般操作人员，能协助部门领导进行生产现场的相关管理工作。同时具有下列专业能力：

1. 能根据工作任务要求，完成复杂智能装备、智能制造单元（产线）、相关设施及系统的综合应用编程与系统联调。

2. 能根据产品的生产效率和质量，调整和优化产品工艺流程，编制产品工艺流程文件。

3. 能运用生产管控 MES 软件，完成复杂智能装备、智能制造单元（产线）、相关设施及系统的生产管控。

4. 能根据企业产品订单情况，优化生产管控 MES 软件的参数，提高产品的生产效率。

5. 能运用智能检测设备，完成设备精度差、能耗高等复杂故障的诊断与排除。

6. 能根据运行状态，完成智能装备精度标定、程序参数调整、加工参数优化等维护与保养工作。

对应或相关职业（工种）：电工（6-31-01-03）、车工（6-18-01-01）、铣工（6-18-01-02）、工业机器人系统运维员 S（6-31-07-01）、工业视觉系统运维员 S（6-31-07-02）、智能制造工程技术人员 S（2-02-38-05）

职业资格（职业技能等级）：电工、车工、铣工、工业机器人系统运维员

专业主要教学内容：

机械设计及应用、PLC 编程与控制技术应用、智能检测技术应用、人工智能技术应用、智能传感技术应用、智能产线虚拟仿真、智能产线故障诊断与维修、工业互联网与物联网、数据库与数据挖掘技术、计算机视觉处理技术、智能控制系统集成技术等。

对应下一级专业编码：0139-3

0140　智能装备工业视觉技术应用

0140-4　中级

专业编码：0140-4

专业名称：智能装备工业视觉技术应用

培养目标：培养从事简单智能装备工业视觉系统选型、安装调试、程序编制、故障诊断与排除、日常维修与保养作业的中级技能人才。

学习年限：3 年（初中毕业生），2 年（高中毕业生）

职业能力：

具有积极的人生态度、健康的心理素质、良好的职业道德和较扎实的文化基础知识；具

有获取新知识、新技能的意识和能力，能适应不断变化的职业社会；了解企业生产流程，严格执行设备操作规定，遵守各项工艺规程，具有安全意识，重视环境保护，并能解决一般性专业问题。同时具有下列专业能力：

1. 能根据简单智能装备需要，对相机、镜头、光源等视觉硬件进行选型。

2. 能根据图样完成简单智能装备工业视觉系统的安装和电气接线的连接。

3. 能根据简单智能装备工作场景要求调整光源的亮度、相机的高度以及镜头的焦距，进行物体采像打光。

4. 能正确安装工业视觉相关软件，理解工业视觉常用参数的概念，运用2D视觉软件完成相机的标定及相关参数配置，完成简单应用场景的搭建，完成工业视觉系统的调试和维护。

5. 能运用2D视觉软件完成与简单智能装备执行机构的数据交互。

6. 能根据检测数据对简单智能装备执行机构（工业机器人、PLC、运动控制机构等）进行路径规划和编程。

对应或相关职业（工种）：工业视觉系统运维员S（6-31-07-02）、工业机器人系统运维员S（6-31-07-01）

职业资格（职业技能等级）：工业机器人系统运维员

专业主要教学内容：

机械与电气识图、工业视觉基础、2D视觉软件操作、工业网络通信技术基础、可编程控制技术基础、工业机器人技术基础、传感器技术基础、电机控制技术基础、工业视觉系统安装与调试技能训练等。

对应上一级专业编码：0140-3

0140-3 高级

专业编码：0140-3

专业名称：智能装备工业视觉技术应用

培养目标：培养从事中等复杂智能装备工业视觉系统选型、安装调试、程序编制、故障诊断与排除、日常维修与保养作业的高级技能人才（高级工）。

学习年限：2年（达到中级技能水平学生），3年（高中毕业生），5年（初中毕业生）

职业能力：

具有积极的人生态度、健康的心理素质、良好的职业道德和较扎实的文化基础知识；具有获取新知识、新技能的意识和能力，能适应不断变化的职业社会；熟悉企业生产流程，严格执行设备操作规定，遵守各项工艺规程，重视环境保护，并具有独立解决非常规问题的基本能力；能指导他人进行工作或协助培训一般操作人员。同时具有下列专业能力：

1. 能根据中等复杂智能装备定位、检测、引导、测量功能需要，对相机、镜头、光源等视觉硬件进行计算选型、调试和维护。

2. 能根据图样完成中等复杂智能装备工业视觉系统的安装和电气接线的连接。

3. 能根据中等复杂智能装备工作场景调整光源的亮度、相机的高度以及镜头的焦距，根据被检测或控制对象设计选择打光方案。

4. 能进行中等复杂智能装备视觉系统精度标定，视觉系统和第三方系统坐标系统标定。

5. 能进行2D工业视觉系统参数的优化，熟练掌握图像预处理方法应用；理解3D视觉的参数及概念，运用3D视觉软件完成相机的标定，进行相关参数配置，完成3D应用场景的搭建，完成3D工业视觉系统的调试和维护。

6. 能运用2D/3D视觉软件完成与中等复杂智能装备执行机构的数据交互与联合调试。

7. 能根据检测和控制对象要求对中等复杂智能装备执行机构（工业机器人、PLC、运动控制装置等）进行路径规划和编程。

8. 能将工业视觉系统和主控工业软件集成，完成交互通信。

9. 能根据检测和抓取过程中物体特征，进行系统优化调试与维护；能根据项目需要，进行工业视觉缺陷与瑕疵检测程序的设计和调试。

10. 能进行更换视觉硬件后的系统重置、调试和验证。

对应或相关职业（工种）：工业视觉系统运维员S（6-31-07-02）、工业机器人系统运维员S（6-31-07-01）、智能制造工程技术人员S（2-02-38-05）

职业资格（职业技能等级）：工业机器人系统运维员

专业主要教学内容：

工业视觉技术、3D视觉软件操作、工业网络通信技术、可编程控制技术、工业机器人技术、液压与气动技术、运动控制技术、工业视觉系统故障诊断与排除技能训练、工业视觉系统安装与调试技能训练等。

对应上下级专业编码：0140-2、0140-4

0140-2　预备技师

专业编码：0140-2

专业名称：智能装备工业视觉技术应用

培养目标：培养从事复杂智能装备（产线）工业视觉系统选型、安装调试、程序编制、故障诊断与排除、日常维修与保养作业的高级技能人才（预备技师）。

学习年限：2年（达到高级技能水平学生），3年（达到中级技能水平学生），4年（高中毕业生），6年（初中毕业生）

职业能力：

具有积极的人生态度、健康的心理素质、良好的职业道德和较扎实的文化基础知识；具有获取新知识、新技能的意识和能力，能适应不断变化的职业社会；严格执行设备操作规定，遵守各项工艺规程，重视环境保护，并能根据生产流程变化，独立解决工作过程中非常规性的综合问题，具有一定的革新能力；能指导他人进行工作或培训一般操作人员，能协助部门领导进行生产现场的相关管理工作。同时具有下列专业能力：

1. 能根据复杂智能装备（产线）需要，对相机、镜头、光源等视觉硬件进行计算选型和方案验证。

2. 能根据图样完成复杂智能装备（产线）工业视觉系统的安装和电气接线的连接。

3. 能根据复杂智能装备（产线）工作场景，设计使用AOI光源，计算相机的视野、镜头的焦距等参数，根据不同场景设计优化采像打光方案。

4. 能进行复杂智能装备（产线）多视觉系统精度标定，视觉系统和第三方系统坐标系统标定。

5. 能运用2D/3D视觉软件完成视觉系统的参数优化，进行多相机视觉系统应用场景的搭建。

6. 能运用2D/3D视觉软件完成与复杂智能装备（产线）MES系统及执行机构的数据交互。

7. 能根据检测数据对复杂智能装备（产线）执行机构（工业机器人、PLC、运动控制等）进行路径规划和编程，设计小型样例程序，验证工艺精度。

8. 能将多视觉应用系统和主控工业软件集成，根据工业视觉系统信息化评估预测与维护。

9. 能根据不同行业检测应用场景需求，进行视觉算法优化及二次开发。

10. 能确认和抓取采像过程中物体特征，应用人工智能平台，完成AI数据模型的标记训练，对训练好的模型进行测试和封装，能识别外观检测中和分类系统运行过程中图像优劣，并判断和解决问题。

对应或相关职业（工种）：工业视觉系统运维员S（6-31-07-02）、工业机器人系统运维员S（6-31-07-01）、智能制造工程技术人员S（2-02-38-05）

职业资格（职业技能等级）：工业机器人系统运维员

专业主要教学内容：

数据采集与监控技术、图像处理技术、人工智能技术应用、Python语言程序设计基础、C语言程序设计、运动控制系统应用、工业视觉系统故障诊断与排除技能训练、工业视觉系统安装与调试综合技能训练等。

对应下一级专业编码：0140-3

0141 数字孪生技术应用

0141-4 中级

专业编码：0141-4

专业名称：数字孪生技术应用

培养目标：培养从事简单智能设备、设施及系统的数字孪生模型建模、虚拟调试、虚实同步和可视化的中级技能人才。

学习年限：3年（初中毕业生），2年（高中毕业生）

职业能力：

具有积极的人生态度、健康的心理素质、良好的职业道德和较扎实的文化基础知识；具有获取新知识、新技能的意识和能力，能适应不断变化的职业社会；了解企业生产流程，严格执行设备操作规定，遵守各项工艺规程，具有安全意识，重视环境保护，并能解决一般性专业问题。同时具有下列专业能力：

1. 能识读中等复杂零件图和简单装配图，会使用计算机绘图软件。

2. 能运用工业软件对简单设备、设施和制造系统等进行数字虚拟三维模型建模。

3. 能运用数字孪生软件，导入简单设备、设施和系统三维模型，设置模型的参数和交互动作，构建简单数字孪生模型。

4. 能运用数字孪生模型，进行简单物理实体的规划和布局。

5. 能运用数字孪生软件，对简单数字孪生体进行数据和信号对接操作。

6. 能使用工具进行调试，实现基于数字孪生技术的简单设备、设施和系统的虚拟调试、虚实同步和可视化。

对应或相关职业（工种）：数字孪生应用技术员 S（4-04-05-10）、计算机程序设计员 S（4-04-05-01）、工业机器人系统操作员 S（6-31-07-03）

职业资格（职业技能等级）：计算机程序设计员、工业机器人系统操作员

专业主要教学内容：

钳工基本技能、继电控制电路装调与维修、自动控制电路装调与维修、数字孪生技术导论、数字孪生软件操作、数字孪生建模、工业网络通信技术基础、传感器技术基础、虚拟调试技术基础、AR/VR 技术应用基础等。

对应上一级专业编码：0141-3

0141-3　高级

专业编码：0141-3

专业名称：数字孪生技术应用

培养目标：培养从事中等复杂智能设备、设施及系统的数字孪生模型建模、验证及虚拟调试、虚实同步和可视化的高级技能人才（高级工）。

学习年限：2 年（达到中级技能水平学生），3 年（高中毕业生），5 年（初中毕业生）

职业能力：

具有积极的人生态度、健康的心理素质、良好的职业道德和较扎实的文化基础知识；具有获取新知识、新技能的意识和能力，能适应不断变化的职业社会；熟悉企业生产流程，严格执行设备操作规定，遵守各项工艺规程，重视环境保护，并具有独立解决非常规问题的基本能力；能指导他人进行工作或协助培训一般操作人员。同时具有下列专业能力：

1. 能运用工业软件对中等复杂设备、设施和制造系统等进行数字虚拟三维模型建模。

2. 能运用数字孪生软件，导入设备、设施和系统三维模型，设置模型的参数和交互动作，构建中等复杂数字孪生模型。

3. 能运用数字孪生模型，进行物理实体的规划、布局、时序仿真。

4. 能运用智能网关、SCADA 系统等数据采集系统对中等复杂数字孪生物理实体进行数据和信号采集，或者与 MES、数据中心进行数据操作。

5. 能使用工具进行简单编程与调试，实现基于数字孪生技术的设备、设施和系统的虚拟调试、虚实同步和可视化。

对应或相关职业（工种）：数字孪生应用技术员 S（4-04-05-10）、计算机程序设计员 S（4-04-05-01）、工业机器人系统操作员 S（6-31-07-03）

职业资格（职业技能等级）：计算机程序设计员、工业机器人系统操作员

专业主要教学内容：

数字孪生技术、数字孪生软件操作与编程、数据采集与监控技术、工业网络通信技术、传感器技术应用、虚拟调试技术应用、Python 语言程序设计基础、Java 语言程序设计基础、AR/VR 技术应用、数字孪生与仿真技术应用、智能产线虚拟仿真等。

对应上下级专业编码：0141-2、0141-4

0141-2　预备技师

专业编码：0141-2

专业名称：数字孪生技术应用

培养目标：培养从事智能设备、设施及系统的数字孪生模型规划、布局、时序仿真、智能诊断、预警/预测的高级技能人才（预备技师）。

学习年限：2 年（达到高级技能水平学生），3 年（达到中级技能水平学生），4 年（高中毕业生），6 年（初中毕业生）

职业能力：

具有积极的人生态度、健康的心理素质、良好的职业道德和较扎实的文化基础知识；具有获取新知识、新技能的意识和能力，能适应不断变化的职业社会；严格执行设备操作规定，遵守各项工艺规程，重视环境保护，并能根据生产流程变化，独立解决工作过程中非常规性的综合问题，具有一定的革新能力；能指导他人进行工作或培训一般操作人员，能协助部门领导进行生产现场的相关管理工作。同时具有下列专业能力：

1. 能运用工业软件对复杂的设备、设施和制造系统等进行数字虚拟三维模型建模。

2. 能运用数字孪生模型，进行复杂物理实体的规划、布局、时序仿真及功能验证。

3. 能使用工具进行编程与调试，实现基于数字孪生技术的设备、设施和系统的虚拟调试、虚实同步和可视化。

4. 能通过软件、数字孪生物理实体的数据驱动模型方式，实现复杂数字孪生模型的动作与交互。

5. 能运用 VR/AR/MR 技术提升数字孪生模型的人机交互，将数字孪生体应用于智能诊断、预警/预测及决策等。

对应或相关职业（工种）：数字孪生应用技术员 S（4-04-05-10）、计算机程序设计员 S（4-04-05-01）、工业机器人系统操作员 S（6-31-07-03）

职业资格（职业技能等级）：计算机程序设计员、工业机器人系统操作员

专业主要教学内容：

智能物流虚拟仿真、智能产线虚拟仿真、数据库与数据挖掘技术、计算机视觉处理技术、数字孪生与虚拟调试技术应用、数字孪生系统运行与维护等。

对应下一级专业编码：0141-3

0142　原型制作

0142-4　中级

专业编码：0142-4

专业名称：原型制作

培养目标：培养从事原型制作的中级技能人才。

学习年限：3 年（初中毕业生），2 年（高中毕业生）

职业能力：

具有积极的人生态度、健康的心理素质、良好的职业道德和较扎实的文化基础知识；具

有获取新知识、新技能的意识和能力，能适应不断变化的职业社会；了解企业生产流程，严格执行设备操作规定，遵守各项工艺规程，具有安全意识，重视环境保护，并能解决一般性专业问题。同时具有下列专业能力：

1. 能识读二维工程图，使用计算机绘图软件绘制零件图与装配图。
2. 能安装夹具，调整普通车床、普通铣床、数控机床，装夹形状规则零件。
3. 能正确选用刀具和修磨常用刀具。
4. 能正确使用常用量具检验车削、铣削加工质量。
5. 能对典型零件进行工艺分析，并制定其加工顺序。
6. 能操作普通车床对典型零件进行加工。
7. 能操作普通铣床对典型零件进行加工。
8. 能使用 CAM 软件和数控机床对简单零件进行加工。
9. 能维护保养普通车床、普通铣床、数控机床设备及工艺装备，排除使用过程中的一般故障。

对应或相关职业（工种）：装配钳工（6-20-01-01）、制图员（3-01-02-07）、车工（6-18-01-01）、铣工（6-18-01-02）、多工序数控机床操作调整工（6-18-01-07）、增材制造设备操作员 L/S（6-18-01-13）

职业资格（职业技能等级）：钳工、制图员、车工、铣工、多工序数控机床操作调整工、增材制造设备操作员

专业主要教学内容：

机械制图与 CAD、计算机辅助制造（CAM）、数控加工工艺与编程、零件测量与质量控制技术、典型机械结构、产品材料选用、原型表面后处理、常用机械加工技能、车工技能、铣工技能、数控机床加工综合技能等。

对应上一级专业编码：0142-3

0142-3　高级

专业编码：0142-3

专业名称：原型制作

培养目标：培养从事原型制作的高级技能人才（高级工）。

学习年限：2 年（达到中级技能水平学生），3 年（高中毕业生），5 年（初中毕业生）

职业能力：

具有积极的人生态度、健康的心理素质、良好的职业道德和较扎实的文化基础知识；具有获取新知识、新技能的意识和能力，能适应不断变化的职业社会；熟悉企业生产流程，严格执行设备操作规定，遵守各项工艺规程，重视环境保护，并具有独立解决非常规问题的基本能力；能指导他人进行工作或协助培训一般操作人员。同时具有下列专业能力：

1. 能识读二维工程图，根据三维 CAD 数据创建符合 ISO/GB 二维工程图。
2. 能运用三维设计软件根据给定的二维工程图创建三维 CAD 模型。
3. 能运用三维扫描设备采集零件数据并完成产品逆向造型设计。
4. 能操作普通车床、普通铣床以及用手工完成产品原型的精确制作。
5. 能使用 CAM 软件和数控机床制作精确的模型、生产原型模型和工程零件。

6. 能使用增材制造等数字化制造设备进行零件的工艺制定与打印。

7. 能将产品设计师的设计转变为原型模型，并能根据工程师和潜在客户的反馈意见对产品原型进行改良。

8. 能制作并组装零件，使用抛光、喷涂、装饰完善模型的表面处理。

9. 能使用快速铸造树脂制作零件和小批量件。

10. 能在产品数据管理（PDM）系统完成原型设计和工艺的管理数据归档整理和分析。

对应或相关职业（工种）：装配钳工（6-20-01-01）、制图员（3-01-02-07）、车工（6-18-01-01）、铣工（6-18-01-02）、多工序数控机床操作调整工（6-18-01-07）、增材制造设备操作员 L/S（6-18-01-13）

职业资格（职业技能等级）：钳工、制图员、车工、铣工、多工序数控机床操作调整工、增材制造设备操作员

专业主要教学内容：

计算机辅助设计、逆向设计与三维建模、原型普通车铣加工、数控加工工艺与编程、增材制造技术、原型手工加工、产品数据管理（PDM）、原型制作案例与技巧等。

对应上下级专业编码：0142-2、0142-4

0142-2 预备技师

专业编码：0142-2

专业名称：原型制作

培养目标：培养从事原型制作的高级技能人才（预备技师）。

学习年限：2 年（达到高级技能水平学生），3 年（达到中级技能水平学生），4 年（高中毕业生），6 年（初中毕业生）

职业能力：

具有积极的人生态度、健康的心理素质、良好的职业道德和较扎实的文化基础知识；具有获取新知识、新技能的意识和能力，能适应不断变化的职业社会；严格执行设备操作规定，遵守各项工艺规程，重视环境保护，并能根据生产流程变化，独立解决工作过程中非常规性的综合问题，具有一定的革新能力；能指导他人进行工作或培训一般操作人员，能协助部门领导进行生产现场的相关管理工作。同时具有下列专业能力：

1. 能进行原型创新设计。

2. 能运用 CAD 软件进行原型创新设计三维建模与数字化装配模型可视化表达。

3. 能运用三维扫描设备采集零件数据并完成产品逆向建模与改良设计。

4. 能操作普通车床、普通铣床以及用手工完成复杂产品原型的精确制作。

5. 能使用 CAM 软件和数控机床制作精确的模型、生产原型模型和工程零件。

6. 能与产品设计师和工程师讨论产品设计，提出改进建议，并能创新性地完成产品原型制作。

7. 能使用抛光、喷涂、装饰完善模型的表面处理，创新测试新的油漆装饰产品原型，更好地满足客户的需求。

8. 能使用产品协同创新系统（PCI）完成原型协同创新设计、制造和功能验证全过程的数字化管理，对工艺方案、加工程序和客户反馈提出优化建议。

9. 能完成普通车床、普通铣床、数控机床、增材制造等数字化制造设备的简单维护和常见故障诊断与排除。

10. 能使用原型可用性测试等方法对制作模型进行检测与验证。

对应或相关职业（工种）：装配钳工（6-20-01-01）、制图员（3-01-02-07）、车工（6-18-01-01）、铣工（6-18-01-02）、多工序数控机床操作调整工（6-18-01-07）、增材制造设备操作员 L/S（6-18-01-13）

职业资格（职业技能等级）：钳工、制图员、车工、铣工、多工序数控机床操作调整工、增材制造设备操作员

专业主要教学内容：

原型创新设计基础、计算机辅助设计、逆向设计与三维建模、原型普通车铣加工、数控操作与编程、复杂原型制作综合技能训练、产品协同创新（PCI）、原型检测与验证等。

对应下一级专业编码：0142-3

02 电工电子类

0201　变配电设备运行与维护

0201-4　中级

专业编码：0201-4

专业名称：变配电设备运行与维护

培养目标：培养从事变配电设备运行、检测等工作的中级技能人才。

学习年限：3 年（初中毕业生），2 年（高中毕业生）

职业能力：

具有积极的人生态度、健康的心理素质、良好的职业道德和较扎实的文化基础知识；具有获取新知识、新技能的意识和能力，能适应不断变化的职业社会；了解企业生产流程，严格按照电业安全工作规程进行操作，遵守各项工艺规程，具有安全意识，重视环境保护，并能解决一般性专业问题。同时具有下列专业能力：

1. 能正确处理触电事故，进行触电急救。
2. 能看懂电气二次回路接线图。
3. 能检查电气二次回路元件的接线方法，以及进行一般配电线路设备和电缆的敷设。
4. 能抄录有关测量仪表的正确读数，正确填写各种运行日志并与实际相符。
5. 能装接并调试典型电子电路。
6. 能填写倒闸操作票，并进行变压器、母线的停、送电操作。
7. 能理解变压器分接开关的作用并能正确调压。
8. 能分析、判断电力系统单相接地故障的现象及其原因。
9. 能判断变压器、电力电缆和电力线路常见故障。
10. 能对低压电器进行检查和维护。
11. 能实施防止触电的措施，敷设接地装置，检查、维护运行中的防雷设施。

对应或相关职业（工种）：变配电运行值班员（6-28-01-14）

职业资格（职业技能等级）：变配电运行值班员

专业主要教学内容：

安全用电、识图与 CAD、常用电工工具和电工仪表使用、电能计量、电力系统运行与维护、电测仪表应用与维护、典型模拟电路装接调试与维修、典型数字电路装接调试与维修、配电线路安装与维修、变压器与互感器检修、异步电动机维护、电气设备运行与维护、继电保护安装与维护等。

对应上一级专业编码：0201-3

0201-3　高级

专业编码：0201-3

专业名称：变配电设备运行与维护

培养目标：培养从事变配电设备运行、检测、维修等工作的高级技能人才（高级工）。

学习年限：2 年（达到中级技能水平学生），3 年（高中毕业生），5 年（初中毕业生）

职业能力：

具有积极的人生态度、健康的心理素质、良好的职业道德和较扎实的文化基础知识；具有获取新知识、新技能的意识和能力，能适应不断变化的职业社会；熟悉企业生产流程，具有安全意识，严格按照电业安全工作规程进行操作，遵守各项工艺规程，重视环境保护，并具有独立解决非常规问题的基本能力；能指导他人进行工作或协助培训一般操作人员。同时具有下列专业能力：

1. 能绘制单、双母线电气一次接线图。
2. 能进行单、双母线倒闸操作。
3. 能提出用户变电所的电气一次系统接线图、平面布置图的初步设计方案。
4. 能处理直流系统、继电保护及电气二次回路的异常运行及故障。
5. 能处理断路器、电压互感器、电流互感器等高压电器和母线的故障。
6. 能维护和检修异步电动机、动力线路。
7. 能使用工具、仪器仪表进行电气试验。
8. 能操作和维修高压成套配电装置。
9. 能处理因断路器造成的停电故障。

对应或相关职业（工种）：变配电运行值班员（6-28-01-14）

职业资格（职业技能等级）：变配电运行值班员

专业主要教学内容：

开关电器检修、半导体变流技术应用、用电管理与监察、高压成套设备故障检修、电气设备绝缘试验、电力系统运行与维护、电力企业管理、高电压技术等。

对应上下级专业编码：0201-2、0201-4

0201-2　预备技师

专业编码：0201-2

专业名称：变配电设备运行与维护

培养目标：培养从事变配电设备运行、检测、维修及管理等工作的高级技能人才（预备技师）。

学习年限：2 年（达到高级技能水平学生），3 年（达到中级技能水平学生），4 年（高中毕业生），6 年（初中毕业生）

职业能力：

具有积极的人生态度、健康的心理素质、良好的职业道德和较扎实的文化基础知识；具有获取新知识、新技能的意识和能力，能适应不断变化的职业社会；具有安全意识，严格按照电业安全工作规程进行操作，遵守各项工艺规程，重视环境保护，并能根据生产流程变化，独立解决工作过程中非常规性的综合问题，具有一定的革新能力；能指导他人进行工作或培训一般操作人员，能协助部门领导进行生产现场的相关管理工作。同时具有下列专业能力：

1. 能分析判断电力网的故障类型。

2. 能控制变压器的有载调压装置分接开关并处理故障。

3. 能操作变电所的计算机监控系统，了解继电保护新技术的发展。

4. 能处理电容器故障。

5. 能处理变电所所用电消失和全所停电故障。

6. 能编写大修和小修试验报告，完成本职业各类技术资料的整理、归档工作。

对应或相关职业（工种）：变配电运行值班员（6-28-01-14）

职业资格（职业技能等级）：变配电运行值班员

专业主要教学内容：

电力法规、电力系统微机继电保护运行与维护、企业供电系统运行、电力系统综合自动化应用、电力系统分析、电力系统仿真、变电所综合自动化应用等。

对应下一级专业编码：0201-3

0202 电机电器装配与维修

0202-4 中级

专业编码：0202-4

专业名称：电机电器装配与维修

培养目标：培养从事电机及电器装配、调试与维修的中级技能人才。

学习年限：3 年（初中毕业生），2 年（高中毕业生）

职业能力：

具有积极的人生态度、健康的心理素质、良好的职业道德和较扎实的文化基础知识；具有获取新知识、新技能的意识和能力，能适应不断变化的职业社会；了解企业生产流程，严格按照电业安全工作规程进行操作，遵守各项工艺规程，具有安全意识，重视环境保护，并能解决一般性专业问题。同时具有下列专业能力：

1. 能读懂电机简单部件的装配图，看懂中小型直流电机等中等复杂程度的电机接线图。

2. 能读懂较复杂高低压电器的装配图、电气原理图及接线图。

3. 能绘制电机绕组展开图、简单零件加工图及草图。

4. 能按较复杂电机的加工工艺规程制定中小型电机加工工序。

5. 能选用工量具、材料和零部件进行高低压电器的装配。

6. 能选用仪器仪表对装配后的高低压电器进行调试。

7. 能选用工具对较复杂中小型电机进行嵌线、绝缘浸渍和装配。

8. 能对总装后的电机进行检测和试验。

对应或相关职业（工种）：电机制造工（6-24-01-00）、高低压电器及成套设备装配工（6-24-02-02）

职业资格（职业技能等级）：高低压电器及成套设备装配工

专业主要教学内容：

安全用电、识图与 CAD、常用电工工具和电工仪表使用、钳工基本操作、电工材料选用、电机装配、变压器装配、电器工艺与工装技能、电工仪表与测量等。

对应上一级专业编码：0202-3

0202-3 高级

专业编码：0202-3

专业名称：电机电器装配与维修

培养目标：培养从事电机及电器装配、调试与维修的高级技能人才（高级工）。

学习年限：2 年（达到中级技能水平学生），3 年（高中毕业生），5 年（初中毕业生）

职业能力：

具有积极的人生态度、健康的心理素质、良好的职业道德和较扎实的文化基础知识；具有获取新知识、新技能的意识和能力，能适应不断变化的职业社会；熟悉企业生产流程，具有安全意识，严格按照电业安全工作规程进行操作，遵守各项工艺规程，重视环境保护，并具有独立解决非常规问题的基本能力；能指导他人进行工作或协助培训一般操作人员。同时具有下列专业能力：

1. 能读懂复杂电机的装配图与分装图，绘制零部件轴测图。
2. 能读懂复杂高低压电器的装配图、电气控制原理图及接线图。
3. 能编制电机和高低压电器零部件的加工工艺规程。
4. 能制定交、直流电机的嵌线、装配加工工序，制定特种电机的加工工序。
5. 能进行电机嵌线、绝缘浸渍和装配工作。
6. 能根据技术要求及图样装配高低压电器。
7. 能选用仪器、仪表对装配后的电机进行检测和试验。
8. 能对装配后的高低压电器进行调试与维修。

对应或相关职业（工种）：电机制造工（6-24-01-00）、高低压电器及成套设备装配工（6-24-02-02）

职业资格（职业技能等级）：高低压电器及成套设备装配工

专业主要教学内容：

微特电机安装与维修、金属材料与热处理、零件与传动、电动机安装与维修、自动检测技术、虚拟仪器仪表测量、电机与电器 CAD/CAM 等。

对应下一级专业编码：0202-4

0203 电气自动化设备安装与维修

0203-4 中级

专业编码：0203-4

专业名称：电气自动化设备安装与维修

培养目标：培养从事电气自动化设备安装、调试与维修的中级技能人才。

学习年限：3 年（初中毕业生），2 年（高中毕业生）

职业能力：

具有积极的人生态度、健康的心理素质、良好的职业道德和较扎实的文化基础知识；具有获取新知识、新技能的意识和能力，能适应不断变化的职业社会；了解企业生产流程，严格按照电业安全工作规程进行操作，遵守各项工艺规程，具有安全意识，重视环境保护，并能解决一般性专业问题。同时具有下列专业能力：

1. 能读懂并测绘较复杂机械设备的电气控制原理图。
2. 能进行简单的钳工操作。
3. 能使用常用电工工具，正确选用示波器、电桥、万用表、兆欧表等常用电工仪表。
4. 能安装较复杂机械设备的配电箱，并能调试整台设备。
5. 能拆装交流异步电动机、直流电动机及各种特种电机。
6. 能绕制小型变压器，并检修大容量变压器。
7. 能焊接典型电子电路，并进行测试。
8. 能分析、检修、排除较复杂机械设备的电气部分常见故障。
9. 能进行 PLC 选型，构建及调试简单 PLC 控制设备电气系统，并能独立解决调试中出现的问题，使设备正常运转。

对应或相关职业（工种）：电工（6-31-01-03）

职业资格（职业技能等级）：电工

专业主要教学内容：

安全用电、识图与 CAD、常用电工工具和电工仪表使用、钳工基本操作、配电线路安装与维修、变压器绕制与检修、电动机故障检修、典型模拟电路装接调试与维修、典型数字电路装接调试与维修、常用电力拖动控制线路安装与维修、常用机床电器控制线路安装与维修、电气原理图绘制（EDA）、PLC 控制电路安装与调试等。

对应上一级专业编码：0203-3

0203-3 高级

专业编码：0203-3

专业名称：电气自动化设备安装与维修

培养目标：培养从事电气自动化设备安装、编程、调试与维修的高级技能人才（高级工）。

学习年限：2 年（达到中级技能水平学生），3 年（高中毕业生），5 年（初中毕业生）

职业能力：

具有积极的人生态度、健康的心理素质、良好的职业道德和较扎实的文化基础知识；具有获取新知识、新技能的意识和能力，能适应不断变化的职业社会；熟悉企业生产流程，具有安全意识，严格按照电业安全工作规程进行操作，遵守各项工艺规程，重视环境保护，并具有独立解决非常规问题的基本能力；能指导他人进行工作或协助培训一般操作人员。同时具有下列专业能力：

1. 能测绘典型电子线路，并绘制原理图。
2. 能测绘固定板、支架、轴、套、联轴器等机电装配零件图。
3. 能测绘较复杂机械设备的电气线路图，列出电气元件明细表。
4. 能用 PLC 改造继电控制设备，构建较复杂的 PLC 控制系统。
5. 能安装、调试带有变频器的设备。
6. 能排除生产型设备控制系统及装置的电气故障。

7. 能编制一般机械设备的电气修理工艺。

对应或相关职业（工种）：电工（6-31-01-03）

职业资格（职业技能等级）：电工

专业主要教学内容：

PLC 控制电路安装与调试、单片机控制设备安装与调试、变频器技术应用、交直流调速系统安装与调试、工厂电气线路设计、传感器技术应用等。

对应上下级专业编码：0203-2、0203-4

0203-2　预备技师

专业编码：0203-2

专业名称：电气自动化设备安装与维修

培养目标：培养从事电气自动化设备安装、编程、调试与维修的高级技能人才（预备技师）。

学习年限：2 年（达到高级技能水平学生），3 年（达到中级技能水平学生），4 年（高中毕业生），6 年（初中毕业生）

职业能力：

具有积极的人生态度、健康的心理素质、良好的职业道德和较扎实的文化基础知识；具有获取新知识、新技能的意识和能力，能适应不断变化的职业社会；具有安全意识，严格按照电业安全工作规程进行操作，遵守各项工艺规程，重视环境保护，并能根据生产流程变化，独立解决工作过程中非常规性的综合问题，具有一定的革新能力；能指导他人进行工作或培训一般操作人员，能协助部门领导进行生产现场的相关管理工作。同时具有下列专业能力：

1. 能测绘具有双面印刷线路的电子线路板，并绘制原理图。
2. 能读懂复杂机械设备及数控设备的电气控制原理图。
3. 能安装大型复杂机械设备的电气系统，调试复杂机械设备的电气控制系统。
4. 能根据工艺要求设计电气原理图、电气接线图，设计可编程逻辑运算程序。
5. 能排除复杂机械设备的电气故障及机械设备的气控、液控系统电气故障。
6. 能设计完成工业控制网络。
7. 能编制生产设备的电气系统及电气设备的大修工艺。
8. 能贯彻各项质量标准，实现操作过程的质量分析与控制。

对应或相关职业（工种）：电工（6-31-01-03）

职业资格（职业技能等级）：电工

专业主要教学内容：

气动与液压系统安装与调试、MPS 模块化生产控制安装与调试、PLC 与变频器综合应用、逆变器安装与调试、工业控制网络安装与调试、过程控制设备安装与维修、模数电综合技术应用等。

对应下一级专业编码：0203-3

0204 煤矿电气设备维修

0204-4 中级

专业编码：0204-4

专业名称：煤矿电气设备维修

培养目标：培养从事煤矿电气设备和供电系统安装、调试、运行维护与故障检修的中级技能人才。

学习年限：3 年（初中毕业生），2 年（高中毕业生）

职业能力：

具有积极的人生态度、健康的心理素质、良好的职业道德和较扎实的文化基础知识；具有获取新知识、新技能的意识和能力，能适应不断变化的职业社会；了解企业生产流程，严格执行设备操作规定，遵守各项工艺规程，具有安全意识，重视环境保护，并能解决一般性专业问题。同时具有下列专业能力：

1. 能正确选用常用电气仪表，并能进行规范测量。

2. 能掌握各种常用高低压电气设备及综合保护装置的结构特点、性能参数和选用方法，识读其电路原理图。

3. 能对变配电设备进行安装、调试、维护、小修和中修，根据生产实际绘制局部供电系统图。

4. 能对电动机、变压器进行安装接线、运行维护与一般故障排除。

5. 能设计安装电动机基本控制线路，分析判断煤矿生产机械电控系统常见故障并进行处理。

6. 能进行架空线路、电缆线路安装敷设，分析排除电缆线路的常见故障；能选择电缆类型，进行截面计算。

7. 能对井下供电“三大保护”装置进行安装接线和整定调试。

对应或相关职业（工种）：电工（6-31-01-03）

职业资格（职业技能等级）：电工

专业主要教学内容：

安全用电、识图与 CAD、常用电工工具和电工仪表使用、电工基本技能训练、煤矿供电、煤矿电气设备维修技能训练、煤矿生产机械电气控制等。

对应上一级专业编码：0204-3

0204-3 高级

专业编码：0204-3

专业名称：煤矿电气设备维修

培养目标：培养从事煤矿电气设备和供电系统安装、调试与维修的高级技能人才（高级工）。

学习年限：2 年（达到中级技能水平学生），3 年（高中毕业生），5 年（初中毕业生）

职业能力：

具有积极的人生态度、健康的心理素质、良好的职业道德和较扎实的文化基础知识；具有获取新知识、新技能的意识和能力，能适应不断变化的职业社会；熟悉企业生产流程，严格执行设备操作规定，遵守各项工艺规程，重视环境保护，并具有独立解决非常规问题的基本能力；能指导他人进行工作或协助培训一般操作人员。同时具有下列专业能力：

1. 能正确选用电气仪表，并能进行维修。

2. 能按控制要求设计控制电路，读懂较复杂电气控制原理图和安装图，并能绘制一般电气控制原理图和安装图。

3. 能对变配电设备进行选型、调试与维护，绘制供电系统图。

4. 能对电动机、变压器进行安装、调试与维修。

5. 能分析判断煤矿生产机械电控系统的一般性故障并进行处理。

6. 能掌握供电系统继电保护装置的选择、计算、整定方法，对继电保护装置进行安装接线与调试。

7. 能独立完成井下供电“三大保护”装置的安装、调试和检修。

对应或相关职业（工种）：电工（6-31-01-03）

职业资格（职业技能等级）：电工

专业主要教学内容：

电工工具和电气仪表使用与维修、电工技能训练、煤矿供电、煤矿电气设备维修技能训练、煤矿生产机械电气控制电路设计与维修、现代自动控制技术、继电保护装置整定计算与调试、煤矿供电系统初步设计等。

对应下一级专业编码：0204-4

0205　楼宇自动控制设备安装与维护

0205-4　中级

专业编码：0205-4

专业名称：楼宇自动控制设备安装与维护

培养目标：培养从事智能楼宇设备与系统操作、应用、安装等工作的中级技能人才。

学习年限：3 年（初中毕业生），2 年（高中毕业生）

职业能力：

具有积极的人生态度、健康的心理素质、良好的职业道德和较扎实的文化基础知识；具有获取新知识、新技能的意识和能力，能适应不断变化的职业社会；了解企业生产流程，严格按照电业安全工作规程进行操作，遵守各项工艺规程，具有安全意识，重视环境保护，并能解决一般性专业问题。同时具有下列专业能力：

1. 能看懂自控系统图，并能按说明操作中央空调自动控制系统、智能照明控制系统、电梯控制系统、恒压供水控制系统和变配电控制系统。

2. 能识别各种铜缆和光纤，并能按标准布放铜缆和光纤。

3. 能运用各种工具制作铜缆测试跳线，并用测试工具对线缆进行连接测试。

4. 能安装调试 VOIP 电话系统、家用 ADSL 路由器、调制解调器、有线网卡与无线网卡。

5. 能操作火灾自动报警系统。

6. 能操作与维护闭路监控电视系统、防盗报警系统、门禁系统、停车管理系统和智能楼宇巡更系统。

7. 能安装、维护和管理智能楼宇的卫星电视系统、有线电视（CATV）、数字电视机顶盒、数字点播系统（VOD）。

8. 能读懂图样并安装与连接多功能会议系统设备。

对应或相关职业（工种）：智能楼宇管理员 S（4-06-01-04）

职业资格（职业技能等级）：智能楼宇管理员

专业主要教学内容：

安全用电、识图与 CAD、常用电工工具和电工仪表使用、钳工基本操作、典型模拟电路装接调试与维修、典型数字电路装接调试与维修、电动机故障检修、变压器绕制与检修、常用电力拖动控制线路安装与维修、综合布线系统安装与维护、消防系统运行维护、视频监控与安防系统安装与维护、物业管理基础、中央空调系统安装与维护、供配电系统安装与维修、恒压供水控制系统安装与维护、PLC 控制电路安装与调试等。

对应上一级专业编码：0205-3

0205-3　高级

专业编码：0205-3

专业名称：楼宇自动控制设备安装与维护

培养目标：培养从事智能楼宇设备与系统操作、应用、安装、调试与维修等工作的高级技能人才（高级工）。

学习年限：2 年（达到中级技能水平学生），3 年（高中毕业生），5 年（初中毕业生）

职业能力：

具有积极的人生态度、健康的心理素质、良好的职业道德和较扎实的文化基础知识；具有获取新知识、新技能的意识和能力，能适应不断变化的职业社会；熟悉企业生产流程，具有安全意识，严格按照电业安全工作规程进行操作，遵守各项工艺规程，重视环境保护，并具有独立解决非常规问题的基本能力；能指导他人进行工作或协助培训一般操作人员。同时具有下列专业能力：

1. 能绘制自控系统图。

2. 能分析排除中央空调自动控制系统、智能照明控制系统、电梯控制系统、恒压供水控制系统和变配电控制系统故障。

3. 能配置现场控制器（DDC）系统并按流程编制 DDC 程序。

4. 能测试各子系统的性能并排除常见故障。

5. 能安装、配置、检修和维护无线网络、交换机和数字程控交换机。

6. 能检修和维护消防报警与联动控制系统和自动灭火系统，并制定相应规章制度。

7. 能设置卫星接收机的接收参数和应用软件设置卫星接收卡的节目参数。

对应或相关职业（工种）：智能楼宇管理员 S（4-06-01-04）

职业资格（职业技能等级）：智能楼宇管理员

专业主要教学内容：

气动与液压系统安装与维修、变流技术应用、高频电子线路应用、PLC 控制电路安装与调试、电梯安装与维护、传感与检测技术应用、DDC 控制技术应用、中央空调系统维修、恒压供水控制系统维修、智能卡系统运行维护、通信与计算机网络系统安装与维护等。

对应上下级专业编码：0205-2、0205-4

0205-2 预备技师

专业编码：0205-2

专业名称：楼宇自动控制设备安装与维护

培养目标：培养从事智能楼宇设备与系统操作、应用、安装、调试、维修与设计等工作的高级技能人才（预备技师）。

学习年限：2 年（达到高级技能水平学生），3 年（达到中级技能水平学生），4 年（高中毕业生），6 年（初中毕业生）

职业能力：

具有积极的人生态度、健康的心理素质、良好的职业道德和较扎实的文化基础知识；具有获取新知识、新技能的意识和能力，能适应不断变化的职业社会；具有安全意识，严格按照电业安全工作规程进行操作，遵守各项工艺规程，重视环境保护，并能根据生产流程变化，独立解决工作过程中非常规性的综合问题，具有一定的革新能力；能指导他人进行工作或培训一般操作人员，能协助部门领导进行生产现场的相关管理工作。同时具有下列专业能力：

1. 能设计典型系统，统调与测试现场设备、中央控制管理系统。

2. 能使用特定工具监控和维护楼宇计算机网络，维护和保养智能大楼的无线网络设备，验收综合布线与网络工程系统。

3. 能分析并排除消防报警与联动控制系统的故障，设计典型消防报警与联动控制整体系统，验收消防工程系统。

4. 能排除周界防盗系统、电子巡更系统、闭路监控电视系统疑难故障，设置联动控制安保系统。

5. 能验收安防工程系统。

6. 能设计、验收多功能会议与视频会议相结合的典型系统。

7. 能识别和使用检测仪，分析并排除卫星天线、卫星数字电视常见故障。

8. 能验收卫星有线电视工程系统。

对应或相关职业（工种）：智能楼宇管理员 S（4-06-01-04）

职业资格（职业技能等级）：智能楼宇管理员

专业主要教学内容：

建筑供配电技术应用、单片机控制设备安装与调试、音像技术应用、楼宇智能化技术应用、工程项目预算、PLC 与变频器综合应用、工业控制网络安装与调试等。

对应下一级专业编码：0205-3

0206 工业自动化仪器仪表装配与维护

0206-4 中级

专业编码：0206-4

专业名称：工业自动化仪器仪表装配与维护

培养目标：培养从事自动化仪器仪表组合装配及调试的中级技能人才。

学习年限：3 年（初中毕业生），2 年（高中毕业生）

职业能力：

具有积极的人生态度、健康的心理素质、良好的职业道德和较扎实的文化基础知识；具有获取新知识、新技能的意识和能力，能适应不断变化的职业社会；了解企业生产流程，严格按照电业安全工作规程进行操作，遵守各项工艺规程，具有安全意识，重视环境保护，并能解决一般性专业问题。同时具有下列专业能力：

1. 能看懂零件图、部件图、电气原理图、装配工艺规范及相关工艺说明书。
2. 能检查出前道工序装配后的缺陷并指导相关人员改正。
3. 能检测判别常用元器件的质量，识别所用原材料的规格、型号及主要技术指标。
4. 能按图样装配部件，并能完好地实现能量转换、功能转换、量值转换等设计意图。
5. 能按工艺要求调整机械部件中各零部件之间的位置、间隙等。
6. 能使用工具及工艺装备，组合装配与调试压力仪表、温度仪表、流量仪表、物位仪表、电动单元组合仪表、气动单元组合仪表、执行机构与阀门、控制系统与装置等工业自动化仪表与装置。
7. 能按要求独立连接并使用调试设备，解决调试中的一般问题。
8. 能操作和保养自动化生产设备。

对应或相关职业（工种）：仪器仪表制造工（6-26-01-01）、仪器仪表维修工（6-31-01-04）

职业资格（职业技能等级）：仪器仪表制造工

专业主要教学内容：

安全用电、识图与 CAD、常用电工工具和电工仪表使用、钳工基本操作、焊接操作、仪器仪表常用材料选用、自动检测与传感器应用、仪表安装与维修、产品装配综合应用等。

对应上一级专业编码：0206-3

0206-3 高级

专业编码：0206-3

专业名称：工业自动化仪器仪表装配与维护

培养目标：培养从事自动化仪器仪表组合装配、调试与维修的高级技能人才（高级工）。

学习年限：2 年（达到中级技能水平学生），3 年（高中毕业生），5 年（初中毕业生）

职业能力：

具有积极的人生态度、健康的心理素质、良好的职业道德和较扎实的文化基础知识；具

有获取新知识、新技能的意识和能力，能适应不断变化的职业社会；熟悉企业生产流程，具有安全意识，严格按照电业安全工作规程进行操作，遵守各项工艺规程，重视环境保护，并具有独立解决非常规问题的基本能力；能指导他人进行工作或协助培训一般操作人员。同时具有下列专业能力：

1. 能看懂总装配图、装配工艺卡、有关的工艺说明书、生产路线工艺流程等文件。
2. 能理解专业技术标准的主要内容。
3. 能使用计量器具及辅助设备对已完成的装配工作进行全面检测。
4. 能使用各种测试设备，合理实现调试目标。
5. 能全面检测产品的装配质量和技术指标，按总装配图装配整机。
6. 能维护保养工、夹、量具，仪器仪表及设备，排除使用过程中出现的故障。
7. 能操作计算机进行基础软件的应用。

对应或相关职业（工种）：仪器仪表制造工（6-26-01-01）、仪器仪表维修工（6-31-01-04）

职业资格（职业技能等级）：仪器仪表制造工

专业主要教学内容：

仪表测量、机电传动与控制系统安装与维修、过程控制设备安装与维修、单片机控制设备安装与调试、组态软件应用、自动化仪器仪表安装维护、高频电子线路安装与维修等。

对应下一级专业编码：0206-4

0207 化工仪表及自动化

0207-4 中级

专业编码：0207-4

专业名称：化工仪表及自动化

培养目标：培养从事化工仪表和自动化系统安装、使用及维修保养的中级技能人才。

学习年限：3 年（初中毕业生），2 年（高中毕业生）

职业能力：

具有积极的人生态度、健康的心理素质、良好的职业道德和较扎实的文化基础知识；具有获取新知识、新技能的意识和能力，能适应不断变化的职业社会；了解企业生产流程，遵守各项工艺规程，具有安全意识，重视环境保护，并能解决一般性专业问题。同时具有下列专业能力：

1. 能运用电工与电子技术、自动化系统基本知识，进行仪表和自动化系统的使用、安装、运行、维护工作。
2. 能正确选择并使用常用低压电器、测试仪器，焊接常规电子元器件、集成电路。
3. 能识读一般电气控制线路图，按规程安装一般自动化装置及系统控制柜（屏、台、盘）内器件与电气控制线路。
4. 能安装现场传感检测装置、现场仪表（变送器、执行装置等）及附属装置，敷设信号管线，安装配线装置。
5. 能对常规自动化仪表及电气控制装置进行单体校验、运行维护和一般故障检查。

6. 能操作、维护常规自动化仪表、PLC 控制器、变频器。

7. 能调整试验检测与控制信号和联锁保护装置。

8. 能对单回路控制系统进行检查、投运、操作切换、参数整定和维护，排查一般故障。

9. 能合理选择自动化控制方案，在仪表及自动化运行系统中正确处理试验和生产数据。

对应或相关职业（工种）： 仪器仪表制造工（6-26-01-01）、仪器仪表维修工（6-31-01-04）、化工检修电工＊（6-31-01-03）

职业资格（职业技能等级）： 仪器仪表制造工

专业主要教学内容：

仪表工识图、电子线路 CAD、化工基础应用、计算机控制系统（DCS）应用、电工电子技术应用、自动化技术应用、传感与检测技术应用、过程检测仪表使用与维护、过程控制仪表使用与维护、仪表安装与维修、单回路控制系统应用、简单 PLC 控制电路安装与调试、综合实训等。

对应上一级专业编码： 0207-3

0207-3 高级

专业编码： 0207-3

专业名称： 化工仪表及自动化

培养目标： 培养从事化工仪表和自动化系统安装、使用及维修保养的高级技能人才（高级工）。

学习年限： 2 年（达到中级技能水平学生），3 年（高中毕业生），5 年（初中毕业生）

职业能力：

具有积极的人生态度、健康的心理素质、良好的职业道德和较扎实的文化基础知识；具有获取新知识、新技能的意识和能力，能适应不断变化的职业社会；熟悉企业生产流程，具有安全意识，遵守各项工艺规程，重视环境保护，并具有独立解决非常规问题的基本能力；能指导他人进行工作或协助培训一般操作人员。同时具有下列专业能力：

1. 能识读较复杂控制系统方案、局部联锁保护系统电气线路图。

2. 能维护各类常用传感装置、检测仪表和测量系统。

3. 能对智能仪表、变频器进行操作、参数设置、组态。

4. 能对较复杂过程控制系统进行投运操作、运行维护、参数整定、故障检修。

5. 能安装较复杂联锁保护系统，并进行整体信号试验及系统检修。

6. 能对 DCS、FCS 等智能控制装置进行硬件维护、卡件配置、回路检查，具有典型控制方案的软件组态能力。

7. 能用 PLC 实现较复杂逻辑控制，并能正确进行 PLC 及外围设备的选型、回路构建、检查与调试。

对应或相关职业（工种）： 仪器仪表制造工（6-26-01-01）、仪器仪表维修工（6-31-01-04）、化工检修电工＊（6-31-01-03）

职业资格（职业技能等级）： 仪器仪表制造工

专业主要教学内容：

电工电子技术应用、传感与检测技术应用、过程检测仪表使用与维护、过程控制仪表使用与维护、仪表抗干扰技术应用、PLC 控制器应用与维护、组态软件应用、DCS 控制系统安装与维护、联锁保护技术应用、单回路控制系统应用、智能控制仪表应用与维护、仪表安装与维修、综合实训等。

对应下一级专业编码：0207-4

0208　工业机器人应用与维护

0208-3　高级

专业编码：0208-3

专业名称：工业机器人应用与维护

培养目标：培养从事工业机器人设备安装、编程、调试的高级技能人才（高级工）。

学习年限：2 年（达到中级技能水平学生），3 年（高中毕业生），5 年（初中毕业生）

职业能力：

具有积极的人生态度、健康的心理素质、良好的职业道德和较扎实的文化基础知识；具有获取新知识、新技能的意识和能力，能适应不断变化的职业社会；熟悉企业生产流程，具有安全意识，严格按照电业安全工作规程进行操作，遵守各项工艺规程，重视环境保护，并具有独立解决非常规问题的基本能力；能指导他人进行工作或协助培训一般操作人员。同时具有下列专业能力：

1. 能读懂机器人设备的结构安装和电气原理图。
2. 能测绘设备的电气原理图、接线图、电气元件明细表。
3. 能测绘简单机械部件零件图和装配图。
4. 能构建较复杂的 PLC 控制系统。
5. 能应用操作机（机械本体）、控制器、伺服驱动系统和检测传感装置，编制逻辑运算程序。
6. 能维护保养设备，排除简单电气及机械故障。
7. 能编制工业机器人控制程序。

对应或相关职业（工种）：工业机器人系统操作员 S（6-31-07-03）、工业机器人系统运维员 S（6-31-07-01）、电工（6-31-01-03）

职业资格（职业技能等级）：工业机器人系统操作员、工业机器人系统运维员、电工

专业主要教学内容：

安全用电、识图与 CAD、常用电工工具和电工仪表使用、典型模拟电路装接调试与维修、典型数字电路装接调试与维修、电动机故障检修、变压器绕制与检修、常用电力拖动控制线路安装与维修、电气原理图绘制（EDA）、PLC 控制电路安装与调试、单片机控制设备安装与调试、工业机器人技术应用、步进电动机安装与维修、伺服系统安装与维修、检测与传感技术应用、气动与液压系统安装与维修、自动化生产线维护与维修、机械制造技术应用、数控加工技术应用等。

专业方向：焊接机器人应用与维护

对应上一级专业编码：0208-2

0208-2　预备技师

专业编码：0208-2

专业名称：工业机器人应用与维护

培养目标：培养从事工业机器人设备安装、编程、调试与维修的高级技能人才（预备技师）。

学习年限：2 年（达到高级技能水平学生），3 年（达到中级技能水平学生），4 年（高中毕业生），6 年（初中毕业生）

职业能力：

具有积极的人生态度、健康的心理素质、良好的职业道德和较扎实的文化基础知识；具有获取新知识、新技能的意识和能力，能适应不断变化的职业社会；具有安全意识，严格按照电业安全工作规程进行操作，遵守各项工艺规程，重视环境保护，并能根据生产流程变化，独立解决工作过程中非常规性的综合问题，具有一定的革新能力；能指导他人进行工作或培训一般操作人员，能协助部门领导进行生产现场的相关管理工作。同时具有下列专业能力：

1. 能读懂工业机器人设备及数控设备的电气控制原理图。
2. 能安装、调试较复杂工业机器人系统。
3. 能编制和调试六自由度并联机器人、六自由度串联搬动机械手、行走式机器人、智能涂鸦机器人和相扑机器人等控制程序。
4. 能维护保养机器人控制系统，排除常见故障。
5. 能安装和调试工业控制网络系统。
6. 能应用 MATLAB 进行数值分析。

对应或相关职业（工种）：工业机器人系统操作员 S（6-31-07-03）、工业机器人系统运维员 S（6-31-07-01）、电工（6-31-01-03）

职业资格（职业技能等级）：工业机器人系统操作员、工业机器人系统运维员、电工

专业主要教学内容：

面向对象程序设计、MATLAB 数值分析、控制工程基础、MPS 模块化生产控制安装与调试、PLC 与变频器综合应用、工业控制网络安装与调试、自动控制技术应用、计算机辅助设计、机器人仿真软件应用、人工智能及其应用等。

专业方向：焊接机器人应用与维护

对应下一级专业编码：0208-3

0209　电子技术应用

0209-4　中级

专业编码：0209-4

专业名称：电子技术应用

培养目标：培养从事安装和调试无线通信、传输设备、广播视听等电子产品的中级技能人才。

学习年限：3 年（初中毕业生），2 年（高中毕业生）

职业能力：

具有积极的人生态度、健康的心理素质、良好的职业道德和较扎实的文化基础知识；具有获取新知识、新技能的意识和能力，能适应不断变化的职业社会；了解企业生产流程，遵守各项工艺规程，具有安全意识，重视环境保护，并能解决一般性专业问题。同时具有下列专业能力：

1. 能识读工艺文件、装配工艺规范和印制电路板装配图。
2. 能用计算机应用软件绘制简单的电子线路原理图。
3. 能正确使用工具焊接印制电路板。
4. 能判断常用电子元件的质量。
5. 能检查印制电路板元件插接和焊接工艺质量，检查和修正焊接和插装的缺陷，并能拆焊。
6. 能熟练使用常用电子电工类仪器仪表进行元件质量鉴别和电子产品的功能调试。
7. 能完成简单电子电路的维修。
8. 能维护保养电子产品。

对应或相关职业（工种）：电子产品制版工（6-25-01-12）、印制电路制作工（6-25-01-13）、电子设备装接工（6-25-04-07）、电子设备调试工（6-25-04-08）、家用电器产品维修工（4-12-03-01）、家用电子产品维修工（4-12-03-02）

职业资格（职业技能等级）：电子产品制版工、印制电路制作工、电子设备装接工、电子设备调试工、家用电器产品维修工、家用电子产品维修工

专业主要教学内容：

安全用电、识图与 CAD、电子元件识别与焊接技能、常用电工工具和电工仪表使用、电子仪器仪表与测量、典型模拟电路装接调试与维修、典型数字电路装接调试与维修、电子线路绘制（EDA）、电子产品制作等。

专业方向：电子技术应用（SMT 方向）

对应上一级专业编码：0209-3

0209-3　高级

专业编码：0209-3

专业名称：电子技术应用

培养目标：培养从事安装、调试和维修无线通信、传输设备、广播视听等电子产品的高级技能人才（高级工）。

学习年限：2 年（达到中级技能水平学生），3 年（高中毕业生），5 年（初中毕业生）

职业能力：

具有积极的人生态度、健康的心理素质、良好的职业道德和较扎实的文化基础知识；具有获取新知识、新技能的意识和能力，能适应不断变化的职业社会；熟悉企业生产流程，具有安全意识，遵守各项工艺规程，重视环境保护，并具有独立解决非常规问题的基本能力；能指导他人进行工作或协助培训一般操作人员。同时具有下列专业能力：

1. 能绘制原理方框图、电路图和印制电路板装配图。

2. 能对印制电路板焊接质量进行检查。

3. 能进行手工贴片元件焊接。

4. 能对整机装配质量进行检查，并根据需要进行改装。

5. 能对整机进行安全测试。

6. 能选用合适仪器仪表系统进行电子产品性能测试。

7. 能排除较复杂电子电路故障。

对应或相关职业（工种）：电子产品制版工（6-25-01-12）、印制电路制作工（6-25-01-13）、电子设备装接工（6-25-04-07）、电子设备调试工（6-25-04-08）、家用电器产品维修工（4-12-03-01）、家用电子产品维修工（4-12-03-02）

职业资格（职业技能等级）：电子产品制版工、印制电路制作工、电子设备装接工、电子设备调试工、家用电器产品维修工、家用电子产品维修工

专业主要教学内容：

电子线路故障诊断与维修、单片机综合应用、PLC 控制电路安装与调试、电子线路仿真与印制板制作、高频电子线路安装与维修、自动检测与传感器应用、表面组装（SMT 加工）等。

专业方向：电子技术应用（SMT 方向）

对应上下级专业编码：0209-2、0209-4

0209-2　预备技师

专业编码：0209-2

专业名称：电子技术应用

培养目标：培养从事测试、维护和设计无线通信、传输设备、广播视听等电子产品的高级技能人才（预备技师）。

学习年限：2 年（达到高级技能水平学生），3 年（达到中级技能水平学生），4 年（高中毕业生），6 年（初中毕业生）

职业能力：

具有积极的人生态度、健康的心理素质、良好的职业道德和较扎实的文化基础知识；具有获取新知识、新技能的意识和能力，能适应不断变化的职业社会；具有安全意识，遵守各项工艺规程，重视环境保护，并能根据生产流程变化，独立解决工作过程中非常规性的综合问题，具有一定的革新能力；能指导他人进行工作或培训一般操作人员，能协助部门领导进行生产现场的相关管理工作。同时具有下列专业能力：

1. 能设计整机的安装图、装接原理图、连线图和导线表。

2. 能看懂进口元器件英文标志，测量特殊电子元器件，并能完成整机装配。

3. 能进行手工芯片元件焊接。

4. 能选择和构建测试系统对复杂整机进行测试。

5. 能对复杂整机系统进行调试、校正，并能对复杂整机系统不合适之处提出改进意见。

6. 能制定各项工位质量管理措施，协调生产部门优化调试工艺流程。

对应或相关职业（工种）：电子产品制版工（6-25-01-12）、印制电路制作工（6-25-01-13）、电子设备装接工（6-25-04-07）、电子设备调试工（6-25-04-08）、家用电器产

品维修工（4-12-03-01）、家用电子产品维修工（4-12-03-02）

职业资格（职业技能等级）：电子产品制版工、印制电路制作工、电子设备装接工、电子设备调试工、家用电器产品维修工、家用电子产品维修工

专业主要教学内容：

电子线路设计与印制板制作、模数电综合应用、智能仪器使用、电子组装工艺及设备安装、射频集成电路安装与维修、DSP 数字信号处理、SOC 集成系统安装与维修、单片机综合应用、SMT 生产线运行与维护等。

专业方向：电子技术应用（SMT 方向）

对应下一级专业编码：0209-3

0210　音像电子设备应用与维修

0210-4　中级

专业编码：0210-4

专业名称：音像电子设备应用与维修

培养目标：培养从事音像电子设备装配、调试、检测的中级技能人才。

学习年限：3 年（初中毕业生），2 年（高中毕业生）

职业能力：

具有积极的人生态度、健康的心理素质、良好的职业道德和较扎实的文化基础知识；具有获取新知识、新技能的意识和能力，能适应不断变化的职业社会；了解企业生产流程，遵守各项工艺规程，具有安全意识，重视环境保护，并能解决一般性专业问题。同时具有下列专业能力：

1. 能看懂音像电子设备电路原理图和使用说明书。
2. 能分析故障机的使用环境，并确定故障诊断的初步方案。
3. 能装配、调试、检测和维修收音机。
4. 能装配、调试、检测电视机。
5. 能装配、调试、检测激光视盘设备。
6. 能装配、调试、检测其他常用电子设备。
7. 能维护保养常见电子设备。

对应或相关职业（工种）：家用电子产品维修工（4-12-03-02）、电子设备装接工（6-25-04-07）、电子设备调试工（6-25-04-08）

职业资格（职业技能等级）：家用电子产品维修工、电子设备装接工、电子设备调试工

专业主要教学内容：

安全用电、识图与 CAD、电子元件识别与焊接技能、常用电工工具和电工仪表使用、典型模拟电路装接调试与维修、典型数字电路装接调试与维修、电子仪器仪表与测量、音响设备装配与调试、调音操作、摄录像机装配与调试、电视机装配与调试、CD/DVD 原理等。

对应上一级专业编码：0210-3

0210-3　高级

专业编码：0210-3

专业名称：音像电子设备应用与维修

培养目标：培养从事音像电子设备装配、调试、维修的高级技能人才（高级工）。

学习年限：2 年（达到中级技能水平学生），3 年（高中毕业生），5 年（初中毕业生）

职业能力：

具有积极的人生态度、健康的心理素质、良好的职业道德和较扎实的文化基础知识；具有获取新知识、新技能的意识和能力，能适应不断变化的职业社会；熟悉企业生产流程，具有安全意识，遵守各项工艺规程，重视环境保护，并具有独立解决非常规问题的基本能力；能指导他人进行工作或协助培训一般操作人员。同时具有下列专业能力：

1. 能绘制电子设备的电路原理图及流程图。
2. 能操作和维护保养自动化电子生产设备。
3. 能排除电视机、摄录一体机等音视频播放设备常见故障。
4. 能排除 AV 功放各种常见故障。
5. 能排除激光视盘设备各种常见故障。
6. 能排除其他常用电子设备简易故障。
7. 能检修和维护闭路电视监视系统、视频传输、数字视频处理设备。

对应或相关职业（工种）：家用电子产品维修工（4-12-03-02）、电子设备装接工（6-25-04-07）、电子设备调试工（6-25-04-08）

职业资格（职业技能等级）：家用电子产品维修工、电子设备装接工、电子设备调试工

专业主要教学内容：

电子线路绘制（EDA）、摄录像机维修、电视机维修、单片机综合应用、舞台音响调控、有线电视系统工程设计与施工、多媒体系统安装与调试、视频设备安装与调试、微处理器及其控制技术应用、数字电视系统维修等。

对应上下级专业编码：0210-2、0210-4

0210-2　预备技师

专业编码：0210-2

专业名称：音像电子设备应用与维修

培养目标：培养从事音像电子设备装配、调试、检测、维修和设计的高级技能人才（预备技师）。

学习年限：2 年（达到高级技能水平学生），3 年（达到中级技能水平学生），4 年（高中毕业生），6 年（初中毕业生）

职业能力：

具有积极的人生态度、健康的心理素质、良好的职业道德和较扎实的文化基础知识；具有获取新知识、新技能的意识和能力，能适应不断变化的职业社会；具有安全意识，遵守各项工艺规程，重视环境保护，并能根据生产流程变化，独立解决工作过程中非常规性的综合问题，具有一定的革新能力；能指导他人进行工作或培训一般操作人员，能协助部门领导进

行生产现场的相关管理工作。同时具有下列专业能力：

1. 能维修新型平板电视机、激光视盘设备。

2. 能安装和调试卫星电视接收系统。

3. 能协助工程师设计、开发电子设备的电路原理图及信号源流程图。

4. 能处理电子设备运行时发生的意外情况。

5. 能设计闭路电视系统，并能进行视频传输的连接和数字视频处理。

对应或相关职业（工种）：家用电子产品维修工（4-12-03-02）、电子设备装接工（6-25-04-07）、电子设备调试工（6-25-04-08）

职业资格（职业技能等级）：家用电子产品维修工、电子设备装接工、电子设备调试工

专业主要教学内容：

平板电视机维修、单片机综合应用、移动数码设备维修、数字传输技术应用、现代视频技术应用、卫星接收与闭路电视安装维修、计算机网络通信与传输、微机原理与接口技术应用等。

对应下一级专业编码：0210-3

0211 通信终端设备制造与维修

0211-4 中级

专业编码：0211-4

专业名称：通信终端设备制造与维修

培养目标：培养从事用户通信终端设备测试和维修的中级技能人才。

学习年限：3 年（初中毕业生），2 年（高中毕业生）

职业能力：

具有积极的人生态度、健康的心理素质、良好的职业道德和较扎实的文化基础知识；具有获取新知识、新技能的意识和能力，能适应不断变化的职业社会；了解企业生产流程，遵守各项工艺规程，具有安全意识，重视环境保护，并能解决一般性专业问题。同时具有下列专业能力：

1. 能了解通信系统和通信网建设的基本方针、政策、法规和国家标准及现代通信基础知识。

2. 能熟练使用常用电工电子类仪器仪表。

3. 能熟练操作通信终端专用维修工具和仪器仪表。

4. 能进行手工贴片元件焊接。

5. 能拆装和测试常见类型的固定电话、移动电话。

6. 能拆装和测试常见类型的传真机。

7. 能排除固定电话、移动电话的简单故障。

8. 能排除传真机的简单故障。

对应或相关职业（工种）：信息通信网络终端维修员 S（4-12-02-03）

职业资格（职业技能等级）：信息通信网络终端维修员

专业主要教学内容：

安全用电、识图与 CAD、电子元件识别与焊接技能、常用电工工具和电工仪表使用、典型模拟电路装接调试与维修、典型数字电路装接调试与维修、高频电子线路安装与维修、电子仪器仪表与测量、电话机维修、传真机维修、表面组装（SMT 加工）等。

对应上一级专业编码：0211-3

0211-3　高级

专业编码：0211-3

专业名称：通信终端设备制造与维修

培养目标：培养从事用户通信终端设备维护和检修的高级技能人才（高级工）。

学习年限：2 年（达到中级技能水平学生），3 年（高中毕业生），5 年（初中毕业生）

职业能力：

具有积极的人生态度、健康的心理素质、良好的职业道德和较扎实的文化基础知识；具有获取新知识、新技能的意识和能力，能适应不断变化的职业社会；熟悉企业生产流程，具有安全意识，遵守各项工艺规程，重视环境保护，并具有独立解决非常规问题的基本能力；能指导他人进行工作或协助培训一般操作人员。同时具有下列专业能力：

1. 能进行通信系统设备的安装、调试、维护、检验、销售和技术服务工作。
2. 能进行电子线路和通信电路的检测、调试、维护和管理。
3. 能进行芯片元件焊接。
4. 能排除固定电话、移动电话的复杂故障。
5. 能排除传真机的复杂故障。
6. 能测试终端设备主要技术指标和运行状况。
7. 能维护保养常见通信终端设备。

对应或相关职业（工种）：信息通信网络终端维修员 S（4-12-02-03）

职业资格（职业技能等级）：信息通信网络终端维修员

专业主要教学内容：

单片机综合应用、C/C++语言程序设计、程控交换机维修、信号与系统、通信电子线路安装与维修、计算机原理与接口技术应用、通信原理、通信终端设备维修、3G 手机维修、多媒体技术应用、移动电话机检测与维修等。

对应上下级专业编码：0211-2、0211-4

0211-2　预备技师

专业编码：0211-2

专业名称：通信终端设备制造与维修

培养目标：培养从事用户通信终端设备维护和管理的高级技能人才（预备技师）。

学习年限：2 年（达到高级技能水平学生），3 年（达到中级技能水平学生），4 年（高中毕业生），6 年（初中毕业生）

职业能力：

具有积极的人生态度、健康的心理素质、良好的职业道德和较扎实的文化基础知识；具

有获取新知识、新技能的意识和能力，能适应不断变化的职业社会；具有安全意识，遵守各项工艺规程，重视环境保护，并能根据生产流程变化，独立解决工作过程中非常规性的综合问题，具有一定的革新能力；能指导他人进行工作或培训一般操作人员，能协助部门领导进行生产现场的相关管理工作。同时具有下列专业能力：

1. 能了解通信系统和通信网建设的基本方针、政策和法规以及通信技术的发展动态。
2. 能进行复杂焊接操作。
3. 能熟练处理移动电话的软件故障。
4. 能升级和维护通信终端设备。
5. 能维修通信终端设备。
6. 能协助工程师设计、开发、调测、应用通信系统和通信网。

对应或相关职业（工种）：信息通信网络终端维修员 S（4-12-02-03）

职业资格（职业技能等级）：信息通信网络终端维修员

专业主要教学内容：

单片机综合应用、无线通信安装与调试、光纤通信安装与调试、数据通信技术应用、接入网技术应用、CDMA 与个人通信、无线局域网技术应用、微机原理与接口技术、SMT 生产线运行与维护等。

对应下一级专业编码：0211-3

0212　办公设备维修

0212-4　中级

专业编码：0212-4

专业名称：办公设备维修

培养目标：培养从事办公设备使用、保养、维修的中级技能人才。

学习年限：3 年（初中毕业生），2 年（高中毕业生）

职业能力：

具有积极的人生态度、健康的心理素质、良好的职业道德和较扎实的文化基础知识；具有获取新知识、新技能的意识和能力，能适应不断变化的职业社会；了解企业生产流程，遵守各项工艺规程，具有安全意识，重视环境保护，并能解决一般性专业问题。同时具有下列专业能力：

1. 能进行计算机的组装与维护、系统软硬件的安装与调试。
2. 能维修一般计算机显示器及办公设备电源。
3. 能对数码复印机进行维护保养，并能对接口电路、控制电路、驱动电路、机械故障进行修复。
4. 能判断复印机常见故障。
5. 能解决打印机断针、文本黑线、垂直白条、锯齿、波浪污迹、全白、全黑等常见问题，并能解决打字机字车故障、进走纸故障及 CPU、ROM、RAM 电路故障。
6. 能对 CRT、LCD、DLP 三种投影仪进行安装、维护与保养。
7. 能进行不同类型传真机的拆装及调试。

对应或相关职业（工种）：办公设备维修工（4-12-02-02）

职业资格（职业技能等级）：办公设备维修工

专业主要教学内容：

安全用电、识图与CAD、电子产品安全检测、计算机软硬件安装与调试、典型模拟电路装接调试与维修、典型数字电路装接调试与维修、计算机日常维护及常见故障分析与排除、复印机构造及原理、打印机构造及原理、打印机拆装与调试技术、传真机构造及原理、传真机拆装与调试技术、投影机原理与使用等。

对应上一级专业编码：0212-3

0212-3　高级

专业编码：0212-3

专业名称：办公设备维修

培养目标：培养从事办公设备使用、保养、维修的高级技能人才（高级工）。

学习年限：2年（达到中级技能水平学生），3年（高中毕业生），5年（初中毕业生）

职业能力：

具有积极的人生态度、健康的心理素质、良好的职业道德和较扎实的文化基础知识；具有获取新知识、新技能的意识和能力，能适应不断变化的职业社会；熟悉企业生产流程，具有安全意识，遵守各项工艺规程，重视环境保护，并具有独立解决非常规问题的基本能力；能指导他人进行工作或协助培训一般操作人员。同时具有下列专业能力：

1. 能对计算机系统进行日常维护及常见故障分析与排除。
2. 能维修各种计算机显示器及各类办公设备电源。
3. 能排除复印机常见故障。
4. 能排除激光、喷墨、针式打印机的常见故障。
5. 能排除热敏、喷墨、碳带、激光传真机的常见故障。
6. 能对国内外各型号投影仪的主电源、灯电源板、液晶驱动、信号输入输出电路和光学系统进行更换与维修。

对应或相关职业（工种）：办公设备维修工（4-12-02-02）

职业资格（职业技能等级）：办公设备维修工

专业主要教学内容：

质量管理与认证、计算机日常维护及常见故障分析与排除、数字信号通信技术、开关电源技术、数码电子产品维修、复印机维修、针式打印机维修、激光打印机维修、喷墨打印机维修、传真机维修、投影仪原理与维修技术等。

对应上下级专业编码：0212-2、0212-4

0212-2　预备技师

专业编码：0212-2

专业名称：办公设备维修

培养目标：培养从事办公设备使用、保养、维修的高级技能人才（预备技师）。

学习年限：2年（达到高级技能水平学生），3年（达到中级技能水平学生），4年（高

中毕业生)，6 年（初中毕业生）

职业能力：

具有积极的人生态度、健康的心理素质、良好的职业道德和较扎实的文化基础知识；具有获取新知识、新技能的意识和能力，能适应不断变化的职业社会；具有安全意识，遵守各项工艺规程，重视环境保护，并能根据生产流程变化，独立解决工作过程中非常规性的综合问题，具有一定的革新能力；能指导他人进行工作或培训一般操作人员，能协助部门领导进行生产现场的相关管理工作。同时具有下列专业能力：

1. 能熟练运用计算机办公软件，并对计算机系统进行维护保养。
2. 能维修液晶显示器及各类办公设备电源。
3. 能维修复印机，达到芯片级维修水平。
4. 能维修针式、喷墨、激光打印机，达到芯片级维修水平。
5. 能正确排除各种型号 CRT、LCD、DLP 投影仪常见故障，达到芯片级维修水平。
6. 能协助工程师设计、开发电子设备的电路原理图及信号源流程图。

对应或相关职业（工种）：办公设备维修工（4-12-02-02）

职业资格（职业技能等级）：办公设备维修工

专业主要教学内容：

计算机日常维护及常见故障分析与排除、数字化信息技术、开关电源技术、数码电子产品新技术、广播电视新技术、通信与计算机技术、投影机维修等。

对应下一级专业编码：0212-3

0213 光伏应用技术

0213-4 中级

专业编码：0213-4

专业名称：光伏应用技术

培养目标：培养从事光伏材料、光伏产品生产的中级技能人才。

学习年限：3 年（初中毕业生），2 年（高中毕业生）

职业能力：

具有积极的人生态度、健康的心理素质、良好的职业道德和较扎实的文化基础知识；具有获取新知识、新技能的意识和能力，能适应不断变化的职业社会；了解企业生产流程，严格执行设备操作规定，遵守各项工艺规程，具有安全意识，重视环境保护，并能解决一般性专业问题。同时具有下列专业能力：

1. 能正确使用常用电工电子仪器仪表。
2. 能识读常用电气原理图并能按图进行装配与测试。
3. 能操作光伏材料生产设备，按照操作规程进行光伏材料的生产。
4. 能操作光伏产品生产设备，按照操作规程进行太阳能电池等光伏产品的生产。
5. 能对光伏材料、光伏产品进行检测。

对应或相关职业（工种）：太阳能利用工 L（5-05-03-03）、光伏组件制造工 L（6-24-02-04）、光伏发电运维值班员 L（6-28-01-10）

职业资格（职业技能等级）：太阳能利用工

专业主要教学内容：

电工电子技术、模拟电子技术、数字电子技术、电子测量技术、电子装配工艺、电气控制系统安装与调试、太阳能光伏系统、太阳能光伏发电技术、太阳能光伏材料加工、太阳能光伏发电原理及其产品等。

对应上一级专业编码：0213-3

0213-3　高级

专业编码：0213-3

专业名称：光伏应用技术

培养目标：培养从事光伏材料、光伏产品生产的高级技能人才（高级工）。

学习年限：2 年（达到中级技能水平学生），3 年（高中毕业生），5 年（初中毕业生）

职业能力：

具有积极的人生态度、健康的心理素质、良好的职业道德和较扎实的文化基础知识；具有获取新知识、新技能的意识和能力，能适应不断变化的职业社会；熟悉企业生产流程，严格执行设备操作规定，遵守各项工艺规程，重视环境保护，并具有独立解决非常规问题的基本能力；能指导他人进行工作或协助培训一般操作人员。同时具有下列专业能力：

1. 能正确、熟练使用电工电子仪器仪表。
2. 能识读较复杂电气原理图并能按图进行装配与测试。
3. 能熟练操作光伏材料生产设备，按照操作规程进行光伏材料的生产。
4. 能熟练操作光伏产品生产设备，按照操作规程进行太阳能电池等光伏产品的生产。
5. 能对光伏材料、光伏产品生产设备进行维护保养。
6. 能对光伏材料、光伏产品进行检测，对生产过程进行质量监控。

对应或相关职业（工种）：太阳能利用工 L（5-05-03-03）、光伏组件制造工 L（6-24-02-04）、光伏发电运维值班员 L（6-28-01-10）

职业资格（职业技能等级）：太阳能利用工

专业主要教学内容：

单片机原理与应用、PLC 控制技术与应用、传感器技术与应用、太阳能光伏发电原理及其产品、太阳能电池制造与工艺、太阳能光伏发电系统设计与应用等。

对应下一级专业编码：0213-4

0214　工业网络技术

0214-4　中级

专业编码：0214-4

专业名称：工业网络技术

培养目标：培养从事工业网络控制系统组建、配置和应用的中级技能人才。

学习年限：3 年（初中毕业生），2 年（高中毕业生）

职业能力：

具有积极的人生态度、健康的心理素质、良好的职业道德和较扎实的文化基础知识；具有获取新知识、新技能的意识和能力，能适应不断变化的职业社会；了解企业生产流程，严格执行设备操作规定，遵守各项工艺规程，具有安全意识，重视环境保护，并能解决一般性专业问题。同时具有下列专业能力：

1. 能使用常用电工工具，正确选用示波器、电桥、万用表、兆欧表等常用电工仪表。
2. 能绘制电子电路原理图，焊接典型电子电路并进行调试。
3. 能安装及操作工业控制计算机。
4. 能运用专业工具制作工业网络通信接口并进行测试。
5. 能读懂工业控制系统网络拓扑图，并按要求进行工业网络线路的布置。
6. 能安装典型电气控制线路并进行调试与检修。
7. 能进行 PLC 的选型，构建及调试简单的 PLC 控制设备电气系统，并能独立解决调试中出现的问题，使设备正常运转。
8. 能组建、配置简单的工业控制网络，并通过网络对设备进行控制。

对应或相关职业（工种）：电工（6-31-01-03）、信息通信网络运行管理员 S（4-04-04-01）、网络与信息安全管理员 S（4-04-04-02）

职业资格（职业技能等级）：电工、信息通信网络运行管理员、网络与信息安全管理员

专业主要教学内容：

安全用电、工程制图与 CAD、电工仪表与测量、电工电子技术、计算机应用基础、计算机软硬件安装与调试、工业网络综合布线实训、电气控制线路安装与检修、PLC 基础与实训、工业控制网络安装与调试等。

对应上一级专业编码：0214-3

0214-3　高级

专业编码：0214-3

专业名称：工业网络技术

培养目标：培养从事工业网络控制系统组建、配置、应用、调试和维护的高级技能人才（高级工）。

学习年限：2 年（达到中级技能水平学生），3 年（高中毕业生），5 年（初中毕业生）

职业能力：

具有积极的人生态度、健康的心理素质、良好的职业道德和较扎实的文化基础知识；具有获取新知识、新技能的意识和能力，能适应不断变化的职业社会；熟悉企业生产流程，严格执行设备操作规定，遵守各项工艺规程，重视环境保护，并具有独立解决非常规问题的基本能力；能指导他人进行工作或协助培训一般操作人员。同时具有下列专业能力：

1. 能安装、调试和维护在工业生产现场应用的传感器。
2. 能安装和调试自动化仪表并能在工业控制网络中对其进行网络组态。
3. 能安装、调试带有变频器的设备。
4. 能在单片机控制系统上进行程序设计，并进行单片机系统电路和通信程序的调试。
5. 能运用 PLC 改造继电器控制系统，并进行编程调试以实现控制功能。

6. 能根据生产工艺流程，运用常见组态软件设计控制系统人机交互界面，运用触摸屏对单体设备进行控制和监控。

7. 能读懂并绘制较复杂的工业控制系统网络拓扑图，并能组建、配置较复杂的工业控制网络，通过网络对设备进行控制。

对应或相关职业（工种）：电工（6-31-01-03）、信息通信网络运行管理员 S（4-04-04-01）、网络与信息安全管理员 S（4-04-04-02）

职业资格（职业技能等级）：电工、信息通信网络运行管理员、网络与信息安全管理员

专业主要教学内容：

传感器应用技术、自动检测技术及仪表、变频器技术、可编程序控制器及其应用、单片机应用技术、组态软件与触摸屏技术、工业控制网络安装与调试等。

对应下一级专业编码：0214-4

0215　电线电缆制造技术

0215-4　中级

专业编码：0215-4

专业名称：电线电缆制造技术

培养目标：培养从事电线电缆生产、检验以及电缆敷设和维护的中级技能人才。

学习年限：3 年（初中毕业生），2 年（高中毕业生）

职业能力：

具有积极的人生态度、健康的心理素质、良好的职业道德和较扎实的文化基础知识；具有获取新知识、新技能的意识和能力，能适应不断变化的职业社会；了解企业生产流程，严格执行设备操作规定，遵守各项工艺规程，具有安全意识，重视环境保护，并能解决一般性专业问题。同时具有下列专业能力：

1. 能按照产品的工艺流程和安全操作规程进行电线电缆生产。
2. 能检查电线电缆生产设备的机械传动系统及电气控制系统。
3. 能熟练测定各种原材料的性能，判断好坏，计算用量。
4. 能看懂模具装配图，独立选配模具，熟练装卸和清理模具。
5. 能根据设备配置和产品结构，独立计算及调整工艺参数。
6. 能熟练使用各种焊接设备焊接不同材料、不同规格的线芯。
7. 能操作电线电缆生产设备，进行放线、排线，控制设备正常运行。
8. 能使用各种仪器对生产设备进行检查保养。
9. 能检查电线电缆的各项参数，控制电线电缆产品质量。

对应或相关职业（工种）：电线电缆制造工（6-24-03-01）

职业资格（职业技能等级）：电线电缆制造工

专业主要教学内容：

机械制图与 CAD、机械基础、电子技术、电力拖动控制线路安装、电缆工艺原理、电缆电气性能测试技术、电缆质量管理、电缆机械、电缆生产自动化、通信电缆、电线电缆焊接技术、电线电缆制造综合技能训练等。

对应上一级专业编码：0215-3

0215-3　高级

专业编码：0215-3

专业名称：电线电缆制造技术

培养目标：培养从事电线电缆生产、检验以及电缆敷设和维护的高级技能人才（高级工）。

学习年限：2 年（达到中级技能水平学生），3 年（高中毕业生），5 年（初中毕业生）

职业能力：

具有积极的人生态度、健康的心理素质、良好的职业道德和较扎实的文化基础知识；具有获取新知识、新技能的意识和能力，能适应不断变化的职业社会；熟悉企业生产流程，严格执行设备操作规定，遵守各项工艺规程，重视环境保护，并具有独立解决非常规问题的基本能力；能指导他人进行工作或协助培训一般操作人员。同时具有下列专业能力：

1. 能对电线电缆生产设备的整体布局、机械装置、电气线路、管道阀门等进行检查，及时发现并排除设备隐患。
2. 能掌握不同材料的配料、混料和配制方法。
3. 能独立绘制模具装配图，熟练校模，装卸和清理各种模具。
4. 能根据工艺原理和工艺流程选用相应的工艺参数，编制工艺规程。
5. 能熟练焊接各种异型线材的接头。
6. 能设计较复杂的工艺装备和必要的辅助设备。
7. 能操作控制大型机组，并能排除设备故障。
8. 能使用较复杂的仪器设备检测电线电缆品质，控制产品质量。

对应或相关职业（工种）：电线电缆制造工（6-24-03-01）

职业资格（职业技能等级）：电线电缆制造工

专业主要教学内容：

机械制图与 CAD、机械基础、电子技术、电力拖动控制线路安装、电缆工艺原理、电缆电气性能测试技术、电缆质量管理、电缆机械、电缆生产自动化、电力电缆结构设计、电缆与环保、通信电缆、电线电缆焊接技术、电线电缆制造综合技能训练等。

对应下一级专业编码：0215-4

0216　电梯工程技术

0216-4　中级

专业编码：0216-4

专业名称：电梯工程技术

培养目标：培养从事电梯保养、安装、维修工作的中级技能人才。

学习年限：3 年（初中毕业生），2 年（高中毕业生）

职业能力：

具有积极的人生态度、健康的心理素质、良好的职业道德和较扎实的文化基础知识；具

有获取新知识、新技能的意识和能力，能适应不断变化的职业社会；了解企业生产流程，严格执行设备操作规定，遵守各项工艺规程，具有安全意识，重视环境保护，并能解决一般性专业问题。同时具有下列专业能力：

1. 能查询电梯和自动扶梯维修、安装的相关资料，包括电梯安全技术理论、电梯使用维护说明书、保养合同、企业标准、国家标准和法规等。

2. 能根据电梯和自动扶梯维修、安装任务的要求，进行作业前的准备工作，包括根据工具、材料、仪器列表确认工作、材料、仪器和在工作现场进行安全防护的准备。

3. 能正确使用电梯常用机械及电气工具和设备。

4. 能识读电梯机械及电气图样。

5. 能规范开展电梯和自动扶梯的维修，包括例行保养、专项保养及常见故障检修，并填写工作记录。

6. 能规范开展电梯和自动扶梯的部件安装任务并填写工作记录。

7. 能规范开展电梯和自动扶梯的年度检验任务并填写工作记录。

对应或相关职业（工种）：电梯安装维修工（6-29-03-03）、电梯装配调试工（6-20-04-00）

职业资格（职业技能等级）：电梯安装维修工

专业主要教学内容：

电工基础、机械识图、电工基本技能训练、钳工基本技能训练、电梯电气部件安装与调试、电梯井道部件安装、电梯例行保养、电梯专项保养、电梯年度检验、电梯一般故障排除、扶梯一般故障排除等。

对应上一级专业编码：0216-3

0216-3　高级

专业编码：0216-3

专业名称：电梯工程技术

培养目标：培养从事电梯保养、安装、维修、大修、调试、检测工作的高级技能人才（高级工）。

学习年限：2 年（达到中级技能水平学生），3 年（高中毕业生），5 年（初中毕业生）

职业能力：

具有积极的人生态度、健康的心理素质、良好的职业道德和较扎实的文化基础知识；具有获取新知识、新技能的意识和能力，能适应不断变化的职业社会；熟悉企业生产流程，严格执行设备操作规定，遵守各项工艺规程，重视环境保护，并具有独立解决非常规问题的基本能力；能指导他人进行工作或协助培训一般操作人员。同时具有下列专业能力：

1. 能读懂电梯维修、大修、安装、调试、检验任务书，与项目主管等相关人员进行专业沟通，明确工作目标、内容与要求。

2. 能查阅行业标准及维修、大修、安装、调试与检验手册，认知常见电梯的结构、控制方式、主要参数及技术要求。

3. 能熟练使用电梯常用与专用机械、电气安装和维修工具。

4. 能识读并使用计算机绘制电梯机械和电气图样。

5. 能制定电梯和自动扶梯大修的工作方案，正确选择设备、工具、材料，组织人员开展电梯和自动扶梯大修工作任务，并填写工作报告。

6. 能制定电梯和自动扶梯安装、调试的工作方案，正确选择设备、工具、材料，组织人员开展电梯和自动扶梯安装、调试工作任务，并填写工作报告。

7. 能制定电梯和自动扶梯年度检验、监督检验的工作方案，正确选择工具、材料，组织人员开展电梯和自动扶梯检验工作任务，并填写工作报告。

对应或相关职业（工种）：电梯安装维修工（6-29-03-03）、电梯装配调试工（6-20-04-00）

职业资格（职业技能等级）：电梯安装维修工

专业主要教学内容：

电工基础、电子技术、机械基础、电梯机械测绘、电工基本技能训练、钳工基本技能训练、电梯电气部件安装与调试、电梯井道部件安装、电梯例行保养、电梯专项保养、电梯年度检验、电梯一般故障排除、扶梯一般故障排除、电梯大修、电梯监督检验、电梯整机机械设备安装与调试、电梯整机电气设备安装与调试等。

对应下一级专业编码：0216-4

0217　光电技术应用

0217-4　中级

专业编码：0217-4

专业名称：光电技术应用

培养目标：培养从事 LED 产品生产、安装、调试、检测、应用和灯光工程作业工作的中级技能人才。

学习年限：3 年（初中毕业生），2 年（高中毕业生）

职业能力：

具有积极的人生态度、健康的心理素质、良好的职业道德和较扎实的文化基础知识；具有获取新知识、新技能的意识和能力，能适应不断变化的职业社会；了解企业生产流程，严格执行设备操作规定，遵守各项工艺规程，具有安全意识，重视环境保护，并能解决一般性专业问题。同时具有下列专业能力：

1. 能识读、绘制电子电路原理图与印制电路板图，使用电子电路绘图软件。
2. 能使用电烙铁等常用焊接工具和常用光电产品装配工具。
3. 能使用万用表等常用检测工具。
4. 能选用、检测 LED 器件。
5. 能生产典型 LED 产品。
6. 能使用各种常用检测工具检验 LED 产品质量。
7. 能完成典型 LED 灯光工程的安装、调试工作。
8. 能维护保养 LED 设备，排除使用过程中的一般故障。

对应或相关职业（工种）：电子设备装接工（6-25-04-07）、灯具制造工（6-24-07-02）、太阳能利用工 L（5-05-03-03）

职业资格（职业技能等级）：电子设备装接工

专业主要教学内容：

电子工艺与技能、电子线路 CAD、功率电源技术、小型灯光产品制作、LED 灯光工程应用、SMT 生产工艺等。

专业方向：激光技术应用

对应上一级专业编码：0217-3

0217-3 高级

专业编码：0217-3

专业名称：光电技术应用

培养目标：培养从事 LED 产品生产、安装、调试、检测、应用和灯光工程作业及光伏发电系统应用工作的高级技能人才（高级工）。

学习年限：2 年（达到中级技能水平学生），3 年（高中毕业生），5 年（初中毕业生）

职业能力：

具有积极的人生态度、健康的心理素质、良好的职业道德和较扎实的文化基础知识；具有获取新知识、新技能的意识和能力，能适应不断变化的职业社会；熟悉企业生产流程，严格执行设备操作规定，遵守各项工艺规程，重视环境保护，并具有独立解决非常规问题的基本能力；能指导他人进行工作或协助培训一般操作人员。同时具有下列专业能力：

1. 能识别、检测常用电子元器件，进行好坏、优劣判别与选用。
2. 能绘制产品电路原理图与印制电路板图，熟练使用电子电路绘图软件。
3. 能使用电烙铁等常用焊接工具及光电产品常用装配工具进行产品加工与拆装。
4. 能使用万用表、示波器、信号发生器、光学专用仪表等常用工具检测电路参数和性能。
5. 能选用和检测大功率 LED、蓄电池、太阳能板、控制器、逆变器等。
6. 能选用典型 LED 产品，构建不同应用需求的 LED 光电应用系统。
7. 能安装、调试、初步验收典型 LED 灯光应用工程。
8. 能安装、调试、初步验收小型光伏发电应用系统。
9. 能维护典型 LED 灯光应用系统与小型光伏发电应用系统，并能排除使用过程中出现的技术性故障。

对应或相关职业（工种）：电子设备装接工（6-25-04-07）、灯具制造工（6-24-07-02）、太阳能利用工 L（5-05-03-03）

职业资格（职业技能等级）：电子设备装接工

专业主要教学内容：

电子工艺与技能、电子线路 CAD、功率电源技术、单片机技术、小型灯光产品制作、LED 灯光工程应用、SMT 生产工艺、光伏发电系统应用等。

专业方向：激光技术应用

对应下一级专业编码：0217-4

0218　工业互联网与大数据应用

0218-4　中级

专业编码：0218-4

专业名称：工业互联网与大数据应用

培养目标：培养从事工业互联网、工业大数据系统集成、使用及维护工作的中级技能人才。

学习年限：3 年（初中毕业生），2 年（高中毕业生）

职业能力：

具有积极的人生态度、健康的心理素质、良好的职业道德和较扎实的文化基础知识；具有获取新知识、新技能的意识和能力，能适应不断变化的职业社会；了解企业生产流程，严格执行各类设备设施操作规定，遵守各项工艺规程，具有安全意识，重视环境保护，并能解决一般性专业问题。同时具有下列专业能力：

1. 能运用电工电子技术基本知识，正确选择并使用常用电工电子仪器仪表，进行数据采集系统、工业网络通信系统的使用、安装、运行、维护工作。

2. 能识读一般电气控制线路图、网络系统图，按规程安装一般检测系统、自动化装置、工业网络通信设备。

3. 能维护工业现场传感检测装置、现场仪表（变送器、执行装置等）及附属装置，敷设信号管线，安装配线装置。

4. 能运用典型工业数据采集方法，按照工业信息系统要求调整、监控工业现场的检测与控制信号，实现工业大数据的采集与监测。

5. 能分析、检修工业网络通信系统与工业信息管理系统的典型故障。

6. 能进行小规模工业信息系统的综合布线与工程施工。

对应或相关职业（工种）：电工（6-31-01-03）、信息通信网络运行管理员 S（4-04-04-01）

职业资格（职业技能等级）：电工、信息通信网络运行管理员

专业主要教学内容：

计算机组装与维护、计算机网络基础、电气制图、电工电子技术、自动化技术应用、传感与检测技术基础、检测仪表使用与维护、网络信息系统综合布线、可编程序控制器基础应用、工业控制网络基础、工业大数据基础、工业信息系统装调实训等。

对应上一级专业编码：0218-3

0218-3　高级

专业编码：0218-3

专业名称：工业互联网与大数据应用

培养目标：培养从事工业互联网、工业大数据系统集成、使用及维护工作的高级技能人才（高级工）。

学习年限：2 年（达到中级技能水平学生），3 年（高中毕业生），5 年（初中毕业生）

职业能力：

具有积极的人生态度、健康的心理素质、良好的职业道德和较扎实的文化基础知识；具有获取新知识、新技能的意识和能力，能适应不断变化的职业社会；熟悉企业生产流程，具有安全意识，遵守各项工艺规程，重视环境保护，并具有独立解决非常规问题的基本能力；能指导他人进行工作或协助培训一般操作人员。同时具有下列专业能力：

1. 能识读较复杂信息物理系统（Cyber-Physical Systems，CPS）结构图和典型电气自动化控制系统线路图。

2. 能维护各类常用传感装置、检测仪表、测量系统和工业网络系统。

3. 能对智能仪表、工业网络通信设备等现场设备进行操作、设置、组态、检查与调试。

4. 能对较复杂的数据采集系统和网络通信系统进行信号试验及系统检修。

5. 能对典型工业大数据系统进行维护与管理。

6. 能对工业云计算系统进行简单组态与调试。

7. 能进行工业信息管理服务器的安装、配置与管理，对工业云计算系统客户端进行维护。

对应或相关职业（工种）：电工（6-31-01-03）、信息通信网络运行管理员 S（4-04-04-01）、工业互联网工程技术人员 S（2-02-38-06）、大数据工程技术人员 S（2-02-38-03）

职业资格（职业技能等级）：电工、信息通信网络运行管理员

专业主要教学内容：

电工电子技术、工业数据结构、检测仪表综合应用、网络操作系统、工业以太网与网络设备、可编程序控制器综合应用、制造执行系统（MES）应用、组态软件技术、网络系统软件设计、数据库基础与应用、工业大数据处理与云计算技术、工业大数据综合应用实训等。

对应下一级专业编码：0218-4

0219 服务机器人应用与维护

0219-3 高级

专业编码：0219-3

专业名称：服务机器人应用与维护

培养目标：培养从事服务机器人应用与维护的高级技能人才（高级工）。

学习年限：2 年（达到中级技能水平学生），3 年（高中毕业生），5 年（初中毕业生）

职业能力：

具有积极的人生态度、健康的心理素质、良好的职业道德和较扎实的文化基础知识；具有获取新知识、新技能的意识和能力，能适应不断变化的职业社会；熟悉企业生产流程，具有安全意识，遵守各项工艺规程，重视环境保护，并具有独立解决非常规问题的基本能力；能指导他人进行工作或协助培训一般操作人员。同时具有下列专业能力：

1. 能识读服务机器人相关产品的机械零件图与装配图。

2. 能识读服务机器人相关产品的电子元器件明细表、印制电路板原理图及电气接线图。

3. 能掌握服务机器人应用开发与测试软件工具的基本功能。

4. 能安装与调试服务机器人的本体、控制器、传感器与执行机构，以及实施系统集成与参数优化。

5. 能测控服务机器人的整机软硬件，并撰（填）写测控报告。

6. 能完成网络连接、地图构建、参数调整等服务机器人终端用户现场应用部署工作。

7. 能维护服务机器人设备设施，以及诊断与排除常规电气、机械及软件故障。

对应或相关职业（工种）：服务机器人应用技术员 S（4-04-05-07）、电工（6-31-01-03）

职业资格（职业技能等级）：服务机器人应用技术员、电工

专业主要教学内容：

机械设计基础、机械制图与 CAD、Solidworks 机械设计、电工基础、模拟电子技术、数字电路与逻辑设计、机器人技术基础、C 语言基础、Python 语言程序设计、自动检测技术、传感器技术、单片机技术、服务机器人移动机构控制技术、服务机器人装调与应用开发、ROS 服务机器人技术应用等。

对应上一级专业编码：0219-2

0219-2　预备技师

专业编码：0219-2

专业名称：服务机器人应用与维护

培养目标：培养从事服务机器人应用与维护的高级技能人才（预备技师）。

学习年限：2 年（达到高级技能水平学生），3 年（达到中级技能水平学生），4 年（高中毕业生），6 年（初中毕业生）

职业能力：

具有积极的人生态度、健康的心理素质、良好的职业道德和较扎实的文化基础知识；具有获取新知识、新技能的意识和能力，能适应不断变化的职业社会；严格执行设备操作规定，遵守各项工艺规程，重视环境保护，并能根据生产流程变化，独立解决工作中非常规性综合问题，具有一定的革新能力；能指导他人进行工作或培训一般操作人员，能协助部门领导进行工作现场的相关管理工作。同时具有下列专业能力：

1. 能读懂及测绘服务机器人相关产品的机械零件图与装配图。

2. 能读懂及测绘服务机器人相关产品的电子元器件明细表、印制电路板原理图及电气接线图。

3. 能熟练使用服务机器人相关开发和测试软件工具。

4. 能安装与调试服务机器人本体、控制器、执行机构与传感器，以及开发相关应用程序并诊断故障。

5. 能完成服务机器人整机软硬件测控、故障排除，并撰（填）写测控调试报告。

6. 能对服务机器人的视觉系统、语音系统、导航系统、移动机构进行个性化参数调校。

7. 能根据不同应用场景完成服务机器人系统集成、简单二次开发以及 APP 应用开发。

对应或相关职业（工种）：服务机器人应用技术员 S（4-04-05-07）、电工（6-31-01-03）

职业资格（职业技能等级）： 服务机器人应用技术员、电工

专业主要教学内容：

Solidworks 三维设计与仿真、机器人工程概论、C 语言基础、Python 语言程序设计、ROS 机器人操作系统、C++程序设计基础、图像检测技术、语音交互技术、地图构建与自主导航技术、服务机器人移动机构控制技术、ROS 服务机器人技术应用、服务机器人应用二次开发等。

对应下一级专业编码： 0219-3

0220　集成电路技术应用

0220-4　中级

专业编码： 0220-4

专业名称： 集成电路技术应用

培养目标： 培养从事集成电路分析、工艺实现、封装、测试等工作的中级技能人才。

学习年限： 3 年（初中毕业生），2 年（高中毕业生）

职业能力：

具有积极的人生态度、健康的心理素质、良好的职业道德和较扎实的文化基础知识；具有获取新知识、新技能的意识和能力，能适应不断变化的职业社会；了解企业生产流程，严格执行设备操作规定，遵守各项工艺规程，具有安全意识，重视环境保护，并能解决一般性专业问题。同时具有下列专业能力：

1. 能正确选择并熟练使用通用电子仪器、仪表及辅助设备。
2. 能分析模拟电路、数字电路的基本工作原理。
3. 能根据硬件描述语言代码，分析数字电路逻辑功能的设计原理。
4. 能进行集成电路工艺设备的日常维护，及时处理产品和设备异常。
5. 能进行集成电路测试仪器设备的日常维护保养，处理常见软硬件异常问题，排除简单故障。
6. 能监控和分析测试数据，发现相应测试问题并进行优化。

对应或相关职业（工种）： 半导体分立器件和集成电路装调工（6-25-02-06）、电工（6-31-01-03）、智能硬件装调员（6-25-04-05）

职业资格（职业技能等级）： 半导体分立器件和集成电路装调工、电工

专业主要教学内容：

电路分析基础、模拟电路基础、数字电路基础、机械制图与 CAD、应用数学基础、FPGA 技术基础、半导体集成电路概论、微电子制造工艺基础、模拟集成电路测试、数字集成电路测试等。

对应上一级专业编码： 0220-3

0220-3　高级

专业编码： 0220-3

专业名称： 集成电路技术应用

培养目标：培养从事集成电路设计、工艺实现、封装、测试等工作的高技能人才（高级工）。

学习年限：2年（达到中级技能水平学生），3年（高中毕业生），5年（初中毕业生）

职业能力：

具有积极的人生态度、健康的心理素质、良好的职业道德和较扎实的文化基础知识；具有获取新知识、新技能的意识和能力，能适应不断变化的职业社会；熟悉企业生产流程，具有安全意识，遵守各项工艺规程，重视环境保护，并具有独立解决非常规问题的基本能力；能指导他人进行工作或协助培训一般操作人员。同时具有下列专业能力：

1. 能正确选择并熟练使用专用电子仪器、仪表及辅助设备。

2. 能结合集成电路应用场景，分析模拟电路、数字电路工作原理，分析简单集成电路功能。

3. 能使用集成电路设计工具，完成集成电路版图设计与验证。

4. 能使用可编程逻辑电路开发工具，进行数字逻辑电路设计及验证。

5. 能使用集成电路工艺设备并进行日常维护，以及进行工艺流程优化与整合。

6. 能使用集成电路测试仪器设备，完成集成电路测试系统的搭建，并能按照给定芯片测试需求，完成集成电路芯片的功能测试。

对应或相关职业（工种）：半导体分立器件和集成电路装调工（6-25-02-06）、电工（6-31-01-03）、智能硬件装调员（6-25-04-05）、集成电路工程技术人员 S（2-02-38-09）

职业资格（职业技能等级）：半导体分立器件和集成电路装调工、电工

专业主要教学内容：

嵌入式 C 语言程序设计、单片机应用技术、传感器技术、FPGA 应用实验、半导体集成电路、微电子制造工艺、集成电路版图设计、集成电路封装技术基础、集成电路测试应用实践等。

对应上下级专业编码：0220-2、0220-4

0220-2 预备技师

专业编码：0220-2

专业名称：集成电路技术应用

培养目标：培养从事集成电路设计、工艺实现、封装、测试、技术革新等工作的高级技能人才（预备技师）。

学习年限：2年（达到高级技能水平学生），3年（达到中级技能水平学生），4年（高中毕业生），6年（初中毕业生）

职业能力：

具有积极的人生态度、健康的心理素质、良好的职业道德和较扎实的文化基础知识；具有获取新知识、新技能的意识和能力，能适应不断变化的职业社会；严格执行设备操作规定，遵守各项工艺规程，重视环境保护，并能根据生产流程变化，独立解决工作中非常规性综合问题，具有一定的革新能力；能指导他人进行工作或培训一般操作人员，能协助部门领导进行工作现场的相关管理工作。同时具有下列专业能力：

1. 能正确选择并熟练使用特殊电子仪器、仪表及辅助设备。

2. 能根据模拟电路、数字电路工作原理，分析复杂集成电路功能。

3. 能使用集成电路设计工具，完成集成电路原理图设计与仿真，完成集成电路版图设计与验证。

4. 能使用可编程逻辑电路开发工具，编写硬件描述语言，使用 FPGA 可编程开发工具进行数字集成电路开发及验证。

5. 能使用集成电路工艺设备进行工艺技术开发以及工艺流程优化与整合。

6. 能使用集成电路测试仪器设备，完成集成电路测试系统的搭建、特性测试序列开发，以及芯片的功能测试。

对应或相关职业（工种）：半导体分立器件和集成电路装调工（6-25-02-06）、电工（6-31-01-03）、智能硬件装调员（6-25-04-05）、集成电路工程技术人员 S（2-02-38-09）

职业资格（职业技能等级）：半导体分立器件和集成电路装调工、电工

专业主要教学内容：

Python 编程基础、FPGA 技术与应用实验、半导体器件、集成电路设计技术、微电子制造工艺、集成电路封装技术、模拟集成电路测试与分析、数字集成电路测试与分析、电子技术综合实验、集成电路测试平台实训等。

对应下一级专业编码：0220-3

03 信 息 类

0301 计算机网络应用

0301-4 中级

专业编码：0301-4

专业名称：计算机网络应用

培养目标：培养从事计算机网络组建、配置和维护的中级技能人才。

学习年限：3 年（初中毕业生），2 年（高中毕业生）

职业能力：

具有积极的人生态度、健康的心理素质、良好的职业道德和较扎实的文化基础知识；具有获取新知识、新技能的意识和能力，能适应不断变化的职业社会；具有社会责任感，熟悉企事业单位的工作和生产流程，具有良好的逻辑思维能力；具有良好的人际交往能力、团队合作精神和客户意识，具有安全意识，重视环境保护。同时具有下列专业能力：

1. 能完成计算机设备、外部设备、操作系统和常用软件的安装与调试。
2. 能维护机房环境，进行电源设备、空调设备的操作与管理。
3. 能维护通信线路，维护对外互联通信线路，维护小型网络通信线路。
4. 能监视小型网络运行状况。
5. 能完成小型网络设备的安装与调试。
6. 能对小型网络服务器进行配置部署和维护。
7. 能对网络终端设备进行配置部署和维护。
8. 能完成小型网络的勘察设计，掌握综合布线技能。
9. 能进行网站设计与管理。

对应或相关职业（工种）：信息通信网络运行管理员 S（4-04-04-01）、网络与信息安全管理员 S（4-04-04-02）、计算机维修工（4-12-02-01）

职业资格（职业技能等级）：信息通信网络运行管理员、网络与信息安全管理员、计算机维修工、计算机技术与软件专业技术资格

专业主要教学内容：

计算机设备组装与调试、外部设备安装与调试、信息网络布线、小型网络安装与调试、小型网络管理与维护、Windows 服务器基础配置与局域网组建等。

专业方向：网站开发与维护

对应上一级专业编码：0301-3

0301-3 高级

专业编码：0301-3

专业名称：计算机网络应用

培养目标：培养从事计算机网络组建、配置和维护的高级技能人才（高级工）。

学习年限：2 年（达到中级技能水平学生），3 年（高中毕业生），5 年（初中毕业生）

职业能力：

具有积极的人生态度、健康的心理素质、良好的职业道德和较扎实的文化基础知识；具有获取新知识、新技能的意识和能力，能适应不断变化的职业社会；具有较高的逻辑思维能力和分析能力、较强的团队协作开发能力，并具有独立解决非常规问题的基本能力；能指导他人进行工作或协助培训一般操作人员。同时具有下列专业能力：

1. 能熟练完成计算机设备、外部设备、操作系统和常用软件的安装与调试。
2. 能维护通信线路，维护对外互联通信线路，维护中型网络通信线路。
3. 能监视中型网络运行状况。
4. 能完成中型网络设备的安装与调试。
5. 能完成中型网络服务器系统的安装与配置。
6. 能对中型网络进行管理维护。
7. 能进行网站建设与管理。
8. 能对中型网络网络故障提供解决方案，解决网络故障问题。
9. 能对虚拟化平台进行配置部署和维护。

对应或相关职业（工种）：信息通信网络运行管理员 S（4-04-04-01）、网络与信息安全管理员 S（4-04-04-02）、计算机维修工（4-12-02-01）

职业资格（职业技能等级）：信息通信网络运行管理员、网络与信息安全管理员、计算机维修工、计算机技术与软件专业技术资格

专业主要教学内容：

中型网络安装与调试、中型网络管理与维护、Windows 基础服务部署与维护、Linux 网络服务基础管理与维护、虚拟化管理与维护、网络安全设备部署与运维、网络故障诊断与排除等。

专业方向：网站开发与维护

对应上下级专业编码：0301-2、0301-4

0301-2　预备技师

专业编码：0301-2

专业名称：计算机网络应用

培养目标：培养从事计算机网络组建、配置和维护的高级技能人才（预备技师）。

学习年限：2 年（达到高级技能水平学生），3 年（达到中级技能水平学生），4 年（高中毕业生），6 年（初中毕业生）

职业能力：

具有积极的人生态度、健康的心理素质、良好的职业道德和较扎实的文化基础知识；具有获取新知识、新技能的意识和能力，能适应不断变化的职业社会；具有较高的逻辑思维能力和问题分析能力、较强的团队领导能力，能独立解决非常规性的综合问题；具有一定的创新能力以及组织管理和培训、指导他人进行工作的能力。同时具有下列专业能力：

1. 能维护通信线路，维护对外互联通信线路，维护中大型网络通信线路。

2. 能监视中大型网络运行状况。

3. 能对中大型网络设备进行优化配置与维护，进行网络系统性能分析、优化及故障排除。

4. 能对中大型网络服务器系统进行安装与配置、虚拟化平台管理与维护。

5. 能对中大型网络应用服务器进行配置与管理。

6. 能对中大型网络数据库系统进行安装、配置与优化。

7. 能对中大型网络进行规划与设计、制定招投标标书，对网络工程现场质量进行管理、工程交付、客户培训。

8. 能对中大型网络进行网络安全规划设计、制定招投标标书，对网络工程现场质量进行管理、工程交付、客户培训。

9. 能进行数据、网站建设与管理。

对应或相关职业（工种）：信息通信网络运行管理员 S（4-04-04-01）、网络与信息安全管理员 S（4-04-04-02）、计算机维修工（4-12-02-01）

职业资格（职业技能等级）：信息通信网络运行管理员、网络与信息安全管理员、计算机维修工、计算机技术与软件专业技术资格

专业主要教学内容：

Windows 高级服务部署与维护、Linux 网络高级服务管理与维护、虚拟化管理与维护、网络安全设备部署与运维、网络故障诊断与排除、网络规划与设计、网络安全规划与设计等。

专业方向：网站开发与维护

对应下一级专业编码：0301-3

0302 计算机程序设计

0302-4 中级

专业编码：0302-4

专业名称：计算机程序设计

培养目标：培养从事计算机程序开发的中级技能人才。

学习年限：3 年（初中毕业生），2 年（高中毕业生）

职业能力：

具有积极的人生态度、健康的心理素质、良好的职业道德和较扎实的文化基础知识；具有获取新知识、新技能的意识和能力，能适应不断变化的职业社会；具有社会责任感，熟悉企事业单位的工作和生产流程，具有良好的逻辑思维能力；具有良好的人际交往能力、团队合作精神和客户意识，具有安全意识，重视环境保护。同时具有下列专业能力：

1. 能操作、安装和初步维修计算机设备。

2. 能熟练操作、维护操作系统和常用软件。

3. 能了解网络的基本原理和应用。

4. 能搭建桌面开发环境。

5. 能设计程序流程图。

6. 能进行程序的基本开发和调试。

7. 能编写程序文档。

对应或相关职业（工种）： 计算机程序设计员S（4-04-05-01）、计算机软件测试员S（4-04-05-02）

职业资格（职业技能等级）： 计算机程序设计员、计算机技术与软件专业技术资格

专业主要教学内容：

计算机组装与维护、办公软件应用、计算机工具软件应用、计算机操作系统安装与维护、计算机组成原理、软件代码编写与调试、网页设计与制作、数据库基础应用、网络组建与应用、多媒体技术、开发基本文档编写等。

专业方向： 商务软件开发与应用

对应上一级专业编码： 0302-3

0302-3 高级

专业编码： 0302-3

专业名称： 计算机程序设计

培养目标： 培养从事计算机程序开发的高级技能人才（高级工）。

学习年限： 2年（达到中级技能水平学生），3年（高中毕业生），5年（初中毕业生）

职业能力：

具有积极的人生态度、健康的心理素质、良好的职业道德和较扎实的文化基础知识；具有获取新知识、新技能的意识和能力，能适应不断变化的职业社会；具有较高的逻辑思维能力和分析能力、较强的团队协作开发能力，并具有独立解决非常规问题的基本能力；能指导他人进行工作或协助培训一般操作人员。同时具有下列专业能力：

1. 能进行计算机小型网络的基本建设、管理和维护。
2. 能搭建网络开发环境。
3. 能设计程序流程图。
4. 能编写设计文档。
5. 能运用面向对象语言并优化代码。
6. 能实现数据库编程。
7. 能实施软件测试。

对应或相关职业（工种）： 计算机程序设计员S（4-04-05-01）、计算机软件测试员S（4-04-05-02）

职业资格（职业技能等级）： 计算机程序设计员、计算机技术与软件专业技术资格

专业主要教学内容：

代码测试、产品实施与维护、软件销售、软件代码编写、网页设计与制作、动态网站建设与管理、关系数据库应用、网络组建与应用、UML程序设计、模块设计及文档编写等。

专业方向： 商务软件开发与应用

对应上下级专业编码： 0302-2、0302-4

0302-2　预备技师

专业编码：0302-2

专业名称：计算机程序设计

培养目标：培养从事计算机程序开发的高级技能人才（预备技师）。

学习年限：2 年（达到高级技能水平学生），3 年（达到中级技能水平学生），4 年（高中毕业生），6 年（初中毕业生）

职业能力：

具有积极的人生态度、健康的心理素质、良好的职业道德和较扎实的文化基础知识；具有获取新知识、新技能的意识和能力，能适应不断变化的职业社会；具有较高的逻辑思维能力和问题分析能力、较强的团队领导能力，能独立解决非常规性的综合问题；具有一定的创新能力以及组织管理和培训、指导他人进行工作的能力。同时具有下列专业能力：

1. 能编写项目的概要设计文档，并能审核主要模块。
2. 能编写系统关键代码。
3. 能集成并优化系统。
4. 能进行系统调试。
5. 能制订测试计划并加以实施。
6. 能进行产品打包。
7. 能管理软件系统文档和进行软件维护。
8. 能了解 PLC 编程开发原理和自控原理，初步实现软/硬件互相控制及通信技术。

对应或相关职业（工种）：计算机程序设计员 S（4-04-05-01）、计算机软件测试员 S（4-04-05-02）

职业资格（职业技能等级）：计算机程序设计员、计算机技术与软件专业技术资格

专业主要教学内容：

软件项目设计、产品高级测试、项目技术文档编制、软/硬件代码编写（以软件为主）、软件集成、客户/服务器模式程序架构设计、浏览器/服务器模式程序架构设计、游戏程序开发与应用等。

专业方向：商务软件开发与应用

对应下一级专业编码：0302-3

0303　计算机应用与维修

0303-4　中级

专业编码：0303-4

专业名称：计算机应用与维修

培养目标：培养从事计算机的各种应用操作，并能对计算机各种设备进行维护和维修的中级技能人才。

学习年限：3 年（初中毕业生），2 年（高中毕业生）

职业能力：

具有积极的人生态度、健康的心理素质、良好的职业道德和较扎实的文化基础知识；具有获取新知识、新技能的意识和能力，能适应不断变化的职业社会；具有社会责任感，熟悉企事业单位的工作和生产流程，具有良好的逻辑思维能力；具有良好的人际交往能力、团队合作精神和客户意识，具有安全意识，重视环境保护。同时具有下列专业能力：

1. 能熟练进行微型计算机系统的基本操作与使用。
2. 能熟练使用文字处理和图形图像处理软件。
3. 能进行因特网的基本操作。
4. 能对计算机一般故障进行检测、诊断和处理。
5. 能对计算机系统软硬件进行调试。
6. 能对常用办公自动化设备进行维护。

对应或相关职业（工种）：计算机维修工（4-12-02-01）

职业资格（职业技能等级）：计算机维修工、计算机技术与软件专业技术资格

专业主要教学内容：

办公软件应用、计算机工具软件应用、计算机组成原理、计算机组装与维护、计算机操作系统安装与维护、多媒体制作、程序设计与实训、计算机故障检测与维修、计算机外设维护、常用办公自动化设备维护、计算机销售等。

对应上一级专业编码：0303-3

0303-3　高级

专业编码：0303-3

专业名称：计算机应用与维修

培养目标：培养从事计算机的各种应用操作，并能对计算机各种设备进行维护和维修的高级技能人才（高级工）。

学习年限：2 年（达到中级技能水平学生），3 年（高中毕业生），5 年（初中毕业生）

职业能力：

具有积极的人生态度、健康的心理素质、良好的职业道德和较扎实的文化基础知识；具有获取新知识、新技能的意识和能力，能适应不断变化的职业社会；具有较高的逻辑思维能力和分析能力、较强的团队协作开发能力，并具有独立解决非常规问题的基本能力；能指导他人进行工作或协助培训一般操作人员。同时具有下列专业能力：

1. 能熟练进行微型计算机系统的操作与使用。
2. 能熟练使用文字处理和多媒体处理软件。
3. 能进行因特网操作。
4. 能熟练掌握计算机故障检测、故障诊断和故障处理的方法。
5. 能熟练掌握计算机系统软硬件调试方法。
6. 能进行常用办公自动化设备维护。
7. 能进行小型局域网的构建和维护。

对应或相关职业（工种）：计算机维修工（4-12-02-01）

职业资格（职业技能等级）：计算机维修工、计算机技术与软件专业技术资格

专业主要教学内容：

办公软件应用、多媒体制作、计算机故障检测与维修、计算机外设维护、单片机原理与应用、计算机网络设备安装与调试、常用办公自动化设备维护、电子技术与实训等。

对应下一级专业编码：0303-4

0304 计算机信息管理

0304-3 高级

专业编码：0304-3

专业名称：计算机信息管理

培养目标：培养从事企事业计算机信息管理的高级技能人才（高级工）。

学习年限：2 年（达到中级技能水平学生），3 年（高中毕业生），5 年（初中毕业生）

职业能力：

具有积极的人生态度、健康的心理素质、良好的职业道德和较扎实的文化基础知识；具有获取新知识、新技能的意识和能力，能适应不断变化的职业社会；具有较高的逻辑思维能力和分析能力、较强的团队协作开发能力，并具有独立解决非常规问题的基本能力；能指导他人进行工作或协助培训一般操作人员。同时具有下列专业能力：

1. 能完成企事业信息系统的初步开发和初步实施等工作任务。
2. 能完成企事业信息网络的构建工作。
3. 能完成网络服务管理、网络系统管理等工作。
4. 能对企事业信息系统进行维护。
5. 能完成企事业信息系统数据维护、文档管理、系统备份和恢复等工作任务。
6. 能进行企事业信息资源开发与利用。
7. 能完成信息需求调研与分析、信息采集等工作任务。

对应或相关职业（工种）：信息通信网络运行管理员 S（4-04-04-01）、网络与信息安全管理员 S（4-04-04-02）、信息通信信息化系统管理员 S（4-04-04-03）、计算机程序设计员 S（4-04-05-01）、数字化管理师 S（2-06-07-13）

职业资格（职业技能等级）：信息通信网络运行管理员、网络与信息安全管理员、计算机程序设计员、计算机技术与软件专业技术资格

专业主要教学内容：

办公软件应用、计算机工具软件应用、信息管理基础、会计电算化、计算机组装与维护、计算机及接口技术、计算机操作系统安装与维护、网络工程与综合布线实训、网络数据库原理与实训、网页设计与制作、动态网站建设与管理、办公自动化原理（OA）及应用、产品数据管理（PDM）及应用、企业资源计划（ERP）及应用、软件开发工具及应用、C++程序设计及实训、网络管理与安全维护、信息保障与安全管理实训、计算机信息调查方法与实践、信息资源初步开发与管理、信息检索与信息融合、信息系统应用与初步开发等。

对应上一级专业编码：0304-2

0304-2　预备技师

专业编码：0304-2

专业名称：计算机信息管理

培养目标：培养从事企事业计算机信息管理的高级技能人才（预备技师）。

学习年限：2年（达到高级技能水平学生），3年（达到中级技能水平学生），4年（高中毕业生），6年（初中毕业生）

职业能力：

具有积极的人生态度、健康的心理素质、良好的职业道德和较扎实的文化基础知识；具有获取新知识、新技能的意识和能力，能适应不断变化的职业社会；具有较高的逻辑思维能力和问题分析能力、较强的团队领导能力，能独立解决非常规性的综合问题；具有一定的创新能力以及组织管理和培训、指导他人进行工作的能力。同时具有下列专业能力：

1. 能制定企事业信息系统战略，完成企事业信息化调研、信息资源规划、编写企事业信息系统战略报告等工作任务。

2. 能制定并监督执行信息化管理制度。

3. 能组织信息化培训，包括制定培训大纲、进行信息化知识培训和培训效果的评估。

4. 能进行信息系统开发，制定信息系统整体规划，进行业务流程调查及优化，并能完成系统的分析、设计和实施工作。

5. 能进行信息网络构造，并能制定企事业网络系统的组网技术方案和企事业网络资源的分配方案。

6. 能制定企事业网络系统的服务方案和设计应用服务器的部署方案。

7. 能对信息管理工程现场质量进行管理。

对应或相关职业（工种）：信息通信网络运行管理员S（4-04-04-01）、网络与信息安全管理员S（4-04-04-02）、信息通信信息化系统管理员S（4-04-04-03）、计算机程序设计员S（4-04-05-01）、数字化管理师S（2-06-07-13）

职业资格（职业技能等级）：信息通信网络运行管理员、网络与信息安全管理员、计算机程序设计员、计算机技术与软件专业技术资格

专业主要教学内容：

企业经营发展战略研究方法与实践、企业信息化理论与实践、信息工程理论与实践、信息资源规划理论与开发利用、企事业信息化战略规划制定与实施、客户关系管理（CRM）及应用、供应链管理（SCM）及应用、商务智能（BI）及应用、计算机信息调研与处理综合实训、企事业信息化培训实务、企事业信息化管理制度、信息系统应用开发与管理、网络经济与企业管理、电子商务与实训、企业计算机网络整体方案设计与实施等。

对应下一级专业编码：0304-3

0305　计算机游戏制作

0305-3　高级

专业编码：0305-3

专业名称：计算机游戏制作

培养目标：培养从事计算机游戏开发制作的高级技能人才（高级工）。

学习年限：2 年（达到中级技能水平学生），3 年（高中毕业生），5 年（初中毕业生）

职业能力：

具有积极的人生态度、健康的心理素质、良好的职业道德和较扎实的文化基础知识；具有获取新知识、新技能的意识和能力，能适应不断变化的职业社会；具有较高的逻辑思维能力和分析能力、较强的团队协作开发能力，并具有独立解决非常规问题的基本能力；能指导他人进行工作或协助培训一般操作人员。同时具有下列专业能力：

1. 能进行 MMORPG、休闲网络游戏和手机游戏的策划与设计。
2. 能进行图形图像处理。
3. 能对 2D 及 3D 游戏功能进行设计。
4. 能进行游戏特效制作。
5. 能进行 Flash 游戏制作。
6. 能进行 3D 游戏制作。
7. 能进行 2D 及 3D 动画制作。

对应或相关职业（工种）：动画制作员（4-13-02-02）

职业资格（职业技能等级）：动画制作员、计算机技术与软件专业技术资格

专业主要教学内容：

办公软件应用、计算机工具软件应用、计算机图形图像处理软件应用、计算机动画制作软件应用、计算机游戏设计制作软件应用、游戏实用美术基础、游戏动画原理、动画技法与实训、原画技法与实训、游戏动画速写、游戏动画场景设计与实训、游戏角色造型设计与实训、游戏动画营销、二维游戏动画制作技能、三维游戏动画制作技能、游戏特效制作技能等。

对应上一级专业编码：0305-2

0305-2　预备技师

专业编码：0305-2

专业名称：计算机游戏制作

培养目标：培养从事计算机游戏开发制作的高级技能人才（预备技师）。

学习年限：2 年（达到高级技能水平学生），3 年（达到中级技能水平学生），4 年（高中毕业生），6 年（初中毕业生）

职业能力：

具有积极的人生态度、健康的心理素质、良好的职业道德和较扎实的文化基础知识；具有获取新知识、新技能的意识和能力，能适应不断变化的职业社会；具有较高的逻辑思维能力和问题分析能力、较强的团队领导能力，能独立解决非常规性的综合问题；具有一定的创新能力以及组织管理和培训、指导他人进行工作的能力。同时具有下列专业能力：

1. 能进行游戏运营管理。
2. 能进行游戏策划设计。
3. 能进行游戏程序设计。

4. 能进行网络游戏和手机游戏开发。

5. 能进行游戏测试。

6. 能进行游戏服务器的架设。

7. 能应用新工艺、新技术、新软件进行工艺改进，解决动画制作中的工艺难题。

8. 能对游戏生产现场质量进行管理。

对应或相关职业（工种）：动画制作员（4-13-02-02）

职业资格（职业技能等级）：动画制作员、计算机技术与软件专业技术资格

专业主要教学内容：

商业网络游戏项目策划、商业手机游戏项目策划、手机游戏像素画制作、2D 游戏项目开发、3D 游戏项目开发、面向对象程序设计（多媒体编程）、电子商务与实训、商业化网络游戏综合实训、商业化手机游戏综合实训等。

对应下一级专业编码：0305-3

0306　计算机动画制作

0306-4　中级

专业编码：0306-4

专业名称：计算机动画制作

培养目标：培养从事动画着色和绘制动画中间画的中级技能人才。

学习年限：3 年（初中毕业生），2 年（高中毕业生）

职业能力：

具有积极的人生态度、健康的心理素质、良好的职业道德和较扎实的文化基础知识；具有获取新知识、新技能的意识和能力，能适应不断变化的职业社会；具有社会责任感，熟悉企事业单位的工作和生产流程，具有良好的逻辑思维能力；具有良好的人际交往能力、团队合作精神和客户意识，具有安全意识，重视环境保护。同时具有下列专业能力：

1. 能徒手绘制“匀、准、挺、活”的线条。

2. 能对原画进行誊清。

3. 能绘制动态人物、动物形象中间画。

4. 能绘制自然现象中间画。

5. 能进行微型计算机系统的基本操作与使用。

6. 能正确使用计算机图像软件，按照颜色指定要求给动画形象填充规定层次的颜色。

7. 能进行计算机二维动画制作。

对应或相关职业（工种）：动画制作员（4-13-02-02）

职业资格（职业技能等级）：动画制作员、计算机技术与软件专业技术资格

专业主要教学内容：

办公软件应用、计算机工具软件应用、计算机图形图像处理软件应用、计算机动画制作软件应用、动画实用美术基础、动画原理与实训、动画速写、动画技法与实训、二维动画制作等。

对应上一级专业编码：0306-3

0306-3　高级

专业编码：0306-3

专业名称：计算机动画制作

培养目标：培养从事绘制二维动画和三维动画的高级技能人才（高级工）。

学习年限：2 年（达到中级技能水平学生），3 年（高中毕业生），5 年（初中毕业生）

职业能力：

具有积极的人生态度、健康的心理素质、良好的职业道德和较扎实的文化基础知识；具有获取新知识、新技能的意识和能力，能适应不断变化的职业社会；具有较高的逻辑思维能力和分析能力、较强的团队协作开发能力，并具有独立解决非常规问题的基本能力；能指导他人进行工作或协助培训一般操作人员。同时具有下列专业能力：

1. 能根据美术设计稿，徒手或用计算机绘制室内外场景及道具。
2. 能绘制复杂的动态人物、动物、自然现象中间画。
3. 能绘制分镜头台本。
4. 能绘制原画。
5. 能进行 Flash 动画制作。
6. 能进行三维动画制作。
7. 能进行后期特效制作及后期合成制作。

对应或相关职业（工种）：动画制作员（4-13-02-02）

职业资格（职业技能等级）：动画制作员、计算机技术与软件专业技术资格

专业主要教学内容：

办公软件应用、计算机图形图像处理软件应用、计算机动画制作软件应用、动画速写、动画中间画与实训、原画技法与实训、动画场景设计与实训、动画造型设计与实训、动画分镜头台本与实训、二维动画制作、三维动画制作、影视特效处理、后期合成制作、动画营销等。

对应上下级专业编码：0306-2、0306-4

0306-2　预备技师

专业编码：0306-2

专业名称：计算机动画制作

培养目标：培养从事绘制二维动画和三维动画的高级技能人才（预备技师）。

学习年限：2 年（达到高级技能水平学生），3 年（达到中级技能水平学生），4 年（高中毕业生），6 年（初中毕业生）

职业能力：

具有积极的人生态度、健康的心理素质、良好的职业道德和较扎实的文化基础知识；具有获取新知识、新技能的意识和能力，能适应不断变化的职业社会；具有较高的逻辑思维能力和问题分析能力、较强的团队领导能力，能独立解决非常规性的综合问题；具有一定的创新能力以及组织管理和培训、指导他人进行工作的能力。同时具有下列专业能力：

1. 能掌握动画的各种操作技能。

2. 能进行简单动画剧本的编写。

3. 能完成分镜头台本的绘制。

4. 能进行复杂原画的绘制。

5. 能完成无纸动画的全部流程。

6. 能进行三维动画的高端制作。

7. 能应用新工艺、新技术、新软件进行工艺改进，解决动画制作中的工艺难题。

对应或相关职业（工种）： 动画制作员（4-13-02-02）

职业资格（职业技能等级）： 动画制作员、计算机技术与软件专业技术资格

专业主要教学内容：

动画剧本创作、动画分镜头台本与实训、原画设计与制作、动画场景设计与制作、动画造型设计与制作、三维动画高端制作、影视特效处理与后期合成制作、影视动画综合能力实训、电子商务与实训等。

对应下一级专业编码： 0306-3

0307 计算机广告制作

0307-3 高级

专业编码： 0307-3

专业名称： 计算机广告制作

培养目标： 培养从事计算机广告设计管理、创意与制作的高级技能人才（高级工）。

学习年限： 2 年（达到中级技能水平学生），3 年（高中毕业生），5 年（初中毕业生）

职业能力：

具有积极的人生态度、健康的心理素质、良好的职业道德和较扎实的文化基础知识；具有获取新知识、新技能的意识和能力，能适应不断变化的职业社会；具有较高的逻辑思维能力和分析能力、较强的团队协作开发能力，并具有独立解决非常规问题的基本能力；能指导他人进行工作或协助培训一般操作人员。同时具有下列专业能力：

1. 能掌握广告摄影的构思、拍摄及后期处理。

2. 能运用图形图像制作软件，完成平面图形图像制作。

3. 能运用排版制作软件，完成广告版式制作。

4. 能运用网页制作软件，完成广告网页制作。

5. 能根据设计对象的特点，完成字体的设计与应用。

6. 能根据设计草图，完成标志设计正稿，绘制标志标准图稿，确定标志标准色。

7. 能合理选择印刷材料与工艺。

8. 能确立开本形式，完成版式整体设计。

9. 能运用手工绘图，完成手工装饰美化制作。

对应或相关职业（工种）： 广告设计师（4-08-08-08）

职业资格（职业技能等级）： 广告设计师、计算机技术与软件专业技术资格

专业主要教学内容：

办公软件应用、计算机工具软件应用、广告摄影、计算机图形图像处理软件应用、计算

机设计制作软件应用、网页设计与制作、广告实用美术基础、广告创意与策划、广告设计基础、广告设计制作与表现、广告制作工艺与技能训练等。

对应上一级专业编码：0307-2

0307-2 预备技师

专业编码：0307-2

专业名称：计算机广告制作

培养目标：培养从事计算机广告设计管理、创意与制作的高级技能人才（预备技师）。

学习年限：2 年（达到高级技能水平学生），3 年（达到中级技能水平学生），4 年（高中毕业生），6 年（初中毕业生）

职业能力：

具有积极的人生态度、健康的心理素质、良好的职业道德和较扎实的文化基础知识；具有获取新知识、新技能的意识和能力，能适应不断变化的职业社会；具有较高的逻辑思维能力和问题分析能力、较强的团队领导能力，能独立解决非常规性的综合问题；具有一定的创新能力以及组织管理和培训、指导他人进行工作的能力。同时具有下列专业能力：

1. 能运用艺术设计基础理论和基本知识，独立完成视觉形象设计创意。
2. 熟悉设计专业运作的基本规律和程序。
3. 熟悉国家有关的方针政策、法律、法规，能完成市场分析与定位工作。
4. 能进行广告策划与方案的实现。
5. 能运用手工绘图，完成手工装饰美化制作与设计。
6. 能熟练运用各种设计制作软件，实现设计创意。
7. 能根据设计对象的要求，完成特定设计。
8. 能应用评价标准进行广告评价与创意研究。
9. 能进行广告公司的管理。

对应或相关职业（工种）：广告设计师（4-08-08-08）

职业资格（职业技能等级）：广告设计师、计算机技术与软件专业技术资格

专业主要教学内容：

计算机图形图像处理软件应用、计算机设计制作软件应用、设计定位与创意、设计构思与表现、文案和视觉形象设计创意、广告设计制作与表现、广告制作工艺与技能训练、广告经营与管理等。

对应下一级专业编码：0307-3

0308 多媒体制作

0308-4 中级

专业编码：0308-4

专业名称：多媒体制作

培养目标：培养从事计算机多媒体设计与应用的中级技能人才。

学习年限：3 年（初中毕业生），2 年（高中毕业生）

职业能力：

具有积极的人生态度、健康的心理素质、良好的职业道德和较扎实的文化基础知识；具有获取新知识、新技能的意识和能力，能适应不断变化的职业社会；具有社会责任感，熟悉企事业单位的工作和生产流程，具有良好的逻辑思维能力；具有良好的人际交往能力、团队合作精神和客户意识，具有安全意识，重视环境保护。同时具有下列专业能力：

1. 能进行微型计算机系统的基本操作与使用。
2. 能对计算机进行定期维护，发现并排除由于使用引起的一般故障。
3. 能熟练使用办公软件。
4. 能对图片进行一般性的处理。
5. 能进行多媒体素材的采集。
6. 能进行多媒体素材的制作。
7. 能进行多媒体素材的合成。

对应或相关职业（工种）：动画制作员（4-13-02-02）

职业资格（职业技能等级）：动画制作员、计算机技术与软件专业技术资格

专业主要教学内容：

办公软件应用、计算机组装与维护、计算机图形图像处理软件应用、计算机多媒体制作软件应用、多媒体素材采集实训、多媒体设计与制作技能训练等。

对应上一级专业编码：0308-3

0308-3　高级

专业编码：0308-3

专业名称：多媒体制作

培养目标：培养从事计算机多媒体设计与应用的高级技能人才（高级工）。

学习年限：2 年（达到中级技能水平学生），3 年（高中毕业生），5 年（初中毕业生）

职业能力：

具有积极的人生态度、健康的心理素质、良好的职业道德和较扎实的文化基础知识；具有获取新知识、新技能的意识和能力，能适应不断变化的职业社会；具有较高的逻辑思维能力和分析能力、较强的团队协作开发能力，并具有独立解决非常规问题的基本能力；能指导他人进行工作或协助培训一般操作人员。同时具有下列专业能力：

1. 能诊断和排除计算机硬件、网络及多媒体制作过程中遇到的一般故障。
2. 能进行计算机小型网络的管理和维护。
3. 能使用常用媒体设计制作工具制作相应的商业广告。
4. 能进行多媒体作品的分析和设计。
5. 能进行多媒体作品的测试。
6. 能进行多媒体作品的打包和发布。

对应或相关职业（工种）：动画制作员（4-13-02-02）

职业资格（职业技能等级）：动画制作员、计算机技术与软件专业技术资格

专业主要教学内容：

办公软件应用、计算机图形图像处理软件应用、计算机多媒体制作软件应用、网络媒体

制作软件、媒体设计与制作、媒体传播、媒体发布、媒体与商业、媒体与广告、媒体传播调查、网络管理与安全维护、多媒体作品分析与设计、产品打包及发布、多媒体设计与制作技能训练、多媒体作品营销等。

对应上下级专业编码：0308-2、0308-4

0308-2 预备技师

专业编码：0308-2

专业名称：多媒体制作

培养目标：培养从事计算机多媒体设计与应用的高级技能人才（预备技师）。

学习年限：2 年（达到高级技能水平学生），3 年（达到中级技能水平学生），4 年（高中毕业生），6 年（初中毕业生）

职业能力：

具有积极的人生态度、健康的心理素质、良好的职业道德和较扎实的文化基础知识；具有获取新知识、新技能的意识和能力，能适应不断变化的职业社会；具有较高的逻辑思维能力和问题分析能力、较强的团队领导能力，能独立解决非常规性的综合问题；具有一定的创新能力以及组织管理和培训、指导他人进行工作的能力。同时具有下列专业能力：

1. 能对所使用的计算机、网络进行相应维护。
2. 能进行多媒体作品的创作策划。
3. 能进行数字音、视频制作。
4. 能进行计算机动画制作。
5. 掌握各种多媒体制作软件的操作使用方法。
6. 能进行多媒体编程。
7. 能应用新工艺、新技术、新设备及新软件进行多媒体制作工艺改进，解决实际中遇到的技术难题。

对应或相关职业（工种）：动画制作员（4-13-02-02）

职业资格（职业技能等级）：动画制作员、计算机技术与软件专业技术资格

专业主要教学内容：

多媒体制作软件应用、多媒体通信与网络技术应用、多媒体作品创作策划、项目管理、多媒体数据库存储与管理、数字音频制作、数字视频制作、动漫设计与制作、面向对象程序设计、产品质量确认测试、多媒体设计与制作技能训练等。

对应下一级专业编码：0308-3

0309 通信网络应用

0309-3 高级

专业编码：0309-3

专业名称：通信网络应用

培养目标：培养从事通信运营管理技术工作的高级技能人才（高级工）。

学习年限：2 年（达到中级技能水平学生），3 年（高中毕业生），5 年（初中毕业生）

职业能力：

具有积极的人生态度、健康的心理素质、良好的职业道德和较扎实的文化基础知识；具有获取新知识、新技能的意识和能力，能适应不断变化的职业社会；具有较高的逻辑思维能力和分析能力、较强的团队协作开发能力，并具有独立解决非常规问题的基本能力；能指导他人进行工作或协助培训一般操作人员。同时具有下列专业能力：

1. 熟悉通信系统和通信网建设的基本方针、政策、法规和国家标准。

2. 能对通信市场进行营销、策划和组织。

3. 能对手机进行软件更新、下载、解锁、数据传输。

4. 了解中国移动、联通、电信公司综合业务及通信营销业务。

5. 掌握一定的企业管理、市场营销和成本管理等方面的知识。

6. 了解通信系统和通信网的分析与设计方法。

对应或相关职业（工种）：信息通信网络运行管理员 S（4-04-04-01）、信息通信网络终端维修员 S（4-12-02-03）、信息通信网络机务员 S（4-04-02-01）、信息通信网络线务员（4-04-02-02）

职业资格（职业技能等级）：信息通信网络运行管理员、信息通信网络终端维修员、信息通信网络机务员、信息通信网络线务员

专业主要教学内容：

电工电子技术及实验、电子 CAD、计算机工具软件应用、计算机操作系统安装与维护、网络操作系统安装与维护、网络工程与综合布线实训、通信原理与数码技术、通信组织管理、通信技术经济分析、通信市场营销与实训、办公软件应用、通信设备安装调试和维修、程控交换技术与实训、安全用电与消防能力实训等。

对应上一级专业编码：0309-2

0309-2　预备技师

专业编码：0309-2

专业名称：通信网络应用

培养目标：培养从事通信运营管理技术工作的高级技能人才（预备技师）。

学习年限：2 年（达到高级技能水平学生），3 年（达到中级技能水平学生），4 年（高中毕业生），6 年（初中毕业生）

职业能力：

具有积极的人生态度、健康的心理素质、良好的职业道德和较扎实的文化基础知识；具有获取新知识、新技能的意识和能力，能适应不断变化的职业社会；具有较高的逻辑思维能力和问题分析能力、较强的团队领导能力，能独立解决非常规性的综合问题；具有一定的创新能力以及组织管理和培训、指导他人进行工作的能力。同时具有下列专业能力：

1. 能独立承担通信业务范围内的维修工作，解决疑难故障问题，对各种通信网络故障进行分析、检测、判断、修复。

2. 能对通信网络运营进行管理、营销、策划和组织。

3. 熟悉通信网络综合业务及通信营销业务。

4. 掌握较强的企业管理、市场营销、财会、统计和成本管理等方面的知识。

5. 了解通信系统和通信网络的分析与设计方法及 IT 产品的开发。

6. 能对通信网络工程现场质量进行管理。

对应或相关职业（工种）： 信息通信网络运行管理员 S（4-04-04-01）、信息通信网络终端维修员 S（4-12-02-03）、信息通信网络机务员 S（4-04-02-01）、信息通信网络线务员（4-04-02-02）

职业资格（职业技能等级）： 信息通信网络运行管理员、信息通信网络终端维修员、信息通信网络机务员、信息通信网络线务员

专业主要教学内容：

光纤通信系统应用与实训、移动通信系统应用与实训、无线电技术应用与实训、射频电路应用与实验、通信企业管理、通信会计、通信审计、通信设备配置与维修、程控交换技术与实训、电子商务与实训、网络数据库应用、通信工程实施及运行和现场管理等。

对应下一级专业编码： 0309-3

0310　通信运营服务

0310-4　中级

专业编码： 0310-4

专业名称： 通信运营服务

培养目标： 培养从事通信运营服务工作的中级技能人才。

学习年限： 3 年（初中毕业生），2 年（高中毕业生）

职业能力：

具有积极的人生态度、健康的心理素质、良好的职业道德和较扎实的文化基础知识；具有获取新知识、新技能的意识和能力，能适应不断变化的职业社会；熟悉通信运营行业工作流程；具有良好的逻辑思维能力、人际交往能力和语言沟通能力；具有良好的团队合作精神和客户意识，具有安全意识，重视环境保护，并能解决一般性专业问题。同时具有下列专业能力：

1. 熟悉通信行业法律、法规以及行业规范知识。

2. 能使用信息平台受理各类业务，进行业务咨询和收集、处理信息。

3. 能在电信营业窗口受理一般电信业务及进行账务处理。

4. 能值守长途话务、国际话务、查号、无线寻呼、信息服务、用户交换机等各类话务台以及处理机上普通业务查询服务。

5. 能进行电信业务宣传推广、市场调研和开发、揽收受理服务。

6. 能对用户通信终端设备进行一般障碍测量和维修。

7. 能进行简单的通信网络管理、配置管理、性能管理和故障管理。

8. 能利用通信工具，主动或被动地专门受理和处理一般客户诉求。

对应或相关职业（工种）： 信息通信营业员（4-04-01-01）、信息通信业务员（4-04-01-02）、呼叫中心服务员（4-04-05-03）、信息通信网络终端维修员 S（4-12-02-03）、信息通信网络机务员 S（4-04-02-01）、信息通信网络线务员（4-04-02-02）

职业资格（职业技能等级）： 呼叫中心服务员、信息通信网络终端维修员、信息通信网

络机务员、信息通信网络线务员

专业主要教学内容：

公共关系与礼仪修养、办公自动化、通信行业法律法规、寻呼知识、顾客心理学、市场营销学、通信原理、数字信号处理、模拟电子线路、电子测量技术、第二代移动通信技术、有线通信技术、交换机技术、网络操作系统、网络设备、网络安全等。

对应上一级专业编码：0310-3

0310-3　高级

专业编码：0310-3

专业名称：通信运营服务

培养目标：培养从事通信运营服务工作的高级技能人才（高级工）。

学习年限：2 年（达到中级技能水平学生），3 年（高中毕业生），5 年（初中毕业生）

职业能力：

具有积极的人生态度、健康的心理素质、良好的职业道德和较扎实的文化基础知识；具有获取新知识、新技能的意识和能力，能适应不断变化的职业社会；熟悉通信运营行业工作流程；具有良好的逻辑思维能力、人际交往能力和语言沟通能力；具有良好的团队合作精神和客户意识，具有安全意识，重视环境保护；能指导他人进行工作或协助培训一般操作人员。同时具有下列专业能力：

1. 掌握通信行业法律、法规以及行业规范知识。
2. 能使用信息平台受理各类业务，进行业务咨询和收集、处理信息。
3. 能在电信营业窗口受理各种电信业务及进行账务处理。
4. 能带班值守长途话务、国际话务、查号、无线寻呼、信息服务、用户交换机等各类话务台以及处理机上各种业务查询服务。
5. 能进行电信业务宣传推广、市场调研和开发、营销策划、揽收受理服务。
6. 能对用户通信终端设备进行各种障碍测量和维修。
7. 能进行通信网络管理、配置管理、性能管理和故障管理。
8. 能利用通信工具，主动或被动地专门受理和处理各种客户诉求。

对应或相关职业（工种）：信息通信营业员（4-04-01-01）、信息通信业务员（4-04-01-02）、呼叫中心服务员（4-04-05-03）、信息通信网络终端维修员 S（4-12-02-03）、信息通信网络机务员 S（4-04-02-01）、信息通信网络线务员（4-04-02-02）

职业资格（职业技能等级）：呼叫中心服务员、信息通信网络终端维修员、信息通信网络机务员、信息通信网络线务员

专业主要教学内容：

公共关系与礼仪修养、办公自动化、通信行业法律法规、寻呼知识、顾客心理学、市场营销学、通信原理、数字信号处理、模拟电子线路、数字电子线路、电子测量技术、单片机原理与应用、第三代移动通信技术、交换机技术、网络数据库及应用开发、网络管理、网络安全、生产作业管理、移动增值业务及应用等。

对应下一级专业编码：0310-4

0311　网络安防系统安装与维护

0311-4　中级

专业编码：0311-4

专业名称：网络安防系统安装与维护

培养目标：培养从事网络和建筑智能化安全防范系统（工程）基础施工、设备安装调试、系统调试、维修维护等工作的中级技能人才。

学习年限：3 年（初中毕业生），2 年（高中毕业生）

职业能力：

具有积极的人生态度、健康的心理素质、良好的职业道德和较扎实的文化基础知识；具有获取新知识、新技能的意识和能力，能适应不断变化的职业社会；了解网络和建筑智能化安全防范系统工程实施流程，严格执行施工方案要求，遵守各项工艺规程，并能解决一般性专业问题。同时具有下列专业能力：

1. 能连接和配置中高端路由器和交换机。
2. 能进行综合布线工程施工。
3. 能认知和调试网络设备及安防器材。
4. 能应用计算机主流网络操作系统。
5. 能使用语音线缆、数据铜线、光纤接配线。
6. 能进行计算机网络、视频监控、红外报警、门禁、感应检测等网络安防主流设备的安装、设置、调试和维修。

对应或相关职业（工种）：安全防范系统安装维护员（4-07-05-04）、智能楼宇管理员 S（4-06-01-04）、计算机网络设备装配调试员＊（6-25-03-00）

职业资格（职业技能等级）：智能楼宇管理员

专业主要教学内容：

计算机基础、电子技术基础、音视频技术、网络通信系统、综合布线系统、网络操作系统、网络视频监控、门禁报警、路由交换技术等。

对应上一级专业编码：0311-3

0311-3　高级

专业编码：0311-3

专业名称：网络安防系统安装与维护

培养目标：培养从事网络和建筑智能化安全防范系统（工程）基础施工、设备安装调试、系统调试、维修维护等工作的高级技能人才（高级工）。

学习年限：2 年（达到中级技能水平学生），3 年（高中毕业生），5 年（初中毕业生）

职业能力：

具有积极的人生态度、健康的心理素质、良好的职业道德和较扎实的文化基础知识；具有获取新知识、新技能的意识和能力，能适应不断变化的职业社会；了解网络和建筑智能化安全防范系统工程实施流程，严格执行施工方案要求，遵守各项工艺规程，并具有独立解决施工、管理和调试过程中的综合问题的基本能力；能指导他人进行工作或协助培训一般施工和管理人员。同时具有下列专业能力：

1. 能识读工程施工图，进行工程概预算。

2. 能完成水平垂直布线、语音及数据线接配线、RJ45 及墙上面板制作、光纤熔接端接。

3. 能完成路由交换设备及网络安全设备的管理和命令操作、网络拓扑结构的设计规划、局域网和互联网接入工程施工建设、网络及设备故障检测和维护。

4. 能完成基于网络的视频监控工程规划、视频监控设备调试、前端设备安装施工以及视频服务器软件、工控机和电视墙系统的安装配置。

5. 能完成门禁系统的安装调试，熟练安装多种电锁、指纹、IC/ID 卡读卡器，安装配置门禁管理和考勤软件。

6. 能完成家用和商用报警系统的安装、配置、调试，熟练连接、安装使用多种有线、无线、周界探测器。

对应或相关职业（工种）：安全防范系统安装维护员（4-07-05-04）、智能楼宇管理员 S（4-06-01-04）、计算机网络设备装配调试员 *（6-25-03-00）

职业资格（职业技能等级）：智能楼宇管理员

专业主要教学内容：

电子技术基础、音视频技术、网络通信系统、综合布线系统、网络操作系统、网络视频监控、门禁报警、路由交换技术、防火墙技术、中央空调技术、智能小区技术、楼宇自动化技术、服务器安全技术、入侵检测和防御技术等。

对应下一级专业编码：0311-4

0312 计算机速录

0312-4 中级

专业编码：0312-4

专业名称：计算机速录

培养目标：培养从事计算机速录，语音等信息采集校对、整理，版面编排的中级技能人才。

学习年限：3 年（初中毕业生），2 年（高中毕业生）

职业能力：

具有积极的人生态度、健康的心理素质、良好的职业道德和较扎实的文化基础知识；具有获取新知识、新技能的意识和能力，能适应不断变化的职业社会；熟悉速录工作的有关职责、政策和法规，具有较强的应用文写作能力和书写能力；具有较强的语言沟通、人际交往、团队合作能力和服务意识，并能解决一般性专业问题。同时具有下列专业能力：

1. 能运用速录技能进行专业速录，在现场语音采集情况下，平均每分钟录入不少于 180 字，准确率不低于 98%，并将采集的文本信息调入常用的文字处理软件，对采集的信息进行排版，并能较熟练使用办公设备。

2. 能熟练操作计算机主流操作系统、常用办公及工具软件。

3. 能识别普通话的语音信息，听懂社会科学及政治、经济、军事、法律等一般语音信息，具备通过不同的途径获取信息的能力。

4. 能调试速录系统软件。

5. 能对速录工作所需设备进行日常维护保养。

6. 能识别并排除速录工作所需设备的常见故障。

7. 能配合完成速录服务的全套工作。

对应或相关职业（工种）：速录师（3-01-02-06）

职业资格（职业技能等级）：速录师

专业主要教学内容：

现代汉语基础、普通话、文字处理软件应用、应用写作、现代办公设备操作、电子表格处理软件应用、计算机速录实训、计算机速录综合实训等。

对应上一级专业编码：0312-3

0312-3　高级

专业编码：0312-3

专业名称：计算机速录

培养目标：培养从事计算机速录，语音等信息采集校对、整理，版面编排的高级技能人才（高级工）。

学习年限：2 年（达到中级技能水平学生），3 年（高中毕业生），5 年（初中毕业生）

职业能力：

具有积极的人生态度、健康的心理素质、良好的职业道德和较扎实的文化基础知识；具有获取新知识、新技能的意识和能力，能适应不断变化的职业社会；熟悉速录工作的有关职责、政策和法规，具有较强的应用文写作能力和书写能力；具有较强的语言沟通、人际交往、团队合作能力和服务意识；具有较强的应对非常规问题的能力；能指导和培训中级以下计算机速录专业人员。同时具有下列专业能力：

1. 能运用速录技能进行专业速录，在现场语音采集情况下，平均每分钟录入不少于 220 字，准确率不低于98%，并将采集的文本信息调入常用的文字处理软件，熟练地对采集的信息进行排版，并能熟练使用办公设备。

2. 能听懂新闻发布会、商务会和科技报告会等各种相关专业会议的语音信息，采集同声传译的中文信息以及中文信息中出现的常用英语词汇、缩写。

3. 能使用多种播放软件，并能通过因特网采集网络媒体语音信息。

4. 能对速录工作所需设备进行维护保养。

5. 能识别并排除速录工作所需设备的故障。

6. 能独立完成速录服务的全套工作。

对应或相关职业（工种）：速录师（3-01-02-06）

职业资格（职业技能等级）：速录师

专业主要教学内容：

现代汉语基础、普通话、文字处理软件应用、应用写作、现代办公设备操作、电子表格处理软件应用、会务管理、计算机速录实训、计算机速录综合实训（会议综合实训）等。

对应下一级专业编码：0312-4

0313　物联网应用技术

0313-4　中级

专业编码：0313-4

专业名称：物联网应用技术

培养目标：培养从事 WSN 系统、RFID 系统、局域网、安防监控系统等工程施工、安装、调试、维护的中级技能人才。

学习年限：3 年（初中毕业生），2 年（高中毕业生）

职业能力：

具有积极的人生态度、健康的心理素质、良好的职业道德和较扎实的文化基础知识；具有获取新知识、新技能的意识和能力，能适应不断变化的职业社会；了解企业工作流程，严格执行设备操作规定，遵守各项工艺规程，具有安全意识，重视环境保护，并能解决一般性专业问题。同时具有下列专业能力：

1. 能采集物联网前端数据。
2. 能掌握物联网数据传输及通信技术。
3. 能管理与维护简单物联网系统。
4. 能进行简单物联网项目需求分析、工程施工和质量控制。
5. 能分析和处理物联网前端采集、数据传输相关设备常见故障。
6. 能处理物联网应用管理系统常见故障，掌握运行维护方法。
7. 能组建简单局域网和无线网络，进行综合布线操作。

对应或相关职业（工种）：物联网安装调试员（6-25-04-09）、信息通信网络运行管理员 S（4-04-04-01）

职业资格（职业技能等级）：物联网安装调试员、信息通信网络运行管理员

专业主要教学内容：

电工电子技术基础、计算机网络基础、RFID 与二维码技术、综合布线技术、无线传感网络、物联网工程、网络安全技术等。

对应上一级专业编码：0313-3

0313-3　高级

专业编码：0313-3

专业名称：物联网应用技术

培养目标：培养从事 WSN 系统、RFID 系统、局域网、安防监控系统等工程施工、安装、调试、维护及项目管理的高级技能人才（高级工）。

学习年限：2 年（达到中级技能水平学生），3 年（高中毕业生），5 年（初中毕业生）

职业能力：

具有积极的人生态度、健康的心理素质、良好的职业道德和较扎实的文化基础知识；具有获取新知识、新技能的意识和能力，能适应不断变化的职业社会；熟悉企业工作流程，严

格执行设备操作规定，遵守各项工艺规程，重视环境保护，并具有独立解决非常规问题的基本能力；能指导他人进行工作或协助培训一般操作人员。同时具有下列专业能力：

1. 能熟练采集物联网前端数据。

2. 能熟练掌握物联网数据传输及通信技术。

3. 能管理与维护物联网系统。

4. 能进行物联网项目需求分析、工程施工和质量控制。

5. 能分析和处理物联网前端采集、数据传输相关设备一般故障。

6. 能处理物联网应用管理系统一般故障，掌握运行维护方法。

7. 能组建局域网和无线网络，进行综合布线操作。

8. 能安装和测试嵌入式操作系统。

9. 能进行数据库安装、备份和日常维护等操作。

10. 能掌握工程施工管理基本知识。

对应或相关职业（工种）：物联网安装调试员（6-25-04-09）、信息通信网络运行管理员S（4-04-04-01）、物联网工程技术人员S（2-02-38-02）

职业资格（职业技能等级）：物联网安装调试员、信息通信网络运行管理员

专业主要教学内容：

电工电子技术基础、计算机网络基础、嵌入式操作系统、数据库管理、RFID与二维码技术、综合布线技术、无线传感网络、物联网工程、网络安全技术、项目管理等。

对应下一级专业编码：0313-4

0314　网络与信息安全

0314-4　中级

专业编码：0314-4

专业名称：网络与信息安全

培养目标：培养从事网络与信息系统检测、安全评估、技术防护和应急处理等工作的中级技能人才。

学习年限：3年（初中毕业生），2年（高中毕业生）

职业能力：

具有积极的人生态度、健康的心理素质、良好的职业道德和较扎实的文化基础知识；具有获取新知识、新技能的意识和能力，能适应不断变化的职业社会；了解企业工作流程，严格执行设备操作规定，遵守各项工艺规程，具有安全意识，重视环境保护，并能解决一般性专业问题。同时具有下列专业能力：

1. 能查看系统日常运行状态，识别系统/设备安全事件的告警信息，并能分析常见网络通信系统安全事件日志。

2. 能检查出操作系统中的恶意进程，并能处置文件异常、网络行为异常等常见终端类网络安全事件和SQL注入、XSS等常见Web类网络安全事件。

3. 能进行端口扫描、应用识别等一般性扫描检测操作，并能实施口令修改、端口调整等操作系统与应用配置变更。

4. 能完成 Windows 操作系统的注册表管理和用户管理。

5. 能完成数据库系统的日常管理操作，并能调用数据库常用应用接口。

6. 能对防火墙、IDS 等常见网络安全产品进行配置。

7. 能对 Web 服务器常见访问控制策略进行配置。

8. 能识别系统病毒、蠕虫病毒、木马病毒、脚本病毒等常见病毒，并采取安全防护措施。

9. 能使用网络信息过滤系统对告警信息进行采集、处理和汇总，并形成报表。

10. 能根据网络不良信息处置策略对互联网、短信息、语音等常见不良信息进行应急处置。

对应或相关职业（工种）：网络与信息安全管理员 S（4-04-04-02）、信息通信网络运行管理员 S（4-04-04-01）、信息安全测试员 S（4-04-04-04）、网络安全等级保护测评师 S（4-04-04-06）

职业资格（职业技能等级）：网络与信息安全管理员、信息通信网络运行管理员、信息安全测试员、计算机技术与软件专业技术资格

专业主要教学内容：

网络与信息安全法律法规、通信网络技术、计算机操作系统、数据库技术、网络设备组成及原理、网络安全设备功能及原理、计算机病毒原理、网络攻击与安全防范方法、服务器系统安全配置、恶意代码与防护、安全扫描技术、IP 网络资源管理知识、违法和不良信息识别方法、信息安全事件应急处理流程等。

对应上一级专业编码：0314-3

0314-3　高级

专业编码：0314-3

专业名称：网络与信息安全

培养目标：培养从事网络与信息系统检测、安全评估、技术防护和应急处理等工作的高级技能人才（高级工）。

学习年限：2 年（达到中级技能水平学生），3 年（高中毕业生），5 年（初中毕业生）

职业能力：

具有积极的人生态度、健康的心理素质、良好的职业道德和较扎实的文化基础知识；具有获取新知识、新技能的意识和能力，能适应不断变化的职业社会；熟悉企业工作流程，严格执行设备操作规定，遵守各项工艺规程，重视环境保护，并具有独立解决非常规问题的基本能力；能指导他人进行工作或协助培训一般操作人员。同时具有下列专业能力：

1. 能识别各种终端类和 Web 类攻击手段及其特征，利用特定工具对系统进行漏洞检测。

2. 能处置恶意程序类、源代码缺陷类网络安全事件，识别并清除 Webshell、反弹木马等常见 Web 恶意代码。

3. 能开展应用识别、漏洞检测等复杂的安全评估工作，实施访问策略限制、组策略等复杂的操作系统与应用配置变更。

4. 能对 Windows 操作系统、Linux 操作系统进行用户与口令管理，并能辨别用户信息异常。

5. 能对数据库进行用户维护、访问控制等复杂的系统管理操作，并能完成数据库用户组权限分配与管理操作。

6. 能为中小规模网络信息系统制定包含多个安全产品的安全策略。

7. 能对 IIS、Apache 等 Web 服务器中间件与发布程序进行管理。

8. 能设置信息过滤系统各项性能指标的告警门限，使所监视的各项性能指标出现异常时能生成性能告警。

9. 能对网络信息安全进行风险分析，并能为用户在信息收集、使用、存储、传输等各阶段提供数据安全保护。

10. 能根据实际环境条件，制定物理与环境安全方案，并能对安全告警信息进行分级分类统计分析，做出分析报告。

对应或相关职业（工种）：网络与信息安全管理员 S（4-04-04-02）、信息通信网络运行管理员 S（4-04-04-01）、信息安全测试员 S（4-04-04-04）、网络安全等级保护测评师 S（4-04-04-06）

职业资格（职业技能等级）：网络与信息安全管理员、信息通信网络运行管理员、信息安全测试员、计算机技术与软件专业技术资格

专业主要教学内容：

网络与信息安全法律法规、通信网络技术、计算机操作系统、数据库技术、计算机病毒原理、网络攻击与安全防范方法、恶意代码与防护、安全扫描技术、密码学基础、Web 服务器访问控制方法、网络和数据加密方法、IP 网络资源管理知识、服务器系统安全配置、网络设备配置方法、网络安全设备配置方法、网络安全审计与评估原理、信息安全过滤与防护技术、信息安全事件综合治理与应急处置策略等。

对应下一级专业编码：0314-4

0315　云计算技术应用

0315-3　高级

专业编码：0315-3

专业名称：云计算技术应用

培养目标：培养从事云计算技术应用的高级技能人才（高级工）。

学习年限：2 年（达到中级技能水平学生），3 年（高中毕业生），5 年（初中毕业生）

职业能力：

具有积极的人生态度、健康的心理素质、良好的职业道德和较扎实的文化基础知识；具有获取新知识、新技能的意识和能力，能适应不断变化的职业社会；熟悉企业工作流程，严格执行设备操作规定，遵守各项工艺规程，重视环境保护，并具有独立解决非常规问题的基本能力；能指导他人进行工作或协助培训一般操作人员。同时具有下列专业能力：

1. 能监视和辅助分析网络服务的运行状况。

2. 能进行多虚拟化平台的超融合部署。

3. 能开发动态网站后台、动态网站软件以及维护与升级软硬件。

4. 能从事网络设备的基础配置和管理工作。

5. 能建设主流关系型数据库。

6. 能通过对服务器（裸机）进行虚拟化、安装私有云相关功能模块以及部署典型服务和应用，搭建主流私有云。

7. 能部署主流公有云服务。

8. 能维护网络设备和网络服务器。

9. 能操作与维护机房设备。

对应或相关职业（工种）： 云计算工程技术人员 S（2-02-38-04）、信息通信网络运行管理员 S（4-04-04-01）

职业资格（职业技能等级）： 信息通信网络运行管理员

专业主要教学内容：

计算机机房管理基础、网络设备安装与调试基础、服务器操作系统配置与管理、云计算基础、Python 程序语言设计基础、关系型数据库基础与开发、动态网站设计与开发、虚拟化超融合实践、OpenStack 应用基础等。

对应上一级专业编码： 0315-2

0315-2 预备技师

专业编码： 0315-2

专业名称： 云计算技术应用

培养目标： 培养从事云计算技术应用的高级技能人才（预备技师）。

学习年限： 2 年（达到高级技能水平学生），3 年（达到中级技能水平学生），4 年（高中毕业生），6 年（初中毕业生）

职业能力：

具有积极的人生态度、健康的心理素质、良好的职业道德和较扎实的文化基础知识；具有获取新知识、新技能的意识和能力，能适应不断变化的职业社会；具有较高的逻辑思维能力和问题分析能力、较强的团队领导能力，能独立解决非常规性的综合问题；具有一定的创新能力以及组织管理和培训、指导他人进行工作的能力。同时具有下列专业能力：

1. 能监视和综合分析网络服务的运行状况。

2. 能进行多虚拟化平台的超融合部署与管理。

3. 能进行动态网站的整体部署与运维。

4. 能从事网络设备的综合配置和管理工作。

5. 能建设与管理主流关系型数据库。

6. 能部署与管理主流私有云服务。

7. 能部署与运维主流公有云服务。

8. 能基于公有云资源进行数据分析和人工智能应用。

9. 能管理与维护机房设备及环境。

对应或相关职业（工种）： 云计算工程技术人员 S（2-02-38-04）、信息通信网络运行管理员 S（4-04-04-01）

职业资格（职业技能等级）： 信息通信网络运行管理员

专业主要教学内容：

计算机机房管理、网络设备安装与调试、Linux 操作系统管理、Python 程序语言设计、Mysql 数据库操作、基于 Linux 的虚拟化服务应用、OpenStack 应用、公有云常用服务部署、大数据分析、人工智能应用、公有云技术与应用等。

对应下一级专业编码：0315-3

0316　工业互联网技术应用

0316-3　高级

专业编码：0316-3

专业名称：工业互联网技术应用

培养目标：培养从事工业互联网技术应用的高级技能人才（高级工）。

学习年限：2 年（达到中级技能水平学生），3 年（高中毕业生），5 年（初中毕业生）

职业能力：

具有积极的人生态度、健康的心理素质、良好的职业道德和较扎实的文化基础知识；具有获取新知识、新技能的意识和能力，能适应不断变化的职业社会；熟悉企业工作流程，严格执行设备操作规定，遵守各项工艺规程，重视环境保护，并具有独立解决非常规问题的基本能力；能指导他人进行工作或协助培训一般操作人员。同时具有下列专业能力：

1. 能在智能制造等典型工业生产及服务场景中应用工业互联网智能化生产、网络化协同、个性化定制、服务化延伸四种应用模式。

2. 能熟练使用典型工业互联网应用平台。

3. 能部署工业互联网安全系统，应用软件完成监控、管理和保障工业互联网网络、平台及数据安全。

4. 能调测工业互联网的网络互联与数据互通、共享等功能。

5. 能应用和调测工业互联网应用平台和应用型工业 APP。

6. 能调测和维护工业互联网网络，监控相关信息，动态维护网络链路和网络资源。

7. 能配置工业互联网系统安全设备、安全策略，处置安全应急事件。

8. 能基于典型的工业互联网软件平台进行数据可视化应用。

对应或相关职业（工种）：电工（6-31-01-03）、信息通信网络运行管理员 S（4-04-04-01）、网络与信息安全管理员 S（4-04-04-02）、信息通信信息化系统管理员 S（4-04-04-03）、工业互联网工程技术人员 S（2-02-38-06）

职业资格（职业技能等级）：电工、信息通信网络运行管理员、网络与信息安全管理员

专业主要教学内容：

工业互联网导论、Python 程序设计基础、Java 程序设计基础、无线传感网络综合实训设计、工业信息系统装调实训、网络安全技术、计算机网络系统安装与调试、工业网络通信控制技术、数据库与软件工程、工业互联网标识解析开发及应用、工业互联网应用模式及典型应用场景、智能装备远程运维及应用、典型行业工业互联网产业应用等。

对应上一级专业编码：0316-2

0316-2　预备技师

专业编码：0316-2

专业名称：工业互联网技术应用

培养目标：培养从事工业互联网技术应用的高级技能人才（预备技师）。

学习年限：2 年（达到高级技能水平学生），3 年（达到中级技能水平学生），4 年（高中毕业生），6 年（初中毕业生）

职业能力：

具有积极的人生态度、健康的心理素质、良好的职业道德和较扎实的文化基础知识；具有获取新知识、新技能的意识和能力，能适应不断变化的职业社会；具有较高的逻辑思维能力和问题分析能力、较强的团队领导能力，能独立解决非常规性的综合问题；具有一定的创新能力以及组织管理和培训、指导他人进行工作的能力。同时具有下列专业能力：

1. 能使用 OPC-UA、MODBUS、PROFINET、PROFIBUS、MQTT 等主要通信协议进行设备互连互通。

2. 能应用 5G、光纤网、工业以太网、工业总线、工业无线等进行混合组网的设计和规划。

3. 能针对典型工业互联网网络安全常见问题提供解决方案、技术咨询和技术支持服务，并能处置安全应急事件。

4. 能针对典型工业互联网网络互联常见故障提供系统性解决方案、技术咨询和技术支持服务。

5. 能基于典型工业互联网软件平台进行数据可视化应用开发。

6. 能基于典型的工业互联网软件平台进行智能制造等行业工业 APP 开发。

对应或相关职业（工种）：电工（6-31-01-03）、信息通信网络运行管理员 S（4-04-04-01）、网络与信息安全管理员 S（4-04-04-02）、信息通信信息化系统管理员 S（4-04-04-03）、工业互联网工程技术人员 S（2-02-38-06）

职业资格（职业技能等级）：电工、信息通信网络运行管理员、网络与信息安全管理员

专业主要教学内容：

Python 程序设计、Java 程序设计、网络安全技术、工业网络通信控制技术、微服务构架基础与实践、边缘计算基础、数据库技术、工业互联网新型技术应用、智能制造行业工业互联网产业应用、数据可视化开发与应用、工业 APP 开发与应用等。

对应下一级专业编码：0316-3

0317　虚拟现实技术应用

0317-3　高级

专业编码：0317-3

专业名称：虚拟现实技术应用

培养目标：培养从事虚拟现实技术应用的高级技能人才（高级工）。

学习年限：2 年（达到中级技能水平学生），3 年（高中毕业生），5 年（初中毕业生）

职业能力：

具有积极的人生态度、健康的心理素质、良好的职业道德和较扎实的文化基础知识；具有获取新知识、新技能的意识和能力，能适应不断变化的职业社会；熟悉企业工作流程，严格执行设备操作规定，遵守各项工艺规程，重视环境保护，并具有独立解决非常规问题的基本能力；能指导他人进行工作或协助培训一般操作人员。同时具有下列专业能力：

1. 能识读与虚拟现实项目相关的工程图样。
2. 能拍摄质量较高的全景图片、全景视频并对其进行后期处理。
3. 能运用常用建模软件，完成三维场景的设计与建模。
4. 能运用常用建模软件，完成与虚拟现实技术应用相关的三维模型与动画的设计与制作。
5. 能对虚拟现实三维场景、模型、动画设计及其后期进行优化。
6. 能参与虚拟现实相关项目的分镜头脚本编写。
7. 能运用程序语言进行虚拟现实技术的简单开发。
8. 能参与搭建虚拟现实相关平台并维护相关设备设施。

对应或相关职业（工种）：虚拟现实产品设计师 S（4-04-05-11）、虚拟现实工程技术人员 S（2-02-38-07）

职业资格（职业技能等级）：

专业主要教学内容：

艺术设计基础、工程识图、虚拟现实概论、图形图像处理、全景图片制作、全景视频制作、三维建模与动画制作、虚拟现实交互程序技术、虚拟现实软硬件平台搭建与维护等。

对应上一级专业编码：0317-2

0317-2　预备技师

专业编码：0317-2

专业名称：虚拟现实技术应用

培养目标：培养从事虚拟现实技术应用的高级技能人才（预备技师）。

学习年限：2 年（达到高级技能水平学生），3 年（达到中级技能水平学生），4 年（高中毕业生），6 年（初中毕业生）

职业能力：

具有积极的人生态度、健康的心理素质、良好的职业道德和较扎实的文化基础知识；具有获取新知识、新技能的意识和能力，能适应不断变化的职业社会；具有较高的逻辑思维能力和问题分析能力、较强的团队领导能力，能独立解决非常规性的综合问题；具有一定的创新能力以及组织管理和培训、指导他人进行工作的能力。同时具有下列专业能力：

1. 能识读与虚拟现实项目相关的工程图样并用计算机进行制图。
2. 能拍摄高质量的全景图片、全景视频并对其进行后期优化处理。
3. 能运用项目应用行业知识，设计与制作虚拟现实技术应用的三维模型与动画。
4. 能运用项目应用行业知识，设计虚拟现实场景、交互以及编写分镜头脚本。
5. 能运用主流引擎完成虚拟现实交互功能开发。
6. 能搭建虚拟现实相关平台并维护相关设备设施。

7. 能对虚拟现实项目进行测试与维护。

8. 能撰写虚拟现实项目方案。

对应或相关职业（工种）：虚拟现实产品设计师 S（4-04-05-11）、虚拟现实工程技术人员 S（2-02-38-07）

职业资格（职业技能等级）：

专业主要教学内容：

艺术设计、工程识图与制图、虚拟现实技术理论与应用、虚拟现实交互程序设计、虚拟现实引擎开发、三维建模技术、动画制作技术、全景图片视频拍摄与制作、虚拟现实应用平台装调与维护、虚拟现实项目综合实训等。

对应下一级专业编码：0317-3

0318 人工智能技术应用

0318-3 高级

专业编码：0318-3

专业名称：人工智能技术应用

培养目标：培养从事人工智能技术应用的高级技能人才（高级工）。

学习年限：2 年（达到中级技能水平学生），3 年（高中毕业生），5 年（初中毕业生）

职业能力：

具有积极的人生态度、健康的心理素质、良好的职业道德和较扎实的文化基础知识；具有获取新知识、新技能的意识和能力，能适应不断变化的职业社会；熟悉企业工作流程，严格执行设备操作规定，遵守各项工艺规程，重视环境保护，并具有独立解决非常规问题的基本能力；能指导他人进行工作或协助培训一般操作人员。同时具有下列专业能力：

1. 能通过可视化工具采集图片、文字等数据，以及标注数据并进行特征提取。

2. 能用主流人工智能框架模型收集图像、文字、语音等数据并进行模型基本参数训练。

3. 能运用软件验证和测评人工智能产品训练效果。

4. 能运用软件对人工智能产品的功能进行测试，并撰写测试报告。

5. 能进行人工智能产品机械装调和电气装调，并进行维护。

6. 能进行人工智能产品现场安装、调试和部署。

7. 能运用智能训练等工具软件调整人工智能产品参数和配置。

8. 能对人工智能系统进行简单的运维和管理。

对应或相关职业（工种）：人工智能训练师 S（4-04-05-05）、通信系统设备制造工（6-25-04-01）、通信终端设备制造工（6-25-04-02）、计算机程序设计员 S（4-04-05-01）、人工智能工程技术人员 S（2-02-38-01）

职业资格（职业技能等级）：人工智能训练师、计算机程序设计员

专业主要教学内容：

数据采集基础、语音采集与识别技术、数据标注工程、模型训练与应用基础、人工智能终端平台部署应用、Linux 系统基础、TensorFlow 基础、深度学习概览、计算机视觉基础、人工智能项目应用实践、智能机器人装调与维护、智能飞行器装调与维护等。

对应上一级专业编码：0318-2

0318-2 预备技师

专业编码：0318-2

专业名称：人工智能技术应用

培养目标：培养从事人工智能技术应用的高级技能人才（预备技师）。

学习年限：2年（达到高级技能水平学生），3年（达到中级技能水平学生），4年（高中毕业生），6年（初中毕业生）

职业能力：

具有积极的人生态度、健康的心理素质、良好的职业道德和较扎实的文化基础知识；具有获取新知识、新技能的意识和能力，能适应不断变化的职业社会；具有较高的逻辑思维能力和问题分析能力、较强的团队领导能力，能独立解决非常规性的综合问题；具有一定的创新能力以及组织管理和培训、指导他人进行工作的能力。同时具有下列专业能力：

1. 能运用软件以及传感器采集具体应用场景所需的数据。
2. 能运用多种可视化工具进行数据标注和数据特征分析。
3. 能选择人工智能标准模型完成训练。
4. 能对人工智能测试模型训练的结果进行验证并按照规范给出分析报告。
5. 能运用软件完成人工智能训练模型转换和编译，生成典型部署方式的部署模型。
6. 能完成典型部署方式或者平台的人工智能模型的部署。
7. 能安装、调试和应用人工智能产品。
8. 能对图像分类、图像分割、文本分类、语音分类等典型人工智能应用场景项目进行前期需求分析、施工和项目管理。
9. 能应用图像分类、图像分割、文本分类、语音分类等典型的人工智能技术，完成典型人工智能产品的集成和应用。

对应或相关职业（工种）：人工智能训练师S（4-04-05-05）、通信系统设备制造工（6-25-04-01）、通信终端设备制造工（6-25-04-02）、计算机程序设计员S（4-04-05-01）、人工智能工程技术人员S（2-02-38-01）

职业资格（职业技能等级）：人工智能训练师、计算机程序设计员

专业主要教学内容：

数据特征分析、模型训练与优化、Python程序设计训练、C++程序设计训练、图像和语音识别编程、TensorFlow项目应用训练、模型部署与应用、Linux系统应用、基于现有人工智能框架简单算法开发、人工智能终端平台实训、智能机器人应用与服务、人工智能项目管理与服务、智能终端实训与管理等。

对应下一级专业编码：0318-3

0319 数字媒体技术应用

0319-3 高级

专业编码：0319-3

专业名称：数字媒体技术应用

培养目标：培养从事数字媒体技术应用的高级技能人才（高级工）。

学习年限：2 年（达到中级技能水平学生），3 年（高中毕业生），5 年（初中毕业生）

职业能力：

具有积极的人生态度、健康的心理素质、良好的职业道德和较扎实的文化基础知识；具有获取新知识、新技能的意识和能力，能适应不断变化的职业社会；熟悉企业工作流程，严格执行设备操作规定，遵守各项工艺规程，重视环境保护，并具有独立解决非常规问题的基本能力；能指导他人进行工作或协助培训一般操作人员。同时具有下列专业能力：

1. 能搭建数字媒体技术应用基础网络环境。
2. 能操作数字摄录设备拍摄静态和动态影像、录制音频。
3. 能用扫描仪完成纸质资源的数字化转化工作。
4. 能用动画软件制作计算机动画。
5. 能用三维软件制作简单三维模型。
6. 能用文字处理和图形图像处理软件，完成文本、图形图像的制作和页面排版。
7. 能用影视后期制作软件整合编辑文字、图片、动画、音频及视频等素材，制成符合要求的数字媒体产品。
8. 能对数字媒体产品和相关资源进行日常运营维护。

对应或相关职业（工种）：动画制作员（4-13-02-02）、剪辑师（2-09-03-06）、数字媒体艺术专业人员 S（2-09-06-07）

职业资格（职业技能等级）：动画制作员

专业主要教学内容：

网络技术基础、设计基础、排版基础、图形图像处理、音视频文件处理、数字动画技术基础、数字摄影技术、数字用户界面设计、三维制作基础、虚拟与增强现实技术基础、网页编辑、数字出版物制作、影视编辑、影视特效及后期制作、数字媒体运营维护基础、数字媒体策划与营销等。

对应上一级专业编码：0319-2

0319-2　预备技师

专业编码：0319-2

专业名称：数字媒体技术应用

培养目标：培养从事数字媒体技术应用的高级技能人才（预备技师）。

学习年限：2 年（达到高级技能水平学生），3 年（达到中级技能水平学生），4 年（高中毕业生），6 年（初中毕业生）

职业能力：

具有积极的人生态度、健康的心理素质、良好的职业道德和较扎实的文化基础知识；具有获取新知识、新技能的意识和能力，能适应不断变化的职业社会；具有较高的逻辑思维能力和问题分析能力、较强的团队领导能力，能独立解决非常规性的综合问题；具有一定的创新能力以及组织管理和培训、指导他人进行工作的能力。同时具有下列专业能力：

1. 能通过编程制作数字媒体内容和实现数字媒体应用功能。

2. 能开发适用于移动设备的小程序等数字媒体产品。

3. 能测试、打包和发布数字媒体产品。

4. 能构建和优化数字媒体应用相关网络平台，以及管理和维护小型网络。

5. 能诊断和排除数字媒体产品制作中的计算机和网络的一般故障。

6. 能完成数字媒体产品和相关资源的日常运营维护管理工作。

对应或相关职业（工种）：动画制作员（4-13-02-02）、剪辑师（2-09-03-06）、数字媒体艺术专业人员 S（2-09-06-07）

职业资格（职业技能等级）：动画制作员

专业主要教学内容：

网站规划与设计、网站建设技术、动画设计、音频和视频编辑、数字用户界面设计、三维制作、虚拟/增强现实技术、数据库技术、按需出版技术、移动平台应用开发、面向对象程序设计、数字媒体运营维护等。

对应下一级专业编码：0319-3

0320　区块链技术应用

0320-4　中级

专业编码：0320-4

专业名称：区块链技术应用

培养目标：培养面向云计算和区块链平台建设与服务企业，从事简单区块链应用系统保养、测试等操作的中级技能人才。

学习年限：3 年（初中毕业生），2 年（高中毕业生）

职业能力：

具有积极的人生态度、健康的心理素质、良好的职业道德和较扎实的文化基础知识；具有获取新知识、新技能的意识和能力，能适应不断变化的职业社会；了解企业工作流程，严格执行设备操作规定，遵守各项工艺规程，具有安全意识，重视环境保护，并能解决一般性专业问题。同时具有下列专业能力：

1. 能根据客户需求，理解、整理、归集区块链应用模块方案资料。

2. 能描述区块链测试内容与边界，搭建区块链节点测试环境，并能运用测试工具或自动化测试脚本完成区块链系统测试。

3. 能创建区块链账户，使用数字证书管理用户权限，并验证用户身份。

4. 能通过操作系统、命令行界面配置工具接入区块链应用，并能发现、识别及反馈应用操作问题。

5. 能简单搭建区块链系统软硬件环境，设置区块链系统节点、客户端通信方式以及区块链的储存方式、储存位置等操作。

对应或相关职业（工种）：区块链应用操作员 S（4-04-05-06）

职业资格（职业技能等级）：区块链应用操作员

专业主要教学内容：

计算机及网络原理与应用、云平台与数据库概述、密码学技术与应用、分布式系统技术与应用、区块链常用技术框架、区块链系统价值分析等。

对应上一级专业编码：0320-3

0320-3　高级

专业编码：0320-3

专业名称：区块链技术应用

培养目标：培养面向云计算和区块链平台建设与服务企业，从事中等复杂区块链应用系统开发、策划与保养、测试等操作的高级技能人才（高级工）。

学习年限：2年（达到中级技能水平学生），3年（高中毕业生），5年（初中毕业生）

职业能力：

具有积极的人生态度、健康的心理素质、良好的职业道德和较扎实的文化基础知识；具有获取新知识、新技能的意识和能力，能适应不断变化的职业社会；熟悉企业工作流程，严格执行设备操作规定，遵守各项工艺规程，重视环境保护，并具有独立解决非常规问题的基本能力；能指导他人进行工作或协助培训一般操作人员。同时具有下列专业能力：

1. 能运用软件，根据应用场景的功能绘制和描述业务、数据流程图，设计区块链应用方案。

2. 能搭建区块链系统和应用测试环境，根据测试计划进行单元、集成及系统测试并形成测试报告。

3. 能监测区块链应用的指标数据，查询关键信息，并提交操作请求到区块链网络。

4. 能根据部署文件完成区块链应用部署，编译、部署、调用和管理智能合约。

5. 能安装和配置区块链管理工具，配置区块链系统访问权限，管理区块链日志等操作。

对应或相关职业（工种）：区块链应用操作员 S（4-04-05-06）、区块链工程技术人员 S（2-02-38-08）

职业资格（职业技能等级）：区块链应用操作员

专业主要教学内容：

计算机及网络原理与应用、智能合约应用、Mysql 数据库、Linux 操作系统、云平台与数据库概述、密码学技术与应用、分布式系统技术与应用、区块链常用技术框架等。

对应上下级专业编码：0320-2、0320-4

0320-2　预备技师

专业编码：0320-2

专业名称：区块链技术应用

培养目标：培养从事区块链应用系统规划、开发、测试、评价与控制、监控并优化维护的高级技能人才（预备技师）。

学习年限：2年（达到高级技能水平学生），3年（达到中级技能水平学生），4年（高中毕业生），6年（初中毕业生）

职业能力：

具有积极的人生态度、健康的心理素质、良好的职业道德和较扎实的文化基础知识；具有获取新知识、新技能的意识和能力，能适应不断变化的职业社会；具有较高的逻辑思维能力和问题分析能力、较强的团队领导能力，能独立解决非常规性的综合问题；具有一定的创新能力以及组织管理和培训、指导他人进行工作的能力。同时具有下列专业能力：

1. 能撰写市场分析报告，设计区块链应用原型，并能建立标准化软件文档管理体系。

2. 能编制测试计划与方案，并能进行测试任务分解及优化，完成测试报告评审。

3. 能完成身份、权限、安全管理、数据保密以及审计操作。

4. 能使用平台监控工具，使用脚本调用日志工具进行分析，评估区块链应用出现的问题影响程度和范围，找出原因，并解决故障。

5. 能配置创世区块，设置区块链账本及数据存储策略，完成群组及节点管理，监控区块链系统的共识状态、事务执行状况及业务数据合规性操作。

对应或相关职业（工种）：区块链应用操作员 S（4-04-05-06）、区块链工程技术人员 S（2-02-38-08）

职业资格（职业技能等级）：区块链应用操作员

专业主要教学内容：

Java 编程技术基础、Go 语言程序设计、区块链测试、DAPP 开发技术、联盟链应用开发、区块链案例实践、数据库与数据挖掘技术、区块链系统价值分析等。

对应下一级专业编码：0320-3

04 交 通 类

0401 汽车驾驶

0401-4 中级

专业编码：0401-4

专业名称：汽车驾驶

培养目标：培养从事客运、货运汽车驾驶、日常维护等工作的中级技能人才。

学习年限：3 年（初中毕业生），2 年（高中毕业生）

职业能力：

具有积极的人生态度、健康的心理素质、良好的职业道德和较扎实的文化基础知识；具有获取新知识、新技能的意识和能力，能适应不断变化的职业社会；了解企业工作流程，严格执行设备操作规定，遵守各项工艺规程，具有安全意识，重视环境保护，并能解决一般性专业问题。同时具有下列专业能力：

1. 能正确操作、检查、维护车辆。
2. 能在各种道路、气候条件下驾驶车辆。
3. 能排除发动机一般油、电路故障。
4. 能判断发动机异响故障和底盘常见故障。
5. 能发现汽车制动系、行驶系常见故障。
6. 能清洁发动机供油系、点火系的主要元件和总成。

对应或相关职业（工种）：客运车辆驾驶员 L（4-02-02-01）、道路货运汽车驾驶员 L（4-02-02-02）

职业资格（职业技能等级）：客运车辆驾驶员、道路货运汽车贺驶员

专业主要教学内容：

汽车构造、交通运输地理、汽车交通安全与营运知识、城市客运交通系统、道路交通安全法规与管理、汽车客运服务、交通安全心理学、汽车驾驶实训、汽车维护实训、汽车故障诊断排除实训、急救与应急实训等。

专业方向：客运汽车驾驶与维护、货运汽车驾驶与维护

对应上一级专业编码：0401-3

0401-3 高级

专业编码：0401-3

专业名称：汽车驾驶

培养目标：培养从事客运、货运汽车驾驶、日常维护、运输调度、安全管理等工作的高级技能人才（高级工）。

学习年限：2 年（达到中级技能水平学生），3 年（高中毕业生），5 年（初中毕业生）

职业能力：

具有积极的人生态度、健康的心理素质、良好的职业道德和较扎实的文化基础知识；具有获取新知识、新技能的意识和能力，能适应不断变化的职业社会；了解企业工作流程，严格执行设备操作规定，遵守各项工艺规程，具有安全意识，重视环境保护，并具有独立解决非常规问题的基本能力。同时具有下列专业能力：

1. 能在特殊条件下驾驶各种准驾车辆。
2. 能排除发动机复杂油路、电路故障。
3. 能判断发动机冷却系、润滑系工作异常的故障。
4. 能发现汽车行驶过程中的故障。
5. 能对发动机供油系、点火系主要元件和总成进行检修。
6. 能判断汽车空调系统的一般故障。
7. 能进行客运、货运的日常运输调度和安全管理工作。

对应或相关职业（工种）：客运车辆驾驶员 L（4-02-02-01）、道路货运汽车驾驶员 L（4-02-02-02）

职业资格（职业技能等级）：客运车辆驾驶员、道路货运汽车贺驶员

专业主要教学内容：

汽车构造、交通运输地理、汽车交通安全与营运知识、城市客运交通系统、道路交通安全法规与管理、汽车客运服务、交通安全心理学、汽车运输企业管理、汽车驾驶实训、汽车维护实训、汽车故障诊断排除实训、急救与应急实训等。

专业方向：客运汽车驾驶与维护、货运汽车驾驶与维护

对应下一级专业编码：0401-4

0402　交通客运服务

0402-4　中级

专业编码：0402-4

专业名称：交通客运服务

培养目标：培养从事交通客运服务的中级技能人才。

学习年限：3 年（初中毕业生），2 年（高中毕业生）

职业能力：

具有积极的人生态度、健康的心理素质、良好的职业道德和较扎实的文化基础知识；具有获取新知识、新技能的意识和能力，能适应不断变化的职业社会；熟知并遵守客运服务法规和服务流程，具有安全意识，重视环境保护，并能解决一般性专业问题。同时具有下列专业能力：

1. 能对旅客进行组织、引导，维持客运站点和车（船）内的秩序。
2. 能进行旅客验票、清点人数、统计人数工作。
3. 能操作计算机，提供轮船航班、客运车次信息咨询服务。
4. 能遵守和展示企业文化、企业产品、公共和服务礼仪。
5. 能实施公众安全防范、常见急救和应急处理等措施。

6. 能进行售票、验票、行李安检、点钞验钞、告示牌等仪器设备的操作和维护。

7. 能运用当地常用的方言、手语、基础英语口语进行交流。

对应或相关职业（工种）：道路客运服务员（4-02-02-03）、港口客运员（4-02-03-03）

职业资格（职业技能等级）：

专业主要教学内容：

语言的运用、方言的运用（包括手语的运用）、旅客心理分析、服务礼仪规范、公众安全防范、急救应急、会计基本技能、交通英语口语等。

对应上一级专业编码：0402-3

0402-3　高级

专业编码：0402-3

专业名称：交通客运服务

培养目标：培养从事交通客运服务的高级技能人才（高级工）。

学习年限：2年（达到中级技能水平学生），3年（高中毕业生），5年（初中毕业生）

职业能力：

具有积极的人生态度、健康的心理素质、良好的职业道德和较扎实的文化基础知识；具有获取新知识、新技能的意识和能力，能适应不断变化的职业社会；熟知并遵守客运服务法规和服务流程，具有安全意识，重视环境保护，并具有独立解决非常规问题的基本能力；能指导他人进行工作或协助培训一般操作人员。同时具有下列专业能力：

1. 能进行车次编排，并能提供车次信息咨询服务。

2. 能组织企业文化、企业产品、公共礼仪和服务礼仪的培训。

3. 能组织公众安全防范演习，组织实施急救和应急处理。

4. 能熟练运用当地方言、手语、英语口语进行交流。

5. 能进行计算机常规维护管理并具有应用、操作能力。

6. 能综合分析客运服务相关问题并加以解决。

对应或相关职业（工种）：道路客运服务员（4-02-02-03）、港口客运员（4-02-03-03）

职业资格（职业技能等级）：

专业主要教学内容：

公文写作、方言的运用（包括手语的运用）、旅客心理分析、会计学原理、统计学基础知识、财务报表分析、财务软件应用、会计电算化、计算机应用、运输经济基础知识、运输组织基础知识、交通英语口语、专项技能强化训练等。

对应下一级专业编码：0402-4

0403　汽车维修

0403-4　中级

专业编码：0403-4

专业名称：汽车维修

培养目标：培养从事汽车维修的中级技能人才。

学习年限：3 年（初中毕业生），2 年（高中毕业生）

职业能力：

具有积极的人生态度、健康的心理素质、良好的职业道德和较扎实的文化基础知识；具有获取新知识、新技能的意识和能力，能适应不断变化的职业社会；熟知汽车维修与检测的各项法规和条例，遵守汽车维修的作业规范和流程，具有安全意识，重视环境保护，并能解决一般性专业问题。同时具有下列专业能力：

1. 能开展汽车维修接待。
2. 能识别和选用常用汽车运行材料。
3. 能判断常见系统单项运行性故障。
4. 能执行汽车安全性能检测的程序、项目和技术要求。
5. 能进行单工位维修作业。
6. 能实施汽车发动机和底盘一、二级维护及汽车零件修理作业。

对应或相关职业（工种）：汽车维修工（4-12-01-01）

职业资格（职业技能等级）：汽车维修工

专业主要教学内容：

机械制图与 CAD、电工电子技术、汽车常用材料选用、汽车机械基础、钳工工艺与焊接工艺、汽车构造与拆装、汽车故障诊断与排除、汽车安全检测、汽车维护工艺、汽车修理工艺、汽车驾驶技术等。

对应上一级专业编码：0403-3

0403-3　高级

专业编码：0403-3

专业名称：汽车维修

培养目标：培养从事汽车维修的高级技能人才（高级工）。

学习年限：2 年（达到中级技能水平学生），3 年（高中毕业生），5 年（初中毕业生）

职业能力：

具有积极的人生态度、健康的心理素质、良好的职业道德和较扎实的文化基础知识；具有获取新知识、新技能的意识和能力，能适应不断变化的职业社会；熟知汽车维修与检测的各项法规和条例，遵守汽车维修的作业规范和流程，具有安全意识，重视环境保护，并具有独立解决非常规问题的基本能力；能指导他人进行工作或协助培训一般操作人员。同时具有下列专业能力：

1. 能诊断、排除汽车综合故障。
2. 能执行汽车综合性能检测的程序、项目和技术要求及调试方法。
3. 能进行多工位维修作业。
4. 能组织实施汽车一、二级维护作业。
5. 能进行过程检验与竣工验收。

对应或相关职业（工种）：汽车维修工（4-12-01-01）

职业资格（职业技能等级）：汽车维修工

专业主要教学内容：

金属工艺、汽车构造与拆装、汽车修理工艺、汽车故障诊断与排除、汽车电控技术及应用、汽车综合检测、汽车驾驶技术、汽车维修专项技能等。

对应上下级专业编码：0403-2、0403-4

0403-2　预备技师

专业编码：0403-2

专业名称：汽车维修

培养目标：培养从事汽车维修的高级技能人才（预备技师）。

学习年限：2 年（达到高级技能水平学生），3 年（达到中级技能水平学生），4 年（高中毕业生），6 年（初中毕业生）

职业能力：

具有积极的人生态度、健康的心理素质、良好的职业道德和较扎实的文化基础知识；具有获取新知识、新技能的意识和能力，能适应不断变化的职业社会；熟知汽车维修与检测的各项法规和条例，遵守汽车维修的作业规范和流程，具有安全意识，重视环境保护，能较好地解决工作中遇到的技术难题，具有一定的技术革新能力以及组织管理和培训、指导他人进行工作的能力。同时具有下列专业能力：

1. 能组织、指导维修技术人员解决维修作业中出现的关键或疑难技术问题。
2. 能执行汽车综合性能检测的程序、项目和技术要求及调试方法。
3. 能维修现代汽车电子技术装置，组织新车型汽车维修作业。
4. 能组织实施汽车一、二级维护作业及附加作业后的整车性能人工检验。
5. 能进行生产成本核算、场地和设备规划与管理。
6. 能组织汽车维修作业与质量监控。

对应或相关职业（工种）：汽车维修工（4-12-01-01）

职业资格（职业技能等级）：汽车维修工

专业主要教学内容：

汽车维修企业管理、汽车构造与拆装、汽车修理工艺、汽车故障诊断与排除、汽车电控技术及应用、汽车综合检测、专项技能强化训练、汽车维修案例分析、汽车环保与维修法规运用等。

对应下一级专业编码：0403-3

0404　汽车电器维修

0404-4　中级

专业编码：0404-4

专业名称：汽车电器维修

培养目标：培养从事汽车电器维修的中级技能人才。

学习年限：3 年（初中毕业生），2 年（高中毕业生）

职业能力：

具有积极的人生态度、健康的心理素质、良好的职业道德和较扎实的文化基础知识；具有获取新知识、新技能的意识和能力，能适应不断变化的职业社会；熟知汽车维修与检测的各项法规和条例，遵守汽车维修的作业规范和流程，具有安全意识，重视环境保护，并能解决一般性专业问题。同时具有下列专业能力：

1. 能进行汽车维修接待。

2. 能识别和选用常用汽车电工材料。

3. 能判断常见汽车电器系统单项运行性故障。

4. 能执行汽车安全性能检测的程序、项目和技术要求。

5. 能进行汽车电器系统维修作业。

6. 能实施汽车电器系统一、二级维护作业。

对应或相关职业（工种）：汽车维修工（4-12-01-01）

职业资格（职业技能等级）：汽车维修工（汽车电器维修工）

专业主要教学内容：

机械制图与 CAD，汽车材料，电工电子技术，汽车构造与拆装，汽车电气设备维修工艺与技能训练，汽车故障诊断与排除，汽车电控技术及应用，汽车安全检测，汽车一、二级维护，汽车驾驶技术等。

对应上一级专业编码：0404-3

0404-3 高级

专业编码：0404-3

专业名称：汽车电器维修

培养目标：培养从事汽车电器维修的高级技能人才（高级工）。

学习年限：2 年（达到中级技能水平学生），3 年（高中毕业生），5 年（初中毕业生）

职业能力：

具有积极的人生态度、健康的心理素质、良好的职业道德和较扎实的文化基础知识；具有获取新知识、新技能的意识和能力，能适应不断变化的职业社会；熟知汽车维修与检测的各项法规和条例，遵守汽车维修的作业规范和流程，具有安全意识，重视环境保护，并具有独立解决非常规问题的基本能力；能指导他人进行工作或协助培训一般操作人员。同时具有下列专业能力：

1. 能诊断、排除汽车电器系统综合故障。

2. 能正确使用各种汽车诊断维修设备，并能执行汽车电器系统综合性能检测的程序、项目和技术要求及调试方法。

3. 能进行多工位维修作业。

4. 能组织实施汽车电器系统一、二级维护作业。

对应或相关职业（工种）：汽车维修工（4-12-01-01）

职业资格（职业技能等级）：汽车维修工（汽车电器维修工）

专业主要教学内容：

汽车构造与拆装、汽车修理工艺、汽车故障诊断与排除、汽车电控技术及应用、汽车综合检测、汽车驾驶技术、专项技能强化训练等。

对应上下级专业编码：0404-2、0404-4

0404-2 预备技师

专业编码：0404-2

专业名称：汽车电器维修

培养目标：培养从事汽车电器维修的高级技能人才（预备技师）。

学习年限：2 年（达到高级技能水平学生），3 年（达到中级技能水平学生），4 年（高中毕业生），6 年（初中毕业生）

职业能力：

具有积极的人生态度、健康的心理素质、良好的职业道德和较扎实的文化基础知识；具有获取新知识、新技能的意识和能力，能适应不断变化的职业社会；熟知汽车维修与检测的各项法规和条例，遵守汽车维修的作业规范和流程，具有安全意识，重视环境保护，能较好地解决工作中遇到的技术难题，具有一定的技术革新能力以及组织管理和培训、指导他人进行工作的能力。同时具有下列专业能力：

1. 能运用顾客心理学组织好汽车电器维修接待业务。
2. 能诊断分析常见汽车电器系统疑难故障。
3. 能熟练组织新车型汽车维修作业。
4. 能组织实施汽车电器系统一、二级维护作业及附加作业后的整车性能人工检验。
5. 能进行生产成本核算、场地和设备规划与管理。
6. 能掌握信息技术、计算机控制技术、汽车电子控制技术基本知识，具备学习汽车新技术和继续发展的能力。

对应或相关职业（工种）：汽车维修工（4-12-01-01）

职业资格（职业技能等级）：汽车维修工（汽车电器维修工）

专业主要教学内容：

汽车维修企业管理、汽车构造与拆装、汽车修理工艺、汽车故障诊断与排除、汽车电控技术及应用、汽车综合检测、专项技能强化训练、汽车维修案例分析等。

对应下一级专业编码：0404-3

0405 汽车钣金与涂装

0405-4 中级

专业编码：0405-4

专业名称：汽车钣金与涂装

培养目标：培养从事汽车钣金与涂装工作的中级技能人才。

学习年限：3 年（初中毕业生），2 年（高中毕业生）

职业能力：

具有积极的人生态度、健康的心理素质、良好的职业道德和较扎实的文化基础知识；具有获取新知识、新技能的意识和能力，能适应不断变化的职业社会；熟知汽车维修与检测的各项法规和条例，遵守汽车维修的作业规范和流程，具有安全意识，重视环境保护，并能解决一般性专业问题。同时具有下列专业能力：

1. 能驾驶一般乘用车。

2. 能识读简单车身结构图。

3. 能对车身内外饰件、结构件进行分解与装复操作。

4. 能识别、选用汽车钣金与涂装材料。

5. 能进行简单钣金与涂装施工；掌握对常用的碳钢焊接，能正确使用和维护常用气焊和电弧焊设备，能进行一般的手工电弧焊、氧-乙炔焊及二氧化碳气体保护焊的操作。

6. 能修复轻度损伤的汽车车身，正确使用钣金工具和设备。

对应或相关职业（工种）：汽车维修工（4-12-01-01）

职业资格（职业技能等级）：汽车维修工（汽车车身整形修复工、汽车车身涂装修复工）

专业主要教学内容：

机械制图与CAD、汽车车身材料、钳工与焊工工艺、汽车驾驶、汽车构造与拆装、汽车车身与附属设备、汽车钣金工艺与技能训练、汽车涂装工艺与技能训练、汽车车身修复技术等。

对应上一级专业编码：0405-3

0405-3　高级

专业编码：0405-3

专业名称：汽车钣金与涂装

培养目标：培养从事汽车钣金与涂装工作的高级技能人才（高级工）。

学习年限：2年（达到中级技能水平学生），3年（高中毕业生），5年（初中毕业生）

职业能力：

具有积极的人生态度、健康的心理素质、良好的职业道德和较扎实的文化基础知识；具有获取新知识、新技能的意识和能力，能适应不断变化的职业社会；熟知汽车维修与检测的各项法规和条例，遵守汽车维修的作业规范和流程，具有安全意识，重视环境保护，并具有独立解决非常规问题的基本能力；能指导他人进行工作或协助培训一般操作人员。同时具有下列专业能力：

1. 能进行钣金图放样，设计涂装方案并进行施工。

2. 能对车身内外饰件进行设计并施工。

3. 能检验、储存、护理、推介汽车钣金和涂装材料。

4. 能进行复杂钣金和涂装施工；掌握对常用碳钢、铝制薄板的焊接，能熟练使用和维护常用气焊和电弧焊设备，进行复杂的手工电弧焊、氧-乙炔焊及二氧化碳气体保护焊的操作。

5. 能实施手工制作钣金工艺，使用压、卷、折、弯、冲切等钣金成形加工机械修复轻度损伤的汽车车身玻璃钢制件和塑料制件，了解钣金展开放样，熟悉车身的检测。

6. 能实施涂漆前与涂装工艺，掌握干、湿打磨技能，掌握面漆表面抛光、打蜡技能。

7. 能掌握油漆调制的基本技能，熟悉油漆调制设备的使用方法。

对应或相关职业（工种）：汽车维修工（4-12-01-01）

职业资格（职业技能等级）：汽车维修工（汽车车身整形修复工、汽车车身涂装修复工）

专业主要教学内容：

钳工与焊工工艺、汽车构造与拆装、汽车车身与附属设备、汽车钣金工艺与技能训练、汽车涂装工艺与技能训练、汽车装饰与美容等。

对应上下级专业编码：0405-2、0405-4

0405-2　预备技师

专业编码：0405-2

专业名称：汽车钣金与涂装

培养目标：培养从事汽车钣金与涂装工作的高级技能人才（预备技师）。

学习年限：2 年（达到高级技能水平学生），3 年（达到中级技能水平学生），4 年（高中毕业生），6 年（初中毕业生）

职业能力：

具有积极的人生态度、健康的心理素质、良好的职业道德和较扎实的文化基础知识；具有获取新知识、新技能的意识和能力，能适应不断变化的职业社会；熟知汽车维修与检测的各项法规和条例，遵守汽车维修的作业规范和流程，具有安全意识，重视环境保护，能较好地解决工作中遇到的技术难题，具有一定的技术革新能力以及组织管理和培训、指导他人进行工作的能力。同时具有下列专业能力：

1. 能进行复杂钣金和涂装施工培训示范；掌握对常用碳钢、铝制薄板的焊接，能熟练使用和维护常用气焊和电弧焊设备，能进行复杂的手工电弧焊、氧-乙炔焊及二氧化碳气体保护焊的操作。

2. 能熟练实施手工制作钣金工艺，熟练使用压、卷、折、弯、冲切等钣金成形加工机械修复重度损伤的汽车车身玻璃钢制件和塑料制件，熟悉钣金展开放样，掌握车身的检测。

3. 能熟练实施涂漆前与涂装工艺，掌握干、湿打磨技能，掌握面漆表面抛光、打蜡技能。

4. 能起草设计汽车钣金和涂装车间安全环保规程。

5. 能组织高级汽车钣金和涂装技能培训。

6. 能进行生产成本核算、场地和设备规划与管理。

对应或相关职业（工种）：汽车维修工（4-12-01-01）

职业资格（职业技能等级）：汽车维修工（汽车车身整形修复工、汽车车身涂装修复工）

专业主要教学内容：

汽车构造与拆装、汽车车身与附属设备、汽车钣金工艺与技能训练、汽车涂装工艺与技能训练、汽车维修企业质量管理、汽车综合检测、专项技能强化训练、汽车钣金维修案例分析等。

对应下一级专业编码：0405-3

0406　汽车装饰与美容

0406-4　中级

专业编码：0406-4

专业名称：汽车装饰与美容

培养目标：培养从事汽车装饰与美容工作的中级技能人才。

学习年限：3 年（初中毕业生），2 年（高中毕业生）

职业能力：

具有积极的人生态度、健康的心理素质、良好的职业道德和较扎实的文化基础知识；具有获取新知识、新技能的意识和能力，能适应不断变化的职业社会；熟知汽车维修与检测的各项法规和条例，遵守汽车维修的作业规范和流程，具有安全意识，重视环境保护，并能解决一般性专业问题。同时具有下列专业能力：

1. 能简要讲述汽车基本结构与基本原理。
2. 能驾驶一般乘用车。
3. 能识读简单车身图样。
4. 能对车身内外饰件进行拆装操作。
5. 能识别、选用汽车装饰材料。
6. 能检查车容、清洗车辆并进行车体美容护理和内外部装饰。
7. 能使用汽车美容各类仪器。
8. 能进行简单汽车美容和装饰施工。

对应或相关职业（工种）：汽车维修工（4-12-01-01）

职业资格（职业技能等级）：汽车维修工（汽车美容装潢工）

专业主要教学内容：

机械制图与 CAD、汽车基础知识、汽车驾驶技术、汽车涂装、汽车装饰材料及应用、装潢美术基本技能、汽车装饰与美容、汽车护理等。

对应上一级专业编码：0406-3

0406-3　高级

专业编码：0406-3

专业名称：汽车装饰与美容

培养目标：培养从事汽车装饰与美容工作的高级技能人才（高级工）。

学习年限：2 年（达到中级技能水平学生），3 年（高中毕业生），5 年（初中毕业生）

职业能力：

具有积极的人生态度、健康的心理素质、良好的职业道德和较扎实的文化基础知识；具有获取新知识、新技能的意识和能力，能适应不断变化的职业社会；熟知汽车维修与检测的各项法规和条例，遵守汽车维修的作业规范和流程，具有安全意识，重视环境保护，并具有独立解决非常规问题的基本能力；能指导他人进行工作或协助培训一般操作人员。同时具有下列专业能力：

1. 能利用计算机设计简单车身装饰方案和施工图。

2. 能对车身内外饰件进行设计并施工。

3. 能检验、储存、护理、推介汽车美容装饰材料。

4. 能进行复杂美容和装饰施工。

5. 掌握漆膜处理、封釉、抛光、镀膜、车窗贴膜技术，掌握安全防盗常识，会使用专用设备并进行维修保养。

对应或相关职业（工种）：汽车维修工（4-12-01-01）

职业资格（职业技能等级）：汽车维修工（汽车美容装潢工）

专业主要教学内容：

汽车构造与拆装、汽车涂装、汽车装饰材料及应用、装潢美术基本技能、汽车维修企业管理、汽车装饰与美容技能训练、汽车涂装工艺与技能训练等。

对应下一级专业编码：0406-4

0407　汽车检测

0407-4　中级

专业编码：0407-4

专业名称：汽车检测

培养目标：培养从事汽车检测的中级技能人才。

学习年限：3 年（初中毕业生），2 年（高中毕业生）

职业能力：

具有积极的人生态度、健康的心理素质、良好的职业道德和较扎实的文化基础知识；具有获取新知识、新技能的意识和能力，能适应不断变化的职业社会；熟知汽车维修与检测的各项法规和条例，遵守汽车维修的作业规范和流程，具有安全意识，重视环境保护，并能解决一般性专业问题。同时具有下列专业能力：

1. 熟悉汽车检测接待业务常识。

2. 能识别和选用常用汽车运行材料。

3. 能判断常见汽车各系统单项运行性故障。

4. 能执行汽车安全性能检测的程序、项目和技术要求。

5. 能进行单工位检测设备维护作业。

6. 能实施汽车一、二级维护作业。

对应或相关职业（工种）：机动车检测工（4-08-05-05）、汽车维修工（4-12-01-01）

职业资格（职业技能等级）：机动车检测工、汽车维修工（汽车维修检验工）

专业主要教学内容：

机械制图与 CAD，机械基础知识，汽车材料，电工电子技术，钳工技能，汽车驾驶技术，汽车构造与维修，汽车故障诊断基础，汽车安全检测，汽车一、二级维护，汽车综合检测与拆装，汽车维修企业 5S 管理等。

对应上一级专业编码：0407-3

0407-3　高级

专业编码：0407-3

专业名称：汽车检测

培养目标：培养从事汽车检测的高级技能人才（高级工）。

学习年限：2年（达到中级技能水平学生），3年（高中毕业生），5年（初中毕业生）

职业能力：

具有积极的人生态度、健康的心理素质、良好的职业道德和较扎实的文化基础知识；具有获取新知识、新技能的意识和能力，能适应不断变化的职业社会；熟知汽车维修与检测的各项法规和条例，遵守汽车维修的作业规范和流程，具有安全意识，重视环境保护，并具有独立解决非常规问题的基本能力；能指导他人进行工作或协助培训一般操作人员。同时具有下列专业能力：

1. 能组织汽车性能检测业务接待。
2. 能诊断汽车综合故障。
3. 能执行汽车综合性能检测的程序、项目和技术要求及调试方法。
4. 能进行多工位检测设备维护作业。
5. 能指导实施汽车一、二级维护作业及附加作业。
6. 能进行过程检验与竣工验收。

对应或相关职业（工种）：机动车检测工（4-08-05-05）、汽车维修工（4-12-01-01）

职业资格（职业技能等级）：机动车检测工、汽车维修工（汽车维修检验工）

专业主要教学内容：

微机原理与接口技术、金属工艺、汽车与发动机、汽车构造与维修、汽车故障诊断与综合性能检测、汽车检测设备使用与维护、专项技能强化训练等。

对应上下级专业编码：0407-2、0407-4

0407-2　预备技师

专业编码：0407-2

专业名称：汽车检测

培养目标：培养从事汽车检测的高级技能人才（预备技师）。

学习年限：2年（达到高级技能水平学生），3年（达到中级技能水平学生），4年（高中毕业生），6年（初中毕业生）

职业能力：

具有积极的人生态度、健康的心理素质、良好的职业道德和较扎实的文化基础知识；具有获取新知识、新技能的意识和能力，能适应不断变化的职业社会；熟知汽车维修与检测的各项法规和条例，遵守汽车维修的作业规范和流程，具有安全意识，重视环境保护，能较好地解决工作中遇到的技术难题，具有一定的技术革新能力以及组织管理和培训、指导他人进行工作的能力。同时具有下列专业能力：

1. 能运用顾客心理学组织好汽车性能检测接待业务。
2. 能诊断分析汽车各系统疑难故障。

3. 能执行汽车综合性能检测的程序、项目和技术要求及调试方法。

4. 能组织检测设备的维修作业。

5. 能组织实施汽车一、二级维护作业及附加作业后的整车性能人工检验。

6. 能进行生产成本核算、场地和设备规划与管理。

对应或相关职业（工种）：机动车检测工（4-08-05-05）、汽车维修工（4-12-01-01）

职业资格（职业技能等级）：机动车检测工、汽车维修工（汽车维修检验工）

专业主要教学内容：

微机原理与接口技术，金属工艺，汽车构造与拆装，汽车检测设备使用与维护，汽车修理工艺，汽车故障诊断与排除，汽车综合检测，汽车一、二级维护，专项技能强化训练，汽车维修案例分析，汽车维修企业管理等。

对应下一级专业编码：0407-3

0408　汽车营销

0408-4　中级

专业编码：0408-4

专业名称：汽车营销

培养目标：培养从事汽车销售与技术服务工作的中级技能人才。

学习年限：3 年（初中毕业生），2 年（高中毕业生）

职业能力：

具有积极的人生态度、健康的心理素质、良好的职业道德和较扎实的文化基础知识；具有获取新知识、新技能的意识和能力，能适应不断变化的职业社会；具有良好的语言表达能力、沟通能力、亲和力；具有良好的服务意识和安全意识，重视环境保护，并能解决一般性专业问题。同时具有下列专业能力：

1. 能根据客户要求，为客户提供汽车相关知识咨询。

2. 能根据客户需求，为客户提供相应的销售服务。

3. 能与客户进行交流，介绍汽车售后服务知识。

4. 能为客户提供咨询、展车介绍等服务项目，并能建立客户档案以进行跟踪服务。

5. 能进行汽车销售，并办理车辆销售的相关手续。

6. 具有汽车驾驶基本技能。

7. 能对汽车进行简单维护保养作业。

对应或相关职业（工种）：营销员（4-01-02-01）、汽车维修工（4-12-01-01）

职业资格（职业技能等级）：营销员

专业主要教学内容：

汽车构造、汽车文化、礼仪规范、汽车保险理赔、汽车营销、汽车保养与维护、汽车维护专项技能训练、汽车营销实训、汽车驾驶技能训练等。

对应上一级专业编码：0408-3

0408-3　高级

专业编码：0408-3

专业名称：汽车营销

培养目标：培养从事汽车销售与技术服务工作的高级技能人才（高级工）。

学习年限：2年（达到中级技能水平学生），3年（高中毕业生），5年（初中毕业生）

职业能力：

具有积极的人生态度、健康的心理素质、良好的职业道德和较扎实的文化基础知识；具有获取新知识、新技能的意识和能力，能适应不断变化的职业社会；具有良好的语言表达能力、沟通能力、亲和力；具有良好的服务意识和安全意识，重视环境保护，并具有独立解决非常规问题的基本能力；能指导他人进行工作或协助培训一般工作人员。同时具有下列专业能力：

1. 能根据客户要求，为客户提供汽车销售与维护综合服务。
2. 能为客户介绍汽车个人消费信贷的各种知识。
3. 能策划汽车营销方案，组织营销活动。
4. 能掌握汽车牌照办理的准确流程，协助客户办理相关手续。
5. 能建立潜在客户信息档案。
6. 能对客户档案类型进行分类、管理。
7. 能对车辆技术状况进行判定、核价。
8. 能对汽车进行二级维护保养作业。

对应或相关职业（工种）：营销员（4-01-02-01）、汽车维修工（4-12-01-01）

职业资格（职业技能等级）：营销员

专业主要教学内容：

汽车企业信息化概论、汽车运用技术、汽车服务企业管理、沟通技巧、消费心理学、二手车评估、汽车二级保养综合训练、汽车综合检测、汽车营销专项技能训练等。

对应下一级专业编码：0408-4

0409　工程机械运用与维修

0409-4　中级

专业编码：0409-4

专业名称：工程机械运用与维修

培养目标：培养从事工程机械运用与维修工作的中级技能人才。

学习年限：3年（初中毕业生），2年（高中毕业生）

职业能力：

具有积极的人生态度、健康的心理素质、良好的职业道德和较扎实的文化基础知识；具有获取新知识、新技能的意识和能力，能适应不断变化的职业社会；了解企业生产流程，严格执行工程机械设备操作规定，遵守各项工艺规程，具有安全意识，重视环境保护，并能解决一般性专业问题。同时具有下列专业能力：

1. 能操作工程机械。

2. 能识读常见工程机械的机械及电气装配图。

3. 能从事工程机械的故障检测与排除、维护保养工作。

4. 能从事工程机械的基本性能检测工作。

5. 能从事常用工程机械设备的维修工作。

6. 能从事常用工程机械设备的机务管理工作。

对应或相关职业（工种）：工程机械维修工（6-31-01-09）、机修钳工（6-31-01-02）

职业资格（职业技能等级）：工程机械维修工、钳工

专业主要教学内容：

公差与配合、钳工工艺学、机械基础、机械电气制图、工程机械构造与维护、工程机械电气构造与维修、工程机械底盘构造与维修、工程机械液压故障诊断、机械设备拆装实习、工程机械维护与保养、工程机械操作等。

对应上一级专业编码：0409-3

0409-3　高级

专业编码：0409-3

专业名称：工程机械运用与维修

培养目标：培养从事工程机械运用与维修工作的高级技能人才（高级工）。

学习年限：2 年（达到中级技能水平学生），3 年（高中毕业生），5 年（初中毕业生）

职业能力：

具有积极的人生态度、健康的心理素质、良好的职业道德和较扎实的文化基础知识；具有获取新知识、新技能的意识和能力，能适应不断变化的职业社会；了解企业生产流程，严格执行工程机械设备操作规定，遵守各项工艺规程，具有安全意识，重视环境保护，并具有独立解决非常规问题的基本能力；能指导他人进行工作或协助培训一般操作人员。同时具有下列专业能力：

1. 能熟练操作工程机械。

2. 能识读工程机械的机械及电气装配图。

3. 能制订与实施工程机械维护保养计划。

4. 能评定或制定工程机械维修工艺并组织实施。

5. 能对新工程机械设备或维修后的工程机械设备进行验收。

6. 能从事常用工程机械设备群的机务管理工作。

对应或相关职业（工种）：工程机械维修工（6-31-01-09）、机修钳工（6-31-01-02）

职业资格（职业技能等级）：工程机械维修工、钳工

专业主要教学内容：

钳工工艺学、机械设计、机械制造工艺、机械修理工艺、工程机械构造与维护、工程机械底盘构造与维修、工程机械液压故障诊断、工程机械电气构造与维修、工程机械维修、工程机械操作等。

对应下一级专业编码：0409-4

0410　公路施工与养护

0410-4　中级

专业编码：0410-4

专业名称：公路施工与养护

培养目标：培养从事公路施工与养护工作的中级技能人才。

学习年限：3 年（初中毕业生），2 年（高中毕业生）

职业能力：

具有积极的人生态度、健康的心理素质、良好的职业道德和较扎实的文化基础知识；具有获取新知识、新技能的意识和能力，能适应不断变化的职业社会；熟知并遵守公路施工与养护作业的流程和规范，具有安全意识，重视环境保护，并能解决一般性专业问题。同时具有下列专业能力：

1. 能识读、绘制公路工程施工图。
2. 能掌握路基、路面施工工艺。
3. 能熟练制作公路标志及路面标线。
4. 能判断、识别通信、灯光信号，指挥道路施工。
5. 能掌握维护、修补沥青、水泥混凝土等路面的施工工艺。
6. 能对公路常见土质和建筑材料进行试验和分析。
7. 能操作常用公路施工测量仪器。
8. 能操作常用施工机械。

对应或相关职业（工种）：筑路工（6-29-02-03）、公路养护工（6-29-02-04）

职业资格（职业技能等级）：筑路工

专业主要教学内容：

公路工程制图、公路工程测量、公路施工与养护机械、土质与公路建材试验、路基路面施工与养护、桥涵工程施工与养护等。

对应上一级专业编码：0410-3

0410-3　高级

专业编码：0410-3

专业名称：公路施工与养护

培养目标：培养从事公路施工与养护工作的高级技能人才（高级工）。

学习年限：2 年（达到中级技能水平学生），3 年（高中毕业生），5 年（初中毕业生）

职业能力：

具有积极的人生态度、健康的心理素质、良好的职业道德和较扎实的文化基础知识；具有获取新知识、新技能的意识和能力，能适应不断变化的职业社会；熟知并遵守公路施工与养护作业的流程和规范，具有安全意识，重视环境保护，并具有独立解决非常规问题的基本能力；能指导他人进行工作或协助培训一般操作人员。同时具有下列专业能力：

1. 能绘制公路工程施工图。

2. 能熟练使用公路工程施工测量仪器，对施工现场地形进行测量和工程放样定位。

3. 熟悉路基、路面施工工艺，并具有组织路基、路面工程施工的能力。

4. 熟悉工程检评标准，能合理应用现场测试技术检测公路施工质量和使用情况。

5. 能合理运用各种机械设备修复损坏路段。

6. 了解公路工程造价编制依据及内容，能进行公路工程施工管理和路面施工与养护的质量控制。

对应或相关职业（工种）：筑路工（6-29-02-03）、公路养护工（6-29-02-04）

职业资格（职业技能等级）：筑路工

专业主要教学内容：

公路工程制图、工程力学、公路工程测量、土质与公路建材试验、公路工程施工与养护、公路工程现场测试、公路工程监理等。

对应下一级专业编码：0410-4

0411　桥梁施工与养护

0411-4　中级

专业编码：0411-4

专业名称：桥梁施工与养护

培养目标：培养从事桥梁施工与养护工作的中级技能人才。

学习年限：3 年（初中毕业生），2 年（高中毕业生）

职业能力：

具有积极的人生态度、健康的心理素质、良好的职业道德和较扎实的文化基础知识；具有获取新知识、新技能的意识和能力，能适应不断变化的职业社会；熟知并遵守公路桥梁施工与养护作业的流程和规范，具有安全意识，重视环境保护，并能解决一般性专业问题。同时具有下列专业能力：

1. 能识读桥梁工程施工图。

2. 能选用施工工具，并能使用施工机械设备。

3. 能解决施工工程中一般施工工艺、施工方法和安全技术等方面的问题。

4. 能组织一般桥梁工程施工及养护。

5. 能选用桥梁中有关钢筋、模板、支架、临时设施等。

6. 能开展桥梁施工中所涉及的试验项目及进行施工与养护中的测量。

7. 能进行桥梁施工与养护的质量控制。

对应或相关职业（工种）：桥隧工（6-29-02-05）、筑路工（6-29-02-03）、公路养护工（6-29-02-04）

职业资格（职业技能等级）：桥隧工

专业主要教学内容：

工程制图、公路工程测量、公路施工与养护机械、公路基础知识、土质与建筑材料选用、桥梁施工与养护、施工组织管理及概预算等。

对应上一级专业编码：0411-3

0411-3　高级

专业编码： 0411-3

专业名称： 桥梁施工与养护

培养目标： 培养从事桥梁施工与养护工作的高级技能人才（高级工）。

学习年限： 2 年（达到中级技能水平学生），3 年（高中毕业生），5 年（初中毕业生）

职业能力：

具有积极的人生态度、健康的心理素质、良好的职业道德和较扎实的文化基础知识；具有获取新知识、新技能的意识和能力，能适应不断变化的职业社会；熟知并遵守公路桥梁施工与养护作业的流程和规范，具有安全意识，重视环境保护，并具有独立解决非常规问题的基本能力；能指导他人进行工作或协助培训一般操作人员。同时具有下列专业能力：

1. 能绘制公路与桥梁工程施工图。
2. 能熟练使用测量仪器，对施工现场地形进行测量和工程放样定位。
3. 熟悉桥梁施工工艺，并具有组织工程施工的能力。
4. 熟悉工程检评标准，能合理应用现场测试技术检测桥涵施工质量和使用情况。
5. 了解桥梁工程造价编制依据及内容，能进行桥梁施工管理和质量控制。

对应或相关职业（工种）： 桥隧工（6-29-02-05）、筑路工（6-29-02-03）、公路养护工（6-29-02-04）

职业资格（职业技能等级）： 桥隧工

专业主要教学内容：

工程制图、工程力学、公路工程测量、土质与公路建材试验、桥梁工程、公路工程施工与养护、公路与桥梁工程现场测试、公路工程监理等。

对应下一级专业编码： 0411-4

0412　公路工程测量

0412-4　中级

专业编码： 0412-4

专业名称： 公路工程测量

培养目标： 培养从事公路工程测量工作的中级技能人才。

学习年限： 3 年（初中毕业生），2 年（高中毕业生）

职业能力：

具有积极的人生态度、健康的心理素质、良好的职业道德和较扎实的文化基础知识；具有获取新知识、新技能的意识和能力，能适应不断变化的职业社会；熟知公路测量作业的流程和规范，具有安全意识，重视环境保护，并能解决一般性专业问题。同时具有下列专业能力：

1. 能识读、绘制道路工程施工图。
2. 能完成工程测量中控制点的选点和埋石。
3. 能操作测量仪器，进行工程建设施工放样、公路与桥梁工程等专项测量。

4. 能对外业观测成果资料进行整理，提供测量数据和测量图样。

5. 能对常用仪器进行检校和保养。

对应或相关职业（工种）：工程测量员 S（4-08-03-04）

职业资格（职业技能等级）：工程测量员

专业主要教学内容：

公路工程制图、公路工程测量、测量仪器检验与校正、控制测量、地形图测绘、道路路线勘测、道路施工放样、隧道工程测量、小桥涵施工放样、桥梁施工放样等。

对应上一级专业编码：0412-3

0412-3　高级

专业编码：0412-3

专业名称：公路工程测量

培养目标：培养从事公路工程测量工作的高级技能人才（高级工）。

学习年限：2 年（达到中级技能水平学生），3 年（高中毕业生），5 年（初中毕业生）

职业能力：

具有积极的人生态度、健康的心理素质、良好的职业道德和较扎实的文化基础知识；具有获取新知识、新技能的意识和能力，能适应不断变化的职业社会；熟知公路测量作业的流程和规范，具有安全意识，重视环境保护，并具有独立解决非常规问题的基本能力；能指导他人进行工作或协助培训一般操作人员。同时具有下列专业能力：

1. 能熟练操作测量仪器，进行工程建设施工放样、公路与桥梁工程等专项测量。

2. 能熟练绘制和审核道路路线工程图、桥隧工程图和涵洞工程图，并能应用计算机绘制工程图。

3. 能进行公路工程测量工作主要工种的操作，正确使用测量仪器进行路线野外测量作业，并对外业观测成果资料进行整理和计算工作。

4. 能熟练掌握常用仪器的检校、保养和维修。

对应或相关职业（工种）：工程测量员 S（4-08-03-04）

职业资格（职业技能等级）：工程测量员

专业主要教学内容：

公路工程制图、公路工程 CAD、土质与土力学基础、公路工程测量、公路建筑材料、公路桥梁基础知识、路基路面检测技术、桥梁工程检测技术、测量仪器检验与校正、桥涵维护与加固技术、试验仪器使用与维护等。

对应下一级专业编码：0412-4

0413　筑路机械操作与维修

0413-4　中级

专业编码：0413-4

专业名称：筑路机械操作与维修

培养目标：培养从事筑路机械操作与维修的中级技能人才。

学习年限：3 年（初中毕业生），2 年（高中毕业生）

职业能力：

具有积极的人生态度、健康的心理素质、良好的职业道德和较扎实的文化基础知识；具有获取新知识、新技能的意识和能力，能适应不断变化的职业社会；熟知筑路机械操作与维修作业的流程和规范，具有安全意识，重视环境保护，并能解决一般性专业问题。同时具有下列专业能力：

1. 能识读筑路机械的有关图样，并能操作专用机械按施工图进行路基成型施工。
2. 能熟练驾驶两种以上的常用筑路机械。
3. 能维护保养常用筑路机械。
4. 能初步诊断和排除常用施工机械的故障。

对应或相关职业（工种）：筑路工（6-29-02-03）

职业资格（职业技能等级）：筑路工

专业主要教学内容：

公路结构与分析、筑路机械驾驶、筑路机械电气设备、筑路机械构造与维修、筑路机械故障排除等。

对应上一级专业编码：0413-3

0413-3　高级

专业编码：0413-3

专业名称：筑路机械操作与维修

培养目标：培养从事筑路机械操作与维修的高级技能人才（高级工）。

学习年限：2 年（达到中级技能水平学生），3 年（高中毕业生），5 年（初中毕业生）

职业能力：

具有积极的人生态度、健康的心理素质、良好的职业道德和较扎实的文化基础知识；具有获取新知识、新技能的意识和能力，能适应不断变化的职业社会；熟知筑路机械操作与维修作业的流程和规范，具有安全意识，重视环境保护，并具有独立解决非常规问题的基本能力；能指导他人进行工作或协助培训一般操作人员。同时具有下列专业能力：

1. 能识读、绘制筑路机械的有关图样，并对相关问题进行分析。
2. 能熟练驾驶三种以上的常用筑路机械进行高质量施工作业。
3. 能熟练维护保养常用筑路机械。
4. 能运用所学知识进行技术革新和技术改造。

对应或相关职业（工种）：筑路工（6-29-02-03）

职业资格（职业技能等级）：筑路工

专业主要教学内容：

公路工程、公路机械化施工与管理、筑路机械新技术、筑路机械驾驶与维修、公路工程机械电气与电子控制装置、公路机械液压系统故障判断与排除等。

对应下一级专业编码：0413-4

0414　高速公路收费与监控

0414-4　中级

专业编码：0414-4

专业名称：高速公路收费与监控

培养目标：培养从事高速公路收费和监控工作的中级技能人才。

学习年限：3 年（初中毕业生），2 年（高中毕业生）

职业能力：

具有积极的人生态度、健康的心理素质、良好的职业道德和较扎实的文化基础知识；具有获取新知识、新技能的意识和能力，能适应不断变化的职业社会；了解高速公路收费与监控工作流程；具有较强的语言沟通能力、合作协调能力、积极的服务意识和吃苦耐劳的服务精神；具有安全意识，重视环境保护，并能解决一般性专业问题。同时具有下列专业能力：

1. 能按照规范正确使用高速公路收费和监控设施、设备，进行设备日常保养，确保操作安全。
2. 能按文明礼貌服务规范，独立完成高速公路车辆通行费收取工作。
3. 能独立完成高速公路监控工作。
4. 能排除收费和监控设备一般故障。
5. 能按要求为司乘人员提供便民服务。
6. 能按规范为司乘人员提供道路咨询服务。
7. 能处置收费车道一般突发事件。

对应或相关职业（工种）：路况信息监控员（4-02-02-06）

职业资格（职业技能等级）：

专业主要教学内容：

计算机应用基础、服务礼仪、高速公路概论、电工电子基础、高速公路收费、高速公路监控等。

对应上一级专业编码：0414-3

0414-3　高级

专业编码：0414-3

专业名称：高速公路收费与监控

培养目标：培养从事高速公路收费和监控工作的高级技能人才（高级工）。

学习年限：2 年（达到中级技能水平学生），3 年（高中毕业生），5 年（初中毕业生）

职业能力：

具有积极的人生态度、健康的心理素质、良好的职业道德和较扎实的文化基础知识；具有获取新知识、新技能的意识和能力，能适应不断变化的职业社会；了解高速公路收费与监控工作流程；具有较强的语言沟通能力、合作协调能力、积极的服务意识和吃苦耐劳的服务精神；具有安全意识，重视环境保护；具有应对非常规问题的能力；能指导他人进行工作或协助培训一般操作人员。同时具有下列专业能力：

1. 能按照规范熟练、正确使用高速公路收费和监控设施、设备，进行设备日常保养，确保操作安全。

2. 能按文明礼貌服务规范，独立完成高速公路车辆通行费收取工作。

3. 能独立完成高速公路监控工作，并对工作流程加以改进完善。

4. 能排除收费和监控设备较复杂的故障。

5. 能组织相关人员为司乘人员提供必需的便民服务。

6. 能根据气象状况编写发布路况信息。

7. 能处置收费车道较复杂的突发事件。

对应或相关职业（工种）： 路况信息监控员（4-02-02-06）

职业资格（职业技能等级）：

专业主要教学内容：

计算机应用基础、服务礼仪、服务英语、电工电子基础、高速公路收费、高速公路监控、统计基础等。

对应下一级专业编码： 0414-4

0415 现代物流

0415-4 中级

专业编码： 0415-4

专业名称： 现代物流

培养目标： 培养从事现代物流业务实际操作的中级技能人才。

学习年限： 3 年（初中毕业生），2 年（高中毕业生）

职业能力：

具有积极的人生态度、健康的心理素质、良好的职业道德和较扎实的文化基础知识；具有获取新知识、新技能的意识和能力，能适应不断变化的职业社会；熟知现代物流实务的基本流程和操作规范，具有安全意识，重视环境保护，并能解决一般性专业问题。同时具有下列专业能力：

1. 能运用物流信息系统解决实际问题。

2. 能叙述现代物流管理和各项物流业务的基本流程。

3. 能进行订单处理，根据配送计划进行分货、配货、配车、送货作业。

4. 能进行商品验收、货物分拣、出货检查、货品包装、盘点、库存等作业的规范操作。

5. 能操作仓储作业的装卸搬运设备、分拣输送设备、计量设备、保管设备、养护检验设备、消防设备。

对应或相关职业（工种）： 物流服务师 L（4-02-06-03）、理货员（4-02-06-02）、仓储管理员（4-02-06-01）、供应链管理师 S（4-02-06-05）、货运代理服务员（4-02-05-03）

职业资格（职业技能等级）： 物流服务师、供应链管理师

专业主要教学内容：

会计账目处理、商品检验、物流英语、物流设备操作及维护、货物保管保养及盘点、运

输技术运用、配载技术运用、条码技术运用、电子商务与信息编码及采集技术、公共关系处理及商务礼仪、供应链管理、物流运输实务、仓储管理实务等。

专业方向：物流金融、港口报关与仓储

对应上一级专业编码：0415-3

0415-3　高级

专业编码：0415-3

专业名称：现代物流

培养目标：培养从事现代物流业务实际操作的高级技能人才（高级工）。

学习年限：2 年（达到中级技能水平学生），3 年（高中毕业生），5 年（初中毕业生）

职业能力：

具有积极的人生态度、健康的心理素质、良好的职业道德和较扎实的文化基础知识；具有获取新知识、新技能的意识和能力，能适应不断变化的职业社会；熟知现代物流实务的基本流程和操作规范，具有安全意识，重视环境保护，并具有独立解决非常规问题的基本能力；能指导他人进行工作或协助培训一般操作人员。同时具有下列专业能力：

1. 能利用计算机及网络进行信息的收集、分类、处理和发布。

2. 能填制、识读、制作和修改运输单证并规范填写仓储作业各类单据。

3. 能安排与监管现场货物装卸搬运和执行特殊货物装卸搬运与运输。

4. 能熟练操作仓储作业的装卸搬运设备、分拣输送设备、计量设备、保管设备、养护检验设备、消防设备，并能对上述设备进行养护。

5. 能对物流市场进行调查，并获取相关经济信息。

6. 能对车辆运行进行调度，选择最优运输线路，合理控制成本。

对应或相关职业（工种）：物流服务师 L（4-02-06-03）、理货员（4-02-06-02）、仓储管理员（4-02-06-01）、供应链管理师 S（4-02-06-05）、货运代理服务员（4-02-05-03）

职业资格（职业技能等级）：物流服务师、供应链管理师

专业主要教学内容：

物流管理、物流英语、第三方物流、供应链管理、物流成本控制技术运用、物流储运与配送管理、物流信息系统的使用和维护、物流营销、国际物流、物流运输实务、仓储管理实务等。

专业方向：物流金融、港口报关与仓储

对应下一级专业编码：0415-4

0416　船舶驾驶

0416-4　中级

专业编码：0416-4

专业名称：船舶驾驶

培养目标：培养从事船舶驾驶的中级技能人才。

学习年限：3 年（初中毕业生），2 年（高中毕业生）

职业能力：

具有积极的人生态度、健康的心理素质、良好的职业道德和较扎实的文化基础知识；具有获取新知识、新技能的意识和能力，能适应不断变化的职业社会；熟知船舶驾驶操作的各项流程和规范，具有安全意识，重视环境保护，并能解决一般性专业问题。同时具有下列专业能力：

1. 能胜任 500 总吨及以上船舶值班水手的实际操作要求。
2. 能胜任 GMDSS 通用操作员的实际操作要求。
3. 能胜任 3000 总吨及以上船舶三副所需的专项操作技能要求。
4. 能胜任无限航区或沿海航区 3000 总吨及以上船舶三副的工作。

对应或相关职业（工种）：船舶甲板设备操作工（6-30-04-01）、客运船舶驾驶员（4-02-03-01）、渔业船员（5-04-03-02）

职业资格（职业技能等级）：船员资格

专业主要教学内容：

海员基本安全知识、急救培训、高级消防培训、船舶操纵、航海气象观测及海洋潮汐推算、船舶结构与设备、船舶管理、海运业务、GMDSS 通信设备使用与维护、海图作业、船舶定位、航海仪器及使用、水手工艺、航行实习等。

对应上一级专业编码：0416-3

0416-3 高级

专业编码：0416-3

专业名称：船舶驾驶

培养目标：培养从事船舶驾驶的高级技能人才（高级工）。

学习年限：2 年（达到中级技能水平学生），3 年（高中毕业生），5 年（初中毕业生）

职业能力：

具有积极的人生态度、健康的心理素质、良好的职业道德和较扎实的文化基础知识；具有获取新知识、新技能的意识和能力，能适应不断变化的职业社会；熟知船舶驾驶操作的各项流程和规范，具有安全意识与作业组织能力，重视环境保护，并能解决较系统性的专业问题，具备一定的船舶管理能力。同时具有下列专业能力：

1. 能胜任 500 总吨及以上船舶值班水手长的实际操作与管理要求。
2. 能胜任 GMDSS 通用操作员的实际操作与设备管理要求。
3. 能胜任船舶管理、船员管理、安全管理等工作要求。
4. 能胜任 3000 总吨及以上船舶三副所需的专项操作技能要求。
5. 能胜任无限航区或沿海航区 3000 总吨及以上船舶三副的工作。

对应或相关职业（工种）：船舶甲板设备操作工（6-30-04-01）、客运船舶驾驶员（4-02-03-01）、渔业船员（5-04-03-02）

职业资格（职业技能等级）：船员资格

专业主要教学内容：

海员基本安全知识、急救培训、高级消防培训、船舶操纵、航海气象观测及海洋潮汐推算、船舶结构与设备、船舶管理、海运业务、GMDSS通信设备使用与维护、海图作业、船舶定位、航海仪器及使用、水手工艺、航行实习、海务管理、安全管理、水手长业务等。

对应下一级专业编码：0416-4

0417 船舶轮机

0417-4 中级

专业编码：0417-4

专业名称：船舶轮机

培养目标：培养从事船舶轮机和船舶机电设备的使用维护、安装调试的中级技能人才。

学习年限：3年（初中毕业生），2年（高中毕业生）

职业能力：

具有积极的人生态度、健康的心理素质、良好的职业道德和较扎实的文化基础知识；具有获取新知识、新技能的意识和能力，能适应不断变化的职业社会；熟知船舶轮机操纵、维修的流程和规范，具有安全意识，重视环境保护，并能解决一般性专业问题。同时具有下列专业能力：

1. 能识读机械图与电气图。
2. 能进行车、钳、焊、电的基本操作。
3. 能独立担任轮机值班工作。
4. 能对船舶机电设备的运行工况和经济指标进行测量、分析和调试。
5. 能对船舶机电设备进行使用、保养、维护和修理。

对应或相关职业（工种）：船舶机舱设备操作工（6-30-04-02）、渔业船员（5-04-03-02）

职业资格（职业技能等级）：船员资格

专业主要教学内容：

工程识图与CAD、轮机工程材料选用、船舶柴油机结构与使用、船舶辅机运用与调试、轮机维护与修理、船舶电气设备使用与调试、船舶管理、船舶电站操作、动力设备操作与拆装、救生实训、消防实训、急救实训、安全实训等。

对应上一级专业编码：0417-3

0417-3 高级

专业编码：0417-3

专业名称：船舶轮机

培养目标：培养从事船舶轮机和船舶机电设备的使用维护、安装调试的高级技能人才（高级工）。

学习年限：2年（达到中级技能水平学生），3年（高中毕业生），5年（初中毕业生）

职业能力：

具有积极的人生态度、健康的心理素质、良好的职业道德和较扎实的文化基础知识；具

有获取新知识、新技能的意识和能力，能适应不断变化的职业社会；熟知船舶轮机操纵、维修与部门管理的流程和规范，具有安全意识与安全管理能力，重视环境保护，并能解决较复杂的专业问题。同时具有下列专业能力：

1. 能识读与制作机械图与电气图。
2. 能进行车、钳、焊、电的操作与作业管理。
3. 能独立担任轮机值班工作并能组织部门值班工作。
4. 能对船舶机电设备的运行工况和经济指标进行测量、分析和调试并形成分析报告。
5. 能组织部门人员对船舶机电设备进行使用、保养、维护和修理。

对应或相关职业（工种）：船舶机舱设备操作工（6-30-04-02）、渔业船员（5-04-03-02）

职业资格（职业技能等级）：船员资格

专业主要教学内容：

工程识图与CAD、轮机工程材料选用、船舶柴油机结构与使用、船舶辅机运用与调试、轮机维护与修理、船舶电气设备使用与调试、船舶管理、船舶电站操作、动力设备操作与拆装、救生实训、消防实训、急救实训、安全实训、机务管理、机舱管理等。

对应下一级专业编码：0417-4

0418 船舶建造与维修

0418-4 中级

专业编码：0418-4

专业名称：船舶建造与维修

培养目标：培养从事船舶修造、舾装与检验的中级技能人才。

学习年限：3年（初中毕业生），2年（高中毕业生）

职业能力：

具有积极的人生态度、健康的心理素质、良好的职业道德和较扎实的文化基础知识；具有获取新知识、新技能的意识和能力，能适应不断变化的职业社会；熟知船舶建造与维修的流程和规范，具有安全意识，重视环境保护，并能解决一般性专业问题。同时具有下列专业能力：

1. 能识读机械图与电气图。
2. 能进行车、钳、焊、电的基本操作。
3. 能对船舶机电设备的运行工况和经济指标进行测量、分析和调试。
4. 能对船舶机电设备进行使用、保养、维护和修理。
5. 能从事船舶建造、舾装与检验等工作。

对应或相关职业（工种）：金属船体制造工（6-23-02-01）、船舶机械装配工（6-23-02-02）、船舶电气装配工（6-23-02-03）、船舶附件制造工（6-23-02-04）、船舶木塑帆缆制造工（6-23-02-05）、船舶修理工（6-31-02-01）、装配钳工（6-20-01-01）、电工（6-31-01-03）、焊工（6-18-02-04）

职业资格（职业技能等级）：钳工、电工、焊工

专业主要教学内容：

工程识图与 CAD、船体结构与制图、船舶检验、船舶建造工艺、造船成本核算、船舶舾装工艺、船舶材料与焊接、主辅机拆装、柴油机装调、电气设备安装与调试等。

专业方向：船舶焊工、船舶起重工、船舶钳工、船舶电工、船舶管系工、船舶木塑帆缆制造工

对应上一级专业编码：0418-3

0418-3　高级

专业编码：0418-3

专业名称：船舶建造与维修

培养目标：培养从事船舶修造、舾装与检验的高级技能人才（高级工）。

学习年限：2 年（达到中级技能水平学生），3 年（高中毕业生），5 年（初中毕业生）

职业能力：

具有积极的人生态度、健康的心理素质、良好的职业道德和较扎实的文化基础知识；具有获取新知识、新技能的意识和能力，能适应不断变化的职业社会；熟知船舶建造与维修的流程和规范，具有安全意识，重视环境保护，并具有独立解决非常规问题的基本能力；能指导他人进行工作或协助培训一般操作人员。同时具有下列专业能力：

1. 能熟练阅读和分析较复杂的船体零件图和船体型线图。
2. 能熟练使用、调整和维护主要焊接设备，了解焊接机器人等新型自动焊接设备。
3. 能熟练掌握较复杂船体及舾装件的各种单面焊双面成形技术。
4. 能进行各种船舶的接长、缩短、加高等的修理与改装。
5. 能完成大型或特殊船舶的船台装配。

对应或相关职业（工种）：金属船体制造工（6-23-02-01）、船舶机械装配工（6-23-02-02）、船舶电气装配工（6-23-02-03）、船舶附件制造工（6-23-02-04）、船舶木塑帆缆制造工（6-23-02-05）、船舶修理工（6-31-02-01）、装配钳工（6-20-01-01）、电工（6-31-01-03）、焊工（6-18-02-04）

职业资格（职业技能等级）：钳工、电工、焊工

专业主要教学内容：

船舶检验、焊接设备、船舶焊接工艺、船体装配工艺、起重机械与司索指挥、船舶机电基础、液压传动与气动、船舶 CAD/CAM、造船成本核算、造船工程管理等。

专业方向：船舶焊工、船舶起重工、船舶钳工、船舶电工、船舶管系工、船舶木塑帆缆制造工

对应下一级专业编码：0418-4

0419　港口与航道施工

0419-4　中级

专业编码：0419-4

专业名称：港口与航道施工

培养目标：培养从事港口航道维修、疏浚和工程测量的中级技能人才。

学习年限：3 年（初中毕业生），2 年（高中毕业生）

职业能力：

具有积极的人生态度、健康的心理素质、良好的职业道德和较扎实的文化基础知识；具有获取新知识、新技能的意识和能力，能适应不断变化的职业社会；熟知港口工程测量、试验和维修疏浚作业的流程和规范，具有安全意识，重视环境保护，并能解决一般性专业问题。同时具有下列专业能力：

1. 能进行绘图、测量、试验等基本操作。
2. 能进行水下爆破、水上打桩、起重、砂石料抛填、抛石沉放、扎制笼排等航道施工作业。
3. 能对港口、码头水上设施进行加固、修缮，完成更换、安装护舷等作业。
4. 能进行油港水面污染的清除作业。
5. 能维修常用施工设备及工具。
6. 能从事工程材料检验和施工质量检测。
7. 能编制港口与航道施工项目的预算及施工工艺，提出改进水面防污及港口除尘工艺措施。

对应或相关职业（工种）：水运工程施工工（6-29-02-09）、水工建构筑物维护检修工（6-29-02-10）

职业资格（职业技能等级）：

专业主要教学内容：

地基勘察与地基处理、地形图测绘、钢筋混凝土与砖木结构设计、工程测量、港口水工建筑物、港口与航道工程施工、施工组织、项目管理等。

对应上一级专业编码：无

0420 水运业务

0420-4 中级

专业编码：0420-4

专业名称：水运业务

培养目标：培养从事外贸运输业务、国际贸易、港口企业经营管理、国际货运代理业务、理货业务、报关业务、报检业务等工作的中级技能人才。

学习年限：3 年（初中毕业生），2 年（高中毕业生）

职业能力：

具有积极的人生态度、健康的心理素质、良好的职业道德和较扎实的文化基础知识；具有获取新知识、新技能的意识和能力，能适应不断变化的职业社会；熟知水运各项业务的流程和规范，具有安全意识，重视环境保护，并能解决一般性专业问题。同时具有下列专业能力：

1. 能对货物入库、存放、盘点、出库等货物保管、理货业务流程进行规范操作。
2. 能依据要求检验货物的包装、标志，对出库待运的货物进行包装、拼装、改装或加固包装，对经拼装、改装和换装的货物填写装箱单。

3. 能按货物的运输方式、流向和收货地点将出库货物分类整理、分单集中，填写货物启运单，通知运输部门提货发运。

4. 能对货物进行合理搬运、整理、堆码。

5. 能鉴定货运质量，分析货物残损原因，划分运输事故责任。

6. 能熟练进行船舶客货运输业务的办理和服务。

7. 能提出、制定并实施客货安全运输措施及危险防范措施。

8. 能熟练填制并向海关提交进出口货物报关单及其他所需单证等材料，配合海关查验进出口货物，办理税费等报关手续。

对应或相关职业（工种）：船舶业务员（4-02-03-02）、仓储管理员（4-02-06-01）、理货员（4-02-06-02）

职业资格（职业技能等级）：

专业主要教学内容：

物流经济地理、物流信息技术、国际贸易实务、船舶货运、理货业务、国际货运代理业务、远洋运输业务、国际航运管理、港口装卸工艺、港口管理、集装箱运输业务、仓储管理、港航商务管理、船舶配积载设计、港口理货与堆场仓储操作、安全生产管理知识、安全法相关条例等。

对应上一级专业编码：无

0421　港口机械操作与维护

0421-4　中级

专业编码：0421-4

专业名称：港口机械操作与维护

培养目标：培养从事港口机械操作与维护工作的中级技能人才。

学习年限：3 年（初中毕业生），2 年（高中毕业生）

职业能力：

具有积极的人生态度、健康的心理素质、良好的职业道德和较扎实的文化基础知识；具有获取新知识、新技能的意识和能力，能适应不断变化的职业社会；熟知港口机械操作与维护作业的流程和规范，具有安全意识，重视环境保护，并能解决一般性专业问题。同时具有下列专业能力：

1. 能识读机械零件图与简单装配图，绘制零件图。

2. 能准备、调整港口起重、装卸、吊运机械设备吊具。

3. 能操作叉车，装卸、位移物品和机械设备。

4. 能操作专用散装、散卸港口机械设备，装卸散装物品。

5. 能对损伤的港口机械零件进行金工、钳工加工。

6. 能对叉车、装载机等港口机械的油路、电路、液压传动等常见故障进行判断与排除。

7. 能维护保养工、夹、量具，排除使用过程中出现的一般故障。

对应或相关职业（工种）：起重装卸机械操作工（6-30-05-01）、起重工（6-30-05-02）

职业资格（职业技能等级）：起重装卸机械操作工

专业主要教学内容：

机械制图与 CAD、机械基础、工程力学、港口机械液压传动基础、港口起重输送机械、港口装卸搬运机械、港口机械常见故障及排除、车钳焊工基本操作技能、安全生产管理知识、安全法相关条例等。

对应上一级专业编码：0421-3

0421-3 高级

专业编码：0421-3

专业名称：港口机械操作与维护

培养目标：培养从事港口机械操作与维护工作的高级技能人才（高级工）。

学习年限：2 年（达到中级技能水平学生），3 年（高中毕业生），5 年（初中毕业生）

职业能力：

具有积极的人生态度、健康的心理素质、良好的职业道德和较扎实的文化基础知识；具有获取新知识、新技能的意识和能力，能适应不断变化的职业社会；熟知港口机械操作与维护作业的流程和规范，具有安全意识，重视环境保护，并具有独立解决非常规问题的基本能力；能指导他人进行工作或协助培训一般操作人员。同时具有下列专业能力：

1. 能识读机械零件图与装配图，绘制复杂、畸形零件图。
2. 能调整、运行港口起重、装卸、吊运机械设备，准备、调整吊具。
3. 能操作天车、龙门吊等港口机械设备，对原材料、产品、工件等进行起吊移动。
4. 能操作塔式缆索等港口起重机械设备，将构件或重物移动到指定位置。
5. 能进行起重、装卸、吊运等港口机械设备搬迁和新设备的安装与调试。
6. 能对起重、装卸、吊运等港口机械设备的机械、液压、气动故障和机械磨损进行修理。
7. 能对修复后的起重、装卸、吊运等港口机械设备进行运行调试与调整。
8. 能维护保养工、夹、量具和仪器仪表，排除使用过程中出现的故障。

对应或相关职业（工种）：起重装卸机械操作工（6-30-05-01）、起重工（6-30-05-02）

职业资格（职业技能等级）：起重装卸机械操作工

专业主要教学内容：

港口机械设计基础、港口机械液压传动、港口起重输送机械、港口装卸搬运机械、起重机常见故障及排除、装卸机械使用与养护、叉车结构原理与维修、常用机械加工技术等。

对应下一级专业编码：0421-4

0422 邮轮乘务

0422-4 中级

专业编码：0422-4

专业名称：邮轮乘务

培养目标：培养从事海上邮轮服务的中级技能人才。

学习年限：3 年（初中毕业生），2 年（高中毕业生）

职业能力：

具有积极的人生态度、健康的心理素质、良好的职业道德和较扎实的文化基础知识；具有获取新知识、新技能的意识和能力，能适应不断变化的职业社会；了解邮轮服务流程，严格执行服务和有关设备操作规定，具有主动、热情的服务意识和吃苦耐劳的服务精神，具有安全意识，遵纪守法，并能解决一般性专业问题。同时具有下列专业能力：

1. 具有良好的礼仪风范和较强的语言表达能力、沟通能力、应变能力。
2. 能规范地使用汉语和英语完成常规接待服务工作，并能帮助客人解决行程中的困难。
3. 能按餐厅服务工作的接待规程，完成餐厅各种形式的接待服务工作。
4. 能按客房服务工作的接待规程，完成客房的接待服务工作。
5. 能按邮轮康乐服务工作流程，完成岗位康乐项目的服务工作。
6. 能操作邮轮上的相关服务设备。
7. 能协助处理海上紧急情况，疏导乘客，指导乘客避险。

对应或相关职业（工种）：前厅服务员（4-03-01-01）、餐厅服务员（4-03-02-05）、客房服务员（4-03-01-02）

职业资格（职业技能等级）：餐厅服务员

专业主要教学内容：

计算机基本知识与技能、旅游地理、形体训练、服务礼仪、消费心理学、前台接待技能与管理、客房服务技能与管理、餐厅服务技能、康乐设施使用与服务、邮轮实用基础英语等。

对应上一级专业编码：0422-3

0422-3　高级

专业编码：0422-3

专业名称：邮轮乘务

培养目标：培养从事海上邮轮服务的高级技能人才（高级工）。

学习年限：2 年（达到中级技能水平学生），3 年（高中毕业生），5 年（初中毕业生）

职业能力：

具有积极的人生态度、健康的心理素质、良好的职业道德和较扎实的文化基础知识；具有获取新知识、新技能的意识和能力，能适应不断变化的职业社会；了解邮轮服务流程，严格执行服务和有关设备操作规定，具有主动、热情的服务意识和吃苦耐劳的服务精神，具有安全意识，遵纪守法，并具有独立解决非常规问题的基本能力；能指导他人进行工作或协助培训一般服务人员。同时具有下列专业能力：

1. 具有良好的礼仪风范和语言表达能力、沟通能力、应变能力。
2. 能流利、规范地使用汉语和英语进行接待服务，并能帮助客人解决行程中的困难。
3. 能按餐厅服务工作的接待规程，完成餐厅各种形式的接待服务与管理工作。
4. 能按客房服务工作的接待规程，完成客房的接待服务与管理工作。
5. 能按邮轮康乐服务工作流程，完成岗位康乐项目的服务与管理工作。

6. 能熟练操作邮轮上的相关服务设备。

7. 能处理海上紧急情况，组织一般服务人员帮助乘客避险。

对应或相关职业（工种）：前厅服务员（4-03-01-01）、餐厅服务员（4-03-02-05）、客房服务员（4-03-01-02）

职业资格（职业技能等级）：餐厅服务员

专业主要教学内容：

形体训练、服务礼仪、管理学、旅游公共管理、消费心理学、邮轮经营管理、前台接待技能与管理、客房服务技能与管理、餐厅服务技能与管理、康乐设施使用与管理、邮轮实用英语等。

对应下一级专业编码：0422-4

0423 铁道运输管理

0423-4 中级

专业编码：0423-4

专业名称：铁道运输管理

培养目标：培养从事铁路日常列车运行指挥、客货运组织工作的中级技能人才。

学习年限：3年（初中毕业生），2年（高中毕业生）

职业能力：

具有积极的人生态度、健康的心理素质、良好的职业道德和较扎实的文化基础知识；具有获取新知识、新技能的意识和能力，能适应不断变化的职业社会；了解铁路运输流程，严格执行作业程序和安全操作规程，具有强烈的安全意识，能在出现各种突发情况时按规章要求及时处理，确保铁路运输的安全，重视环境保护，并能解决一般性专业问题。同时具有下列专业能力：

1. 熟悉行车组织和客货运组织的基本方法。

2. 能根据各种规章不间断地接发列车，稳妥处理作业中出现的问题。

3. 能办理一般货物和超限、鲜活等特殊货物的承运、装车。

4. 能组织客运人员合理布岗、接发列车，组织旅客安全乘降。

5. 熟悉客运规章各项规定，掌握对不符合乘车条件和携带违禁品的旅客进行处理的方法。

6. 能根据调车设备和作业方法编制调车作业计划，组织调车作业。

7. 掌握各种铁路运输事故的处理程序，能组织事故救援和赔偿。

对应或相关职业（工种）：铁路车站客运服务员（4-02-01-03）、铁路车站货运服务员（4-02-01-05）、轨道交通调度员（4-02-01-06）、铁路车站行车作业员（6-30-02-01）

职业资格（职业技能等级）：

专业主要教学内容：

铁路运输设备、铁路线路与站场、铁路货运组织、铁路客运组织、铁路行车组织、铁路行车技术管理、铁路运输信息系统、铁路运输安全管理、专业能力综合技能实训等。

对应上一级专业编码：0423-3

0423-3 高级

专业编码： 0423-3

专业名称： 铁道运输管理

培养目标： 培养从事铁路日常列车运行指挥、客货运组织工作的高级技能人才（高级工）。

学习年限： 2 年（达到中级技能水平学生），3 年（高中毕业生），5 年（初中毕业生）

职业能力：

具有积极的人生态度、健康的心理素质、良好的职业道德和较扎实的文化基础知识；具有获取新知识、新技能的意识和能力，能适应不断变化的职业社会；熟悉铁路运输流程，严格执行作业程序和安全操作规程，具有强烈的安全意识，能在铁路运输生产出现各种突发情况时组织相关人员及时正确地处理，确保铁路行车和客货运的安全，重视环境保护，并具有独立解决非常规问题的基本能力；能指导他人进行工作或协助培训一般操作人员。同时具有下列专业能力：

1. 能在列车密集到开阶段安全有序地组织接发列车。
2. 熟悉大件货物装载加固方案要求，并能组织装车和计算相关指标。
3. 能根据客流量、列车正晚点等情况组织旅客乘降。
4. 掌握各种非正常情况下接发列车的方法。
5. 能确认危险货物分类、性质，并能按有关危险货物的特殊规定进行危险货物托运、承运、装卸车作业。
6. 能针对晚点等特殊情况，安抚旅客情绪和疏导旅客。
7. 掌握在特殊天气情况下调车作业和特殊货物调车作业的组织方法。
8. 熟悉对运输途中突发疾病旅客的救治程序。
9. 能对一般行车、货运、客运事故进行分析，提出整改防范措施。

对应或相关职业（工种）： 铁路车站客运服务员（4-02-01-03）、铁路车站货运服务员（4-02-01-05）、轨道交通调度员（4-02-01-06）、铁路车站行车作业员（6-30-02-01）

职业资格（职业技能等级）：

专业主要教学内容：

铁路运输设备、铁路线路与站场、铁路货运组织、铁路客运组织、铁路行车组织、铁路行车技术管理、铁路交通事故应急救援和调查处理条例、铁路货物运输合同实施细则、铁路货物装载加固规则、铁路客运运价规则、专业能力综合技能实训等。

对应下一级专业编码： 0423-4

0424 电力机车运用与检修

0424-4 中级

专业编码： 0424-4

专业名称： 电力机车运用与检修

培养目标： 培养从事铁路企业电力机车驾驶、维护、修理、检测等一线作业的中级技能人才。

学习年限：3 年（初中毕业生），2 年（高中毕业生）

职业能力：

具有积极的人生态度、健康的心理素质、良好的职业道德和较扎实的文化基础知识；具有获取新知识、新技能的意识和能力，能适应不断变化的职业社会；熟悉有关铁路技术管理规程及规章，具有安全意识，重视环境保护，并能解决一般性专业问题。同时具有下列专业能力：

1. 能识读一般的部件装配图，并能绘制简单的机械零件图。

2. 掌握锉、钻、锯等操作技能，能正确选择并使用各种电工仪器仪表进行测量。

3. 能使用和检查制动机，并对其常见故障进行分析、判断和处理。

4. 能判断和处理电力机车电机、电器常见故障。

5. 在对电力机车进行操纵、保养、检查、试验以及故障分析和处理的过程中，能实际操作并解决一般性技术问题。

对应或相关职业（工种）：轨道交通列车司机 L（4-02-01-01）、铁路机车制修工（6-23-01-01）、铁路车辆制修工（6-23-01-02）、铁路机车车辆制动钳工（6-23-01-04）

职业资格（职业技能等级）：轨道交通列车司机、铁路机车制修工、铁路车辆制修工、铁路机车车辆制动钳工

专业主要教学内容：

铁道基础知识、机械基础、电工电子技术基础、电力机车电机与电器、电力机车总体与走行部、电力机车制动机、电力机车控制、电力机车运用与规章、电力机车检修、机车牵引计算、专业能力综合技能实训等。

对应上一级专业编码：0424-3

0424-3 高级

专业编码：0424-3

专业名称：电力机车运用与检修

培养目标：培养从事铁路企业电力机车驾驶、维护、修理、检测等一线作业的高级技能人才（高级工）。

学习年限：2 年（达到中级技能水平学生），3 年（高中毕业生），5 年（初中毕业生）

职业能力：

具有积极的人生态度、健康的心理素质、良好的职业道德和较扎实的文化基础知识；具有获取新知识、新技能的意识和能力，能适应不断变化的职业社会；熟悉有关铁路技术管理规程及规章，具有安全意识，重视环境保护，并具有独立解决非常规问题的基本能力；能指导他人进行工作或协助培训一般操作人员。同时具有下列专业能力：

1. 能识读复杂的部件装配图，并能绘制一般的机械零件图。

2. 熟练掌握锉、钻、锯等操作技能，能正确选择并使用各种电工仪器仪表进行测量。

3. 能按标准作业要求规范地操纵电力机车。

4. 能熟练进行机车维护及正确判断、处理电力机车重要部件和系统的故障。

5. 在非正常行车及发生行车事故时，能按有关规定和要求正确处理。

6. 能运用工具或专门设备独立检修电力机车精密、复杂的零部件，判断处理相应的故障，编制一般的检修计划。

7. 能操纵和使用较复杂的检修、探伤设备。

对应或相关职业（工种）：轨道交通列车司机 L（4-02-01-01）、铁路机车制修工（6-23-01-01）、铁路车辆制修工（6-23-01-02）、铁路机车车辆制动钳工（6-23-01-04）

职业资格（职业技能等级）：轨道交通列车司机、铁路机车制修工、铁路车辆制修工、铁路机车车辆制动钳工

专业主要教学内容：

铁道基础知识、机械技术应用、电工电子及自动化技术应用、电力机车电机与电器、电力机车总体与走行部、电力机车制动机、电力机车控制、电力机车运用与规章、电力机车检修、机车牵引计算、电力机车故障综合分析和处理、行车安全设备、专业能力综合技能实训等。

对应下一级专业编码：0424-4

0425　内燃机车运用与检修

0425-4　中级

专业编码：0425-4

专业名称：内燃机车运用与检修

培养目标：培养从事铁路、地方铁路、厂矿专用线的内燃机车、轨道车的驾驶、维护、修理、检测等一线作业的中级技能人才。

学习年限：3 年（初中毕业生），2 年（高中毕业生）

职业能力：

具有积极的人生态度、健康的心理素质、良好的职业道德和较扎实的文化基础知识；具有获取新知识、新技能的意识和能力，能适应不断变化的职业社会；熟悉有关铁路技术管理规程及规章，具有安全意识，重视环境保护，并能解决一般性专业问题。同时具有下列专业能力：

1. 能识读一般的部件装配图，并能绘制简单的机械零件图。

2. 掌握锉、钻、锯等操作技能，能正确选择并使用各种电工仪器仪表进行测量。

3. 能使用和检查制动机，并对其常见故障进行分析、判断和处理。

4. 能独立检修内燃机车主要零部件。

5. 在对内燃机车进行操纵、维护、检查、试验的过程中，能实际操作并解决一般性技术问题。

对应或相关职业（工种）：轨道交通列车司机 L（4-02-01-01）、铁路机车制修工（6-23-01-01）、铁路车辆制修工（6-23-01-02）、铁路机车车辆制动钳工（6-23-01-04）

职业资格（职业技能等级）：轨道交通列车司机、铁路机车制修工、铁路车辆制修工、铁路机车车辆制动钳工

专业主要教学内容：

铁道基础知识、机械基础、电工电子技术基础、内燃机车柴油机、内燃机车总体、内燃

机车电传动、内燃机车制动机、内燃机车运用与规章、内燃机车检修、专业能力综合技能实训等。

对应上一级专业编码：0425-3

0425-3　高级

专业编码：0425-3

专业名称：内燃机车运用与检修

培养目标：培养从事铁路、地方铁路、厂矿专用线的内燃机车、轨道车的驾驶、维护、修理、检测等一线作业的高级技能人才（高级工）。

学习年限：2 年（达到中级技能水平学生），3 年（高中毕业生），5 年（初中毕业生）

职业能力：

具有积极的人生态度、健康的心理素质、良好的职业道德和较扎实的文化基础知识；具有获取新知识、新技能的意识和能力，能适应不断变化的职业社会；熟悉有关铁路技术管理规程及规章，具有安全意识，重视环境保护，并具有独立解决非常规问题的基本能力；能指导他人进行工作或协助培训一般操作人员。同时具有下列专业能力：

1. 能识读复杂的部件装配图，并能绘制一般的机械零件图。
2. 熟练掌握锉、钻、锯等操作技能，能正确选择并使用各种电工仪器仪表进行测量。
3. 能按标准作业要求规范地操纵内燃机车。
4. 能熟练进行机车维护及正确判断、处理内燃机车重要部件和系统的故障。
5. 在非正常行车及发生行车事故时，能按有关规定和要求正确处理。
6. 能运用工具或专门设备独立检修内燃机车精密、复杂的零部件，判断处理相应的故障，编制一般的检修计划。
7. 能操纵和使用较复杂的检修、探伤设备。

对应或相关职业（工种）：轨道交通列车司机 L（4-02-01-01）、铁路机车制修工（6-23-01-01）、铁路车辆制修工（6-23-01-02）、铁路机车车辆制动钳工（6-23-01-04）

职业资格（职业技能等级）：轨道交通列车司机、铁路机车制修工、铁路车辆制修工、铁路机车车辆制动钳工

专业主要教学内容：

铁道基础知识、机械技术应用、电工电子及自动化技术应用、内燃机车柴油机、内燃机车总体、内燃机车电传动、内燃机车制动机、内燃机车运用与规章、内燃机车检修、内燃机车故障综合分析和处理、行车安全设备、专业能力综合技能实训等。

对应下一级专业编码：0425-4

0426　铁路工程测量

0426-4　中级

专业编码：0426-4

专业名称：铁路工程测量

培养目标：培养从事铁路工程测量工作的中级技能人才。

学习年限：3 年（初中毕业生），2 年（高中毕业生）

职业能力：

具有积极的人生态度、健康的心理素质、良好的职业道德和较扎实的文化基础知识；具有获取新知识、新技能的意识和能力，能适应不断变化的职业社会；熟知铁路测量作业的流程和规范，具有安全意识，重视环境保护，并能解决一般性专业问题。同时具有下列专业能力：

1. 能识读、绘制各种道路工程施工图。

2. 能完成工程测量中高程及平面控制点的选点和埋设。

3. 能操作测量仪器，进行工程施工前期地形测绘、施工建设中放样、铁路路基边坡放样、墩台定位、高程控制及隧道工程测量与变形监测。

4. 能对外业观测成果资料进行整理，提供测量数据。

5. 能对常用仪器进行检校和保养。

对应或相关职业（工种）：工程测量员 S（4-08-03-04）

职业资格（职业技能等级）：工程测量员

专业主要教学内容：

工程制图、工程力学、地形测绘、GPS 定位技术、控制测量、线路测量、桥隧施工测量、桥墩施工及养护、装吊作业、工程试验等。

对应上一级专业编码：0426-3

0426-3　高级

专业编码：0426-3

专业名称：铁路工程测量

培养目标：培养从事铁路工程测量工作的高级技能人才（高级工）。

学习年限：2 年（达到中级技能水平学生），3 年（高中毕业生），5 年（初中毕业生）

职业能力：

具有积极的人生态度、健康的心理素质、良好的职业道德和较扎实的文化基础知识；具有获取新知识、新技能的意识和能力，能适应不断变化的职业社会；熟知铁路测量作业的流程和规范，具有安全意识，重视环境保护，并具有独立解决非常规问题的基本能力；能指导他人进行工作或协助培训一般操作人员。同时具有下列专业能力：

1. 能熟练操作测量仪器，进行地形图测绘及工程控制测量、施工放样、变形观测。

2. 能熟练绘制和审核铁路线路及局部区域变更图、结构工程图、桥隧施工图，并能应用计算机 CAD 技术绘制工程图。

3. 能熟练操作铁路工程测量主要仪器，对工程前期地形测绘、施工结构放样、外业测量数据进行处理和平差计算，并能应用计算机技术整理数据。

4. 能结合工程测量与施工工艺编写较完整的施工作业流程和作业方法。

5. 熟悉工程安全及质量检评标准，能合理应用现场测试技术检测铁路施工质量和结构使用安全情况。

对应或相关职业（工种）：工程测量员 S（4-08-03-04）

职业资格（职业技能等级）：工程测量员

专业主要教学内容：

工程CAD、土力学与地基基础、地形测绘、测量平差、控制测量、工程测量、铁路施工组织设计、铁路工程计量与计价、建筑材料、桥梁工程、GPS定位技术、桥涵施工与养护、工程试验等。

对应下一级专业编码：0426-4

0427　铁路施工与养护

0427-4　中级

专业编码：0427-4

专业名称：铁路施工与养护

培养目标：培养从事铁路施工与养护工作的中级技能人才。

学习年限：3年（初中毕业生），2年（高中毕业生）

职业能力：

具有积极的人生态度、健康的心理素质、良好的职业道德和较扎实的文化基础知识；具有获取新知识、新技能的意识和能力，能适应不断变化的职业社会；熟知铁路施工与养护作业的流程和规范，具有安全意识，重视环境保护，并能解决一般性专业问题。同时具有下列专业能力：

1. 能识读、绘制铁路工程施工图，编写简单的施工工艺及流程。
2. 掌握铁路线路、桥梁、涵洞、隧道等构筑物的施工工艺。
3. 能熟练识别手势指挥、旗语、通信灯光信号。
4. 能对铁路常见工程进行简单施工测量及放样。
5. 能操作常用铁路施工及养护机械、仪器。
6. 能从事线路设备维修基本工作。
7. 能对施工及养护机械进行简单维修保养。
8. 能对铁路线路和建筑物进行局部周期性修理加固或更新。

对应或相关职业（工种）：铁路线桥工（6-29-02-02）、筑路工（6-29-02-03）、桥隧工（6-29-02-05）

职业资格（职业技能等级）：筑路工、桥隧工

专业主要教学内容：

工程制图、工程力学、工程测量、铁路施工与养护、建材试验、钢筋工艺、桥涵施工工程与养护、架子工艺、装吊作业等。

专业方向：城市轨道交通工程施工、盾构机使用与维护

对应上一级专业编码：0427-3

0427-3　高级

专业编码：0427-3

专业名称：铁路施工与养护

培养目标：培养从事铁路施工与养护工作的高级技能人才（高级工）。

学习年限：2 年（达到中级技能水平学生），3 年（高中毕业生），5 年（初中毕业生）

职业能力：

具有积极的人生态度、健康的心理素质、良好的职业道德和较扎实的文化基础知识；具有获取新知识、新技能的意识和能力，能适应不断变化的职业社会；熟知铁路施工与养护作业的流程和规范，具有安全意识，重视环境保护，并具有独立解决非常规问题的基本能力；能指导他人进行工作或协助培训一般操作人员。同时具有下列专业能力：

1. 能熟练识读各种桥梁及隧道施工图，并能独立绘制部分铁路工程施工图及各种安全防护布设方案图。

2. 能熟练使用工程施工测量仪器，对施工现场地形进行测绘和工程放样定位。

3. 熟悉铁路地基、基础、结构施工工艺，并具有组织地基、基础、结构工程施工的能力。

4. 熟悉工程安全及质量检评标准，能合理应用现场测试技术检测铁路施工质量和结构使用安全情况。

5. 能合理运用各种起重机械设备完成特殊构件起重和架设工作。

6. 掌握铁路工程施工流程及工作程序，能独立解决施工中一般施工工艺、施工方法和安全技术等方面的问题。

7. 能合理组织安排桥梁及隧道施工工序。

8. 能预防设备发生不正常的永久变形和各种病害，延缓设备各部件的老化，防止不正常磨损，延长使用寿命。

9. 能消除超限的永久变形和各种病害，根据掌握的各种维护技术使设备保持良好状态。

10. 能对线路和建筑物进行周期性修理加固或更新，并根据运输发展或其他客观需要进行改建和改造。

11. 能使用超声波或电磁钢轨探伤仪、钢轨探伤车及轨道检查车等设备完成铁路设备检测。

对应或相关职业（工种）：铁路线桥工（6-29-02-02）、筑路工（6-29-02-03）、桥隧工（6-29-02-05）

职业资格（职业技能等级）：筑路工、桥隧工

专业主要教学内容：

工程力学、工程 CAD、工程测量、桥梁施工、铁路工程计量与计价、工程建材试验、铁路工程施工与养护、装吊作业、架子工艺、工程监理、施工组织设计等。

专业方向：城市轨道交通工程施工、盾构机使用与维护

对应下一级专业编码：0427-4

0428　电气化铁道供电

0428-4　中级

专业编码：0428-4

专业名称：电气化铁道供电

培养目标：培养进行电气化铁道供电施工、运行、检修、安装调试以及电力调度的中级

技能人才。

学习年限：3 年（初中毕业生），2 年（高中毕业生）

职业能力：

具有积极的人生态度、健康的心理素质、良好的职业道德和较扎实的文化基础知识；具有获取新知识、新技能的意识和能力，能适应不断变化的职业社会；熟悉电气化铁道供电方式、原理，熟悉接触网施工和检修流程，严格执行供断电规定和设备操作规定，遵守各项工艺规程，并能解决一般性专业问题。同时具有下列专业能力：

1. 能整正支柱、回填基坑。

2. 能预制软横跨，装配简单支柱。

3. 能制作安装线索接头、回头及锚固，调整接触悬挂，检调补偿装置，检调分段绝缘器和分相绝缘器。

4. 能操作、检调隔离开关、避雷器及接地线装置，维护吸流变压器及附加悬挂。

5. 能测量几何参数和接地电阻、绝缘电阻，巡视设备，填写施工及检修记录。

6. 能要、消作业命令，完成坐台、现场行车防护，监护验电接地、倒闸作业及远离作业。

对应或相关职业（工种）：牵引电力线路安装维护工（6-29-02-13）

职业资格（职业技能等级）：

专业主要教学内容：

电气化铁道基础知识、电工与电子技术基础、工程力学、接触网施工与检修、高电压技术、继电保护及自动装置、牵引变电所、接触网安全规程、变电所安全规程等。

专业方向：城市轨道交通供电

对应上一级专业编码：0428-3

0428-3　高级

专业编码：0428-3

专业名称：电气化铁道供电

培养目标：培养进行电气化铁道供电施工、运行、检修、安装调试以及电力调度的高级技能人才（高级工）。

学习年限：2 年（达到中级技能水平学生），3 年（高中毕业生），5 年（初中毕业生）

职业能力：

具有积极的人生态度、健康的心理素质、良好的职业道德和较扎实的文化基础知识；具有获取新知识、新技能的意识和能力，能适应不断变化的职业社会；熟悉电气化铁道供电方式、原理，熟悉接触网施工和检修流程，严格执行供断电规定和设备操作规定，遵守各项工艺规程，并具有独立解决非常规问题的基本能力；能指导他人进行工作或协助培训一般操作人员。同时具有下列专业能力：

1. 能进行基坑定位测量，浇制混凝土基础，组织立杆作业。

2. 能装配复杂支柱，组织安装软横跨，细调软横跨。

3. 能组织安装、更换接触悬挂装置，安装、更换补偿装置及下锚拉线，安装、更换分段绝缘器和分相绝缘器。

4. 能安装、更换隔离开关和避雷器。

5. 能分析接触网运行状态，制定整改措施。

6. 能制定接触网拆除及配合起复方案，指挥故障抢修。

7. 能签发工作票，组织接触网检修作业。

对应或相关职业（工种）：牵引电力线路安装维护工（6-29-02-13）

职业资格（职业技能等级）：

专业主要教学内容：

供配电技术、电工技术、电动机与电气控制技术、安全用电、电力内外线工程、高压电气设备维护与检修、电力牵引供电技术、接触网施工与检修、牵引供电技术、变电综合自动化技术、牵引供电工程概预算等。

专业方向：城市轨道交通供电

对应下一级专业编码：0428-4

0429 铁道信号

0429-4 中级

专业编码：0429-4

专业名称：铁道信号

培养目标：培养从事铁路、城市轨道交通信号设备安装、调试施工、维护的中级技能人才。

学习年限：3 年（初中毕业生），2 年（高中毕业生）

职业能力：

具有积极的人生态度、健康的心理素质、良好的职业道德和较扎实的文化基础知识；具有获取新知识、新技能的意识和能力，能适应不断变化的职业社会；了解铁路运输的规定和规则，严格执行信号设备安装、调试操作规定，遵守各项规章制度，具有安全第一、预防为主的思想意识，并能解决一般性专业问题。同时具有下列专业能力：

1. 能阅读常见信号设备工程图样。

2. 能安装、调试常见信号设备。

3. 能维修常见信号设备。

4. 能按配线图对常见信号设备进行配线施工。

5. 能操作计算机常用软件。

6. 能使用常用电工电子仪表进行测量。

7. 能对计算机硬件系统进行一般维护。

8. 能按照作业标准对信号设备进行日常维护、测试。

对应或相关职业（工种）：轨道交通信号工（6-29-03-10）

职业资格（职业技能等级）：轨道交通信号工

专业主要教学内容：

计算机应用基础、计算机网络、电工与电子技术基础、铁路信号基础、车站信号、区间信号、电子线路、电工测量与实验、驼峰信号等。

对应上一级专业编码：0429-3

0429-3　高级

专业编码：0429-3

专业名称：铁道信号

培养目标：培养从事铁路、城市轨道交通信号设备安装、调试施工、维护的高级技能人才（高级工）。

学习年限：2 年（达到中级技能水平学生），3 年（高中毕业生），5 年（初中毕业生）

职业能力：

具有积极的人生态度、健康的心理素质、良好的职业道德和较扎实的文化基础知识；具有获取新知识、新技能的意识和能力，能适应不断变化的职业社会；了解铁路运输的规定和规则，严格执行信号设备安装、调试操作规定，遵守各项规章制度，具有安全第一、预防为主的思想意识，并具有独立解决非常规问题的基本能力；能指导他人进行工作或协助培训一般操作人员。同时具有下列专业能力：

1. 能阅读各种信号设备工程图样。
2. 能安装、调试各种信号设备。
3. 能维修各种信号设备，并具有对信号设备进行初步设计的能力。
4. 能指导信号施工、维护。
5. 能运用信号设备调度指挥行车。
6. 能按配线图对各种信号设备进行配线施工。
7. 能按作业标准对信号设备进行日常维护、测试，排除各种信号设备常见故障。

对应或相关职业（工种）：轨道交通信号工（6-29-03-10）

职业资格（职业技能等级）：轨道交通信号工

专业主要教学内容：

车站信号、区间信号、电子线路、电工测量与实验、驼峰信号、脉冲与数字电路、6502 电气集中联锁应用、铁路信号设计与施工、微机原理与接口技术等。

对应下一级专业编码：0429-4

0430　铁路客运服务

0430-4　中级

专业编码：0430-4

专业名称：铁路客运服务

培养目标：培养从事铁路客运服务管理的中级技能人才。

学习年限：3 年（初中毕业生），2 年（高中毕业生）

职业能力：

具有积极的人生态度、健康的心理素质、良好的职业道德和较扎实的文化基础知识；具有获取新知识、新技能的意识和能力，能适应不断变化的职业社会；了解铁路票务、车站客运、列车乘务、行李包裹运输等业务流程，了解旅客的心理需求，能严格执行铁路客运规章，并能解决一般性专业问题。同时具有下列专业能力：

1. 能从事铁路客票的售票工作并使用计算机票务调度软件。

2. 能从事铁路车站的站务工作。

3. 能从事铁路行李包裹的承运、包装及分类等现场基本工作。

4. 能从事铁路客运列车乘务工作。

5. 能进行客流调查并对客流变化进行分析统计。

6. 能对发生的一般性客运事故进行处理。

7. 能协助车站值班人员依法依规解决旅客之间发生的各种纠纷。

8. 能协助车站值班人员组织和挽救晚点列车。

对应或相关职业（工种）：铁路列车乘务员（4-02-01-02）、铁路车站客运服务员（4-02-01-03）、铁路行包运输服务员（4-02-01-04）、客运售票员（4-02-05-02）

职业资格（职业技能等级）：

专业主要教学内容：

铁道概论、铁路客运组织、铁路客运规章、铁路技术管理规程、旅客心理学、法律知识、公关礼仪、铁路客运服务、铁路票务与票务系统、客运安全与路风、旅游地理等。

专业方向：高铁乘务

对应上一级专业编码：0430-3

0430-3　高级

专业编码：0430-3

专业名称：铁路客运服务

培养目标：培养从事铁路客运服务管理的高级技能人才（高级工）。

学习年限：2 年（达到中级技能水平学生），3 年（高中毕业生），5 年（初中毕业生）

职业能力：

具有积极的人生态度、健康的心理素质、良好的职业道德和较扎实的文化基础知识；具有获取新知识、新技能的意识和能力，能适应不断变化的职业社会；熟悉铁路票务、车站客运、列车乘务、行李包裹运输等业务流程，了解旅客的心理需求，能严格执行铁路客运规章，并具有独立解决非常规问题的基本能力；能指导他人进行工作或协助培训一般客运、计划和售票人员。同时具有下列专业能力：

1. 能从事车站客调工作。

2. 能制订铁路旅客运输日计划。

3. 能使用票务软件。

4. 能从事铁路一等站以上车站的站务组织管理工作。

5. 能从事铁路行包运输管理工作。

6. 能对局管内临客运行方案提出建议。

7. 能处理客运方面非常规性的综合问题。

8. 能依法依规解决旅客之间发生的各种纠纷。

9. 能协助值班站长进行客运管理。

对应或相关职业（工种）：铁路列车乘务员（4-02-01-02）、铁路车站客运服务员（4-02-01-03）、铁路行包运输服务员（4-02-01-04）、客运售票员（4-02-05-02）

职业资格（职业技能等级）：

专业主要教学内容：

铁路线路与站场、铁路机车车辆、铁路信号与通信设备、铁路客运英语、铁路运输服务礼仪、铁路行车组织、铁路行车规章、铁路客运组织、铁路旅客运输服务、铁路运输信息系统及其应用、高速铁路基础知识等。

专业方向：高铁乘务

对应下一级专业编码：0430-4

0431 城市轨道交通运输与管理

0431-4 中级

专业编码：0431-4

专业名称：城市轨道交通运输与管理

培养目标：培养从事城市轨道交通车站日常运营指挥工作的中级技能人才。

学习年限：3 年（初中毕业生），2 年（高中毕业生）

职业能力：

具有积极的人生态度、健康的心理素质、良好的职业道德和较扎实的文化基础知识；具有获取新知识、新技能的意识和能力，能适应不断变化的职业社会；了解城市轨道运输企业工作流程，严格执行工作程序、工作规范和设备安全操作规程，具有强烈的安全意识，重视环境保护，并能解决一般性专业问题。同时具有下列专业能力：

1. 熟悉各类行车设备的名称、位置、功能并能熟练操作。
2. 能对各类行车设备的故障现象做出准确描述，并能报修及处置。
3. 能通过行车监控设备对运营情况进行实时监控。
4. 能正确使用、保养车站各类机电设备，并报修、确认各类故障。
5. 能对车站非运营期间的施工进行监督管理。
6. 能根据实际状况和调度命令完成非正常情况下的行车作业。
7. 能根据客流变化安全有序地组织乘客购票、乘车、换乘及进出站。
8. 能及时处理车站的乘客纠纷等客运突发事件，并做好相关信息的上报、记录工作。

对应或相关职业（工种）：轨道交通调度员（4-02-01-06）、城市轨道交通服务员（4-02-01-07）、铁路车站行车作业员（6-30-02-01）

职业资格（职业技能等级）：城市轨道交通服务员

专业主要教学内容：

城市轨道交通车站行车管理、城市轨道交通运营调度、城市轨道交通客运服务、城市轨道交通票务管理、城市轨道交通机电设备管理、城市轨道交通车站综合治理、城市轨道交通施工管理、专业能力综合技能实训等。

对应上一级专业编码：0431-3

0431-3 高级

专业编码：0431-3

专业名称：城市轨道交通运输与管理

培养目标：培养从事城市轨道交通车站日常运营指挥工作的高级技能人才（高级工）。

学习年限：2 年（达到中级技能水平学生），3 年（高中毕业生），5 年（初中毕业生）

职业能力：

具有积极的人生态度、健康的心理素质、良好的职业道德和较扎实的文化基础知识；具有获取新知识、新技能的意识和能力，能适应不断变化的职业社会；熟悉城市轨道运输企业工作流程，严格执行工作程序、工作规范和设备安全操作规程，具有强烈的安全意识，重视环境保护，并具有独立解决非常规问题的基本能力；能指导他人进行工作或协助培训一般操作人员。同时具有下列专业能力：

1. 能通过调度中心或车站行车监控设备对运营情况进行实时监控。

2. 能及时发现运营中的问题，并通过相关技术手段进行调整，恢复运营秩序。

3. 能对各类行车设备故障产生的影响做出判断，并及时采取措施保证正常运营。

4. 能在出现大客流、火灾、自然灾害等突发事件时及时与相关部门沟通协调，保证乘客人身安全。

5. 熟练掌握全线 FAS、BAS 等机电设备的功能和应急操作方法。

6. 能按照规定编制施工计划，并发布命令监督执行。

7. 能与新闻媒体、警务站、车站所属地区政府部门进行良好沟通。

8. 能对运营信息进行分析整理，并向各专业对口单位和内部管理人员进行发布。

对应或相关职业（工种）：轨道交通调度员（4-02-01-06）、城市轨道交通服务员（4-02-01-07）、铁路车站行车作业员（6-30-02-01）

职业资格（职业技能等级）：城市轨道交通服务员

专业主要教学内容：

城市轨道交通车站行车管理、城市轨道交通运营调度、城市轨道交通客运服务、城市轨道交通票务管理、城市轨道交通机电设备管理、城市轨道交通施工管理、城市轨道交通行车设备故障应急处置、城市轨道交通突发事件应急处置、城市轨道交通车站综合治理相关法规、城市轨道交通施工事故分析、城市轨道交通企业信息传递、专业能力综合技能实训等。

对应下一级专业编码：0431-4

0432 城市轨道交通车辆运用与检修

0432-4 中级

专业编码：0432-4

专业名称：城市轨道交通车辆运用与检修

培养目标：培养从事城市轨道交通车辆驾驶、维护、修理、检测的中级技能人才。

学习年限：3 年（初中毕业生），2 年（高中毕业生）

职业能力：

具有积极的人生态度、健康的心理素质、良好的职业道德和较扎实的文化基础知识；具有获取新知识、新技能的意识和能力，能适应不断变化的职业社会；了解城市轨道车辆运行和检修流程，严格执行设备操作规定，遵守各项工艺规程，遵守相关法规，具有安全意识，并能解决一般性专业问题。同时具有下列专业能力：

1. 能识读一般部件装配图，并能绘制简单机械零件图，识读城市轨道交通车辆重要电气设备控制原理图。

2. 掌握锉、钻、锯等操作技能，能正确选择并使用各种电工仪器仪表进行测量。

3. 能使用和检查城轨车辆制动装置，并对其常见故障进行分析、判断和处理。

4. 能拆装城市轨道交通车辆牵引电动机及一般机电装置，并能判断和处理常见故障。

5. 在对城轨车辆进行操纵、保养、检查、试验以及故障分析和处理的过程中，能实际操作并解决一般性技术问题。

对应或相关职业（工种）：轨道交通列车司机 L（4-02-01-01）、城市轨道交通检修工（6-29-02-17）、铁路机车制修工（6-23-01-01）、铁路车辆制修工（6-23-01-02）、铁路机车车辆制动钳工（6-23-01-04）

职业资格（职业技能等级）：轨道交通列车司机、铁路机车制修工、铁路车辆制修工、铁路机车车辆制动钳工

专业主要教学内容：

城市轨道交通基础知识、机械基础、电工电子技术基础、城市轨道交通车辆机械设备、城市轨道交通车辆制动系统、城市轨道交通车辆电动机与电器、城市轨道交通车辆电气控制、城市轨道交通车辆检修基础与设备、综合技能实训等。

对应上一级专业编码：0432-3

0432-3　高级

专业编码：0432-3

专业名称：城市轨道交通车辆运用与检修

培养目标：培养从事城市轨道交通车辆驾驶、维护、修理、检测的高级技能人才（高级工）。

学习年限：2 年（达到中级技能水平学生），3 年（高中毕业生），5 年（初中毕业生）

职业能力：

具有积极的人生态度、健康的心理素质、良好的职业道德和较扎实的文化基础知识；具有获取新知识、新技能的意识和能力，能适应不断变化的职业社会；了解城市轨道车辆运行和检修流程，严格执行设备操作规定，遵守各项工艺规程，遵守相关法规，具有安全意识，并具有独立解决非常规问题的基本能力；能指导他人进行工作或协助培训一般操作人员。同时具有下列专业能力：

1. 能识读复杂部件装配图，并能绘制一般机械零件图，识读城市轨道交通车辆电气控制系统电路图。

2. 熟练掌握锉、钻、锯等操作技能，能正确选择并使用各种电工仪器仪表进行测量。

3. 能使用和检查城轨车辆制动装置，并对其常见故障进行分析、判断和处理。

4. 能按标准作业要求规范地操纵城市轨道交通车辆。

5. 能熟练进行城轨交通车辆维护及正确判断、处理车辆重要机电部件和系统的故障。

6. 在非正常行车及发生行车事故时，能按有关规定和要求正确处理。

7. 能运用工具或专门设备独立检修城轨车辆精密、复杂的零部件，判断处理相应的故

障，编制一般的检修计划。

8. 能操纵和使用较复杂的检修、安装设备。

对应或相关职业（工种）： 轨道交通列车司机 L（4-02-01-01）、城市轨道交通检修工（6-29-02-17）、铁路机车制修工（6-23-01-01）、铁路车辆制修工（6-23-01-02）、铁路机车车辆制动钳工（6-23-01-04）

职业资格（职业技能等级）： 轨道交通列车司机、铁路机车制修工、铁路车辆制修工、铁路机车车辆制动钳工

专业主要教学内容：

城市轨道交通基础知识、机械基础、电工电子技术基础、电气控制与 PLC、城市轨道交通车辆机械设备、城市轨道交通车辆制动系统、城市轨道交通车辆电动机与电器、城市轨道交通车辆电气控制、城市轨道交通车辆检修技术、综合技能实训等。

对应下一级专业编码： 0432-4

0433　航空服务

0433-4　中级

专业编码： 0433-4

专业名称： 航空服务

培养目标： 培养从事民航运输业空中乘务服务和航空运输地面服务的中级技能人才。

学习年限： 3 年（初中毕业生），2 年（高中毕业生）

职业能力：

具有积极的人生态度、健康的心理素质、良好的职业道德和较扎实的文化基础知识；具有获取新知识、新技能的意识和能力，能适应不断变化的职业社会；有一定的协调能力和灵活应变能力；具有强烈的安全意识，重视环境保护，并能解决一般性专业问题。同时具有下列专业能力：

1. 能熟练规范运用岗位服务用语，指导旅客使用客舱服务设施。

2. 能了解旅客的心理需求，具有良好的服务意识，严格遵守业务操作规范。

3. 能掌握国内和国际民航客货运输业务的基础知识，了解航空服务各个岗位的流程及与航空服务专业相关的法律法规。

4. 能办理旅客值机手续、行李进出港和中转手续。

5. 能掌握客舱服务的内容、要求以及安全、医疗急救技能。

6. 能在正常和应急情况下开启、关闭舱门和应急出口。

7. 能处理旅客寻衅滋事、破坏公共秩序等不当行为。

对应或相关职业（工种）： 民航乘务员（4-02-04-01）、航空运输地面服务员（4-02-04-02）

职业资格（职业技能等级）： 民航乘务员

专业主要教学内容：

民航服务英语、航空服务礼仪、民航客运服务、民航基础知识、民用客舱服务、民航运输地理、空乘服务技能、化妆、中外民俗等。

对应上一级专业编码：0433-3

0433-3　高级

专业编码：0433-3

专业名称：航空服务

培养目标：培养从事民航运输业空中乘务服务与管理和航空运输地面服务与管理的高级技能人才（高级工）。

学习年限：2 年（达到中级技能水平学生），3 年（高中毕业生），5 年（初中毕业生）

职业能力：

具有积极的人生态度、健康的心理素质、良好的职业道德和较扎实的文化基础知识；具有获取新知识、新技能的意识和能力，能适应不断变化的职业社会；有较高的协调能力和灵活应变能力；具有强烈的安全意识，重视环境保护，并具有独立解决非常规问题的基本能力；能指导他人进行工作或协助培训一般工作人员。同时具有下列专业能力：

1. 能正确指导旅客使用客舱服务设施，了解各种设备的中英文名称。
2. 能处理遣返旅客、无签证过境旅客等特殊情况。
3. 能处理空中舱门漏气故障及内话机、安全带、禁止吸烟信号灯等设备的故障。
4. 能分析航班工作中存在客舱安全问题的原因并提出解决办法。
5. 能掌握客舱服务的内容、要求以及安全、医疗急救技能。
6. 能为重要旅客、无成人陪伴儿童等特殊旅客提供服务。
7. 能用两种语言处理旅客有关中转、订座、改签和行李等方面的问题。

对应或相关职业（工种）：民航乘务员（4-02-04-01）、航空运输地面服务员（4-02-04-02）

职业资格（职业技能等级）：民航乘务员

专业主要教学内容：

民航服务英语、航空服务礼仪、民航服务心理学基础、民用航空法基础、管理学基础知识、民航值机服务技能、客舱服务技能、客舱安全应急处置、民航播音、形体、化妆等。

对应下一级专业编码：0433-4

0434　飞机维修

0434-4　中级

专业编码：0434-4

专业名称：飞机维修

培养目标：培养从事飞机系统与附件维护、维修工作的中级技能人才。

学习年限：3 年（初中毕业生），2 年（高中毕业生）

职业能力：

具有积极的人生态度、健康的心理素质、良好的职业道德和较扎实的文化基础知识；具有获取新知识、新技能的意识和能力，能适应不断变化的职业社会；了解航空维修企业生产流程和航空法规，严格执行飞机维护与维修程序，遵守各项飞机维修技术规范；具有安全意识，重视环境保护，并能解决一般性专业问题。同时具有下列专业能力：

1. 能正确查阅维护、维修手册及维修技术文件。
2. 能正确使用飞机维修中常用工具和设备。
3. 能正确识别和选用飞机维修中常用航空材料、标准件。
4. 能掌握飞机维修中与本专业相关的基本技能。
5. 能读懂与飞机维修相关的技术图样。
6. 能正确完成飞机系统和部件的一般性维护、维修和检查工作。

对应或相关职业（工种）：航空器机械维护员（6-31-02-02）、航空器部件修理工（6-31-02-03）、航空发动机修理工（6-31-02-04）、航空器外场维护员（6-31-02-05）、机修钳工（6-31-01-02）、电工（6-31-01-03）

职业资格（职业技能等级）：钳工、电工

专业主要教学内容：

机械制图、电工基础、模拟电子技术基础、数字电子技术基础、飞机维护技术基础、飞机维修基本技能训练、空气动力学和飞行原理、人为因素和航空法规、涡轮发动机飞机结构与系统、燃气涡轮发动机、螺旋桨工作原理与维修、岗位实训指导等。

对应上一级专业编码：0434-3

0434-3　高级

专业编码：0434-3

专业名称：飞机维修

培养目标：培养从事飞机系统与附件维护、维修工作的高级技能人才（高级工）。

学习年限：2年（达到中级技能水平学生），3年（高中毕业生），5年（初中毕业生）

职业能力：

具有积极的人生态度、健康的心理素质、良好的职业道德和较扎实的文化基础知识；具有获取新知识、新技能的意识和能力，能适应不断变化的职业社会；熟悉航空维修企业生产流程和航空法规，严格执行飞机维护与维修程序，遵守各项飞机维修技术规范；具有安全意识，重视环境保护，并具有独立解决非常规问题的基本能力；能指导他人进行工作或协助培训一般操作人员。同时具有下列专业能力：

1. 能熟练查阅维护、维修和大修手册及维修技术文件。
2. 熟知飞机维护、维修和大修的工艺流程和修理程序。
3. 能熟练使用飞机维修中的专用工具、特种工具和专用设备。
4. 能排除飞机系统的机械和电气故障，并进行改装和加装工作。
5. 能独立完成飞机发动机机械和电气系统拆装、调节和测试工作。
6. 掌握飞机主结构修理中特殊的修理加工成型技术。

对应或相关职业（工种）：航空器机械维护员（6-31-02-02）、航空器部件修理工（6-31-02-03）、航空发动机修理工（6-31-02-04）、航空器外场维护员（6-31-02-05）、机修钳工（6-31-01-02）、电工（6-31-01-03）

职业资格（职业技能等级）：钳工、电工

专业主要教学内容：

飞机维护手册、飞机大修手册、发动机修理手册、附件修理手册和飞机结构修理手册使用，飞机机械标准施工、飞机线路标准施工、发动机标准工艺和飞机结构修理标准施工，飞机附件修理，飞机系统故障隔离与排除，发动机系统故障隔离与排除，飞机附件故障隔离与排除，飞机结构修理方案实施，飞机腐蚀清除及防护措施和专用工具使用及特殊修理方法，岗位实训指导等。

对应下一级专业编码：0434-4

0435　新能源汽车检测与维修

0435-4　中级

专业编码：0435-4

专业名称：新能源汽车检测与维修

培养目标：培养从事新能源汽车检测与维修的中级技能人才。

学习年限：3 年（初中毕业生），2 年（高中毕业生）

职业能力：

具有积极的人生态度、健康的心理素质、良好的职业道德和较扎实的文化基础知识；具有获取新知识、新技能的意识和能力，能适应不断变化的职业社会；了解企业工作流程，严格执行设备操作规定，遵守各项工艺规程，具有安全意识，重视环境保护，并能解决一般性专业问题。同时具有下列专业能力：

1. 熟悉新能源汽车检测与维修接待业务常识和工作流程。
2. 能正确解释新能源汽车相关术语和技术资料，通过沟通和查阅资料收集新能源汽车检测与维修的有效信息。
3. 能根据技术资料等相关信息确定新能源汽车车身各种开关的使用和功能设置，掌握新能源汽车基本结构、实现功能、工作原理、驱动形式和行驶性能。
4. 能正确使用新能源汽车检测与维修常用工具设备和防护用具，识别和选用新能源汽车常用零配件和功能部件，熟悉安全防护措施。
5. 能执行新能源汽车安全性能检测的程序、项目和技术要求。
6. 能通过检测判断新能源汽车各系统常见单项运行性故障。
7. 能进行新能源汽车单工位检测与维修作业。
8. 能实施新能源汽车发动机和底盘一、二级维护作业及汽车零件修理作业。
9. 掌握驾驶要领和注意事项，驾驶新能源汽车。

对应或相关职业（工种）：机动车检测工（4-08-05-05）、汽车维修工（4-12-01-01）、新能源汽车维修工＊（4-12-01-01）

职业资格（职业技能等级）：机动车检测工、汽车维修工

专业主要教学内容：

新能源汽车概论、机械识图、机械基础、汽车电工电子技术、新能源汽车检查与常规维护、新能源汽车底盘检修、新能源汽车电器检修、新能源汽车空调检修、新能源汽车高压系统检查与维护等。

对应上一级专业编码：0435-3

0435-3 高级

专业编码：0435-3

专业名称：新能源汽车检测与维修

培养目标：培养从事新能源汽车检测与维修的高级技能人才（高级工）。

学习年限：2 年（达到中级技能水平学生），3 年（高中毕业生），5 年（初中毕业生）

职业能力：

具有积极的人生态度、健康的心理素质、良好的职业道德和较扎实的文化基础知识；具有获取新知识、新技能的意识和能力，能适应不断变化的职业社会；熟悉企业工作流程，严格执行设备操作规定，遵守各项工艺规程，重视环境保护，并具有独立解决非常规问题的基本能力；能指导他人进行工作或协助培训一般操作人员。同时具有下列专业能力：

1. 能组织新能源汽车性能检测与故障维修业务接待工作。
2. 能读懂相关维修技术文件，初步分析诊断送修新能源车辆的技术状况，确定维修项目。
3. 能利用仪器设备分析诊断新能源汽车发动机、底盘常见故障。
4. 能执行新能源汽车综合性能检测的程序、项目和技术要求及调试方法。
5. 能进行新能源汽车多工位检测与维修作业。
6. 能编制新能源汽车主要零部件修理工艺卡，按照工艺流程卡监控维修质量，并能根据竣工验收标准，使用合适的仪器进行竣工验收。
7. 能诊断、排除新能源汽车较复杂的综合故障。
8. 能指导实施新能源汽车一、二级维护作业及附加作业。
9. 能主持新能源汽车整车和总成大修。

对应或相关职业（工种）：机动车检测工（4-08-05-05）、汽车维修工（4-12-01-01）、新能源汽车维修工＊（4-12-01-01）

职业资格（职业技能等级）：机动车检测工、汽车维修工

专业主要教学内容：

新能源汽车检查与常规维护、新能源汽车底盘检修、新能源汽车电器检修、新能源汽车空调检修、新能源汽车高压系统检查与维护、新能源汽车电器故障诊断与排除、新能源汽车底盘故障诊断与排除、新能源汽车空调故障诊断与排除、新能源汽车高压系统检修等。

对应下一级专业编码：0435-4

0436 汽车技术服务与营销

0436-4 中级

专业编码：0436-4

专业名称：汽车技术服务与营销

培养目标：培养在汽车后市场生产、销售、管理与服务领域企事业单位从事汽车营销、检测、维修、信贷、保险、服务和管理等工作的中级技能人才。

学习年限：3 年（初中毕业生），2 年（高中毕业生）

职业能力：

具有积极的人生态度、健康的心理素质、良好的职业道德和较扎实的文化基础知识；具有获取新知识、新技能的意识和能力，能适应不断变化的职业社会；了解企业工作流程，严格执行设备操作规定，遵守各项工艺规程，具有安全意识，重视环境保护，并能解决一般性专业问题。同时具有下列专业能力：

1. 能根据企业要求，开展汽车市场调研，掌握资料收集、整理、汇总的方法。
2. 能为客户提供汽车品牌、技术咨询，具有汽车产品的导购能力。
3. 能根据汽车营销方案，组织营销活动，具有汽车营销实务操作能力和销售技巧。
4. 能对汽车进行二级维护作业。
5. 能对汽车主要机械部件进行拆卸、装配、调整等小修作业。
6. 能根据汽车售后服务流程，规范开展业务接待工作。
7. 能对汽车技术状况进行判定和核价，初步具备汽车保险与理赔的业务工作能力。
8. 能开展二手车置换工作，具备汽车置换的鉴定和评估能力。

对应或相关职业（工种）：汽车维修工（4-12-01-01）、营销员（4-01-02-01）

职业资格（职业技能等级）：汽车维修工、营销员

专业主要教学内容：

汽车文化、商务礼仪、汽车技术服务与营销、汽车构造与拆装、汽车检测与维护、汽车保险与理赔、汽车二手车技术评估、汽车驾驶等。

对应上一级专业编码：0436-3

0436-3 高级

专业编码：0436-3

专业名称：汽车技术服务与营销

培养目标：培养在汽车后市场生产、销售、管理与服务领域企事业单位从事汽车营销、检测、维修、信贷、保险、服务和管理等工作的高级技能人才（高级工）。

学习年限：2 年（达到中级技能水平学生），3 年（高中毕业生），5 年（初中毕业生）

职业能力：

具有积极的人生态度、健康的心理素质、良好的职业道德和较扎实的文化基础知识；具有获取新知识、新技能的意识和能力，能适应不断变化的职业社会；熟悉企业工作流程，严格执行设备操作规定，遵守各项工艺规程，重视环境保护，并具有独立解决非常规问题的基本能力；能指导他人进行工作或协助培训一般操作人员。同时具有下列专业能力：

1. 能根据企业要求，组织和策划汽车市场调研，分析调研资料，撰写汽车市场调研报告。
2. 能为客户提供汽车品牌比较和竞品技术咨询，制定汽车产品的导购策略。
3. 能策划汽车营销方案，组织营销活动，具有汽车市场分析和营销策划能力。
4. 能对汽车技术状况进行检测与评估，确定初步维修方案，为客户提供维修咨询。
5. 能对汽车技术状况进行判定和核价，具备汽车保险与理赔的业务工作能力。
6. 具备对汽车电气设备进行检测和维护的能力。

7. 具备汽车维修企业技术管理能力。

8. 具备汽车信贷业务工作能力。

对应或相关职业（工种）：汽车维修工（4-12-01-01）、营销员（4-01-02-01）

职业资格（职业技能等级）：汽车维修工、营销员

专业主要教学内容：

市场调查与预测、汽车技术服务与营销、汽车构造与拆装、汽车电控技术、汽车新技术及应用、汽车企业信息化概论、汽车服务企业管理、沟通技巧、消费心理学、汽车保险与理赔、汽车二手车技术评估、汽车综合检测等。

对应下一级专业编码：0436-4

0437　汽车保险理赔与评估

0437-4　中级

专业编码：0437-4

专业名称：汽车保险理赔与评估

培养目标：培养从事汽车保险承保、汽车保险理赔以及二手车市场评估等工作的中级技能人才。

学习年限：3 年（初中毕业生），2 年（高中毕业生）

职业能力：

具有积极的人生态度、健康的心理素质、良好的职业道德和较扎实的文化基础知识；具有获取新知识、新技能的意识和能力，能适应不断变化的职业社会；了解企业工作流程，严格执行设备操作规定，遵守各项工艺规程，具有安全意识，重视环境保护，并能解决一般性专业问题。同时具有下列专业能力：

1. 能了解汽车的故障现象，对车辆故障做出初步分析判断，正确填写报修单。

2. 能指导客户制定汽车保险组合方案。

3. 熟悉汽车保险投保业务环节和工作内容，能完成汽车保险投保业务。

4. 能掌握汽车配件的相关知识，熟悉汽车各部件的作用和在使用中的差异性。

5. 能对汽车车身损伤进行评估，熟悉汽车零配件的价格和维修工时定额及维修费用。

6. 能掌握汽车保险事故的查勘、定损、立案，判断保险责任，完成汽车保险的查勘业务。

7. 熟悉机动车辆保险条款，熟悉事故车辆保险索赔的定损流程和业务手续。

8. 能协助客户处理事故善后事宜，指导客户填写及收集索赔资料。

9. 熟悉汽车结构原理、使用维护规范、性能评定方法，能对二手车进行分析和评定，根据二手车的评估步骤出具评估报告。

对应或相关职业（工种）：保险代理人（4-05-03-01）、机动车鉴定评估师 *（4-05-04-02）

职业资格（职业技能等级）：鉴定评估师（机动车鉴定评估师）

专业主要教学内容：

汽车文化、汽车构造、汽车营销、商务礼仪、基础会计、汽车保险与理赔、二手车鉴定

与评估、汽车碰撞事故查勘与定损、汽车故障诊断与排除、汽车美容与装潢、汽车保险法律法规、汽车驾驶技术、汽车专业英语等。

对应上一级专业编码：0437-3

0437-3　高级

专业编码：0437-3

专业名称：汽车保险理赔与评估

培养目标：培养从事汽车保险承保、汽车保险理赔以及二手车市场评估等工作的高级技能人才（高级工）。

学习年限：2年（达到中级技能水平学生），3年（高中毕业生），5年（初中毕业生）

职业能力：

具有积极的人生态度、健康的心理素质、良好的职业道德和较扎实的文化基础知识；具有获取新知识、新技能的意识和能力，能适应不断变化的职业社会；熟悉企业工作流程，严格执行设备操作规定，遵守各项工艺规程，重视环境保护，并具有独立解决非常规问题的基本能力；能指导他人进行工作或协助培训一般操作人员。同时具有下列专业能力：

1. 能分析判断汽车发动机、底盘、电器电子等常见故障，判断对车价影响较大的故障，正确填写报修单。

2. 能帮助客户分析车辆使用风险的种类，指导客户制定完善的汽车保险组合方案。

3. 能掌握汽车保险投保业务环节和工作内容，独立完成汽车保险投保业务。

4. 能熟练掌握汽车配件的相关知识，掌握汽车各部件的作用和在使用中的差异性。

5. 能检查事故车辆的技术状况，鉴定事故车辆的损伤程度，掌握汽车零配件的价格和维修工时定额及维修费用。

6. 能掌握汽车保险事故的查勘、定损、立案，判断保险责任，独立完成汽车保险的查勘业务。

7. 能掌握机动车辆保险条款，掌握事故车辆保险索赔的定损流程和业务手续。

8. 能协助客户处理事故善后事宜，指导客户填写及收集索赔资料，疑难案件能上报调查。

9. 能掌握汽车结构原理、使用维护规范、性能评定方法，对二手车进行系统分析和综合评定，根据二手车的评估步骤独立出具评估报告。

对应或相关职业（工种）：保险代理人（4-05-03-01）、机动车鉴定评估师 *（4-05-04-02）

职业资格（职业技能等级）：鉴定评估师（机动车鉴定评估师）

专业主要教学内容：

汽车构造与拆装、汽车营销、商务礼仪、基础会计、汽车保险与理赔、二手车鉴定与评估、汽车碰撞事故查勘与定损、汽车故障诊断与排除、汽车美容与装潢、汽车保险法律法规、事故车维修、汽车驾驶技术、汽车专业英语等。

对应下一级专业编码：0437-4

0438 起重装卸机械操作与维修

0438-4 中级

专业编码：0438-4

专业名称：起重装卸机械操作与维修

培养目标：培养从事起重机械设备操作（起重、装卸、吊运等）与维修的中级技能人才。

学习年限：3 年（初中毕业生），2 年（高中毕业生）

职业能力：

具有积极的人生态度、健康的心理素质、良好的职业道德和较扎实的文化基础知识；具有获取新知识、新技能的意识和能力，能适应不断变化的职业社会；了解企业工作流程，严格执行机械设备操作规定，遵守各项工艺规程，具有安全意识，重视环境保护，并能解决一般性专业问题。同时具有下列专业能力：

1. 能识读机械零件图与简单装配图，以及较复杂设备的安装图。
2. 能正确选择物件的吊装方法，编写完整的吊装方案。
3. 能正确选择、设置、调整起重、装卸、吊运机械设备的吊具。
4. 能操作天车、龙门式起重机等机械设备，对原材料、产品、工件等进行起吊移动。
5. 能操作叉车，装卸、位移物品和机械设备。
6. 能操作专用散装、散卸机械设备，装卸散装物品。
7. 能操作自行式起重机，独立完成常见设备及构件的吊装。
8. 能维护保养工、夹、吊具及起重、装卸等机械设备，排除一般故障。

对应或相关职业（工种）：起重装卸机械操作工（6-30-05-01）、起重工（6-30-05-02）

职业资格（职业技能等级）：起重装卸机械操作工

专业主要教学内容：

机械制图、机械基础、工程力学、金属材料与热处理、电工学、装配钳工工艺与技能训练、起重装卸机械、起重机械金属结构、装卸机械操作、桥架类起重机安装维修、起重作业安全操作规程、安全生产管理知识、安全法相关条例、起重安全技术等。

对应上一级专业编码：0438-3

0438-3 高级

专业编码：0438-3

专业名称：起重装卸机械操作与维修

培养目标：培养从事起重机械设备操作（起重、装卸、吊运等）与维修的高级技能人才（高级工）。

学习年限：2 年（达到中级技能水平学生），3 年（高中毕业生），5 年（初中毕业生）

职业能力：

具有积极的人生态度、健康的心理素质、良好的职业道德和较扎实的文化基础知识；具

有获取新知识、新技能的意识和能力，能适应不断变化的职业社会；熟悉企业工作流程，严格执行机械设备操作规定，遵守各项工艺规程，重视环境保护，并具有独立解决非常规问题的基本能力；能指导他人进行工作或协助培训一般操作人员。同时具有下列专业能力：

1. 能识读机械零件图与装配图，以及复杂设备的安装图。
2. 能编写大型设备的吊装方案，在特殊条件和特殊环境下组织吊装作业，安排组织程序。
3. 能对起重装卸机械进行受力分析和计算，掌握起重机械协同吊装方法。
4. 能合理选择、设置吊具，编写完整的吊装方案。
5. 能操作起重装卸机械，独立完成常见设备及构件的吊装。
6. 能进行起重、装卸、吊运等机械设备的搬迁和新设备的安装与调试工作。
7. 能对起重、装卸、吊运等机械设备的机械、液压、气动故障和机械磨损进行修理。
8. 能维护保养工、夹、量具及仪器仪表，排除故障。

对应或相关职业（工种）：起重装卸机械操作工（6-30-05-01）、起重工（6-30-05-02）

职业资格（职业技能等级）：起重装卸机械操作工

专业主要教学内容：

机械制图、机械基础、工程力学、金属材料与热处理、电工学、装配钳工工艺与技能训练、起重装卸机械、起重机械金属结构、装卸机械操作、桥架类起重机安装维修、常用电力拖动控制线路安装、起重机常见故障及排除、装卸机械使用与养护、特种作业安全操作规程、安全生产管理、安全法、安全技术等。

对应下一级专业编码：0438-4

0439 无人机应用技术

0439-4 中级

专业编码：0439-4

专业名称：无人机应用技术

培养目标：培养从事无人机构件机械加工、组装调试、飞行操控、航拍测绘和维护维修等应用操作的中级技能人才。

学习年限：3 年（初中毕业生），2 年（高中毕业生）

职业能力：

具有积极的人生态度、健康的心理素质、良好的职业道德和较扎实的文化基础知识；具有获取新知识、新技能的意识和能力，能适应不断变化的职业社会；了解企业工作流程，严格执行设备操作规定，遵守各项工艺规程，具有安全意识，重视环境保护，并能解决一般性专业问题。同时具有下列专业能力：

1. 能掌握无人机专业领域的相关法律法规。
2. 能读懂无人机设备的机械结构安装图和电气原理图。
3. 能用机械设备加工无人机简单构件。
4. 能进行无人机的基本组装和一般功能扩展组装。
5. 能对无人机主流飞控系统、导航系统、通信系统、荷载系统进行简单调试。

6. 能操控无人机进行试飞测试等工作。

7. 能熟练操控无人机进行航拍测绘等应用操作。

8. 能对无人机进行日常维护保养，检测并处理简单的机械和电气故障。

对应或相关职业（工种）：无人机驾驶员（4-02-04-06）、无人机测绘操控员 L（4-08-03-07）、无人机装调检修工（6-23-03-15）

职业资格（职业技能等级）：无人机驾驶员、无人机测绘操控员、无人机装调检修工

专业主要教学内容：

机械制图、电气制图、机械基础、金属材料选用与热处理、极限配合与技术测量、电子技术基础、无人机法律法规、无人机概论、空气动力学、遥控技术、飞机原理与构造、飞行力学、计算机辅助设计（CAD）、数控机床编程与工艺、钳工基本技能训练、车工/铣工技能训练、数控加工技能训练、无人机装配实训、无人机模拟操控实训、无人机操控实训、无人机航测实训、无人机维护与保养等。

对应上一级专业编码：0439-3

0439-3　高级

专业编码：0439-3

专业名称：无人机应用技术

培养目标：培养从事无人机造型与结构设计、协同制造、组装调试、飞行操控、航拍测绘、农林植保和维护维修等应用操作的高级技能人才（高级工）。

学习年限：2 年（达到中级技能水平学生），3 年（高中毕业生），5 年（初中毕业生）

职业能力：

具有积极的人生态度、健康的心理素质、良好的职业道德和较扎实的文化基础知识；具有获取新知识、新技能的意识和能力，能适应不断变化的职业社会；熟悉企业工作流程，严格执行设备操作规定，遵守各项工艺规程，重视环境保护，并具有独立解决非常规问题的基本能力；能指导他人进行工作或协助培训一般操作人员。同时具有下列专业能力：

1. 能熟练掌握无人机专业领域的相关法律法规。

2. 能应用至少一种主流设计软件进行无人机造型与结构设计。

3. 能应用数控机床加工无人机中等复杂的机械构件，应用 3D 打印设备加工无人机构件。

4. 能进行无人机配件的协同装配和调试。

5. 能进行无人机的基本组装和多功能扩展组装。

6. 能对无人机主流飞控系统、导航系统、通信系统、荷载系统进行综合调试。

7. 能对多旋翼、固定翼和直升机等无人机机型进行熟练的飞行操控。

8. 能熟练操控无人机进行航拍测绘、农林植保等应用操作。

9. 能对无人机进行日常维护保养，检测常规机械和电气故障并进行维修。

对应或相关职业（工种）：无人机驾驶员（4-02-04-06）、无人机测绘操控员 L（4-08-03-07）、无人机装调检修工（6-23-03-15）

职业资格（职业技能等级）：无人机驾驶员、无人机测绘操控员、无人机装调检修工

专业主要教学内容：

机械设计基础、电子技术、单片机技术与应用、精密检测技术、无人机原理与构造、无

人机导航原理、无人机行业应用、无人机造型与结构设计、计算机辅助制造（CAM）、逆向工程技术、3D 打印技术、数控加工技能训练、逆向工程与 3D 打印技能训练、无人机协同装配与调试技能训练、无人机系统调试与排故技能训练、无人机操控实训、无人机机载设备应用实训等。

对应下一级专业编码：0439-4

0440　工程安全评价与管理

0440-4　中级

专业编码：0440-4

专业名称：工程安全评价与管理

培养目标：培养从事工程安全评价与管理的中级技能人才。

学习年限：3 年（初中毕业生），2 年（高中毕业生）

职业能力：

具有积极的人生态度、健康的心理素质、良好的职业道德和较扎实的文化基础知识；具有获取新知识、新技能的意识和能力，能适应不断变化的职业社会；了解企业工作流程，严格执行设备操作规定，遵守各项工艺规程，具有安全意识，重视环境保护，并能解决一般性专业问题。同时具有下列专业能力：

1. 能识读建设工程施工图样并能绘制一般建设工程施工图样。
2. 能熟练完成一般性工程材料试验检测、测量仪器的操作。
3. 能辅助勘查、测量、辨识、分析建设工程项目的有害因素，确定危险源。
4. 能检查建设工程安全操作规程的实施，并督促整改不符合规程的安全隐患。
5. 能从事安全技术评价及安全评价报告编写的辅助工作。

对应或相关职业（工种）：工程测量员 S（4-08-03-04）、公路水运工程试验检测员（4-08-05-08）、筑路工（6-29-02-03）、桥隧工（6-29-02-05）、安全员（6-31-06-00）

职业资格（职业技能等级）：工程测量员、公路水运工程试验检测专业技术人员职业资格

专业主要教学内容：

工程制图与 CAD、土木工程概论、工程监理、建设工程安全生产法律法规、工程材料检测、工程测量技术、安全生产管理等。

对应上一级专业编码：0440-3

0440-3　高级

专业编码：0440-3

专业名称：工程安全评价与管理

培养目标：培养从事工程安全评价与管理的高级技能人才（高级工）。

学习年限：2 年（达到中级技能水平学生），3 年（高中毕业生），5 年（初中毕业生）

职业能力：

具有积极的人生态度、健康的心理素质、良好的职业道德和较扎实的文化基础知识；具

有获取新知识、新技能的意识和能力，能适应不断变化的职业社会；熟悉企业工作流程，严格执行设备操作规定，遵守各项工艺规程，重视环境保护，并具有独立解决非常规问题的基本能力；能指导他人进行工作或协助培训一般操作人员。同时具有下列专业能力：

1. 能识读建设工程施工图样并能绘制较复杂建设工程施工图样。

2. 能熟练完成较复杂的工程材料试验检测、测量仪器的操作。

3. 能勘查、测量、辨识、分析建设工程项目的有害因素，确定危险源。

4. 能根据建设工程安全操作规程制订安全检查计划，预防不符合规程的安全隐患。

5. 能从事安全技术评价及安全评价报告编写工作。

6. 能提供工程安全评价与管理咨询服务。

对应或相关职业（工种）： 工程测量员 S（4-08-03-04）、公路水运工程试验检测员（4-08-05-08）、筑路工（6-29-02-03）、桥隧工（6-29-02-05）、安全员（6-31-06-00）

职业资格（职业技能等级）： 工程测量员、公路水运工程试验检测专业技术人员职业资格

专业主要教学内容：

建筑施工安全技术、建设工程施工项目管理、安全心理学、工程项目安全评价、安全系统工程等。

对应下一级专业编码： 0440-4

0441 航空物流

0441-4 中级

专业编码： 0441-4

专业名称： 航空物流

培养目标： 培养从事机场地面仓储、货运操作、航空货运代理等工作的中级技能人才。

学习年限： 3 年（初中毕业生），2 年（高中毕业生）

职业能力：

具有积极的人生态度、健康的心理素质、良好的职业道德和较扎实的文化基础知识；具有获取新知识、新技能的意识和能力，能适应不断变化的职业社会；了解企业工作流程，严格执行设备操作规定，遵守各项工艺规程，具有安全意识，重视环境保护，并能解决一般性专业问题。同时具有下列专业能力：

1. 能收集客户信息，通过多种渠道向客户介绍产品和服务，揽取货物。

2. 能依据客户的运输需求和货物类别，选择航线、航班、航运/航空公司，计算、提供报价并告知需要准备的文件。

3. 能接受托运人委托，向航运/航空公司订舱，根据客户送货时间合理安排集货和航班，填制航空运单，完成订单的受理工作。

4. 能规范完成预配舱单录入，货物的收运、组装、配载、出库和机坪操作工作。

5. 能收集整理报检、报关单证，规范填制报关单，完成进出港货物信息申报工作。

6. 能规范完成进港货物的理货、分拨入库、提取和分拨理货舱单录入工作。

7. 能跟踪并反馈货物运输信息，及时处理客户投诉或突发情况。

8. 能规范完成一票一结等账务处理，并规范完成材料的归档工作。

对应或相关职业（工种）：物流服务师 L（4-02-06-03）、理货员（4-02-06-02）、仓储管理员（4-02-06-01）、货运代理服务员（4-02-05-03）

职业资格（职业技能等级）：物流服务师

专业主要教学内容：

航空物流概论、民航货物运输、仓储与配送实务、电子商务基础、货运代理实务、物流信息技术实务、物流成本实务、国际贸易实务、商务英语、商务礼仪、客户关系管理实务等。

对应上一级专业编码：0441-3

0441-3 高级

专业编码：0441-3

专业名称：航空物流

培养目标：培养从事机场地面仓储、货运操作、航空货运代理等工作的高级技能人才（高级工）。

学习年限：2 年（达到中级技能水平学生），3 年（高中毕业生），5 年（初中毕业生）

职业能力：

具有积极的人生态度、健康的心理素质、良好的职业道德和较扎实的文化基础知识；具有获取新知识、新技能的意识和能力，能适应不断变化的职业社会；熟悉企业工作流程，严格执行设备操作规定，遵守各项工艺规程，重视环境保护，并具有独立解决非常规问题的基本能力；能指导他人进行工作或协助培训一般操作人员。同时具有下列专业能力：

1. 能根据考评指标体系对公司客户做全面评估，确定客户等级和服务要求，进行客户关系维护和管理。

2. 能根据客户需求，为客户设计航空物流方案，根据市场周期、航运服务需求和货物平均价值、体积重量比制订不同等级的航空运价及整体方案报价，规范完成客户项目物流的招投标工作。

3. 能根据订舱货物信息、机舱整体配载、集装箱板的数量等现状，设计最佳配载方案。

4. 能根据航班、单证、货物信息等异常情况，做出报价、运输方案或者现场其他措施调整，并与相关责任方沟通，提出解决方案。

5. 能组织协调机场人员完成出港异常服务工作。

6. 能合理进行货物预装设计和实际装箱组板。

7. 能完成项目费用变更、项目账务结算、增项账务处理等业务。

对应或相关职业（工种）：物流服务师 L（4-02-06-03）、理货员（4-02-06-02）、仓储管理员（4-02-06-01）、货运代理服务员（4-02-05-03）

职业资格（职业技能等级）：物流服务师

专业主要教学内容：

管理学原理、经济学基础、经济法基础、会计基础、货物运输实务、民航运输配载理论与实务、采购与供应链管理实务、报关实务、国际贸易单证实务、商务谈判技巧、民航危险品运输、民航市场营销等。

对应下一级专业编码：0441-4

0442　交通运输安全检查

0442-4　中级

专业编码：0442-4

专业名称：交通运输安全检查

培养目标：培养从事交通运输安全检查的中级技能人才。

学习年限：3 年（初中毕业生），2 年（高中毕业生）

职业能力：

具有积极的人生态度、健康的心理素质、良好的职业道德和较扎实的文化基础知识；具有获取新知识、新技能的意识和能力，能适应不断变化的职业社会；了解企业工作流程，严格执行设备操作规定，遵守各项工艺规程，具有安全意识，重视环境保护，并能解决一般性专业问题。同时具有下列专业能力：

1. 能检查证件以及处置特殊人员乘坐不同交通工具时证件查验的一般问题。

2. 能运用通道式 X 射线检查仪对各类物品进行安全检查，并能对民航、铁路、轨道交通、汽车、船舶等交通工具运输违禁物品进行基本处置。

3. 能熟练操作人体成像检查设备以及进行远程判图、识别。

4. 能正确处置在机场、车站、码头等交通运输场站所出现的干扰安检的非法行为。

5. 能恰当运用服务用语和礼仪与受检方进行有效沟通。

6. 能配合各类交通运输场站相关部门进行联检工作和安检调研。

对应或相关职业（工种）：安检员（4-07-05-02）

职业资格（职业技能等级）：安检员

专业主要教学内容：

旅客运输组织、交通运输安全法规、安全检查概论、安检业务法规、安检设备仪器操作、安检技能、违禁物品识别与处理、交通运输安全应急处置、旅客运输服务心理学、服务礼仪、沟通技巧等。

对应上一级专业编码：0442-3

0442-3　高级

专业编码：0442-3

专业名称：交通运输安全检查

培养目标：培养从事交通运输安全检查的高级技能人才（高级工）。

学习年限：2 年（达到中级技能水平学生），3 年（高中毕业生），5 年（初中毕业生）

职业能力：

具有积极的人生态度、健康的心理素质、良好的职业道德和较扎实的文化基础知识；具有获取新知识、新技能的意识和能力，能适应不断变化的职业社会；熟悉企业工作流程，严格执行设备操作规定，遵守各项工艺规程，重视环境保护，并具有独立解决非常规问题的基本能力；能指导他人进行工作或协助培训一般操作人员。同时具有下列专业能力：

1. 能利用双视角 X 射线检查仪对疑难图像进行分析、判断，并能正确处理民航、铁路、轨道交通、汽车、船舶等交通工具运输违禁物品。

2. 能操作特种安检设备设施进行爆炸物品检测、毒品检测、危险化学品检测等。

3. 能对常用安检设备设施进行故障诊断和一般维修。

4. 能制定各类交通运输安全检查应急预案，以及组织预案演练。

5. 能协调处理较复杂的安全检查问题，提前识别和处置机场、车站、码头等交通运输场站的安检异常情况。

6. 能对各类交通运输场站的安检工作进行质量督查、分析和总结。

对应或相关职业（工种）：安检员（4-07-05-02）

职业资格（职业技能等级）：安检员

专业主要教学内容：

安检英语、管理学原理、交通运输安检心理学、安检设备维护与维修、安全防范技术、特种安检设备使用、货物运输、危险品交通运输等。

对应下一级专业编码：0442-4

0443　道路智能交通技术应用

0443-4　中级

专业编码：0443-4

专业名称：道路智能交通技术应用

培养目标：培养从事道路智能交通技术应用的中级技能人才。

学习年限：3 年（初中毕业生），2 年（高中毕业生）

职业能力：

具有积极的人生态度、健康的心理素质、良好的职业道德和较扎实的文化基础知识；具有获取新知识、新技能的意识和能力，能适应不断变化的职业社会；了解企业工作流程，严格执行设备操作规定，遵守各项工艺规程，具有安全意识，重视环境保护，并能解决一般性专业问题。同时具有下列专业能力：

1. 能操作城市道路智能交通监控系统设备，以及城市道路智能交通监控调度系统。

2. 能操作、维护高速公路智能监控通信系统设备，以及高速公路智能收费系统。

3. 能进行高速公路机电产品日常维护、检修以及常见故障排除。

4. 能对城市道路智能交通信息采集、传输、显示和发布等系统进行简单集成、安装、调试与运维。

5. 能对公交车、货运车、出租车等车辆的智能调度系统进行监控、简单集成与维护。

对应或相关职业（工种）：路况信息监控员（4-02-02-06）、电子设备装接工（6-25-04-07）、电子设备调试工（6-25-04-08）、信息通信网络运行管理员 S（4-04-04-01）

职业资格（职业技能等级）：电子设备装接工、电子设备调试工、信息通信网络运行管理员

专业主要教学内容：

工程制图 CAD、道路交通概论、智能交通概论、道路交通流量调查、道路交通安全管

理、交通安全设备集成与维护、电工电子技术应用、监控系统集成与维护、道路监控通信管理、收费系统操作实务、网络综合布线等。

对应上一级专业编码：0443-3

0443-3 高级

专业编码：0443-3

专业名称：道路智能交通技术应用

培养目标：培养从事道路智能交通技术应用的高级技能人才（高级工）。

学习年限：2 年（达到中级技能水平学生），3 年（高中毕业生），5 年（初中毕业生）

职业能力：

具有积极的人生态度、健康的心理素质、良好的职业道德和较扎实的文化基础知识；具有获取新知识、新技能的意识和能力，能适应不断变化的职业社会；熟悉企业工作流程，严格执行设备操作规定，遵守各项工艺规程，重视环境保护，并具有独立解决非常规问题的基本能力；能指导他人进行工作或协助培训一般操作人员。同时具有下列专业能力：

1. 能操作高速公路机电系统。

2. 能集成与维护高速公路智能通信、收费和监控等系统。

3. 能操作城市道路智能交通监控系统。

4. 能对城市道路智能交通信息采集、传输、显示和发布等系统进行集成、安装、调试与运维。

5. 能操作与管理城市智能交通监控调度系统。

6. 能对公交车、货运车、出租车调度等系统进行监控、集成与维护。

对应或相关职业（工种）：路况信息监控员（4-02-02-06）、电子设备装接工（6-25-04-07）、电子设备调试工（6-25-04-08）、信息通信网络运行管理员 S（4-04-04-01）

职业资格（职业技能等级）：电子设备装接工、电子设备调试工、信息通信网络运行管理员

专业主要教学内容：

智能交通技术及应用、道路运输管理、智能交通监控系统集成与应用、道路交通信号控制系统、GPS-GIS 应用、ETC 收费系统安装与维护、道路智能高清视频监控技术与应用、交通事故分析与处理等。

对应下一级专业编码：0443-4

0444 智能网联汽车技术应用

0444-4 中级

专业编码：0444-4

专业名称：智能网联汽车技术应用

培养目标：培养从事智能网联汽车技术应用的中级技能人才。

学习年限：3 年（初中毕业生），2 年（高中毕业生）

职业能力：

具有积极的人生态度、健康的心理素质、良好的职业道德和较扎实的文化基础知识；具有获取新知识、新技能的意识和能力，能适应不断变化的职业社会；了解企业工作流程，严格执行设备操作规定，遵守各项工艺规程，具有安全意识，重视环境保护，并能解决一般性专业问题。同时具有下列专业能力：

1. 能正确理解并执行智能网联汽车安全规范，识别智能网联汽车相关作业中的安全风险，并采取必要防范措施。

2. 能识读电路图和装配图，正确选择关键系统及部件，并识别其安装位置及硬件接口；能识读相关工艺文件，正确理解关键系统及部件的整车装配要求。

3. 能按照工艺文件正确选择并使用装配工具和测量工具。

4. 能按照工艺文件正确完成智能传感器、计算平台、智能座舱系统、底盘线控系统等智能网联汽车关键系统及部件的整车装配和装配参数测量。

5. 能按照工艺文件正确完成智能传感器、计算平台、智能座舱系统、底盘线控系统在整车上的线路连接和检查。

6. 能按照工艺文件在整车上正确完成智能传感器、计算平台、智能座舱系统、底盘线控系统电路与信号传输的调试。

7. 能按照工艺文件在整车上正确完成智能传感器与控制系统的联机调试、计算平台的整车调试、智能座舱系统的整体调试、底盘线控各系统的联合调试。

对应或相关职业（工种）：汽车维修工（4-12-01-01）、智能汽车运维工＊（4-12-01-01）、物联网安装调试员（6-25-04-09）

职业资格（职业技能等级）：汽车维修工、物联网安装调试员

专业主要教学内容：

智能网联汽车作业规范、智能网联汽车电工电子基础认知、智能网联汽车嵌入式系统认知、智能网联汽车机械基础认知、智能网联汽车技术概论、智能网联汽车智能传感器装调、智能网联汽车计算平台装调、智能网联汽车智能座舱系统装调、智能网联汽车底盘线控系统装调等。

对应上一级专业编码：0444-3

0444-3 高级

专业编码：0444-3

专业名称：智能网联汽车技术应用

培养目标：培养从事智能网联汽车技术应用的高级技能人才（高级工）

学习年限：2年（达到中级技能水平学生），3年（高中毕业生），5年（初中毕业生）

职业能力：

具有积极的人生态度、健康的心理素质、良好的职业道德和较扎实的文化基础知识；具有获取新知识、新技能的意识和能力，能适应不断变化的职业社会；熟悉企业工作流程，严格执行设备操作规定，遵守各项工艺规程，重视环境保护，并具有独立解决非常规问题的基本能力；能指导他人进行工作或协助培训一般操作人员。同时具有下列专业能力：

1. 能编制智能传感器、计算平台、智能座舱系统、底盘线控系统等智能网联汽车关键

系统及部件整车装配工艺文件。

2. 能绘制智能传感器、计算平台、智能座舱系统、底盘线控系统电路与信号传输原理图。

3. 能正确完成各智能传感器的联合调试和整车标定。

4. 能按照相关规程正确完成计算平台、智能座舱系统、底盘线控系统软件升级。

5. 能按照测试方案搭建相关测试场景，正确完成智能传感器、智能座舱系统测试，并编写测试报告；能按照测试方案正确完成计算平台、底盘线控系统软硬件功能测试，并编写测试报告。

6. 能按照诊断流程正确完成智能传感器、计算平台、智能座舱系统、底盘线控系统故障分析与处理，并编写诊断报告。

7. 能识读整车综合测试规程，正确理解相关测试要求。

8. 能按照整车综合测试规程正确完成测试场景的搭建、测试车辆的整备、测试路段和设备的检查。

9. 能根据测试车辆智能驾驶和车联网的功能要求设定测试设备参数，按照测试规程操控测试车辆完成车辆和网联道路测试，并编写报告。

10. 能按照相关规程，正确完成测试场景设施和测试设备的日常维护。

对应或相关职业（工种）：汽车维修工（4-12-01-01）、智能汽车运维工＊（4-12-01-01）、物联网安装调试员（6-25-04-09）

职业资格（职业技能等级）：汽车维修工、物联网安装调试员

专业主要教学内容：

智能网联汽车作业规范、智能网联汽车技术概论、智能网联汽车智能传感器装调与测试、智能网联汽车计算平台装调与测试、智能网联汽车智能座舱系统装调与测试、智能网联汽车底盘线控系统装调与测试、智能网联汽车整车综合测试、智能网联汽车车路协同技术等。

对应下一级专业编码：0444-4

0445　重型车辆运用与维修

0445-4　中级

专业编码：0445-4

专业名称：重型车辆运用与维修

培养目标：培养从事重型车辆运用与维修的中级技能人才。

学习年限：3 年（初中毕业生），2 年（高中毕业生）

职业能力：

具有积极的人生态度、健康的心理素质、良好的职业道德和较扎实的文化基础知识；具有获取新知识、新技能的意识和能力，能适应不断变化的职业社会；了解企业工作流程，严格执行设备操作规定，遵守各项工艺规程，具有安全意识，重视环境保护，并能解决一般性专业问题。同时具有下列专业能力：

1. 能开展车辆维修接待服务。

2. 能识别和选用常用重型车辆运行材料。

3. 能判断常见系统单项运行性故障。

4. 能执行重型车辆安全性能检测的程序、项目和技术要求。

5. 能正确使用各种常用量具、工具进行重型车辆机械零部件质量检测和更换作业。

6. 能进行单工位维修作业。

7. 能进行重型车辆一、二级维护保养及零件修理作业。

对应或相关职业（工种）：汽车维修工（4-12-01-01）

职业资格（职业技能等级）：汽车维修工

专业主要教学内容：

机械识图、汽车电工电子技术、机械基础、液压和气动基础、汽车构造与拆装、重型车辆检查与维护、柴油机电控喷油技术、商用车底盘构造与检修、工程机械电气设备、汽车修理工艺、重型车辆驾驶技术等。

对应上一级专业编码：0445-3

0445-3 高级

专业编码：0445-3

专业名称：重型车辆运用与维修

培养目标：培养从事重型车辆运用与维修的高级技能人才（高级工）。

学习年限：2 年（达到中级技能水平学生），3 年（高中毕业生），5 年（初中毕业生）

职业能力：

具有积极的人生态度、健康的心理素质、良好的职业道德和较扎实的文化基础知识；具有获取新知识、新技能的意识和能力，能适应不断变化的职业社会；熟悉企业工作流程，严格执行设备操作规定，遵守各项工艺规程，重视环境保护，并具有独立解决非常规问题的基本能力；能指导他人进行工作或协助培训一般操作人员。同时具有下列专业能力：

1. 能独立完成发动机机械的拆装和电控系统的检修检测。

2. 能独立完成重型车辆液压机构的一般故障诊断和排除。

3. 能独立完成传动系统、电器系统、转向系统、制动系统一般故障诊断和检修。

4. 能执行汽车综合性能检测的程序、项目和技术要求及调试方法。

5. 能进行维修过程质量检验与竣工验收。

6. 能进行多工位作业。

对应或相关职业（工种）：汽车维修工（4-12-01-01）

职业资格（职业技能等级）：汽车维修工

专业主要教学内容：

发动机电控系统故障诊断与排除、传动系统故障诊断与排除、制动系统故障诊断与排除、转向系统故障诊断与排除、整车电器故障诊断与排除、重型车辆综合性能检测、重型车辆典型车型故障诊断与排除等。

对应下一级专业编码：0445-4

0446　铁道车辆运用与检修

0446-4　中级

专业编码：0446-4

专业名称：铁道车辆运用与检修

培养目标：培养从事铁道车辆运用，铁道车辆维护、保养、检修的中级技能人才。

学习年限：3 年（初中毕业生），2 年（高中毕业生）

职业能力：

具有积极的人生态度、健康的心理素质、良好的职业道德和较扎实的文化基础知识；具有获取新知识、新技能的意识和能力，能适应不断变化的职业社会；了解企业工作流程，严格执行设备操作规定，遵守各项工艺规程，具有安全意识，重视环境保护，并能解决一般性专业问题。同时具有下列专业能力：

1. 能识读机械零件图与简单装配图，绘制零件图。
2. 能正确使用工、量具及检修专业设备。
3. 能对车体及车内配件进行检测、修理、组装试验。
4. 能对车钩缓冲装置及配件进行检测、修理。
5. 能对制动装置进行检测、修理及组装试验。
6. 能对转向架及配件进行检测、修理、组装试验。
7. 能判断、检修、调试车辆电气装置常见故障。
8. 能对车辆滚动轴承装置及配件进行检测、修理、组装试验。

对应或相关职业（工种）：轨道交通列车司机 L（4-02-01-01）、铁路机车制修工（6-23-01-01）、铁路车辆制修工（6-23-01-02）、铁路机车车辆制动钳工（6-23-01-04）

职业资格（职业技能等级）：轨道交通列车司机、铁路机车制修工、铁路车辆制修工、铁路机车车辆制动钳工

专业主要教学内容：

机械识图与 CAD、工程材料、计算机基础、铁道概论、车体与车内设备、车钩缓冲装置、制动装置、转向架、技术规章等。

对应上一级专业编码：0446-3

0446-3　高级

专业编码：0446-3

专业名称：铁道车辆运用与检修

培养目标：培养从事铁道车辆运用，铁道车辆维护、保养、检修的高级技能人才（高级工）。

学习年限：2 年（达到中级技能水平学生），3 年（高中毕业生），5 年（初中毕业生）

职业能力：

具有积极的人生态度、健康的心理素质、良好的职业道德和较扎实的文化基础知识；具有获取新知识、新技能的意识和能力，能适应不断变化的职业社会；熟悉企业工作流程，严

格执行设备操作规定，遵守各项工艺规程，重视环境保护，并具有独立解决非常规问题的基本能力；能指导他人进行工作或协助培训一般操作人员。同时具有下列专业能力：

1. 能识读机械零件图与装配图，绘制复杂、畸形零件图，使用计算机绘图软件。
2. 能完成铁道车辆转向架（走行装置）装配、检修、维护及应急故障处置。
3. 能完成车体、车钩缓冲装置装配、检修、维护及应急故障处置。
4. 能完成车辆制动装置检修、调试、维护及一般性应急故障处置。
5. 能完成车辆电气装置常见故障的判断、检修、调试。
6. 能完成车辆运行状态检测监控，使用地对车安全监控体系各系统终端。
7. 具有铁道车辆的安全管理、技术管理、质量管理能力。

对应或相关职业（工种）：轨道交通列车司机L（4-02-01-01）、铁路机车制修工（6-23-01-01）、铁路车辆制修工（6-23-01-02）、铁路机车车辆制动钳工（6-23-01-04）

职业资格（职业技能等级）：轨道交通列车司机、铁路机车制修工、铁路车辆制修工、铁路机车车辆制动钳工

专业主要教学内容：

机械识图与CAD、工程材料、计算机基础、铁道概论、车辆走行装置检修、车辆钩缓与车体检修、车辆制动装置检修、车辆电气装置检修、车辆检测技术、车辆运用与管理等。

对应下一级专业编码：0446-4

0447　港口机械智能控制

0447-4　中级

专业编码：0447-4

专业名称：港口机械智能控制

培养目标：培养从事港口机械远程控制与维护工作的中级技能人才。

学习年限：3年（初中毕业生），2年（高中毕业生）

职业能力：

具有积极的人生态度、健康的心理素质、良好的职业道德和较扎实的文化基础知识；具有获取新知识、新技能的意识和能力，能适应不断变化的职业社会；了解企业工作流程，严格执行设备操作规定，遵守各项工艺规程，具有安全意识，重视环境保护，并能解决一般性专业问题。同时具有下列专业能力：

1. 能识读机械零件图与简单装配图，识读简单的设备安装图。
2. 能检查智能控制操作台各系统的通信及工作是否正常。
3. 能严密监视设备运行状况和货物装卸过程，并按照程序进行人工确认。
4. 能实现装卸设备的整体调度和调整。
5. 能通过远程智能操作系统自动完成现场信息交互和确认。
6. 能对智能控制系统的油路、电路、液压传动等常见故障进行判断与排除。
7. 能维护保养工、夹、吊具及起重、装卸设备，排除使用过程中出现的一般故障。

对应或相关职业（工种）：起重装卸机械操作工（6-30-05-01）、起重装卸机械智能控

制员＊（6-30-05-01）、起重工（6-30-05-02）

职业资格（职业技能等级）：起重装卸机械操作工

专业主要教学内容：

机械识图与CAD、机械基础、工程力学、港口机械液压传动基础、金属材料与热处理、港口起重机械应用与维护、港口装卸搬运机械应用与维护、电机电气控制实现与维护、安全生产管理知识、安全法相关条例等。

对应上一级专业编码：0447-3

0447-3　高级

专业编码：0447-3

专业名称：港口机械智能控制

培养目标：培养从事港口机械远程控制与维护工作的高级技能人才（高级工）。

学习年限：2年（达到中级技能水平学生），3年（高中毕业生），5年（初中毕业生）

职业能力：

具有积极的人生态度、健康的心理素质、良好的职业道德和较扎实的文化基础知识；具有获取新知识、新技能的意识和能力，能适应不断变化的职业社会；熟悉企业工作流程，严格执行设备操作规定，遵守各项工艺规程，重视环境保护，并具有独立解决非常规问题的基本能力；能指导他人进行工作或协助培训一般操作人员。同时具有下列专业能力：

1. 能识读机械零件图与装配图、绘制零件图，识读较复杂的设备安装图。
2. 能对港口智能控制设备进行安装与调试。
3. 能调整、设置智能控制操作台各系统的通信及工作参数。
4. 能对设备运行状况和货物装卸过程进行调整。
5. 能优化生产指挥系统、设备智能操作系统。
6. 能对智能控制系统的油路、电路、液压传动等较复杂故障进行判断与排除。
7. 能维护保养工、夹、吊具及控制设备，排除使用过程中出现的故障。

对应或相关职业（工种）：起重装卸机械操作工（6-30-05-01）、起重装卸机械智能控制员＊（6-30-05-01）、起重工（6-30-05-02）

职业资格（职业技能等级）：起重装卸机械操作工

专业主要教学内容：

港口机械液压传动、港口起重机械应用与维护、港口装卸搬运机械应用与维护、电机电气控制实现与维护、港口电气设备故障诊断与维修、PLC控制系统应用与维护、智慧港口技术等。

对应下一级专业编码：0447-4

05 服 务 类

0501 烹饪（中式烹调）

0501-4 中级

专业编码：0501-4

专业名称：烹饪（中式烹调）

培养目标：培养从事常用中式烹调原料加工和常见中式基础菜肴制作的中级技能人才。

学习年限：3年（初中毕业生），2年（高中毕业生）

职业能力：

具有积极的人生态度、健康的心理素质、良好的职业道德和较扎实的文化基础知识；具有获取新知识、新技能的意识和能力，能适应不断变化的职业社会；具有团队合作的意识；了解餐饮企业中式厨房的生产工作流程，遵守各项工艺规程，适应中式厨房不同岗位的工作要求，具有安全意识，重视环境保护，并能解决一般性专业问题。同时具有下列专业能力：

1. 能正确使用常用中式厨房设备、工具，并进行日常维护保养，保障操作安全。
2. 能按照《中华人民共和国食品安全法》的要求鉴别并合理使用常见的中式烹调原料。
3. 能对常用中式烹调原料进行加工处理。
4. 能按照常见中式菜肴的加工制作流程，对常见中式宴席所需的烹调原料进行合理组配与加工。
5. 能按照中式烹调各环节的操作原则及要求，运用常用中式烹调技法制作不同风味的常见菜肴。
6. 能运用食品雕刻、凉菜制作、食品拼摆的基础造型方法和基本技法，加工制作成品。
7. 能对中式烹调原料、半成品进行成本核算。

对应或相关职业（工种）：中式烹调师（4-03-02-01）

职业资格（职业技能等级）：中式烹调师

专业主要教学内容：

中式厨房设备工具安全操作与维护、常用中式烹调原料选购与保管、烹调原料加工工艺与技能训练、中式热菜工艺与技能训练、食品雕刻、凉菜制作与拼摆等。

专业方向：烹饪（中式烹调）（潮州菜方向）

对应上一级专业编码：0501-3

0501-3 高级

专业编码：0501-3

专业名称：烹饪（中式烹调）

培养目标：培养从事中式菜肴加工制作的高级技能人才（高级工）。

学习年限：2年（达到中级技能水平学生），3年（高中毕业生），5年（初中毕业生）

职业能力：

具有积极的人生态度、健康的心理素质、良好的职业道德和较扎实的文化基础知识；具有获取新知识、新技能的意识和能力，能适应不断变化的职业社会；具有团队合作的意识和敢于创新的精神；熟悉餐饮企业中式厨房的生产工作流程，遵守各项工艺规程，具有安全意识，重视环境保护，并具有独立解决非常规问题的基本能力；能指导他人进行工作或协助培训一般操作人员。同时具有下列专业能力：

1. 能按照《中华人民共和国食品安全法》的要求鉴别和保管常用中式烹调原料，并能合理地进行加工处理。

2. 能根据中式菜肴制作的工艺程序和技术关键，对中式烹调原料加工处理方法和成菜质量标准进行评价。

3. 能运用中式烹调热菜技法，加工制作不同风味的菜肴。

4. 能根据顾客的需求，编排宴席菜单和制作一般风味宴席菜肴。

5. 能运用食品雕刻、凉菜制作、食品拼摆的造型方法和技法，加工制作成品。

6. 能对菜肴成品进行成本核算。

对应或相关职业（工种）：中式烹调师（4-03-02-01）

职业资格（职业技能等级）：中式烹调师

专业主要教学内容：

常用烹调原料鉴别与应用、烹调原料加工工艺与技能训练、中式热菜工艺与技能训练、食品雕刻、凉菜制作与拼摆等。

专业方向：烹饪（中式烹调）（潮州菜方向）

对应上下级专业编码：0501-2、0501-4

0501-2　预备技师

专业编码：0501-2

专业名称：烹饪（中式烹调）

培养目标：培养从事中式菜点设计与制作的高级技能人才（预备技师）。

学习年限：2年（达到高级技能水平学生），3年（达到中级技能水平学生），4年（高中毕业生），6年（初中毕业生）

职业能力：

具有积极的人生态度、健康的心理素质、良好的职业道德和较扎实的文化基础知识；具有获取新知识、新技能的意识和能力，能适应不断变化的职业社会；具有团队合作的意识和敢于创新的精神；掌握餐饮企业中式厨房的生产工作流程及基本运营模式，具有安全意识，重视环境保护，并能解决工作过程中非常规性的综合问题；能指导他人进行工作或培训一般操作人员，能协助部门领导进行相关管理工作。同时具有下列专业能力：

1. 能按照《中华人民共和国食品安全法》的要求鉴别干制烹调原料品质，并能进行涨发和加工处理。

2. 能运用食品雕刻、凉菜制作、食品拼摆的造型方法和技法，进行食品整体雕刻和艺术造型拼盘。

3. 能应用新设备、新材料、新工艺、新技术，改进菜品工艺，解决菜品制作中的工艺难题。

4. 能根据顾客的需求和零点、宴席的不同规格，设计零点、宴会菜单，并对不同主题的零点、宴席菜品进行成本核算。

5. 能运用中式烹调热菜技法和中式面点技法加工制作不同的成品，并制作组配风味宴席菜点。

6. 能依据中式菜肴制作的工艺流程、技术关键和成菜质量标准对成品菜点进行质量检测。

对应或相关职业（工种）：中式烹调师（4-03-02-01）、中式面点师（4-03-02-02）

职业资格（职业技能等级）：中式烹调师

专业主要教学内容：

干制烹调原料鉴别保管与加工、中式热菜工艺与技能训练、食品雕刻、凉菜制作与拼摆、中式面点制作、菜品研发与鉴赏、模拟经营与综合技能训练等。

专业方向：烹饪（中式烹调）（潮州菜方向）

对应下一级专业编码：0501-3

0502　烹饪（西式烹调）

0502-4　中级

专业编码：0502-4

专业名称：烹饪（西式烹调）

培养目标：培养从事常用西式烹调原料加工和常见西式基础菜肴制作的中级技能人才。

学习年限：3 年（初中毕业生），2 年（高中毕业生）

职业能力：

具有积极的人生态度、健康的心理素质、良好的职业道德和较扎实的文化基础知识；具有获取新知识、新技能的意识和能力，能适应不断变化的职业社会；具有团队合作的意识；了解餐饮企业西式厨房的生产工作流程，遵守各项工艺规程，适应西式厨房不同岗位的工作要求，具有安全意识，重视环境保护，并能解决一般性专业问题。同时具有下列专业能力：

1. 能正确使用常用西式厨房设备、工具，并进行日常维护保养，保障操作安全。

2. 能按照《中华人民共和国食品安全法》的要求合理使用西式烹调原料，并能鉴别其品质。

3. 能对常用西式烹调原料进行加工处理。

4. 能按照常见西式菜肴的加工制作流程，对一般宴席所需的西式烹调原料进行合理组配与加工。

5. 能按照西式烹调各环节的操作原则及要求，运用常用西式烹调技法制作各种常见的西式菜肴。

6. 能运用食品雕刻、凉菜制作、食品拼摆的基础造型方法和基本技法，加工制作成品。

7. 能对西式烹调原料、半成品及菜肴进行成本核算。

8. 能识读西式厨房主要用具、常见西式烹调原料和菜单等专业外语词汇，进行简单的外语会话和阅读。

对应或相关职业（工种）： 西式烹调师（4-03-02-03）

职业资格（职业技能等级）： 西式烹调师

专业主要教学内容：

西式厨房设备工具安全操作与维护、常用西式烹调原料选购鉴别与保管、烹调原料加工工艺与技能训练、西式烹调热菜工艺与技能训练、食品雕刻、凉菜制作与拼摆、专业外语阅读与会话等。

对应上一级专业编码： 0502-3

0502-3　高级

专业编码： 0502-3

专业名称： 烹饪（西式烹调）

培养目标： 培养从事西式菜肴加工制作的高级技能人才（高级工）。

学习年限： 2 年（达到中级技能水平学生），3 年（高中毕业生），5 年（初中毕业生）

职业能力：

具有积极的人生态度、健康的心理素质、良好的职业道德和较扎实的文化基础知识；具有获取新知识、新技能的意识和能力，能适应不断变化的职业社会；具有团队合作的意识和敢于创新的精神；熟悉餐饮企业西式厨房的生产工作流程，遵守各项工艺规程，具有安全意识，重视环境保护，并具有独立解决非常规问题的基本能力；能指导他人进行工作或协助培训一般操作人员。同时具有下列专业能力：

1. 能按照《中华人民共和国食品安全法》的要求鉴别和保管常用西式烹调原料，并能合理地进行加工处理。

2. 能根据西式菜肴制作的工艺程序和技术关键，对西式烹调原料加工处理方法和成菜质量标准进行评价，处理菜肴质量问题。

3. 能运用西式烹调热菜技法，加工制作不同风味的菜肴。

4. 能根据顾客的需求，编排宴席菜单和制作一般西式宴席菜肴。

5. 能运用凉菜制作、食品拼摆的造型方法和技法，加工制作成品。

6. 能制作各种基础少司。

7. 能对菜肴成品进行成本核算。

8. 能识读西式厨房主要用具、西式烹调原料和菜单等专业外语词汇，进行简单的外语会话和阅读。

对应或相关职业（工种）： 西式烹调师（4-03-02-03）

职业资格（职业技能等级）： 西式烹调师

专业主要教学内容：

常用西式烹调原料选购鉴别与保管、烹调原料加工工艺与技能训练、西式烹调热菜工艺与技能训练、基础少司制作与技能训练、凉菜制作与拼摆、专业外语阅读与会话等。

对应下一级专业编码： 0502-4

0503 烹饪（中西式面点）

0503-4 中级

专业编码： 0503-4

专业名称： 烹饪（中西式面点）

培养目标： 培养从事常用中西式面点原料加工和常见中西式面点制作的中级技能人才。

学习年限： 3年（初中毕业生），2年（高中毕业生）

职业能力：

具有积极的人生态度、健康的心理素质、良好的职业道德和较扎实的文化基础知识；具有获取新知识、新技能的意识和能力，能适应不断变化的职业社会；具有团队合作的意识；了解餐饮企业厨房面点生产工作流程，遵守各项工艺规程，适应厨房不同岗位的工作要求，具有安全意识，重视环境保护，并能解决一般性专业问题。同时具有下列专业能力：

1. 能正确使用常用厨房设备、工具，并进行日常维护保养，保障操作安全。

2. 能按照《中华人民共和国食品安全法》的要求鉴别常用中西式面点原料，运用原料调制常见的面坯（水调面坯、化学膨松面坯、层酥面坯、杂粮面坯、米及米粉面坯）并合理使用。

3. 能按照常见中西式零点面点成品的加工制作流程，运用搓、切、卷、包、擀、模具成型、叠、摊、按、剪、滚、沾、拧、捏、镶嵌等成型手法，对常见零点和所需的面点制品进行合理组配与加工。

4. 能按照中西式面点制作各个环节（如简单的调味和制馅等）操作原则及要求，运用烤、煮、烙、蒸等技法，加工制作不同风味的常见零点面点成品。

5. 能运用基础造型方法和基本装饰技法对中西式面点成品进行美化。

6. 能对中西式零点面点半成品进行成本核算。

7. 能识读中西式厨房主要用具、常见中西式面点原料和菜单等专业外语词汇，进行简单的外语会话和阅读。

对应或相关职业（工种）： 中式面点师（4-03-02-02）、西式面点师（4-03-02-04）

职业资格（职业技能等级）： 中式面点师、西式面点师

专业主要教学内容：

中西式厨房设备工具安全操作与维护、中西式面点原料选购与保管、中式面点工艺与技能训练、西式面点工艺与技能训练、中西式面点成品装饰、专业外语阅读与会话等。

专业方向： 西式面点

对应上一级专业编码： 0503-3

0503-3 高级

专业编码： 0503-3

专业名称： 烹饪（中西式面点）

培养目标： 培养从事中西式面点原料加工和中西式面点制作的高级技能人才（高级工）。

学习年限：2 年（达到中级技能水平学生），3 年（高中毕业生），5 年（初中毕业生）

职业能力：

具有积极的人生态度、健康的心理素质、良好的职业道德和较扎实的文化基础知识；具有获取新知识、新技能的意识和能力，能适应不断变化的职业社会；具有团队合作的意识和敢于创新的精神；熟悉餐饮企业厨房面点生产工作流程，遵守各项工艺规程，具有安全意识，重视环境保护，并具有独立解决非常规问题的基本能力；能指导他人进行工作或协助培训一般操作人员。同时具有下列专业能力：

1. 能按照《中华人民共和国食品安全法》的要求鉴别常用中西式面点原料，运用原料调制常见的面坯（生化膨松面坯、层酥面坯、澄粉面坯、果蔬面坯、鱼虾面坯）并熟练使用。

2. 能按照常见中西式面点成品的加工制作流程，运用抻、削、拨、钳花、挤等成型手法，对常规宴席所需的面点制品进行合理组配与加工。

3. 能按照中西式宴席面点制作中馅心的调制、品评等环节操作原则及要求，运用炸、煎、复合方法等技法加工制作不同风味的宴席面点成品。

4. 能运用造型方法和装饰技法对中西式宴席面点成品进行美化。

5. 能对中西式宴席面点成品进行成本核算。

6. 能识读中西式厨房主要用具、中西式面点原料和菜单等专业外语词汇，进行简单的外语会话和阅读。

对应或相关职业（工种）：中式面点师（4-03-02-02）、西式面点师（4-03-02-04）

职业资格（职业技能等级）：中式面点师、西式面点师

专业主要教学内容：

中西式厨房设备工具安全操作与维护、中西式面点原料鉴别与应用、中式面点工艺与技能训练、西式面点工艺与技能训练、中西式面点成品装裱、专业外语阅读与会话等。

专业方向：西式面点

对应下一级专业编码：0503-4

0504 饭店（酒店）服务

0504-4 中级

专业编码：0504-4

专业名称：饭店（酒店）服务

培养目标：培养从事饭店（酒店）餐厅、客房服务工作的中级技能人才。

学习年限：3 年（初中毕业生），2 年（高中毕业生）

职业能力：

具有积极的人生态度、健康的心理素质、良好的职业道德和较扎实的文化基础知识；具有获取新知识、新技能的意识和能力，能适应不断变化的职业社会；具有较强的语言沟通能力和合作协调能力；了解饭店（酒店）服务工作流程，具有主动、礼貌待客的服务意识和吃苦耐劳的服务精神，具有安全意识，重视环境保护，并能解决一般性专业问题。同时具有下列专业能力：

1. 能按照安全卫生标准要求正确使用餐厅和客房设备、工具，并进行日常保养，确保操作安全。

2. 能按照规范的仪表、仪容和仪态进行一般接待服务。

3. 能按照餐厅服务工作的接待规程，进行餐厅零点接待服务（如点配菜点、餐巾折叠、摆台服务、餐台布局与摆设、酒水服务、分菜服务等）。

4. 能按照客房服务工作的接待规程，进行客房常规接待服务（如接受和处理订房要求、记录和储存预订资料、检查和控制预订过程、客人抵店前准备工作、为散客办理入住登记等）。

5. 能规范地使用汉语和英语进行餐厅、客房常规接待服务。

6. 能针对国内外宾客的特点、心理和生活习俗，为宾客提供服务。

对应或相关职业（工种）： 餐厅服务员（4-03-02-05）、前厅服务员（4-03-01-01）、客房服务员（4-03-01-02）、旅店服务员（4-03-01-03）

职业资格（职业技能等级）： 餐厅服务员、前厅服务员、客房服务员

专业主要教学内容：

餐厅与客房设备用具安全操作与维护、礼仪与形体训练、服务接待语言技巧、英语会话、餐厅服务与技能训练、客房服务与技能训练、饭店服务心理等。

对应上一级专业编码： 0504-3

0504-3　高级

专业编码： 0504-3

专业名称： 饭店（酒店）服务

培养目标： 培养从事饭店（酒店）餐厅、客房服务工作的高级技能人才（高级工）。

学习年限： 2 年（达到中级技能水平学生），3 年（高中毕业生），5 年（初中毕业生）

职业能力：

具有积极的人生态度、健康的心理素质、良好的职业道德和较扎实的文化基础知识；具有获取新知识、新技能的意识和能力，能适应不断变化的职业社会；具有较强的语言沟通能力和合作协调能力；了解饭店（酒店）服务工作流程，具有主动、礼貌待客的服务意识和吃苦耐劳的服务精神，具有较强的应对非常规问题的能力；能指导他人进行工作或协助培训一般操作人员。同时具有下列专业能力：

1. 能按照安全卫生标准要求正确使用餐厅和客房各种设备、工具，并进行管理，确保操作安全。

2. 能按照规范的仪表、仪容和仪态进行接待服务。

3. 能按照餐厅服务工作的接待规程，完成餐厅大型宴会接待服务，并能合理布置冷餐会、自助餐、茶话会、酒会餐厅及餐台。

4. 能按照客房服务工作的接待规程，完成客房大型会议的接待服务。

5. 能规范地使用汉语和英语进行餐厅、客房大型会议的接待服务，并为团队客人办理入住登记、显示和控制客房状况等。

6. 能针对国内外宾客的特点、心理和生活习俗，为宾客提供服务，运用恰当的语言艺术独立接待中外就餐宾客，并能处理宾客投诉和各种突发事件。

对应或相关职业（工种）：餐厅服务员（4-03-02-05）、前厅服务员（4-03-01-01）、客房服务员（4-03-01-02）、旅店服务员（4-03-01-03）

职业资格（职业技能等级）：餐厅服务员、前厅服务员、客房服务员

专业主要教学内容：

餐厅与客房设备用具安全操作与应用、礼仪与形体训练、服务接待与沟通实务、英语口语、餐厅服务与技能训练、客房服务与技能训练等。

对应下一级专业编码：0504-4

0505 导游

0505-4 中级

专业编码：0505-4

专业名称：导游

培养目标：培养从事旅行社旅游景点导游服务工作的中级技能人才。

学习年限：3年（初中毕业生），2年（高中毕业生）

职业能力：

具有积极的人生态度、健康的心理素质、良好的职业道德和较扎实的文化基础知识；具有获取新知识、新技能的意识和能力，能适应不断变化的职业社会；具有较强的组织协调、语言沟通和社会交际能力，自觉遵守接待服务操作规程，具有安全意识，重视环境保护，并能解决一般性专业问题。同时具有下列专业能力：

1. 能根据政策法规与职业规范进行旅游团的服务接待。
2. 能处理旅行社前台和外联工作。
3. 能独立带团旅游，进行景点讲解，具有一定的导游词写作能力。
4. 能根据宾客的心理、要求和生活习俗，为宾客提供不同方式的服务并能处理行程中出现的问题，具有一定的突发事件处理能力。
5. 能规范地使用汉语和英语进行导游接待服务。
6. 能正确引导旅游者文明出游。

对应或相关职业（工种）：导游（4-07-04-01）

职业资格（职业技能等级）：导游资格

专业主要教学内容：

旅游政策与法规、服务接待、旅行社业务与实训、带团实训、景点讲解、导游实务、英语会话、服务接待语言技巧等。

对应上一级专业编码：无

0506 商务礼仪服务

0506-4 中级

专业编码：0506-4

专业名称：商务礼仪服务

培养目标：培养从事商务礼仪服务工作的中级技能人才。

学习年限：3 年（初中毕业生），2 年（高中毕业生）

职业能力：

具有积极的人生态度、健康的心理素质、良好的职业道德和较扎实的文化基础知识；具有获取新知识、新技能的意识和能力，能适应不断变化的职业社会；具有良好的礼仪风范和服务意识；具有较强的语言表达和应变能力、人际交往和沟通能力，具有安全意识，重视环境保护，并能解决一般性专业问题。同时具有下列专业能力：

1. 能按照规范的仪表、仪容和仪态进行接待服务。
2. 能使用办公设备和办公软件进行业务操作。
3. 能维护保养各种办公设备，排除使用过程中的一般故障。
4. 能规范地使用汉语和英语进行前厅接待服务。
5. 能对文书进行收发、登记和分送，对文件进行系统整理、编目和归档。
6. 能按照会务工作的基本程序进行会务服务。
7. 能在不同的工作环境中规范地运用服务礼仪用语。

对应或相关职业（工种）：前厅服务员（4-03-01-01）

职业资格（职业技能等级）：前厅服务员

专业主要教学内容：

常用办公软件使用、办公设备使用与维护、秘书实务、汉语口语技巧、形体与礼仪训练、英语口语、前厅服务与技能训练等。

对应上一级专业编码：无

0507　美容美发与造型（美发）

0507-4　中级

专业编码：0507-4

专业名称：美容美发与造型（美发）

培养目标：培养从事美发美容服务和操作的中级技能人才。

学习年限：3 年（初中毕业生），2 年（高中毕业生）

职业能力：

具有积极的人生态度、健康的心理素质、良好的职业道德和较扎实的文化基础知识；具有获取新知识、新技能的意识和能力，能适应不断变化的职业社会；了解企业工作流程，遵守各项工艺规程；具有良好的服务意识和与顾客沟通的能力，具有安全意识，重视环境保护，并能解决一般性专业问题。同时具有下列专业能力：

1. 能按照安全卫生标准要求正确使用设备设施，保障操作安全。
2. 能正确使用推子、剪子、梳子等工具修剪一般发式。
3. 能正确使用吹风机、梳刷等工具对一般发式进行吹风造型。
4. 能根据不同的发质正确选择不同的洗发、护发、染发、烫发用品并进行操作。
5. 能应用头部及肩颈部的按摩技能对头部及肩颈部进行按摩。
6. 能应用美容日常护理的基本技能对皮肤进行护理。

7. 能完成生活妆型的基本操作。

8. 能应用沟通与交往的技巧，进行服务接待工作。

对应或相关职业（工种）：美发师（4-10-03-02）、美容师（4-10-03-01）

职业资格（职业技能等级）：美发师

专业主要教学内容：

美发工具安全操作与维修、毛发护理工艺（烫、染）、发式修剪与吹风造型、美容美发技能训练、护肤用品使用、化妆品应用与妆面操作、服务接待与咨询等。

对应上一级专业编码：0507-3

0507-3 高级

专业编码：0507-3

专业名称：美容美发与造型（美发）

培养目标：培养从事美发美容服务和操作的高级技能人才（高级工）。

学习年限：2 年（达到中级技能水平学生），3 年（高中毕业生），5 年（初中毕业生）

职业能力：

具有积极的人生态度、健康的心理素质、良好的职业道德和较扎实的文化基础知识；具有获取新知识、新技能的意识和能力，能适应不断变化的职业社会；熟悉企业工作流程，遵守各项工艺规程，具有安全意识，重视环境保护；具有良好的服务意识和与顾客沟通的能力；具有独立解决非常规问题的基本能力；能指导他人进行工作或协助培训一般操作人员。同时具有下列专业能力：

1. 能合理使用各种工具、用具、用品和机器设备，并排除和检修一般故障。

2. 能运用各种工具及工艺技术方法制作各式发型。

3. 能运用染色工艺进行染色设计和操作。

4. 能运用烫发工艺技术进行多种烫发设计和操作。

5. 能绘制发型设计效果图及拟订发型设计方案，并完成设计方案。

6. 能进行美容、美体日常护理，并能对面部、身体进行护理操作。

7. 能进行化妆造型设计，并根据人物需要画出妆型。

8. 能按照规范的仪表、仪容和仪态进行接待服务，具备与顾客沟通、咨询的能力。

对应或相关职业（工种）：美发师（4-10-03-02）、美容师（4-10-03-01）、化妆师（2-09-04-04）

职业资格（职业技能等级）：美发师

专业主要教学内容：

计算机软件应用与发型设计、美发美容企业管理与实践、绘画艺术与发型设计、发型设计与制作、发式修剪与吹风造型、化妆设计与造型、皮肤护理、服务礼仪与咨询等。

对应下一级专业编码：0507-4

0508　美容美发与造型（美容）

0508-4　中级

专业编码：0508-4

专业名称：美容美发与造型（美容）

培养目标：培养从事美容美发服务和操作的中级技能人才。

学习年限：3年（初中毕业生），2年（高中毕业生）

职业能力：

具有积极的人生态度、健康的心理素质、良好的职业道德和较扎实的文化基础知识；具有获取新知识、新技能的意识和能力，能适应不断变化的职业社会；了解企业工作流程，遵守各项工艺规程；具有良好的服务意识和与顾客沟通的能力，具有安全意识，重视环境保护，并能解决一般性专业问题。同时具有下列专业能力：

1. 能对不同皮肤进行判断，并进行护理操作。
2. 能正确使用护肤用品对面部进行护理操作。
3. 能正确使用综合美容仪器并保养。
4. 能进行面部修饰操作。
5. 能进行头面部及肩颈部按摩操作。
6. 能正确选择美发用品进行毛发护理。
7. 能进行一般发式造型的操作。
8. 能进行生活妆型的操作。

对应或相关职业（工种）：美容师（4-10-03-01）、美发师（4-10-03-02）

职业资格（职业技能等级）：美容师

专业主要教学内容：

毛发护理知识与基本操作技能、设备安全操作知识与维护、服务接待与咨询、皮肤护理基础与美容仪器操作、化妆品应用与妆面操作、发式修剪与造型等。

对应上一级专业编码：0508-3

0508-3　高级

专业编码：0508-3

专业名称：美容美发与造型（美容）

培养目标：培养从事美容美发服务和操作的高级技能人才（高级工）。

学习年限：2年（达到中级技能水平学生），3年（高中毕业生），5年（初中毕业生）

职业能力：

具有积极的人生态度、健康的心理素质、良好的职业道德和较扎实的文化基础知识；具有获取新知识、新技能的意识和能力，能适应不断变化的职业社会；熟悉企业工作流程，遵守各项工艺规程，具有安全意识，重视环境保护；具有良好的服务意识和与顾客沟通的能力；具有独立解决非常规问题的基本能力；能指导他人进行工作或协助培训一般操作人员。同时具有下列专业能力：

1. 能对化妆品进行选择，并运用不同护肤用品对皮肤进行护理操作。

2. 能运用瘦身技法进行人体瘦身的操作。

3. 能运用全身按摩的手法进行按摩操作。

4. 能正确使用多种综合美容仪器，并对其进行保养。

5. 能进行面部脱痣、除眼袋、除皱的处理和操作。

6. 能运用美体的手法进行美体操作。

7. 能运用各种工艺技术制作不同的发型。

8. 能进行日常生活妆型的操作。

对应或相关职业（工种）：美容师（4-10-03-01）、美发师（4-10-03-02）、化妆师（2-09-04-04）

职业资格（职业技能等级）：美容师

专业主要教学内容：

化妆品知识与应用、服务礼仪与实训、皮肤护理与美容仪器操作、美体技能实训、化妆品应用与妆面操作、发式修剪与造型、美容服务接待等。

对应下一级专业编码：0508-4

0509　美容美发与造型（化妆）

0509-4　中级

专业编码：0509-4

专业名称：美容美发与造型（化妆）

培养目标：培养从事化妆美发服务和操作的中级技能人才。

学习年限：3 年（初中毕业生），2 年（高中毕业生）

职业能力：

具有积极的人生态度、健康的心理素质、良好的职业道德和较扎实的文化基础知识；具有获取新知识、新技能的意识和能力，能适应不断变化的职业社会；了解企业工作流程，遵守各项工艺规程；具有良好的服务意识和与顾客沟通的能力；具有安全意识，重视环境保护，并能解决一般性专业问题。同时具有下列专业能力：

1. 能根据人物需要和色彩搭配画出不同的妆型。

2. 能进行面部修饰化妆。

3. 能进行生活妆、舞台妆、影视妆的操作。

4. 能运用发型设计方案和各种工艺技术制作不同的发型。

5. 能正确选择化妆品，对皮肤进行护理操作。

6. 能按照规范的仪表、仪容和仪态进行接待服务。

对应或相关职业（工种）：化妆师（2-09-04-04）、美发师（4-10-03-02）、美容师（4-10-03-01）

职业资格（职业技能等级）：美发师、美容师

专业主要教学内容：

化妆品应用与妆面操作、护肤用品识别与应用、安全操作知识与维修、服务接待与咨询

实训、皮肤护理、发式修剪与造型等。

对应上一级专业编码：0509-3

0509-3　高级

专业编码：0509-3

专业名称：美容美发与造型（化妆）

培养目标：培养从事化妆美发服务和操作的高级技能人才（高级工）。

学习年限：2 年（达到中级技能水平学生），3 年（高中毕业生），5 年（初中毕业生）

职业能力：

具有积极的人生态度、健康的心理素质、良好的职业道德和较扎实的文化基础知识；具有获取新知识、新技能的意识和能力，能适应不断变化的职业社会；熟悉企业工作流程，遵守各项工艺规程，具有安全意识，重视环境保护；具有良好的服务意识和与顾客沟通的能力；具有独立解决非常规问题的基本能力；能指导他人进行工作或协助培训一般操作人员。同时具有下列专业能力：

1. 能根据人物需要和色彩搭配熟练地画出不同的妆型。
2. 能进行面部及整体修饰化妆。
3. 能进行时尚彩妆、叠彩妆、透明妆、艺术时尚妆、金属妆、创意妆、白纱晚礼精致人体彩绘、秀场专用妆面造型及整体设计的操作。
4. 能运用各种工艺技术进行整体造型的设计和操作。
5. 能正确选择化妆、护肤用品，对皮肤进行调理和养护操作。
6. 能按照规范的仪表、仪容和仪态进行接待服务，解答整体形象设计的有关事宜。
7. 能进行美容美发企业营销与策划工作。

对应或相关职业（工种）：化妆师（2-09-04-04）、美发师（4-10-03-02）、美容师（4-10-03-01）

职业资格（职业技能等级）：美发师、美容师

专业主要教学内容：

素描与化妆训练、美学与彩妆标准应用、造型中的饰品与运用、时尚妆型与个人形象设计实训、美容护肤训练、发式设计与形象设计实训、企业营销与营销策划实务、沟通能力训练等。

对应下一级专业编码：0509-4

0510　休闲体育服务

0510-4　中级

专业编码：0510-4

专业名称：休闲体育服务

培养目标：培养从事休闲体育健身和娱乐场所综合服务的中级技能人才。

学习年限：3 年（初中毕业生），2 年（高中毕业生）

职业能力：

具有积极的人生态度、健康的心理素质、良好的职业道德和较扎实的文化基础知识；具有获取新知识、新技能的意识和能力，能适应不断变化的职业社会；具有团队合作意识和服务意识；了解休闲体育服务流程，遵守各项企业规章制度，具有安全意识，重视环境保护，并能解决一般性专业问题。同时具有下列专业能力：

1. 能按照休闲体育健身和娱乐场所环境卫生法规、标准进行保洁、维护和日常管理。

2. 能按照休闲体育健身和娱乐场所安全管理规定正确处理意外伤害事故。

3. 能使用休闲体育场地、设备设施，对顾客进行技术指导并对器材和设备进行维护。

4. 能根据休闲体育项目比赛规则，对赛事进行组织、编排和裁判。

5. 能按照休闲场所服务接待基本程序及服务礼仪规范为顾客提供服务。

6. 能根据顾客需要，向顾客推荐体育健身和休闲娱乐项目。

对应或相关职业（工种）：社会体育指导员（4-14-05-01）、体育场馆管理员（4-14-05-02）、康乐服务员（4-14-05-04）

职业资格（职业技能等级）：社会体育指导员

专业主要教学内容：

体育场地器械使用与维护、休闲体育指导基础与应用、休闲体育服务礼仪、休闲体育服务实务、游泳救护技能、体育保健与科学健身、体育场馆应急管理等。

专业方向：足球运动服务与管理、跆拳道运动服务与管理

对应上一级专业编码：0510-3

0510-3　高级

专业编码：0510-3

专业名称：休闲体育服务

培养目标：培养从事休闲体育健身和娱乐场所综合服务的高级技能人才（高级工）。

学习年限：2 年（达到中级技能水平学生），3 年（高中毕业生），5 年（初中毕业生）

职业能力：

具有积极的人生态度、健康的心理素质、良好的职业道德和较扎实的文化基础知识；具有获取新知识、新技能的意识和能力，能适应不断变化的职业社会；熟悉休闲体育服务流程，遵守各项企业规章制度，具有安全意识，重视环境保护，并具有独立解决非常规问题的基本能力；能指导他人进行工作或协助培训一般操作人员。同时具有下列专业能力：

1. 能按照国家体育测量及评价标准，对顾客身体素质进行检测和评估。

2. 能按照国家对休闲体育健身和娱乐场所的体育活动组织要求组织休闲体育活动。

3. 能集中顾客建议和要求，辅导和开设健身项目。

4. 能根据顾客的不同体质及需求，运用体育保健与科学健身的方法，指导顾客进行科学的体育健身活动。

5. 能运用体育经营和营销方法进行公关和销售。

6. 能识读休闲体育专业外语词汇，与顾客进行简单的外语交流。

对应或相关职业（工种）：社会体育指导员（4-14-05-01）、体育场馆管理员（4-14-05-02）、康乐服务员（4-14-05-04）

职业资格（职业技能等级）：社会体育指导员

专业主要教学内容：

体育测量与评价、社会体育活动组织实务、体育保健与科学健身、休闲体育服务礼仪、体育运动心理学、休闲体育服务实务、休闲体育指导与训练、休闲体育产业经营实务、体育场馆应急管理、英语口语等。

专业方向：足球运动服务与管理、跆拳道运动服务与管理

对应下一级专业编码：0510-4

0511 物业管理

0511-4 中级

专业编码：0511-4

专业名称：物业管理

培养目标：培养从事对住宅小区、写字楼、工业区、商业场所等类型物业进行基础性物业服务的中级技能人才。

学习年限：3年（初中毕业生），2年（高中毕业生）

职业能力：

具有积极的人生态度、健康的心理素质、良好的职业道德和较扎实的文化基础知识；具有获取新知识、新技能的意识和能力，能适应不断变化的职业社会；了解企业工作流程，执行岗位规范，遵守各项工作规程，具有强烈的服务意识和责任感，具有安全意识，重视环境保护，并能解决一般性专业问题。同时具有下列专业能力：

1. 能识读简单的建筑图样。
2. 能接待客户来访和投诉，能和客户进行沟通。
3. 能收取物业服务费及相关费用。
4. 能办理客户入住手续。
5. 能进行物业管理的档案管理。
6. 能按工作流程对楼宇中的水、电、气、暖正常供应及消防进行协调管理。
7. 能按工作流程对房屋维修进行协调管理。
8. 能按工作流程对建筑设备设施正常运转维护进行协调管理。
9. 能按工作流程对物业管理区域的环境维护进行协调管理。
10. 能熟练使用物业管理软件。

对应或相关职业（工种）：物业管理师（4-06-01-01）、中央空调系统运行操作员（4-06-01-02）、停车管理员（4-06-01-03）

职业资格（职业技能等级）：物业管理师

专业主要教学内容：

物业管理基础、物业管理实务、物业管理法规、房屋建筑与识图、物业设备设施管理、物业服务企业会计、企业管理、社交礼仪、有效沟通、档案管理等。

对应上一级专业编码：0511-3

0511-3　高级

专业编码： 0511-3

专业名称： 物业管理

培养目标： 培养从事对住宅小区、写字楼、工业区、商业场所等类型物业进行基础性管理的高级技能人才（高级工）。

学习年限： 2年（达到中级技能水平学生），3年（高中毕业生），5年（初中毕业生）

职业能力：

具有积极的人生态度、健康的心理素质、良好的职业道德和较扎实的文化基础知识；具有获取新知识、新技能的意识和能力，能适应不断变化的职业社会；熟悉企业工作流程，严格执行企业管理规定，具有强烈的服务意识和责任心，重视环境保护，并具有独立解决非常规问题的基本能力；能指导他人进行工作或协助培训一般操作人员。同时具有下列专业能力：

1. 能参与物业项目的接管验收工作。
2. 能处理客户投诉并进行客户关系管理。
3. 能测算物业服务费并组织收缴。
4. 能进行物业租赁等物业服务企业经营项目工作。
5. 能评价房屋维修预算方案。
6. 能参与物业管理的投标工作。
7. 能对楼宇中的水、电、气、暖正常供应及消防进行协调管理。
8. 能对房屋维修进行协调管理。
9. 能对建筑设备设施正常运转维护进行协调管理。
10. 能对物业管理区域的环境维护进行协调管理。

对应或相关职业（工种）： 物业管理师（4-06-01-01）、中央空调系统运行操作员（4-06-01-02）、停车管理员（4-06-01-03）

职业资格（职业技能等级）： 物业管理师

专业主要教学内容：

物业管理实务、物业管理法规、房地产开发与经营、物业管理的招标和投标、物业服务企业经营与管理、房屋工程基础知识、房屋维修预算、楼宇智能化管理、项目管理等。

对应下一级专业编码： 0511-4

0512　家政服务

0512-4　中级

专业编码： 0512-4

专业名称： 家政服务

培养目标： 培养从事家政服务工作的中级技能人才。

学习年限： 3年（初中毕业生），2年（高中毕业生）

职业能力：

具有积极的人生态度、健康的心理素质、良好的职业道德和较扎实的文化基础知识；具有获取新知识、新技能的意识和能力，能适应不断变化的职业社会；了解家政服务工作流程，执行安全操作规定，具有较强的服务意识，重视环境保护，并能解决一般性专业问题。同时具有下列专业能力：

1. 能独立制作主食。

2. 能自主完成菜肴烹制。

3. 能洗涤、熨烫、保管衣物。

4. 能照料孕妇的饮食起居。

5. 能照料产妇的饮食起居。

6. 能照料新生儿的饮食生活。

7. 能照料婴幼儿的膳食和生活起居。

8. 能对婴幼儿开展启蒙教育。

9. 能照料老年人的饮食起居。

10. 能为病人制作膳食。

11. 能对病人进行生活护理。

对应或相关职业（工种）：家政服务员（4-10-01-06）、养老护理员（4-10-01-05）、保育师（4-10-01-03）

职业资格（职业技能等级）：家政服务员

专业主要教学内容：

主食制作技术、菜肴制作技术、衣物洗熨技能、保管衣物技能、孕妇照料方法、产妇照料方法、照料新生儿技术方法、婴幼儿饮食料理技术方法、婴幼儿生活料理技术方法、婴幼儿启蒙教育方法、老年人饮食料理技术方法、老年人生活料理技术方法、病人饮食料理技术方法、病人生活护理技术方法等。

对应上一级专业编码：0512-3

0512-3　高级

专业编码：0512-3

专业名称：家政服务

培养目标：培养从事家政服务工作的高级技能人才（高级工）。

学习年限：2年（达到中级技能水平学生），3年（高中毕业生），5年（初中毕业生）

职业能力：

具有积极的人生态度、健康的心理素质、良好的职业道德和较扎实的文化基础知识；具有获取新知识、新技能的意识和能力，能适应不断变化的职业社会；熟悉家政服务工作流程，执行安全操作规定，具有较强的服务意识，重视环境保护，并具有独立解决非常规问题的基本能力；能指导他人进行工作或协助培训一般操作人员。同时具有下列专业能力：

1. 能设计制作家庭便宴。

2. 能合理安排、组织家务料理工作。

3. 能运用日常英语进行家政服务对话。

4. 能对雇主家居环境进行美化。

5. 能熟练操作计算机设备。

6. 能使用数码影音设备为雇主提供服务。

7. 能指导学龄儿童学习。

对应或相关职业（工种）：家政服务员（4-10-01-06）、养老护理员（4-10-01-05）、保育师（4-10-01-03）

职业资格（职业技能等级）：家政服务员

专业主要教学内容：

家宴设计技术方法、家宴制作技术方法、料理家务技巧、家居美化方法、计算机基本操作技能、家用数码设备使用方法、婴幼儿教育方法、学龄儿童教育方法、家政服务英语、职业培训基本方法、职业指导基本方法等。

对应下一级专业编码：0512-4

0513　公共营养保健

0513-4　中级

专业编码：0513-4

专业名称：公共营养保健

培养目标：培养从事人群膳食状况和营养保健评价、指导服务的中级技能人才。

学习年限：3 年（初中毕业生），2 年（高中毕业生）

职业能力：

具有积极的人生态度、健康的心理素质、良好的职业道德和较扎实的文化基础知识；具有获取新知识、新技能的意识和能力，能适应不断变化的职业社会；了解人群膳食状况、营养保健评价与指导的原则和流程，严格执行服务规范，遵守各项相关法规，并能解决一般性专业问题。同时具有下列专业能力：

1. 能估计食物份的重量，设计称重法记录表，用称重法进行食物摄入量称重和记录。

2. 能使用食物成分表查食物营养素含量，对数据进行分类计算和核对。

3. 能判定成人膳食营养素摄入量是否满足需要。

4. 能判别成人消瘦、超重和肥胖，判别儿童体重不足和发育迟缓，评价儿童生长发育状况。

5. 能确定成人营养需要，进行营养素来源识别和食物选择。

6. 能选择主食类别和确定成人主食供给量，选择副食类别和确定成人副食供给量，编制成人一餐食谱。

7. 能用食物交换法调整食物种类和食谱能量，调整食谱口味和价格，编制成人一日食谱。

8. 能收集和抽取食物样品，解读食品原料和辅料配方，解读营养标签。

9. 能根据食物感官判断质量，根据食品成分分析结果评定奶类、饮料、粮油类食品营养价值。

10. 能进行访谈和填写营养健康调查表，进行入户动员；能录入相关数据资料，进行数据验证和核对。

对应或相关职业（工种）：营养师（4-14-02-01）

职业资格（职业技能等级）：营养师

专业主要教学内容：

公共营养师职业道德、营养学基础、公共基础营养、疾病营养、学校营养、烹饪营养、膳食营养指导与疾病预防、保健品营养、运动与减肥营养、营养教育、基础护理、解剖生理等。

对应上一级专业编码：0513-3

0513-3 高级

专业编码：0513-3

专业名称：公共营养保健

培养目标：培养从事人群膳食状况和营养保健评价、指导服务的高级技能人才（高级工）。

学习年限：2年（达到中级技能水平学生），3年（高中毕业生），5年（初中毕业生）

职业能力：

具有积极的人生态度、健康的心理素质、良好的职业道德和较扎实的文化基础知识；具有获取新知识、新技能的意识和能力，能适应不断变化的职业社会；熟悉人群膳食状况、营养保健评价与指导的原则和流程，严格执行服务规范，遵守各项相关法规，并具有独立解决非常规问题的基本能力；能指导他人进行工作或协助培训一般工作人员。同时具有下列专业能力：

1. 能设计回顾法和记账法食物量登记表，用记账法进行人群食物消耗量调查，用24小时回顾法进行食物摄入量调查。

2. 能用记账法资料计算食物和营养素摄入量，用回顾法资料计算食物和营养素摄入量。

3. 能分析和评价膳食能量，分析和评价膳食营养素摄入量，进行膳食模式的分析评价和报告，建立膳食调查数据库。

4. 能识别蛋白质-能量营养不良基本体征并进行评价，识别维生素A、D、B_2、C及钙、铁和锌缺乏体征并进行评价。

5. 能进行烹饪营养、平衡膳食评估并提出建议，进行健康生活方式询问和评价并提出建议，能解答食品污染、食物中毒等问题，进行身体活动和能量消耗评估。

6. 能进行平衡膳食营养教育，进行维持体重和能量平衡教育，撰写科普文章。

7. 能确定儿童和青少年营养需要，根据营养需要选择食物，确定儿童和青少年主食、副食供给量。

8. 能编制儿童和青少年食谱，编制幼儿园食谱；能对成人、青少年和儿童的食谱进行营养评价，根据营养评价结果调整食物品种和数量。

9. 能建立个人健康档案，计算人群营养缺乏病发生率和患病率。

10. 能设计社区营养干预方案，设计普通人群科学运动方案。

对应或相关职业（工种）：营养师（4-14-02-01）

职业资格（职业技能等级）：营养师

专业主要教学内容：

公共营养师职业道德、医学基础、人群营养基础、食物营养与食品加工基础、食品卫生基础、膳食营养指导与疾病预防、社区营养管理基础、膳食调查和评价、人体营养状况测定和评价、营养咨询和教育、膳食指导和评估、食品营养评价、社区营养管理和干预等。

对应下一级专业编码：0513-4

0514　保健按摩

0514-4　中级

专业编码：0514-4

专业名称：保健按摩

培养目标：培养在各种服务部门从事保健按摩工作的中级技能人才。

学习年限：3 年（初中毕业生），2 年（高中毕业生）

职业能力：

具有积极的人生态度、健康的心理素质、良好的职业道德和较扎实的文化基础知识；具有获取新知识、新技能的意识和能力，能适应不断变化的职业社会；了解保健按摩工作流程，遵守有关卫生规定，具有安全意识、法律意识，并能解决一般性专业问题。同时具有下列专业能力：

1. 能礼貌得体地接待宾客。
2. 能根据宾客需求介绍不同的按摩服务项目。
3. 能通过观察、询问确定宾客是否有按摩禁忌证。
4. 能根据宾客需求制定保健按摩方案并正确组织实施。
5. 能熟练运用有关按摩手法。
6. 能运用全面按摩、重点加强原则，对足部不适症状进行康复按摩。

对应或相关职业（工种）：保健按摩师（4-10-04-02）、保健调理师（4-10-04-01）、芳香保健师（4-10-04-03）

职业资格（职业技能等级）：保健按摩师

专业主要教学内容：

人体解剖学、中医基础理论、推拿学、按摩学、心理学、中医诊断学、足部反射诊疗保健学、足部药浴学、经络腧穴学、足疗保健、刮痧、中医美容、服务礼仪等。

对应上一级专业编码：0514-3

0514-3　高级

专业编码：0514-3

专业名称：保健按摩

培养目标：培养在各种服务部门从事保健按摩工作的高级技能人才（高级工）。

学习年限：2 年（达到中级技能水平学生），3 年（高中毕业生），5 年（初中毕业生）

职业能力：

具有积极的人生态度、健康的心理素质、良好的职业道德和较扎实的文化基础知识；具有获取新知识、新技能的意识和能力，能适应不断变化的职业社会；熟悉保健按摩工作流程，遵守有关卫生规定，具有安全意识、法律意识，并具有独立解决非常规问题的基本能力；能指导他人进行工作或协助培训一般工作人员。同时具有下列专业能力：

1. 能通过观察、询问了解宾客身体状况并推荐服务项目。

2. 能向宾客介绍常用保健按摩术的特点及作用。

3. 能根据宾客身体状况正确适配经络和穴位。

4. 能根据宾客需求熟练运用推、摩、抹、擦、搓、按、点、拨、捏、拿等按摩手法。

5. 能根据宾客特殊情况制定相应按摩操作程序与操作方法。

6. 能促进头胀痛、鼻塞不通、目胀额紧等不适证的恢复。

7. 能通过对足部形态、色泽的诊察，提出保健预防意见。

8. 能运用全面按摩、重点加强原则，对足部不适症状进行康复按摩。

对应或相关职业（工种）：保健按摩师（4-10-04-02）、保健调理师（4-10-04-01）、芳香保健师（4-10-04-03）

职业资格（职业技能等级）：保健按摩师

专业主要教学内容：

中医基础理论、中医诊断学、中药学、人体解剖学、生理学、足部反射诊疗保健学、足部药浴学、中医骨伤学、中医外科学、经络学、腧穴学、推拿学、卫生学、心理学和现代礼仪、医疗卫生知识等。

对应下一级专业编码：0514-4

0515 护理

0515-4 中级

专业编码：0515-4

专业名称：护理

培养目标：培养从事护理工作的中级技能人才。

学习年限：3 年（初中毕业生），2 年（高中毕业生）

职业能力：

具有积极的人生态度、健康的心理素质、良好的职业道德和较扎实的文化基础知识；具有获取新知识、新技能的意识和能力，能适应不断变化的职业社会；了解护理流程，严格执行护理操作规定，遵守相关法律法规，并能解决一般性专业问题。同时具有下列专业能力：

1. 能对老年人进行清洁卫生、睡眠照料、饮食照料。

2. 能配合医护人员为老年人完成换药、给药工作，测量老年人的体温、脉搏、血压、呼吸，正确填写护理记录。

3. 能配合医护人员完成对老年人高血压病、冠心病、中风、帕金森病、糖尿病、退行性关节炎、痛风、便秘、老年性痴呆症等常见病的护理。

4. 能对老年人外伤出血、烫伤、噎食、摔伤等意外情况及时进行报告并做出初步的应急处理。

5. 能组织老年人开展小型闲暇活动。

6. 能对婴儿进行饮食、睡眠、卫生方面的照料。

7. 能对婴儿进行生长检测和常见疾病护理。

8. 能对婴儿进行动作技能、认知能力、语言方面的训练。

对应或相关职业（工种）：养老护理员（4-10-01-05）、保育师（4-10-01-03）、孤残儿童护理员（4-10-01-04）、医疗护理员（4-14-01-02）

职业资格（职业技能等级）：养老护理员、保育师、孤残儿童护理员

专业主要教学内容：

基础护理学、老年人护理、婴幼儿护理、膳食营养学、急救护理学、预防医学、中医康复学、人体解剖学、药理学、护理心理学等。

对应上一级专业编码：0515-3

0515-3 高级

专业编码：0515-3

专业名称：护理

培养目标：培养从事护理工作的高级技能人才（高级工）。

学习年限：2 年（达到中级技能水平学生），3 年（高中毕业生），5 年（初中毕业生）

职业能力：

具有积极的人生态度、健康的心理素质、良好的职业道德和较扎实的文化基础知识；具有获取新知识、新技能的意识和能力，能适应不断变化的职业社会；熟悉护理流程，严格执行护理操作规定，遵守相关法律法规，并具有独立解决非常规问题的基本能力；能指导他人进行工作或协助培训一般护理人员。同时具有下列专业能力：

1. 能对老年人进行胸外心脏按压、人工呼吸等急救处理，协助医护人员进行危重病护理。

2. 能对老年人常见病、多发病进行咨询与预防指导，对老年人的生活习惯进行健康指导。

3. 能组织老年人开展各类兴趣活动，参与组织较大型的文体娱乐活动。

4. 能向老年人宣讲心理保健知识，对老年人忧虑、恐惧、焦虑等不良情绪进行疏导，与老年人进行情感交流并予以心理支持。

5. 能设计婴儿食谱和配制婴儿膳食，营造和选择有益于婴儿健康和生长的环境。

6. 能对婴儿常见疾病进行预防和家庭护理。

7. 能根据婴儿个体差异制订培养计划。

对应或相关职业（工种）：养老护理员（4-10-01-05）、保育师（4-10-01-03）、孤残儿童护理员（4-10-01-04）、医疗护理员（4-14-01-02）

职业资格（职业技能等级）：养老护理员、保育师、孤残儿童护理员

专业主要教学内容：

老年人护理、婴幼儿护理、内科护理学、外科护理学、膳食营养学、食品化学、急救护理学、预防医学、中医康复学、人体解剖学、药理学、护理心理学等。

对应下一级专业编码：0515-4

0516　会展服务与管理

0516-4　中级

专业编码：0516-4

专业名称：会展服务与管理

培养目标：培养从事会展项目管理和服务的中级技能人才。

学习年限：3 年（初中毕业生），2 年（高中毕业生）

职业能力：

具有积极的人生态度、健康的心理素质、良好的职业道德和较扎实的文化基础知识；具有获取新知识、新技能的意识和能力，能适应不断变化的职业社会；具有社会责任感，了解会展项目运作流程，具有良好的服务与协调能力；具有良好的人际交往能力、团队合作精神和客户意识，并能解决一般性专业问题。同时具有下列专业能力：

1. 能按照会展项目运作规律和流程，为会展项目各个环节的运作提供阶段性服务和管理。

2. 能收集会展市场调研资料，开展会展市场调研，根据市场要求选准会展项目主题。

3. 能编制会展策划方案，并利用相关软件编制会展工作计划和流程图，辅助会展项目的开展和顺利进行。

4. 能有的放矢地收集展商和观众名录，通过电话、电子邮件、网络营销等多种方式进行会展营销，销售展台、广告位、赞助权等，为会展项目盈利。

5. 能提供会议与展览现场服务，对与会者、展商、观众以及与会议展览项目相关的广告、搭建、物流、交通、餐饮、旅游等服务供应商进行管理与服务。

6. 能在会展项目整体运作过程中，为会展项目所涉及的社会团体（如行业协会、政府主管机构、新闻媒体等）提供协调服务。

7. 能为展商和观众提供展后评估及展后后续跟踪服务。

对应或相关职业（工种）：会展服务师（4-07-07-01）、装饰美工（4-07-07-02）、会展设计师（4-08-08-21）

职业资格（职业技能等级）：装饰美工、会展设计师

专业主要教学内容：

会展概论、会展营销、会展礼仪、会展策划、会展服务与管理、市场调查、会议运营管理、会展案例分析、会展英语、会展展示设计与制作、美术基础、摄影摄像基础等。

专业方向：会展设计

对应上一级专业编码：0516-3

0516-3　高级

专业编码：0516-3

专业名称：会展服务与管理

培养目标：培养从事会展项目管理和服务的高级技能人才（高级工）。

学习年限：2 年（达到中级技能水平学生），3 年（高中毕业生），5 年（初中毕业生）

职业能力：

具有积极的人生态度、健康的心理素质、良好的职业道德和较扎实的文化基础知识；具有获取新知识、新技能的意识和能力，能适应不断变化的职业社会；具有社会责任感，熟悉会展项目运作流程，具有良好的服务与协调能力和客户意识，并具有独立解决非常规问题的基本能力；能指导他人进行工作或协助培训一般会展服务人员。同时具有下列专业能力：

1. 能把握会展项目运作规律和流程，策划部署会展项目各个环节的阶段性工作。

2. 能分析处理会展市场调研资料，开展会展市场调研，根据市场要求辨识、筛选出有市场价值和发展潜力的会展项目主题。

3. 能熟练编制有可执行性的会展策划方案，并分派部署会展工作计划和人员安排。

4. 能在针对展商和观众开展会展营销的基础上，采取多种有吸引力的营销活动策略，吸引并扩大展商和观众的范围。

5. 能提供专业的会议及展会现场服务，提供规范化的会期广告、搭建、物流、交通、餐饮、旅游等会展项目配套服务。

6. 能在会展项目整体运作过程中，充分利用与会展项目所涉及的社会团体（如行业协会、政府主管机构、新闻媒体等）的公共关系，创造更多的合作空间。

7. 能使用 Photoshop 平面制作软件、CorelDRAW 绘图软件、3dsMax 效果图制作软件，进行会展项目宣传推广、展位图制作、项目方案制作。

8. 能通过对展商和观众的后续跟踪服务，挖掘更多的市场合作机会，扩大会展项目的规模，保持会展项目的持续发展潜力。

对应或相关职业（工种）：会展服务师（4-07-07-01）、装饰美工（4-07-07-02）、会展设计师（4-08-08-21）

职业资格（职业技能等级）：装饰美工、会展设计师

专业主要教学内容：

会展营销、会展礼仪、会展策划、会展服务与管理、会议运营管理、会展案例分析、会展英语、会展展示设计与制作、美术基础、摄影摄像基础、Photoshop 软件应用、CorelDRAW 软件应用、3dsMax 软件应用等。

专业方向：会展设计

对应下一级专业编码：0516-4

0517 茶艺

0517-4 中级

专业编码：0517-4

专业名称：茶艺

培养目标：培养在茶艺馆、茶室、宾馆等场所专职从事茶饮艺术服务的中级技能人才。

学习年限：3 年（初中毕业生），2 年（高中毕业生）

职业能力：

具有积极的人生态度、健康的心理素质、良好的职业道德和较扎实的文化基础知识；具

有获取新知识、新技能的意识和能力，能适应不断变化的职业社会；具有较好的语言沟通能力；具有团队精神与合作意识；了解茶艺馆、宾馆茶座和茶叶经营企业工作流程并遵守各项工艺规程；具有主动、热情、礼貌待客的服务意识和吃苦耐劳的工作精神，具有安全与卫生意识，重视环境保护，并能解决一般性专业问题。同时具有下列专业能力：

1. 能用良好的礼仪接待顾客。

2. 能识别主要的茶叶品级与常用茶具质量，正确配置茶具，布置表演台。

3. 能按照不同茶艺要求，选择和配置音乐、服饰、插花、香薰，能担任三种以上茶艺表演的主泡。

4. 能向顾客介绍清饮法和调饮法、名茶和名泉等与茶艺相关的知识。

5. 能根据茶叶、茶具销售情况提出货品调配建议。

对应或相关职业（工种）：茶艺师（4-03-02-07）

职业资格（职业技能等级）：茶艺师

专业主要教学内容：

茶艺概论、茶叶营养与保健知识、茶艺美学与茶席设计、茶叶冲泡与品饮、茶艺表演知识与技能、茶叶经营与管理、茶艺英语、安全用电与用气、礼仪基础、茶叶包装工艺与保管、茶叶与茶具营销、消费者心理学、演讲与口才、茶具选配与使用、美术基础、插花艺术、形体训练等。

对应上一级专业编码：0517-3

0517-3　高级

专业编码：0517-3

专业名称：茶艺

培养目标：培养在茶艺馆、茶室、宾馆等场所专职从事茶饮艺术服务的高级技能人才（高级工）。

学习年限：2 年（达到中级技能水平学生），3 年（高中毕业生），5 年（初中毕业生）

职业能力：

具有积极的人生态度、健康的心理素质、良好的职业道德和较扎实的文化基础知识；具有获取新知识、新技能的意识和能力，能适应不断变化的职业社会；具有较强的语言沟通能力；具有团队精神、合作意识和敢于创新的精神；熟悉茶艺馆、宾馆茶座和茶叶经营企业工作流程并遵守各项工艺规程；具有主动、热情、礼貌待客的服务意识和吃苦耐劳的工作精神，具有安全与卫生意识，重视环境保护，并具有独立解决非常规问题的基本能力；能指导他人进行工作或协助培训一般操作人员。同时具有下列专业能力：

1. 能用国际礼仪与外语接待外宾。

2. 能介绍主要名优茶产地及品质特征，介绍瓷器茶具、紫砂壶、少数民族茶饮器具与服饰等知识，能准备饮茶器物。

3. 能进行三种以上风味茶饮和少数民族茶饮操作，组织茶艺表演，介绍文化内涵。

4. 能营造和谐的茶艺消费气氛，引导顾客消费，并能介绍茶文化旅游事项。

5. 能根据季节变化、节假日特点制订茶艺馆消费品调配计划，参与或初步设计茶事展销活动。

对应或相关职业（工种）：茶艺师（4-03-02-07）

职业资格（职业技能等级）：茶艺师

专业主要教学内容：

茶叶及茶具采购知识、茶楼装饰装修知识、茶艺馆经营管理、茶叶企业经营管理基本知识、成本核算、中国名茶产地及品质特征、中国名泉、中国各地风味茶饮与少数民族茶饮、茶艺展销活动设计、茶艺专业与商务英语、服务礼仪等。

对应下一级专业编码：0517-4

0518 邮政业务

0518-4 中级

专业编码：0518-4

专业名称：邮政业务

培养目标：培养从事邮政各类业务及内部作业操作处理的中级技能人才。

学习年限：3 年（初中毕业生），2 年（高中毕业生）

职业能力：

具有积极的人生态度、健康的心理素质、良好的职业道德和较扎实的文化基础知识；具有获取新知识、新技能的意识和能力，能适应不断变化的职业社会；了解邮政各类业务的操作规范要求，掌握内部作业流程，并能解决一般性专业问题。同时具有下列专业能力：

1. 掌握邮政法和各类邮政窗口业务与邮件投递处理规则、操作流程及标准。
2. 掌握邮政窗口服务礼仪规范要求，熟悉邮政企业文化、理念。
3. 掌握邮件业务的窗口收寄处理等操作规范。
4. 掌握邮政代理储蓄等金融业务的网点受理操作规范。
5. 掌握报刊收订、批销、零售等前端报刊业务处理规程和操作技能。
6. 能按作业计划和操作规程完成报刊生产作业处理。
7. 能按规定完成集邮票品的窗口零售工作。
8. 能按作业组织流程完成邮件内部处理的有关分拣封发等操作。

对应或相关职业（工种）：邮政营业员（4-02-07-01）、邮件分拣员（4-02-07-02）、邮件转运员（4-02-07-03）、邮政投递员（4-02-07-04）、报刊业务员（4-02-07-05）、集邮业务员（4-02-07-06）、邮政市场业务员（4-02-07-07）、快递员（4-02-07-08）、快件处理员（4-02-07-09）、国际快递业务师（4-02-07-10）、快递站点管理师（4-02-07-11）、邮政储汇业务员 *（4-05-01-01）

职业资格（职业技能等级）：邮政营业员、邮件分拣员、邮件转运员、邮政投递员、报刊业务员、集邮业务员、邮政市场业务员、快递员、快件处理员

专业主要教学内容：

邮政通信地理、信息技术应用基础、邮政营业、报刊发行业务、集邮业务、邮政电子商务、邮政速递业务、邮件内部处理、邮政储汇业务、邮政代理业务、邮政物品配送业务等。

对应上一级专业编码：0518-3

0518-3　高级

专业编码：0518-3

专业名称：邮政业务

培养目标：培养从事邮政各类业务及内部作业操作处理的高级技能人才（高级工）。

学习年限：2年（达到中级技能水平学生），3年（高中毕业生），5年（初中毕业生）

职业能力：

具有积极的人生态度、健康的心理素质、良好的职业道德和较扎实的文化基础知识；具有获取新知识、新技能的意识和能力，能适应不断变化的职业社会；熟悉邮政各类业务的操作规范要求，掌握内部作业流程，并具有独立解决非常规问题的基本能力；能指导他人进行工作或协助培训一般操作人员。同时具有下列专业能力：

1. 熟练掌握邮政法和各类邮政窗口业务与邮件投递处理规则、操作流程及标准。
2. 熟练掌握邮政窗口服务礼仪规范要求，熟悉邮政企业文化、理念。
3. 熟练掌握邮件业务的窗口收寄处理等操作规范。
4. 熟练掌握邮政代理储蓄等金融业务的网点受理操作规范。
5. 能按作业组织流程对邮件内部处理等操作进行管理。
6. 能根据业务需要开展营销策划工作。
7. 能熟练完成报刊业务数据的处理工作。
8. 能熟练完成报刊业务资金对账、缴款管理和报刊款结算工作。
9. 能熟练处理各类集邮票品的入库、出库、转库、退换等工作。

对应或相关职业（工种）：邮政营业员（4-02-07-01）、邮件分拣员（4-02-07-02）、邮件转运员（4-02-07-03）、邮政投递员（4-02-07-04）、报刊业务员（4-02-07-05）、集邮业务员（4-02-07-06）、邮政市场业务员（4-02-07-07）、快递员（4-02-07-08）、快件处理员（4-02-07-09）、国际快递业务师（4-02-07-10）、快递站点管理师（4-02-07-11）、邮政储汇业务员＊（4-05-01-01）

职业资格（职业技能等级）：邮政营业员、邮件分拣员、邮件转运员、邮政投递员、报刊业务员、集邮业务员、邮政市场业务员、快递员、快件处理员

专业主要教学内容：

邮政通信地理、信息技术应用基础、邮政营业、报刊发行业务、集邮业务、邮件内部处理、邮政储汇业务、邮政代理业务、邮政市场营销、邮政作业组织、邮政电子商务、邮政速递业务、邮政物品配送业务等。

对应下一级专业编码：0518-4

0519　酒店管理

0519-4　中级

专业编码：0519-4

专业名称：酒店管理

培养目标：培养从事酒店服务与管理工作的中级技能人才。

学习年限：3 年（初中毕业生），2 年（高中毕业生）

职业能力：

具有积极的人生态度、健康的心理素质、良好的职业道德和较扎实的文化基础知识；具有获取新知识、新技能的意识和能力，能适应不断变化的职业社会；了解酒店餐饮业文化，遵守酒店服务规范，具有较强的对客服务意识，重视本职岗位安全要求，并能解决一般性专业问题。同时具有下列专业能力：

1. 能进行中餐零点服务及宴会服务工作。
2. 能独立完成托盘、斟酒及餐巾折花工作。
3. 能进行客房清扫与布置、客房检查督导服务工作。
4. 能独立完成前厅接待、问询及收款工作。
5. 能使用英语进行酒店各主要对客岗位服务的交流。
6. 能进行酒店排班、考核、培训、安全防范与处理等日常管理工作。

对应或相关职业（工种）：餐厅服务员（4-03-02-05）、客房服务员（4-03-01-02）、前厅服务员（4-03-01-01）、旅店服务员（4-03-01-03）

职业资格（职业技能等级）：餐厅服务员、前厅服务员、客房服务员

专业主要教学内容：

服务心理学、服务礼仪、前厅服务、客房服务、中餐服务、酒店安全管理、酒店英语、酒店管理学、形体训练等。

对应上一级专业编码：0519-3

0519-3　高级

专业编码：0519-3

专业名称：酒店管理

培养目标：培养从事酒店服务与管理工作的高级技能人才（高级工）。

学习年限：2 年（达到中级技能水平学生），3 年（高中毕业生），5 年（初中毕业生）

职业能力：

具有积极的人生态度、健康的心理素质、良好的职业道德和较扎实的文化基础知识；具有获取新知识、新技能的意识和能力，能适应不断变化的职业社会；熟悉酒店餐饮业文化，遵守酒店服务规范，具有强烈的对客服务意识，具有独立解决非常规问题的基本能力；能指导他人进行工作或协助培训一般服务人员。同时具有下列专业能力：

1. 能进行西餐零点服务及宴会服务工作。
2. 能娴熟制作各种杯花及盘花，并能用中、英文对各种菜肴及酒水进行推介。
3. 能熟练完成前厅房态控制、报表审核等工作，并能指导新员工完成前厅接待工作。
4. 能根据宾客消费心理进行科学合理的酒店产品推销及酒店文化宣传。
5. 能进行酒店排班、考核、培训、安全防范与处理等日常管理工作并能妥善处理突发事件。

对应或相关职业（工种）：餐厅服务员（4-03-02-05）、客房服务员（4-03-01-02）、前厅服务员（4-03-01-01）、旅店服务员（4-03-01-03）

职业资格（职业技能等级）：餐厅服务员、前厅服务员、客房服务员

专业主要教学内容：

服务心理学、前厅服务与管理、客房服务与管理、西餐服务、酒店安全管理、酒店英语、酒店管理学、酒店市场营销、酒店人力资源管理、形体训练等。

对应下一级专业编码：0519-4

0520　旅游服务与管理

0520-4　中级

专业编码：0520-4

专业名称：旅游服务与管理

培养目标：培养从事旅游服务与日常管理工作的中级技能人才。

学习年限：3 年（初中毕业生），2 年（高中毕业生）

职业能力：

具有积极的人生态度、健康的心理素质、良好的职业道德和较扎实的文化基础知识；具有获取新知识、新技能的意识和能力，能适应不断变化的职业社会；了解旅游行业工作流程，严格执行旅游行业工作规定，遵守各项服务规程，具有强烈的对客服务意识、安全意识，重视环境保护，并能解决一般性专业问题。同时具有下列专业能力：

1. 能用规范的仪表、仪容和仪态进行旅游接待服务。
2. 能根据宾客的心理和需求，为宾客提供针对性的服务。
3. 能处理旅游服务过程中出现的常见问题。
4. 能为宾客提供就餐、住宿等相关服务。
5. 能使用标准普通话提供旅游服务，普通话达到二级乙等水平。
6. 能吸收和应用新技术，适应旅游行业的职业变化。

对应或相关职业（工种）：导游（4-07-04-01）、旅游团队领队（4-07-04-02）、旅行社计调（4-07-04-03）、旅游咨询员（4-07-04-04）

职业资格（职业技能等级）：导游资格、旅行社计调

专业主要教学内容：

旅游概论、服务礼仪、旅游心理学、导游文化基础知识、模拟导游、导游业务、旅游政策与法规、景区服务与管理等。

专业方向：旅游资源开发与管理、生态旅游服务与管理

对应上一级专业编码：0520-3

0520-3　高级

专业编码：0520-3

专业名称：旅游服务与管理

培养目标：培养从事旅游服务与日常管理工作的高级技能人才（高级工）。

学习年限：2 年（达到中级技能水平学生），3 年（高中毕业生），5 年（初中毕业生）

职业能力：

具有积极的人生态度、健康的心理素质、良好的职业道德和较扎实的文化基础知识；具

有获取新知识、新技能的意识和能力，能适应不断变化的职业社会；熟悉旅游行业工作流程，具有较强的组织协调和社会交际能力，严格执行各项服务规程，具有强烈的安全意识，重视环境保护，并具有独立解决非常规问题的基本能力；能指导他人进行工作或协助培训一般服务人员。同时具有下列专业能力：

1. 能从事出境旅游团队全程陪同服务，并协调督促境外接待社履行旅游行程计划。
2. 能使用外语（主要是英语）进行一般接待服务和业务沟通。
3. 能根据宾客需求进行有效沟通，熟练处理宾客投诉。
4. 能妥善处理行程中的突发事件。
5. 能创造性地开展服务工作，满足宾客个性化的要求。
6. 能熟练运用计算机网络技术开展工作。
7. 能使用并指导他人使用、维护相关客用设施设备。

对应或相关职业（工种）：导游（4-07-04-01）、旅游团队领队（4-07-04-02）、旅行社计调（4-07-04-03）、旅游咨询员（4-07-04-04）

职业资格（职业技能等级）：导游资格、旅行社计调

专业主要教学内容：

旅行社运行与管理、导游心理学、计调业务、出境旅游领队安全管理实务、目的地国家（地区）知识、领队业务与法律法规、旅游线路设计、网络信息运用、移动电子商务、领队英语、景区服务与管理、旅行社（酒店）运营研修等。

专业方向：旅游资源开发与管理、生态旅游服务与管理

对应下一级专业编码：0520-4

0521　老年服务与管理

0521-4　中级

专业编码：0521-4

专业名称：老年服务与管理

培养目标：培养从事老年服务与管理工作的中级技能人才。

学习年限：3 年（初中毕业生），2 年（高中毕业生）

职业能力：

具有积极的人生态度、健康的心理素质、良好的职业道德和较扎实的文化基础知识；具有获取新知识、新技能的意识和能力，能适应不断变化的职业社会；具有较强的语言沟通能力和合作协调能力；了解老年服务与管理工作流程，具有主动、礼貌地为老年人服务的意识和吃苦耐劳的服务精神，具有安全意识，重视环境保护，并能解决一般性专业问题。同时具有下列专业能力：

1. 能独立完成菜肴烹制、主食制作，照顾老年人饮食。
2. 能对老年人进行清洁卫生护理。
3. 能对衣物、床上用品等进行消毒、洗涤、熨烫、保管。
4. 能配合医护人员为老年人完成换药、给药工作，测量老年人的体温、脉搏、血压、呼吸，正确填写护理记录。

5. 能配合医护人员完成对老年人高血压病、冠心病、中风、帕金森病、糖尿病、退行性关节炎、痛风、便秘、老年性痴呆症等常见病的护理。

6. 能对老年人外伤出血、烫伤、噎食、摔伤等意外情况及时进行报告并做出初步的应急处理。

7. 能按照康复计划帮助老年人进行康复训练。

8. 能组织老年人开展小型闲暇活动。

9. 能观察老年人的情绪变化，并与老年人进行沟通。

对应或相关职业（工种）：养老护理员（4-10-01-05）

职业资格（职业技能等级）：养老护理员

专业主要教学内容：

基础护理学、老年学概论、医学基础、老年政策与法规、老年康复与训练、营养膳食与搭配、老年常见疾病预防与照护、老年护理保健、老年心理咨询、护理礼仪、中医养生保健等。

对应上一级专业编码：0521-3

0521-3　高级

专业编码：0521-3

专业名称：老年服务与管理

培养目标：培养从事老年服务与管理工作的高级技能人才（高级工）。

学习年限：2年（达到中级技能水平学生），3年（高中毕业生），5年（初中毕业生）

职业能力：

具有积极的人生态度、健康的心理素质、良好的职业道德和较扎实的文化基础知识；具有获取新知识、新技能的意识和能力，能适应不断变化的职业社会；具有较强的语言沟通能力和合作协调能力；熟悉老年服务与管理工作流程，具有主动、礼貌地为老年人服务的意识和吃苦耐劳的服务精神，具有安全意识，重视环境保护，并具有独立解决非常规问题的基本能力；能指导他人进行工作或协助培训一般服务人员。同时具有下列专业能力：

1. 能照顾特殊老年人的饮食起居。

2. 能进行心脏按压和人工呼吸；发生意外后，能进行止血、包扎、固定和搬运。

3. 能协助医护人员观察与护理危重病老年人。

4. 能对老年人常见病、多发病和传染病进行咨询与预防指导，对老年人的生活习惯进行健康指导。

5. 能制订和实施老年人康复计划，对一般康复效果进行测评。

6. 能组织老年人开展较大型的文体娱乐活动。

7. 能向老年人宣讲心理保健知识，对老年人忧虑、恐惧、焦虑等不良情绪进行疏导，与老年人进行情感交流并给予心理支持。

对应或相关职业（工种）：养老护理员（4-10-01-05）

职业资格（职业技能等级）：养老护理员

专业主要教学内容：

管理学基础、活动组织与策划、老年学概论、医学基础、人体解剖学、老年康复与训练、营养膳食与搭配、老年常见疾病预防与照护、老年护理保健、老年心理咨询、急救护理学、中医养生保健等。

对应下一级专业编码：0521-4

0522 健康服务与管理

0522-4 中级

专业编码：0522-4

专业名称：健康服务与管理

培养目标：培养从事个体和群体健康评估以及健康咨询、指导等工作的中级技能人才。

学习年限：3 年（初中毕业生），2 年（高中毕业生）

职业能力：

具有积极的人生态度、健康的心理素质、良好的职业道德和较扎实的文化基础知识；具有获取新知识、新技能的意识和能力，能适应不断变化的职业社会；了解健康服务行业工作流程，遵守各项工作规定，具有安全意识，重视环境保护，并能解决一般性专业问题。同时具有下列专业能力：

1. 能采集个体和群体的健康信息。
2. 能归纳、整理个体和群体的健康信息。
3. 能评估个体和群体的健康状态和疾病危险性。
4. 能通过健康评估结果进行健康咨询、指导。
5. 能对个体和群体提出健康管理方案。

对应或相关职业（工种）：健康管理师（4-14-02-02）

职业资格（职业技能等级）：健康管理师

专业主要教学内容：

健康管理概论、健康评估、中医药基础、中医养生学、药用医学基础、预防医学、诊断学基础、基础护理学、食品营养学、心理与健康、数据库技术等。

对应上一级专业编码：0522-3

0522-3 高级

专业编码：0522-3

专业名称：健康服务与管理

培养目标：培养从事个体和群体健康的监测、分析、评估以及健康咨询、指导和健康维护、促进等工作的高级技能人才（高级工）。

学习年限：2 年（达到中级技能水平学生），3 年（高中毕业生），5 年（初中毕业生）

职业能力：

具有积极的人生态度、健康的心理素质、良好的职业道德和较扎实的文化基础知识；具有获取新知识、新技能的意识和能力；能适应不断变化的职业社会；熟悉健康服务行业工作流程，遵守各项工作规定，具有安全意识，重视环境保护，并具有独立解决非常规问题的基本能力；能指导他人进行工作或协助培训一般服务人员。同时具有下列专业能力：

1. 能采集个体和群体的健康信息，并建立健康档案。

2. 能管理个体和群体的健康信息，并传播到相关个体和群体。

3. 能运用健康风险评估工具进行定性和定量分析，评估个体和群体疾病发生的风险。

4. 能通过健康评估结果进行健康咨询、指导，对个体和群体进行健康教育。

5. 能对个体和群体提出健康管理方案，对方案的效果进行评价，并能跟踪随访。

6. 能通过传播媒介和行为干预，促使人们自愿采取有益于健康的行为和生活方式，规避影响健康的危险因素，达到促进健康的目的。

对应或相关职业（工种）：健康管理师（4-14-02-02）

职业资格（职业技能等级）：健康管理师

专业主要教学内容：

健康管理概论、健康评估、中医药基础、中医养生学、药用医学基础、慢性病管理学、预防医学、诊断学基础、基础护理学、食品营养学、心理与健康、运动与健康、环境与健康、健康服务业理论与市场、数据库技术、医学统计学等。

对应下一级专业编码：0522-4

0523　休闲服务与管理

0523-4　中级

专业编码：0523-4

专业名称：休闲服务与管理

培养目标：培养在现代休闲服务业中，能胜任各类酒店、休闲俱乐部、会所、球会等服务工作的中级技能人才。

学习年限：3 年（初中毕业生），2 年（高中毕业生）

职业能力：

具有积极的人生态度、健康的心理素质、良好的职业道德和较扎实的文化基础知识；具有获取新知识、新技能的意识和能力，能适应不断变化的职业社会；了解休闲行业工作流程，严格执行休闲行业工作规定，具有强烈的对客服务意识、安全意识，重视环境保护，并能解决一般性专业问题。同时具有下列专业能力：

1. 熟悉酒店、会所、俱乐部运营知识和各部门分工，能胜任各项服务基层岗位。

2. 能运用服务心理学知识，根据宾客的心理、需求和生活习俗，为宾客提供不同方式的服务并能处理常见问题。

3. 熟悉饭店及会所服务与管理基础知识、礼仪知识、健康卫生知识、食品营养知识和酒水知识，掌握基本技能。

4. 熟悉相关政策法规知识，并能在工作中有效运用。

5. 具有较强的沟通能力，并能使用标准普通话进行规范服务。

对应或相关职业（工种）：餐厅服务员（4-03-02-05）、前厅服务员（4-03-01-01）、康乐服务员（4-14-05-04）

职业资格（职业技能等级）：餐厅服务员、前厅服务员

专业主要教学内容：

休闲概论、服务心理学、服务礼仪、管理基础、休闲市场营销、前厅服务与管理、康乐服务与管理等。

对应上一级专业编码：0523-3

0523-3　高级

专业编码：0523-3

专业名称：休闲服务与管理

培养目标：培养在现代休闲服务业中，能胜任各类酒店、休闲俱乐部、会所、球会等服务工作的高级技能人才（高级工）。

学习年限：2 年（达到中级技能水平学生），3 年（高中毕业生），5 年（初中毕业生）

职业能力：

具有积极的人生态度、健康的心理素质、良好的职业道德和较扎实的文化基础知识；具有获取新知识、新技能的意识和能力，能适应不断变化的职业社会；熟悉休闲行业工作流程，严格执行休闲行业工作规定，具有强烈的对客服务意识、安全意识，重视环境保护，并具有独立解决非常规问题的基本能力；能指导他人进行工作或协助培训一般工作人员。同时具有下列专业能力：

1. 能运用休闲行业服务、经营与管理业务知识开展岗位业务。
2. 能使用外语（主要是英语）进行接待服务和业务沟通。
3. 能运用服务心理学的基本知识，与宾客进行有效沟通，处理服务过程中的突发事件。
4. 能创造性地开展服务工作，满足宾客个性化的要求。
5. 掌握旅游和休闲文化基本知识，具有较强的语言表达能力，能组织策划各种休闲活动。

对应或相关职业（工种）：餐厅服务员（4-03-02-05）、前厅服务员（4-03-01-01）、康乐服务员（4-14-05-04）

职业资格（职业技能等级）：餐厅服务员、前厅服务员

专业主要教学内容：

文化休闲概论、沟通与礼仪、旅游经济学、休闲旅游实务与线路设计、休闲市场营销、休闲企业经营与管理、休闲活动策划、休闲管理学、节事与活动策划、专业服务英语等。

对应下一级专业编码：0523-4

0524　快递运营管理

0524-4　中级

专业编码：0524-4

专业名称：快递运营管理

培养目标：培养从事快件收派、客户服务、快件分拣等工作的中级技能人才。

学习年限：3 年（初中毕业生），2 年（高中毕业生）

职业能力：

具有积极的人生态度、健康的心理素质、良好的职业道德和较扎实的文化基础知识；具

有获取新知识、新技能的意识和能力，能适应不断变化的职业社会；了解企业运营规律，遵守快递运营操作流程，具有安全运营意识，重视环境保护，并能解决一般性专业问题。同时具有下列专业能力：

1. 具有良好的语言表达和客户沟通能力。

2. 能根据客户需求，为客户提供针对性的服务方案。

3. 能完成快件收派、快件分拣业务的操作。

4. 能对快件进行安全检查。

5. 能对快件收派路线进行设计。

6. 能熟练使用快递信息系统并进行维护。

对应或相关职业（工种）：快递员（4-02-07-08）、快件处理员（4-02-07-09）、国际快递业务师（4-02-07-10）、快递站点管理师（4-02-07-11）

职业资格（职业技能等级）：快递员、快件处理员

专业主要教学内容：

快递操作实务、快递客户关系管理、快递地理知识、快递法规与标准、信息技术应用、快递设备与设施、快递作业安全管理、客户沟通技巧、标准服务礼仪等。

对应上一级专业编码：0524-3

0524-3 高级

专业编码：0524-3

专业名称：快递运营管理

培养目标：培养从事快件收派、快件分拣、路由规划、内部质量管控等工作的高级技能人才（高级工）。

学习年限：2年（达到中级技能水平学生），3年（高中毕业生），5年（初中毕业生）

职业能力：

具有积极的人生态度、健康的心理素质、良好的职业道德和较扎实的文化基础知识；具有获取新知识、新技能的意识和能力，能适应不断变化的职业社会；熟悉企业运营规律，遵守快递运营操作流程，具有安全运营意识，重视环境保护，并具有独立解决非常规问题的基本能力；能指导他人进行工作或协助培训一般操作人员。同时具有下列专业能力：

1. 能进行客户开发和重点客户管理。

2. 能进行快递路由规划和设计。

3. 能处理国际快递业务。

4. 能对快递业务突发事件进行处置。

5. 能正确使用常用信息统计工具并对数据进行分析，掌握信息技术智能化在快递企业的应用。

6. 能掌握快递处理流程，处理疑难问题。

对应或相关职业（工种）：快递员（4-02-07-08）、快件处理员（4-02-07-09）、国际快递业务师（4-02-07-10）、快递站点管理师（4-02-07-11）

职业资格（职业技能等级）：快递员、快件处理员

专业主要教学内容：

快递操作实务、快递电子商务、快递客户关系管理、快递地理知识、快递法规与标准、快递营销、快递设备与设施、信息技术应用、快递安全管理、快递运营管理、客户沟通技巧、专业英语等。

对应下一级专业编码：0524-4

0525 保安

0525-4 中级

专业编码：0525-4

专业名称：保安

培养目标：培养从事守护、巡逻、技防、押运等安保服务的中级技能人才。

学习年限：3 年（初中毕业生），2 年（高中毕业生）

职业能力：

具有积极的人生态度、健康的心理素质、良好的职业道德和较扎实的文化基础知识；具有获取新知识、新技能的意识和能力，能适应不断变化的职业社会；了解守护、巡逻、技防、押运保安的操作规程与标准，熟悉相关法律常识和部门规章与地方性法规常识，并能解决安保服务一般性专业问题。同时具有下列专业能力：

1. 能操作安全出入设备，处理出入口守卫勤务中的纠纷，处理出现的紧急情况。

2. 能守护重点目标，对发现的安全隐患进行识别和先期处置，按照工作方案落实安全防范措施。

3. 能发现巡逻区域内可疑人员、车辆和物品并及时报告和协助处理，使用和维护监控、报警设备。

4. 能组织保安员疏导人群，处理人员聚集场所巡逻勤务中的纠纷，协助保护案件、事故现场，启动消防、报警设施。

5. 能操作各种监控、报警系统和车载报警、通信设备，对报警信号及警情目标进行监控和识别，按规定程序报告及报警。

6. 能对终端设备进行日常维护保养，对系统数据及时进行备份。

7. 能按要求设置、检查警戒哨位，办理各种武装押运交接手续，组织人员清点物品，处理武装押运勤务中的紧急情况，排除防暴枪支的常见故障。

8. 能根据不同地点、场合、状况，组织力量对护送对象进行有效警戒，检查、排除安全隐患，运用多种手段及时制止不法侵害，完成易燃易爆、腐蚀等危险品的护送。

对应或相关职业（工种）：保安员（4-07-05-01）、安检员（4-07-05-02）

职业资格（职业技能等级）：保安员、安检员

专业主要教学内容：

职业道德、保安礼仪、保安业相关法律法规知识、救助知识、保安基础理论、保安勤务、安全技术防范、防暴枪支使用与维护、计算机操作、队列动作、基本体能、徒手攻防、徒手带离、捆绑技能等。

专业方向：安检

对应上一级专业编码：0525-3

0525-3 高级

专业编码：0525-3

专业名称：保安

培养目标：培养从事守护、巡逻、技防、押运等安保服务的高级技能人才（高级工）。

学习年限：2年（达到中级技能水平学生），3年（高中毕业生），5年（初中毕业生）

职业能力：

具有积极的人生态度、健康的心理素质、良好的职业道德和较扎实的文化基础知识；具有获取新知识、新技能的意识和能力，能适应不断变化的职业社会；熟悉守护、巡逻、技防、押运保安的操作规程与标准，熟悉相关法律常识和部门规章与地方性法规常识，并具有独立解决非常规问题的基本能力；能指导他人进行安保工作或协助培训安保人员。同时具有下列专业能力：

1. 能编制出入口守卫方案及勤务表，编制一般安全预案并组织实施，组织或协助处理纠纷和紧急情况。

2. 能编制目标部位守护方案，安排区域守护勤务，协助解决安全隐患。

3. 能制定区域巡逻紧急情况的处置预案，安排区域巡逻勤务，处置巡逻勤务的突发情况。

4. 能制定人员聚集场所紧急情况的处置预案，安排人员聚集场所的巡逻勤务，处理巡逻区域内的纠纷和紧急情况，组织疏散密集人群。

5. 能对承接的押运任务进行安全分析，编制武装押运方案和紧急情况处置预案，组织处置押运途中发生的火灾、交通、车辆故障等事故，排除防暴枪支的常见故障。

6. 能对承接的护送任务进行安全分析，编制护送勤务方案和紧急情况处置预案，按护送操作规程组织演练。

7. 能根据警情启动应急预案，判断系统运行中的异常情况并及时报告，操作各种技防设备并能进行日常维护保养。

8. 能指导中级保安员进行技防设备维护保养，排除技防设备的常见故障。

对应或相关职业（工种）：保安员（4-07-05-01）、安检员（4-07-05-02）

职业资格（职业技能等级）：保安员、安检员

专业主要教学内容：

保安管理基本理论、公文写作、勤务紧急预案、安全预案、武器使用与维护、技防设备维护与维修、防暴枪支使用与维护、队列动作、基本体能、实用徒手格斗等。

专业方向：安检

对应下一级专业编码：0525-4

0526 形象设计

0526-4 中级

专业编码：0526-4

专业名称：形象设计

培养目标：培养从事化妆、造型等形象设计工作的中级技能人才。

学习年限：3 年（初中毕业生），2 年（高中毕业生）

职业能力：

具有积极的人生态度、健康的心理素质、良好的职业道德和较扎实的文化基础知识；具有获取新知识、新技能的意识和能力，能适应不断变化的职业社会；了解企业工作流程，遵守各项工艺规程；具有良好的服务意识和与顾客沟通的能力，具有安全意识，重视环境保护，并能解决一般性专业问题。同时具有下列专业能力：

1. 能用规范的仪表、仪容和仪态进行接待服务。
2. 能掌握安全卫生标准，正确使用设备设施，保障操作安全。
3. 能掌握美发用具、用品的使用，进行毛发修剪及基础护理。
4. 能掌握护肤品的选择，对面部皮肤进行调理、养护操作。
5. 能掌握日常发式造型的操作。
6. 能掌握日常护肤品的使用，并对皮肤进行护理操作。
7. 能根据人物场合需要和色彩搭配画出不同的妆型设计稿。
8. 能掌握面部及整体修饰化妆。
9. 能掌握生活妆、职业妆、晚宴妆、新娘妆、创意妆等妆面造型及整体设计的操作。

对应或相关职业（工种）：形象设计师（4-08-08-20）、美发师（4-10-03-02）、美容师（4-10-03-01）、化妆师（2-09-04-04）

职业资格（职业技能等级）：形象设计师、美发师、美容师

专业主要教学内容：

人像素描、色彩、时尚赏析、社交礼仪、造型设计、化妆基础、美容基础、美发基础、染发设计、烫发设计、服务接待训练等。

对应上一级专业编码：0526-3

0526-3　高级

专业编码：0526-3

专业名称：形象设计

培养目标：培养从事化妆、造型等形象设计工作的高级技能人才（高级工）。

学习年限：2 年（达到中级技能水平学生），3 年（高中毕业生），5 年（初中毕业生）

职业能力：

具有积极的人生态度、健康的心理素质、良好的职业道德和较扎实的文化基础知识；具有获取新知识、新技能的意识和能力，能适应不断变化的职业社会；熟悉企业工作流程，遵守各项工艺规程，具有安全意识，重视环境保护；具有良好的服务意识和与顾客沟通的能力；具有独立解决非常规问题的基本能力；能指导他人进行工作或协助培训一般操作人员。同时具有下列专业能力：

1. 能用规范的仪表、仪容和仪态进行接待服务，解答形象设计的有关事宜。
2. 能检查工具、仪器等设备技术状况，并能正确操作使用，保障操作安全。
3. 能根据全身皮肤性质进行美容诊断，制定护理方案，并进行全身皮肤护理操作。

4. 能使用 Photoshop 软件进行人像修图，并具有一定的排版能力。

5. 能根据人物场合需要和色彩搭配熟练地画出不同的妆型与发型设计稿。

6. 能熟练运用 TPO 原则，进行日常妆、职业妆、晚宴妆、新娘妆、创意妆、舞台妆、戏剧妆、摄影妆等整体形象设计。

7. 能进行色彩初步诊断，将服饰搭配运用到整体造型中。

8. 能根据企业需求，完成美容、美发、化妆、形象设计等项目的营销与策划。

对应或相关职业（工种）：形象设计师（4-08-08-20）、美发师（4-10-03-02）、美容师（4-10-03-01）、化妆师（2-09-04-04）

职业资格（职业技能等级）：形象设计师、美发师、美容师

专业主要教学内容：

人像素描、中西服饰鉴赏、主持礼仪、妆型设计、影视造型设计、形象设计、美容美体、配饰制作、平面设计、摄影摄像技术、服务接待训练等。

对应下一级专业编码：0526-4

0527　美容保健

0527-4　中级

专业编码：0527-4

专业名称：美容保健

培养目标：培养从事美容保健工作的中级技能人才。

学习年限：3 年（初中毕业生），2 年（高中毕业生）

职业能力：

具有积极的人生态度、健康的心理素质、良好的职业道德和较扎实的文化基础知识；具有获取新知识、新技能的意识和能力，能适应不断变化的职业社会；了解美容保健的理念，严格执行美容保健流程；具有较好的与人沟通的能力，并能解决一般性专业问题。同时具有下列专业能力：

1. 能用规范的仪表、仪容和仪态进行接待服务。

2. 能正确使用化妆品对皮肤进行护理操作。

3. 能正确使用和保养综合美容仪器。

4. 能进行面部修饰操作。

5. 能进行日常生活妆型的操作。

6. 能应用头部及肩颈部的按摩技能，对头部及肩颈部进行按摩。

7. 能运用全面按摩、重点加强原则，对足部不适症状进行健康调理。

8. 能根据宾客需求介绍不同的按摩保健服务项目。

9. 能通过观察、询问确定宾客是否有按摩禁忌证。

10. 能根据宾客需求制定保健调理方案并正确组织实施。

对应或相关职业（工种）：美容师（4-10-03-01）、保健按摩师（4-10-04-02）、保健调理师（4-10-04-01）

职业资格（职业技能等级）：美容师、保健按摩师

专业主要教学内容：

美容解剖学、美容诊断学、美容心理学、美容化妆学、保健护肤、保健美体、物理美容学、服务接待训练等。

对应上一级专业编码：0527-3

0527-3 高级

专业编码：0527-3

专业名称：美容保健

培养目标：培养从事美容保健工作的高级技能人才（高级工）。

学习年限：2 年（达到中级技能水平学生），3 年（高中毕业生），5 年（初中毕业生）

职业能力：

具有积极的人生态度、健康的心理素质、良好的职业道德和较扎实的文化基础知识；具有获取新知识、新技能的意识和能力，能适应不断变化的职业社会；熟悉美容保健的理念，严格执行美容保健流程；具有良好的服务意识和与人沟通的能力；具有独立解决非常规问题的基本能力；能指导他人进行工作或协助培训一般操作人员。同时具有下列专业能力：

1. 能用规范的仪表、仪容和仪态进行接待服务，解答美容保健的有关事宜。
2. 能对化妆品进行选择，并运用不同护肤用品对皮肤进行护理操作。
3. 能正确使用和维护保养多种综合美容仪器。
4. 能进行面部及整体修饰化妆。
5. 能根据人物场合需要和色彩搭配熟练地画出不同妆型。
6. 能运用瘦身技法进行人体瘦身的操作。
7. 能运用全身按摩的手法进行按摩操作。
8. 能进行面部脱痣、除眼袋、除皱的处理和操作。
9. 能运用美体的手法进行美体操作。
10. 能掌握人体的肌肉、骨骼等构造，针对宾客不同的病症找到相应的调理方法，制定保健调理方案并正确组织实施。

对应或相关职业（工种）：美容师（4-10-03-01）、保健按摩师（4-10-04-02）、保健调理师（4-10-04-01）

职业资格（职业技能等级）：美容师、保健按摩师

专业主要教学内容：

美容解剖学、美容诊断学、美容心理学、美容化妆学、保健护肤、保健美体、经络美容学、物理美容学、服务接待训练等。

对应下一级专业编码：0527-4

0528 康复保健

0528-4 中级

专业编码：0528-4

专业名称：康复保健

培养目标：培养从事康复保健工作的中级技能人才。

学习年限：3 年（初中毕业生），2 年（高中毕业生）

职业能力：

具有积极的人生态度、健康的心理素质、良好的职业道德和较扎实的文化基础知识；具有获取新知识、新技能的意识和能力，能适应不断变化的职业社会；了解康复保健的理念，严格执行康复保健的方案和流程；具有较好的与人沟通的能力，并能解决一般性专业问题。同时具有下列专业能力：

1. 能根据健康状况拟订康复保健方案。
2. 能利用检测设备和先进检查技术进行健康检查。
3. 能通过拔罐、刮痧、针灸、按摩等方法进行康复保健。
4. 能指导服务对象进行运动康复保健。
5. 能进行药浴、敷贴等中医保健。
6. 能进行皮肤保健推拿。
7. 能进行物理因子理疗。
8. 能进行多种常见病症的康复保健推拿。
9. 能进行美体减肥综合保健。
10. 能对服务对象进行膳食营养指导和心理辅导。

对应或相关职业（工种）：保健按摩师（4-10-04-02）、保健调理师（4-10-04-01）、芳香保健师（4-10-04-03）、健康管理师（4-14-02-02）

职业资格（职业技能等级）：保健按摩师、健康管理师

专业主要教学内容：

正常人体结构、中医基础知识、中药学基础、经络腧穴学、康复医学概论、康复治疗技术、中医传统康复技术、运动与康复保健、物理因子理疗法、针灸推拿概要、推拿按摩基本手法训练、刮痧保健方法与技术、膳食营养与康复保健、按摩保健、心理保健基础知识等。

专业方向：中医康复保健

对应上一级专业编码：0528-3

0528-3　高级

专业编码：0528-3

专业名称：康复保健

培养目标：培养从事康复保健工作的高级技能人才（高级工）。

学习年限：2 年（达到中级技能水平学生），3 年（高中毕业生），5 年（初中毕业生）

职业能力：

具有积极的人生态度、健康的心理素质、良好的职业道德和较扎实的文化基础知识；具有获取新知识、新技能的意识和能力，能适应不断变化的职业社会；熟悉康复保健的理念，严格执行康复保健的方案和流程；具有良好的服务意识和与人沟通的能力；具有独立解决非常规问题的基本能力；能指导他人进行工作或协助培训一般操作人员。同时具有下列专业能力：

1. 能根据不同的服务对象及健康状况拟订康复保健方案。
2. 能熟练掌握拔罐、刮痧、针灸、按摩等各种康复方法。

3. 能掌握中医保健的基本方法，熟练运用药浴、敷贴等技术。

4. 能熟练进行皮肤保健推拿和美体减肥综合保健。

5. 能熟练运用物理因子和运动保健方法对多种常见病患者、偏瘫患者进行康复保健。

6. 能针对不同的服务对象进行膳食营养指导和心理辅导。

7. 能对康复保健过程进行效果评定并对他人进行指导。

对应或相关职业（工种）：保健按摩师（4-10-04-02）、保健调理师（4-10-04-01）、芳香保健师（4-10-04-03）、健康管理师（4-14-02-02）

职业资格（职业技能等级）：保健按摩师、健康管理师

专业主要教学内容：

人体解剖学、中医基础理论、生理学基础、诊断学基础、康复医学概论、人体运动学、中医经络学、中医传统康复技术、运动与康复保健、物理治疗学、针灸学基础、推拿学基础、刮痧保健方法与技术、营养学基础、美容按摩技术、康复功能评定学、康复心理学等。

专业方向：中医康复保健

对应下一级专业编码：0528-4

0529 健康与社会照护

0529-4 中级

专业编码：0529-4

专业名称：健康与社会照护

培养目标：培养从事健康与社会照护的中级技能人才。

学习年限：3 年（初中毕业生），2 年（高中毕业生）

职业能力：

具有积极的人生态度、健康的心理素质、良好的职业道德和较扎实的文化基础知识；具有获取新知识、新技能的意识和能力，能适应不断变化的职业社会；了解健康与社会照护相关工作流程，严格执行健康与社会照护相关操作规定，重视人文关怀，具有安全意识，重视环境保护，并能解决一般性专业问题。同时具有下列专业能力：

1. 能观察发现照护对象的常见健康问题及疾病（危急）症状，提出相应预防、康复及照护措施，或提出送医建议。

2. 能观察发现照护对象的常见心理问题，提供简单心理疏导。

3. 能照护老年人生活起居、清洁卫生、睡眠、饮食、排泄，提供预防意外伤害安全照护。

4. 能照护孕产妇生活起居，根据个体身心特点，提供合理营养、适当运动的健康生活照护，促进母乳喂养及产后康复。

5. 能照护婴幼儿生活起居与活动，提供喂养、排泄、洗浴、抚触、睡眠等基础性生活照料和专业照护。

6. 能照护病患者生活起居、清洁卫生、日常活动，提供合理饮食及简单康复服务，按医嘱督促、协助照护对象按时服药、治疗。

7. 能为照护对象及家属提供疾病及相关预防保健知识普及服务。

对应或相关职业（工种）：健康照护师（4-14-01-03）

职业资格（职业技能等级）：健康照护师

专业主要教学内容：

健康与社会照护职业认知、人体结构与功能、健康照护基本技能、生活照护、营养与健康、心理照护、常见病照护、慢性病照护、母婴照护、协助用药常识等。

对应上一级专业编码：0529-3

0529-3 高级

专业编码：0529-3

专业名称：健康与社会照护

培养目标：培养从事健康与社会照护的高级技能人才（高级工）。

学习年限：2 年（达到中级技能水平学生），3 年（高中毕业生），5 年（初中毕业生）

职业能力：

具有积极的人生态度、健康的心理素质、良好的职业道德和较扎实的文化基础知识；具有获取新知识、新技能的意识和能力，能适应不断变化的职业社会；熟悉健康与社会照护相关工作流程，严格执行健康与社会照护相关操作规定，重视人文关怀，重视环境保护，并具有独立解决非常规问题的基本能力；能指导他人进行工作或协助培训一般操作人员。同时具有下列专业能力：

1. 能整体评估照护对象的健康和疾病危险性，制定照护实施方案。
2. 能初步确定引发照护对象心理问题的因素，提供针对性心理疏导及支持性照护措施。
3. 能为失能失智老年人提供生活照护、健康基础照护、康复服务及心理支持。
4. 能为孕产妇提供针对性生活照护、产后术后照护及心理支持，依据催乳按摩知识进行催乳按摩。
5. 能为婴幼儿提供针对性生活照护和专业照护，对婴幼儿实施早期教育。
6. 能为病患者提供常见病与慢性病照护、康复服务、健康咨询与指导及心理支持。
7. 能为照护对象及家属提供健康常识普及服务。
8. 能对照护服务效果和照护人员水平进行有效评价和管理。

对应或相关职业（工种）：健康照护师（4-14-01-03）

职业资格（职业技能等级）：健康照护师

专业主要教学内容：

健康与社会照护职业认知、人体结构与功能、健康照护基本技能、生活照护、营养与健康、心理照护、常见病照护、慢性病照护、母婴照护、协助用药常识、照护评估、常见危急重症的识别与处理、失智症照护、康复理疗技术、健康活动策划与组织、照护管理等。

对应下一级专业编码：0529-4

0530 电子竞技运动服务与管理

0530-4 中级

专业编码：0530-4

专业名称：电子竞技运动服务与管理

培养目标：培养从事电子竞技运动服务与管理的中级技能人才。

学习年限：3 年（初中毕业生），2 年（高中毕业生）

职业能力：

具有积极的人生态度、健康的心理素质、良好的职业道德和较扎实的文化基础知识；具有获取新知识、新技能的意识和能力，能适应不断变化的职业社会；了解电子竞技运动服务与管理相关工作流程，严格执行设备操作规定，遵守各项操作规程，具有安全意识，重视环境保护，并能解决一般性专业问题。同时具有下列专业能力：

1. 能辅助参与策划电子竞技运动赛事活动。
2. 能根据赛事要求辅助搭建小型赛事局域网络并进行运维。
3. 能辅助操作赛事现场导编播设备，参与完成直播调试、视频包装、后期制作等相关工作。
4. 能参与电子竞技运动陪练及电子竞技比赛。
5. 能担任小型电子竞技运动赛事的解说或裁判。
6. 能收集和简单处理电子竞技运动战队和赛事的各类信息和数据。
7. 能辅助执行电子竞技运动赛事相关宣传推广活动。

对应或相关职业（工种）：电子竞技运营师（4-15-05-06）、电子竞技员 S（4-14-05-07）

职业资格（职业技能等级）：电子竞技运营师、电子竞技员

专业主要教学内容：

电子竞技产业分析、计算机组装与维护、网络配置与应用、电子竞技市场分析、电子竞技视频制作、MOBA 类游戏分析、FPS 类游戏分析、电子竞技数据采集、电子竞技赛事解说、电子竞技文案写作、电子竞技小型俱乐部运营与管理、电子竞技裁判、电子竞技赛事活动执行等。

对应上一级专业编码：0530-3

0530-3 高级

专业编码：0530-3

专业名称：电子竞技运动服务与管理

培养目标：培养从事电子竞技运动服务与管理的高级技能人才（高级工）。

学习年限：2 年（达到中级技能水平学生），3 年（高中毕业生），5 年（初中毕业生）

职业能力：

具有积极的人生态度、健康的心理素质、良好的职业道德和较扎实的文化基础知识；具有获取新知识、新技能的意识和能力，能适应不断变化的职业社会；熟悉电子竞技运动服务与管理相关工作流程，严格执行设备操作规定，遵守各项操作规程，重视环境保护，并具有独立解决非常规问题的基本能力；能指导他人进行工作或协助培训一般操作人员。同时具有下列专业能力：

1. 能参与策划电子竞技运动赛事活动。
2. 能熟练搭建中小型赛事局域网络并进行运维。

3. 能操作赛事现场导编播设备，完成直播调试、视频包装、后期制作等相关工作。

4. 能从事电子竞技运动俱乐部的运营与管理工作。

5. 能担任大中型电子竞技运动赛事活动解说和裁判。

6. 能分析对战对手战术信息及其技术特点，为己方制订合理战术，开展心理指导工作。

7. 能执行电子竞技运动赛事相关宣传推广活动，包括制作数字媒体内容、采编新闻稿件。

对应或相关职业（工种）：电子竞技运营师（4-15-05-06）、电子竞技员 S（4-14-05-07）

职业资格（职业技能等级）：电子竞技运营师、电子竞技员

专业主要教学内容：

电子竞技产业规划实务、计算机组装与应用、网络配置与管理、电子竞技营销、电子竞技影视编辑与特效包装、MOBA 类游戏分析与应用、FPS 类游戏分析与应用、电子竞技赛事策划与场景设计、电子竞技赛事导播、电子竞技文创策划与制作、电子竞技主持与解说、电子竞技赛事裁判与活动管理、电子竞技数据分析与战术指导、电子竞技心理分析与指导、电子竞技大中型俱乐部运营与管理等。

对应下一级专业编码：0530-4

0531　快递安全管理

0531-4　中级

专业编码：0531-4

专业名称：快递安全管理

培养目标：培养从事快递安全管理的中级技能人才。

学习年限：3 年（初中毕业生），2 年（高中毕业生）

职业能力：

具有积极的人生态度、健康的心理素质、良好的职业道德和较扎实的文化基础知识；具有获取新知识、新技能的意识和能力，能适应不断变化的职业社会；了解快递安全管理相关工作流程，严格执行设备操作规定，遵守各项操作规程，具有安全意识，重视环境保护，并能解决一般性专业问题。同时具有下列专业能力：

1. 能在各快递作业环节进行安全操作并进行安全管理。

2. 能用邮件、快件微剂量 X 射线机和其他安检设备辨认禁寄物品或可疑物品。

3. 能协助处置可疑邮件、快件，参与处置快递安全相关突发事件。

4. 能对快递营业场所、快件处理场所的监控、安检等设备设施进行检查。

5. 能协助排查快递安全隐患。

对应或相关职业（工种）：快递员（4-02-07-08）、快件处理员（4-02-07-09）、安检员（4-07-05-02）、邮件快件安检员＊（4-07-05-02）

职业资格（职业技能等级）：快递员、快件处理员、安检员

专业主要教学内容：

快递安全管理法律法规基础、快递信息安全管理基础、快递安全预防、邮件快件安检设

备基本操作、邮件快件图像识别、禁寄品识别、邮政快递设备设施基础等。

对应上一级专业编码：0531-3

0531-3　高级

专业编码：0531-3

专业名称：快递安全管理

培养目标：培养从事快递安全管理的高级技能人才（高级工）。

学习年限：2 年（达到中级技能水平学生），3 年（高中毕业生），5 年（初中毕业生）

职业能力：

具有积极的人生态度、健康的心理素质、良好的职业道德和较扎实的文化基础知识；具有获取新知识、新技能的意识和能力，能适应不断变化的职业社会；熟悉快递安全管理相关工作流程，严格执行设备操作规定，遵守各项操作规程，重视环境保护，并具有独立解决非常规问题的基本能力；能指导他人进行工作或协助培训一般操作人员。同时具有下列专业能力：

1. 能处理禁寄物品和快件危险品。
2. 能处置验视工作中出现的突发事件。
3. 能合理促进改进快件收寄、快件处理安全作业。
4. 能制订快递安全检查计划并开展相关安全检查。
5. 能制订快递作业环节的突发事件应急预案。

对应或相关职业（工种）：快递员（4-02-07-08）、快件处理员（4-02-07-09）、安检员（4-07-05-02）、邮件快件安检员＊（4-07-05-02）

职业资格（职业技能等级）：快递员、快件处理员、安检员

专业主要教学内容：

快递安全管理法律法规，快递信息安全管理，快递安全应急管理，邮件快件安检设备原理、检查与维护，禁寄品识别与处理，安全评价技术，安全系统工程，安全检测与监控，邮政快递设备设施等。

对应下一级专业编码：0531-4

0532　婚庆服务

0532-4　中级

专业编码：0532-4

专业名称：婚庆服务

培养目标：培养从事婚庆服务的中级技能人才。

学习年限：3 年（初中毕业生），2 年（高中毕业生）

职业能力：

具有积极的人生态度、健康的心理素质、良好的职业道德和较扎实的文化基础知识；具有获取新知识、新技能的意识和能力，能适应不断变化的职业社会；了解婚庆服务相关工作流程，遵守各项操作规程，具有安全意识，重视环境保护，并能解决一般性专业问题。同时

具有下列专业能力：

1. 能进行婚庆摄影摄像并能进行后期影像处理。

2. 能进行婚庆化妆。

3. 能完成婚庆主持人的工作。

4. 能根据婚庆主题参与策划婚庆流程。

5. 能完成婚庆场景以及花艺、道具、音响、影像相关设备设施现场布置。

6. 能参与实施婚庆彩排。

7. 能协助调度婚庆现场。

对应或相关职业（工种）：婚礼策划师（4-10-05-02）

职业资格（职业技能等级）：

专业主要教学内容：

婚俗文化、婚庆摄影摄像、影视后期编辑与制作、婚庆化妆、盘发基础、普通话与播音技巧、婚庆主持基础、婚庆策划基础、花艺设计、灯光与音响等。

对应上一级专业编码：0532-3

0532-3　高级

专业编码：0532-3

专业名称：婚庆服务

培养目标：培养从事婚庆服务的高级技能人才（高级工）。

学习年限：2 年（达到中级技能水平学生），3 年（高中毕业生），5 年（初中毕业生）

职业能力：

具有积极的人生态度、健康的心理素质、良好的职业道德和较扎实的文化基础知识；具有获取新知识、新技能的意识和能力，能适应不断变化的职业社会；熟悉婚庆服务相关工作流程，遵守各项操作规程，重视环境保护，并具有独立解决非常规问题的基本能力；能指导他人进行工作或协助培训一般操作人员。同时具有下列专业能力：

1. 能进行婚庆摄影摄像并能进行后期影像处理。

2. 能进行婚庆化妆。

3. 能完成婚庆主持人的工作。

4. 能根据婚礼主题策划婚庆流程。

5. 能进行婚庆场景布置、花艺、道具、化妆、音乐、影像等设计。

6. 能安排婚庆主持人、音响师、摄影师、摄像师、花艺师、化妆师等，组建婚庆执行团队。

7. 能督导布置婚庆现场。

8. 能组织实施婚庆彩排。

9. 能调度婚庆现场。

对应或相关职业（工种）：婚礼策划师（4-10-05-02）

职业资格（职业技能等级）：

专业主要教学内容：

婚庆营销与管理、婚庆礼仪、婚庆摄影摄像与后期制作、婚庆主持实务、婚庆策划实务、音乐鉴赏与采编、婚庆场景布置、婚庆现场督导与调度等。

对应下一级专业编码：0532-4

0533　健身指导与管理

0533-4　中级

专业编码：0533-4

专业名称：健身指导与管理

培养目标：培养从事健身指导与管理的中级技能人才。

学习年限：3 年（初中毕业生），2 年（高中毕业生）

职业能力：

具有积极的人生态度、健康的心理素质、良好的职业道德和较扎实的文化基础知识；具有获取新知识、新技能的意识和能力，能适应不断变化的职业社会；了解健身指导与管理相关工作流程，严格执行设备操作规定，遵守各项操作规程，具有安全意识，重视环境保护，并能解决一般性专业问题。同时具有下列专业能力：

1. 能运用力量、速度、耐力、协调、柔韧、灵敏等基本素质训练方法指导体能训练。
2. 能编排简单健身操、瑜伽成套动作并组织教学。
3. 能对不同人群进行体质测试、运动风险分层评估、运动能力评估等。
4. 能预防和处理简单运动损伤。
5. 能针对不同人群锻炼需求制订并实施简单健身训练计划。
6. 能针对个体差异性编写简单健身饮食计划。
7. 能从事健身俱乐部基本的运营管理和会籍营销。

对应或相关职业（工种）：社会体育指导员（4-14-05-01）、体育场馆管理员（4-13-04-02）、游泳救生员（4-13-04-03）、康乐服务员（4-14-05-04）、健康管理师（4-14-02-02）

职业资格（职业技能等级）：社会体育指导员、游泳救生员、健康管理师

专业主要教学内容：

运动人体科学概论、运动损伤与康复、运动营养与健康、体育运动心理学、健身俱乐部经营与管理、健身教练、团操基础（包括有氧健身操、有氧舞蹈、踏板操、动感单车、搏击操等）、健身瑜伽、健康与体适能、体能训练、游泳与救生等。

对应上一级专业编码：0533-3

0533-3　高级

专业编码：0533-3

专业名称：健身指导与管理

培养目标：培养从事健身指导与管理的高级技能人才（高级工）。

学习年限：2 年（达到中级技能水平学生），3 年（高中毕业生），5 年（初中毕业生）

职业能力：

具有积极的人生态度、健康的心理素质、良好的职业道德和较扎实的文化基础知识；具

有获取新知识、新技能的意识和能力，能适应不断变化的职业社会；熟悉健身指导与管理相关工作流程，严格执行设备操作规定，遵守各项操作规程，重视环境保护，并具有独立解决非常规问题的基本能力；能指导他人进行工作或协助培训一般操作人员。同时具有下列专业能力：

1. 能熟练运用力量、速度、耐力、协调、柔韧、灵敏等基本素质训练方法指导体能训练。

2. 能运用普拉提指导训练腰、腹、背、胸、臀等部位。

3. 能熟练编排健身操、瑜伽成套动作并组织教学。

4. 能针对不同人群锻炼需求设计和执行相关运动计划。

5. 能利用网络进行视频远程训练指导。

6. 能熟练针对个体差异性编写健身饮食计划。

7. 能熟练从事俱乐部日常运营管理以及会籍营销。

对应或相关职业（工种）：社会体育指导员（4-14-05-01）、体育场馆管理员（4-13-04-02）、游泳救生员（4-13-04-03）、康乐服务员（4-14-05-04）、健康管理师（4-14-02-02）

职业资格（职业技能等级）：社会体育指导员、游泳救生员、健康管理师

专业主要教学内容：

运动解剖学图解、运动生理学、运动康复学、运动营养学、健身俱乐部经营与管理、健身教练、团操教练（包括有氧健身操、有氧舞蹈、踏板操、动感单车、搏击操等）、瑜伽、体适能基础理论、体能训练、普拉提、游泳与救生等。

对应下一级专业编码：0533-4

0534　烹调工艺与营养

0534-4　中级

专业编码：0534-4

专业名称：烹调工艺与营养

培养目标：培养从事烹调工艺与营养相关工作的中级技能人才。

学习年限：3 年（初中毕业生），2 年（高中毕业生）

职业能力：

具有积极的人生态度、健康的心理素质、良好的职业道德和较扎实的文化基础知识；具有获取新知识、新技能的意识和能力，能适应不断变化的职业社会；了解烹调、营养配餐及保健评价等相关工作流程，严格执行设备操作规定，遵守各项操作规程，具有安全意识，重视环境保护，并能解决一般性专业问题。同时具有下列专业能力：

1. 能按照《中华人民共和国食品安全法》的规定，完成常用原材料的质量鉴别并合理使用。

2. 能根据厨房用电、用气和消防安全要求，正确使用、维护常用厨房设备和工具。

3. 能对常用中西式烹调原材料进行加工处理、合理组配。

4. 能根据制作流程、工艺要求、配方标准、营养卫生标准，运用相应技法制作常见的

中西式热菜、冷菜、点心等产品。

5. 能运用食品装饰技术进行菜肴美化及宴会装饰。

6. 能核算原材料、半成品和成品的成本。

7. 能根据营养保健评价与指导原则和流程，对目标群体进行基础体格测量、膳食调查、营养状况评价。

8. 能运用现代营养学、食品卫生学相关知识开展营养配餐工作。

9. 能介绍有关菜点的营养价值并普及推广营养学知识。

对应或相关职业（工种）：中式烹调师（4-03-02-01）、中式面点师（4-03-02-02）、西式烹调师（4-03-02-03）、西式面点师（4-03-02-04）、营养配餐员（4-03-02-06）

职业资格（职业技能等级）：中式烹调师、中式面点师、西式烹调师、西式面点师、营养配餐员

专业主要教学内容：

厨房设备使用与维护、烹调基本功训练、原材料加工工艺、中西餐烹调工艺与制作、中西式面点工艺与制作、食品雕刻与装饰工艺、食品营养与卫生、营养配餐技术、烹调成本核算等。

对应上一级专业编码：0534-3

0534-3　高级

专业编码：0534-3

专业名称：烹调工艺与营养

培养目标：培养从事烹调工艺与营养相关工作的高级技能人才（高级工）。

学习年限：2 年（达到中级技能水平学生），3 年（高中毕业生），5 年（初中毕业生）

职业能力：

具有积极的人生态度、健康的心理素质、良好的职业道德和较扎实的文化基础知识；具有获取新知识、新技能的意识和能力，能适应不断变化的职业社会；熟悉烹调、营养配餐及保健评价等相关工作流程，严格执行设备操作规定，遵守各项操作规程，重视环境保护，并具有独立解决非常规问题的基本能力；能指导他人进行工作或协助培训一般操作人员。同时具有下列专业能力：

1. 能按照《中华人民共和国食品安全法》的要求鉴别、保管、合理加工常见的原材料。

2. 能根据中西式菜肴及点心制作的工艺和关键技术，评价烹调原材料加工处理方法和成品质量标准。

3. 能运用中西式烹调工艺技法制作与研发中西式菜肴和点心。

4. 能根据烹饪美学基本原则并运用食品雕刻、冷拼等工艺对菜肴造型进行美化及装饰设计。

5. 能核算菜肴及点心成品成本并制订单品价格。

6. 能对目标群体进行基础体格测量、膳食调查与评价，并为一般人群编制营养膳食食谱及提出膳食指导。

7. 能协助开展对营养配餐操作人员的工作评估和教育指导，并能向社区群众宣传科学合理的营养配餐知识。

8. 能针对客户需求编排各类宴席菜单及烹调制作菜品。

对应或相关职业（工种）：中式烹调师（4-03-02-01）、中式面点师（4-03-02-02）、西式烹调师（4-03-02-03）、西式面点师（4-03-02-04）、营养配餐员（4-03-02-06）

职业资格（职业技能等级）：中式烹调师、中式面点师、西式烹调师、西式面点师、营养配餐员

专业主要教学内容：

烹调原材料鉴别与应用、中西餐烹调工艺与制作、中西式面点工艺与制作、菜品研发与装饰设计、食品营养与卫生、营养食谱设计与制定、厨政管理、烹饪英语等。

对应下一级专业编码：0534-4

0535　婴幼儿托育服务与管理

0535-4　中级

专业编码：0535-4

专业名称：婴幼儿托育服务与管理

培养目标：培养从事婴幼儿托育服务机构日常婴幼儿生活照料、安全健康看护、保育活动开展的中级技能人才。

学习年限：3 年（初中毕业生），2 年（高中毕业生）

职业能力：

具有积极的人生态度、健康的心理素质、良好的职业道德和较扎实的文化基础知识；具有获取新知识、新技能的意识和能力，能适应不断变化的职业社会；了解婴幼儿托育服务机构工作流程与服务规范，遵循托育服务机构保育工作规律，具有安全意识，重视环境保护，并能解决一般性专业问题。同时具有下列专业能力：

1. 能进行婴幼儿生活环境布置、设备物品维护和更新、环境用品清洁消毒等。
2. 能对儿童的健康生活进行基本照护与管理。
3. 能组织开展婴幼儿早期保育活动。
4. 能对婴幼儿意外伤害进行基本救护。
5. 能对婴幼儿进行健康观察、晨午晚检、常见病初步识别。
6. 能对婴幼儿基本情况进行记录与交流，并能分享科学育儿知识。
7. 能积极做好家园共育及婴幼儿家庭养育指导的基础性工作。

对应或相关职业（工种）：婴幼儿发展引导员（4-10-01-01）、保育师（4-10-01-03）、孤残儿童护理员（4-10-01-04）

职业资格（职业技能等级）：婴幼儿发展引导员、保育师、孤残儿童护理员

专业主要教学内容：

托育服务法律法规与职业伦理、婴幼儿早期教育基础、婴幼儿心理发展、婴幼儿生理基础、婴幼儿生活照护技术、婴幼儿营养与科学喂养、婴幼儿卫生保健实务、婴幼儿活动与辅助、婴幼儿健康观察与记录、婴幼儿常见伤害预防与处理、婴幼儿常见疾病预防与识别、婴幼儿家庭保健指导、照护服务沟通艺术、婴幼儿档案记录与交流、婴幼儿文学与艺术启蒙等。

对应上一级专业编码：0535-3

0535-3　高级

专业编码：0535-3

专业名称：婴幼儿托育服务与管理

培养目标：培养从事婴幼儿身心健康教育及管理，进行婴幼儿托育、保育及健康监测、评估、咨询、指导等工作的高级技能人才（高级工）。

学习年限：2 年（达到中级技能水平学生），3 年（高中毕业生），5 年（初中毕业生）

职业能力：

具有积极的人生态度、健康的心理素质、良好的职业道德和较扎实的文化基础知识；具有获取新知识、新技能的意识和能力，能适应不断变化的职业社会；熟悉婴幼儿托育服务机构相关法律法规，遵循托育服务机构保育工作规律，重视环境保护，并具有独立解决非常规问题的基本能力；能指导他人进行工作或协助培训一般工作人员。同时具有下列专业能力：

1. 能对婴幼儿进行回应性照料，开展睡眠、生活与卫生习惯养成等生活照护活动。
2. 能对婴幼儿进行风险规避、安全教育、基本急救、突发公共卫生事件的应急处置。
3. 能开展膳食营养搭配与科学喂养，帮助婴幼儿养成良好饮食习惯。
4. 能识别、发现婴幼儿早期发展异常，进行早期发育筛查与健康评估、预防。
5. 能组织开展游戏活动，促进婴幼儿在动作、认知、语言、情感与社会性等方面早期综合发展。
6. 能根据婴幼儿身心发展规律创设支持性环境。
7. 能开展家园共育、婴幼儿家庭养育服务指导。

对应或相关职业（工种）：婴幼儿发展引导员（4-10-01-01）、保育师（4-10-01-03）、孤残儿童护理员（4-10-01-04）

职业资格（职业技能等级）：婴幼儿发展引导员、保育师、孤残儿童护理员

专业主要教学内容：

托育服务政策法规与职业伦理、婴幼儿心理发展、婴幼儿生理基础、婴幼儿早期发展与学习、托幼机构组织管理、婴幼儿行为观察与记录、婴幼儿回应性生活照护、婴幼儿伤害预防与处理、婴幼儿营养与科学喂养、婴幼儿常见疾病识别与预防、婴幼儿游戏活动实施、托育机构环境创设、婴幼儿家庭教养指导、婴幼儿照护服务沟通艺术、婴幼儿发育评估、婴幼儿艺术启蒙、蒙氏教学法、亲子阅读指导等。

对应下一级专业编码：0535-4

0536　服装陈列与展示设计

0536-4　中级

专业编码：0536-4

专业名称：服装陈列与展示设计

培养目标：培养从事服装陈列与展示设计、策划的中级技能人才。

学习年限：3 年（初中毕业生），2 年（高中毕业生）

职业能力：

具有积极的人生态度、健康的心理素质、良好的职业道德和较扎实的文化基础知识；具有获取新知识、新技能的意识和能力，能适应不断变化的职业社会；了解企业工作流程，严格执行设备操作规定，遵守各项工艺规程，具有安全意识，重视环境保护，并能解决一般性专业问题。同时具有下列专业能力：

1. 能识读及绘制卖场规划与设计结构图，使用相应的计算机绘图软件。
2. 能掌握服装陈列和展示流程。
3. 能选用合适的商品展具，设计灯光，制作橱窗。
4. 能根据卖场环境和橱窗设计陈列商品。
5. 了解服装搭配设计，能进行合理的服饰搭配。
6. 能进行服装市场调研，了解服装市场流行信息。
7. 能掌握服装销售基本技巧，进行店铺货品管理。
8. 能对相应服装品牌进行营销，并进行基本管理。

对应或相关职业（工种）：陈列展览设计人员（2-09-06-09）、色彩搭配师（4-08-08-04）、营销员（4-01-02-01）

职业资格（职业技能等级）：营销员

专业主要教学内容：

服装商品基础、服装陈列基础、卖场三维表现、展具装饰材料认知、服装市场调研、服装陈列实训、服装销售基础、陈列流程与管理等。

对应上一级专业编码：0536-3

0536-3　高级

专业编码：0536-3

专业名称：服装陈列与展示设计

培养目标：培养从事服装陈列与展示设计、策划的高级技能人才（高级工）。

学习年限：2 年（达到中级技能水平学生），3 年（高中毕业生），5 年（初中毕业生）

职业能力：

具有积极的人生态度、健康的心理素质、良好的职业道德和较扎实的文化基础知识；具有获取新知识、新技能的意识和能力，能适应不断变化的职业社会；熟悉企业工作流程，严格执行设备操作规定，遵守各项工艺规程，重视环境保护，并具有独立解决非常规问题的基本能力；能指导他人进行工作或协助培训一般工作人员。同时具有下列专业能力：

1. 能熟练使用设计绘图软件绘制卖场规划与设计结构图。
2. 能熟练选用合适的商品展具，进行灯光设计、道具开发和橱窗制作。
3. 能根据店铺实际进行卖场陈列色彩搭配方案设计。
4. 能熟练运用卖场陈列基本形式，根据产品波段进行卖场陈列组合设计。
5. 能及时捕捉服装市场流行信息并进行卖场营销策划。
6. 能对店铺销售数据进行捞取、分析，根据数据对店铺陈列进行有效调整。
7. 具备陈列培训与管理实施的能力。

8. 能运用新媒体进行店铺广告创意设计，对线上直播间进行陈列设计。

对应或相关职业（工种）：陈列展览设计人员（2-09-06-09）、色彩搭配师（4-08-08-04）、营销员（4-01-02-01）

职业资格（职业技能等级）：营销员

专业主要教学内容：

服饰搭配设计、服装陈列设计、服装市场调研、服装运营与管理、卖场规划与设计、橱窗设计、陈列管理、数字媒体陈列等。

对应下一级专业编码：0536-4

0537　殡葬设备检修

0537-4　中级

专业编码：0537-4

专业名称：殡葬设备检修

培养目标：培养从事殡葬设备安装、调试、检查、保养和维修的中级技能人才。

学习年限：3 年（初中毕业生），2 年（高中毕业生）

职业能力：

具有积极的人生态度、健康的心理素质、良好的职业道德和较扎实的文化基础知识；具有获取新知识、新技能的意识和能力，能适应不断变化的职业社会；了解企业工作流程，严格执行设备操作规定，遵守各项工艺规程，具有安全意识，重视环境保护，并能解决一般性专业问题。同时具有下列专业能力：

1. 能对殡葬设备进行分类并登记管理。
2. 能识读机械零件图与机械装配图，识读电气元件图和电气安装图。
3. 能检查、保养和维修遗体馆外接运和馆内传输设备和器具。
4. 能检查、保养和维修遗体冷冻和冷藏设备。
5. 能检查、保养和维修遗体告别瞻仰和守灵设备器材。
6. 能检查、保养和维修遗体解冻、清洗、养护设备及其辅助器具。
7. 能检查、保养和维修遗体消毒设备、殡仪场所消毒设施及其辅助器具。
8. 能检查、保养和维修遗体整容化妆设备器材。
9. 能检查和保养火化机炉体、进尸系统、燃烧系统、电控系统和排放系统。
10. 能检查、维修和保养殡葬场所安全监控设备器材、卫生防疫设备器材。

对应或相关职业（工种）：殡仪服务员（4-10-06-01）、仪器仪表维修工（6-31-01-04）、锅炉设备检修工（6-31-01-05）

职业资格（职业技能等级）：殡仪服务员

专业主要教学内容：

殡葬设备原理、机械制图、电气安装、殡葬设备设计与生产、殡葬设备性能检查、殡葬设备保养技术、殡葬设备维修技术等。

对应上一级专业编码：0537-3

0537-3 高级

专业编码：0537-3

专业名称：殡葬设备检修

培养目标：培养从事殡葬设备安装、调试、检查、保养和维修的高级技能人才（高级工）。

学习年限：2 年（达到中级技能水平学生），3 年（高中毕业生），5 年（初中毕业生）

职业能力：

具有积极的人生态度、健康的心理素质、良好的职业道德和较扎实的文化基础知识；具有获取新知识、新技能的意识和能力，能适应不断变化的职业社会；熟悉企业工作流程，严格执行设备操作规定，遵守各项工艺规程，重视环境保护，并具有独立解决非常规问题的基本能力；能指导他人进行工作或协助培训一般工作人员。同时具有下列专业能力：

1. 能建立殡葬设备安装、调试、检查、保养和维修档案。
2. 能使用常用计算机绘图软件绘制机械安装图和电气安装图。
3. 能检查、维修和保养遗体四腔注射、动脉灌注、静脉引流等化学防腐设备。
4. 能安装、调试和维修火化机炉体、进尸系统、燃烧系统、电控系统和排放系统。
5. 能检查和保养遗物焚烧设备及其辅机。
6. 能检查和保养祭品焚烧装置。
7. 能检查、保养和维修骨灰寄存安放设备设施。
8. 能检修守灵、悼念、追思、远程祭奠、礼仪主持等专用音响和影像设备。
9. 能对殡葬设备检修工作质量进行技术评估。
10. 能组织开展殡葬设备操作技能培训和使用性能改进调研。

对应或相关职业（工种）：殡仪服务员（4-10-06-01）、仪器仪表维修工（6-31-01-04）、锅炉设备检修工（6-31-01-05）

职业资格（职业技能等级）：殡仪服务员

专业主要教学内容：

殡葬设备标准、档案管理、机械设计、计算机应用、殡葬设备安装与调试、殡葬设备性能检测、殡葬互联网应用等。

对应下一级专业编码：0537-4

06　财经商贸类

0601　市场营销

0601-4　中级

专业编码：0601-4

专业名称：市场营销

培养目标：培养从事市场调查、商品推销和客户关系管理的中级技能人才。

学习年限：3 年（初中毕业生），2 年（高中毕业生）

职业能力：

具有积极的人生态度、健康的心理素质、良好的职业道德和较扎实的文化基础知识；具有获取新知识、新技能的意识和能力，能适应不断变化的职业社会；有良好的语言表达能力、沟通能力及抗挫能力，有良好的服务意识；具有安全意识，重视环境保护，并能解决一般性专业问题。同时具有下列专业能力：

1. 能根据客户心理，为客户提供相应的销售服务。
2. 能建立客户档案。
3. 能正确处理客户投诉。
4. 能根据定价策略与技巧，对商品进行定价。
5. 能设计简单的调研方案并分析、汇总数据。
6. 能利用销售技巧向客户推销产品和服务。
7. 能运用网络进行商品营销。

对应或相关职业（工种）：营销员（4-01-02-01）、商品营业员（4-01-02-03）、互联网营销师 S（4-01-06-02）

职业资格（职业技能等级）：营销员、互联网营销师

专业主要教学内容：

客户关系管理及应用、推销技巧、市场调查、商品管理实务、市场营销口语技巧、网络营销实务、市场营销实务等。

对应上一级专业编码：0601-3

0601-3　高级

专业编码：0601-3

专业名称：市场营销

培养目标：培养从事市场调查、商品推销和客户关系管理的高级技能人才（高级工）。

学习年限：2 年（达到中级技能水平学生），3 年（高中毕业生），5 年（初中毕业生）

职业能力：

具有积极的人生态度、健康的心理素质、良好的职业道德和较扎实的文化基础知识；具

有获取新知识、新技能的意识和能力，能适应不断变化的职业社会；有较强的语言表达能力、沟通能力及抗挫能力，有良好的服务意识；能指导他人进行工作或协助培训一般工作人员。同时具有下列专业能力：

1. 能根据客户心理，为客户提供综合服务。

2. 能对客户档案类型进行分类、管理。

3. 能制定一般的商务谈判方案，安排组织谈判活动。

4. 能制定一般的调研方案，分析、汇总市场调研数据，并进行市场预测和撰写市场调研报告。

5. 能利用各种销售技巧向客户推销产品和服务。

6. 能利用网络进行较为复杂的销售服务。

7. 能组织策划常见的营销活动。

8. 能通过多种渠道进行客户开发。

对应或相关职业（工种）：营销员（4-01-02-01）、商品营业员（4-01-02-03）、互联网营销师 S（4-01-06-02）

职业资格（职业技能等级）：营销员、互联网营销师

专业主要教学内容：

客户关系管理及应用、推销技巧、市场调查、商品管理实务、网络营销实务、市场营销实务、市场调研模拟训练、商务谈判实务、营销策划与应用、客户开发与维护等。

对应下一级专业编码：0601-4

0602 商务文秘

0602-4 中级

专业编码：0602-4

专业名称：商务文秘

培养目标：培养从事商务文书、秘书工作的中级技能人才。

学习年限：3 年（初中毕业生），2 年（高中毕业生）

职业能力：

具有积极的人生态度、健康的心理素质、良好的职业道德和较扎实的文化基础知识；具有获取新知识、新技能的意识和能力，能不断适应变化的职业社会；具有良好的礼仪风范和服务意识；具有较强的语言表达和应变能力；具有良好的人际交往和沟通能力；具有在工作中处理各种信息的能力和善于思考、解决具体问题的基本素养；具有安全意识，重视环境保护，并能解决一般性专业问题。同时具有下列专业能力：

1. 能用规范的仪表、仪容和仪态进行接待服务。

2. 能使用现代化办公设施设备，并进行一般维护保养。

3. 能运用现代化办公设备及互联网技术进行文字处理、信息资料收集和档案日常管理。

4. 能撰写常用应用文。

5. 能运用速读、速写技术进行文字处理工作。

6. 能组织与协调一般的商务会议、会展活动。

7. 能运用商务英语进行简单的语言会话和阅读。

对应或相关职业（工种）：秘书（3-01-02-02）

职业资格（职业技能等级）：秘书

专业主要教学内容：

礼仪与形体训练、办公设备使用与维护、常用办公软件使用、计算机文字录入、应用文写作、速写与速读技巧、秘书实务、商务英语应用、商务会议模拟实训、会展工作模拟实训等。

对应上一级专业编码：无

0603 电子商务

0603-4 中级

专业编码：0603-4

专业名称：电子商务

培养目标：培养使用计算机、网络、通信等现代信息技术从事商务活动的中级技能人才。

学习年限：3 年（初中毕业生），2 年（高中毕业生）

职业能力：

具有积极的人生态度、健康的心理素质、良好的职业道德和较扎实的文化基础知识；具有获取新知识、新技能的意识和能力，能适应不断变化的职业社会；了解一般企业网站构架，熟悉企业商务流程，遵守电子商务各项法律法规；具有安全意识，重视环境保护，并能解决一般性专业问题。同时具有下列专业能力：

1. 能正确使用常见电子商务设备与工具并进行日常维护，确保操作安全。
2. 能进行简单的网页制作，并通过框架和布局进行网页定位。
3. 能熟练使用信息网络进行商务信息收集与交换。
4. 能运用网络工具进行网络营销活动。
5. 能运用网上支付手段进行网上操作。
6. 能进行电子商务安全基本操作。
7. 能运用条码软件进行不同类型条码的编制与识别。

对应或相关职业（工种）：电子商务师 S（4-01-06-01）、互联网营销师 S（4-01-06-02）

职业资格（职业技能等级）：电子商务师、互联网营销师

专业主要教学内容：

电子商务设备工具安全操作与维护、电子商务流程、电子商务网站设计与制作、网络营销实务、电子商务数据安全实务、条码编制实务等。

专业方向：跨境电子商务

对应上一级专业编码：0603-3

0603-3　高级

专业编码：0603-3

专业名称：电子商务

培养目标：培养使用计算机、网络、通信等现代信息技术从事商务活动的高级技能人才（高级工）。

学习年限：2 年（达到中级技能水平学生），3 年（高中毕业生），5 年（初中毕业生）

职业能力：

具有积极的人生态度、健康的心理素质、良好的职业道德和较扎实的文化基础知识；具有获取新知识、新技能的意识和能力，能适应不断变化的职业社会；掌握一般企业网站构架，熟悉企业商务流程，遵守电子商务各项法律法规；能独立解决电子商务业务流程中出现的非常规问题；能指导他人进行工作或协助培训一般工作人员。同时具有下列专业能力：

1. 能使用 HTML 语言和相关软件制作动态网页。
2. 能运用电子支付手段进行电子商务结算。
3. 能分析和处理商务信息，并进行存储和维护。
4. 能运用网络工具进行网上市场调研与网络促销。
5. 能处理网上客户的反馈与投诉。
6. 能使用物流软硬件工具制定配送方案。
7. 能编制网络采购业务流程，选择与评价供应商。
8. 能使用安全管理工具进行电子商务安全管理。
9. 能运用相关工具和技术进行企业商务网站（店）编辑与内容维护。

对应或相关职业（工种）：电子商务师 S（4-01-06-01）、互联网营销师 S（4-01-06-02）

职业资格（职业技能等级）：电子商务师、互联网营销师

专业主要教学内容：

电子商务网页设计与 HTML 语言应用、电子支付实务、物流信息实务、电子商务安全与维护、网络采购实务、网络营销实务、网店运营、网店美工等。

专业方向：跨境电子商务

对应下一级专业编码：0603-4

0604　会计

0604-4　中级

专业编码：0604-4

专业名称：会计

培养目标：培养在企事业单位会计部门从事会计核算、出纳、税务等岗位工作，或在相关部门从事社保、文秘、仓库管理、收银等工作的中级技能人才。

学习年限：3 年（初中毕业生），2 年（高中毕业生）

职业能力：

具有积极的人生态度、健康的心理素质、良好的职业道德和较扎实的文化基础知识；具有获取新知识、新技能的意识和能力，能适应不断变化的职业社会；了解企业单位的生产经营知识，严格遵守会计准则、财务通则及相关法律法规的规定，遵守会计核算规程，并能解决一般性会计核算问题。同时具有下列专业能力：

1. 了解管理学、经济学、会计学、会计法规的基础理论和基本知识。

2. 能运用借贷记账法对企业单位的主要经济业务进行会计处理。

3. 掌握会计凭证的填制、汇总、审核及整理的方法。

4. 掌握基本会计账簿登记的方法，以及资产负债表、利润表、产品成本计算表的编制方法。

5. 掌握点钞技术、银行转账结算方法，能编制银行存款余额调节表。

6. 了解国家税制，初步掌握纳税计算及申报方法。

7. 具有较熟练的计算机操作技能，掌握通用会计核算软件的使用。

对应或相关职业（工种）：会计专业人员（2-06-03-00）、收银员（4-01-02-04）

职业资格（职业技能等级）：会计专业技术资格、收银员

专业主要教学内容：

会计基础、会计基础模拟、税收实务、企业会计实务、会计综合实训、成本核算实务、出纳实务、财经法规与职业道德、会计电算化、财经基础知识、经济法基础知识、会计基本技能等。

专业方向：物流会计

对应上一级专业编码：0604-3

0604-3 高级

专业编码：0604-3

专业名称：会计

培养目标：培养在企事业单位从事会计核算工作、承担财务管理任务的高级技能人才（高级工）。

学习年限：2 年（达到中级技能水平学生），3 年（高中毕业生），5 年（初中毕业生）

职业能力：

具有积极的人生态度、健康的心理素质、良好的职业道德和较扎实的文化基础知识；具有获取新知识、新技能的意识和能力，能适应不断变化的职业社会；了解企业生产管理及核算流程，严格遵守会计准则、财务通则及相关法律法规的规定，遵守会计核算规程，具有独立解决非常规问题的基本能力；能指导他人进行工作或协助培训一般工作人员，能协助部门领导全面进行会计核算、财务管理的相关工作。同时具有下列专业能力：

1. 基本掌握管理学、经济学、会计学、会计法规的基础理论和基本知识。

2. 能运用借贷记账法对企业单位的日常经济业务进行会计处理。

3. 熟练掌握会计核算流程，能正确记账、结账，正确编制资产负债表、利润表和成本报表。

4. 掌握财务分析方法及技能，具有进行成本、效益分析的能力。

5. 熟悉银行、工商、税务等部门的工作流程，具有办理相关业务的能力。

6. 具有较熟练的计算机操作技能，掌握通用会计核算软件的使用。

对应或相关职业（工种）：会计专业人员（2-06-03-00）、收银员（4-01-02-04）

职业资格（职业技能等级）：会计专业技术资格、收银员

专业主要教学内容：

会计基础、财务会计、成本会计、会计电算化、财务管理、会计法规、会计制度设计、纳税实务、国际贸易理论与实务、市场营销、金融理论与实务、审计基础、资产评估等。

专业方向：物流会计

对应下一级专业编码：0604-4

0605　工商企业管理

0605-4　中级

专业编码：0605-4

专业名称：工商企业管理

培养目标：培养从事市场营销、人力资源管理、生产组织管理等方面工作的中级技能人才。

学习年限：3年（初中毕业生），2年（高中毕业生）

职业能力：

具有积极的人生态度、健康的心理素质、良好的职业道德和较扎实的文化基础知识；具有获取新知识、新技能的意识和能力，能适应不断变化的职业社会；了解企业工作流程，严格执行企业相关规定，遵守相关法律法规，具有市场意识、工作协调技巧、统筹规划能力，并能解决一般性专业问题。同时具有下列专业能力：

1. 熟悉管理学、经济学的基础理论和基本知识。

2. 熟悉现代企业经营管理的基本知识和理念。

3. 熟悉市场需求和企业营销战略，能从事企业营销和售后服务基础性工作。

4. 熟悉企业招聘、培训、绩效管理、薪酬福利管理、劳动关系管理等人事制度，能从事企业人力资源管理事务性工作。

5. 熟悉企业生产管理制度，能从事企业基层生产管理和质量管理工作。

对应或相关职业（工种）：营销员（4-01-02-01）、企业人力资源管理师（4-07-03-04）

职业资格（职业技能等级）：营销员、企业人力资源管理师

专业主要教学内容：

商务英语、计算机应用基础、管理学基础、电子商务应用、经济学基础、会计学、市场营销实务、人力资源管理实务、行政管理、物流与供应链管理、生产与运作管理、质量管理、企业战略管理等。

对应上一级专业编码：0605-3

0605-3　高级

专业编码：0605-3

专业名称：工商企业管理

培养目标：培养从事市场营销、人力资源管理、生产组织管理等方面工作的高级技能人才（高级工）。

学习年限：2 年（达到中级技能水平学生），3 年（高中毕业生），5 年（初中毕业生）

职业能力：

具有积极的人生态度、健康的心理素质、良好的职业道德和较扎实的文化基础知识；具有获取新知识、新技能的意识和能力，能适应不断变化的职业社会；熟悉企业工作流程，严格执行企业相关规定，遵守相关法律法规，具有市场意识、工作协调技巧、统筹规划能力，并具有独立解决非常规问题的基本能力；能指导他人进行工作或协助培训一般工作人员。同时具有下列专业能力：

1. 掌握管理学、经济学的基础理论和基本知识。
2. 掌握现代企业经营管理的基本知识和理念。
3. 熟悉企业战略与制度，具有分析和解决企业管理实际问题的基本能力。
4. 熟悉市场需求和企业营销战略，能从事企业营销和售后服务工作。
5. 熟悉企业招聘与配置、激励、培训与开发、绩效管理、薪酬福利管理、劳动关系管理等人事制度，能从事企业人力资源管理工作。
6. 熟悉企业生产管理制度，能从事企业生产管理和质量管理工作。

对应或相关职业（工种）：营销员（4-01-02-01）、企业人力资源管理师（4-07-03-04）

职业资格（职业技能等级）：营销员、企业人力资源管理师

专业主要教学内容：

商务英语、计算机应用技术、管理学、电子商务应用、经济学、会计学、市场营销实务、人力资源管理实务、行政管理、物流与供应链管理、生产与运作管理、质量管理、企业战略管理、企业文化等。

对应下一级专业编码：0605-4

0606　人力资源管理

0606-4　中级

专业编码：0606-4

专业名称：人力资源管理

培养目标：培养从事人力资源规划、招聘与配置、激励、培训与开发、绩效管理、薪酬福利管理、劳动关系管理等工作的中级技能人才。

学习年限：3 年（初中毕业生），2 年（高中毕业生）

职业能力：

具有积极的人生态度、健康的心理素质、良好的职业道德和较扎实的文化基础知识；具

有获取新知识、新技能的意识和能力，能不断适应变化的职业社会；具有良好的礼仪风范和服务意识；具有较强的语言表达和应变能力；具有良好的人际交往和沟通能力；具有安全意识，重视环境保护，并能解决一般性专业问题。同时具有下列专业能力：

1. 能对组织信息进行汇总，绘制组织机构图，描述岗位设置情况和人员需求预测结果。

2. 能对招聘需求信息进行收集、分类、记录、保存、打印和报送，进行报名登记和初试准备，选择正确的方法对候选人资料进行复核，办理新员工入职等相关事宜。

3. 能按照内部竞聘工作规范，收集、整理空缺岗位信息，并对内部应聘人员的信息进行收集、分类。

4. 能收集、汇总新招聘人员的试用信息，进行人员信息的记录、维护，编制员工花名册及各类人员统计报表，建立人才资源数据库。

5. 能承担员工入职教育资料和会务准备工作，做好教学设施管理和后勤服务工作，跟踪、收集、反馈受训者培训效果信息。

6. 能印制和发放各种考核材料，并对考核数据做好收集、分类、记录、统计和保存工作。

7. 能收集、提供薪酬福利调整所需要的信息；能收集、整理、记录、分析、计算考勤和工时数据，准确及时地进行工资、奖金、津贴和个人所得税的计算，编制工资表。

8. 能办理各项社会保险和住房公积金缴费手续，建立台账，制作相关统计报表。

9. 能办理劳动合同签订、变更、续订、终止、解除手续，准确记录合同期内各类台账，并妥善分类保管；能检查核实特殊岗位的资格证书。

10. 能熟练进行计算机系统操作与使用，熟练使用文字处理和多媒体处理软件。

对应或相关职业（工种）：企业人力资源管理师（4-07-03-04）、劳动关系协调师（4-07-03-02）、职业指导师（4-07-03-01）、创业指导师（4-07-03-03）、职业培训师（4-07-03-05）、劳务派遣管理员（4-07-03-06）、招聘师（4-07-03-07）

职业资格（职业技能等级）：企业人力资源管理师、劳动关系协调师、职业指导师、职业培训师

专业主要教学内容：

计算机应用基础、办公软件应用、劳动法、人力资源规划、招聘与配置、培训与开发、考核与评价、薪酬福利管理、劳动关系管理、公文写作、企业管理等。

对应上一级专业编码：0606-3

0606-3　高级

专业编码：0606-3

专业名称：人力资源管理

培养目标：培养从事人力资源规划、招聘与配置、激励、培训与开发、绩效管理、薪酬福利管理、劳动关系管理等工作的高级技能人才（高级工）。

学习年限：2 年（达到中级技能水平学生），3 年（高中毕业生），5 年（初中毕业生）

职业能力：

具有积极的人生态度、健康的心理素质、良好的职业道德和较扎实的文化基础知识；具有获取新知识、新技能的意识和能力，能适应不断变化的职业社会；具有良好的礼仪风范和

服务意识；具有较强的语言表达和应变能力；具有良好的人际交往和沟通能力；具有安全和环保意识，并具有独立解决非常规问题的基本能力；能指导他人进行工作或协助培训一般工作人员。同时具有下列专业能力：

1. 能采集、处理组织信息，编制岗位设置及人员配置年度计划，审核单项人力资源费用统计报表。

2. 能掌握招聘和人员配置的基本原则和主要原理，起草单项制度草案，能组织实施招聘，对应聘者进行初步筛选，能独立办理劳务外派与引进的各种手续。

3. 能起草培训制度，组织实施培训，制定可晋升员工的发展规划。

4. 能建立考核制度，实施考核，汇总考核数据与相关材料，起草考核效果总结。

5. 能掌握薪酬福利管理的原则和主要内容，起草单项薪酬福利制度，进行工资和保险福利等管理工作。

6. 能办理订立劳动合同的各种手续，检查劳动合同的履行情况。

7. 善于推进发展企业人力资源开发与管理。

8. 能完成信息需求调研与分析、信息采集等工作任务。

9. 能完成企业信息系统数据维护、文档管理、系统备份和恢复等工作任务。

对应或相关职业（工种）：企业人力资源管理师（4-07-03-04）、劳动关系协调师（4-07-03-02）、职业指导师（4-07-03-01）、创业指导师（4-07-03-03）、职业培训师（4-07-03-05）、劳务派遣管理员（4-07-03-06）、招聘师（4-07-03-07）

职业资格（职业技能等级）：企业人力资源管理师、劳动关系协调师、职业指导师、职业培训师

专业主要教学内容：

多媒体制作、信息管理基础、人力资源规划、招聘与配置、培训与开发、考核与评价、薪酬福利管理、劳动关系管理、管理学原理、公共关系学、社交礼仪、就业指导、演讲与口才、管理心理学等。

对应下一级专业编码：0606-4

0607 国际贸易

0607-4 中级

专业编码：0607-4

专业名称：国际贸易

培养目标：培养从事外销、采购、跟单、单证、货代、报关报检等国际贸易工作的中级技能人才。

学习年限：3 年（初中毕业生），2 年（高中毕业生）

职业能力：

具有积极的人生态度、健康的心理素质、良好的职业道德和较扎实的文化基础知识；具有获取新知识、新技能的意识和能力，能适应不断变化的职业社会；了解进出口业务工作流程，遵守各项工作规程，具有强烈的服务意识和责任感，并能解决一般性专业问题。同时具有下列专业能力：

1. 能参与对外贸易磋商，包括出口方案拟订、函电往来、资料准备、谈判、合同签订等。

2. 能参与证、运、款三个环节中单据（包括提单、发票、信用证、汇票、申请委托书等）制作的全过程。

3. 能依据“单证相符、单单相符”的原则，对所给信用证单据进行审核、修改。

4. 能进行外贸跟单、报关、运输、结算实务的基本操作。

5. 能运用计算机进行简单的外贸业务处理。

6. 能运用英语听、说、读、写、译等技能进行简单的对外贸易沟通。

对应或相关职业（工种）：国际商务专业人员（2-06-07-01）、电子商务师 S（4-01-06-01）、报关人员（2-06-07-12）、营销员（4-01-02-01）

职业资格（职业技能等级）：电子商务师、营销员

专业主要教学内容：

国际贸易实务、市场营销、单证实务、外贸跟单实务、报关与货代、外贸函电、商务英语、英语听说、电子商务等。

专业方向：国际关务、国际货运代理

对应上一级专业编码：0607-3

0607-3 高级

专业编码：0607-3

专业名称：国际贸易

培养目标：培养从事外销、采购、跟单、单证、货代、报关报检等国际贸易工作的高级技能人才（高级工）。

学习年限：2 年（达到中级技能水平学生），3 年（高中毕业生），5 年（初中毕业生）

职业能力：

具有积极的人生态度、健康的心理素质、良好的职业道德和较扎实的文化基础知识；具有获取新知识、新技能的意识和能力，能适应不断变化的职业社会；熟悉进出口业务工作流程，遵守各项工作规程，具有强烈的服务意识和责任感，并具有独立解决非常规问题的基本能力；能指导他人进行工作或协助培训一般工作人员。同时具有下列专业能力：

1. 能用流利的英语进行对外贸易沟通。

2. 能利用计算机及网络进行外贸信息的收集、分类、处理和发布。

3. 能运用专业软件对数据进行计量、统计、会计分析和研究。

4. 能识读、填制、制作和修改运输单证，并规范填写仓储作业的各类单据。

5. 能运用国际通行的贸易规则和惯例进行对外贸易操作，包括寻找客户、合同签订、报关报检、运输保险、单证制作。

6. 能运用对外贸易中的相关法律、法规、政策进行商务谈判。

7. 能运用英语听、说、读、写、译等技能进行对外贸易沟通。

对应或相关职业（工种）：国际商务专业人员（2-06-07-01）、电子商务师 S（4-01-06-01）、报关人员（2-06-07-12）、营销员（4-01-02-01）

职业资格（职业技能等级）：电子商务师、营销员

专业主要教学内容：

商务谈判、国际贸易实务、市场营销、报关报检实务、国际结算、进出口操作、外贸单证实务、国际物流软件应用、外贸英语函电、商务英语翻译、国际商法等。

专业方向：国际关务、国际货运代理

对应下一级专业编码：0607-4

0608　商务外语

0608-4　中级

专业编码：0608-4

专业名称：商务外语

培养目标：培养从事涉外商务活动接待、翻译工作的中级技能人才。

学习年限：3 年（初中毕业生），2 年（高中毕业生）

职业能力：

具有积极的人生态度、健康的心理素质、良好的职业道德和较扎实的文化基础知识；具有获取新知识、新技能的意识和能力，能适应不断变化的职业社会；了解国际商务活动的基本环节和国际贸易业务操作流程，具有良好的国际商务礼仪风范；能运用规范的外语处理涉外商务业务，解决国际商务沟通中的基本问题。同时具有下列专业能力：

1. 能在商务活动中进行外宾接待服务，安排商务会议和商务旅行。
2. 能准确解读并回复商务外语函电。
3. 能读懂进出口贸易合同并具有进出口商品报关报检能力。
4. 能准确解读并制作外贸单证。
5. 能用外语详细描述和推介产品、公司。
6. 能使用现代化办公设施设备和自动化办公软件，并熟练运用计算机进行文字处理。

对应或相关职业（工种）：翻译（2-10-05-01）、国际商务专业人员（2-06-07-01）、报关人员（2-06-07-12）

职业资格（职业技能等级）：翻译专业资格

专业主要教学内容：

外语、商务外语、商务外语函电、形体训练、商务礼仪、计算机基础、应用文写作、商务理论、国际贸易基础知识、报关报检实务、市场营销、秘书实务、国际商务单证及实操等。

对应上一级专业编码：0608-3

0608-3　高级

专业编码：0608-3

专业名称：商务外语

培养目标：培养从事涉外商务活动接待、翻译工作的高级技能人才（高级工）。

学习年限：2 年（达到中级技能水平学生），3 年（高中毕业生），5 年（初中毕业生）

职业能力：

具有积极的人生态度、健康的心理素质、良好的职业道德和较扎实的文化基础知识；具有获取新知识、新技能的意识和能力，能适应不断变化的职业社会；对不同国家的文化差异有一定的认知，了解国际商务沟通的基本理念；有扎实的外语知识和较强的听、说、读、写、译能力，具有用外语熟练进行国际经济交流活动和服务贸易等各项工作的能力；能指导他人进行工作或协助培训一般员工。同时具有下列专业能力：

1. 能准确解读外语外贸法律法规以及合同条款。
2. 能签订外贸合同、制作外贸单证和审核单证及从事进出口商品报关报检。
3. 能准确翻译各种商务函电，并书写各种商务函电及商务报告。
4. 能用外语与外商交流、洽谈业务。
5. 能协助外贸业务部门进行展销会的准备及展销工作。
6. 能运用现代化办公设备及软件进行文字处理、信息资料收集和档案日常管理，以及处理办公室日常事务。

对应或相关职业（工种）： 翻译（2-10-05-01）、国际商务专业人员（2-06-07-01）、报关人员（2-06-07-12）

职业资格（职业技能等级）： 翻译专业资格

专业主要教学内容：

外语、商务外语、商务外语函电、商务外语翻译、社交礼仪、进出口单证实务、报关报检实务、国际贸易理论与实务、计算机应用、秘书实务、国际商务单证及实操等。

对应下一级专业编码： 0608-4

0609　房地产经营与管理

0609-4　中级

专业编码： 0609-4

专业名称： 房地产经营与管理

培养目标： 培养从事一手房销售与管理、二手房销售与门店管理的中级技能人才。

学习年限： 3 年（初中毕业生），2 年（高中毕业生）

职业能力：

具有积极的人生态度、健康的心理素质、良好的职业道德和较扎实的文化基础知识；具有获取新知识、新技能的意识和能力，能适应不断变化的职业社会；了解房地产行业工作流程，熟悉消费心理及行为，具有良好的沟通技巧与服务意识，具备较高的商务礼仪素质；具有安全意识，重视环境保护，并能解决一般性专业问题。同时具有下列专业能力：

1. 能针对不同的客户心理，挖掘客户需求，推荐不同的房地产产品。
2. 能设计简单的调研问卷，并独立完成踩盘任务。
3. 能运用建筑基础知识，熟练解决客户关于房地产产品与买卖的疑问。
4. 能独立挖掘新客源及新房源。
5. 能根据当期贷款政策，为客户推荐不同的按揭消费。

对应或相关职业（工种）：房地产经纪人（4-06-02-01）、房地产策划师（4-06-02-02）、验房师（4-06-02-03）、房地产估价专业人员（2-06-06-02）

职业资格（职业技能等级）：房地产经纪专业人员职业资格、房地产估价师

专业主要教学内容：

房地产开发与经营、建筑基础知识、房地产政策与法规、房地产销售实务、房地产经纪实务、房地产市场营销、房地产营销策划、物业管理等。

对应上一级专业编码：0609-3

0609-3　高级

专业编码：0609-3

专业名称：房地产经营与管理

培养目标：培养从事一手房销售与管理、二手房销售与门店管理的高级技能人才（高级工）。

学习年限：2 年（达到中级技能水平学生），3 年（高中毕业生），5 年（初中毕业生）

职业能力：

具有积极的人生态度、健康的心理素质、良好的职业道德和较扎实的文化基础知识；具有获取新知识、新技能的意识和能力，能适应不断变化的职业社会；熟悉房地产行业工作流程，熟悉消费心理及行为，具有良好的沟通技巧与服务意识，具备较高的商务礼仪素质；具有安全意识，并具有独立解决非常规问题的基本能力；能指导他人进行工作或协助培训一般工作人员。同时具有下列专业能力：

1. 能设计与实施问卷调查，分析与评估踩盘结果。
2. 能向客户全面介绍房地产产品买卖信息并解答有关疑问。
3. 能独立或组织团队开辟新的房地产产品市场。
4. 能撰写与实施房地产产品销售计划和促销策划方案。
5. 能良好地维系客户关系和组织管理销售团队。

对应或相关职业（工种）：房地产经纪人（4-06-02-01）、房地产策划师（4-06-02-02）、验房师（4-06-02-03）、房地产估价专业人员（2-06-06-02）

职业资格（职业技能等级）：房地产经纪专业人员职业资格、房地产估价师

专业主要教学内容：

房地产开发与经营、建筑基础知识、房地产政策与法规、房地产投资分析、房地产销售实务、房地产经纪实务、房地产市场营销、房地产营销策划、房地产估价等。

对应下一级专业编码：0609-4

0610　网络营销

0610-4　中级

专业编码：0610-4

专业名称：网络营销

培养目标：培养从事网络营销策划、设计、维护与管理的中级技能人才。

学习年限：3 年（初中毕业生），2 年（高中毕业生）

职业能力：

具有积极的人生态度、健康的心理素质、良好的职业道德和较扎实的文化基础知识；具有获取新知识、新技能的意识和能力，能适应不断变化的职业社会；了解企业商务流程及行业动态，遵守相关法律法规，并能解决一般性专业问题。同时具有下列专业能力：

1. 能使用先进信息技术进行网络商务信息收集和整理。
2. 能使用图片、动画等工具制作营销型网页。
3. 能执行平台商家管理规范。
4. 能进行店铺商品管理。
5. 能实施与管理网络营销活动。
6. 能应用多种营销方法进行平台营销与店铺推广。
7. 能与客户洽谈，促成交易，并提供售后服务。

对应或相关职业（工种）：互联网营销师 S（4-01-06-02）电子商务师 S（4-01-06-01）、营销员（4-01-02-01）

职业资格（职业技能等级）：互联网营销师、电子商务师、营销员

专业主要教学内容：

商务信息采集与处理、图片处理、网页设计与制作、运营数据收集与整理、商品管理、运营管理规范执行与检查、运营活动实施与管理、公关营销、BD 营销、免费营销、新媒体营销、数据支持、店铺推广、网络客服等。

专业方向：商务数据分析与应用

对应上一级专业编码：0610-3

0610-3　高级

专业编码：0610-3

专业名称：网络营销

培养目标：培养从事网络营销策划、设计、维护与管理的高级技能人才（高级工）。

学习年限：2 年（达到中级技能水平学生），3 年（高中毕业生），5 年（初中毕业生）

职业能力：

具有积极的人生态度、健康的心理素质、良好的职业道德和较扎实的文化基础知识；具有获取新知识、新技能的意识和能力，能适应不断变化的职业社会；熟悉企业商务流程及行业动态，遵守相关法律法规，具有一定的创新能力和团队协作能力，并具有独立解决非常规问题的基本能力；能指导他人进行工作或协助培训一般工作人员。同时具有下列专业能力：

1. 能对收集整理好的运营数据进行分析。
2. 能制定平台商家管理规范。
3. 能策划与分析网络营销活动并进行活动效果评估及预算。
4. 能应用多种营销方法进行平台营销与店铺推广。
5. 能进行企业网站规划和推广。
6. 能管理和维护客户关系。

对应或相关职业（工种）：互联网营销师 S（4-01-06-02）电子商务师 S（4-01-06-

01）、营销员（4-01-02-01）

职业资格（职业技能等级）：互联网营销师、电子商务师、营销员

专业主要教学内容：

网络信息收集与分析、运营数据分析、平台商家管理规范制定、运营活动策划与评估、商品优化、精确营销、品牌营销、会员营销、营销视觉支持、店铺推广优化、网站规划和推广、客户关系管理、网络客服跟单技巧等。

专业方向：商务数据分析与应用

对应下一级专业编码：0610-4

0611　连锁经营与管理

0611-4　中级

专业编码：0611-4

专业名称：连锁经营与管理

培养目标：培养从事连锁经营企业门店基层管理的中级技能人才。

学习年限：3 年（初中毕业生），2 年（高中毕业生）

职业能力：

具有积极的人生态度、健康的心理素质、良好的职业道德和较扎实的文化基础知识；具有获取新知识、新技能的意识和能力，能适应不断变化的职业社会；了解连锁企业工作流程，严格执行企业相关规定，遵守相关法律法规；具有市场意识、工作协调能力和统筹规划能力，并能解决一般性专业问题。同时具有下列专业能力：

1. 能从事连锁经营企业门店的接待服务、收银和商品包装工作。
2. 能从事连锁经营企业门店的理货和补货工作。
3. 能从事连锁经营企业门店产品的网络营销活动。
4. 能从事连锁经营企业门店产品的生产管理和新员工的业务指导工作。
5. 能做好连锁经营企业门店的防损和安全工作。

对应或相关职业（工种）：连锁经营管理师（4-01-02-06）、营销员（4-01-02-01）、商品营业员（4-01-02-03）、电子商务师 S（4-01-06-01）

职业资格（职业技能等级）：连锁经营管理师、营销员、电子商务师

专业主要教学内容：

管理学基础、经济学基础、会计学、计算机应用基础、营销学、电子商务、连锁经营管理、连锁门店运营管理、商品品类管理、连锁配送管理、人力资源管理、网络营销实务、管理沟通等。

对应上一级专业编码：0611-3

0611-3　高级

专业编码：0611-3

专业名称：连锁经营与管理

培养目标：培养从事连锁经营企业门店全面管理的高级技能人才（高级工）。

学习年限：2 年（达到中级技能水平学生），3 年（高中毕业生），5 年（初中毕业生）

职业能力：

具有积极的人生态度、健康的心理素质、良好的职业道德和较扎实的文化基础知识；具有获取新知识、新技能的意识和能力，能适应不断变化的职业社会；熟悉连锁企业工作流程，严格执行企业相关规定，遵守相关法律法规；具有市场意识、工作协调能力和统筹规划能力，并具有独立解决非常规问题的基本能力；能指导他人进行工作或协助培训一般工作人员。同时具有下列专业能力：

1. 根据连锁经营企业经营战略，具有开拓市场、策划和实施促销活动的能力。

2. 能对门店员工进行岗位合理配置、绩效评估和业务培训。

3. 能从事连锁经营企业门店场地设计、商品采购与存货管理工作。

4. 能从事连锁经营企业门店产品的生产管理和全面质量管理工作。

5. 能对连锁经营企业门店的日常经营进行财务核算。

6. 能制定客户档案管理制度和宣传企业文化。

对应或相关职业（工种）：连锁经营管理师（4-01-02-06）、营销员（4-01-02-01）、商品营业员（4-01-02-03）、电子商务师 S（4-01-06-01）

职业资格（职业技能等级）：连锁经营管理师、营销员、电子商务师

专业主要教学内容：

管理学、经济学、财务管理、市场营销、连锁经营质量管理、行政管理、电子商务、人力资源管理、客户关系管理及应用、企业文化等。

对应下一级专业编码：0611-4

0612　行政管理

0612-4　中级

专业编码：0612-4

专业名称：行政管理

培养目标：培养在企事业单位从事行政管理工作的中级技能人才。

学习年限：3 年（初中毕业生），2 年（高中毕业生）

职业能力：

具有积极的人生态度、健康的心理素质、良好的职业道德和较扎实的文化基础知识；具有获取新知识、新技能的意识和能力，能适应不断变化的职业社会；具有良好的礼仪风范和服务意识；具有良好的人际交往和沟通能力；具有安全意识，重视环境保护，并能解决一般性专业问题。同时具有下列专业能力：

1. 能熟练操作计算机，熟练使用文字处理和多媒体处理软件。

2. 了解企事业单位招聘、培训、绩效管理、薪酬福利管理、劳动关系管理等人事制度，能从事企、事业单位人力资源管理事务性工作。

3. 熟悉现代公文写作，能从事宣传报道工作。

4. 了解企业生产管理制度，能从事企业生产管理和质量管理的基础性工作。

5. 熟悉市场需求和企业营销战略，能从事企业营销和售后服务的基础性工作。

6. 能从事一般性商务会议和会展活动的事务性工作。

对应或相关职业（工种）：秘书（3-01-02-02）、企业人力资源管理师（4-07-03-04）

职业资格（职业技能等级）：秘书、企业人力资源管理师

专业主要教学内容：

办公设备使用与维护、常用办公软件使用、应用文写作、企业管理、市场营销、秘书实务、经济学基础、行政管理、人力资源管理实务、生产与运作管理等。

对应上一级专业编码：0612-3

0612-3 高级

专业编码：0612-3

专业名称：行政管理

培养目标：培养在企事业单位从事行政管理工作的高级技能人才（高级工）。

学习年限：2 年（达到中级技能水平学生），3 年（高中毕业生），5 年（初中毕业生）

职业能力：

具有积极的人生态度、健康的心理素质、良好的职业道德和较扎实的文化基础知识；具有获取新知识、新技能的意识和能力，能适应不断变化的职业社会；具有良好的礼仪风范和服务意识；具有较强的语言表达和应变能力；具有安全意识，并具有独立解决非常规问题的基本能力；能指导他人进行工作或协助培训一般工作人员。同时具有下列专业能力：

1. 能熟练运用现代化办公设备及互联网技术，进行文字处理、信息资料收集和档案日常管理等工作。

2. 熟悉企事业单位招聘、培训、绩效管理、薪酬福利管理、劳动关系管理等人事制度，能从事企事业单位人力资源管理工作。

3. 具有现代公文写作能力，具有良好的语言表达和书面表达能力，能从事宣传企业形象、创新企业文化等工作。

4. 熟悉企业生产管理制度，能从事企业生产管理和质量管理工作。

5. 熟悉市场需求和企业营销战略，能从事企业营销和售后服务工作。

6. 能从事一般性商务会议和会展活动的组织、协调工作。

对应或相关职业（工种）：秘书（3-01-02-02）、企业人力资源管理师（4-07-03-04）

职业资格（职业技能等级）：秘书、企业人力资源管理师

专业主要教学内容：

办公设备使用与维护、常用办公软件使用、多媒体制作、公共关系学、应用文写作、秘书实务、经济学基础、行政管理、人力资源管理实务、生产与运作管理、企业质量管理等。

对应下一级专业编码：0612-4

0613 财务管理

0613-4 中级

专业编码：0613-4

专业名称：财务管理

培养目标：培养从事财务管理的中级技能人才。

学习年限：3 年（初中毕业生），2 年（高中毕业生）

职业能力：

具有积极的人生态度、健康的心理素质、良好的职业道德和较扎实的文化基础知识；具有获取新知识、新技能的意识和能力，能适应不断变化的职业社会；了解财务管理相关工作流程，严格执行财务管理相关规定，遵守各项操作规程，具有安全意识，重视环境保护，并能解决一般性专业问题。同时具有下列专业能力：

1. 能按照会计规范正确计量各种经济业务，编制会计报表，报送财务报告。
2. 能按税法的规定进行税金的核算、申报与缴纳。
3. 能准确分析财务报表并能初步判断企业资产运营存在的风险。
4. 能对企业成本进行计算，对成本费用进行初步的分析和控制。
5. 能根据企业的实际情况给出筹集资金、合理运用资金的建议。
6. 能进行基本的证券投资管理，并能初步分析影响证券价格变动的各种因素。

对应或相关职业（工种）：会计专业人员（2-06-03-00）、税务专业人员（2-06-05-00）、审计专业人员（2-06-04-00）

职业资格（职业技能等级）：会计专业技术资格、税务师、审计专业技术资格

专业主要教学内容：

基础会计、出纳实务、统计实务、财务会计、财务管理基础、投资理财基础、会计信息系统基础、会计报表分析基础、预算会计基础、成本会计、纳税实务基础等。

对应上一级专业编码：0613-3

0613-3　高级

专业编码：0613-3

专业名称：财务管理

培养目标：培养从事财务管理的高级技能人才（高级工）。

学习年限：2 年（达到中级技能水平学生），3 年（高中毕业生），5 年（初中毕业生）

职业能力：

具有积极的人生态度、健康的心理素质、良好的职业道德和较扎实的文化基础知识；具有获取新知识、新技能的意识和能力，能适应不断变化的职业社会；熟悉财务管理相关工作流程，严格执行财务管理相关规定，遵守各项操作规程，重视环境保护，并具有独立解决非常规问题的基本能力；能指导他人进行工作或协助培训一般工作人员。同时具有下列专业能力：

1. 能运用会计软件进行财务会计核算，填制凭证、登记账簿、编制报表等。
2. 能运作与管理小微企业的成本预测、计划、决策、核算、分析、控制及效益考核等工作。
3. 能对金融市场运作及金融产品进行财务与金融分析并提出合理投融资建议。
4. 能进行纳税实务操作，并能进行行政、企事业单位税收筹划。
5. 能对小微企业进行内部审计，发现内部控制存在的问题并提出解决方案。
6. 能对企业战略、风险、治理进行初步分析和管理。

对应或相关职业（工种）：会计专业人员（2-06-03-00）、税务专业人员（2-06-05-

00）、审计专业人员（2-06-04-00）

职业资格（职业技能等级）：会计专业技术资格、税务师、审计专业技术资格

专业主要教学内容：

管理会计、经济学基础、现代金融基础、财务会计、财务管理、投资理财、会计信息系统、会计报表分析、预算会计、成本管理、纳税实务、审计学等。

对应下一级专业编码：0613-4

07 农 业 类

0701 种植

0701-4 中级

专业编码：0701-4

专业名称：种植

培养目标：培养从事大田作物、蔬菜、果树等生产的中级技能人才。

学习年限：3 年（初中毕业生），2 年（高中毕业生）

职业能力：

具有积极的人生态度、健康的心理素质、良好的职业道德和较扎实的文化基础知识；具有获取新知识、新技能的意识和能力，能适应不断变化的职业社会；了解农作物生产流程，严格执行农艺操作规定，具有安全意识，重视环境保护，并能解决一般性专业问题。同时具有下列专业能力：

1. 能熟练进行农田的土地耕整。
2. 能进行当地蔬菜栽培的田间和保护地作业。
3. 能对当地几种主要农作物进行适时播种、移栽，进行播种量、育苗面积与本田面积的比例计算。
4. 能正确分析每种农作物的长势长相及各个生育期情况，进行施肥灌溉或排涝、中耕除草、收获储藏。
5. 能识别植物病虫害和农田杂草。
6. 能对当地主要农作物进行杂交制种。
7. 能按操作规程和技术要求进行种子及产品的储藏、保管。
8. 能正确使用当地小型农机具，并对其进行维护保养。
9. 能进行主要果树苗木繁育、整形修剪。

对应或相关职业（工种）：农艺工（5-01-02-01）、园艺工（5-01-02-02）、农业技术员（5-05-01-01）

职业资格（职业技能等级）：农艺工、农业技术员

专业主要教学内容：

植物生长与环境、农作物生产技术、植物保护、农业基础化学、生物基础、作物遗传育种、农业生物技术、农产品储藏加工、蔬菜生产技术、林果生产技术、农业机具使用与维护、农作物质量安全常识等。

对应上一级专业编码：0701-3

0701-3 高级

专业编码：0701-3

专业名称：种植

培养目标：培养从事大田作物、蔬菜、果树等生产的高级技能人才（高级工）。

学习年限：2 年（达到中级技能水平学生），3 年（高中毕业生），5 年（初中毕业生）

职业能力：

具有积极的人生态度、健康的心理素质、良好的职业道德和较扎实的文化基础知识；具有获取新知识、新技能的意识和能力，能适应不断变化的职业社会；熟悉农作物生产流程，严格执行农艺操作规定，重视环境保护，并具有独立解决非常规问题的基本能力；能指导他人进行工作或协助培训一般操作人员。同时具有下列专业能力：

1. 能参与本单位的全年生产计划安排，做好农作物布局。

2. 能进行菜田选择，合理安排茬口，培养地力；能生产无公害蔬菜。

3. 能严格按照有关生产良种的要求繁殖良种、防杂保纯，提高种性或进行隔离杂交制种，操作技术熟练可靠。

4. 能根据农作物生育情况及当地季节特点，适时进行播种、移栽和合理密植。

5. 能对病虫草害进行调查，根据天气做出预测预报并加以防治。

6. 能对当地主要果树进行不同树形修剪及果树稳产、高产技术传授。

7. 能熟练使用和维护节水灌溉设备。

8. 能了解农业气象灾害产生的影响，并制定相应的防范措施。

对应或相关职业（工种）：农艺工（5-01-02-01）、园艺工（5-01-02-02）、农业技术员（5-05-01-01）

职业资格（职业技能等级）：农艺工、农业技术员

专业主要教学内容：

种植基础、农作物生产技术、保护性耕作技术与机具、作物遗传育种、蔬菜生产技术、林果生产技术、作物病虫害防治、节水灌溉技术、农业气象、土壤与肥料等。

对应下一级专业编码：0701-4

0702 现代农艺技术

0702-4 中级

专业编码：0702-4

专业名称：现代农艺技术

培养目标：培养从事大田作物生产的中级技能人才。

学习年限：3 年（初中毕业生），2 年（高中毕业生）

职业能力：

具有积极的人生态度、健康的心理素质、良好的职业道德和较扎实的文化基础知识；具有获取新知识、新技能的意识和能力，能适应不断变化的职业社会；了解农作物生产流程，严格执行农艺操作规定，具有安全意识，重视环境保护，并能解决一般性专业问题。同时具有下列专业能力：

1. 能熟练进行农田的土地耕整和土壤改良。

2. 能熟练进行选种、制种、育苗、播种和栽插。

3. 能根据农作物生育情况及当地季节特点，适时进行播种、移栽和合理密植。

4. 能准确判断苗情，进行排灌、施肥、中耕以及病虫害和杂草防治。

5. 能对农作物的长势长相、营养、群体、生理保障等进行诊断，并做出较准确的产量预测。

6. 能对收获的农作物及其产品进行脱粒、晾晒等初加工和储藏。

7. 能提纯复壮、杂交制种，储藏、保管种子。

8. 能正确使用当地小型农机具，并对其进行维护保养。

9. 能熟练进行农药、肥料溶液的配制。

对应或相关职业（工种）：农艺工（5-01-02-01）、种子繁育员（5-01-01-01）、种苗繁育员（5-01-01-02）、农作物植保员 L（5-05-02-01）、农业技术员（5-05-01-01）

职业资格（职业技能等级）：农艺工、农作物植保员、农业技术员

专业主要教学内容：

土壤与肥料、植物生长与环境、农作物生产技术、植物保护技术、农业气象、农业生态学、作物遗传育种、种子生产概论、设施农业技术、节水灌溉技术、农产品储藏与加工、农业机具使用与维护等。

对应上一级专业编码：0702-3

0702-3　高级

专业编码：0702-3

专业名称：现代农艺技术

培养目标：培养从事大田作物生产的高级技能人才（高级工）。

学习年限：2 年（达到中级技能水平学生），3 年（高中毕业生），5 年（初中毕业生）

职业能力：

具有积极的人生态度、健康的心理素质、良好的职业道德和较扎实的文化基础知识；具有获取新知识、新技能的意识和能力，能适应不断变化的职业社会；熟悉农作物生产流程，严格执行农艺操作规定，重视环境保护，并具有独立解决非常规问题的基本能力；能指导他人进行工作或协助培训一般操作人员。同时具有下列专业能力：

1. 能参与本单位的全年生产计划安排，做好农作物布局。

2. 能合理进行田间试验设计，并能正确定点进行苗情的观察记载、分析、总结。

3. 能熟练使用当地农机具高质量地完成翻地、翻沤绿化、碎土、平田、开沟、作畦等田间整地工作。

4. 能严格按照有关生产良种的要求繁殖良种、防杂保纯，提高种性或进行隔离杂交制种，操作技术熟练可靠。

5. 能根据农作物发育特性，根据不同地区、不同季节，灵活安排农作物生产。

6. 能对病虫草害进行调查，根据天气做出预测预报并加以防治。

7. 能熟练使用常用农机具，并对其一般故障进行维修。

8. 能参与新品种的示范推广。

9. 能针对旱、涝、干热风、低温冷害等开展抗灾活动和生产自救。

对应或相关职业（工种）：农艺工（5-01-02-01）、种子繁育员（5-01-01-01）、种苗

繁育员（5-01-01-02）、农作物植保员 L（5-05-02-01）、农业技术员（5-05-01-01）

职业资格（职业技能等级）：农艺工、农作物植保员、农业技术员

专业主要教学内容：

土壤肥料及应用、植物与植物生理、农作物生产技术、植物保护技术、作物遗传育种、保护性耕作、设施农业技术、农产品储藏与加工、农业机具使用与维护、农业推广技能、农业经济与管理等。

对应下一级专业编码：0702-4

0703 果蔬花卉生产技术

0703-4 中级

专业编码：0703-4

专业名称：果蔬花卉生产技术

培养目标：培养果树、蔬菜、观赏园艺等方向，从事园艺作物栽培、工厂化育苗、设施园艺等工作的中级技能人才。

学习年限：3 年（初中毕业生），2 年（高中毕业生）

职业能力：

具有积极的人生态度、健康的心理素质、良好的职业道德和较扎实的文化基础知识；具有获取新知识、新技能的意识和能力，能适应不断变化的职业社会；了解园艺产品生产流程，遵守园艺作物繁殖、栽培、销售、应用的各项规范及工艺规程，具有安全意识，重视环境保护，并能解决一般性专业问题。同时具有下列专业能力：

1. 能识别常见园艺植物（100 种）及园艺植物病虫害。

2. 掌握园艺植物繁殖和栽培管理基本操作程序及方法，熟练掌握果树、苗木修剪嫁接技术。

3. 掌握当地土壤的性状和改良方法，能配制各种园艺植物培养土。

4. 掌握常用农药及肥料的安全使用和保管，并能根据园艺植物生长发育阶段进行合理施肥和病虫害防治。

5. 掌握常见园艺植物（蔬菜和花卉）栽培设备设施的使用及管理方法。

对应或相关职业（工种）：园艺工（5-01-02-02）、农业技术员（5-05-01-01）

职业资格（职业技能等级）：农业技术员

专业主要教学内容：

植物学基础知识、植物生理学基础知识、土壤与肥料、园艺学基础、园艺植物生产技术、园艺植物病虫害防治、设施园艺、操作技能实践等。

对应上一级专业编码：0703-3

0703-3 高级

专业编码：0703-3

专业名称：果蔬花卉生产技术

培养目标：培养果树、蔬菜、观赏园艺等方向，从事园艺作物生产、良种繁育、设施园

艺和无土栽培、园艺产品采后处理等工作的高级技能人才（高级工）。

学习年限：2 年（达到中级技能水平学生），3 年（高中毕业生），5 年（初中毕业生）

职业能力：

具有积极的人生态度、健康的心理素质、良好的职业道德和较扎实的文化基础知识；具有获取新知识、新技能的意识和能力，能适应不断变化的职业社会；熟悉园艺产品生产流程，遵守园艺作物繁殖、栽培、销售、应用的各项规范及工艺规程，重视环境保护，并具有独立解决非常规问题的基本能力；能指导他人进行工作或协助培训一般操作人员。同时具有下列专业能力：

1. 掌握不同类别园艺植物的生理学特性和所需的生态条件。

2. 能正确选择栽培品种，采取有效方法控制花期，达到增产的目的。

3. 了解防止品种退化、改良园艺植物品种的理论和方法，掌握引种及推广优良品种的技术。

4. 掌握无土栽培在蔬菜和花卉生产中的应用。

5. 掌握常见园艺产品采后处理技术。

6. 按照不同方向，掌握常见花卉的室内外应用或常见蔬菜种子生产技术或果树育苗建园技术。

对应或相关职业（工种）：园艺工（5-01-02-02）、农业技术员（5-05-01-01）

职业资格（职业技能等级）：农业技术员

专业主要教学内容：

园艺行业标准和规范、无土栽培、园艺植物遗传和育种、植物开花及调控、园艺产品采后处理、园艺机械、园艺企业管理基础、设施栽培管理实践等。

果树园艺方向增加：果树生产技术、果树育苗建园技术。

蔬菜园艺方向增加：蔬菜生产技术、蔬菜种子生产技术。

观赏园艺方向增加：花卉生产技术、花卉应用技术。

对应下一级专业编码：0703-4

0704 畜禽生产与疫病防治

0704-4 中级

专业编码：0704-4

专业名称：畜禽生产与疫病防治

培养目标：培养从事畜禽生产与疫病防治的中级技能人才。

学习年限：3 年（初中毕业生），2 年（高中毕业生）

职业能力：

具有积极的人生态度、健康的心理素质、良好的职业道德和较扎实的文化基础知识；具有获取新知识、新技能的意识和能力，能适应不断变化的职业社会；了解畜牧业生产流程，严格执行畜牧生产操作规定，具有安全意识，重视环境保护，并能解决一般性专业问题。同时具有下列专业能力：

1. 了解畜禽生长发育及动物疫病发生、发展的规律，掌握畜禽饲养管理、繁殖的基础知识和基本技能。

2. 了解饲料与营养的基础知识，能科学配制、加工畜禽饲粮。

3. 了解畜禽防疫程序的制定方法以及畜禽常见病的基础知识。

4. 能发现并解决畜禽生产及管理过程中出现的问题。

5. 具有畜牧经营管理基础知识。

对应或相关职业（工种）：家畜饲养员（5-03-02-01）、家禽饲养员（5-03-02-02）、家畜繁殖员（5-03-01-01）、家禽繁殖员（5-03-01-02）、动物疫病防治员（5-05-02-03）、动物检疫检验员（5-05-02-04）

职业资格（职业技能等级）：家畜繁殖员、动物疫病防治员、动物检疫检验员

专业主要教学内容：

动物解剖、动物生理、动物生物化学、动物微生物、动物营养与饲料、动物药理、动物病理、畜禽繁育、畜产品加工、畜牧机械、牧草栽培、家畜环境卫生、兽医基础、动物临床诊疗技术、动物普通病防治、畜禽疫病防治、家禽生产与经营、猪的生产与经营、牛的生产与经营、羊的生产与经营、特种动物养殖、宠物养护、畜牧业经营管理等。

对应上一级专业编码：0704-3

0704-3 高级

专业编码：0704-3

专业名称：畜禽生产与疫病防治

培养目标：培养从事畜禽生产与疫病防治的高级技能人才（高级工）。

学习年限：2 年（达到中级技能水平学生），3 年（高中毕业生），5 年（初中毕业生）

职业能力：

具有积极的人生态度、健康的心理素质、良好的职业道德和较扎实的文化基础知识；具有获取新知识、新技能的意识和能力，能适应不断变化的职业社会；熟悉畜牧业生产流程，严格执行畜牧生产操作规定，重视环境保护，并具有独立解决非常规问题的基本能力；能指导他人进行工作或协助培训一般操作人员。同时具有下列专业能力：

1. 掌握畜禽生长发育及动物疫病发生、发展的规律，掌握畜禽饲养管理、繁殖的基础知识和基本技能。

2. 掌握饲料与营养的基础知识，能科学配制、加工畜禽饲粮。

3. 掌握畜禽防疫程序的制定方法以及畜禽常见病的基础知识。

4. 能及时发现并解决畜禽生产及管理过程中出现的较复杂问题。

5. 具有一定的畜牧经营管理知识和畜牧业管理能力。

对应或相关职业（工种）：家畜饲养员（5-03-02-01）、家禽饲养员（5-03-02-02）、家畜繁殖员（5-03-01-01）、家禽繁殖员（5-03-01-02）、动物疫病防治员（5-05-02-03）、动物检疫检验员（5-05-02-04）

职业资格（职业技能等级）：家畜繁殖员、动物疫病防治员、动物检疫检验员

专业主要教学内容：

动物解剖、动物生理、动物生物化学、动物微生物、动物营养与饲料、动物药理、动物病理、动物遗传、生物统计附试验设计、畜禽繁育、畜产品加工、畜牧机械、牧草栽培、家

畜环境卫生、兽医基础、动物临床诊疗技术、动物普通病防治、畜禽疫病防治、家禽生产与经营、猪的生产与经营、牛的生产与经营、羊的生产与经营、特种动物养殖、宠物养护、畜牧业经营管理、牧场规划与环境设计等。

对应下一级专业编码：0704-4

0705 畜牧兽医

0705-4 中级

专业编码：0705-4

专业名称：畜牧兽医

培养目标：培养从事畜禽养殖及疫病防治的中级技能人才。

学习年限：3 年（初中毕业生），2 年（高中毕业生）

职业能力：

具有积极的人生态度、健康的心理素质、良好的职业道德和较扎实的文化基础知识；具有获取新知识、新技能的意识和能力，能适应不断变化的职业社会；了解畜牧业生产流程，严格执行畜牧生产及疫病防治的操作规定，具有安全意识，重视环境保护，并能解决一般性专业问题。同时具有下列专业能力：

1. 了解畜禽生长发育及动物疫病发生、发展的规律，掌握畜禽饲养管理、繁殖的基础知识和基本技能。
2. 了解饲料与营养的基础知识，能科学配制、加工畜禽饲粮。
3. 能正确制定畜禽防疫程序，进行畜禽传染病、常见病的诊治。
4. 能发现并解决畜禽饲养管理及常见疾病防治中出现的问题。

对应或相关职业（工种）：动物疫病防治员（5-05-02-03）、动物检疫检验员（5-05-02-04）、家畜饲养员（5-03-02-01）、家禽饲养员（5-03-02-02）、家畜繁殖员（5-03-01-01）、家禽繁殖员（5-03-01-02）

职业资格（职业技能等级）：动物疫病防治员、动物检疫检验员、家畜繁殖员

专业主要教学内容：

动物解剖、动物生理、动物生物化学、动物微生物、动物营养与饲料、动物药理、动物病理、畜禽繁育、家畜环境卫生、畜禽传染病防控、动物临床诊疗技术、家禽生产、禽病防治、养猪、猪病防治、养牛、牛病防治、养羊、羊病防治、宠物疾病诊治、特种动物养殖等。

对应上一级专业编码：0705-3

0705-3 高级

专业编码：0705-3

专业名称：畜牧兽医

培养目标：培养从事畜禽养殖及疫病防治的高级技能人才（高级工）。

学习年限：2 年（达到中级技能水平学生），3 年（高中毕业生），5 年（初中毕业生）

职业能力：

具有积极的人生态度、健康的心理素质、良好的职业道德和较扎实的文化基础知识；具有获取新知识、新技能的意识和能力，能适应不断变化的职业社会；熟悉畜牧业生产流程，严格执行畜牧生产及疫病防治的操作规定，重视环境保护，并具有独立解决非常规问题的基本能力；能指导他人进行工作或协助培训一般操作人员。同时具有下列专业能力：

1. 掌握畜禽生长发育及动物疫病发生、发展的规律，能把畜禽饲养管理、繁殖的基础知识和基本技能运用到生产过程中。

2. 掌握饲料与营养的基础知识，能科学配制、加工畜禽饲粮，降低饲养成本。

3. 能正确制定畜禽防疫程序，正确诊治畜禽传染病和较疑难病症。

4. 能及时发现并解决畜禽饲养管理及常见疾病防治中出现的问题。

对应或相关职业（工种）：动物疫病防治员（5-05-02-03）、动物检疫检验员（5-05-02-04）、家畜饲养员（5-03-02-01）、家禽饲养员（5-03-02-02）、家畜繁殖员（5-03-01-01）、家禽繁殖员（5-03-01-02）

职业资格（职业技能等级）：动物疫病防治员、动物检疫检验员、家畜繁殖员

专业主要教学内容：

动物解剖、动物生理、动物生物化学、动物微生物、动物营养与饲料、动物药理、动物病理、动物遗传、动物繁育、生物统计附试验设计、动物群发病防控、动物临床诊疗技术、家禽生产、禽病防治、养猪、猪病防治、养牛、牛病防治、养羊、羊病防治、宠物疾病诊治、宠物护理、特种动物养殖等。

对应下一级专业编码：0705-4

0706　水产养殖

0706-4　中级

专业编码：0706-4

专业名称：水产养殖

培养目标：培养从事鱼、虾、蟹、贝、藻及其他水生动植物养殖、苗种繁育以及水产动物疾病防治工作的中级技能人才。

学习年限：3 年（初中毕业生），2 年（高中毕业生）

职业能力：

具有积极的人生态度、健康的心理素质、良好的职业道德和较扎实的文化基础知识；具有获取新知识、新技能的意识和能力，能适应不断变化的职业社会；了解水产养殖生产流程，遵守各项工艺规程，具有安全意识，重视环境保护，并能解决一般性专业问题。同时具有下列专业能力：

1. 能正确识别常见养殖水生动植物的种类。

2. 能正确使用 pH 计、比重计、水质分析盒等仪器对养殖水体常规水质指标进行检测，并对检测结果做出正确判断。

3. 能通过仪器或感官正确识别养殖水体中常见浮游生物的种类。

4. 能正确使用各种养殖工具对常见水生动物进行苗种培育和饲养管理。

5. 能正确区分常见水生动物的雌雄亲本，正确进行各类催产操作，正确使用各种孵化设施。

6. 能正确进行水产动物解剖操作，利用显微镜和感官对常见水产病害做出正确判断，根据治疗方案正确使用各种水产药物。

7. 能正确识别常见水产微生物，正确进行细菌接种、保种以及扩大培养操作。

8. 能正确识别轮虫、卤虫和常见单细胞藻类，正确使用各种设施进行饵料生物培养。

9. 能正确识别常见观赏鱼类，使用各种养殖设施对常见观赏鱼类进行饲养管理。

10. 能正确识别常见大型海藻的种类，正确进行海藻育苗和养成操作。

对应或相关职业（工种）：水生动物饲养工（5-04-02-01）、水生动物苗种繁育工（5-04-01-01）、水生物病害防治员（5-05-02-05）

职业资格（职业技能等级）：水生动物饲养工、水生物病害防治员

专业主要教学内容：

养殖水化学、浮游生物基础知识、鱼类基础知识、池塘养鱼、水产微生物基础知识、水生动物疾病防治基础知识、虾蟹养殖基础知识、贝类基础知识、饵料生物培养、海藻栽培、观赏鱼养殖等。

对应上一级专业编码：0706-3

0706-3 高级

专业编码：0706-3

专业名称：水产养殖

培养目标：培养从事鱼、虾、蟹、贝、藻及其他水生动植物养殖、苗种繁育以及水产动物疾病防治工作的高级技能人才（高级工）。

学习年限：2 年（达到中级技能水平学生），3 年（高中毕业生），5 年（初中毕业生）

职业能力：

具有积极的人生态度、健康的心理素质、良好的职业道德和较扎实的文化基础知识；具有获取新知识、新技能的意识和能力，能适应不断变化的职业社会；熟悉水产养殖生产流程，遵守各项工艺规程，重视环境保护，并具有独立解决非常规问题的基本能力；能指导他人进行工作或协助培训一般操作人员。同时具有下列专业能力：

1. 能正确识别常见水生生物的种类，正确分析各种水生生物在水产养殖中的生态作用。

2. 能正确使用多功能水质分析仪等设备对养殖水体常规水质指标进行检测，能对检测结果做出正确分析，并制定可行的水质改良方案；能正确辨别养殖水色，并合理调节水色。

3. 能利用仪器正确检测饲料中主要营养成分的含量，根据当地原料供应情况设计简单的饲料配方。

4. 能正确识别常见的水产药物和水产病害，熟练制作药饵，制定一般治疗方案。

5. 能正确区分常见水生动物雌雄亲本的成熟度，正确判断催产时机和制定催产方案。

6. 能熟练使用各种孵化设施进行水生动物的人工孵化操作，独立完成苗种培育各个环节的操作。

7. 能正确利用各种养殖设施对常见特种水产动物进行饲养管理。

8. 能正确操作设施渔业的各种设备进行养殖管理，进行设施一般故障排除，配合进行新设备的检验、装配与调试。

对应或相关职业（工种）：水生动物饲养工（5-04-02-01）、水生动物苗种繁育工（5-04-01-01）、水生物病害防治员（5-05-02-05）

职业资格（职业技能等级）：水生动物饲养工、水生物病害防治员

专业主要教学内容：

分析化学、有机化学、水生生物基础知识、饵料营养与饲料基础知识、遗传育种、组织胚胎基础知识、水产药物与药理基础知识、特种水产动物养殖、设施渔业等。

对应下一级专业编码：0706-4

0707 野生动物保护

0707-4 中级

专业编码：0707-4

专业名称：野生动物保护

培养目标：培养从事野生动物保护、驯养及合理利用的中级技能人才。

学习年限：3 年（初中毕业生），2 年（高中毕业生）

职业能力：

具有积极的人生态度、健康的心理素质、良好的职业道德和较扎实的文化基础知识；具有获取新知识、新技能的意识和能力，能适应不断变化的职业社会；了解野生动物保护、驯养、合理猎捕加工的工作流程，严格执行野外保护、拯救以及驯养繁殖、猎捕加工的操作规定，具有安全意识，重视环境保护，并能解决一般性专业问题。同时具有下列专业能力：

1. 能识别本地区栖息的常见野生动物。
2. 能对野生动物栖息地进行巡护、监测和数据收集。
3. 熟悉野生动物保护的法律法规。
4. 能对受困的野生动物实施现场救助。
5. 能按技术人员设计的驯养方案饲养、管理野生动物。
6. 能对可利用的野生动物及其产品进行科学采收、分割及初加工。
7. 能判别野生动物生长发育状况和出现的异常行为现象。
8. 能在野外布设用于保护野生动物的设施。
9. 能使用猎枪、猎具、麻醉枪等捕捉大型实验用野生动物。

对应或相关职业（工种）：野生动物保护员 L（4-09-06-01）

职业资格（职业技能等级）：

专业主要教学内容：

动物学基础、动物生理、野生动物分类、野生动物生态、野生动物驯养繁殖、野生动物管理、野生动物产品加工等。

对应上一级专业编码：0707-3

0707-3　高级

专业编码：0707-3

专业名称：野生动物保护

培养目标：培养从事野生动物保护、驯养及合理利用的高级技能人才（高级工）。

学习年限：2 年（达到中级技能水平学生），3 年（高中毕业生），5 年（初中毕业生）

职业能力：

具有积极的人生态度、健康的心理素质、良好的职业道德和较扎实的文化基础知识；具有获取新知识、新技能的意识和能力，能适应不断变化的职业社会；熟悉野生动物保护、驯养、合理猎捕加工的工作流程，严格执行野外保护、拯救以及驯养繁殖、猎捕加工的操作规定，具有安全意识，重视环境保护，并具有独立解决非常规问题的基本能力；能指导他人进行工作或协助培训一般操作人员。同时具有下列专业能力：

1. 能鉴定本地区栖息的野生动物种类，并掌握其生物生态学特性。
2. 能使用新设备、新技术监测野生动物行为与分布。
3. 熟悉野生动物保护的法律法规，了解保护野生动物执法程序。
4. 能组织实施受困野生动物的现场救助工作。
5. 能对驯养的野生动物进行饲养管理和配种繁育。
6. 能组织实施野生动物及其产品的采收与加工作业。
7. 能鉴别野生动物发生的常见病症，并能实施常规的卫生防疫和防治工作。
8. 能组织布设用于保护野生动物的各种设施。
9. 能采集、制作野生动物标本。

对应或相关职业（工种）：野生动物保护员 L（4-09-06-01）

职业资格（职业技能等级）：

专业主要教学内容：

野生动物驯养繁殖、野生动物疾病防治、保护生物学、野生动物管理、野生动物产品加工等。

对应下一级专业编码：0707-4

0708　农产品保鲜与加工

0708-4　中级

专业编码：0708-4

专业名称：农产品保鲜与加工

培养目标：培养从事农副产品加工、保鲜和储藏工作的中级技能人才。

学习年限：3 年（初中毕业生），2 年（高中毕业生）

职业能力：

具有积极的人生态度、健康的心理素质、良好的职业道德和较扎实的文化基础知识；具有获取新知识、新技能的意识和能力，能适应不断变化的职业社会；了解农副产品生产流程，严格执行农副产品加工操作规定，遵守各项工艺规程，具有安全意识，重视环境保护，并能解决一般性专业问题。同时具有下列专业能力：

1. 了解当地主要农副产品储藏、加工的基础知识。

2. 具备食品营养卫生基本评价能力。

3. 能按生产规程对农副产品进行加工。

4. 能熟练使用常用农副产品加工设备。

5. 能及时发现农副产品加工中出现的质量问题。

对应或相关职业（工种）：畜禽副产品加工工（6-01-04-02）、肉制品加工工（6-01-04-03）、蛋类制品加工工（6-01-04-04）、水产品加工工（6-01-05-01）、果蔬坚果加工工（6-01-06-00）、豆制品制作工（6-01-07-03）、农产品食品检验员 L（4-08-05-01）

职业资格（职业技能等级）：农产品食品检验员

专业主要教学内容：

农产品保鲜与加工基础、食品微生物、食品化学、食品营养与卫生、食品添加剂、焙烤食品加工、酿造食品加工、果蔬储藏加工、畜禽产品储藏加工、水产品储藏加工、食品分析与检验、食品机械与包装、食品质量管理与认证等。

对应上一级专业编码：0708-3

0708-3　高级

专业编码：0708-3

专业名称：农产品保鲜与加工

培养目标：培养从事农副产品加工、保鲜和储藏工作的高级技能人才（高级工）。

学习年限：2 年（达到中级技能水平学生），3 年（高中毕业生），5 年（初中毕业生）

职业能力：

具有积极的人生态度、健康的心理素质、良好的职业道德和较扎实的文化基础知识；具有获取新知识、新技能的意识和能力，能适应不断变化的职业社会；熟悉农副产品生产流程，严格执行农副产品加工操作规定，遵守各项工艺规程，重视环境保护，并具有独立解决非常规问题的基本能力；能指导他人进行工作或协助培训一般操作人员。同时具有下列专业能力：

1. 熟悉当地主要农副产品储藏、加工的基础知识。

2. 具备食品营养卫生分析和评价能力。

3. 能按生产规程对农副产品进行加工。

4. 能熟练使用常用农副产品生产设备，并能对设备进行维护保养。

5. 能及时发现生产中出现的质量问题并有效解决。

6. 能根据不同农副产品原料特性，设计农副产品生产操作规程。

对应或相关职业（工种）：畜禽副产品加工工（6-01-04-02）、肉制品加工工（6-01-04-03）、蛋类制品加工工（6-01-04-04）、水产品加工工（6-01-05-01）、果蔬坚果加工工（6-01-06-00）、豆制品制作工（6-01-07-03）、农产品食品检验员 L（4-08-05-01）

职业资格（职业技能等级）：农产品食品检验员

专业主要教学内容：

农产品保鲜与加工、食品工程原理、食品微生物、食品化学、食品营养与卫生、食品添加剂、粮油食品加工、功能食品加工、食品工厂设计、酿造食品加工、果蔬储藏加工、畜禽产品储藏加工、水产品储藏加工、食品分析与检验、食品机械与包装、食品质量管理与认证、天然产物开发、原料知识等。

对应下一级专业编码：0708-4

0709　棉花加工与检验

0709-4　中级

专业编码：0709-4

专业名称：棉花加工与检验

培养目标：培养从事棉花加工、检验及经营的中级技能人才。

学习年限：3 年（初中毕业生），2 年（高中毕业生）

职业能力：

具有积极的人生态度、健康的心理素质、良好的职业道德和较扎实的文化基础知识；具有获取新知识、新技能的意识和能力，能适应不断变化的职业社会；了解棉花加工生产的工艺流程，严格执行机械设备操作规定，遵守各项工艺规程，具有安全意识，重视环境保护，并能解决一般性专业问题。同时具有下列专业能力：

1. 掌握籽棉收购检验的内容和标准规定的仪器、设备的使用操作方法。
2. 了解棉花加工工艺。
3. 了解棉花加工机械的结构、原理和操作使用方法。
4. 了解棉花加工关键设备的加工质量和设备调试方法。
5. 掌握棉花检验国家标准。
6. 掌握棉花品质感官检验的方法和仪器的使用技术。
7. 熟悉棉花品质仪器化检验的内容和方法。
8. 熟悉国内棉花期货市场的知识，并掌握其操作方法。
9. 了解棉花商品贸易的基本内容及国家储备棉的有关知识。

对应或相关职业（工种）：棉花加工工（5-05-06-02）、纤维检验员（4-08-05-02）

职业资格（职业技能等级）：棉花加工工、纤维检验员

专业主要教学内容：

机械识图，典型机械结构与原理，气动输送与除尘技术，轧花机、剥绒机、液压棉花打包机操作与调试，棉花加工品质检验内容，棉花检验仪器与设备，棉花经营贸易基础知识，国家棉花交易市场管理，国家棉花期货交易市场管理，国家棉花储备管理等。

对应上一级专业编码：0709-3

0709-3　高级

专业编码：0709-3

专业名称：棉花加工与检验

培养目标：培养从事棉花加工、检验及经营的高级技能人才（高级工）。

学习年限：2 年（达到中级技能水平学生），3 年（高中毕业生），5 年（初中毕业生）

职业能力：

具有积极的人生态度、健康的心理素质、良好的职业道德和较扎实的文化基础知识；具有获取新知识、新技能的意识和能力，能适应不断变化的职业社会；熟悉棉花加工生产的工艺流程，严格执行机械设备操作规定，遵守各项工艺规程，重视环境保护，并具有独立解决非常规问题的基本能力；能指导他人进行工作或协助培训一般操作人员。同时具有下列专业能力：

1. 熟悉棉花加工的工艺流程和关键设备的使用与维护方法。
2. 熟练掌握棉花加工机械的调试方法，以适应提高加工质量的需要。
3. 熟悉棉花包装国家标准。
4. 熟悉细绒棉国家标准。
5. 熟练掌握棉花品质感官检验和仪器化检验的内容，以及仪器的使用与维护方法。
6. 掌握 HVI900/HVI1000 棉纤维物理性能成套检验仪器的调试技术。
7. 熟悉棉花流通贸易中国际通用标准的使用。
8. 掌握国家棉花交易市场的运作模式。
9. 熟悉国际棉花期货的知识，并掌握其操作方法。
10. 熟悉棉花国际贸易的基本内容。

对应或相关职业（工种）：棉花加工工（5-05-06-02）、纤维检验员（4-08-05-02）

职业资格（职业技能等级）：棉花加工工、纤维检验员

专业主要教学内容：

机械识图，常用机械传动与电气传动，液压传动与棉花打包机，气动输送与除尘技术，轧花机、剥绒机调试与维护，棉花检验技术与仪器，棉花品质检验标准，棉花国际贸易知识，国际棉花期货市场知识，棉花国际通用标准等。

对应下一级专业编码：0709-4

0710　现代林业技术

0710-4　中级

专业编码：0710-4

专业名称：现代林业技术

培养目标：培养从事林木种苗培育、造林和更新、抚育采伐、营林试验等作业的中级技能人才。

学习年限：3 年（初中毕业生），2 年（高中毕业生）

职业能力：

具有积极的人生态度、健康的心理素质、良好的职业道德和较扎实的文化基础知识；具有获取新知识、新技能的意识和能力，能适应不断变化的职业社会；了解营林生产流程，严格执行林木种苗培育和造林经营操作规定，遵守各项工艺规程，具有安全意识，重视环境保护，并能解决一般性专业问题。同时具有下列专业能力：

1. 能识别本地区常见造林种苗和树种形态，熟悉其生物生态学特性。
2. 能采集、处理及储藏林木种子。

3. 能进行苗圃的整地、播种、扦插、嫁接、移植和苗木的田间管理、出圃、假植作业。

4. 能使用药械防治苗木和林分的病虫害。

5. 能进行造林地清理、整地和造林。

6. 能进行人工修枝、伐木、造材、吊卯、集材、归楞等抚育采伐作业。

7. 能协助技术人员选设标准地，进行平面测量、土壤剖面调查及主要林分因子测定测算。

8. 能正确使用常用营林机具和营林试验用仪器及设备。

9. 能采集、制作森林植物标本和病虫害标本。

对应或相关职业（工种）：林草种苗工 L（5-02-01-00）、造林更新工 L（5-02-02-00）、森林抚育工 L（5-02-03-02）、林业有害生物防治员 L（5-05-02-02）

职业资格（职业技能等级）：林业有害生物防治员

专业主要教学内容：

森林植物、森林环境、森林计测、林木种苗生产技术、森林营造技术、森林经营技术、森林病虫害防治、林业政策与法规、森林资源合理利用等。

对应上一级专业编码：0710-3

0710-3　高级

专业编码：0710-3

专业名称：现代林业技术

培养目标：培养从事林木种苗培育、造林和更新、抚育采伐、营林试验等作业的高级技能人才（高级工）。

学习年限：2 年（达到中级技能水平学生），3 年（高中毕业生），5 年（初中毕业生）

职业能力：

具有积极的人生态度、健康的心理素质、良好的职业道德和较扎实的文化基础知识；具有获取新知识、新技能的意识和能力，能适应不断变化的职业社会；熟悉营林生产流程，严格执行林木种苗培育和造林经营操作规定，遵守各项工艺规程，重视环境保护，并具有独立解决非常规问题的基本能力；能指导他人进行工作或协助培训一般操作人员。同时具有下列专业能力：

1. 能鉴别本地区常见造林种子苗木及树木冬态，熟悉主要造林树种生物生态学特性。

2. 能组织实施母树林、种子园、采穗圃、苗圃的经营规划设计。

3. 能采集、处理、储藏及检验林木种子，并能预测种实和林木种条产量。

4. 能进行播种育苗、营养繁殖育苗和新技术育苗，诊断苗木营养状况并进行合理施肥。

5. 能组织实施造林设计施工。

6. 能鉴别本地区常见病虫害种类，组织实施病虫害防治作业。

7. 能熟练掌握抚育间伐各项作业并能组织实施。

8. 能按设计要求选设标准地，进行标准地调查和林分因子测算。

9. 能熟练操作常用营林机具和营林试验用仪器及设备。

对应或相关职业（工种）：林草种苗工 L（5-02-01-00）、造林更新工 L（5-02-02-00）、森林抚育工 L（5-02-03-02）、林业有害生物防治员 L（5-05-02-02）

职业资格（职业技能等级）：林业有害生物防治员

专业主要教学内容：

林木种苗生产技术、森林营造技术、森林经营技术、森林病虫害防治、营林机械、森林资源调查、营林试验设计等。

对应下一级专业编码：0710-4

0711　园林技术

0711-4　中级

专业编码：0711-4

专业名称：园林技术

培养目标：培养从事园林植物保护、园林盆景制作、园林绿化施工和养护的中级技能人才。

学习年限：3 年（初中毕业生），2 年（高中毕业生）

职业能力：

具有积极的人生态度、健康的心理素质、良好的职业道德和较扎实的文化基础知识；具有获取新知识、新技能的意识和能力，能适应不断变化的职业社会；了解园林绿地施工及养护管理的操作规程和规范，遵守各项工艺规程，具有安全意识，重视环境保护，并能解决一般性专业问题。同时具有下列专业能力：

1. 能正确识别当地常见的园林植物（60 种）和园林植物病虫害（10 种）。
2. 能安全使用和保管农药。
3. 能配制常用培养土，并合理使用与保管当地常用肥料。
4. 能识别、选择、采集材料，进行常规的小型树桩盆景、山水盆景的制作。
5. 能对各类盆景进行常规养护管理。
6. 能按操作规程和规范要求完成园林植物的起掘、土球包扎、运输、挖穴、种植等一系列绿化移植工作。
7. 能按操作规程和规范要求完成园林植物的涂白、肥水管理、整形修剪等一系列日常养护管理工作。
8. 能正确选择、使用、维护和保管常用园林机具。

对应或相关职业（工种）：园林绿化工 L（4-09-10-01）、草坪园艺师（4-09-10-02）、盆景师（4-09-10-03）、假山工（4-09-10-04）、插花花艺师（4-09-10-05）

职业资格（职业技能等级）：草坪园艺师、插花花艺师

专业主要教学内容：

园林植物基础知识、园林植物环境、园林树木基础知识、园林花卉基础知识、园林植物栽培与养护、园林植物病虫害防治、盆景制作、园林法规、园林机具、园林植物种植施工、花卉生产技术、综合技能培训等。

专业方向：园林工程施工

对应上一级专业编码：0711-3

0711-3　高级

专业编码：0711-3

专业名称：园林技术

培养目标：培养从事园林植物保护、园林盆景制作、园林绿化施工和养护的高级技能人才（高级工）。

学习年限：2年（达到中级技能水平学生），3年（高中毕业生），5年（初中毕业生）

职业能力：

具有积极的人生态度、健康的心理素质、良好的职业道德和较扎实的文化基础知识；具有获取新知识、新技能的意识和能力，能适应不断变化的职业社会；熟悉园林绿地施工及养护管理的操作规程和规范，遵守各项工艺规程，重视环境保护，并具有独立解决非常规问题的基本能力；能指导他人进行工作或协助培训一般操作人员。同时具有下列专业能力：

1. 能正确识别当地常见的园林植物（90种）和园林植物病虫害（20种）；能科学采集、制作、储藏园林植物和园林植物病虫害的标本，并独立制作各类相关工作表格。

2. 能掌握常见园林植物病虫害发生规律并选择相应药剂；能应用新药剂，并对园林植物病虫害进行检疫。

3. 能对各种常见土壤的理化性质进行测定，选择合理的土壤改良和肥料使用方法并加以实施。

4. 能独立制作较大型的树桩盆景、山水盆景；能编制盆景养护管理工作计划月表并加以实施。

5. 能完成垂直绿化、屋顶绿化等有特殊要求的绿化施工和养护管理工作；能在非适宜树木栽植的季节制订栽植计划并组织实施。

6. 能根据操作规程和质量标准要求指挥团队进行一般的大树移植，并采取合理的养护管理措施。

7. 能进行图样识别、按图放样，并对土方和植物材料进行合理估算。

8. 能根据园林植物的不同生长习性和生长情况要求、各种防御性管理要求以及不同功能要求，制订相应的养护管理计划并组织实施；能编制合理的园林绿地植物养护管理工作计划月表。

9. 能进行各种花坛、展台的陈设与布置以及合理养护。

10. 能完成较高要求下的园林植物修剪、整形和造型。

11. 能正确选择、使用、维护和保管比较高端的园林机具，判断和排除一般故障。

对应或相关职业（工种）：园林绿化工L（4-09-10-01）、草坪园艺师（4-09-10-02）、盆景师（4-09-10-03）、假山工（4-09-10-04）、插花花艺师（4-09-10-05）

职业资格（职业技能等级）：草坪园艺师、插花花艺师

专业主要教学内容：

园林美术、园林制图、园林测量、园林施工与养护、植物生态学基础知识、花卉生产新技术、花艺环境设计与施工、园林美学、园林文化、综合技能培训等。

专业方向：园林工程施工

对应下一级专业编码：0711-4

0712　木材加工

0712-4　中级

专业编码：0712-4

专业名称：木材加工

培养目标：培养从事木材检验与木工机械操作，进行木材检验与识别、木材加工、木制品制造的中级技能人才。

学习年限：3 年（初中毕业生），2 年（高中毕业生）

职业能力：

具有积极的人生态度、健康的心理素质、良好的职业道德和较扎实的文化基础知识；具有获取新知识、新技能的意识和能力，能适应不断变化的职业社会；了解木材加工生产流程，严格执行机械设备操作规定，遵守各项工艺规程，具有安全意识，重视环境保护，并能解决一般性专业问题。同时具有下列专业能力：

1. 能检验与识别常用木材 30 种以上，并能进行木材检尺。
2. 能识读木制品零件图与装配图，绘制木制品零件图，并能使用至少一种计算机绘图软件。
3. 能安装木制品加工夹具，调整木工机械，装夹形状规则的工件。
4. 能正确选用木工机械刃具，并能刃磨一种以上的常用刀具。
5. 能操作木工铣床、车床、平刨、压刨、四面刨、推台锯、砂光机、多排钻、磨刀机等设备中的三种以上设备对木制品零件进行加工。
6. 能对所掌握的三种以上设备的木制品零件加工进行加工手段与加工工艺分析，并制定出加工顺序。
7. 能正确使用常用量具检验加工零件的质量。
8. 能维护保养常用木工机械及工艺装备，排除使用过程中的一般故障。
9. 能编制木材干燥工艺并进行木材干燥操作。

对应或相关职业（工种）：机械木工（6-06-03-02）、制材工（6-06-01-01）、木竹藤材处理工（6-06-01-02）

职业资格（职业技能等级）：机械木工

专业主要教学内容：

木材检验与识别、机械识图与 CAD、家具制图、家具材料、木工机床调试与操作、制材、木工刀具刃磨、人造板生产工艺、木制品生产工艺、木材干燥、木材改性等。

对应上一级专业编码：0712-3

0712-3　高级

专业编码：0712-3

专业名称：木材加工

培养目标：培养从事木材检验与木工机械操作，进行木材检验与识别、木材加工、木制品制造的高级技能人才（高级工）。

学习年限：2 年（达到中级技能水平学生），3 年（高中毕业生），5 年（初中毕业生）

职业能力：

具有积极的人生态度、健康的心理素质、良好的职业道德和较扎实的文化基础知识；具有获取新知识、新技能的意识和能力，能适应不断变化的职业社会；熟悉木材加工生产流程，严格执行机械设备操作规定，遵守各项工艺规程，重视环境保护，并具有独立解决非常规问题的基本能力；能指导他人进行工作或协助培训一般操作人员。同时具有下列专业能力：

1. 能检验与识别常用木材 40 种以上，并能进行木材检尺。
2. 能熟练识读木制品零件图与装配图，绘制复杂木制品零件图与装配图，并能熟练使用两种以上的计算机绘图软件。
3. 能编制典型木制品加工工艺规程。
4. 掌握木制品加工模具、夹具的设计与制作方法，能进行木制品加工的定位基准分析。
5. 能正确选用木工机械刃具和修磨常用刃具。
6. 能操作木工铣床、车床、平刨、压刨、四面刨、推台锯、砂光机、多排钻、磨刀机等设备中的五种以上设备对木制品零件进行加工。
7. 能对所掌握的五种以上设备的木制品零件加工进行加工手段与加工工艺分析，并制定出加工顺序。
8. 能正确使用各种常用量具检验加工零件的质量并进行质量分析。
9. 能操作一种以上的数控木工机床加工木制品零件。

对应或相关职业（工种）：机械木工（6-06-03-02）、制材工（6-06-01-01）、木竹藤材处理工（6-06-01-02）

职业资格（职业技能等级）：机械木工

专业主要教学内容：

机械基础、木材切削原理与刀具选用、木制品与人造板生产工艺规程、木工刀具刃磨、木工机床故障诊断与排除、人造板机械调试与操作、数控木工机床编程与操作、木制品质量检验等。

对应下一级专业编码：0712-4

0713　林产品加工

0713-4　中级

专业编码：0713-4

专业名称：林产品加工

培养目标：培养从事林产品加工、储运和营销工作的中级技能人才。

学习年限：3 年（初中毕业生），2 年（高中毕业生）

职业能力：

具有积极的人生态度、健康的心理素质、良好的职业道德和较扎实的文化基础知识；具有获取新知识、新技能的意识和能力，能适应不断变化的职业社会；了解林产品加工流程，严格执行设备操作规定，遵守各项工艺规程，具有安全意识，重视环境保护，并能解决一般性专业问题。同时具有下列专业能力：

1. 能检验与识别常见林产品 30 种。
2. 能对林产品植物原料进行采收，并对林产品植物原料进行质量评定。
3. 能安装、调试、操作林产品加工设备。
4. 能对常见食用菌、山野菜、药用植物等林产品进行储藏、保鲜和加工生产。
5. 能进行果酒、植物淀粉、栓皮制品等产品的生产。
6. 能对林产品加工工艺流程进行分析，并制定加工顺序。
7. 能对林产品加工质量进行检验和质量分析。
8. 能进行林产品营销。

对应或相关职业（工种）：植物原料制取工（5-05-06-04）、果露酒酿造工（6-02-06-06）、活性炭生产工（6-11-08-14）、栓皮制品工（6-11-08-17）

职业资格（职业技能等级）：果露酒酿造工

专业主要教学内容：

微生物基础、机械基础、林产品储藏与保鲜、酿酒及工艺学、林产品加工、林产品分析与检验、林产品储运与营销等。

对应上一级专业编码：0713-3

0713-3　高级

专业编码：0713-3

专业名称：林产品加工

培养目标：培养从事林产品加工、储运和营销工作的高级技能人才（高级工）。

学习年限：2 年（达到中级技能水平学生），3 年（高中毕业生），5 年（初中毕业生）

职业能力：

具有积极的人生态度、健康的心理素质、良好的职业道德和较扎实的文化基础知识；具有获取新知识、新技能的意识和能力，能适应不断变化的职业社会；熟悉林产品加工流程，严格执行设备操作规定，遵守各项工艺规程，重视环境保护，并具有独立解决非常规问题的基本能力；能指导他人进行工作或协助培训一般操作人员。同时具有下列专业能力：

1. 能检验与识别常见林产品 50 种。
2. 能对林产品植物原料进行质量评定，并进行储藏。
3. 能选用、安装、调试、操作和维修林产品加工仪器及设备。
4. 能进行松节油、栲胶、紫胶等林产品的生产。
5. 能对天然药用植物、天然化工植物原料、天然有机香料等林产品进行提取生产。
6. 能对林产品加工工艺流程进行设计和技术经济效益评价。
7. 能正确使用各种检验仪器和方法对林产品加工质量进行检验和质量分析。
8. 能进行林产品营销，并建立营销市场。

对应或相关职业（工种）：植物原料制取工（5-05-06-04）、松香工（6-11-08-12）、松节油制品工（6-11-08-13）、栲胶生产工（6-11-08-15）、紫胶生产工（6-11-08-16）、植物原料水解工（6-11-08-18）

职业资格（职业技能等级）：

专业主要教学内容：

化工原理、化工自动化及仪表、有机物提取与分离、天然产物化学、仪器分析、林产品加工工艺、林产品仪器分析与检验、林产品储运与营销等。

对应下一级专业编码：0713-4

0714 森林资源保护与管理

0714-4 中级

专业编码：0714-4

专业名称：森林资源保护与管理

培养目标：培养从事森林病虫害防治与森林管护的中级技能人才。

学习年限：3 年（初中毕业生），2 年（高中毕业生）

职业能力：

具有积极的人生态度、健康的心理素质、良好的职业道德和较扎实的文化基础知识；具有获取新知识、新技能的意识和能力，能适应不断变化的职业社会；了解森林病虫害防治作业流程，严格执行森林病虫害防治与森林巡护操作规定，遵守各项工艺规程，具有安全意识，重视环境保护，并能解决一般性专业问题。同时具有下列专业能力：

1. 能识别本地区常见森林树种、原木种类和森林中的脊椎动物。
2. 熟悉主要林业政策和森林资源保护的法律法规。
3. 能使用森林调查仪器对林地及林分因子进行常规观测。
4. 能识别和使用地形图与林业用图。
5. 能识别本地区常见森林病虫害种类并能采集、制作病虫害标本。
6. 能使用药械进行森林病虫害防治作业。
7. 能监测森林病虫害灾情，填报灾情记录。
8. 能进行保护森林资源、保护珍稀野生动植物、预防森林火灾的宣传教育。
9. 能观察、判断和报告森林火情，并能处置巡护中发现的火警火情。

对应或相关职业（工种）：护林员 L（5-02-03-01）、林业有害生物防治员 L（5-05-02-02）、野生植物保护员 L（4-09-06-02）、野生动物保护员 L（4-09-06-01）

职业资格（职业技能等级）：护林员、林业有害生物防治员

专业主要教学内容：

森林植物分类、森林环境、森林计测、林业政策与法规、森林防火、野生动植物保护、森林资源合理利用、森林病虫害防治等。

对应上一级专业编码：0714-3

0714-3 高级

专业编码：0714-3

专业名称：森林资源保护与管理

培养目标：培养从事森林病虫害防治与森林管护的高级技能人才（高级工）。

学习年限：2 年（达到中级技能水平学生），3 年（高中毕业生），5 年（初中毕业生）

职业能力：

具有积极的人生态度、健康的心理素质、良好的职业道德和较扎实的文化基础知识；具有获取新知识、新技能的意识和能力，能适应不断变化的职业社会；熟悉森林病虫害防治作业流程，严格执行森林病虫害防治与森林巡护操作规定，遵守各项工艺规程，重视环境保护，并具有独立解决非常规问题的基本能力；能指导他人进行工作或协助培训一般操作人员。同时具有下列专业能力：

1. 能熟练鉴别本地区常见森林树种、原木种类和森林中的脊椎动物。
2. 熟悉主要林业政策和森林资源保护的法律法规，了解执法程序。
3. 能熟练使用森林调查仪器对林地、标准地、林分因子进行常规观测。
4. 能熟练使用地形图和林业用图。
5. 能熟练鉴别本地区常见森林病虫害种类，了解其生物生态学特性，并能采集、制作病虫害标本。
6. 能组织实施森林病虫害防治作业，并能维修常用药械。
7. 能调查和监测常见森林病虫害的发生、发展规律，建立监测和防治档案。
8. 能熟练宣传和讲解保护森林资源、保护野生动植物、预防森林火灾的基础知识和措施。
9. 能根据经验和使用观测仪器分析、判断森林起火种类和火险强度，并能熟练处置突发火情。

对应或相关职业（工种）：护林员 L（5-02-03-01）、林业有害生物防治员 L（5-05-02-02）、野生植物保护员 L（4-09-06-02）、野生动物保护员 L（4-09-06-01）

职业资格（职业技能等级）：护林员、林业有害生物防治员

专业主要教学内容：

森林计测、林业政策与法规、森林防火、野生动植物保护、森林病虫害防治、森林病虫害预测预报、森林病虫害化学防治等。

对应下一级专业编码：0714-4

0715　森林采运工程

0715-4　中级

专业编码：0715-4

专业名称：森林采运工程

培养目标：培养从事林木采伐、造材、集材、装卸、运材作业的中级技能人才。

学习年限：3 年（初中毕业生），2 年（高中毕业生）

职业能力：

具有积极的人生态度、健康的心理素质、良好的职业道德和较扎实的文化基础知识；具有获取新知识、新技能的意识和能力，能适应不断变化的职业社会；了解林木采伐运输作业流程，严格执行林木采伐运输操作规定，遵守各项工艺规程，具有安全意识，重视环境保护，并能解决一般性专业问题。同时具有下列专业能力：

1. 能看懂油锯的电路图和零部件图，分析和排除油锯各类常见故障。

2. 能使用油锯对复杂山场条件下的各种树木实施采伐作业。

3. 能正确操作集材拖拉机熟练地进行集材作业，并能排除机械故障，独立完成二、三级保养。

4. 掌握钳工基本技能，能达到初级机修钳工的技术水平。

5. 能架设各种架杆和安装集材索具。

6. 能正确使用各种索道集材、运材工具，并能维修跑车滑轮。

7. 能正确指挥木材装卸作业，按树种、材种、材长、径级、等级等进行分类归楞。

8. 能操作出河机等木材水运机械，进行水运木材出河作业。

9. 能进行采伐木赶漂与河道放排，并能收储出绠流送的木材。

对应或相关职业（工种）：林木采伐工（5-02-04-01）、集材作业工（5-02-04-02）、木材水运工（5-02-04-03）

职业资格（职业技能等级）：

专业主要教学内容：

林学概论、机械基础、机械识图、钳工技能、伐区生产工艺及设备、储木场生产工艺及设备、木材运输技术等。

对应上一级专业编码：0715-3

0715-3　高级

专业编码：0715-3

专业名称：森林采运工程

培养目标：培养从事林木采伐、造林、集材、装卸、运材作业的高级技能人才（高级工）。

学习年限：2 年（达到中级技能水平学生），3 年（高中毕业生），5 年（初中毕业生）

职业能力：

具有积极的人生态度、健康的心理素质、良好的职业道德和较扎实的文化基础知识；具有获取新知识、新技能的意识和能力，能适应不断变化的职业社会；熟悉林木采伐运输作业流程，严格执行林木采伐运输操作规定，遵守各项工艺规程，重视环境保护，并具有独立解决非常规问题的基本能力；能指导他人进行工作或协助培训一般操作人员。同时具有下列专业能力：

1. 能看懂油锯的总装配图，绘制零部件图，排除油锯的疑难故障。

2. 能正确设计伐区生产工艺并组织实施。

3. 能使用拖拉机大修中常用的各种检验量具及仪器，对拖拉机疑难故障进行判断和排除。

4. 掌握一定的钳工技能，能达到中级机修钳工的技术水平。

5. 能测量、设计常用索道线路，绘制索道机械设备常用零部件图，并能迅速排除索道的疑难故障。

6. 能指挥装车、卸车、归楞作业，并及时发现作业中的安全隐患和不利因素。

7. 能设计木材收储工艺，熟练指导木材收储作业。

8. 能指导编、放排作业和单漂流送作业，并能解决运送过程中的疑难技术问题。

对应或相关职业（工种）：林木采伐工（5-02-04-01）、集材作业工（5-02-04-02）、

木材水运工（5-02-04-03）

职业资格（职业技能等级）：

专业主要教学内容：

钳工技能、木材及木材检验、伐区生产工艺及设备、储木场生产工艺及设备、林区道路、汽车与拖拉机、木材运输技术等。

对应下一级专业编码：0715-4

0716　农业机械使用与维护

0716-4　中级

专业编码：0716-4

专业名称：农业机械使用与维护

培养目标：培养从事农业机械使用与维护工作的中级技能人才。

学习年限：3年（初中毕业生），2年（高中毕业生）

职业能力：

具有积极的人生态度、健康的心理素质、良好的职业道德和较扎实的文化基础知识；具有获取新知识、新技能的意识和能力，能适应不断变化的职业社会；了解农业机械使用与维护流程，严格执行机械设备操作规定，遵守各项工艺规程，具有安全意识，重视环境保护，并能解决一般性专业问题。同时具有下列专业能力：

1. 能正确识读零件图、装配图，绘制简单零件图；能对农业机械零部件的损坏状况进行几何公差测量，做出鉴定结论。
2. 能对发动机及底盘重要零部件进行铰削、刮削、研磨等钳工维修作业。
3. 能使用胶接、电焊、气焊、钎焊等修理工艺方法修理一般零部件。
4. 能熟练掌握发动机、底盘、电气设备的构造和原理，正确拆装、维修和调整各重要部件。
5. 能选择常用检测仪器，判断发动机、底盘重要部位的一般故障，提出排除方法。
6. 能进行农业机械电气设备一般故障的诊断与排除，并进行一般性修理。
7. 能进行拖拉机、农用汽车及复杂作业机械液压系统部件、总成的拆装和换件修理。
8. 能按农业技术要求，熟练使用耕地、整地、播种、收割、排灌、植保等作业机械进行农业生产作业，并进行维护、修理和调试。
9. 能进行承修项目的质量检验。
10. 能掌握拖拉机、联合收割机、农用运输车的驾驶技术。

对应或相关职业（工种）：农机修理工（5-05-05-02）、农机驾驶操作员（5-05-05-01）

职业资格（职业技能等级）：农机修理工

专业主要教学内容：

机械制图与CAD、极限配合与技术测量、电工电子知识、种植基础、机械基础、汽车拖拉机应用、农机液压与气动、农业机械应用、农机驾驶技术、农机修理等。

对应上一级专业编码：0716-3

0716-3　高级

专业编码：0716-3

专业名称：农业机械使用与维护

培养目标：培养从事农业机械使用与维护工作的高级技能人才（高级工）。

学习年限：2 年（达到中级技能水平学生），3 年（高中毕业生），5 年（初中毕业生）

职业能力：

具有积极的人生态度、健康的心理素质、良好的职业道德和较扎实的文化基础知识；具有获取新知识、新技能的意识和能力，能适应不断变化的职业社会；熟悉农业机械使用与维护流程，严格执行机械设备操作规定，遵守各项工艺规程，重视环境保护，并具有独立解决非常规问题的基本能力；能指导他人进行工作或协助培训一般操作人员。同时具有下列专业能力：

1. 能接受拖拉机大修任务，组织维修工作，编制零件修理工艺规程，进行生产和质量管理。

2. 能使用检测仪器对拖拉机、农用汽车及复杂作业机械的异常现象进行综合诊断，提出排除方法。

3. 能使用镗削、磨削、焊接等维修设备对农业机械重要零部件进行修理、加工作业；能根据修复件材质和工作要求选择热处理工艺并进行热处理作业。

4. 能进行柴油机喷油泵部件的修理和总成的调试，进行发动机、底盘的大修、磨合和调试；能进行拖拉机、农用汽车及复杂作业机械大修后的试运转。

5. 能进行拖拉机、农用汽车及复杂作业机械电气设备的修理和调试。

6. 能进行拖拉机、农用汽车及复杂作业机械液压系统的检查、修理和调试。

7. 能进行联合收割机、精量播种机、机动插秧机、烘干机等复杂作业机械的修理和调试。

8. 能进行喷油泵试验台、电气设备试验台、液压试验台及发动机试验台等专用试验设备的维护和校准。

9. 能正确诊断、排除大中型拖拉机故障。

对应或相关职业（工种）：农机修理工（5-05-05-02）、农机驾驶操作员（5-05-05-01）

职业资格（职业技能等级）：农机修理工

专业主要教学内容：

汽车拖拉机应用、农机液压与气动、农业机械应用、农机修理、农机检测、农机安全监理、联合收割机应用、大中型拖拉机故障诊断等。

对应下一级专业编码：0716-4

0717　农村能源开发与利用

0717-4　中级

专业编码：0717-4

专业名称：农村能源开发与利用

培养目标：培养从事农村新能源和可再生能源开发利用工作的中级技能人才。

学习年限：3 年（初中毕业生），2 年（高中毕业生）

职业能力：

具有积极的人生态度、健康的心理素质、良好的职业道德和较扎实的文化基础知识；具有获取新知识、新技能的意识和能力，能适应不断变化的职业社会；了解农村能源开发与利用技术流程，严格执行操作规定，具有安全意识，重视环境保护，并能解决一般性专业问题。同时具有下列专业能力：

1. 掌握能源的基础知识和能量转换的基本原理。

2. 了解新能源设备的构造、原理，能使用风能、太阳能等新能源设备。

3. 能在高级工及以上人员的指导下进行小型沼气工程的建造、维护和沼气池的正常使用，能进行沼气的综合利用。

4. 能因地制宜地开发与利用新能源和可再生能源。

5. 能初步推广应用节能技术。

对应或相关职业（工种）：沼气工 L（5–05–03–01）、农村节能员 L（5–05–03–02）、太阳能利用工 L（5–05–03–03）、微水电利用工 L（5–05–03–04）、小风电利用工 L（5–05–03–05）

职业资格（职业技能等级）：沼气工、太阳能利用工

专业主要教学内容：

机械识图、电工学、传热学、工程力学、天文气象基础、农村能源概论、风能利用及其设备、太阳能利用及其设备、沼气利用、节能技术、综合实习等。

对应上一级专业编码：0717–3

0717–3　高级

专业编码：0717–3

专业名称：农村能源开发与利用

培养目标：培养从事农村新能源和可再生能源开发利用、管理、规划和环境保护工作的高级技能人才（高级工）。

学习年限：2 年（达到中级技能水平学生），3 年（高中毕业生），5 年（初中毕业生）

职业能力：

具有积极的人生态度、健康的心理素质、良好的职业道德和较扎实的文化基础知识；具有获取新知识、新技能的意识和能力，能适应不断变化的职业社会；熟悉农村能源开发与利用技术流程，严格执行操作规定，重视环境保护，并具有独立解决非常规问题的基本能力；能指导他人进行工作或协助培训一般操作人员。同时具有下列专业能力：

1. 掌握能量转换原理、新能源和可再生能源开发利用的原理与设计方法。

2. 掌握新能源设备的构造、原理，能熟练安装和使用风能、太阳能等新能源设备，排除设备使用过程中的常见故障。

3. 能独立进行小型沼气工程的建造、维护和沼气池的正常使用，能进行沼气的综合利用。

4. 能因地制宜地开发、利用新能源和可再生能源，并进行新能源和可再生能源的管理

及规划。

5. 能推广应用节能技术。

6. 能进行环境监测与环境质量评价，掌握环境污染防治方法。

对应或相关职业（工种）：沼气工 L（5-05-03-01）、农村节能员 L（5-05-03-02）、太阳能利用工 L（5-05-03-03）、微水电利用工 L（5-05-03-04）、小风电利用工 L（5-05-03-05）

职业资格（职业技能等级）：沼气工、太阳能利用工

专业主要教学内容：

电工学、传热学、工程力学、工程热力学、生物学、能源生物化学、新能源工程与有效利用、能源技术经济与管理、农村能源与环境、环境监测与质量评价、现代施肥技术与肥料加工、风能利用及其设备、太阳能利用及其设备、沼气利用、节能技术、资源调查与评价、综合实习等。

对应下一级专业编码：0717-4

0718　农业与农村用水

0718-4　中级

专业编码：0718-4

专业名称：农业与农村用水

培养目标：培养从事农业水利技术应用与推广的中级技能人才。

学习年限：3 年（初中毕业生），2 年（高中毕业生）

职业能力：

具有积极的人生态度、健康的心理素质、良好的职业道德和较扎实的文化基础知识；具有获取新知识、新技能的意识和能力，能适应不断变化的职业社会；了解水利工程规划设计与施工管理流程，严格执行施工操作规程，具有安全意识，重视环境保护，并能解决一般性专业问题。同时具有下列专业能力：

1. 掌握必要的制图、测量、运算、实验基本技能。

2. 能正确规划、设计小型农业水利工程，具有施工操作基本技能及基本的工程管理能力。

3. 能保证泵站及电气设备的良好运行，具有查找并排除简单电路故障的能力。

4. 能正确规划、设计乡镇供水系统工程，并进行施工与供水工程管理。

5. 了解先进的农业水利技术。

对应或相关职业（工种）：灌区管理工（4-09-04-00）、河道修防工（4-09-01-01）、水工混凝土维修工（4-09-01-02）、水工土石维修工（4-09-01-03）、水工监测工（4-09-01-04）、水工闸门运行工（4-09-01-05）、微水电利用工 L（5-05-03-04）

职业资格（职业技能等级）：河道修防工、水工监测工、水工闸门运行工

专业主要教学内容：

工程力学基础、工程地质与土力学基础、水力学基础、工程水文基础、建筑结构基础、水法规、水利工程测量、水利工程制图、建筑材料、电工与电气设备、水利工程施工与概预

算、土壤与农作、农田灌溉与排水、节水灌溉技术、水工建筑物、水泵与水泵站、经济林、供水工程运行与管理、地下水开发利用、水利工程经济及经营管理等。

对应上一级专业编码：0718-3

0718-3 高级

专业编码：0718-3

专业名称：农业与农村用水

培养目标：培养从事农业水利技术应用与推广的高级技能人才（高级工）。

学习年限：2 年（达到中级技能水平学生），3 年（高中毕业生），5 年（初中毕业生）

职业能力：

具有积极的人生态度、健康的心理素质、良好的职业道德和较扎实的文化基础知识；具有获取新知识、新技能的意识和能力，能适应不断变化的职业社会；熟悉水利工程规划设计与施工管理流程，严格执行施工操作规程，重视环境保护，并具有独立解决非常规问题的基本能力；能指导他人进行工作或协助培训一般操作人员。同时具有下列专业能力：

1. 熟练掌握制图、测量、运算、实验基本技能。
2. 能正确规划、设计小型农业水利工程，具有施工操作技能及较强的工程管理能力。
3. 能保证泵站及电气设备的良好运行，具有查找并排除较复杂电路故障的能力。
4. 能正确规划、设计乡镇供水系统工程，具有独立施工与进行供水工程管理的能力。
5. 熟悉先进的农业水利技术，并具有推广先进农业水利技术的能力。

对应或相关职业（工种）：灌区管理工（4-09-04-00）、河道修防工（4-09-01-01）、水工混凝土维修工（4-09-01-02）、水工土石维修工（4-09-01-03）、水工监测工（4-09-01-04）、水工闸门运行工（4-09-01-05）、微水电利用工 L（5-05-03-04）

职业资格（职业技能等级）：河道修防工、水工监测工、水工闸门运行工

专业主要教学内容：

工程力学基础、工程地质与土力学基础、水力学基础、工程水文基础、建筑结构基础、水法规、水利工程测量、水利工程制图、建筑材料、电工与电气设备、水利工程施工与概预算、土壤与农作、农田灌溉与排水、节水灌溉技术、水工建筑物、水泵与水泵站、供水工程系统设计与施工、经济林、地下水开发利用、水利工程管理、灌溉管理学、水利工程经济及经营管理等。

对应下一级专业编码：0718-4

0719 航海捕捞

0719-4 中级

专业编码：0719-4

专业名称：航海捕捞

培养目标：培养从事航海捕捞工作的中级技能人才。

学习年限：3 年（初中毕业生），2 年（高中毕业生）

职业能力：

具有积极的人生态度、健康的心理素质、良好的职业道德和较扎实的文化基础知识；具有获取新知识、新技能的意识和能力，能适应不断变化的职业社会；了解航海捕捞生产流程，遵守各项工艺规程，具有安全意识，重视环境保护，并能解决一般性专业问题。同时具有下列专业能力：

1. 熟悉船舶甲板工作，具有海上救生、求生、船舶消防和艇筏操纵的能力。

2. 能进行海船的航行操作、停泊、靠离码头、避碰，能正确使用各种助航仪器。

3. 了解海洋渔业资源的基本知识、国内外主要渔场情况和资源现状，能科学管渔、科学捕鱼；能进行鱼探仪的操作及映像分析。

4. 了解各类渔具的捕鱼原理、结构以及一般的设计、施工、装配、调整、缝补、作业操作过程。

5. 了解主要传统生产海区气候、海况的一般变化规律以及与生产的密切关系。

6. 了解船舶结构原理和船上的机械动力、船电等设备的装置和结构，掌握水手工艺各项技能。

7. 了解船舶货载、鱼货保鲜的知识。

对应或相关职业（工种）：水产捕捞工（5-04-03-01）、渔业船员（5-04-03-02）、渔网具工（5-04-03-03）

职业资格（职业技能等级）：船员资格

专业主要教学内容：

机械识图与CAD、电工电子技术、海洋学、渔具材料与工艺、海洋捕捞技术、渔业资源、渔场学、航海气象、航海技术、船舶原理与构造、电子海图、助航仪器、船舶操纵、船舶值班与避碰、水手工艺与业务、船舶货运、海上法规、航海英语等。

对应上一级专业编码：0719-3

0719-3 高级

专业编码：0719-3

专业名称：航海捕捞

培养目标：培养从事航海捕捞工作的高级技能人才（高级工）。

学习年限：2年（达到中级技能水平学生），3年（高中毕业生），5年（初中毕业生）

职业能力：

具有积极的人生态度、健康的心理素质、良好的职业道德和较扎实的文化基础知识；具有获取新知识、新技能的意识和能力，能适应不断变化的职业社会；熟悉航海捕捞生产流程，遵守各项工艺规程，重视环境保护，并具有独立解决非常规问题的基本能力；能指导他人进行工作或协助培训一般操作人员。同时具有下列专业能力：

1. 熟悉船舶甲板工作，具有海上救生、求生、船舶消防、艇筏操纵和三级渔轮二副职务船员所要求具备的能力。

2. 能独立进行海船的航行操作、停泊、靠离码头、避碰，能正确使用各种助航仪器。

3. 熟悉海洋渔业资源的基本知识、国内外主要渔场情况和资源现状，能科学管渔、捕鱼；能进行鱼探仪的操作及映像分析。

4. 熟悉各类渔具的捕鱼原理、结构以及一般的设计、施工、装配、调整、缝补、作业操作过程，能进行故障处理。

5. 掌握主要传统生产海区气候、海况的一般变化规律以及与生产的密切关系。

6. 熟悉船舶结构原理和船上的机械动力、船电等设备的装置和结构，熟练掌握水手工艺各项技能。

7. 熟悉船舶货载、鱼货保鲜的知识，具有一定的渔业生产组织、指导和经营管理的能力。

8. 具有一定的以听、说为核心的航海专业英语水平，具有国际海员所要求的一般英语应用能力。

对应或相关职业（工种）：水产捕捞工（5-04-03-01）、渔业船员（5-04-03-02）、渔网具工（5-04-03-03）

职业资格（职业技能等级）：船员资格

专业主要教学内容：

电工电子技术、海洋学、渔具材料与工艺、海洋捕捞技术、渔业资源、渔场学、航海气象、航海技术、船舶原理与构造、电子海图、助航仪器、船舶操纵、船舶值班与避碰、水手工艺与业务、船舶货运、海上法规、航海英语、渔业经济管理等。

对应下一级专业编码：0719-4

0720 中草药种植

0720-4 中级

专业编码：0720-4

专业名称：中草药种植

培养目标：培养从事中草药种植、初加工的中级技能人才。

学习年限：3 年（初中毕业生），2 年（高中毕业生）

职业能力：

具有积极的人生态度、健康的心理素质、良好的职业道德和较扎实的文化基础知识；具有获取新知识、新技能的意识和能力，能适应不断变化的职业社会；了解中草药生产、加工流程，严格执行 GAP 要求，遵守各项工艺规程，具有安全意识，重视环境保护，并能解决一般性专业问题。同时具有下列专业能力：

1. 熟悉中草药的繁殖、播种技术。

2. 能有效结合当地自然条件（如土壤、环境、气候等）以及中草药的生活习性进行合理的土壤耕作，制定适宜的种植模式并能进行初步的田间管理指导。

3. 能对中草药进行有效的病虫害防治。

4. 能对中草药进行初加工、炮制。

5. 能鉴别道地药材的真伪。

对应或相关职业（工种）：中药材种植员（5-01-02-05）

职业资格（职业技能等级）：中药材种植员

专业主要教学内容：

中草药栽培技术、中医基础理论、中药学基础、药事法规、GAP、中药炮制技术、中药制剂技术、药用植物基础、土壤肥料学、中草药病虫害防治技术、中药鉴定、中成药鉴别、中药与中成药储存、中药调配、药品营销等。

对应上一级专业编码：0720-3

0720-3 高级

专业编码：0720-3

专业名称：中草药种植

培养目标：培养从事中草药种植、初加工的高级技能人才（高级工）。

学习年限：2 年（达到中级技能水平学生），3 年（高中毕业生），5 年（初中毕业生）

职业能力：

具有积极的人生态度、健康的心理素质、良好的职业道德和较扎实的文化基础知识；具有获取新知识、新技能的意识和能力，能适应不断变化的职业社会；熟悉中草药生产、加工流程，严格执行 GAP 要求，遵守各项工艺规程，重视环境保护，并具有独立解决非常规问题的基本能力；能指导他人进行工作或协助培训一般操作人员。同时具有下列专业能力：

1. 熟练掌握中草药的繁殖、播种技术，并能对中草药进行有效的病虫害防治。
2. 能有效结合当地自然条件（如土壤、环境、气候等）以及中草药的生活习性进行合理的土壤耕作，制定适宜的种植模式并能进行田间管理指导。
3. 能运用新技术对中草药进行引种驯化。
4. 能熟练鉴别道地药材的真伪。
5. 能指导中草药规模化种植。

对应或相关职业（工种）：中药材种植员（5-01-02-05）

职业资格（职业技能等级）：中药材种植员

专业主要教学内容：

中医理论、中药学基础、药事法规、GAP、GSP、中药炮制技术、中草药栽培技术、中药制剂技术、中药鉴定、中成药鉴别、中药调配、药品营销等。

对应下一级专业编码：0720-4

0721 农村电气技术

0721-4 中级

专业编码：0721-4

专业名称：农村电气技术

培养目标：培养从事农村电气设备安装、调试、使用、维护及管理的中级技能人才。

学习年限：3 年（初中毕业生），2 年（高中毕业生）

职业能力：

具有积极的人生态度、健康的心理素质、良好的职业道德和较扎实的文化基础知识；具有获取新知识、新技能的意识和能力，能适应不断变化的职业社会；严格按照电业安全操作规程进行操作，遵守各项工艺规程，具有安全意识，重视环境保护，并能解决一般性专业问题。同时具有下列专业能力：

1. 能识读农村电气设备的装配工艺文件和印制电路板装配图。
2. 能用计算机软件绘制简单的电路原理图。
3. 能正确使用工具焊接印制电路板。
4. 能检查与修正农村电气设备印制电路板元件的插接和焊接质量问题并能拆焊。
5. 能使用常用仪器仪表进行元件质量的鉴别和产品功能调试。
6. 能进行简单农村电气设备的操作、维护和安装工作。
7. 能完成农电局、小型电站、供电局变电站的供配电工作。
8. 能从事农村电气产品的营销与售后服务工作。

对应或相关职业（工种）：电工（6-31-01-03）

职业资格（职业技能等级）：电工

专业主要教学内容：

实用电工技术、安全用电、模拟电子技术、数字电子技术、高频电子线路、单片机技术及应用、电器仪器仪表与测量、电子元件识别与焊接技能、电子线路绘制（EDA）、电子产品制作、传感技术等。

对应上一级专业编码：0721-3

0721-3　高级

专业编码：0721-3

专业名称：农村电气技术

培养目标：培养从事农村电气设备安装、调试、使用、维护及管理的高级技能人才（高级工）。

学习年限：2 年（达到中级技能水平学生），3 年（高中毕业生），5 年（初中毕业生）

职业能力：

具有积极的人生态度、健康的心理素质、良好的职业道德和较扎实的文化基础知识；具有获取新知识、新技能的意识和能力，能适应不断变化的职业社会；严格按照电业安全操作规程进行操作，遵守各项工艺规程，重视环境保护，并具有独立解决非常规问题的基本能力；能指导他人进行工作或协助培训一般操作人员。同时具有下列专业能力：

1. 能绘制农村电气设备的原理方框图、电路图和印制电路板装配图。
2. 能进行手工贴片元件焊接。
3. 能对农村电气设备的印制电路板进行焊接质量检查。
4. 能对农村电气设备整机装配质量进行检查并根据需要进行整改。
5. 能对比较复杂的农村电气设备进行技术改造。
6. 能进行各种农村电气设备的操作、维护和安装工作。
7. 能进行农村电气设备单片机控制系统的设计工作。

对应或相关职业（工种）：电工（6-31-01-03）

职业资格（职业技能等级）：电工

专业主要教学内容：

电子线路故障诊断与维修、单片机综合应用、PLC 控制电路安装与调试、电子线路仿真与印制电路板制作、高频电子线路安装与维修、自动检测与传感器应用、SMT 加工、BGA 返修技术等。

对应下一级专业编码：0721-4

0722　农村经济综合管理

0722-4　中级

专业编码：0722-4

专业名称：农村经济综合管理

培养目标：培养立足农村和农业，从事营销、统计与会计核算工作的中级技能人才。

学习年限：3 年（初中毕业生），2 年（高中毕业生）

职业能力：

具有积极的人生态度、健康的心理素质、良好的职业道德和较扎实的文化基础知识；具有获取新知识、新技能的意识和能力，能适应不断变化的职业社会；了解农产品生产加工过程，了解农村商业发展现状及趋势，了解农村经济管理相关法律、法规和政策；具有安全意识，重视环境保护，并能解决一般性专业问题。同时具有下列专业能力：

1. 能执行农村市场的调研方案，分析购买行为类型，制订区域市场计划。
2. 能采集统计数据和资料。
3. 能汇总、整理并分析统计数据和资料。
4. 能提出农业产品的营销策略。
5. 能进行客户服务、客户信用和客户关系管理工作。
6. 能对单位的经济业务进行会计核算。
7. 能对单位的经济活动实行会计监督。
8. 能熟练使用通用会计核算软件。
9. 能运用法律、法规维护企业的利益，排解经济纠纷和处理违规事件。

对应或相关职业（工种）：营销员（4-01-02-01）、会计专业人员（2-06-03-00）、统计专业人员（2-06-02-00）、经济规划专业人员（2-06-01-01）

职业资格（职业技能等级）：营销员、会计专业技术资格、统计专业技术资格、经济专业技术资格

专业主要教学内容：

计算机基础、农业经济管理、农村社会经济统计、农产品营销、基础会计、企业财务会计、成本会计、会计电算化、农村政策与法规、农产品加工、财经法规与会计职业道德、会计综合实训等。

对应上一级专业编码：0722-3

0722-3　高级

专业编码：0722-3

专业名称：农村经济综合管理

培养目标：培养立足农村和农业，从事营销、统计与会计核算工作的高级技能人才(高级工)。

学习年限：2 年（达到中级技能水平学生），3 年（高中毕业生），5 年（初中毕业生）

职业能力：

具有积极的人生态度、健康的心理素质、良好的职业道德和较扎实的文化基础知识；具有获取新知识、新技能的意识和能力，能适应不断变化的职业社会；理解农产品与市场的关系，了解农村商业发展现状及趋势，了解农村经济管理相关法律、法规和政策，重视环境保护，并具有独立解决非常规问题的基本能力；能指导他人进行工作或协助培训一般经济管理人员。同时具有下列专业能力：

1. 能设计并有效执行统计调查方案、农村市场调研方案，以及全面的农业产品营销策划方案。
2. 能撰写统计报告。
3. 能对单位的经济活动实行会计监督和控制。
4. 能制定单位办理会计事务的具体办法。
5. 能界定一般营销、统计或会计人员的职责及任务。
6. 能建立农村经济管理团队的工作制度。

对应或相关职业（工种）：营销员（4-01-02-01）、会计专业人员（2-06-03-00）、统计专业人员（2-06-02-00）、经济规划专业人员（2-06-01-01）

职业资格（职业技能等级）：营销员、会计专业技术资格、统计专业技术资格、经济专业技术资格

专业主要教学内容：

农业经济管理、农村财务管理、农村干部领导艺术、农村资源开发与利用、农产品营销、会计实务、经济法、会计综合实训等。

对应下一级专业编码：0722-4

0723　农资连锁经营与管理

0723-4　中级

专业编码：0723-4

专业名称：农资连锁经营与管理

培养目标：培养从事农业生产资料、农产品连锁经营与管理的中级技能人才。

学习年限：3 年（初中毕业生），2 年（高中毕业生）

职业能力：

具有积极的人生态度、健康的心理素质、良好的职业道德和较扎实的文化基础知识；具有获取新知识、新技能的意识和能力，能适应不断变化的职业社会；了解农资连锁经营方法，严格执行企业管理相关规定，遵守职业规范，具有安全意识，重视环境保护，并能解决一般性专业问题。同时具有下列专业能力：

1. 能参与农村连锁经营企业的商业网点开发与经营管理工作。

2. 能从事农村连锁经营企业的商品营销活动。

3. 能使用计算机进行收银、销售统计、货品管理工作。

4. 能运用网络进行商品营销与物流管理。

5. 能从事一般客户服务、公关促销以及电子商务活动。

对应或相关职业（工种）：商品营业员（4-01-02-03）、收银员（4-01-02-04）、农产品购销员（4-01-05-01）、农业经理人 L（5-05-01-02）、农产品经纪人（4-01-03-01）

职业资格（职业技能等级）：农业经理人、农产品经纪人

专业主要教学内容：

计算机应用基础、连锁企业门店营运管理、连锁企业采购管理、市场营销、农业商品学、农产品网上销售实务、连锁经营管理实务、连锁企业物流配送管理、商务谈判与推销技巧、销售技术、出纳岗位实务、会计基础、法律基础与农村政策法规等。

对应上一级专业编码：0723-3

0723-3　高级

专业编码：0723-3

专业名称：农资连锁经营与管理

培养目标：培养从事农业生产资料、农产品连锁经营与管理的高级技能人才（高级工）。

学习年限：2 年（达到中级技能水平学生），3 年（高中毕业生），5 年（初中毕业生）

职业能力：

具有积极的人生态度、健康的心理素质、良好的职业道德和较扎实的文化基础知识；具有获取新知识、新技能的意识和能力，能适应不断变化的职业社会；熟悉农资连锁经营方法，严格执行企业管理相关规定，遵守职业规范，重视环境保护，并具有独立解决非常规问题的基本能力；能指导他人进行工作或协助培训一般操作人员。同时具有下列专业能力：

1. 能从事农村连锁经营企业的商业网点开发与经营管理工作。

2. 能策划与组织农村连锁经营企业的商品营销活动。

3. 能熟练使用计算机进行收银、销售统计、货品管理工作。

4. 能熟练运用网络进行商品营销与物流管理。

5. 能从事客户服务、公关促销以及电子商务活动。

对应或相关职业（工种）：商品营业员（4-01-02-03）、收银员（4-01-02-04）、农产品购销员（4-01-05-01）、农业经理人 L（5-05-01-02）、农产品经纪人（4-01-03-01）

职业资格（职业技能等级）：农业经理人、农产品经纪人

专业主要教学内容：

计算机网络与应用、连锁企业门店营运管理、连锁企业采购管理、市场营销策略、农业商品学、电子商务、连锁企业物流配送管理、商务谈判、消费心理学、出纳岗位实务、财务会计、经济法等。

对应下一级专业编码：0723-4

0724　农产品营销与储运

0724-4　中级

专业编码：0724-4

专业名称：农产品营销与储运

培养目标：培养从事农产品市场营销调查、市场营销策划、商品采购、商品储存、配送销售等工作的中级技能人才。

学习年限：3 年（初中毕业生），2 年（高中毕业生）

职业能力：

具有积极的人生态度、健康的心理素质、良好的职业道德和较扎实的文化基础知识；具有获取新知识、新技能的意识和能力，能适应不断变化的职业社会；了解农产品营销方法，严格执行农产品储运的操作规定，遵守各项工艺规程，具有安全意识，重视环境保护，并能解决一般性专业问题。同时具有下列专业能力：

1. 能使用计算机进行农产品营销、储运管理与运作。
2. 能运用财务基本知识初步核算成本和盈亏。
3. 能从事农产品采购、流通、销售工作，开拓市场和组织市场营销活动。
4. 能合理选择储存设备和配送设备。
5. 能操作装卸搬运设备、计量设备、保管设备、养护检验设备、消防设备、监控设备等。
6. 能实施仓储货品进、出、存、返等作业流程，保证仓库安全。

对应或相关职业（工种）：农业经理人 L（5-05-01-02）、营销员（4-01-02-01）、仓储管理员（4-02-06-01）、物流服务师 L（4-02-06-03）

职业资格（职业技能等级）：农业经理人 L（5-05-01-02）、营销员、（粮油）仓储管理员、物流服务师

专业主要教学内容：

计算机应用基础、农产品储存与保鲜、采购基础、现代物流基础、仓储管理实务、配送作业实务、运输管理实务、会计基础、市场营销、农村经济管理概论、法律基础与农村政策法规等。

对应上一级专业编码：0724-3

0724-3　高级

专业编码：0724-3

专业名称：农产品营销与储运

培养目标：培养从事农产品市场营销调查、市场营销策划、商品采购、商品储存、配送销售等工作的高级技能人才（高级工）。

学习年限：2 年（达到中级技能水平学生），3 年（高中毕业生），5 年（初中毕业生）

职业能力：

具有积极的人生态度、健康的心理素质、良好的职业道德和较扎实的文化基础知识；具

有获取新知识、新技能的意识和能力，能适应不断变化的职业社会；熟悉农产品营销方法，严格执行农产品储运的操作规定，遵守各项工艺规程，重视环境保护，并具有独立解决非常规问题的基本能力；能指导他人进行工作或协助培训一般操作人员。同时具有下列专业能力：

1. 能开拓市场和组织市场经营活动。
2. 能运用计算机和网络进行农产品营销、储运管理与运作。
3. 能从事成本和盈亏核算等财务管理工作。
4. 能合理安排储存设备和配送设备。
5. 能从事仓储货品进、出、存相关作业流程的计划及实施工作。
6. 能从事仓库安全、返品处理和流通加工作业，熟练操作装卸搬运设备、计量设备、保管设备、养护检验设备、消防设备、监控设备等。

对应或相关职业（工种）：农业经理人 L（5-05-01-02）、营销员（4-01-02-01）、仓储管理员（4-02-06-01）、物流服务师 L（4-02-06-03）

职业资格（职业技能等级）：农业经理人 L（5-05-01-02）、营销员、（粮油）仓储管理员、物流服务师

专业主要教学内容：

计算机网络与应用、农产品储存与保鲜、物流采购管理、供应链管理、仓储管理实务、配送作业实务、运输管理实务、财务会计、市场营销、物流中心运作管理、国际物流等。

对应下一级专业编码：0724-4

0725 茶叶生产与加工

0725-4 中级

专业编码：0725-4

专业名称：茶叶生产与加工

培养目标：培养从事茶叶生产、加工和营销工作的中级技能人才。

学习年限：3 年（初中毕业生），2 年（高中毕业生）

职业能力：

具有积极的人生态度、健康的心理素质、良好的职业道德和较扎实的文化基础知识；具有获取新知识、新技能的意识和能力，能适应不断变化的职业社会；熟悉茶叶生产过程和加工工艺条件与过程，熟悉茶叶经营与销售的行业通则与工作流程，知晓一般性茶叶品质和茶艺文化传播知识。同时具有下列专业能力：

1. 能根据当地自然环境判断适栽茶树品种。
2. 能从事茶树生产、茶园管理、茶树病虫害防治工作。
3. 能熟练使用茶叶加工常用设备。
4. 能按乌龙茶、绿茶、红茶、花茶等主要茶类的加工工序和生产规程进行茶叶加工。
5. 能使用常用方法进行茶叶品质鉴别和质量检测。
6. 能根据市场需求进行茶叶销售工作。
7. 能运用基本技艺进行泡茶工作。

对应或相关职业（工种）：茶叶加工工（6-02-06-10）、评茶师（6-02-06-11）

职业资格（职业技能等级）：评茶师

专业主要教学内容：

基础化学、机械知识、茶叶生产与茶园管理、茶叶加工技术、茶叶包装与储运、茶叶评审、泡茶技艺、客户关系管理与应用、商品管理实务、市场营销实务等。

对应上一级专业编码：0725-3

0725-3　高级

专业编码：0725-3

专业名称：茶叶生产与加工

培养目标：培养从事茶叶生产、加工和营销工作的高级技能人才（高级工）。

学习年限：2年（达到中级技能水平学生），3年（高中毕业生），5年（初中毕业生）

职业能力：

具有积极的人生态度、健康的心理素质、良好的职业道德和较扎实的文化基础知识；具有获取新知识、新技能的意识和能力，能适应不断变化的职业社会；熟知茶叶生产加工工艺流程，掌握茶叶企业的生产加工及包装储运知识；熟悉茶叶企业营销与管理的相关工作流程，知晓茶叶品质和地方茶艺文化，能独立进行泡茶技艺传播或培训工作。同时具有下列专业能力：

1. 能从事茶树生产、茶园管理、茶树病虫害防治工作，掌握茶树生长发育的规律。
2. 能根据茶叶品种与类型制定茶品加工工艺流程。
3. 能熟练运用常用制茶设备并能对其进行维护。
4. 能运用感官和仪器化验等方法检验茶叶的品质，并对相关仪器设备进行维护。
5. 能进行茶叶保鲜加工和包装储运工作。
6. 能熟练进行当地茶品的泡茶工作。
7. 能从事茶叶企业的基本生产和经营工作，策划实施常见的茶叶营销活动。

对应或相关职业（工种）：茶叶加工工（6-02-06-10）、评茶师（6-02-06-11）

职业资格（职业技能等级）：评茶师

专业主要教学内容：

茶叶机械、茶叶生产与茶园管理、茶叶检验技术与仪器、茶叶保鲜与包装、茶叶深加工技术、茶叶评审与检验、茶艺服务与管理、茶叶市场营销、商务谈判实务、推销技巧、网络营销实务等。

对应下一级专业编码：0725-4

0726　生态农业技术

0726-4　中级

专业编码：0726-4

专业名称：生态农业技术

培养目标：培养从事生态农业技术开发和应用的中级技能人才。

学习年限：3 年（初中毕业生），2 年（高中毕业生）

职业能力：

具有积极的人生态度、健康的心理素质、良好的职业道德和较扎实的文化基础知识；具有获取新知识、新技能的意识和能力，能适应不断变化的职业社会；了解农作物生产流程，严格执行农艺操作规定，具有安全意识，重视环境保护，并能解决一般性专业问题。同时具有下列专业能力：

1. 能进行高产、高效栽培。

2. 能正确诊断并初步防治农产品常见病虫害。

3. 能识土、改土，进行科学施肥。

4. 能掌握不同种子的生产技术规程，并初步设计种子生产程序。

5. 能解答当地主要农产品生产、收获、储藏、保鲜和初加工技术问题。

6. 能规划和设计基本的农业生态工程。

7. 能掌握无公害农产品、绿色食品、有机农产品的生产要求。

8. 能进行各种农资的销售和售后服务，了解基本的农业政策和法规。

对应或相关职业（工种）：农业技术员（5-05-01-01）、农艺工（5-01-02-01）、农业数字化技术员 L/S（5-05-01-03）

职业资格（职业技能等级）：农业技术员、农艺工

专业主要教学内容：

植物与植物生理、种植制度与土壤耕作、土壤肥料、作物栽培、蔬菜栽培、观赏植物栽培、植物保护、种子产业化技术、农业环境保护技术、农业生态工程技术、市场营销等。

对应上一级专业编码：0726-3

0726-3　高级

专业编码：0726-3

专业名称：生态农业技术

培养目标：培养从事生态农业技术开发和应用的高级技能人才（高级工）。

学习年限：2 年（达到中级技能水平学生），3 年（高中毕业生），5 年（初中毕业生）

职业能力：

具有积极的人生态度、健康的心理素质、良好的职业道德和较扎实的文化基础知识；具有获取新知识、新技能的意识和能力，能适应不断变化的职业社会；熟悉农作物生产流程，严格执行农艺操作规定，重视环境保护，并具有独立解决非常规问题的基本能力；能指导他人进行工作或协助培训一般操作人员。同时具有下列专业能力：

1. 能指导生产者选用常用的农业生产资料和进行高产、高效栽培。

2. 能进行苗情、墒情和病虫情等“三情”的田间监测，正确诊断和防治农产品常见病虫害。

3. 能指导生产者进行科学施肥。

4. 能掌握不同种子的生产技术规程，设计种子生产程序并指导种子生产。

5. 能解答当地主要农产品生产、收获、储藏、保鲜和初加工技术问题，并提供完善的解决方案。

6. 能规划和设计常见的农业生态工程。

7. 能掌握无公害农产品、绿色食品、有机农产品的生产、管理要求及申报程序。

8. 能进行各种农资的销售和售后服务，掌握基本的农业政策和法规，了解企业管理的一般规律。

对应或相关职业（工种）：农业技术员（5-05-01-01）、农艺工（5-01-02-01）、农业数字化技术员 L/S（5-05-01-03）

职业资格（职业技能等级）：农业技术员、农艺工

专业主要教学内容：

植物与植物生理、种植制度与土壤耕作、土壤肥料、作物栽培、蔬菜栽培、观赏植物栽培、植物保护、种子产业化技术、农业环境保护技术、农业生态工程技术、无公害农业与绿色有机食品、市场营销、农业企业管理等。

对应下一级专业编码：0726-4

0727 宠物医疗与护理

0727-4 中级

专业编码：0727-4

专业名称：宠物医疗与护理

培养目标：培养从事宠物医疗与护理及宠物美容的中级技能人才。

学习年限：3 年（初中毕业生），2 年（高中毕业生）

职业能力：

具有积极的人生态度、健康的心理素质、良好的职业道德和较扎实的文化基础知识；具有爱心、细心、宽容心和良好的心理承受力；具有安全、环境保护意识，遵守相关的法律法规，并能解决一般性专业问题。同时具有下列专业能力：

1. 能识别各种类型的宠物，鉴别各类宠物的外貌特征。

2. 能识别宠物精神、饮食、粪便的异常。

3. 能根据宠物年龄阶段差异选择不同的宠物食品和喂养工具。

4. 能训练宠物定点大小便，训练犬完成起、坐、卧、站等动作。

5. 能进行宠物保定，测量宠物体温，对宠物进行局部消毒，进行宠物肌肉与皮下注射，对宠物进行皮肤病护理，对宠物进行药浴。

6. 能对幼龄和老年宠物进行护理，对妊娠、哺乳期宠物进行护理。

7. 能识别各种宠物美容工具，为宠物洗澡，为宠物梳理皮毛，清洁宠物的耳道、眼睛，修剪宠物的指甲。

8. 能使用各种美容工具修剪宠物被毛，为宠物扎辫和佩戴头饰，完成两种以上犬的美容造型。

对应或相关职业（工种）：宠物健康护理员（4-10-07-01）、宠物驯导师（4-10-07-02）、宠物美容师（4-10-07-03）、动物疫病防治员（5-05-02-03）

职业资格（职业技能等级）：宠物健康护理员、宠物驯导师、动物疫病防治员

专业主要教学内容：

解剖生理、繁殖与改良、微生物检测、病理分析与药理应用、临床诊疗、宠物食品加工与检测、宠物饲养、宠物疾病防治、宠物美容与护理、宠物鉴赏与训练、宠物健康护理员训练、宠物医院实务等。

对应上一级专业编码：0727-3

0727-3　高级

专业编码：0727-3

专业名称：宠物医疗与护理

培养目标：培养从事宠物医疗与护理及宠物美容的高级技能人才（高级工）。

学习年限：2 年（达到中级技能水平学生），3 年（高中毕业生），5 年（初中毕业生）

职业能力：

具有积极的人生态度、健康的心理素质、良好的职业道德和较扎实的文化基础知识；具有爱心、细心、宽容心和良好的心理承受力；具有安全、环境保护意识，遵守相关的法律法规，并具有独立解决非常规问题的基本能力；能指导他人进行工作或协助培训一般操作人员。同时具有下列专业能力：

1. 能对宠物品种进行鉴定与评价。
2. 能根据宠物精神、饮食、粪便的异常进行相应的处理。
3. 能合理选择宠物食品，合理搭配宠物日粮，制定宠物营养食谱。
4. 能根据宠物品种制定宠物的饲养管理规程。
5. 能选择用药方法，进行宠物静脉与腹腔注射，为宠物输液，对宠物传染病采取预防措施。
6. 能对宠物伤口进行包扎，现场救护伤病宠物，对术后宠物进行护理。
7. 能对宠物进行耳部、头部、尾部的造型设计，对宠物进行被毛染色。
8. 能完成五种以上犬的美容造型。

对应或相关职业（工种）：宠物健康护理员（4-10-07-01）、宠物驯导师（4-10-07-02）、宠物美容师（4-10-07-03）、动物疫病防治员（5-05-02-03）

职业资格（职业技能等级）：宠物健康护理员、宠物驯导师、动物疫病防治员

专业主要教学内容：

宠物鉴赏、病理分析与药理应用、临床诊疗、宠物食品营养分析、宠物饲养与训练、宠物普通病诊断与防治、宠物传染病诊断与防治、宠物美容与护理、畜牧兽医技能训练、宠物健康护理员训练、宠物医院实务、动物外科手术等。

对应下一级专业编码：0727-4

0728　农业经营与管理

0728-4　中级

专业编码：0728-4

专业名称：农业经营与管理

培养目标：培养从事农业经营与管理的中级技能人才。

学习年限：3 年（初中毕业生），2 年（高中毕业生）

职业能力：

具有积极的人生态度、健康的心理素质、良好的职业道德和较扎实的文化基础知识；具有获取新知识、新技能的意识和能力，能适应不断变化的职业社会；了解农业经营与管理相关工作流程，遵守各项操作规程，具有安全意识，重视环境保护，并能解决一般性专业问题。同时具有下列专业能力：

1. 能搜集和分析涉农产品和服务供求数据信息。
2. 能编制涉农经济组织的生产作业计划和服务运营方案。
3. 能调度生产和服务人员从事涉农生产或服务项目。
4. 能按技术规程指导涉农产品生产和服务项目供给。
5. 能组织涉农产品加工、储藏、运输、营销，以及组织涉农服务项目供给。
6. 能开发和维护涉农产品和服务营销渠道，维护客户关系。

对应或相关职业（工种）：农业经理人 L（5-05-01-02）、农业技术员（5-05-01-01）、农业数字化技术员 L/S（5-05-01-03）、农产品经纪人（4-01-03-01）

职业资格（职业技能等级）：农业经理人、农业技术员、农产品经纪人

专业主要教学内容：

农业基础知识、现代农业新技术、农业经济学、涉农经济组织经营管理知识、农村财务管理、农业项目管理、农产品仓储与配送、农产品营销、农业电子商务等。

对应上一级专业编码：0728-3

0728-3　高级

专业编码：0728-3

专业名称：农业经营与管理

培养目标：培养从事农业经营与管理的高级技能人才（高级工）。

学习年限：2 年（达到中级技能水平学生），3 年（高中毕业生），5 年（初中毕业生）

职业能力：

具有积极的人生态度、健康的心理素质、良好的职业道德和较扎实的文化基础知识；具有获取新知识、新技能的意识和能力，能适应不断变化的职业社会；熟悉农业经营与管理相关工作流程，遵守各项操作规程，重视环境保护，并具有独立解决非常规问题的基本能力；能指导他人进行工作或协助培训一般工作人员。同时具有下列专业能力：

1. 能根据涉农产品和服务供求数据信息，对涉农经济组织发展进行市场调研和经营预测。
2. 能根据涉农经济组织经营目标确定并分配工作任务。
3. 能按照三品一标（无公害产品、绿色食品、有机食品、农产品地理标志）的要求进行涉农产品质量管理。
4. 能选择与控制涉农产品和服务销售模式。
5. 能科学管理涉农经济组织团队，提升团队创新能力、执行力，有效处理团队冲突。
6. 能及时进行涉农产品生产和服务供给的过程控制，保障工作计划的有效实施。

对应或相关职业（工种）：农业经理人 L（5-05-01-02）、农业技术员（5-05-01-01）、农业数字化技术员 L/S（5-05-01-03）、农产品经纪人（4-01-03-01）

职业资格（职业技能等级）：农业经理人、农业技术员、农产品经纪人

专业主要教学内容：

农业政策与法律法规、农业企业经营管理、作物生产技术、现代农业技术运用实例、农产品营销创新、农村财务管理、农村金融与保险、农产品物流管理、“互联网+”农业等。

对应下一级专业编码：0728-4

08 能 源 类

0801 矿物开采与处理

0801-4 中级

专业编码：0801-4

专业名称：矿物开采与处理

培养目标：培养从事井下或露天矿物开采、加工、分选的中级技能人才。

学习年限：3 年（初中毕业生），2 年（高中毕业生）

职业能力：

具有积极的人生态度、健康的心理素质、良好的职业道德和较扎实的文化基础知识；具有获取新知识、新技能的意识和能力，能适应不断变化的职业社会；了解企业生产流程，严格执行设备操作规定，遵守各项工艺规程，具有安全意识，重视环境保护，并能解决一般性专业问题。同时具有下列专业能力：

1. 了解采矿、选矿生产工艺。
2. 能操作露天挖掘设备进行剥离开采、装卸矿物。
3. 能操作钻孔设备，按指定的孔位、孔深、孔距对矿岩钻孔及清理孔渣。
4. 能运用爆破或机械钻进方法进行矿井井筒、巷道、硐室、天井等的开拓及掘砌。
5. 能操作采矿机械、机具进行井下采矿工作面矿石和矿物的破、落、装、运。
6. 能操作机具完成采矿工作面支护和顶板、底板、围岩的控制。
7. 能操作破碎机等设备进行矿物破碎、筛分。
8. 能操作磁选设备分选金属矿物及其他工业原料。
9. 能操作尾矿处理设备进行尾矿输送、储存以及尾矿水净化。

对应或相关职业（工种）：露天采矿工（6-16-01-01）、矿井开掘工（6-16-01-04）、井下采矿工（6-16-01-05）、井下支护工（6-16-01-06）、选矿工（6-16-01-15）

职业资格（职业技能等级）：井下支护工

专业主要教学内容：

机械识图与 CAD、地质与矿山地质、液压传动与气动控制基础、电工技能、爆破工程、金属矿床露天开采、露天采运机械操作、金属矿井通风与防尘、矿山安全与环境保护、碎矿与磨矿、磁石选矿、生产现场实习、钻孔机操作综合训练等。

对应上一级专业编码：0801-3

0801-3 高级

专业编码：0801-3

专业名称：矿物开采与处理

培养目标：培养从事井下或露天矿物开采、加工、分选的高级技能人才（高级工）。

学习年限：2 年（达到中级技能水平学生），3 年（高中毕业生），5 年（初中毕业生）

职业能力：

具有积极的人生态度、健康的心理素质、良好的职业道德和较扎实的文化基础知识；具有获取新知识、新技能的意识和能力，能适应不断变化的职业社会；熟悉企业生产流程，严格执行设备操作规定，遵守各项工艺规程，并具有独立解决非常规问题的基本能力；能指导他人进行工作或协助培训一般操作人员。同时具有下列专业能力：

1. 能熟练掌握采矿、选矿生产工艺及生产全过程。

2. 能安装并操作冻结设备制冷冻结井筒周围表土、流沙。

3. 能运用爆破或机械钻进方法进行矿井井筒、巷道、硐室、天井等的开拓、掘砌与维护。

4. 能熟练操作重选设备，利用矿石中不同矿粒的密度差分选有价矿物。

5. 能熟练操作浮选设备分选细粒有价矿物。

6. 掌握采矿、选矿常用设备的结构及日常维护。

7. 能判断和处理一般设备故障及生产事故。

8. 了解采矿、选矿的新工艺、新技术、新设备。

对应或相关职业（工种）：露天采矿工（6-16-01-01）、矿井开掘工（6-16-01-04）、井下采矿工（6-16-01-05）、井下支护工（6-16-01-06）、选矿工（6-16-01-15）

职业资格（职业技能等级）：井下支护工

专业主要教学内容：

计算机辅助设计、机械设计基础、典型结构受力分析、矿山测量、金属矿床地下开采、地下采运机械操作、井巷工程、浮游选矿、重力选矿、矿石可选性分析、点检常识、生产现场实习、钻孔机操作综合训练等。

对应下一级专业编码：0801-4

0802　煤矿技术（采煤）

0802-4　中级

专业编码：0802-4

专业名称：煤矿技术（采煤）

培养目标：培养从事操作采煤、支护、运输等设备，运用不同采煤工艺进行生产的中级技能人才。

学习年限：3 年（初中毕业生），2 年（高中毕业生）

职业能力：

具有积极的人生态度、健康的心理素质、良好的职业道德和较扎实的文化基础知识；具有获取新知识、新技能的意识和能力，能适应不断变化的职业社会；了解企业生产流程，严格执行设备操作规定，遵守各项工艺规程，具有安全意识，重视环境保护，并能解决一般性专业问题。同时具有下列专业能力：

1. 能识读简单的矿图（地形地质图和采掘工程平面图等）、机械零件图、机械传动系统图、液压传动系统图和电气系统原理图。

2. 能操作不同采煤工艺类型下的采煤、支护和运输设备。

3. 能对不同采煤工艺类型下的采煤、支护和运输设备进行日常维护保养。

4. 能对不同采煤工艺中采煤设备出现的常见故障进行原因分析和正确处理。

5. 能在技术人员的指导下对不同采煤工艺条件下的生产设备进行安装、撤除。

6. 能按采煤工作面作业规程规定预防火灾、水灾、瓦斯爆炸和煤尘爆炸。

对应或相关职业（工种）：井下采矿工（6-16-01-05）、输送机操作工（6-30-05-03）、露天采矿工（6-16-01-01）、井下支护工（6-16-01-06）、爆破工（6-29-02-07）

职业资格（职业技能等级）：井下支护工

专业主要教学内容：

机械识图与CAD、煤矿地质基础知识、矿井供电系统图识读、煤矿电工、钳工技能训练、一通三防知识、采煤机械操作技能、采区电气设备使用与维护、煤矿开采工艺等。

对应上一级专业编码：0802-3

0802-3　高级

专业编码：0802-3

专业名称：煤矿技术（采煤）

培养目标：培养从事操作采煤、支护、运输等设备，运用不同采煤工艺进行生产的高级技能人才（高级工）。

学习年限：2年（达到中级技能水平学生），3年（高中毕业生），5年（初中毕业生）

职业能力：

具有积极的人生态度、健康的心理素质、良好的职业道德和较扎实的文化基础知识；具有获取新知识、新技能的意识和能力，能适应不断变化的职业社会；熟悉企业生产流程，严格执行设备操作规定，遵守各项工艺规程，具有安全生产和环保意识，并具有独立解决非常规问题的基本能力；能指导他人进行工作或协助培训一般操作人员。同时具有下列专业能力：

1. 能识读并绘制一般的矿图（地形地质图和采掘工程平面图等）、机械零件图、机械传动系统图、液压传动系统图和电气系统原理图。

2. 能对不同采煤工艺条件下的采煤设备进行小修和中修。

3. 能根据不同的煤层地质条件选择合适的采煤工艺，并了解不同采煤工艺条件下的工作面的设备选型和配套。

4. 能对采煤工作面生产事故进行积极有效的预防和处理。

5. 能实施不同地质构造条件下的安全技术措施。

6. 能在技术人员的指导下对不同采煤工艺条件下的生产设备进行安装、撤除和快速搬迁。

7. 能采取有效措施预防采煤工作面的火灾、水灾、瓦斯爆炸和煤尘爆炸。

对应或相关职业（工种）：井下采矿工（6-16-01-05）、输送机操作工（6-30-05-03）、露天采矿工（6-16-01-01）、井下支护工（6-16-01-06）、爆破工（6-29-02-07）

职业资格（职业技能等级）：井下支护工

专业主要教学内容：

煤矿地质基础知识、机械基础、液压传动基础、矿井供电、巷道施工、矿井通风与安全、矿山压力监测预报仪器使用与维护、采煤机械维修技能、采区电气设备使用与维护、煤矿开采工艺等。

对应下一级专业编码：0802-4

0803　煤矿技术（综合机械化采煤）

0803-4　中级

专业编码：0803-4

专业名称：煤矿技术（综合机械化采煤）

培养目标：培养从事操作采煤机、液压支架、输送机等综采设备，运用综合机械化采煤工艺进行生产的中级技能人才。

学习年限：3 年（初中毕业生），2 年（高中毕业生）

职业能力：

具有积极的人生态度、健康的心理素质、良好的职业道德和较扎实的文化基础知识；具有获取新知识、新技能的意识和能力，能适应不断变化的职业社会；了解企业生产流程，严格执行设备操作规定，遵守各项工艺规程，具有安全意识，重视环境保护，并能解决一般性专业问题。同时具有下列专业能力：

1. 能识读简单的矿图（地形地质图和采掘工程平面图等）、机械零件图、机械传动系统图、液压传动系统图和电气系统原理图。

2. 能理解和执行煤矿综采工作面作业规程。

3. 能操作采煤机、液压支架、输送机等综采设备，并对其进行维护保养。

4. 能对综采设备常见的机械、液压故障现象进行原因分析并处理。

5. 能实施技术人员制定的不同地质构造条件下的安全技术措施，并对一般生产事故进行处理。

6. 能在技术人员的指导下对综采工作面的设备进行安装、撤除和快速搬迁。

7. 能按技术人员制定的措施预防火灾、水灾、瓦斯爆炸和煤尘爆炸。

对应或相关职业（工种）：井下采矿工（6-16-01-05）、输送机操作工（6-30-05-03）、井下支护工（6-16-01-06）、爆破工（6-29-02-07）

职业资格（职业技能等级）：井下支护工

专业主要教学内容：

机械识图与 CAD、煤矿地质基础知识、煤矿测量基础知识、煤矿电工、矿井供电系统图识读、钳工技能训练、一通三防知识、综采设备（采煤机、液压支架、输送机等）操作技能、综合机械化采煤工艺等。

专业方向：煤矿智能化开采

对应上一级专业编码：0803-3

0803-3　高级

专业编码：0803-3

专业名称：煤矿技术（综合机械化采煤）

培养目标：培养从事操作采煤机、液压支架、输送机等综采设备，运用综合机械化采煤工艺进行生产的高级技能人才（高级工）。

学习年限：2 年（达到中级技能水平学生），3 年（高中毕业生），5 年（初中毕业生）

职业能力：

具有积极的人生态度、健康的心理素质、良好的职业道德和较扎实的文化基础知识；具有获取新知识、新技能的意识和能力，能适应不断变化的职业社会；熟悉企业生产流程，严格执行设备操作规定，遵守各项工艺规程，具有安全生产和环保意识，并具有独立解决非常规问题的基本能力；能指导他人进行工作或协助培训一般操作人员。同时具有下列专业能力：

1. 能识读并绘制一般的矿图（地形地质图和采掘工程平面图等）、机械零件图、机械传动系统图、液压传动系统图和电气系统原理图。

2. 能对采煤机、液压支架、输送机等综采设备进行小修和中修。

3. 能根据不同的煤层地质条件选择合适的综采工艺，并了解不同的煤层地质条件下综采设备的选型和配套。

4. 能协助技术人员制定煤矿综采工作面作业规程，并提出自己的合理化建议。

5. 能协助技术人员制定并实施预防综采工作面生产事故的安全技术措施。

6. 能按煤矿综采工作面作业规程规定预防综采工作面火灾、水灾、瓦斯爆炸和煤尘爆炸。

7. 能按煤矿综采工作面作业规程规定在技师以上人员的指导下对综采工作面所遇不同的地质构造制定并实施相应的安全技术措施。

8. 能对综采工作面的设备进行安装、撤除和快速搬迁。

对应或相关职业（工种）：井下采矿工（6-16-01-05）、输送机操作工（6-30-05-03）、井下支护工（6-16-01-06）、爆破工（6-29-02-07）

职业资格（职业技能等级）：井下支护工

专业主要教学内容：

机械基础、液压传动基础、煤矿电工、矿井供电技术、巷道施工、矿井通风与安全、采煤机维修、液压支架维修、综采运输机械维修、矿山压力监测与预报、综合机械化采煤工艺等。

专业方向：煤矿智能化开采

对应下一级专业编码：0803-4

0804　煤矿技术（综合机械化掘进）

0804-4　中级

专业编码：0804-4

专业名称：煤矿技术（综合机械化掘进）

培养目标：培养从事操作综掘机及其配套设备、锚杆机等设备，形成符合设计要求的规整巷道断面，并能对巷道进行有效支护的中级技能人才。

学习年限：3 年（初中毕业生），2 年（高中毕业生）

职业能力：

具有积极的人生态度、健康的心理素质、良好的职业道德和较扎实的文化基础知识；具有获取新知识、新技能的意识和能力，能适应不断变化的职业社会；了解企业生产流程，严格执行设备操作规定，遵守各项工艺规程，具有安全意识，重视环境保护，并能解决一般性专业问题。同时具有下列专业能力：

1. 能识读简单的矿图和机械零件图。
2. 能在技术人员的指导下安装综掘机及其配套设备。
3. 能理解煤矿综掘工作面作业规程，并操作综掘机及其配套设备。
4. 能根据煤矿综掘工作面作业规程进行综掘施工，并对巷道进行正确的支护。
5. 能对综掘工作面发生的生产事故进行及时有效处理。
6. 能对综掘机及其配套设备进行日常维护保养。
7. 能实施特殊地质条件下的安全技术措施（如过断层、火成岩侵入）。
8. 能在技术人员的指导下对综掘工作面的设备进行撤除与快速搬迁。
9. 能按煤矿综掘工作面作业规程规定预防综掘工作面火灾、水灾、瓦斯爆炸和煤尘爆炸。

对应或相关职业（工种）：矿井开掘工（6-16-01-04）、输送机操作工（6-30-05-03）、井下支护工（6-16-01-06）

职业资格（职业技能等级）：井下支护工

专业主要教学内容：

机械识图与CAD、煤矿地质基础知识、煤矿测量基础知识、煤矿电工、一通三防知识、钳工技能训练、综合机械化掘进机械操作技能、综合机械化掘进工艺等。

专业方向：煤矿智能化掘进

对应上一级专业编码：0804-3

0804-3　高级

专业编码：0804-3

专业名称：煤矿技术（综合机械化掘进）

培养目标：培养从事操作综掘机及其配套设备、锚杆机等设备，形成符合设计要求的规整巷道断面，并能对巷道进行有效支护的高级技能人才（高级工）。

学习年限：2年（达到中级技能水平学生），3年（高中毕业生），5年（初中毕业生）

职业能力：

具有积极的人生态度、健康的心理素质、良好的职业道德和较扎实的文化基础知识；具有获取新知识、新技能的意识和能力，能适应不断变化的职业社会；熟悉企业生产流程，严格执行设备操作规定，遵守各项工艺规程，具有安全生产和环保意识，并具有独立解决非常规问题的基本能力；能指导他人进行工作或协助培训一般操作人员。同时具有下列专业能力：

1. 能在不同的顶板条件下安装综掘机，并正确、熟练地操作综掘机及其相应的配套设备。
2. 能根据不同的煤层地质条件选择合适的综掘工艺，并对综掘工作面选择合理的支护方式。

3. 能预防综掘工作面生产事故，并对综掘工作面生产事故进行及时有效处理。

4. 能对综掘机及其配套设备进行小修和中修。

5. 能协助技术人员制定并实施特殊地质条件下的安全技术措施。

6. 能在技术人员的指导下对综掘工作面的设备进行撤除与快速搬迁。

7. 能制定预防火灾、水灾、瓦斯爆炸和煤尘爆炸的安全技术措施并组织实施。

对应或相关职业（工种）：矿井开掘工（6-16-01-04）、输送机操作工（6-30-05-03）、井下支护工（6-16-01-06）

职业资格（职业技能等级）：井下支护工

专业主要教学内容：

机械基础、液压传动基础、煤矿电工、巷道施工、矿井通风与安全、综合机械化掘进机械维修、综合机械化掘进工艺等。

专业方向：煤矿智能化掘进

对应下一级专业编码：0804-4

0805　矿山测量

0805-4　中级

专业编码：0805-4

专业名称：矿山测量

培养目标：培养从事操作测量仪器进行矿山测量工作的中级技能人才。

学习年限：3 年（初中毕业生），2 年（高中毕业生）

职业能力：

具有积极的人生态度、健康的心理素质、良好的职业道德和较扎实的文化基础知识；具有获取新知识、新技能的意识和能力，能适应不断变化的职业社会；了解企业生产流程，严格执行设备操作规定，具有安全意识，重视环境保护，并能解决一般性专业问题。同时具有下列专业能力：

1. 能熟练操作水准仪、经纬仪、全站仪等测量仪器。

2. 熟悉一般井巷的施工测量过程，并能配合技术人员进行设备的安装测量。

3. 能配合技术人员进行矿区地面与井下各种工程的施工测量和采区控制测量。

4. 能配合技术人员测绘和编制各种采掘工程图及矿体几何图。

5. 能参加采矿计划的编制，并对资源利用及生产情况进行检查和监督。

对应或相关职业（工种）：工程测量员 S（4-08-03-04）、矿山测量员 *（4-08-03-04）

职业资格（职业技能等级）：工程测量员

专业主要教学内容：

机械识图与 CAD、煤矿地质、测绘学基础、矿区地形测量、矿井控制测量、矿山测量技术等。

对应上一级专业编码：0805-3

0805-3 高级

专业编码：0805-3

专业名称：矿山测量

培养目标：培养从事操作测量仪器进行矿山测量工作的高级技能人才（高级工）。

学习年限：2 年（达到中级技能水平学生），3 年（高中毕业生），5 年（初中毕业生）

职业能力：

具有积极的人生态度、健康的心理素质、良好的职业道德和较扎实的文化基础知识；具有获取新知识、新技能的意识和能力，能适应不断变化的职业社会；熟悉企业生产流程，严格执行设备操作规定，具有安全生产和环保意识，并具有独立解决非常规问题的基本能力；能指导他人进行工作或协助培训一般操作人员。同时具有下列专业能力：

1. 能熟练操作各种测量仪器。
2. 能配合技术人员进行大型贯通测量的施测及计算工作。
3. 能进行地形测量和矿区控制测量。
4. 能根据测量成果编制各种矿图。
5. 能进行简易测量平差。
6. 能根据设计要求进行地表与岩层移动观测站的设置、观测和计算工作。

对应或相关职业（工种）：工程测量员 S（4-08-03-04）、矿山测量员 *（4-08-03-04）

职业资格（职业技能等级）：工程测量员

专业主要教学内容：

矿图、岩移观测、测量平差、数字化制图、GPS 测量原理与方法、GPS 测量操作与数据处理、测量仪器与检修等。

对应下一级专业编码：0805-4

0806 矿井通风与安全

0806-4 中级

专业编码：0806-4

专业名称：矿井通风与安全

培养目标：培养从事操作矿井通风与安全仪器仪表进行通风技术测定工作的中级技能人才。

学习年限：3 年（初中毕业生），2 年（高中毕业生）

职业能力：

具有积极的人生态度、健康的心理素质、良好的职业道德和较扎实的文化基础知识；具有获取新知识、新技能的意识和能力，能适应不断变化的职业社会；了解企业生产流程，严格执行设备操作规定，具有安全意识，重视环境保护，并能解决一般性专业问题。同时具有下列专业能力：

1. 能使用通风与安全仪器仪表，参与通风与安全技术测定。

2. 熟悉通风与安全设备，能构筑通风与安全设施。

3. 能合理布置安全监测设备，并进行日常使用和维护。

4. 能识别通风与安全事故预兆并采取相应措施。

5. 熟悉通风与安全技术措施，能识读通风与安全系统图。

6. 能按照矿井通风质量标准化要求，进行通风安全技术检查。

对应或相关职业（工种）：矿井通风工（6-16-01-09）、矿山安全防护工（6-16-01-10）、矿山安全设备监测检修工（6-16-01-11）、矿山救护工（6-16-01-12）、安全员（6-31-06-00）

职业资格（职业技能等级）：矿井通风工、矿山救护工

专业主要教学内容：

煤矿地质与矿图、采掘基本知识、煤矿电工学、矿井通风技术、矿井瓦斯防治技术、矿井防灭火技术、矿井防尘技术、矿井通风与安全检测仪器、矿井安全监测监控技术、矿山救护基础知识、煤矿安全法律法规等。

对应上一级专业编码：0806-3

0806-3 高级

专业编码：0806-3

专业名称：矿井通风与安全

培养目标：培养从事操作矿井通风与安全仪器仪表进行通风技术测定工作的高级技能人才（高级工）。

学习年限：2 年（达到中级技能水平学生），3 年（高中毕业生），5 年（初中毕业生）

职业能力：

具有积极的人生态度、健康的心理素质、良好的职业道德和较扎实的文化基础知识；具有获取新知识、新技能的意识和能力，能适应不断变化的职业社会；熟悉企业生产流程，严格执行设备操作规定，具有安全生产和环保意识，并具有独立解决非常规问题的基本能力；能指导他人进行工作或协助培训一般操作人员。同时具有下列专业能力：

1. 能熟练使用通风与安全仪器仪表，进行通风与安全技术测定。

2. 能安设通风设备和构筑通风与安全设施。

3. 能合理布置安全监测设备并进行日常使用和维护，具有故障判断和处理能力。

4. 能准确识别通风与安全事故预兆并采取相应措施。

5. 能编写通风与安全技术措施，识读通风与安全系统图。

6. 能按照矿井通风质量标准化要求，熟练进行通风安全技术检查。

对应或相关职业（工种）：矿井通风工（6-16-01-09）、矿山安全防护工（6-16-01-10）、矿山安全设备监测检修工（6-16-01-11）、矿山救护工（6-16-01-12）、安全员（6-31-06-00）

职业资格（职业技能等级）：矿井通风工、矿山救护工

专业主要教学内容：

煤矿地质、矿图与采矿 CAD、煤矿开采与掘进、煤矿电工及模拟电子技术、矿井通风技术、矿井瓦斯防治技术、矿井防灭火技术、矿井防尘技术、矿井通风与安全检测仪器、矿

井安全监测监控技术、矿山救护技术、煤矿重大事故预防与处理、煤矿安全法律法规等。

对应下一级专业编码：0806-4

0807　矿山机械操作与维修

0807-4　中级

专业编码：0807-4

专业名称：矿山机械操作与维修

培养目标：培养从事煤矿固定机械设备安装、调试、运行操作与维修的中级技能人才。

学习年限：3 年（初中毕业生），2 年（高中毕业生）

职业能力：

具有积极的人生态度、健康的心理素质、良好的职业道德和较扎实的文化基础知识；具有获取新知识、新技能的意识和能力，能适应不断变化的职业社会；了解企业生产流程，严格执行机械设备操作规定，具有安全意识，重视环境保护，并能解决一般性专业问题。同时具有下列专业能力：

1. 能识读机械零件图与简单装配图、机械传动系统图、液压传动系统图，绘制简单机械零件图，并能使用计算机绘图软件。

2. 能掌握煤矿固定机械设备的性能、结构、工作原理、调试和使用的基本知识，具备煤矿固定机械设备的操作技能。

3. 能掌握机械设备使用中相关电气及自动控制等方面的基础知识。

4. 具有煤矿机械维修钳工必需的钳工基本操作技能。

5. 能掌握煤矿机械检修的基础知识和通用方法，并能对煤矿机械通用零部件进行检修。

6. 具备煤矿固定机械设备日常使用、维修、保养的能力，并能对其进行小修和中修。

7. 能排除煤矿固定机械设备使用过程中的一般故障。

对应或相关职业（工种）：井下机车运输工（6-16-01-07）、矿山提升设备操作工（6-16-01-08）、矿井泵工＊（6-16-01-06）、主扇风机操作工＊（6-16-01-09）、机修钳工（6-31-01-02）

职业资格（职业技能等级）：钳工

专业主要教学内容：

机械识图与 CAD、工程力学、极限配合与技术测量、液压与气动技术、金属工艺学、煤矿电工学、机械设计基础、矿山流体机械、矿山运输与提升设备、采煤概论、煤矿安全概论、采掘机械、煤矿机械设备维修与安装、电力拖动与自动控制、钳工实训、电工实训、机械设备检修实训、液压元件检修实训、矿山机械设备检修实训等。

对应上一级专业编码：0807-3

0807-3　高级

专业编码：0807-3

专业名称：矿山机械操作与维修

培养目标：培养从事煤矿固定机械设备安装、调试、运行操作与维修的高级技能人才

(高级工)。

学习年限：2 年（达到中级技能水平学生），3 年（高中毕业生），5 年（初中毕业生）

职业能力：

具有积极的人生态度、健康的心理素质、良好的职业道德和较扎实的文化基础知识；具有获取新知识、新技能的意识和能力，能适应不断变化的职业社会；熟悉企业生产流程，严格执行机械设备操作规定，具有安全生产和环保意识，并具有独立解决非常规问题的基本能力；能指导他人进行工作或协助培训一般操作人员。同时具有下列专业能力：

1. 能识读机械零件图与装配图，使用计算机绘制常用零件图。
2. 能掌握大型设备的检修和安装质量标准及检查方法。
3. 能掌握煤矿固定机械设备的安全运行和经济运行理论及技术措施。
4. 具有熟练的煤矿固定机械设备操作、维护、检修及故障分析处理技能。
5. 能对大修后及新安装的设备进行试运转和验收，完成大型设备安全保护装置的整定和调试工作。
6. 能对煤矿固定机械设备进行安装、调试、验收、维修、保养，并对其进行中修和大修。
7. 能正确使用精密机具及仪表，检查、修配煤矿固定机械设备，并能对常用机具、仪表进行调试和保养。
8. 能进行煤矿固定机械设备选型设计计算。

对应或相关职业（工种）：井下机车运输工（6-16-01-07）、矿山提升设备操作工（6-16-01-08）、矿井泵工＊（6-16-01-06）、主扇风机操作工＊（6-16-01-09）、机修钳工（6-31-01-02）

职业资格（职业技能等级）：钳工

专业主要教学内容：

机械设计基础、机械检测技术、机械制造基础、矿山流体机械、矿山运输与提升设备、采掘机械、煤矿机械设备维修与安装、电气控制与 PLC 应用、电力拖动与自动控制、煤矿固定机械设备检修实训等。

对应下一级专业编码：0807-4

0808　矿山机电

0808-4　中级

专业编码：0808-4

专业名称：矿山机电

培养目标：培养从事常用煤矿机电设备操作与维护的中级技能人才。

学习年限：3 年（初中毕业生），2 年（高中毕业生）

职业能力：

具有积极的人生态度、健康的心理素质、良好的职业道德和较扎实的文化基础知识；具有获取新知识、新技能的意识和能力，能适应不断变化的职业社会；了解企业生产流程，严格执行设备操作规定，具有安全意识，重视环境保护，并能解决一般性专业问题。同时具有下列专业能力：

1. 能识读电气设备内部元件、简单设备电气原理图，绘制简单电气原理图、机械原理图。

2. 能完成常规元件的更换，具备常用设备基本操作技能。

3. 能正确使用各种常用电气仪器仪表及钳工工具。

4. 能正确使用各种常用电工工具进行常规的电气检查和机械设备维护。

5. 能对常规电气系统进行接线，对常规电气设备、机械零件进行正确更换。

6. 能对机电设备进行常规维护保养，并对简单故障进行识别和处理。

对应或相关职业（工种）：机修钳工（6-31-01-02）、电工（6-31-01-03）

职业资格（职业技能等级）：钳工、电工

专业主要教学内容：

电气识图与机械制图、机械设计基础、工程力学、矿山机械、电气仪表测量技术、矿山电气设备使用与维护、综采电气设备使用与维护、变频技术、可编程控制技术、单片机技术等。

对应上一级专业编码：0808-3

0808-3　高级

专业编码：0808-3

专业名称：矿山机电

培养目标：培养从事常用煤矿机电设备操作与维护的高级技能人才（高级工）。

学习年限：2 年（达到中级技能水平学生），3 年（高中毕业生），5 年（初中毕业生）

职业能力：

具有积极的人生态度、健康的心理素质、良好的职业道德和较扎实的文化基础知识；具有获取新知识、新技能的意识和能力，能适应不断变化的职业社会；熟悉企业生产流程，严格执行设备操作规定，具有安全生产和环保意识，并具有独立解决非常规问题的基本能力；能指导他人进行工作或协助培训一般操作人员。同时具有下列专业能力：

1. 熟悉电气设备内部元件和机械结构，能识读较复杂设备电气原理图、机械零件图和装配图。

2. 能绘制常用电气原理图，并进行简单技术改造的设计绘图。

3. 能熟练使用各种常用电工工具、钳工工具。

4. 能正确使用各种常用工具进行电气和机械故障的排除。

5. 能对常规电气设备进行接线与操作性试验，对常规设备的机械和电气零件进行正确更换与维修。

6. 能对常用机电设备进行实用性功能的小型改造。

对应或相关职业（工种）：机修钳工（6-31-01-02）、电工（6-31-01-03）

职业资格（职业技能等级）：钳工、电工

专业主要教学内容：

机械设计、工程力学、矿山机械、采掘机械、电气仪表测量技术、矿山电气设备使用与维护、综采电气设备使用与维护、变频技术、可编程控制技术、单片机技术等。

对应下一级专业编码：0808-4

0809 钻探工程技术

0809-4 中级

专业编码：0809-4

专业名称：钻探工程技术

培养目标：培养从事操作钻进工具，进行岩心、土样采取工作的中级技能人才。

学习年限：3 年（初中毕业生），2 年（高中毕业生）

职业能力：

具有积极的人生态度、健康的心理素质、良好的职业道德和较扎实的文化基础知识；具有获取新知识、新技能的意识和能力，能适应不断变化的职业社会；了解企业生产流程，严格执行设备操作规定，具有安全意识，重视环境保护，并能解决一般性专业问题。同时具有下列专业能力：

1. 能熟练操作各种钻具，并能对机械设备进行润滑、保养。
2. 能正确判断钻机及附属机械设备异常，并能及时采取处理措施。
3. 能对矿体、岩层、构造进行观测和描述，并根据要求采集岩石标本、矿样及水样。
4. 能按钻孔设计要求正确安装钻机，选择钻头、钻具。
5. 能独立进行水量、水位观测。
6. 能正确判断孔底换层层位，计算孔底轴向压力、排水量，并能合理选用转速。

对应或相关职业（工种）：地勘钻探工（4-08-07-01）、地勘掘进工（4-08-07-02）、物探工（4-08-07-03）

职业资格（职业技能等级）：地勘钻探工、地勘掘进工、物探工

专业主要教学内容：

矿物岩石学、地质学基础、机械识图与 CAD、工程力学、机械基础、钻探机械设备、钻探工程等。

对应上一级专业编码：0809-3

0809-3 高级

专业编码：0809-3

专业名称：钻探工程技术

培养目标：培养从事操作钻进工具，进行岩心、土样采取工作的高级技能人才（高级工）。

学习年限：2 年（达到中级技能水平学生），3 年（高中毕业生），5 年（初中毕业生）

职业能力：

具有积极的人生态度、健康的心理素质、良好的职业道德和较扎实的文化基础知识；具有获取新知识、新技能的意识和能力，能适应不断变化的职业社会；熟悉企业生产流程，严格执行设备操作规定，具有安全生产和环保意识，并具有独立解决非常规问题的基本能力；能指导他人进行工作或协助培训一般操作人员。同时具有下列专业能力：

1. 能独立进行地质及水文地质调查、素描，并能编绘工作用图。

2. 能按设计要求完成不同角度和各种复杂岩层的钻进作业。

3. 能正确判断孔内异常，排除钻进中的各类复杂事故。

4. 能看懂工程平面图及钻探机械图，并能绘制简单零件图。

5. 能鉴别钻进地层的岩土性质，确定其埋藏深度与厚度，查明钻进深度范围内地下水的储存情况。

对应或相关职业（工种）：地勘钻探工（4-08-07-01）、地勘掘进工（4-08-07-02）、物探工（4-08-07-03）

职业资格（职业技能等级）：地勘钻探工、地勘掘进工、物探工

专业主要教学内容：

钻探工艺、掘进工程、工程爆破技术、构造地质学、工程地质、安全技术与安全管理等。

对应下一级专业编码：0809-4

0810 石油钻井

0810-4 中级

专业编码：0810-4

专业名称：石油钻井

培养目标：培养从事石油钻井工作的中级技能人才。

学习年限：3年（初中毕业生），2年（高中毕业生）

职业能力：

具有积极的人生态度、健康的心理素质、良好的职业道德和较扎实的文化基础知识；具有获取新知识、新技能的意识和能力，能适应不断变化的职业社会；了解石油钻井工艺流程，严格执行钻井设备操作规定，具有安全意识，重视环境保护，并能解决一般性专业问题。同时具有下列专业能力：

1. 能进行钻井液一般性维护与处理。

2. 能正确、合理地选择和使用钻头及钻具。

3. 能了解钻井设备的结构和工作原理。

4. 能识读和绘制简单零件图。

5. 能进行柴油机的简单操作。

6. 能安装和使用钻井设备。

7. 能进行刹把和二层平台等主要岗位的操作。

8. 能处理一般井下事故。

对应或相关职业（工种）：钻井工（6-16-02-02）、钻井协作工（6-16-02-03）、井下作业设备操作维修工（6-16-02-04）、石油勘探工（6-16-02-01）

职业资格（职业技能等级）：钻井工、钻井协作工、井下作业设备操作维修工、石油勘探工

专业主要教学内容：

机械识图与CAD、钻井设备、石油钻井地质基础、钻井液、钻井工程、柴油机基础、钻井综合技能（包括安装使用维护钻井设备、安装井口工具、操作刹把、二层平台操作、使用取心工具、控制溢流、选择安装钻井仪器仪表、处理一般井下事故）等。

对应上一级专业编码：0810-3

0810-3　高级

专业编码：0810-3

专业名称：石油钻井

培养目标：培养从事石油钻井工作的高级技能人才（高级工）。

学习年限：2年（达到中级技能水平学生），3年（高中毕业生），5年（初中毕业生）

职业能力：

具有积极的人生态度、健康的心理素质、良好的职业道德和较扎实的文化基础知识；具有获取新知识、新技能的意识和能力，能适应不断变化的职业社会；熟悉石油钻井工艺流程，严格执行钻井设备操作规定，具有安全生产和环保意识，并具有独立解决非常规问题的基本能力；能指导他人进行工作或协助培训一般操作人员。同时具有下列专业能力：

1. 熟悉钻井液对油气层的损害机理，从而做到有效保护油气层。
2. 能利用钻井机械基础知识正确使用和维护钻井机械。
3. 能利用化学基础知识进行钻具的合理维护与使用。
4. 能安装、使用、检查、维护钻井设备。
5. 能熟练地安装、使用钻井仪器仪表。
6. 能对钻井工程事故进行判断与处理。
7. 能排除钻机气控系统的一般故障。
8. 能较为熟练地使用长筒取心工具。

对应或相关职业（工种）：钻井工（6-16-02-02）、钻井协作工（6-16-02-03）、井下作业设备操作维修工（6-16-02-04）、石油勘探工（6-16-02-01）

职业资格（职业技能等级）：钻井工、钻井协作工、井下作业设备操作维修工、石油勘探工

专业主要教学内容：

石油地质、钻井液与油气层保护技术、钻井机械基础、化学基础知识、钻井综合技能（包括安装使用钻井设备、检查维护钻井设备、安装使用钻井仪器仪表、判断处理钻井工程事故、选择使用钻具、排除钻机气控系统故障、使用长筒取心工具）等。

对应下一级专业编码：0810-4

0811　石油天然气开采

0811-4　中级

专业编码：0811-4

专业名称：石油天然气开采

培养目标：培养从事采油、采气工作的中级技能人才。

学习年限：3年（初中毕业生），2年（高中毕业生）

职业能力：

具有积极的人生态度、健康的心理素质、良好的职业道德和较扎实的文化基础知识；具有获取新知识、新技能的意识和能力，能适应不断变化的职业社会；了解采油、采气生产流程，严格执行采油、采气生产操作规程，具有安全意识，重视环境保护，并能解决一般性专业问题。同时具有下列专业能力：

1. 能准确录取和计算油、气、水井、站的各种资料，并填写生产日（班）报表。
2. 能分析、判断所取资料的准确性和可靠性。
3. 能利用录取的资料数据分析和判断油、气、水井井下状况。
4. 能根据油、气、水井生产状况和异常变化，提出合理的工作制度及处理意见。
5. 能熟练操作油、气、水井、站所用设备，并能查找生产过程中存在的安全隐患。
6. 能对油、气、水井、站所用设备进行维护保养。
7. 能分析和判断油、气、水井、站生产过程中出现的一般故障，并能进行简单处理。
8. 能熟练使用采油、采气常用计量仪器仪表，并能进行安装、校对和维护保养。
9. 能熟练使用、检查防毒面具和消防器材。

对应或相关职业（工种）：石油开采工（6-16-02-07）、天然气开采工（6-16-02-08）、油气水井测试工（6-16-02-06）

职业资格（职业技能等级）：石油开采工、天然气开采工、油气水井测试工

专业主要教学内容：

采油、采气地质基础，油气田开发基础知识，油气田开发指标，油气田开发程序，油气田开发方案，采油、采气工艺技术，采油、采气设备，计量仪器仪表，资料录取与分析，生产管理，安全生产知识，采油、采气综合技能等。

对应上一级专业编码：0811-3

0811-3　高级

专业编码：0811-3

专业名称：石油天然气开采

培养目标：培养从事采油、采气工作，并能进行采油、采气生产管理的高级技能人才（高级工）。

学习年限：2年（达到中级技能水平学生），3年（高中毕业生），5年（初中毕业生）

职业能力：

具有积极的人生态度、健康的心理素质、良好的职业道德和较扎实的文化基础知识；具有获取新知识、新技能的意识和能力，能适应不断变化的职业社会；熟悉采油、采气生产流程，严格执行采油、采气生产操作规程，具有安全生产和环保意识，并具有独立解决非常规问题的基本能力；能指导他人进行工作或协助培训一般操作人员。同时具有下列专业能力：

1. 能审核、整理、分析所管油、气、水井录取及上报的基础资料。
2. 能依据资料数据进行单（油、气、水）井生产动态分析，并提出增产挖潜措施。
3. 能对油、气、水井、站所用设备进行调校和维护保养。

4. 能分析、判断、处理油、气、水井、站及所用设备出现的一般事故与故障。

5. 能查找与处理油、气、水井、站生产过程中的安全隐患。

6. 能分析、判断、处理采油、采气常用计量仪器仪表出现的一般故障。

7. 能正确进行电气设备运行管理、检查与维护，能进行电动机、配电箱接线操作。

8. 能组织井组人员调整油、气、水井所用设备的工作运行参数。

9. 能对停产作业井进行跟踪描述。

10. 能绘制油、气、水井生产管柱图。

对应或相关职业（工种）：石油开采工（6-16-02-07）、天然气开采工（6-16-02-08）、油气水井测试工（6-16-02-06）

职业资格（职业技能等级）：石油开采工、天然气开采工、油气水井测试工

专业主要教学内容：

机械识图与CAD，采油、采气地质基础，油气储量，油气田开发方案编制，单井生产动态分析，采油、采气工艺技术，计量仪器仪表，资料解释与工况分析，生产分析与生产管理，提高采收率技术，采油、采气综合技能等。

对应下一级专业编码：0811-4

0812 石油天然气储运与营销

0812-4 中级

专业编码：0812-4

专业名称：石油天然气储运与营销

培养目标：培养从事石油天然气储备与输送工作并具备一定营销能力的中级技能人才。

学习年限：3年（初中毕业生），2年（高中毕业生）

职业能力：

具有积极的人生态度、健康的心理素质、良好的职业道德和较扎实的文化基础知识；具有获取新知识、新技能的意识和能力，能适应不断变化的职业社会；了解企业生产流程，具有安全生产和环境保护意识，遵守工艺操作规程，并能解决一般性专业问题。同时具有下列专业能力：

1. 能按照石油化工行业安全生产、环境保护与节能减排的要求进行石油天然气储运的规范操作。

2. 能识读工艺流程图、设备结构图、常用仪器仪表和装置说明书。

3. 能正确使用与维护化工生产机电设备和仪表，按要求填写操作记录和生产报表。

4. 能进行管道油气集输泵站、矿场原油库、气库的油气长输管线的运行与维护工作。

5. 能初步诊断和排除石油天然气储运过程中的常见异常现象和故障。

6. 能对油、气进行计量，录取、整理原始资料，填写生产报表。

7. 能运用商品营销技巧进行石油成品、天然气的销售和业务洽谈。

对应或相关职业（工种）：天然气处理工（6-16-02-10）、油气输送工（6-16-02-11）、油气管道维护工（6-16-02-12）、油品储运工（6-10-01-10）

职业资格（职业技能等级）：天然气处理工、油气输送工、油气管道维护工

专业主要教学内容：

计算机应用基础、基础化学、化工识图、化工机械基础、电气控制技术基础、化工自动化及仪表、油品及石油天然气性质与检验、油气储运安全环保技术、油气储运工艺、商品营销、统计学基础、会计基础、炼油过程及设备、油气储运生产实习等。

对应上一级专业编码：0812-3

0812-3 高级

专业编码：0812-3

专业名称：石油天然气储运与营销

培养目标：培养从事石油天然气储备与输送工作并具备一定营销能力的高级技能人才（高级工）。

学习年限：2 年（达到中级技能水平学生），3 年（高中毕业生），5 年（初中毕业生）

职业能力：

具有积极的人生态度、健康的心理素质、良好的职业道德和较扎实的文化基础知识；具有获取新知识、新技能的意识和能力，能适应不断变化的职业社会；熟悉企业生产流程，具有安全生产和环境保护意识，遵守工艺操作规程，并具有独立解决非常规问题的基本能力；能指导他人进行工作或协助培训一般操作人员。同时具有下列专业能力：

1. 能按照石油化工行业安全生产、环境保护与节能减排的要求进行石油天然气储运的规范操作。

2. 能识读常用仪器仪表和装置说明书，并能绘制带控制点的工艺流程图、设备结构图。

3. 能运行与管理石油天然气储运设施，根据油气储运状况采取措施提高运行效率，并填写操作记录和生产报表。

4. 能诊断与排除石油天然气储运过程中的异常故障。

5. 能参与制定或修改石油天然气储运的安全、技改、低耗等方面的措施。

6. 能编制与实施石油天然气的营销计划。

对应或相关职业（工种）：天然气处理工（6-16-02-10）、油气输送工（6-16-02-11）、油气管道维护工（6-16-02-12）、油品储运工（6-10-01-10）

职业资格（职业技能等级）：天然气处理工、油气输送工、油气管道维护工

专业主要教学内容：

基础化学、化工 CAD 制图、化工机械基础、电气控制技术基础、化工自动化及仪表、油品及石油天然气性质与检验、油气储运安全环保技术、油气储运工艺、管道腐蚀与防护、泵阀拆装、商品营销、统计学基础、会计基础、炼油过程及设备、油气储运生产实习等。

对应下一级专业编码：0812-4

0813 地质勘查

0813-4 中级

专业编码：0813-4

专业名称：地质勘查

培养目标：培养从事矿产资源调查与勘探工作的中级技能人才。

学习年限：3 年（初中毕业生），2 年（高中毕业生）

职业能力：

具有积极的人生态度、健康的心理素质、良好的职业道德和较扎实的文化基础知识；具有获取新知识、新技能的意识和能力，能适应不断变化的职业社会；理解地质勘查规范的基本要求，能按照勘查设计要求进行操作，具有安全意识，重视环境保护，并能解决一般性专业问题。同时具有下列专业能力：

1. 能识读常用地形图和地质图，并能在野外识别地形、地貌。
2. 能用肉眼和简单工具鉴定常见的矿物和岩石。
3. 能熟练使用地质勘查仪器、工具。
4. 能熟练进行矿产资源勘查采样工作。
5. 能对坑探、槽探、钻探等勘探工程进行地质编录。
6. 能正确操作水准仪、经纬仪和全站仪等测量仪器进行地形测量工作。

对应或相关职业（工种）：地质调查员 L（4-08-07-04）、地质实验员（4-08-07-05）、工程测量员 S（4-08-03-04）、地质测量员 *（4-08-03-04）

职业资格（职业技能等级）：地质调查员、地质实验员、工程测量员

专业主要教学内容：

普通地质学、地貌学、测量学、矿物学、岩石学、找矿勘探工程、钻探工程、岩矿鉴定实习、样品采集实习、地质编录实习、地形测量实习等。

对应上一级专业编码：0813-3

0813-3 高级

专业编码：0813-3

专业名称：地质勘查

培养目标：培养从事矿产资源调查与勘探工作的高级技能人才（高级工）。

学习年限：2 年（达到中级技能水平学生），3 年（高中毕业生），5 年（初中毕业生）

职业能力：

具有积极的人生态度、健康的心理素质、良好的职业道德和较扎实的文化基础知识；具有获取新知识、新技能的意识和能力，能适应不断变化的职业社会；理解地质勘查规范的基本要求，能按照勘查设计要求进行操作，具有安全生产和环保意识，并具有独立解决非常规问题的基本能力；能指导他人进行工作或协助培训一般操作人员。同时具有下列专业能力：

1. 能正确分析各种地质现象，并能在野外识别各种地质构造。
2. 能在矿产资源勘查工作中进行地质填图和剖面测量工作。
3. 能运用常规测量设备进行地勘工程放样工作。
4. 能用计算机软件绘制地形图和各种地质图件。
5. 能正确排除钻探设备运行中出现的一般故障。
6. 能正确分析和处理地质勘查工作中遇到的常见地质问题。

对应或相关职业（工种）：地质调查员 L（4-08-07-04）、地质实验员（4-08-07-05）、工程测量员 S（4-08-03-04）、地质测量员 *（4-08-03-04）

职业资格（职业技能等级）：地质调查员、地质实验员、工程测量员

专业主要教学内容：

水文地质学、构造地质学、矿物学、岩石学、古生物学、地球物理与化学探矿、工程测量学、找矿与勘探、矿床学、钻探设备、计算机制图、地质填图实习、工程测量实习、钻探操作实习、样品采集实习、地质编录实习等。

对应下一级专业编码：0813-4

0814　地图制图与地理信息系统

0814-4　中级

专业编码：0814-4

专业名称：地图制图与地理信息系统

培养目标：培养从事对空间数据进行采集、编辑、分析、入库的中级技能人才。

学习年限：3 年（初中毕业生），2 年（高中毕业生）

职业能力：

具有积极的人生态度、健康的心理素质、良好的职业道德和较扎实的文化基础知识；具有获取新知识、新技能的意识和能力，能适应不断变化的职业社会；了解地图制图和地理信息采集、处理的工作流程，严格执行设备操作规定，遵守各项技术规程，具有安全保密意识，能适应野外作业，并能解决一般性专业问题。同时具有下列专业能力：

1. 能利用 AutoCAD、MapGIS/ArcGIS 软件绘制工程图及专题图。
2. 能利用 Photoshop 软件进行图像处理。
3. 能操作经纬仪、水准仪、全站仪、GPS 等测绘仪器采集 GIS 数据。
4. 熟悉地图符号表示，能识读地图。
5. 能进行 GPS 接收机运行的辅助作业。
6. 能进行外业观测成果资料整理、概算，提供测量数据。
7. 能使用计算机、扫描仪等仪器设备，进行地图定向、地图数据采集和数据转换，制作数字化地图。
8. 能正确地对数据进行应用分析、入库。

对应或相关职业（工种）：大地测量员 L/S（4-08-03-01）、摄影测量员 L/S（4-08-03-02）、地图绘制员（4-08-03-03）、工程测量员 S（4-08-03-04）、不动产测绘员（4-08-03-05）

职业资格（职业技能等级）：大地测量员、摄影测量员、地图绘制员、工程测量员、不动产测绘员

专业主要教学内容：

自然地理学、地图学、测量学、地图矢量化、遥感数字图像处理、地理信息系统概论、程序设计、数据库操作与应用、AutoCAD、MapGIS/ArcGIS、Photoshop、3dsMax、工程测量、地图制图、地籍测量等。

对应上一级专业编码：0814-3

0814-3　高级

专业编码：0814-3

专业名称：地图制图与地理信息系统

培养目标：培养从事与空间位置信息有关的地理信息数据采集与处理、数字地形图测绘、土地调查与地籍测量、GPS卫星定位测量、航片外业控制测量及调绘、空三加密、地图制图等工作的高级技能人才（高级工）。

学习年限：2年（达到中级技能水平学生），3年（高中毕业生），5年（初中毕业生）

职业能力：

具有积极的人生态度、健康的心理素质、良好的职业道德和较扎实的文化基础知识；具有获取新知识、新技能的意识和能力，能适应不断变化的职业社会；熟悉地图制图和地理信息采集、处理的工作流程，严格执行设备操作规定，遵守各项技术规程，具有安全保密意识，能适应野外作业，并具有独立解决非常规问题的基本能力；能指导他人进行工作或协助培训一般操作人员。同时具有下列专业能力：

1. 能采集、处理与分析GIS数据，操作GIS软件，应用GIS系统进行初步设计。
2. 能进行GPS测量，并能处理所得数据。
3. 能处理、解译遥感图像，进行遥感图像制图，操作RS软件。
4. 能进行航片判读和调绘，利用数字摄影测量工作站测绘地形图。
5. 能利用全站仪、RTK和数字测图软件测绘数字地形图。
6. 能调查地籍权属，利用全站仪、RTK和数字测图软件测绘地籍图。
7. 能利用空间数据库技术建立、管理和维护地理空间数据库。
8. 能进行现代地图制图工作。
9. 能编写技术设计书和技术总结报告，管理技术文档。

对应或相关职业（工种）：大地测量员L/S（4-08-03-01）、摄影测量员L/S（4-08-03-02）、地图绘制员（4-08-03-03）、工程测量员S（4-08-03-04）、不动产测绘员（4-08-03-05）

职业资格（职业技能等级）：大地测量员、摄影测量员、地图绘制员、工程测量员、不动产测绘员

专业主要教学内容：

测绘技术基础、测绘CAD、数字化测图、工程数学、测绘程序设计、地理信息系统技术应用、地图制图、地籍调查与测量、数据库技术应用、城市规划管理信息系统、数字地图制图方法与技术、遥感图像处理软件应用、摄影测量与遥感、数字图像处理、航片调绘、GIS分析、设计与项目管理等。

对应下一级专业编码：0814-4

0815　水利水电工程施工

0815-4　中级

专业编码：0815-4

专业名称：水利水电工程施工

培养目标：培养从事水利水电工程施工的中级技能人才。

学习年限：3 年（初中毕业生），2 年（高中毕业生）

职业能力：

具有积极的人生态度、健康的心理素质、良好的职业道德和较扎实的文化基础知识；具有获取新知识、新技能的意识和能力，能适应不断变化的职业社会；了解企业生产过程，严格执行施工操作规定，遵守各项工艺规程，具有安全意识，重视环境保护，并能解决一般性专业问题。同时具有下列专业能力：

1. 能识读水利水电工程施工图及工艺文件。

2. 能运用工程软件绘制工程测量的放样。

3. 能实施工程测量的放样。

4. 能完成工程施工中的钢筋工、模板工等工种的工作。

5. 能落实施工过程中的绿色综合环保要求。

对应或相关职业（工种）：混凝土工（6-29-01-03）、钢筋工（6-29-01-04）、架子工（6-29-01-05）

职业资格（职业技能等级）：混凝土工、钢筋工、架子工

专业主要教学内容：

工程识图与绘图、建筑材料、土力学与地基基础、水利工程测量、水工建筑物、钢筋工艺、钢筋混凝土结构、混凝土工艺、建筑电工及安全用电、水利工程施工、水力学、建筑施工安全事故案例分析等。

对应上一级专业编码：0815-3

0815-3　高级

专业编码：0815-3

专业名称：水利水电工程施工

培养目标：培养从事水利水电工程施工的高级技能人才（高级工）。

学习年限：2 年（达到中级技能水平学生），3 年（高中毕业生），5 年（初中毕业生）

职业能力：

具有积极的人生态度、健康的心理素质、良好的职业道德和较扎实的文化基础知识；具有获取新知识、新技能的意识和能力，能适应不断变化的职业社会；熟悉企业生产流程，严格执行施工操作规定，遵守各项工艺规程，重视环境保护，并具有独立解决非常规问题的基本能力；能指导他人进行工作或协助培训一般操作人员。同时具有下列专业能力：

1. 能识读并绘制水利水电工程施工图。

2. 能从事水利工程施工的技术管理。

3. 能根据工程施工图施工，并能解决工程中的一般施工工艺过程、施工方法和安全技术等方面的问题。

4. 能进行水利工程监测、工程测量、土工试验等工程技术管理工作。

对应或相关职业（工种）：混凝土工（6-29-01-03）、钢筋工（6-29-01-04）、架子工（6-29-01-05）

职业资格（职业技能等级）：混凝土工、钢筋工、架子工

专业主要教学内容：

建筑工程 CAD、建筑材料、工程力学、土力学与地基基础、水利工程测量、水工建筑物、建筑电工及安全用电、工程监理、水利水电工程管理、水力学、建筑施工安全事故案例分析、建材试验等。

对应下一级专业编码：0815-4

0816　水文与水资源勘测

0816-4　中级

专业编码：0816-4

专业名称：水文与水资源勘测

培养目标：培养从事水工地质勘测及水资源调查的中级技能人才。

学习年限：3 年（初中毕业生），2 年（高中毕业生）

职业能力：

具有积极的人生态度、健康的心理素质、良好的职业道德和较扎实的文化基础知识；具有获取新知识、新技能的意识和能力，能适应不断变化的职业社会；理解水文地质与水资源勘测规范的基本要求，能按照勘测设计要求进行操作，具有安全意识，重视环境保护，并能解决一般性专业问题。同时具有下列专业能力：

1. 能正确识读常用水文地质、水资源图件并能进行水文地质点的定位。
2. 能操作水文地质与水资源勘查的常规设施设备并对其进行维护保养。
3. 能按规范要求开展抽水试验与岩土体原位测试工作。
4. 能使用常规勘查设施设备进行地下水及地表水勘测。
5. 能按规范采取勘测区域水体的水样、土样及岩样。
6. 能对地下水或地表水的变化进行动态监测、工程地质测绘调查并进行常规资料整理。

对应或相关职业（工种）：水文勘测工（4-09-02-01）、水文地质调查员＊（4-08-07-04）

职业资格（职业技能等级）：水文勘测工

专业主要教学内容：

普通地质学、测量学基础、岩石学基础、矿物学基础、水文地质学基础、工程地质学基础、水资源学基础、环境保护学、施工设备、钻探工艺学、普地认知实习、岩矿鉴定实习、钻探实习、水工测绘实习等。

对应上一级专业编码：0816-3

0816-3　高级

专业编码：0816-3

专业名称：水文与水资源勘测

培养目标：培养从事水工地质勘测及水资源调查的高级技能人才（高级工）。

学习年限：2 年（达到中级技能水平学生），3 年（高中毕业生），5 年（初中毕业生）

职业能力：

具有积极的人生态度、健康的心理素质、良好的职业道德和较扎实的文化基础知识；具有获取新知识、新技能的意识和能力，能适应不断变化的职业社会；理解水文地质与水资源勘测规范的基本要求，能按照勘测设计要求进行操作，具有安全和环保意识，并具有独立解决非常规问题的基本能力；能指导他人进行工作或协助培训一般操作人员。同时具有下列专业能力：

1. 能准确阅读与使用常用地形地质图件、水文与水资源图件、水工勘查报告。
2. 能按工程设计正确布置水文、水资源调查点及工程地质点。
3. 能对作业点开展水工试验、水文地质钻孔编录及主要环境地质问题调查。
4. 能运用水文勘测设施设备开展水文与水资源调查和勘测，并排除采样与观测中的故障。
5. 能对原始水文与水资源资料进行检查和汇总。

对应或相关职业（工种）：水文勘测工（4-09-02-01）、水文地质调查员＊（4-08-07-04）

职业资格（职业技能等级）：水文勘测工

专业主要教学内容：

测量学、岩石学、矿物学、地貌学、水资源学、水文地质学、工程地质学、工程地质勘查、环境地质学、岩土施工工艺、测量实习、钻探实习、机械拆装实习与泥浆实验、水工填图与地勘实习等。

对应下一级专业编码：0816-4

0817　发电厂及变电站电气设备安装与检修

0817-4　中级

专业编码：0817-4

专业名称：发电厂及变电站电气设备安装与检修

培养目标：培养从事发电厂及变电站电气设备安装与检修的中级技能人才。

学习年限：3年（初中毕业生），2年（高中毕业生）

职业能力：

具有积极的人生态度、健康的心理素质、良好的职业道德和较扎实的文化基础知识；具有获取新知识、新技能的意识和能力，能适应不断变化的职业社会；了解电力企业生产流程，严格执行发电厂及变电站电气设备安装与检修有关技术规程的规定，具有安全意识，重视环境保护，并能解决一般性专业问题。同时具有下列专业能力：

1. 能识读机械零件图与简单装配图，使用计算机绘图软件。
2. 能识读发电厂及变电站电气一次系统接线图、电气设备安装图、二次回路图。
3. 能正确使用与维护常用电气仪表。
4. 能进行35 kV及以下电气设备安装工作并整体调试合格，满足验收规范要求。
5. 能进行35 kV及以下电气设备检修工作。
6. 掌握紧急救护和人工呼吸的技能。

7. 能组织和指挥一般物件的起重、搬运工作。

8. 掌握钳工基本技能。

9. 掌握焊工基本技能。

对应或相关职业（工种）：电气设备安装工（6-29-03-02）、电力电气设备安装工（6-29-03-08）、变电设备检修工（6-31-01-08）、变配电运行值班员（6-28-01-14）

职业资格（职业技能等级）：电气设备安装工、变电设备检修工、变配电运行值班员

专业主要教学内容：

机械识图与 CAD、工程力学、机械基础、电工基础、电工仪表与测量、电机与变压器、电工材料、钳工基本技能、焊工基本技能、起重及搬运技能、安全用电、电气设备安装与检修基本技能等。

对应上一级专业编码：0817-3

0817-3　高级

专业编码：0817-3

专业名称：发电厂及变电站电气设备安装与检修

培养目标：培养从事发电厂及变电站电气设备安装与检修的高级技能人才（高级工）。

学习年限：2 年（达到中级技能水平学生），3 年（高中毕业生），5 年（初中毕业生）

职业能力：

具有积极的人生态度、健康的心理素质、良好的职业道德和较扎实的文化基础知识；具有获取新知识、新技能的意识和能力，能适应不断变化的职业社会；熟悉电力企业生产流程，严格执行发电厂及变电站电气设备安装与检修有关技术规程的规定，具有安全生产和环保意识，并具有独立解决非常规问题的基本能力；能指导他人进行工作或协助培训一般操作人员。同时具有下列专业能力：

1. 能识读机械装配图并能绘制常用零件图。

2. 能绘制基本电气接线图、设备原理图、二次回路图。

3. 能进行各种电工仪器仪表的管理，掌握常用电工仪表及工器具的常见故障处理。

4. 能进行 110 kV（66 kV）及以上电气设备安装工作并整体调试合格，满足验收规范要求。

5. 能进行 110 kV（66 kV）及以上电气设备检修工作。

6. 能组织对电气设备的安装与检修工作。

7. 能组织和指挥较大物件的起重、搬运工作。

对应或相关职业（工种）：电气设备安装工（6-29-03-02）、电力电气设备安装工（6-29-03-08）、变电设备检修工（6-31-01-08）、变配电运行值班员（6-28-01-14）

职业资格（职业技能等级）：电气设备安装工、变电设备检修工、变配电运行值班员

专业主要教学内容：

工程力学、电工基础、电子技术、电机与变压器、电力系统、继电保护及自动装置、二次回路、高电压技术、电气试验、电气设备安装与检修综合技能等。

对应下一级专业编码：0817-4

0818　输配电线路施工运行与检修

0818-4　中级

专业编码：0818-4

专业名称：输配电线路施工运行与检修

培养目标：培养从事输配电线路施工运行与检修的中级技能人才。

学习年限：3 年（初中毕业生），2 年（高中毕业生）

职业能力：

具有积极的人生态度、健康的心理素质、良好的职业道德和较扎实的文化基础知识；具有获取新知识、新技能的意识和能力，能适应不断变化的职业社会；了解电力企业生产流程，严格执行输配电线路有关技术规程的规定，具有安全意识，重视环境保护，并能解决一般性专业问题。同时具有下列专业能力：

1. 能识读机械零件图，使用计算机绘图软件。
2. 能识读输配电线路金具安装图、路径平面图、线路安装图。
3. 能熟练使用绝缘电阻表、万用表等常用电工仪器仪表。
4. 能进行输配电线路的基本作业。
5. 能正确使用常用电工工具、专用工具及安全工器具。
6. 能正确使用、运输和保管各类带电作业工器具并能进行基本带电作业。
7. 能正确使用机械及人力敷设的各类施工工具进行电缆敷设。
8. 能进行紧急救护和人工呼吸。
9. 能组织和指挥一般物件的起重、搬运工作。
10. 掌握钳工基本技能。

对应或相关职业（工种）：送配电线路工（6-29-02-12）、电力电缆安装运维工（6-29-02-11）

职业资格（职业技能等级）：电力电缆安装运维工

专业主要教学内容：

机械识图与 CAD、专业识图、工程力学、电工基础、电工仪表与测量、电力系统、高电压技术、带电作业基础、电力电缆、钳工基本技能、起重及搬运技能、输配电线路基本技能、安全用电等。

对应上一级专业编码：0818-3

0818-3　高级

专业编码：0818-3

专业名称：输配电线路施工运行与检修

培养目标：培养从事输配电线路施工运行与检修的高级技能人才（高级工）。

学习年限：2 年（达到中级技能水平学生），3 年（高中毕业生），5 年（初中毕业生）

职业能力：

具有积极的人生态度、健康的心理素质、良好的职业道德和较扎实的文化基础知识；具

有获取新知识、新技能的意识和能力，能适应不断变化的职业社会；熟悉电力企业生产流程，严格执行输配电线路有关技术规程的规定，具有安全生产和环保意识，并具有独立解决非常规问题的基本能力；能指导他人进行工作或协助培训一般操作人员。同时具有下列专业能力：

1. 能识读输配电线路杆位地形断面图、复杂的杆型图等输配电工程图。
2. 能进行输配电线路的一般力学和电气计算。
3. 能正确使用并检验常用工器具和专用工器具。
4. 能熟练进行杆上作业。
5. 能进行输配电线路的常规作业并具备初步的组织指挥能力。
6. 能进行输配电线路及附件的故障排查及施工安全实施工作。
7. 能进行输配电线路常规带电作业。
8. 能完成电力电缆各种类型终端制作和中间接头制作（35 kV 或 220 kV 以下）。
9. 能组织和指挥较大物件的起重、搬运工作。

对应或相关职业（工种）：送配电线路工（6-29-02-12）、电力电缆安装运维工（6-29-02-11）

职业资格（职业技能等级）：电力电缆安装运维工

专业主要教学内容：

专业识图、电工基础、电子技术、工程力学、电力系统、高电压技术、电气设备、带电作业基础、电力电缆、输配电线路基础、输配电线路施工技能、输配电线路运行检修技能、输配电线路测量技能等。

对应下一级专业编码：0818-4

0819　供用电技术

0819-4　中级

专业编码：0819-4

专业名称：供用电技术

培养目标：培养从事电网供电以及营业用电工作的中级技能人才。

学习年限：3 年（初中毕业生），2 年（高中毕业生）

职业能力：

具有积极的人生态度、健康的心理素质、良好的职业道德和较扎实的文化基础知识；具有获取新知识、新技能的意识和能力，能适应不断变化的职业社会；了解供电企业生产流程，严格执行供用电方面有关技术规程的规定，具有安全意识，重视环境保护，并能解决一般性专业问题。同时具有下列专业能力：

1. 能识读机械零件图，使用计算机绘图软件。
2. 能正确识读电路图和电气主接线图。
3. 能熟练使用常用电工仪表和常用电工工具。
4. 掌握供用电网络、供用电设备、电能计量及安全用电的基本知识。
5. 掌握供用电有关法律法规、供用电管理以及“三电”知识。

6. 能利用电力营销技术支持系统进行抄表、核算、收费、账务处理。

7. 能依据规程对各种电工仪表进行检定，掌握电流互感器检定的操作技能和现场检验方法。

8. 能正确进行低压开关电器外观检查与操作，正确进行低压设备故障分析与判断。

9. 掌握电力负荷管理系统概念及系统的组成和作用。

10. 掌握紧急救护和人工呼吸的技能。

对应或相关职业（工种）：供电服务员（4-11-01-01）、变配电运行值班员（6-28-01-14）

职业资格（职业技能等级）：变配电运行值班员

专业主要教学内容：

机械识图与 CAD、电工基础、电工仪表与测量、电机与变压器、供用电网络及设备、电能计量、用电管理、安全用电、电力营销、电工工艺和电子工艺基本技能、电工仪表检定技能、电流互感器检定技能、电力营销技术支持系统和电力负荷管理系统等。

对应上一级专业编码：0819-3

0819-3 高级

专业编码：0819-3

专业名称：供用电技术

培养目标：培养从事电网供电以及营业用电工作的高级技能人才（高级工）。

学习年限：2 年（达到中级技能水平学生），3 年（高中毕业生），5 年（初中毕业生）

职业能力：

具有积极的人生态度、健康的心理素质、良好的职业道德和较扎实的文化基础知识；具有获取新知识、新技能的意识和能力，能适应不断变化的职业社会；熟悉供电企业生产流程，严格执行供用电方面有关技术规程的规定，具有安全生产和环保意识，并具有独立解决非常规问题的基本能力；能指导他人进行工作或协助培训一般操作人员。同时具有下列专业能力：

1. 能正确识读电气一次系统图、二次系统图，识读较复杂的内线安装工程施工图，看懂数字仪表及直流仪器电路图。

2. 能进行各种仪器仪表的管理，掌握常用电测仪表及工器具的常见故障处理。

3. 能熟练运用电力营销技术支持系统功能进行电能信息实时采集与监控。

4. 能完成行业分类用电统计报表，能完成电费汇总报表和线损汇总报表。

5. 能依据规程对频率表、相位表、电测量变送器、数字仪表、直流电桥进行检定，掌握电压互感器检定的操作技能。

6. 能正确进行高压电力客户业务咨询、变更用电。

7. 能正确进行变压器、10~35 kV 开关电器、防雷设备等的外观检查。

8. 掌握电力负荷管理系统与外部系统的联系和数据传输原理。

对应或相关职业（工种）：供电服务员（4-11-01-01）、变配电运行值班员（6-28-01-14）

职业资格（职业技能等级）：变配电运行值班员

专业主要教学内容：

电工基础、电子技术、电机与变压器、电能计量、变配电所二次部分、高电压技术、数据库基础、用电管理、配网自动化、电力营销、数字仪表检定技能、电压互感器检定技能、电力营销技术支持系统和电力负荷管理系统等。

对应下一级专业编码：0819-4

0820 火电厂集控运行

0820-4 中级

专业编码：0820-4

专业名称：火电厂集控运行

培养目标：培养从事监视与控制火电厂机、炉及其辅助系统运行工作的中级技能人才。

学习年限：3 年（初中毕业生），2 年（高中毕业生）

职业能力：

具有积极的人生态度、健康的心理素质、良好的职业道德和较扎实的文化基础知识；具有获取新知识、新技能的意识和能力，能适应不断变化的职业社会；了解火电厂生产流程，严格执行设备操作规程，具有安全意识，重视环境保护，并能解决一般性专业问题。同时具有下列专业能力：

1. 熟悉集控运行规程、电业安全生产规程、运行措施、岗位责任制等技术文件。
2. 熟悉火电厂生产过程、各系统工艺流程及相互之间的关系。
3. 能正确应用公式计算机组的各项经济指标。
4. 能发现、分析、判断和处理机组的各种故障，并能采取正确的预防措施。
5. 能进行机组日常运行与维护。

对应或相关职业（工种）：发电集控值班员（6-28-01-05）

职业资格（职业技能等级）：发电集控值班员

专业主要教学内容：

热工基础、机械识图与 CAD、锅炉原理、汽轮机原理、热工控制基础、热力发电厂、单元机组集控运行、集控仿真实训等。

对应上一级专业编码：0820-3

0820-3 高级

专业编码：0820-3

专业名称：火电厂集控运行

培养目标：培养从事监视与控制火电厂机组运行、协作操作和生产管理等工作的高级技能人才（高级工）。

学习年限：2 年（达到中级技能水平学生），3 年（高中毕业生），5 年（初中毕业生）

职业能力：

具有积极的人生态度、健康的心理素质、良好的职业道德和较扎实的文化基础知识；具有获取新知识、新技能的意识和能力，能适应不断变化的职业社会；熟悉火电厂生产流程，严格执行设备操作规程，具有安全生产和环保意识，并具有独立解决非常规问题的基本能力；能指导他人进行工作或协助培训一般操作人员。同时具有下列专业能力：

1. 掌握并能熟练应用集控运行规程、电业安全生产规程、运行措施、岗位责任制等技术文件。

2. 能识读装配图与系统组成图，绘制各种系统组成图，熟练使用绘图软件。

3. 能正确应用公式计算机组的各项经济指标并提出相应的优化措施。

4. 能迅速准确地发现、分析、判断和指挥处理机组的各种故障，并能采取正确的预防措施。

5. 能根据外界负荷变化和机组运行变化进行指挥调整或协作操作。

对应或相关职业（工种）：发电集控值班员（6-28-01-05）

职业资格（职业技能等级）：发电集控值班员

专业主要教学内容：

工程热力学、工程流体力学、传热学、锅炉原理、汽轮机原理、热力发电厂、热工控制系统、单元机组运行原理、单元机组热工保护与顺序控制等。

对应下一级专业编码：0820-4

0821 火电厂热力设备运行与检修

0821-4 中级

专业编码：0821-4

专业名称：火电厂热力设备运行与检修

培养目标：培养从事火电厂热力设备运行与检修工作的中级技能人才。

学习年限：3年（初中毕业生），2年（高中毕业生）

职业能力：

具有积极的人生态度、健康的心理素质、良好的职业道德和较扎实的文化基础知识；具有获取新知识、新技能的意识和能力，能适应不断变化的职业社会；了解电厂热力设备运行流程，严格执行电厂热力设备运行与检修有关技术规程的规定，具有安全意识，重视环境保护，并能解决一般性专业问题。同时具有下列专业能力：

1. 能识读机械零件图与简单装配图，使用计算机绘图软件。

2. 了解火力发电厂热力系统、电气设备及其运行的基本知识。

3. 了解热力设备的结构与工作原理，能正确使用热工、自动调节设备及仪表，识读热力系统图。

4. 掌握电业安全工作规程及安全技术知识、热力设备运行管理的基本知识。

5. 具有热力设备运行操作、机组启停、调整试验、一般事故分析处理的能力。

6. 掌握钳工基本技能。

7. 能使用焊接工具进行简单的焊接操作。

对应或相关职业（工种）：锅炉运行值班员（6-28-01-01）、汽轮机运行值班员（6-28-01-03）、燃气轮机值班员（6-28-01-04）、供热管网系统运行工（6-28-01-13）、发电集控值班员（6-28-01-05）、锅炉设备检修工（6-31-01-05）、汽轮机和水轮机检修工

（6-31-01-06）

职业资格（职业技能等级）：锅炉运行值班员、汽轮机运行值班员、燃气轮机值班员、发电集控值班员、锅炉设备检修工

专业主要教学内容：

机械识图与CAD、热工基础、流体力学、机械基础、电工学、热工仪表、燃料设备、锅炉设备及运行、汽轮机设备及运行、发电厂集控运行、安全知识、钳工基本技能实训、焊工基本技能实训、火力发电厂运行实训等。

对应上一级专业编码：0821-3

0821-3　高级

专业编码：0821-3

专业名称：火电厂热力设备运行与检修

培养目标：培养从事火电厂热力设备运行与检修工作的高级技能人才（高级工）。

学习年限：2年（达到中级技能水平学生），3年（高中毕业生），5年（初中毕业生）

职业能力：

具有积极的人生态度、健康的心理素质、良好的职业道德和较扎实的文化基础知识；具有获取新知识、新技能的意识和能力，能适应不断变化的职业社会；熟悉电厂热力设备运行流程，严格执行电厂热力设备运行与检修有关技术规程的规定，具有安全生产和环保意识，并具有独立解决非常规问题的基本能力；能指导他人进行工作或协助培训一般操作人员。同时具有下列专业能力：

1. 能识读机械装配图，绘制常用零件图。

2. 熟练掌握发电厂热力系统和热力设备的结构、原理、检修知识及安全知识。

3. 能正确使用热工、自动调节设备及仪表，识读热力系统图、主要设备的原理图及结构图。

4. 熟练掌握电力安全技术及电力生产过程知识。

5. 具有较高的热力设备运行操作技能、检修技能及复杂事故分析处理的能力和技术管理的基础能力。

6. 具有熟练的钳工、焊工操作技能。

对应或相关职业（工种）：锅炉运行值班员（6-28-01-01）、汽轮机运行值班员（6-28-01-03）、燃气轮机值班员（6-28-01-04）、供热管网系统运行工（6-28-01-13）、发电集控值班员（6-28-01-05）、锅炉设备检修工（6-31-01-05）、汽轮机和水轮机检修工（6-31-01-06）

职业资格（职业技能等级）：锅炉运行值班员、汽轮机运行值班员、燃气轮机值班员、发电集控值班员、锅炉设备检修工

专业主要教学内容：

流体力学泵与风机、工程力学、热力过程自动化、发电厂集控运行、安全知识、燃料设备检修工艺、热力设备检修工艺、钳工基本技能、焊工基本技能、火力发电厂运行实训等。

对应下一级专业编码：0821-4

0822 风电场机电设备运行与维护

0822-4 中级

专业编码：0822-4

专业名称：风电场机电设备运行与维护

培养目标：培养从事风电场机组运行、维护和检修工作的中级技能人才。

学习年限：3 年（初中毕业生），2 年（高中毕业生）

职业能力：

具有积极的人生态度、健康的心理素质、良好的职业道德和较扎实的文化基础知识；具有获取新知识、新技能的意识和能力，能适应不断变化的职业社会；了解风电场工作流程，严格执行设备操作规程，具有安全意识，重视环境保护，并能解决一般性专业问题。同时具有下列专业能力：

1. 熟悉风电场运行与维护专业技术文件。

2. 能识读机械零件图与简单装配图，绘制零件图，使用计算机绘图软件。

3. 掌握风力发电机组各种设备的检修工艺和技能，并能在定期检修和日常维护中灵活运用，完成各种设备的解体、清理、维修和组装工作。

4. 具备良好的使用与维护工具的能力。

5. 具备机组常规巡检和故障处理、年度例行维护及常规维护的能力。

对应或相关职业（工种）：风力发电运维值班员 L（6-28-01-12）、风力发电机组安装工＊（6-29-03-07）、风力发电机检修工＊（6-31-01-07）

职业资格（职业技能等级）：

专业主要教学内容：

工程制图、工程力学、机械基础、电机学、风能与动力工程概论、风力机空气动力学、风电场电气部分、风力发电原理、风力发电场、自动控制理论、风电机组监测与控制等。

对应上一级专业编码：0822-3

0822-3 高级

专业编码：0822-3

专业名称：风电场机电设备运行与维护

培养目标：培养从事风电场机组运行、维护、检修和生产管理工作的高级技能人才（高级工）。

学习年限：2 年（达到中级技能水平学生），3 年（高中毕业生），5 年（初中毕业生）

职业能力：

具有积极的人生态度、健康的心理素质、良好的职业道德和较扎实的文化基础知识；具有获取新知识、新技能的意识和能力，能适应不断变化的职业社会；熟悉风电场工作流程，严格执行设备操作规程，具有安全生产和环保意识，并具有独立解决非常规问题的基本能力；能指导他人进行工作或协助培训一般操作人员。同时具有下列专业能力：

1. 掌握并能熟练应用风电场运行与维护专业技术文件。

2. 能识读机械零件图与装配图，绘制零件图，熟练使用计算机绘图软件。

3. 熟练掌握风力发电机组整体及其主要组成部分结构、工作原理和技术要求。

4. 具备机组常规巡检和故障处理、年度例行维护及非常规维护的能力。

5. 能根据年度例行维护内容并结合设备运行的实际情况制订出切实可行的年度维修计划。

6. 具备年度例行维护的组织与管理能力。

对应或相关职业（工种）：风力发电运维值班员 L（6-28-01-12）、风力发电机组安装工＊（6-29-03-07）、风力发电机检修工＊（6-31-01-07）

职业资格（职业技能等级）：

专业主要教学内容：

机械基础、电机学、电路理论、风能与动力工程概论、风力机空气动力学、风电场电气部分、风力发电原理、风力发电场、自动控制理论、高电压技术、继电保护、风电机组监测与控制等。

对应下一级专业编码：0822-4

0823　水电厂机电设备安装与运行

0823-4　中级

专业编码：0823-4

专业名称：水电厂机电设备安装与运行

培养目标：培养从事水电厂及变电站电气安装与运行工作的中级技能人才。

学习年限：3 年（初中毕业生），2 年（高中毕业生）

职业能力：

具有积极的人生态度、健康的心理素质、良好的职业道德和较扎实的文化基础知识；具有获取新知识、新技能的意识和能力，能适应不断变化的职业社会；了解企业生产流程，严格执行水电厂机电设备操作规定，遵守各项工艺规程，具有安全意识，重视环境保护，并能解决一般性专业问题。同时具有下列专业能力：

1. 能识读水电厂机电设备电气元件安装说明与工艺要求。

2. 能识读水电厂机电设备电气图。

3. 能进行生产现场触电和烧伤等急救处理，会使用消防设备。

4. 能正确使用常用电工电子仪器仪表。

5. 能完成水电厂、水电站机电设备的电气安装。

6. 能从事水电厂及变电站的变电运行工作。

对应或相关职业（工种）：水力发电运行值班员 L（6-28-01-09）、水轮机安装工＊（6-29-03-07）、水轮发电机组安装工＊（6-29-03-07）、汽轮机和水轮机检修工（6-31-01-06）

职业资格（职业技能等级）：

专业主要教学内容：

电气制图、电工电子技术基础、机械基础、水电站概论、电业安全知识、电机原理、水电厂动力设备、水电厂电气设备、水轮机及辅助设备、水电厂继电保护及自动化、水轮机调节、水电厂电力拖动控制、变配电系统等。

对应上一级专业编码：0823-3

0823-3　高级

专业编码：0823-3

专业名称：水电厂机电设备安装与运行

培养目标：培养从事水电厂及变电站电气安装与运行工作的高级技能人才（高级工）。

学习年限：2 年（达到中级技能水平学生），3 年（高中毕业生），5 年（初中毕业生）

职业能力：

具有积极的人生态度、健康的心理素质、良好的职业道德和较扎实的文化基础知识；具有获取新知识、新技能的意识和能力，能适应不断变化的职业社会；熟悉企业生产流程，严格执行水电厂机电设备操作规定，遵守各项工艺规程，具有安全生产和环保意识，能具有独立解决非常规问题的基本能力；能指导他人进行工作或协助培训一般操作人员。同时具有下列专业能力：

1. 能识读水电厂机电设备安装说明与工艺要求。
2. 能识读水电厂机电设备电气图与机械装配图。
3. 能进行施工与生产现场的安全应急处理。
4. 能安装水电厂的水轮机和发电机。
5. 能对水电厂机电设备进行检修与维护。
6. 能实施并指导相关工作人员对水电厂及变电站进行变电运行与检修。

对应或相关职业（工种）：水力发电运行值班员 L（6-28-01-09）、水轮机安装工＊（6-29-03-07）、水轮发电机组安装工＊（6-29-03-07）、汽轮机和水轮机检修工（6-31-01-06）

职业资格（职业技能等级）：

专业主要教学内容：

电气 CAD 制图、电工电子技术、自动控制原理、电业安全生产知识、机械设计制造及自动化、水电厂电气设备、水电厂动力设备安装、水轮机及辅助设备、水电厂继电保护及自动化、水轮机调节、水电厂电力拖动控制与检修、变配电运行与检修等。

对应下一级专业编码：0823-4

0824　储能材料制备

0824-4　中级

专业编码：0824-4

专业名称：储能材料制备

培养目标：培养从事储能材料制备的中级技能人才。

学习年限：3 年（初中毕业生），2 年（高中毕业生）

职业能力：

具有积极的人生态度、健康的心理素质、良好的职业道德和较扎实的文化基础知识；具有获取新知识、新技能的意识和能力，能适应不断变化的职业社会；了解储能材料制备相关生产流程，严格执行设备操作规定，遵守各项工艺规程，具有安全意识，重视环境保护，并能解决一般性专业问题。同时具有下列专业能力：

1. 能识读简单工程图样并能用计算机进行绘图。
2. 能进行安全用电与电工基础操作。
3. 能进行储能材料合成岗位设备操作及设备基本维护。
4. 能进行储能材料制备安全生产及简单应急事故处理。
5. 能进行锂离子电芯的生产操作。
6. 能进行储能材料与电池检测。

对应或相关职业（工种）：电池制造工（6-24-04-00）

职业资格（职业技能等级）：

专业主要教学内容：

机械识图、化学基础、电工基础、储能材料基础知识、储能材料生产操作技术、锂离子电芯生产操作技术、电池检测、锂离子电池生产实训等。

对应上一级专业编码：0824-3

0824-3　高级

专业编码：0824-3

专业名称：储能材料制备

培养目标：培养从事储能材料制备的高级技能人才（高级工）。

学习年限：2 年（达到中级技能水平学生），3 年（高中毕业生），5 年（初中毕业生）

职业能力：

具有积极的人生态度、健康的心理素质、良好的职业道德和较扎实的文化基础知识；具有获取新知识、新技能的意识和能力，能适应不断变化的职业社会；熟悉储能材料制备相关工作流程，严格执行设备操作规定，遵守各项工艺规程，重视环境保护，并具有独立解决非常规问题的基本能力；能指导他人进行工作或协助培训一般操作人员。同时具有下列专业能力：

1. 能识读较复杂工程图样并能用计算机进行绘图。
2. 能排除设备电路基本故障。
3. 能进行储能材料选用与合成制备。
4. 能进行锂离子电池生产工艺调试与控制。
5. 能进行储能材料与电池检测、故障分析、维护和保养。
6. 能对储能电池进行二次开发利用。

对应或相关职业（工种）：电池制造工（6-24-04-00）

职业资格（职业技能等级）：

专业主要教学内容：

机械识图与 CAD、电工与电子技术、电力电子技术、应用电化学技术、储能材料选型与合成、储能锂离子电池工艺技术、储能材料与电池检测与分析、储能电池二次开发利用等。

对应下一级专业编码：0824-4

0825　核电设备安装与检修

0825-4　中级

专业编码：0825-4

专业名称：核电设备安装与检修

培养目标：培养从事核电设备安装与检修的中级技能人才。

学习年限：3 年（初中毕业生），2 年（高中毕业生）

职业能力：

具有积极的人生态度、健康的心理素质、良好的职业道德和较扎实的文化基础知识；具有获取新知识、新技能的意识和能力，能适应不断变化的职业社会；了解核电设备安装与检修相关工作流程，严格执行设备操作规定，遵守各项操作规程，具有安全意识，重视环境保护，并能解决一般性专业问题。同时具有下列专业能力：

1. 能识读与绘制机械零件图与简单装配图。
2. 能识读核电站电气一次系统接线图、电气设备安装图与二次回路图。
3. 能根据转机结构与工作原理正确拆装各种泵和风机。
4. 能根据静机结构与工作原理正确拆装各种阀门。
5. 能正确使用与维护常用电气仪表。
6. 能安装与调试 35 kV 及以下电气设备。
7. 能处理核电站断路器、变压器、离相封闭母线及其辅助装置故障。
8. 能执行核电站直流电机解体检查并排除常规故障。
9. 能进行核安全与辐射基本防护。

对应或相关职业（工种）：电工（6-31-01-03）、机修钳工（6-31-01-02）

职业资格（职业技能等级）：电工、钳工

专业主要教学内容：

机械制图与电气识图、电工基础、电子技术基础、电工基本技能、可编程序控制器技术、核电钳工技能、电机与变压器、工厂供配电、辐射防护、核安全和质量保证、核电仪表检测与维护、核电厂运行概况、核电厂静机与转机设备检维修基本技能等。

对应上一级专业编码：0825-3

0825-3　高级

专业编码：0825-3

专业名称：核电设备安装与检修

培养目标：培养从事核电设备安装与检修的高级技能人才（高级工）。

学习年限：2 年（达到中级技能水平学生），3 年（高中毕业生），5 年（初中毕业生）

职业能力：

具有积极的人生态度、健康的心理素质、良好的职业道德和较扎实的文化基础知识；具有获取新知识、新技能的意识和能力，能适应不断变化的职业社会；熟悉核电设备安装与检修相关工作流程，严格执行设备操作规定，遵守各项工艺规程，重视环境保护，并具有独立解决非常规问题的基本能力；能指导他人进行工作或协助培训一般操作人员。同时具有下列专业能力：

1. 能识读核电机械设备原理图和装配图及绘制常用零件图。
2. 能识读核电仪表原理图和结构图，并能绘制基本电气接线图、设备原理图、二次回路图。
3. 能根据静机结构与工作原理熟练拆装各种阀门。
4. 能根据转机结构与工作原理熟练拆装各种风机和泵。
5. 能分析及处理核电站常用电工仪表及工器具常见故障。
6. 能对核电设备进行熟练运行操作、调整试验及分析处理较复杂事故。
7. 能安装与调试高压及以上电气设备。
8. 能分析及处理主泵变频器故障、核电站 GIS 故障、主发电机常见故障。
9. 能执行核电站棒电源机组解体检查并处理常见故障。
10. 能运用核电厂防人因失误和人员行为规范，以及核安全和辐射防护知识进行安全生产。

对应或相关职业（工种）：电工（6-31-01-03）、机修钳工（6-31-01-02）

职业资格（职业技能等级）：电工、钳工

专业主要教学内容：

电工综合技能、典型工业设备电气控制系统技术、单片机控制技术、传感器技术、高低压柜安装与检修、电缆安装敷设及运行维护、核电防人因失误、核电厂电气原理与设备、核电电焊基本技能、核电厂静机与转机设备检维修综合技能等。

对应下一级专业编码：0825-4

0826　氢能制备与应用

0826-4　中级

专业编码：0826-4

专业名称：氢能制备与应用

培养目标：培养从事氢能制备与应用的中级技能人才。

学习年限：3 年（初中毕业生），2 年（高中毕业生）

职业能力：

具有积极的人生态度、健康的心理素质、良好的职业道德和较扎实的文化基础知识；具有获取新知识、新技能的意识和能力，能适应不断变化的职业社会；了解氢能制备与应用相关工作流程，严格执行设备操作规定，遵守各项操作规程，具有安全意识，重视环境保护，并能解决一般性专业问题。同时具有下列专业能力：

1. 能识读和绘制简单的技术图样和工艺流程图。

2. 能完成氢气制备、压缩机组、分离设备、低温气瓶、液态气体储罐和加注等设备设施的操作。

3. 能完成氢气制备、储运和加注等设备设施的基本维护并能诊断排除简单故障。

4. 能从事燃料电池相关生产和检测环节的简单工作。

5. 能从事燃料电池的基本维护并能诊断排除简单故障。

6. 能从事氢能制备与应用相关产品质量检验和分析的辅助工作。

对应或相关职业（工种）：工业气体生产工（6-28-02-03）、制氢工＊（6-28-02-03）

职业资格（职业技能等级）：工业气体生产工

专业主要教学内容：

化学基础知识、化工基础知识、化工识图、机械设备结构与原理、电工基础知识、氢化工基础、制氢技术、燃料电池技术、氢储存运输加注技术、氢能应用技术基础等。

对应上一级专业编码：0826-3

0826-3　高级

专业编码：0826-3

专业名称：氢能制备与应用

培养目标：培养从事氢能制备与应用的高级技能人才（高级工）。

学习年限：2 年（达到中级技能水平学生），3 年（高中毕业生），5 年（初中毕业生）

职业能力：

具有积极的人生态度、健康的心理素质、良好的职业道德和较扎实的文化基础知识；具有获取新知识、新技能的意识和能力，能适应不断变化的职业社会；熟悉氢能制备与应用相关工作流程，严格执行设备操作规定，遵守各项工艺规程，重视环境保护，并具有独立解决非常规问题的基本能力；能指导他人进行工作或协助培训一般操作人员。同时具有下列专业能力：

1. 能识读和绘制较复杂的技术图样和工艺流程图。

2. 能完成氢气制备、储运和加注等设备设施的较复杂操作，针对不同的工作情况制定相关方案。

3. 能完成氢气制备、储运和加注等设备设施的维护并能诊断排除各类故障，能监护完成自动化控制系统组态及调试。

4. 能从事燃料电池相关生产和检测环节的较复杂工作，并能制订管理工作计划。

5. 能从事燃料电池的维护并能诊断排除各类故障。

6. 能从事氢能制备与应用相关产品质量检验和分析工作。

7. 能针对工艺设备事故分析原因，并提出预防措施、设备维保计划以及生产工艺改进方案。

对应或相关职业（工种）：工业气体生产工（6-28-02-03）、制氢工＊（6-28-02-03）

职业资格（职业技能等级）：工业气体生产工

专业主要教学内容：

化工制图与 CAD、有机化学、无机化学、分析化学、流体力学基础知识、热力学基础知识、应用化工、化工机械设备、仪表自动化基础知识、自动化控制技术、班组管理、制氢工艺与生产技术、燃料电池生产工艺与技术、氢储存运输加注技术、氢能应用技术、氢能安全环保技术等。

对应下一级专业编码：0826-4

0827　水利机电设备智能管理

0827-4　中级

专业编码：0827-4

专业名称：水利机电设备智能管理

培养目标：培养从事水利机电设备的运行管理、安装检修、调试维护、技术服务等的中级技能人才。

学习年限：3 年（初中毕业生），2 年（高中毕业生）

职业能力：

具有积极的人生态度、健康的心理素质、良好的职业道德和较扎实的文化基础知识；具有获取新知识、新技能的意识和能力，能适应不断变化的职业社会；了解企业工作流程，严格执行设备操作规定，遵守各项工艺规程，具有安全意识，重视环境保护，并能解决一般性专业问题。同时具有下列专业能力：

1. 能识读机械零件图与简单装配图，绘制机电工程图。
2. 能在生产现场进行简单的控制程序设计、运行、调试。
3. 能对典型水利机电设备进行常规调整、维护、保养。
4. 能掌握泵的结构并拆装简单型号的水泵。
5. 能对水利机电设备进行安全运行操作。
6. 能对基本的水利机电设备进行安装调试与运行检修。

对应或相关职业（工种）：水力发电运行值班员 L（6-28-01-09）、水供应输排工 L（6-28-03-02）、司泵工（6-28-03-04）、水工闸门运行工（4-09-01-05）、电工（6-31-01-03）

职业资格（职业技能等级）：水工闸门运行工、电工

专业主要教学内容：

安全用电、常用电工工具和电工仪表使用、电工电子技术、机械制图与电气识图、机械基础、电气测量、电机及电机拖动、电力拖动控制线路安装与维修、电工基本技能、装配钳工基本技能、水泵与水泵站、可编程序控制器基础、水利机电设备安装与调试、水电站电气设备等。

对应上一级专业编码：0827-3

0827-3　高级

专业编码：0827-3

专业名称：水利机电设备智能管理

培养目标：培养从事水利机电设备的运行管理、安装检修、调试维护、技术服务等的高级技能人才（高级工）。

学习年限：2 年（达到中级技能水平学生），3 年（高中毕业生），5 年（初中毕业生）

职业能力：

具有积极的人生态度、健康的心理素质、良好的职业道德和较扎实的文化基础知识；具有获取新知识、新技能的意识和能力，能适应不断变化的职业社会；熟悉企业工作流程，严格执行设备操作规定，遵守各项工艺规程，重视环境保护，并具有独立解决非常规问题的基本能力；能指导他人进行工作或协助培训一般工作人员。同时具有下列专业能力：

1. 能识读和绘制机电工程图，会使用 CAD 制图软件。
2. 能对水利机电设备进行安装调试。
3. 能对典型水利机电设备进行维护、维修和保养。
4. 能对智能水利机电设备进行维护和管理。
5. 能进行水利机电设备的改造。
6. 能正确选用水利机电设备及其配套设备。
7. 能撰写技术文件。

对应或相关职业（工种）：水力发电运行值班员 L（6-28-01-09）、水供应输排工 L（6-28-03-02）、司泵工（6-28-03-04）、水工闸门运行工（4-09-01-05）、电工（6-31-01-03）

职业资格（职业技能等级）：水工闸门运行工、电工

专业主要教学内容：

计算机辅助设计、可编程序控制器技术、传感器技术、变频器技术、交直流调速系统安装与调试、电工综合技能、装配钳工综合技能、供配电技术、水利机电设备调试与维修、水利机械故障诊断与维修、水电站辅助设备及自动化等。

对应下一级专业编码：0827-4

0828 智慧水利技术

0828-4 中级

专业编码：0828-4

专业名称：智慧水利技术

培养目标：培养从事水利工程智能建造施工、施工项目信息化应用和智能监测与运维等工作的中级技能人才。

学习年限：3 年（初中毕业生），2 年（高中毕业生）

职业能力：

具有积极的人生态度、健康的心理素质、良好的职业道德和较扎实的文化基础知识；具有获取新知识、新技能的意识和能力，能适应不断变化的职业社会；了解企业工作流程，严格执行设备操作规定，遵守各项工艺规程，具有安全意识，重视环境保护，并能解决一般性专业问题。同时具有下列专业能力：

1. 能识读水利工程图，应用绘图软件绘制简单工程图。
2. 能正确操作使用各种常用测量仪器。
3. 能依据规范标准取样，正确应用检测仪器进行常规材料检测。

4. 能进行信息通信网络性能、故障、配置管理。

5. 能使用信息处理软件进行一般数据的处理。

6. 能进行物联网系统硬件、软件安装及调试。

7. 能使用物联网云平台。

8. 能进行水工建筑物一般监测项目的观测。

9. 了解《中华人民共和国网络安全法》《中华人民共和国防洪法》《中华人民共和国防汛条例》《中华人民共和国环境保护法》等法律法规。

对应或相关职业（工种）：水工监测工（4-09-01-04）、物联网安装调试员（6-25-04-09）、信息通信网络运行管理员 S（4-04-04-01）

职业资格（职业技能等级）：水工监测工、物联网安装调试员、信息通信网络运行管理员

专业主要教学内容：

水利工程识图与 CAD、测量仪器使用、工程水文基础、水工建筑物、水工建筑材料与检测、数据信息处理、网络环境建立与管理、物联网云平台使用、网络系统配置等。

对应上一级专业编码：0828-3

0828-3　高级

专业编码：0828-3

专业名称：智慧水利技术

培养目标：培养从事水利工程智能建造技术、施工项目信息化管理和智能监测与运维等工作的高级技能人才（高级工）。

学习年限：2 年（达到中级技能水平学生），3 年（高中毕业生），5 年（初中毕业生）

职业能力：

具有积极的人生态度、健康的心理素质、良好的职业道德和较扎实的文化基础知识；具有获取新知识、新技能的意识和能力，能适应不断变化的职业社会；熟悉企业工作流程，严格执行设备操作规定，遵守各项工艺规程，重视环境保护，并具有独立解决非常规问题的基本能力；能指导他人进行工作或协助培训一般工作人员。同时具有下列专业能力：

1. 能识读并绘制水利工程图，熟练使用 CAD 软件。

2. 掌握常见水工建筑物的基本组成、结构布置，能使用 BIM 软件进行建模。

3. 能使用 GIS 技术进行一般数据处理和分析。

4. 能使用信息化技术开展水利工程建设与管理。

5. 能搭建灌溉工程智能物联网系统，并能进行诊断与维护。

6. 能制定水利工程信息化运行管理的施工与运行维护方案。

7. 能正确使用各种测量仪器进行测量。

8. 能对水工建筑物进行一般项目的安全监测分析，编制维护方案。

9. 熟悉《中华人民共和国网络安全法》《中华人民共和国防洪法》《中华人民共和国防汛条例》《中华人民共和国环境保护法》等法律法规。

对应或相关职业（工种）：水工监测工（4-09-01-04）、物联网安装调试员（6-25-04-09）、信息通信网络运行管理员 S（4-04-04-01）

职业资格（职业技能等级）：水工监测工、物联网安装调试员、信息通信网络运行管理员

专业主要教学内容：

水利工程智能建造技术、水利工程信息化管理、GIS 技术应用、智慧灌溉技术、BIM 建模基础、水利工程测量、无人机操控、水工建筑物安全监测与维护等。

对应下一级专业编码：0828-4

09 化 工 类

0901 石油炼制

0901-4 中级

专业编码：0901-4

专业名称：石油炼制

培养目标：培养从事石油炼制工作的中级技能人才。

学习年限：3 年（初中毕业生），2 年（高中毕业生）

职业能力：

具有积极的人生态度、健康的心理素质、良好的职业道德和较扎实的文化基础知识；具有获取新知识、新技能的意识和能力，能适应不断变化的职业社会；了解企业生产流程，严格遵守各项工艺规程，具有安全意识，重视环境保护，并能解决一般性专业问题。同时具有下列专业能力：

1. 能识读设备结构图和工作原理图。
2. 熟悉石油炼制工艺过程，能进行石油炼制生产操作。
3. 能操作石油产品的输送、储备设备。
4. 能正确使用化工机械、电气和控制仪表。
5. 能操作炉、窑、泵等炼油机械设备。
6. 了解环保知识，了解水处理工艺和方法。

对应或相关职业（工种）：原油蒸馏工（6-10-01-01）、催化裂化工（6-10-01-02）、蜡油渣油加氢工（6-10-01-03）、渣油热加工工（6-10-01-04）、石脑油加工工（6-10-01-05）、炼厂气加工工（6-10-01-06）、润滑油脂生产工（6-10-01-07）、石油产品精制工（6-10-01-08）、油制气工（6-10-01-09）、油品储运工（6-10-01-10）、油母页岩提炼工 L（6-10-01-11）

职业资格（职业技能等级）：润滑油脂生产工、石油产品精制工

专业主要教学内容：

无机化学、有机化学、化工制图、化工单元过程及操作、化工仪表及自动化、石油化工概论、低温干馏工艺、炼油过程及设备、石油炼制工艺、化工安全与环保技术、化工单元操作仿真实训、钳工基本操作实训、电工操作实训、炼油过程及设备综合实训等。

对应上一级专业编码：0901-3

0901-3 高级

专业编码：0901-3

专业名称：石油炼制

培养目标：培养从事石油炼制工作的高级技能人才（高级工）。

学习年限：2 年（达到中级技能水平学生），3 年（高中毕业生），5 年（初中毕业生）

职业能力：

具有积极的人生态度、健康的心理素质、良好的职业道德和较扎实的文化基础知识；具有获取新知识、新技能的意识和能力，能适应不断变化的职业社会；熟悉企业生产流程，严格遵守各项工艺规程，具有安全生产和环保意识，并具有独立解决非常规问题的基本能力；能指导他人进行工作或协助培训一般操作人员。同时具有下列专业能力：

1. 掌握石油炼制工艺过程，能熟练进行石油炼制生产操作。

2. 能操作和维护炉、窑、泵等炼油机械设备。

3. 能使用化工机械、电气和控制仪表，独立操作 DCS 控制系统。

4. 能分析和选择工艺流程、主要生产设备和选定工艺操作条件。

5. 能进行工艺计算，绘制工艺流程和平面布置图。

对应或相关职业（工种）：原油蒸馏工（6–10–01–01）、催化裂化工（6–10–01–02）、蜡油渣油加氢工（6–10–01–03）、渣油热加工工（6–10–01–04）、石脑油加工工（6–10–01–05）、炼厂气加工工（6–10–01–06）、润滑油脂生产工（6–10–01–07）、石油产品精制工（6–10–01–08）、油制气工（6–10–01–09）、油品储运工（6–10–01–10）、油母页岩提炼工 L（6–10–01–11）

职业资格（职业技能等级）：润滑油脂生产工、石油产品精制工

专业主要教学内容：

物理化学、化工原理、化工仪表及自动化、石油特殊加工过程及设备、可编程序控制器、石油产品分析、石油炼制工艺、化工生产计算机自动控制仿真单元操作（DCS）、炼油过程及设备综合实训等。

对应下一级专业编码：0901–4

0902 化工工艺

0902–4 中级

专业编码：0902–4

专业名称：化工工艺

培养目标：培养从事化工生产的工艺运行、生产操作的中级技能人才。

学习年限：3 年（初中毕业生），2 年（高中毕业生）

职业能力：

具有积极的人生态度、健康的心理素质、良好的职业道德和较扎实的文化基础知识；具有获取新知识、新技能的意识和能力，能适应不断变化的职业社会；了解企业生产流程，遵守各项工艺规程，具有安全意识，重视环境保护，并能解决一般性专业问题。同时具有下列专业能力：

1. 掌握现代化工生产工艺、设备运行、化工单元操作等基础知识，能应用相关知识进行化工生产操作。

2. 能操作与维护化工生产常用设备。

3. 能正确使用现场化工仪表及控制仪表。

4. 能正确操作和控制化工生产单元。

5. 能根据操作规程正确运行化工产品生产装置，按要求填写操作记录和生产报表。

6. 能识读化工工艺流程图、设备结构图和常用仪器、仪表、装置说明书。

7. 能正确使用安全、环保设施和判断、分析及排除化工产品生产过程中的常见故障。

8. 了解所生产化工产品原料的来源及所生产化工产品的作用。

对应或相关职业（工种）：化工总控工 S（6-11-01-03）、无机化学反应生产工（6-11-02-10）、有机合成工（6-11-02-15）、化工原料准备工（6-11-01-01）、化工单元操作工（6-11-01-02）、制冷工（6-11-01-04）、工业清洗工（6-11-01-05）、腐蚀控制工（6-11-01-06）、合成氨生产工（6-11-03-01）

职业资格（职业技能等级）：化工总控工、无机化学反应生产工、有机合成工、制冷工、腐蚀控制工、合成氨生产工

专业主要教学内容：

化工制图与 CAD、化工工艺、化工质量检测、化工单元过程及操作、化工仪表及自动化、化工安全生产知识、化工仿真实训、专业实训等。

对应上一级专业编码：0902-3

0902-3 高级

专业编码：0902-3

专业名称：化工工艺

培养目标：培养从事化工生产的工艺运行、生产操作的高级技能人才（高级工）。

学习年限：2 年（达到中级技能水平学生），3 年（高中毕业生），5 年（初中毕业生）

职业能力：

具有积极的人生态度、健康的心理素质、良好的职业道德和较扎实的文化基础知识；具有获取新知识、新技能的意识和能力，能适应不断变化的职业社会；熟悉企业生产流程，遵守各项工艺规程，具有安全生产和环保意识，并具有独立解决非常规问题的基本能力；能指导他人进行工作或协助培训一般操作人员。同时具有下列专业能力：

1. 掌握现代化工生产工艺、设备运行、化工单元操作等专业知识，能应用相关知识进行化工生产操作。

2. 能熟练操作与维护化工生产常用设备。

3. 能正确、熟练使用现场化工仪表及控制仪表。

4. 能正确、熟练操作与控制化工生产单元。

5. 能根据操作规程正确运行化工产品生产装置，分析化工生产工艺流程、主要工艺参数选择依据、使用的常见化工生产主要设备选择依据。

6. 能识读主要设备的结构图、本工序自控系统回路图，绘制带控制点的工艺流程图。

7. 能正确、熟练使用安全、环保设施和正确判断、分析并及时排除化工产品生产过程中的异常现象和故障。

8. 能对本专业工种工序进行各项管理，在安全、生产及质量控制等方面提出切实建议和改进意见。

9. 能撰写与本工种安全、生产有关的各种总结、报告、建议。

10. 能配合开发研制一般化工产品。

对应或相关职业（工种）：化工总控工 S（6-11-01-03）、无机化学反应生产工（6-11-02-10）、有机合成工（6-11-02-15）、化工原料准备工（6-11-01-01）、化工单元操作工（6-11-01-02）、制冷工（6-11-01-04）、工业清洗工（6-11-01-05）、腐蚀控制工（6-11-01-06）、合成氨生产工（6-11-03-01）

职业资格（职业技能等级）：化工总控工、无机化学反应生产工、有机合成工、制冷工、腐蚀控制工、合成氨生产工

专业主要教学内容：

无机化工工艺、有机化工工艺、化工单元过程及操作、化工常用设备、物理化学、化工分析、工业水处理、化工典型装置运行、化工仿真实训、专业实训等。

对应下一级专业编码：0902-4

0903　化工分析与检验

0903-4　中级

专业编码：0903-4

专业名称：化工分析与检验

培养目标：培养从事使用化学分析仪器和理化仪器等设备，对成品、半成品、原材料及中间过程进行检测、化验、分析的中级技能人才。

学习年限：3 年（初中毕业生），2 年（高中毕业生）

职业能力：

具有积极的人生态度、健康的心理素质、良好的职业道德和较扎实的文化基础知识；具有获取新知识、新技能的意识和能力，能适应不断变化的职业社会；了解企业生产流程，遵守各项工艺规程，具有安全意识，重视环境保护，并能解决一般性专业问题。同时具有下列专业能力：

1. 能正确理解和执行工业分析与检验方面的国家标准、行业标准和企业标准，会查阅工业分析与检验专业文献。

2. 掌握常用化学品的属性及其化学品分析检测方法，能正确处理和分析实验数据，填写检验报告。

3. 能熟练采集样品并能提出样品检验的合理化建议。

4. 能按标准和规范配制各种化学分析用溶液及检验实验用水的质量。

5. 能正确选用常见专用仪器设备，并进行检查、调试和维护。

6. 能正确处理检验结果中出现的可疑值，并分析一般检验误差产生的原因。

7. 能进行化学实验室管理和实验设备维护保养。

8. 能对突发的安全事故果断采取适当措施，进行人员急救和事故处理。

对应或相关职业（工种）：化学检验员（6-31-03-01）、有机合成工（6-11-02-15）、农产品食品检验员 L（4-08-05-01）、药物检验员（4-08-05-04）

职业资格（职业技能等级）：化学检验员、有机合成工、农产品食品检验员

专业主要教学内容：

无机化学、有机化学、化学分析、仪器分析、有机定量分析、工业分析、化工生产技术应用、常用分析仪器维护、危险化学品安全技术应用、化工企业和化验室管理、专业实训等。

对应上一级专业编码：0903-3

0903-3 高级

专业编码：0903-3

专业名称：化工分析与检验

培养目标：培养从事使用化学分析仪器和理化仪器等设备，对成品、半成品、原材料及中间过程进行检测、化验、分析的高级技能人才（高级工）。

学习年限：2 年（达到中级技能水平学生），3 年（高中毕业生），5 年（初中毕业生）

职业能力：

具有积极的人生态度、健康的心理素质、良好的职业道德和较扎实的文化基础知识；具有获取新知识、新技能的意识和能力，能适应不断变化的职业社会；熟悉企业生产流程，遵守各项工艺规程，具有安全生产和环保意识，并具有独立解决非常规问题的基本能力；能指导他人进行工作或协助培训一般操作人员。同时具有下列专业能力：

1. 能正确理解和执行工业分析与检验方面的国家标准、行业标准和企业标准，会查阅工业分析与检验专业文献，选择和改进分析方法。
2. 能进行相应化工产品的性能检测。
3. 能解决检验过程中遇到的一般性技术问题，并验证其方法的合理性。
4. 能协助企业生产技术管理部门分析产生不合格品（批）的一般原因。
5. 能按程序框图检查出常见仪器设备的故障，并排除常见故障，正确更换仪器设备的易耗件。
6. 能熟练操作与分析仪器配套使用的计算机。
7. 能制定一般检验仪器设备的操作规程，编写相关产品和原材料的检验操作规范。
8. 能按标准要求测定本单位产生的“三废”中的主要环境监测项目。

对应或相关职业（工种）：化学检验员（6-31-03-01）、有机合成工（6-11-02-15）、农产品食品检验员 L（4-08-05-01）、药物检验员（4-08-05-04）

职业资格（职业技能等级）：化学检验员、有机合成工、农产品食品检验员

专业主要教学内容：

物理化学、环境化学、化工制图、计量与标准化、化学实验方法应用、环境监测、化学分析、仪器分析、工业分析、化工生产技术应用、污染控制技术应用、危险化学品安全技术应用、化验室管理、常用分析仪器维护、专业实训等。

对应下一级专业编码：0903-4

0904 精细化工

0904-4 中级

专业编码：0904-4

专业名称：精细化工

培养目标：培养从事精细化工生产操作的中级技能人才。

学习年限：3 年（初中毕业生），2 年（高中毕业生）

职业能力：

具有积极的人生态度、健康的心理素质、良好的职业道德和较扎实的文化基础知识；具有获取新知识、新技能的意识和能力，能适应不断变化的职业社会；了解企业生产流程，遵守各项工艺规程，具有安全意识，重视环境保护，并能解决一般性专业问题。同时具有下列专业能力：

1. 了解所生产精细化工产品原料的来源、精细化工产品的作用。
2. 能读懂精细化工生产流程图、设备结构图和常用仪器、仪表、装置说明书。
3. 能根据操作规程正确运行精细化工产品生产装置，按要求填写操作记录和生产报表。
4. 能正确使用和维护化工生产机电设备和仪表。
5. 能判断、分析和排除化工产品生产过程中的常见故障。
6. 具有一定的精细化工产品质量分析及产品质量控制能力。

对应或相关职业（工种）：化工总控工 S（6-11-01-03）、有机合成工（6-11-02-15）、化工单元操作工（6-11-01-02）、农药生产工（6-11-04-00）、涂料生产工（6-11-05-01）、染料生产工（6-11-05-04）、催化剂生产工（6-11-08-01）、总溶剂生产工（6-11-08-02）、化学试剂生产工（6-11-08-03）、化工添加剂生产工（6-11-08-06）、合成洗涤剂制造工（6-11-10-01）、肥皂制造工（6-11-10-02）、化妆品配方师（6-11-10-03）、化妆品制造工（6-11-10-04）、口腔清洁剂制造工（6-11-10-05）

职业资格（职业技能等级）：化工总控工、有机合成工、农药生产工、涂料生产工、染料生产工

专业主要教学内容：

基础化学、化工单元操作、有机合成单元过程、化工分析、工业电器及仪表、化工设备机械基础、HSEQ 及清洁生产、精细化学品工艺、化学实验基本操作、精细化工生产操作、化工操作单元仿真实训、精细化工实训等。

对应上一级专业编码：0904-3

0904-3 高级

专业编码：0904-3

专业名称：精细化工

培养目标：培养从事精细化工生产操作的高级技能人才（高级工）。

学习年限：2 年（达到中级技能水平学生），3 年（高中毕业生），5 年（初中毕业生）

职业能力：

具有积极的人生态度、健康的心理素质、良好的职业道德和较扎实的文化基础知识；具有获取新知识、新技能的意识和能力，能适应不断变化的职业社会；熟悉企业生产流程，具有安全生产和环保意识，遵守各项工艺规程，并具有独立解决非常规问题的基本能力；能指导他人进行工作或协助培训一般操作人员。同时具有下列专业能力：

1. 熟练掌握现代精细化工生产工艺、设备运行知识，能应用相关化工知识进行化工生产操作。

2. 能读懂本工序自控原理、回路图，绘制带控制点的工艺流程图以及主要设备结构图。

3. 能根据操作规程正确运行精细化工产品生产装置，分析化工生产工艺流程、主要工艺参数选择依据、使用的化工生产主要设备类型尺寸选择依据。

4. 能正确使用和维护化工生产机电设备和仪表。

5. 能正确判断、分析和排除精细化工产品生产过程中的异常现象和故障。

6. 能对本专业工种工序进行各项管理，在安全、稳定、优质、高产、低耗等方面提出切实建议和改进意见。

7. 具有配合开发研制新型化工产品的一般能力。

对应或相关职业（工种）：化工总控工 S（6-11-01-03）、有机合成工（6-11-02-15）、化工单元操作工（6-11-01-02）、农药生产工（6-11-04-00）、涂料生产工（6-11-05-01）、染料生产工（6-11-05-04）、催化剂生产工（6-11-08-01）、总溶剂生产工（6-11-08-02）、化学试剂生产工（6-11-08-03）、化工添加剂生产工（6-11-08-06）、合成洗涤剂制造工（6-11-10-01）、肥皂制造工（6-11-10-02）、化妆品配方师（6-11-10-03）、化妆品制造工（6-11-10-04）、口腔清洁剂制造工（6-11-10-05）

职业资格（职业技能等级）：化工总控工、有机合成工、农药生产工、涂料生产工、染料生产工

专业主要教学内容：

无机化学、有机化学、物理化学、有机合成单元过程、化工分析、化工单元操作、工业电器及仪表、化工设备机械基础、HSEQ 及清洁生产、精细化学品工艺、化学实验基本操作、精细化工生产操作、化工操作单元仿真实训、精细化工实训等。

对应下一级专业编码：0904-4

0905 生物化工

0905-4 中级

专业编码：0905-4

专业名称：生物化工

培养目标：培养从事生物化工生产操作、产品检验的中级技能人才。

学习年限：3 年（初中毕业生），2 年（高中毕业生）

职业能力：

具有积极的人生态度、健康的心理素质、良好的职业道德和较扎实的文化基础知识；具有获取新知识、新技能的意识和能力，能适应不断变化的职业社会；了解企业生产流程，遵

守各项工艺规程，具有安全生产和环保意识，并能解决一般性专业问题。同时具有下列专业能力：

1. 掌握现代生物化工生产工艺、设备运行、化工单元操作等基础知识，能应用相关化工知识进行化工生产操作。

2. 能读懂化工工艺流程图、设备结构图和常用仪器、仪表、装置说明书。

3. 能根据操作规程正确运行生物化工产品生产装置，并按要求填写操作记录和生产报表。

4. 能正确使用和维护化工生产机电设备和仪表。

5. 能判断、分析和排除生物化工产品生产过程中的常见故障。

6. 了解生物化工原料的来源以及产品的作用。

对应或相关职业（工种）：化学合成制药工（6-12-01-00）、生化药品制造工（6-12-05-01）、发酵工程制药工（6-12-05-02）、疫苗制品工（6-12-05-03）、基因工程药品生产工（6-12-05-05）、药物检验员（4-08-05-04）、酶制剂制造工（6-02-05-05）、化工总控工 S（6-11-01-03）、化工单元操作工（6-11-01-02）、有机合成工（6-11-02-15）

职业资格（职业技能等级）：化工总控工、有机合成工

专业主要教学内容：

基础化学、化工单元操作、生物化学基础、微生物学基础、生物化工设备、生化反应工艺、生化制品加工、生物制品分析检测、生化生产操作技能实训、生化单元生产仿真实训等。

对应上一级专业编码：0905-3

0905-3 高级

专业编码：0905-3

专业名称：生物化工

培养目标：培养从事生物化工生产操作、产品检验的高级技能人才（高级工）。

学习年限：2 年（达到中级技能水平学生），3 年（高中毕业生），5 年（初中毕业生）

职业能力：

具有积极的人生态度、健康的心理素质、良好的职业道德和较扎实的文化基础知识；具有获取新知识、新技能的意识和能力，能适应不断变化的职业社会；熟悉企业生产流程，具有安全生产和环保意识，遵守各项工艺规程，并具有独立解决非常规问题的基本能力；能指导他人进行工作或协助培训一般操作人员。同时具有下列专业能力：

1. 熟练掌握现代生物化工生产工艺、设备运行知识，能应用相关化工知识进行化工生产操作。

2. 能读懂本工序自控原理、回路图，绘制带控制点的工艺流程图以及主要设备结构图。

3. 能根据操作规程正确运行生物化工产品生产装置，分析化工生产工艺流程、主要工艺参数选择依据、使用的化工生产主要设备类型尺寸选择依据。

4. 能正确使用和维护化工生产机电设备和仪表。

5. 能正确判断、分析和排除生物化工产品生产过程中的异常现象和故障。

6. 能对本专业工种工序进行各项管理，在安全、稳定、优质、高产、低耗等方面提出

切实建议和改进意见。

7. 具有配合开发研制新型化工产品的一般能力。

对应或相关职业（工种）：化学合成制药工（6-12-01-00）、生化药品制造工（6-12-05-01）、发酵工程制药工（6-12-05-02）、疫苗制品工（6-12-05-03）、基因工程药品生产工（6-12-05-05）、药物检验员（4-08-05-04）、酶制剂制造工（6-02-05-05）、化工总控工 S（6-11-01-03）、化工单元操作工（6-11-01-02）、有机合成工（6-11-02-15）

职业资格（职业技能等级）：化工总控工、有机合成工

专业主要教学内容：

无机化学、有机化学、分析化学、物理化学、化工单元操作、生物化学基础、微生物学基础、生物化工设备、生化反应工艺、生化制品加工、生物制品分析检测、生化产品营销、生化生产操作技能实训、生化单元生产仿真实训等。

对应下一级专业编码：0905-4

0906　高分子材料加工

0906-4　中级

专业编码：0906-4

专业名称：高分子材料加工

培养目标：培养从事高分子材料合成、加工、成型等操作的中级技能人才。

学习年限：3 年（初中毕业生），2 年（高中毕业生）

职业能力：

具有积极的人生态度、健康的心理素质、良好的职业道德和较扎实的文化基础知识；具有获取新知识、新技能的意识和能力，能适应不断变化的职业社会；了解高分子材料加工生产流程，严格执行操作规定，遵守工艺规程，重视环境保护，并能解决一般性专业问题。同时具有下列专业能力：

1. 掌握现代化工生产工艺、设备运行、化工单元操作等基础知识，能应用相关化工知识进行高分子材料化工生产操作。

2. 能操作与维护高分子材料生产常用设备。

3. 能正确使用现场化工仪表及控制仪表。

4. 能正确操作和控制高分子材料化工生产单元。

5. 能根据操作规程正确运行高分子材料化工产品生产装置，按要求填写操作记录和生产报表。

6. 能识读高分子材料化工工艺流程图、设备结构图和常用仪器、仪表、装置说明书。

7. 能正确使用安全、环保设施和判断、分析及排除高分子材料化工产品生产过程中的常见故障。

对应或相关职业（工种）：合成树脂生产工（6-11-06-00）、合成橡胶生产工（6-11-07-00）、化纤聚合工（6-13-01-01）、纺丝原液制造工（6-13-01-02）、纺丝工（6-13-02-01）、化纤后处理工（6-13-02-02）、橡胶制品生产工（6-14-01-01）、轮胎翻修工 L（6-14-01-02）、塑料制品成型制作工（6-14-02-00）

职业资格（职业技能等级）：化纤聚合工、纺丝工、化纤后处理工

专业主要教学内容：

无机化学、有机化学、高分子化学、高分子物理、化工安全生产技术、化工机械设备、化工仪表、化工单元操作、高分子聚合物生产工艺、高分子聚合反应仿真操作、化工生产工艺流程图绘制等。

对应上一级专业编码：0906-3

0906-3 高级

专业编码：0906-3

专业名称：高分子材料加工

培养目标：培养从事高分子材料合成、加工、成型等操作的高级技能人才（高级工）。

学习年限：2 年（达到中级技能水平学生），3 年（高中毕业生），5 年（初中毕业生）

职业能力：

具有积极的人生态度、健康的心理素质、良好的职业道德和较扎实的文化基础知识；具有获取新知识、新技能的意识和能力，能适应不断变化的职业社会；熟悉高分子材料加工生产流程，严格执行操作规定，遵守工艺规程，重视环境保护，并具有独立解决非常规问题的基本能力；能指导他人进行工作或协助培训一般操作人员。同时具有下列专业能力：

1. 掌握现代化工生产工艺、设备运行、化工单元操作等专业知识，能应用相关专业知识进行高分子材料化工生产操作。

2. 能熟练操作与维护高分子材料生产常用设备。

3. 能正确、熟练使用现场化工仪表及控制仪表。

4. 能正确、熟练操作与控制高分子材料化工生产单元。

5. 能根据操作规程正确运行高分子材料化工产品生产装置，分析化工生产工艺流程、主要工艺参数选择依据、使用的常见化工生产主要设备选择依据。

6. 能识读高分子材料生产设备结构图、本工序自控系统回路图，绘制带控制点的工艺流程图。

7. 能正确、熟练使用安全、环保设施和正确判断、分析并及时排除高分子材料化工产品生产过程中的异常现象和故障。

8. 能对本专业工种工序进行各项管理，在安全、生产及质量控制等方面提出切实建议和改进意见。

对应或相关职业（工种）：合成树脂生产工（6-11-06-00）、合成橡胶生产工（6-11-07-00）、化纤聚合工（6-13-01-01）、纺丝原液制造工（6-13-01-02）、纺丝工（6-13-02-01）、化纤后处理工（6-13-02-02）、橡胶制品生产工（6-14-01-01）、轮胎翻修工 L（6-14-01-02）、塑料制品成型制作工（6-14-02-00）

职业资格（职业技能等级）：化纤聚合工、纺丝工、化纤后处理工

专业主要教学内容：

无机化学、有机化学、高分子化学、高分子物理、化工安全生产技术、化工机械设备、化工仪表、DCS 控制技术应用、化工单元操作、高分子聚合物生产工艺、高分子聚合反应仿真操作、工艺配管图绘制、催化剂使用、热量衡算和物料衡算、班组生产经济核算等。

对应下一级专业编码：0906-4

0907　煤化工

0907-4　中级

专业编码：0907-4

专业名称：煤化工

培养目标：培养从事炼焦和煤制气等煤化工生产的工艺运行、生产操作的中级技能人才。

学习年限：3 年（初中毕业生），2 年（高中毕业生）

职业能力：

具有积极的人生态度、健康的心理素质、良好的职业道德和较扎实的文化基础知识；具有获取新知识、新技能的意识和能力，能适应不断变化的职业社会；了解企业生产流程，遵守各项工艺规程，具有安全意识，重视环境保护，并能解决一般性专业问题。同时具有下列专业能力：

1. 掌握现代煤化工生产工艺、设备运行等基础知识，能应用相关煤化工知识进行煤化工生产操作。

2. 能看懂配煤工艺图，操作配煤设备，将不同成分的煤按比例配成配合煤。

3. 能按照生产情况编制与执行焦炉加热制度。

4. 具有一定的操作煤气交换机等焦炉加热系统设备的知识，能控制调整煤气和空气流量、压力、吸气，控制加热和结焦过程。

5. 能操作装煤车，开关炉盖，将煤装入焦炉，正确使用计量设备，计量装煤量。

6. 能完成开闭上升管、辅助装煤、封闭炉盖、清扫余煤、操作推焦车和拦焦车、清理余焦等操作，控制炼焦过程。

7. 能鉴别、干燥、粉碎、筛分制气用煤。

8. 能操作煤气发生炉、水煤气炉、碳化炉，生产人工煤气，并使用仪器、仪表监控设备运行状况。

9. 能计算气柜、气罐中的气、液量。

10. 能处理一般的停煤气、停鼓风机、起火等事故，排除事故隐患。

对应或相关职业（工种）：炼焦煤制备工（6-10-02-01）、炼焦工（6-10-02-02）、煤制烯烃生产工（6-10-03-01）、煤制油生产工（6-10-03-02）、煤制气工（6-10-03-03）、水煤浆制备工（6-10-03-04）、工业型煤工（6-10-03-05）、煤提质工 L（6-10-03-06）、燃气储运工（6-28-02-01）

职业资格（职业技能等级）：炼焦煤制备工、炼焦工、水煤浆制备工、工业型煤工、燃气储运工

专业主要教学内容：

化工制图与 CAD、无机化学、有机化学、煤化学、煤化工工艺学、炼焦工艺、炼焦化学品回收与加工、炼焦机械及设备、煤炭气化工艺、煤化工安全与环保、化工仪表、常用煤化工机械设备使用等。

对应上一级专业编码：0907-3

0907-3　高级

专业编码：0907-3

专业名称：煤化工

培养目标：培养从事炼焦和煤制气等煤化工生产的工艺运行、生产操作的高级技能人才（高级工）。

学习年限：2年（达到中级技能水平学生），3年（高中毕业生），5年（初中毕业生）

职业能力：

具有积极的人生态度、健康的心理素质、良好的职业道德和较扎实的文化基础知识；具有获取新知识、新技能的意识和能力，能适应不断变化的职业社会；熟悉企业生产流程，具有安全生产和环保意识，遵守各项工艺规程，并具有独立解决非常规问题的基本能力；能指导他人进行工作或协助培训一般操作人员。同时具有下列专业能力：

1. 掌握现代煤化工生产工艺、设备运行、化工单元操作等专业知识，能应用相关专业知识进行煤化工生产操作。

2. 能熟练操作配煤、放焦、筛分等设备。

3. 能正确使用仪器测量火道、蓄热室温度，按照生产情况编制与执行焦炉加热制度。

4. 能熟练完成开闭上升管、辅助装煤、封闭炉盖、清扫余煤、操作推焦车和拦焦车、清理余焦等操作，控制炼焦过程。

5. 能根据操作规程正确运行煤化工产品生产装置，分析煤化工生产工艺流程、主要工艺参数选择依据、使用的常见化工生产主要设备选择依据。

6. 能熟练操作煤气发生炉、水煤气炉、碳化炉，生产人工煤气，并使用仪器、仪表监控设备运行状况。

7. 能识读主要设备结构图、本工序自控系统回路图，绘制带控制点的工艺流程图。

8. 能掌握炼焦和煤制气过程中的化学产品的种类，具有综合利用、回收和精制的基本能力。

9. 能判断并处理设备异常现象，排除事故隐患，科学处理起火、爆炸、中毒等事故。

对应或相关职业（工种）：炼焦煤制备工（6-10-02-01）、炼焦工（6-10-02-02）、煤制烯烃生产工（6-10-03-01）、煤制油生产工（6-10-03-02）、煤制气工（6-10-03-03）、水煤浆制备工（6-10-03-04）、工业型煤工（6-10-03-05）、煤提质工L（6-10-03-06）、燃气储运工（6-28-02-01）

职业资格（职业技能等级）：炼焦煤制备工、炼焦工、水煤浆制备工、工业型煤工、燃气储运工

专业主要教学内容：

无机化学、有机化学、分析化学、化工原理、煤化学、煤化工工艺学、炼焦工艺、炼焦化学品回收与加工、炼焦机械及设备、煤炭气化工艺、煤化工安全与环保、常用煤化工机械设备使用、化工仪表及自动化等。

对应下一级专业编码：0907-4

0908 磷化工

0908-4 中级

专业编码：0908-4

专业名称：磷化工

培养目标：培养从事磷化工生产的工艺运行、生产操作的中级技能人才。

学习年限：3 年（初中毕业生），2 年（高中毕业生）

职业能力：

具有积极的人生态度、健康的心理素质、良好的职业道德和较扎实的文化基础知识；具有获取新知识、新技能的意识和能力，能适应不断变化的职业社会；了解企业生产流程，遵守各项工艺规程，具有安全意识，重视环境保护，并能解决一般性专业问题。同时具有下列专业能力：

1. 能识读主要设备结构图及带控制点的工艺流程图。

2. 能正确使用现场化工仪表及控制仪表。

3. 熟悉磷酸、黄磷、磷酸一铵、磷酸二铵、氮磷钾复合肥及重钙产品生产原理、生产工艺流程、主要设备结构、工艺操作控制指标和生产操作规程，能操作与维护主要生产设备。

4. 能按照磷酸、黄磷、磷酸一铵、磷酸二铵、氮磷钾复合肥及重钙安全生产操作规程，进行系统开停车操作；能正确分析、判断生产过程中常见的异常现象并排除常见故障，确保各项工艺操作指标稳定。

5. 能正确填写生产操作记录和生产报表。

对应或相关职业（工种）：磷酸生产工（6-11-02-04）、过磷酸钙生产工（6-11-03-05）、钙镁磷肥生产工（6-11-03-07）、黄磷生产工*（6-11-02-10）、化工总控工 S（6-11-01-03）、无机化学反应生产工（6-11-02-10）

职业资格（职业技能等级）：化工总控工、无机化学反应生产工

专业主要教学内容：

无机化学、物理化学、化工制图与 CAD、化工原理、化工设备机械基础、化工仪表及自动化、化工安全生产知识、黄磷生产工艺、磷酸生产工艺、磷酸一铵生产工艺、磷酸二铵生产工艺、氮磷钾复合肥生产工艺、重钙生产工艺等。

对应上一级专业编码：0908-3

0908-3 高级

专业编码：0908-3

专业名称：磷化工

培养目标：培养从事磷化工生产的工艺运行、生产操作的高级技能人才（高级工）。

学习年限：2 年（达到中级技能水平学生），3 年（高中毕业生），5 年（初中毕业生）

职业能力：

具有积极的人生态度、健康的心理素质、良好的职业道德和较扎实的文化基础知识；具

有获取新知识、新技能的意识和能力，能适应不断变化的职业社会；熟悉企业生产流程，具有安全生产和环保意识，遵守各项工艺规程，并具有独立解决非常规问题的基本能力；能指导他人进行工作或协助培训一般操作人员。同时具有下列专业能力：

1. 能识读主要设备结构图和绘制带控制点的工艺流程图。

2. 能熟练使用现场化工仪表及控制仪表。

3. 熟练掌握磷酸、黄磷、磷酸一铵、磷酸二铵、氮磷钾复合肥及重钙产品生产原理、生产工艺流程、主要设备结构、工艺操作控制指标和生产操作规程；能熟练操作与维护主要生产设备，处理一般简单故障，确保产品生产装置稳定运行。

4. 能按照磷酸、黄磷、磷酸一铵、磷酸二铵、氮磷钾复合肥及重钙安全生产操作规程，熟练进行系统开停车操作；能准确分析、判断生产过程中各种异常现象并能及时排除故障，确保各项工艺操作指标持续稳定。

5. 能分析化工生产工艺流程、主要工艺控制指标、主要生产设备选择依据。

6. 能配合开发研制一般化工产品。

对应或相关职业（工种）：磷酸生产工（6-11-02-04）、过磷酸钙生产工（6-11-03-05）、钙镁磷肥生产工（6-11-03-07）、黄磷生产工＊（6-11-02-10）、化工总控工 S（6-11-01-03）、无机化学反应生产工（6-11-02-10）

职业资格（职业技能等级）：化工总控工、无机化学反应生产工

专业主要教学内容：

无机化学、有机化学、物理化学、化工原理、化工设备机械基础、化工仪表及自动化、化工安全生产知识、黄磷生产工艺、磷酸生产工艺、磷酸一铵生产工艺、磷酸二铵生产工艺、氮磷钾复合肥生产工艺、重钙生产工艺、工业水处理、化学反应工程、化工热力学等。

对应下一级专业编码：0908-4

0909　火炸药制造与应用

0909-4　中级

专业编码：0909-4

专业名称：火炸药制造与应用

培养目标：培养从事火药、炸药制造与应用工作的中级技能人才。

学习年限：3 年（初中毕业生），2 年（高中毕业生）

职业能力：

具有积极的人生态度、健康的心理素质、良好的职业道德和较扎实的文化基础知识；具有获取新知识、新技能的意识和能力，能适应不断变化的职业社会；了解企业生产流程，遵守各项工艺规程，具有安全意识，重视环境保护，并能解决一般性专业问题。同时具有下列专业能力：

1. 掌握燃烧理论、炸药理论、含能材料、安全技术、火工技术、烟火技术、火药装药技术。

2. 能使用专用设备加工制造火工品。

3. 能正确使用安全防护设施、设备及仪器仪表。

4. 能进行防火、防爆处理。

5. 能维护保养专业生产设备，并能处理一般事故。

对应或相关职业（工种）：雷管制造工（6-11-09-01）、索状爆破器材制造工（6-11-09-02）、火工品装配工（6-11-09-03）、火工品管理工（6-11-09-04）

职业资格（职业技能等级）：

专业主要教学内容：

无机化学、有机化学、化工分析、化工原理、火炸药学、测量技术、安全与环保、防火防爆技术、火工品制造、火炸药制造工艺、火炸药生产实训等。

对应上一级专业编码：0909-3

0909-3　高级

专业编码：0909-3

专业名称：火炸药制造与应用

培养目标：培养从事火药、炸药制造与应用工作的高级技能人才（高级工）。

学习年限：2 年（达到中级技能水平学生），3 年（高中毕业生），5 年（初中毕业生）

职业能力：

具有积极的人生态度、健康的心理素质、良好的职业道德和较扎实的文化基础知识；具有获取新知识、新技能的意识和能力，能适应不断变化的职业社会；熟悉企业生产流程，具有安全生产和环保意识，遵守各项工艺规程，并具有独立解决非常规问题的基本能力；能指导他人进行工作或协助培训一般操作人员。同时具有下列专业能力：

1. 掌握燃烧理论、炸药理论、含能材料、安全技术、火工技术、烟火技术、火药装药技术、工业炸药和爆炸应用技术等专业知识和实验技能。

2. 能使用仪器仪表分析火工品、烟火剂等。

3. 熟悉防火、防爆处理技术。

4. 能使用现代化仪器设备解决生产实际中的问题。

5. 能熟练维护保养专业生产设备，并能处理生产中的事故。

对应或相关职业（工种）：雷管制造工（6-11-09-01）、索状爆破器材制造工（6-11-09-02）、火工品装配工（6-11-09-03）、火工品管理工（6-11-09-04）

职业资格（职业技能等级）：

专业主要教学内容：

物理化学、化工原理、机械工程基础、燃烧理论、炸药理论、含能材料、安全技术、火工技术、烟火技术、火药装药技术、工业炸药和爆炸应用技术、火炸药生产实训等。

对应下一级专业编码：0909-4

0910　花炮生产与管理

0910-4　中级

专业编码：0910-4

专业名称：花炮生产与管理

培养目标：培养从事花炮制作与生产管理的中级技能人才。

学习年限：3 年（初中毕业生），2 年（高中毕业生）

职业能力：

具有积极的人生态度、健康的心理素质、良好的职业道德和较扎实的文化基础知识；具有获取新知识、新技能的意识和能力，能适应不断变化的职业社会；了解花炮企业生产流程，严格遵守花炮生产安全技术规程，遵守工艺纪律，具有一定的应急处理能力，具有安全意识，重视环境保护，并能解决一般性专业问题。同时具有下列专业能力：

1. 能识读和绘制一般工艺流程图，识读花炮厂平面图。

2. 能正确操作烟火药生产设备，使用烟火药生产的工艺技术控制车间生产的成品和半成品质量。

3. 能根据产品技术性能要求进行原辅材料准备。

4. 能正确选用生产设备、工装、工具和仪器仪表。

5. 能按配方进行配料和装料，按规格进行造粒和抛光，并按各类烟花制作流程制作烟花。

对应或相关职业（工种）：烟花爆竹工（6-11-09-05）

职业资格（职业技能等级）：

专业主要教学内容：

化学、花炮原材料、花炮配方、花炮制作、花炮标准与检测、花炮机械、安全生产管理、工厂布局规划等。

对应上一级专业编码：0910-3

0910-3　高级

专业编码：0910-3

专业名称：花炮生产与管理

培养目标：培养从事花炮制作与生产管理的高级技能人才（高级工）。

学习年限：2 年（达到中级技能水平学生），3 年（高中毕业生），5 年（初中毕业生）

职业能力：

具有积极的人生态度、健康的心理素质、良好的职业道德和较扎实的文化基础知识；具有获取新知识、新技能的意识和能力，能适应不断变化的职业社会；熟悉花炮企业生产流程，严格遵守花炮生产安全技术规程，遵守工艺纪律，具有良好的应急处理能力，具有安全意识，重视环境保护，并具有独立解决非常规问题的基本能力；能指导他人进行工作或协助培训一般操作人员。同时具有下列专业能力：

1. 能制订车间生产计划和质量计划，编制工序卡。

2. 能正确布局工序与人员分配，编写生产工艺流程实施方案，协调工序生产进度。

3. 能正确操作烟火药生产设备，并能全面掌控成品和半成品的质量，提高生产效率和操作安全性。

4. 能根据产品技术性能要求进行原辅材料准备。

5. 能正确选用生产设备、工装、工具和仪器仪表。

6. 能正确进行安全检查和操作技能培训。

7. 能收集烟花爆竹产品信息，分析并撰写市场营销可行性报告。

对应或相关职业（工种）：烟花爆竹工（6-11-09-05）

职业资格（职业技能等级）：

专业主要教学内容：

化学、花炮原材料、花炮配方、花炮制作、花炮标准与检测、花炮机械、花炮新工艺、产品设计与开发、安全生产管理、工厂布局规划、质量检验与管理等。

对应下一级专业编码：0910-4

0911　化工安全管理

0911-4　中级

专业编码：0911-4

专业名称：化工安全管理

培养目标：培养从事化工安全管理的中级技能人才。

学习年限：3 年（初中毕业生），2 年（高中毕业生）

职业能力：

具有积极的人生态度、健康的心理素质、良好的职业道德和较扎实的文化基础知识；具有获取新知识、新技能的意识和能力，能适应不断变化的职业社会；了解化工安全管理相关工作流程，严格执行设备操作规定，遵守各项操作规程，具有安全意识，重视环境保护，并能解决一般性专业问题。同时具有下列专业能力：

1. 能根据现代化工生产工艺、设备运行情况、化工单元操作规范识别常见安全风险隐患。

2. 能完成化工生产常用设备基本操作与维护。

3. 能完成常用安全、环保设施的基本操作，以及诊断化工产品生产过程中的常见故障。

4. 能根据全球化学品统一分类和标签制度（GHS）、危险化学品的包装与标识，识别并管理危险化学品。

5. 能根据职业健康安全管理体系（HES）基础知识及常用安全法律法规，进行基本的职业健康安全管理。

6. 能根据劳动保护基本知识及消防知识，妥善处置化工安全事故。

对应或相关职业（工种）：安全员（6-31-06-00）、化工安全员＊（6-31-06-00）

职业资格（职业技能等级）：

专业主要教学内容：

基础化学、有机合成单元过程、化工分析、化工设备机械基础、化工单元过程与操作、化工制图与 CAD、化学实验基本操作、化工常用设备、化工工艺、危险化学品安全技术应用、化工质量检测、过程控制工程等。

对应上一级专业编码：0911-3

0911-3　高级

专业编码：0911-3

专业名称：化工安全管理

培养目标：培养从事化工安全管理的高级技能人才（高级工）。

学习年限：2 年（达到中级技能水平学生），3 年（高中毕业生），5 年（初中毕业生）

职业能力：

具有积极的人生态度、健康的心理素质、良好的职业道德和较扎实的文化基础知识；具有获取新知识、新技能的意识和能力，能适应不断变化的职业社会；熟悉化工安全管理相关工作流程，严格执行设备操作规定，遵守各项工艺规程，重视环境保护，并具有独立解决非常规问题的基本能力；能指导他人进行工作或协助培训一般操作人员。同时具有下列专业能力：

1. 能根据现代化工生产工艺、设备运行情况、化工单元操作规范识别较复杂安全风险隐患。

2. 能熟练完成化工生产常用设备操作与维护。

3. 能熟练完成常用安全、环保设施的操作，以及诊断排除化工产品生产过程中的较复杂故障。

4. 能根据全球化学品统一分类和标签制度（GHS），对危险化学品的生产、运输及管理进行安全控制及处置。

5. 能根据职业健康安全管理体系（HES）知识及安全法律法规，识别安全风险隐患、做出相关处置措施，进行较全面的职业健康安全管理。

6. 能组织或者参与拟订安全生产规章制度、操作规程和生产安全事故应急救援预案。

7. 能分析并控制化工安全事故的发生，并对化工突发安全事故采取有效措施。

对应或相关职业（工种）：安全员（6-31-06-00）、化工安全员 *（6-31-06-00）

职业资格（职业技能等级）：

专业主要教学内容：

有机化学、无机化学、化学工程与技术、安全科学与工程、工业电器及仪表、化工热力学、化学反应工程、流体动力学、燃烧与爆炸理论、化工应急救援、HES 体系管理建设、化工过程安全仿真实训、化工安全综合实验等。

对应下一级专业编码：0911-4

10 冶 金 类

1001 钢材轧制与表面处理

1001-4 中级

专业编码：1001-4

专业名称：钢材轧制与表面处理

培养目标：培养从事对金属锭、坯进行轧制及处理加工的中级技能人才。

学习年限：3 年（初中毕业生），2 年（高中毕业生）

职业能力：

具有积极的人生态度、健康的心理素质、良好的职业道德和较扎实的文化基础知识；具有获取新知识、新技能的意识和能力，能适应不断变化的职业社会；了解企业生产流程，严格执行机械设备操作规定，遵守各项工艺规程，具有安全意识，重视环境保护，并能解决一般性专业问题。同时具有下列专业能力：

1. 掌握热、冷轧板带钢、型钢、管材、线材的生产工艺。
2. 掌握轧机及辅助设备的构造和作用，并能进行简单的维护保养。
3. 掌握常见钢材的热处理工艺。
4. 能对产品的产量、质量进行初步分析。
5. 掌握常见的产品缺陷及其产生原因、预防和纠正措施。

对应或相关职业（工种）：轧制原料工（6-17-09-01）、金属轧制工（6-17-09-02）、金属材涂层机组操作工（6-17-09-04）、金属材热处理工（6-17-09-05）、金属材精整工（6-17-09-07）、金属挤压工（6-17-09-09）、铸轧工（6-17-09-10）

职业资格（职业技能等级）：轧制原料工、金属轧制工、金属材热处理工、金属材精整工、金属挤压工、铸轧工

专业主要教学内容：

机械识图与 CAD、典型机械结构、金属材料选用与热处理、液压传动与气动控制基础、电工技能、轧钢原理、板带钢生产工艺、型钢生产工艺、加热炉操作、轧钢机械设备操作、生产现场实习、轧钢工综合技能等。

对应上一级专业编码：1001-3

1001-3 高级

专业编码：1001-3

专业名称：钢材轧制与表面处理

培养目标：培养从事对金属锭、坯进行轧制及处理加工的高级技能人才（高级工）。

学习年限：2 年（达到中级技能水平学生），3 年（高中毕业生），5 年（初中毕业生）

职业能力：

具有积极的人生态度、健康的心理素质、良好的职业道德和较扎实的文化基础知识；具有获取新知识、新技能的意识和能力，能适应不断变化的职业社会；熟悉企业生产流程，严格执行机械设备操作规定，遵守各项工艺规程，重视环境保护，并具有独立解决非常规问题的基本能力；能指导他人进行工作或协助培训一般操作人员。同时具有下列专业能力：

1. 熟悉热、冷轧板带钢、型钢、管材、线材的生产工艺及生产过程。

2. 掌握轧机及辅助设备的构造和日常维护保养。

3. 能熟练操作轧机及辅助设备。

4. 掌握镀锌工艺、彩涂工艺及生产过程。

5. 能熟练操作镀锌、彩涂设备并进行日常维护保养。

6. 能准确判断、处理一般设备故障及生产事故。

7. 掌握轧制规程制定、孔型设计、工具设计的基本方法。

对应或相关职业（工种）：轧制原料工（6–17–09–01）、金属轧制工（6–17–09–02）、金属材涂层机组操作工（6–17–09–04）、金属材热处理工（6–17–09–05）、金属材精整工（6–17–09–07）、金属挤压工（6–17–09–09）、铸轧工（6–17–09–10）

职业资格（职业技能等级）：轧制原料工、金属轧制工、金属材热处理工、金属材精整工、金属挤压工、铸轧工

专业主要教学内容：

计算机辅助设计、机械设计基础、典型结构受力分析、热镀锌工艺分析与应用、轧钢原理与应用、自动调节系统、彩涂工艺、薄板连铸连轧、点检常识、冶金机械设备操作、轧钢工综合技能等。

对应下一级专业编码：1001–4

1002 钢铁冶炼

1002–4 中级

专业编码：1002–4

专业名称：钢铁冶炼

培养目标：培养从事钢铁冶炼工作的中级技能人才。

学习年限：3年（初中毕业生），2年（高中毕业生）

职业能力：

具有积极的人生态度、健康的心理素质、良好的职业道德和较扎实的文化基础知识；具有获取新知识、新技能的意识和能力，能适应不断变化的职业社会；了解企业生产流程，严格执行机械设备操作规定，遵守各项工艺规程，具有安全意识，重视环境保护，并能解决一般性专业问题。同时具有下列专业能力：

1. 能操作破碎、筛分、配料、混合等设备处理铁矿粉造块原料。

2. 能了解烧结、球团生产工艺、设备及生产过程。

3. 能操作高炉上料、碾泥、磨煤等设备制备辅料并将原料装入高炉。

4. 能操作炼钢原料碎、断、运输设备及混铁炉加工、处理、供应废钢及辅料，混匀、

保温铁水。

5. 能操作炼钢炉及附属设备将铁水、废钢等原料冶炼成符合要求的钢水。

6. 能操作连铸设备或盛钢桶浇注装置，采用连铸或模铸方法，将钢水浇铸成钢坯或钢锭。

7. 能操作铁水预处理设备、废钢预热设备、炉外精炼设备、盛钢桶烘烤设备、铸坯精整设备、转炉煤气回收设备、炉衬维护设备等常用生产设备。

对应或相关职业（工种）：炼钢原料工（6-17-02-01）、炼钢工（6-17-02-02）、炼钢浇铸工（6-17-02-03）、炼钢准备工（6-17-02-04）、整模脱模工（6-17-02-05）、烧结球团原料工（6-17-01-01）、粉矿烧结工（6-17-01-02）、球团焙烧工（6-17-01-03）、烧结成品工（6-17-01-04）、高炉原料工（6-17-01-05）、高炉炼铁工（6-17-01-06）、高炉运转工（6-17-01-07）

职业资格（职业技能等级）：炼钢原料工、炼钢工、高炉原料工、高炉炼铁工、高炉运转工

专业主要教学内容：

机械识图与CAD、热工常识、冶金仪表、典型机械结构、液压传动与气动控制基础、电工技能、金属材料选用与热处理、冶金机械设备常识、烧结工艺与设备、炼铁工艺与设备、转炉炼钢工艺及设备、浇注与凝固、连铸工艺与设备、炉外精炼、炼铁工综合技能、转炉炼钢工综合技能等。

对应上一级专业编码：1002-3

1002-3　高级

专业编码：1002-3

专业名称：钢铁冶炼

培养目标：培养从事钢铁冶炼工作的高级技能人才（高级工）。

学习年限：2年（达到中级技能水平学生），3年（高中毕业生），5年（初中毕业生）

职业能力：

具有积极的人生态度、健康的心理素质、良好的职业道德和较扎实的文化基础知识；具有获取新知识、新技能的意识和能力，能适应不断变化的职业社会；熟悉企业生产流程，严格执行机械设备操作规定，遵守各项工艺规程，重视环境保护，并具有独立解决非常规问题的基本能力；能指导他人进行工作或协助培训一般操作人员。同时具有下列专业能力：

1. 能操作烧结机及附属设备将矿粉烧结造块。

2. 能操作焙烧窑及附属设备将高炉不易冶炼的粉矿焙烧成球团矿。

3. 能操作冷却、筛分等设备冷却、处理烧结矿或球团矿。

4. 能操作高炉控制系统及炉前设备调控炉况、出铁、出渣、铸铁。

5. 能操作热风炉、喷煤、渣处理设备为高炉预热空气、喷吹煤粉、处理炉渣。

6. 能操作电炉及附属设备将废钢等原料冶炼成符合要求的钢水。

7. 能使用工具清理、修补盛钢桶，指挥吊车换渣罐、跟渣罐及修复氧枪。

8. 能掌握钢铁冶炼生产工艺及生产过程。

9. 能分析、判断和处理一般设备故障和常见事故，并能正确维护保养设备。

对应或相关职业（工种）： 炼钢原料工（6-17-02-01）、炼钢工（6-17-02-02）、炼钢浇铸工（6-17-02-03）、炼钢准备工（6-17-02-04）、整模脱模工（6-17-02-05）、烧结球团原料工（6-17-01-01）、粉矿烧结工（6-17-01-02）、球团焙烧工（6-17-01-03）、烧结成品工（6-17-01-04）、高炉原料工（6-17-01-05）、高炉炼铁工（6-17-01-06）、高炉运转工（6-17-01-07）

职业资格（职业技能等级）： 炼钢原料工、炼钢工、高炉原料工、高炉炼铁工、高炉运转工

专业主要教学内容：

计算机辅助设计、机械设计基础、自动调节系统、球团原理与工艺、筑炉工艺、高炉喷煤、电炉炼钢工艺及设备、薄板连铸连轧、点检常识、冶金机械设备操作、常用电力拖动控制线路安装与维修、传输原理、炼铁工综合技能、转炉炼钢工综合技能等。

对应下一级专业编码： 1002-4

1003　有色金属冶炼

1003-4　中级

专业编码： 1003-4

专业名称： 有色金属冶炼

培养目标： 培养从事有色金属冶炼生产备料、粗炼和精炼等工作的中级技能人才。

学习年限： 3 年（初中毕业生），2 年（高中毕业生）

职业能力：

具有积极的人生态度、健康的心理素质、良好的职业道德和较扎实的文化基础知识；具有获取新知识、新技能的意识和能力，能适应不断变化的职业社会；了解企业生产流程，严格执行设备操作规定，遵守各项工艺规程，具有安全意识，重视环境保护，并能解决一般性专业问题。同时具有下列专业能力：

1. 掌握有色金属冶炼的基本知识，了解有色金属冶炼生产设备的基本结构与工作原理。
2. 熟悉有色金属冶炼原材料、辅助材料的性质、作用和质量检测方法。
3. 能正确操作有色金属冶炼设备，完成生产备料、粗炼和精炼等工作。
4. 能选择和维护有色金属冶炼主要设备和仪表。
5. 能初步编制有色金属冶炼产品各生产工序工艺。
6. 能预防和处理有色金属冶炼生产作业中的一般事故。

对应或相关职业（工种）： 重冶备料工（6-17-05-01）、重金属物料焙烧工（6-17-05-02）、重冶火法冶炼工（6-17-05-03）、重冶湿法冶炼工（6-17-05-04）、电解精炼工（6-17-05-05）、氧化铝制取工（6-17-06-01）、铝电解工（6-17-06-02）、镁冶炼工（6-17-06-03）、硅冶炼工（6-17-06-04）、钨钼冶炼工（6-17-07-01）、钽铌冶炼工（6-17-07-02）、钛冶炼工（6-17-07-03）、稀土冶炼工（6-17-07-04）、稀土材料生产工（6-17-07-05）、贵金属冶炼工（6-17-07-06）、锂冶炼工（6-17-07-07）

职业资格（职业技能等级）： 重冶火法冶炼工、重冶湿法冶炼工、电解精炼工、氧化铝制取工、铝电解工

专业主要教学内容：

机械识图与CAD、电工学、无机化学、分析化学、有色冶金理化原理、铜冶金工艺学、锌冶金工艺学、铅冶金工艺学、轻金属冶金学、工业三废治理与环境保护、铜冶金生产实训、铅锌冶金生产实训、铝冶金生产实训等。

对应上一级专业编码：1003-3

1003-3　高级

专业编码：1003-3

专业名称：有色金属冶炼

培养目标：培养从事有色金属冶炼生产备料、粗炼和精炼等工作的高级技能人才（高级工）。

学习年限：2年（达到中级技能水平学生），3年（高中毕业生），5年（初中毕业生）

职业能力：

具有积极的人生态度、健康的心理素质、良好的职业道德和较扎实的文化基础知识；具有获取新知识、新技能的意识和能力，能适应不断变化的职业社会；熟悉企业生产流程，严格执行设备操作规定，遵守各项工艺规程，重视环境保护，并具有独立解决非常规问题的基本能力；能指导他人进行工作或协助培训一般操作人员。同时具有下列专业能力：

1. 熟练掌握有色金属冶炼的基本知识，熟悉有色金属冶炼生产设备的基本结构与工作原理。
2. 掌握有色金属冶炼原材料、辅助材料的性质、作用和质量检测方法。
3. 能正确、熟练操作有色金属冶炼设备，完成生产备料、粗炼和精炼等工作。
4. 能选择和维护有色金属冶炼主要设备和仪表，处理常见的设备故障。
5. 能编制有色金属冶炼产品生产工艺，具备主要技术经济指标的计算能力。
6. 能预防和处理冶炼生产作业中的各种事故。

对应或相关职业（工种）：重冶备料工（6-17-05-01）、重金属物料焙烧工（6-17-05-02）、重冶火法冶炼工（6-17-05-03）、重冶湿法冶炼工（6-17-05-04）、电解精炼工（6-17-05-05）、氧化铝制取工（6-17-06-01）、铝电解工（6-17-06-02）、镁冶炼工（6-17-06-03）、硅冶炼工（6-17-06-04）、钨钼冶炼工（6-17-07-01）、钽铌冶炼工（6-17-07-02）、钛冶炼工（6-17-07-03）、稀土冶炼工（6-17-07-04）、稀土材料生产工（6-17-07-05）、贵金属冶炼工（6-17-07-06）、锂冶炼工（6-17-07-07）

职业资格（职业技能等级）：重冶火法冶炼工、重冶湿法冶炼工、电解精炼工、氧化铝制取工、铝电解工

专业主要教学内容：

无机化学、分析化学、有色冶金理化原理、铜冶金工艺学、锌冶金工艺学、铅冶金工艺学、轻金属冶金学、贵金属冶金学、冶金厂设计、有色冶金炉、工业三废治理与环境保护、铜冶金生产实训、铅锌冶金生产实训、铝冶金生产实训等。

对应下一级专业编码：1003-4

11 建 筑 类

1101 建筑设备安装

1101-4 中级

专业编码：1101-4

专业名称：建筑设备安装

培养目标：培养从事建筑设备安装与维修，进行管道与电气施工的中级技能人才。

学习年限：3年（初中毕业生），2年（高中毕业生）

职业能力：

具有积极的人生态度、健康的心理素质、良好的职业道德和较扎实的文化基础知识；具有获取新知识、新技能的意识和能力，能适应不断变化的职业社会；了解建筑设备安装基本流程，遵守各项工艺操作标准，具有质量和安全生产意识，重视环境保护，并能解决一般性专业问题。同时具有下列专业能力：

1. 能识读管道施工图及简单的工艺管道施工图。

2. 能正确使用管道起重机具和索具，并能正确选择钢丝绳型号，进行简单的管道起重操作作业。

3. 能根据施工图计算工料，并能进行阀门试验。

4. 能进行管材、阀门的酸洗、脱脂操作。

5. 能进行管道安装草图的测绘，并会焊接三通和单节虾米弯的下料制作。

6. 能按施工质量验收规范要求进行室外给排水管道、车间内部工艺管道、热力管道、工业管道、有色金属管道、衬里管道、仪表及仪表管道等的安装、试压和调试。

7. 能安装快装锅炉和全部配管并做吹洗、试压和试运转。

8. 能进行设备质量在0.5 t以下泵类及泵管路的安装，并能排除试运行过程中的一般故障。

9. 能正确选用导线及电气设备。

10. 能识读建筑电气工程施工图，并正确理解设计意图和施工要求。

11. 能按施工质量验收规范要求进行配线工程、照明工程、动力工程、防雷接地工程的安装与调试。

12. 能合理选用和正确使用电工常用施工工具及仪器仪表。

对应或相关职业（工种）：管工（6-29-03-04）、电工（6-31-01-03）

职业资格（职业技能等级）：管工、电工

专业主要教学内容：

流体力学基础、热力学基础、管道材料与管道识图、建筑管道工程施工技术、小型锅炉安装、电工基础、电子技术基础、电气仪表与测量、电工材料与电气识图、建筑电气工程施工技术、建筑施工安全技术、钳工基本技能训练、电工基本技能训练等。

对应上一级专业编码：1101-3

1101-3 高级

专业编码：1101-3

专业名称：建筑设备安装

培养目标：培养从事建筑设备安装与维修，进行管道与电气施工的高级技能人才（高级工）。

学习年限：2 年（达到中级技能水平学生），3 年（高中毕业生），5 年（初中毕业生）

职业能力：

具有积极的人生态度、健康的心理素质、良好的职业道德和较扎实的文化基础知识；具有获取新知识、新技能的意识和能力，能适应不断变化的职业社会；熟悉建筑设备安装基本流程，遵守施工质量验收规范和各项工艺标准；具有质量、安全生产和成本意识，重视环境保护，并具有独立解决非常规问题的基本能力；能指导他人进行工作或协助培训一般操作人员。同时具有下列专业能力：

1. 能识读有关建筑施工图、综合管线图、锅炉房管道施工图。
2. 能参与编写管道施工方案，识读管道施工图，编制给排水及采暖管道施工预算。
3. 能进行不锈钢管道、碳素钢管道、低温热水地板辐射采暖系统、自动喷水灭火消防管道及附件、聚丙烯管道系统、卡箍配管管道系统的安装。
4. 能进行压力顶管、高层建筑民用管道、天然气长距离输送管道的施工。
5. 能进行自喷消防、热水系统的调试。
6. 能进行室内外给排水、采暖、煤气工程质量自检、互检、交接检。
7. 能提交有关竣工资料。
8. 能进行施工现场供电设计。
9. 能识读电梯工程、智能建筑工程施工图，并正确理解设计意图和施工要求。
10. 能按施工质量验收规范要求进行电梯工程、智能建筑工程的安装与调试。
11. 能分析和排除施工中出现的短路、断线和绝缘损坏等故障，并组织进行电气设备的绝缘预防性试验。

对应或相关职业（工种）：管工（6-29-03-04）、电工（6-31-01-03）

职业资格（职业技能等级）：管工、电工

专业主要教学内容：

施工组织与管理、管道预算基础、企业供电、智能建筑、电力拖动、建筑施工安全管理、电梯安装调试与检修、高级电工技能训练等。

对应下一级专业编码：1101-4

1102 建筑施工

1102-4 中级

专业编码：1102-4

专业名称：建筑施工

培养目标：培养从事建筑结构施工操作的中级技能人才。

学习年限：3 年（初中毕业生），2 年（高中毕业生）

职业能力：

具有积极的人生态度、健康的心理素质、良好的职业道德和较扎实的文化基础知识；具有获取新知识、新技能的意识和能力，能适应不断变化的职业社会；了解建筑结构施工基本流程，遵守各项工艺操作标准，具有质量和安全生产意识，重视环境保护，并能解决一般性专业问题。同时具有下列专业能力：

1. 掌握识图和房屋构造、材料基本知识。
2. 能看懂混凝土结构施工图、混合结构施工图。
3. 了解建筑力学和钢筋混凝土构件一般理论知识。
4. 熟悉模板工程施工工艺过程。
5. 熟悉钢筋工程施工工艺过程。
6. 熟悉混凝土工程施工工艺过程。
7. 熟悉砌筑工程施工工艺过程。
8. 能安全使用各种机具，并能维护保养。
9. 熟悉施工质量标准、验收方法。

对应或相关职业（工种）：砌筑工（6-29-01-01）、混凝土工（6-29-01-03）、钢筋工（6-29-01-04）、架子工（6-29-01-05）、装配式建筑施工员（6-29-01-06）、工程测量员S（4-08-03-04）

职业资格（职业技能等级）：砌筑工、混凝土工、钢筋工、架子工、工程测量员

专业主要教学内容：

建筑识图与构造、建筑材料与试验、建筑力学与结构、建筑测量、建筑施工工艺、建筑施工安全技术、建筑综合实习等。

专业方向：装配式建筑施工

对应上一级专业编码：1102-3

1102-3　高级

专业编码：1102-3

专业名称：建筑施工

培养目标：培养从事建筑结构施工操作和基层管理的高级技能人才（高级工）。

学习年限：2 年（达到中级技能水平学生），3 年（高中毕业生），5 年（初中毕业生）

职业能力：

具有积极的人生态度、健康的心理素质、良好的职业道德和较扎实的文化基础知识；具有获取新知识、新技能的意识和能力，能适应不断变化的职业社会；熟悉建筑结构施工基本流程，遵守施工质量验收规范和各项工艺标准；具有质量、安全生产和成本意识，重视环境保护，并具有独立解决非常规问题的基本能力；能指导他人进行工作或协助培训一般操作人员。同时具有下列专业能力：

1. 能看懂复杂的结构施工图并审核图样。
2. 能完成模板工程、钢筋工程、混凝土工程、砌筑工程的施工基层组织与管理工作。

3. 能主持各种预应力混凝土的施工操作。

4. 能推广应用新技术、新工艺、新材料和新设备。

5. 能按质量、安全和成本目标组织班组完成现场各项工作。

6. 能编制专业施工方案并组织施工。

对应或相关职业（工种）： 砌筑工（6-29-01-01）、混凝土工（6-29-01-03）、钢筋工（6-29-01-04）、架子工（6-29-01-05）、装配式建筑施工员（6-29-01-06）、工程测量员S（4-08-03-04）

职业资格（职业技能等级）： 砌筑工、混凝土工、钢筋工、架子工、工程测量员

专业主要教学内容：

建筑构造、建筑材料、建筑测量、建筑力学与结构、建筑施工技术、建筑组织与管理、建筑工程预算、建筑施工安全管理、建筑综合实习等。

专业方向： 装配式建筑施工

对应下一级专业编码： 1102-4

1103 建筑装饰

1103-4 中级

专业编码： 1103-4

专业名称： 建筑装饰

培养目标： 培养从事建筑装饰施工操作的中级技能人才。

学习年限： 3 年（初中毕业生），2 年（高中毕业生）

职业能力：

具有积极的人生态度、健康的心理素质、良好的职业道德和较扎实的文化基础知识；具有获取新知识、新技能的意识和能力，能适应不断变化的职业社会；了解建筑装饰施工基本流程，遵守各项工艺操作标准，具有质量和安全生产意识，重视环境保护，并能解决一般性专业问题。同时具有下列专业能力：

1. 熟悉施工准备、现场布置、施工程序等方面的知识。

2. 熟悉装饰施工机具操作及维护的基本知识，掌握相关技能。

3. 能识读装饰施工图，绘制简单施工图。

4. 熟悉常用建筑装饰材料的种类、规格、性能、用途、质量标准、使用方法、保管方法等知识。

5. 能完成常规装饰材料的调和与配制。

6. 能砌筑室内简单的隔墙，完成一般室内抹灰。

7. 掌握各种装饰物面的基层处理方法。

8. 能用不同材料进行表面涂饰。

9. 能完成整体地面、瓷砖、装饰面砖和装饰板的镶贴与安装。

10. 能搭设简单的施工脚手架。

对应或相关职业（工种）： 装饰装修工（6-29-04-01）、砌筑工（6-29-01-01）、手工木工（6-06-03-01）

职业资格（职业技能等级）：砌筑工、手工木工

专业主要教学内容：

美术、建筑装饰制图基础、建筑装饰材料、建筑装饰构造、建筑装饰施工工艺、建筑施工安全技术、建筑装饰基础技能实训等。

专业方向：建筑木工、精细木工、照明工程施工与维护

对应上一级专业编码：1103-3

1103-3　高级

专业编码：1103-3

专业名称：建筑装饰

培养目标：培养从事建筑装饰施工操作和基层管理的高级技能人才（高级工）。

学习年限：2 年（达到中级技能水平学生），3 年（高中毕业生），5 年（初中毕业生）

职业能力：

具有积极的人生态度、健康的心理素质、良好的职业道德和较扎实的文化基础知识；具有获取新知识、新技能的意识和能力，能适应不断变化的职业社会；熟悉建筑装饰施工基本流程，遵守装饰施工质量验收规范和各项工艺标准；具有质量、安全生产和成本意识，重视环境保护，并具有独立解决非常规问题的基本能力；能指导他人进行工作或协助培训一般操作人员。同时具有下列专业能力：

1. 能完成工序的验收与交接。
2. 熟悉安全生产、质量验收的相关规定。
3. 熟悉装饰构造，了解装饰色彩、风格造型的知识。
4. 能完成木连接的制作。
5. 能完成墙面及顶棚的裱糊。
6. 能完成轻质墙体、门窗、墙裙、吊顶和预制件的制作与安装。
7. 能完成木地板、地板革、塑料面砖和地毯等地面的铺设。
8. 能完成金属门窗的制作、安装与维修。
9. 了解房屋水电的基本知识。
10. 熟悉班组管理、成品保护的基本知识。

对应或相关职业（工种）：装饰装修工（6-29-04-01）、砌筑工（6-29-01-01）、手工木工（6-06-03-01）

职业资格（职业技能等级）：砌筑工、手工木工

专业主要教学内容：

素描、色彩、建筑装饰设计基础、装饰构造、建筑装饰材料、建筑力学与结构基础、建筑装饰设备、建筑装饰工程定额与预算、建筑装饰施工与管理、建筑施工安全管理、综合实训等。

专业方向：建筑木工、精细木工、照明工程施工与维护

对应下一级专业编码：1103-4

1104 建筑测量

1104-4 中级

专业编码：1104-4

专业名称：建筑测量

培养目标：培养从事操作测量仪器进行建筑测量和放线工作的中级技能人才。

学习年限：3 年（初中毕业生），2 年（高中毕业生）

职业能力：

具有积极的人生态度、健康的心理素质、良好的职业道德和较扎实的文化基础知识；具有获取新知识、新技能的意识和能力，能适应不断变化的职业社会；了解企业生产流程，遵守各项工艺规程，具有安全意识，重视环境保护，并能解决一般性专业问题。同时具有下列专业能力：

1. 能熟练操作和维护水准仪、经纬仪、全站仪和 GPS 等测量仪器。

2. 掌握水准测量、角度测量、距离测量的原理和方法，能测量高程、角度和距离。

3. 能进行建（构）筑物的放样及道路、线路的测量。

4. 能根据规范、设计的要求，独立完成图根控制点、界址点的实地选点、埋石、观测、计算，提供合格的控制点成果。

5. 能进行民用建筑、高层建筑、工业建筑的施工测量和变形观测。

对应或相关职业（工种）：工程测量员 S（4-08-03-04）、不动产测绘员（4-08-03-05）

职业资格（职业技能等级）：工程测量员、不动产测绘员

专业主要教学内容：

测绘学基础、工程概论与制图、地基与基础工程、工程力学、房屋建筑学、建筑测量、建筑材料、控制测量等。

对应上一级专业编码：1104-3

1104-3 高级

专业编码：1104-3

专业名称：建筑测量

培养目标：培养从事操作测量仪器进行建筑测量和工程管理的高级技能人才（高级工）。

学习年限：2 年（达到中级技能水平学生），3 年（高中毕业生），5 年（初中毕业生）

职业能力：

具有积极的人生态度、健康的心理素质、良好的职业道德和较扎实的文化基础知识；具有获取新知识、新技能的意识和能力，能适应不断变化的职业社会；熟悉企业生产流程，具有安全生产和环保意识，遵守各项工艺规程，并具有独立解决非常规问题的基本能力；能指导他人进行工作或协助培训一般操作人员。同时具有下列专业能力：

1. 能根据工程需要，完成工程控制网（点）的建立、观测、计算，提供合格的控制网

（点）成果并建立合格的控制网。

2. 能完成建筑物、公路、铁路、管线等工程的放样工作。

3. 能进行桥梁、烟囱、水利工程的施工测量和变形观测工作。

4. 能用求积仪、方格法、网点法、几何图形法等进行面积量算、精度估算，完成量算成果的统计汇总，提供准确可靠的面积量算成果。

5. 能进行水准网、导线网的单结点、双结点平差计算及交会定点和典型图形平差计算工作。

对应或相关职业（工种）：工程测量员 S（4-08-03-04）、不动产测绘员（4-08-03-05）

职业资格（职业技能等级）：工程测量员、不动产测绘员

专业主要教学内容：

建筑施工、建筑材料、地形图测绘、工程测量学、建筑制图、工程监理概论、地籍测量、建筑 CAD、建筑工程软件应用等。

对应下一级专业编码：1104-4

1105 工程监理

1105-4 中级

专业编码：1105-4

专业名称：工程监理

培养目标：培养从事建筑工程监理和施工管理的中级技能人才。

学习年限：3 年（初中毕业生），2 年（高中毕业生）

职业能力：

具有积极的人生态度、健康的心理素质、良好的职业道德和较扎实的文化基础知识；具有获取新知识、新技能的意识和能力，能适应不断变化的职业社会；了解建筑工程实施过程、施工流程，严格执行有关国家标准、规定和工程要求，遵守相关法律法规，具有安全意识，并能解决一般性专业问题。同时具有下列专业能力：

1. 能收集、整理、总结建筑工程技术资料。

2. 能识读并绘制建筑施工图、结构施工图、设备施工图。

3. 能检查、试验、选用、保管常用建筑材料及制品。

4. 能进行一般的建筑施工测量。

5. 能对施工现场进行质量控制、进度控制，协助他人对工程项目进行投资控制。

6. 能进行施工合同管理、信息管理。

7. 能协助他人进行施工现场的组织、协调工作。

对应或相关职业（工种）：工程测量员 S（4-08-03-04）、建设工程质量检测员（4-08-05-09）

职业资格（职业技能等级）：工程测量员

专业主要教学内容：

建筑材料与试验、建筑工程测量基础、建筑制图与识图、建筑构造、建筑施工技术、建

筑施工组织与管理、建筑力学、建筑结构、建设监理概论、建筑工程计价、建筑工程投资控制、建筑工程质量控制、建筑施工安全技术、建筑工程进度控制、建筑工程质量验收与资料整理、工程合同与信息管理等。

对应上一级专业编码：1105-3

1105-3 高级

专业编码：1105-3

专业名称：工程监理

培养目标：培养从事建筑工程监理和施工管理的高级技能人才（高级工）。

学习年限：2 年（达到中级技能水平学生），3 年（高中毕业生），5 年（初中毕业生）

职业能力：

具有积极的人生态度、健康的心理素质、良好的职业道德和较扎实的文化基础知识；具有获取新知识、新技能的意识和能力，能适应不断变化的职业社会；熟悉建筑工程实施过程、施工流程，严格执行有关国家标准、规定和工程要求，遵守相关法律法规，具有安全意识，并具有独立解决非常规问题的基本能力；能指导他人进行工作或协助培训一般操作人员。同时具有下列专业能力：

1. 能编制有关建筑工程技术资料。
2. 能绘制复杂的建筑施工图、结构施工图、设备施工图。
3. 能进行难度较大的建筑施工测量。
4. 能对施工现场进行质量控制、进度控制，对工程项目进行投资控制。
5. 能独立进行施工现场的组织、协调工作。
6. 能编制、审查土建单位工程施工组织设计方案。
7. 能确定、审查建筑工程造价，参与工程监理招投标。

对应或相关职业（工种）：工程测量员 S（4-08-03-04）、监理工程技术人员（2-02-30-07）、建设工程质量检测员（4-08-05-09）

职业资格（职业技能等级）：工程测量员

专业主要教学内容：

建筑工程测量技术、建筑构造、建筑施工技术、建筑施工组织与管理、建筑工程预算和决算、建筑工程投资控制、建筑工程质量控制、建筑施工安全管理、建筑工程进度控制、建筑工程质量验收与资料整理、工程招投标管理等。

对应下一级专业编码：1105-4

1106 工程造价

1106-4 中级

专业编码：1106-4

专业名称：工程造价

培养目标：培养从事工程造价计价和控制工作的中级技能人才。

学习年限：3 年（初中毕业生），2 年（高中毕业生）

职业能力：

具有积极的人生态度、健康的心理素质、良好的职业道德和较扎实的文化基础知识；具有获取新知识、新技能的意识和能力，能适应不断变化的职业社会；具有良好的人际交往能力和团队合作精神；了解建设工程项目流程，掌握工程预算定额及有关政策规定，遵守相关法律法规，并能解决一般性专业问题。同时具有下列专业能力：

1. 能审查施工图样，参加图样会审和技术交底，并依据其记录进行预算调整。

2. 能协助上级做好工程项目的立项申报、组织招投标、开工前的报批及竣工后的验收工作。

3. 能参与采购工程材料和设备，进行工程材料分析，复核材料价差，收集和掌握技术变更、材料代换记录，并随时进行造价测算，为决策提供科学依据。

4. 能掌握施工合同条款，并深入现场了解施工情况，为决算复核工作打好基础。

5. 能完成工程造价的经济分析及工程决算资料的归档。

对应或相关职业（工种）：工程测量员 S（4-08-03-04）

职业资格（职业技能等级）：工程测量员

专业主要教学内容：

建筑力学、建筑材料、建筑识图、建筑构造、建筑设备、建筑工程测量、建设法规原理与实务、建筑施工技术、工程经济概论、建设工程工程量计算、建筑工程造价、装饰工程造价、安装工程造价、工程造价控制、建设工程造价综合实训等。

对应上一级专业编码：1106-3

1106-3　高级

专业编码：1106-3

专业名称：工程造价

培养目标：培养从事工程造价计价和控制工作的高级技能人才（高级工）。

学习年限：2 年（达到中级技能水平学生），3 年（高中毕业生），5 年（初中毕业生）

职业能力：

具有积极的人生态度、健康的心理素质、良好的职业道德和较扎实的文化基础知识；具有获取新知识、新技能的意识和能力，能适应不断变化的职业社会；具有良好的人际交往能力和团队合作精神；熟悉建设工程项目流程，掌握工程预算定额及有关政策规定，遵守相关法律法规，并具有独立解决非常规问题的基本能力；能指导他人进行工作或协助培训一般造价计价人员。同时具有下列专业能力：

1. 能审查施工图样，参加图样会审和技术交底，并依据其记录进行预算调整。

2. 能带领和指导下级做好工程项目的立项申报、组织招投标、开工前的报批及竣工后的验收工作。

3. 工程竣工验收后，能进行竣工工程的决算工作。

4. 能参与采购工程材料和设备，进行工程材料分析，复核材料价差，收集和掌握技术变更、材料代换记录，并随时进行造价测算，为决策提供科学依据。

5. 能掌握施工合同条款，并深入现场了解施工情况，为决算复核工作打好基础。

6. 能完成工程造价的经济分析及工程决算资料的归档。

7. 能协助编制基本建设计划和调整计划，了解基建计划的执行情况。

对应或相关职业（工种）：工程测量员 S（4-08-03-04）、工程造价工程技术人员（2-02-30-10）

职业资格（职业技能等级）：工程测量员

专业主要教学内容：

建筑力学、建筑材料、建筑结构、建筑构造、建筑设备、建筑工程测量、建设法规原理与实务、建筑施工技术、施工组织管理、建设工程工程量计算、建筑工程造价、装饰工程造价、安装工程造价、工程造价控制、建设工程造价综合实训等。

对应下一级专业编码：1106-4

1107　建筑工程管理

1107-4　中级

专业编码：1107-4

专业名称：建筑工程管理

培养目标：培养在建筑工程领域从事工程项目管理工作的中级技能人才。

学习年限：3 年（初中毕业生），2 年（高中毕业生）

职业能力：

具有积极的人生态度、健康的心理素质、良好的职业道德和较扎实的文化基础知识；具有获取新知识、新技能的意识和能力，能适应不断变化的职业社会；了解工程项目施工管理流程；具有质量、进度、成本、安全生产意识，并能解决一般性专业问题。同时具有下列专业能力：

1. 能参与建筑工程项目策划、可行性分析、组织招投标工作，能看懂并编制项目建议书、可行性研究报告，协助编制招投标文件。

2. 能看懂土建工程项目的工料分析单，参与对建筑工程项目的概、预、决算并进行审查与核算，协助做好成本控制、成本核算。

3. 能看懂建筑工程项目合同的基本内容，协助实施合同控制，协助解决施工中出现的合同变更与索赔问题。

4. 能鉴别一般建筑工程项目的过程是否符合质量要求，协助解决一般建筑工程项目施工中出现的质量问题。

5. 能看懂一般建筑工程的施工组织设计方案、施工现场布置图及施工方案，及时发现影响项目进度的因素，协助调整建筑工程项目施工进度。

6. 能基本做好一般建筑工程的各种相关记录，协助做好施工文件的归档。

7. 能较熟练地运用计算机对建筑工程项目文字及数据进行处理，较熟练地运用计算机辅助施工管理。

对应或相关职业（工种）：工程测量员 S（4-08-03-04）

职业资格（职业技能等级）：工程测量员

专业主要教学内容：

管理学原理、工程项目管理、工程项目可行性研究、工程造价管理、工程建设招投标、工程合同管理、建设与管理法规、建筑工程制图与识图、建筑材料、房屋建筑学、建筑施工组织与管理、建筑施工技术、建筑施工安全管理、建筑工程资料管理、建筑工程监理概论、建筑安全技术、建筑工程质量验收等。

对应上一级专业编码： 1107-3

1107-3　高级

专业编码： 1107-3

专业名称： 建筑工程管理

培养目标： 培养在建筑工程领域从事工程项目管理工作的高级技能人才（高级工）。

学习年限： 2 年（达到中级技能水平学生），3 年（高中毕业生），5 年（初中毕业生）

职业能力：

具有积极的人生态度、健康的心理素质、良好的职业道德和较扎实的文化基础知识；具有获取新知识、新技能的意识和能力，能适应不断变化的职业社会；熟悉工程项目施工管理流程，具有质量、进度、成本、安全生产意识，并具有独立解决非常规问题的基本能力；能指导他人进行工作或协助培训一般操作人员。同时具有下列专业能力：

1. 能熟练编制项目建议书、可行性研究报告，进行可行性分析，组织招投标工作，编制招投标文件。

2. 能熟练进行土建工程项目的工料分析，对建筑工程项目的概、预、决算进行审查与核算，做好成本控制、成本核算。

3. 能对建筑工程项目合同进行分析与控制，解决施工中出现的合同变更与索赔问题。

4. 能对一般建筑工程项目质量进行控制、分析，对一般建筑工程项目质量及其事故处理提出意见。

5. 能熟练编制一般建筑工程的施工组织设计方案，制定施工现场布置及施工方案，并对建筑工程项目施工进度进行检查与调整。

6. 能对施工文件进行编制和归档，进行建筑工程项目竣工验收及回访保修，参与工程项目竣工结算、决算。

7. 能熟练地运用计算机对建筑工程项目文字及数据进行处理和分析，熟练地运用计算机辅助施工管理。

对应或相关职业（工种）： 工程测量员 S（4-08-03-04）、项目管理工程技术人员（2-02-30-04）

职业资格（职业技能等级）： 工程测量员

专业主要教学内容：

管理学原理、工程项目管理、工程项目可行性研究、工程估价、工程造价管理、工程建设招投标、工程合同管理、建设与管理法规、建筑工程制图与识图、建筑材料、房屋建筑学、建筑施工组织与管理、建筑施工技术、建筑施工安全管理、建筑工程资料管理、建筑工程监理概论、建筑安全技术、建筑工程质量验收等。

对应下一级专业编码： 1107-4

1108　市政工程施工

1108-4　中级

专业编码：1108-4

专业名称：市政工程施工

培养目标：培养从事城市道路、桥梁、管道等市政工程施工、监理、质检等工作的中级技能人才。

学习年限：3 年（初中毕业生），2 年（高中毕业生）

职业能力：

具有积极的人生态度、健康的心理素质、良好的职业道德和较扎实的文化基础知识；具有获取新知识、新技能的意识和能力，能适应不断变化的职业社会；了解市政工程施工的全过程和工艺方法，遵守市政工程施工技术规范，具有安全施工意识，重视环境保护，并能解决一般性专业问题。同时具有下列专业能力：

1. 能识读市政工程施工图。
2. 能操作水准仪、全站仪等测量仪器，对城市道路、桥梁、管道进行勘测。
3. 能对市政工程原材料进行简单的试验、检测。
4. 能对市政工程质量进行检测。
5. 能从事城市道路、桥梁、管道的施工。

对应或相关职业（工种）：筑路工（6-29-02-03）、公路养护工（6-29-02-04）、桥隧工（6-29-02-05）、工程测量员 S（4-08-03-04）

职业资格（职业技能等级）：筑路工、桥隧工、工程测量员

专业主要教学内容：

建筑工程制图、工程测量基础、道路勘测、材料检测、市政现场检测、桥涵施工、城市道路工程施工技术、市政管道工程、给水排水管道工程、市政工程养护技术与管理等。

专业方向：市政设施检测

对应上一级专业编码：1108-3

1108-3　高级

专业编码：1108-3

专业名称：市政工程施工

培养目标：培养从事城市道路、桥梁、管道等市政工程施工、监理、质检等工作的高级技能人才（高级工）。

学习年限：2 年（达到中级技能水平学生），3 年（高中毕业生），5 年（初中毕业生）

职业能力：

具有积极的人生态度、健康的心理素质、良好的职业道德和较扎实的文化基础知识；具有获取新知识、新技能的意识和能力，能适应不断变化的职业社会；熟悉市政工程施工的全过程和工艺方法，遵守市政工程施工技术规范，具有安全施工意识，重视环境保护，并具有独立解决非常规问题的基本能力；能指导他人进行工作或协助培训一般操作人员。同时具有

下列专业能力：

1. 能识读、绘制市政工程施工图。

2. 能操作水准仪、全站仪、GPS 等测量仪器，对城市道路、桥梁、管道进行勘测。

3. 能对市政工程原材料进行试验、检测。

4. 能对市政工程质量进行检测、评定。

5. 能从事城市道路、桥梁、管道的施工，并承担工程监理工作。

6. 能根据市政工程定额和造价编制办法，进行工程计量和概预算编制工作。

对应或相关职业（工种）：筑路工（6-29-02-03）、公路养护工（6-29-02-04）、桥隧工（6-29-02-05）、工程测量员 S（4-08-03-04）

职业资格（职业技能等级）：筑路工、桥隧工、工程测量员

专业主要教学内容：

建筑 CAD、工程测量、道路勘测、工程施工放样技术、材料检测、市政现场检测、桥涵施工、城市道路工程施工管理、市政管道工程、给水排水管道工程、市政工程监理、工程概预算、工程资料编制、工程实用软件、市政工程养护机械等。

专业方向：市政设施检测

对应下一级专业编码：1108-4

1109　土建工程检测

1109-4　中级

专业编码：1109-4

专业名称：土建工程检测

培养目标：培养从事常用工程材料检测和施工质量控制工作的中级技能人才。

学习年限：3 年（初中毕业生），2 年（高中毕业生）

职业能力：

具有积极的人生态度、健康的心理素质、良好的职业道德和较扎实的文化基础知识；具有获取新知识、新技能的意识和能力，能适应不断变化的职业社会；了解土木建筑工程施工流程、常用材料技术标准、材料检测流程，严格执行材料检测设备操作规定，具有安全意识，并能解决一般性专业问题。同时具有下列专业能力：

1. 能识读简单的民用建筑、道路、桥涵、隧道设施等常见工程的工程图。

2. 能使用计算机进行初步的数据处理。

3. 能根据有关标准的规定和要求，采用科学合理的检测手段，对建筑材料的性能参数进行检验和测定。

4. 能对建筑材料的技术性质和质量做出正确的评价。

5. 了解建筑、道路、桥涵、隧道设施等常见工程施工的一般流程与工艺。

6. 熟悉工程施工验收规范和质量标准以及检查方法。

对应或相关职业（工种）：物理性能检验员（6-31-03-02）、建筑材料试验工 *（6-31-03-02）、工程测量员 S（4-08-03-04）、建设工程质量检测员（4-08-05-09）

职业资格（职业技能等级）：物理性能检验员（建筑材料试验工）、工程测量员

专业主要教学内容：

建筑材料、材料力学基础、工程制图、建筑制图、计算机制图、工程测量基础、建筑材料检测、土木工程施工技术、建筑结构检测等。

对应上一级专业编码：1109-3

1109-3　高级

专业编码：1109-3

专业名称：土建工程检测

培养目标：培养从事常用工程材料检测和施工质量控制工作的高级技能人才（高级工）。

学习年限：2 年（达到中级技能水平学生），3 年（高中毕业生），5 年（初中毕业生）

职业能力：

具有积极的人生态度、健康的心理素质、良好的职业道德和较扎实的文化基础知识；具有获取新知识、新技能的意识和能力，能适应不断变化的职业社会；熟悉土木建筑工程施工流程、常用材料技术标准、材料检测流程，严格执行材料检测设备操作规定，具有安全意识，并具有独立解决非常规问题的基本能力；能指导他人进行工作或协助培训一般工作人员。同时具有下列专业能力：

1. 能识读民用建筑、道路、桥涵、隧道设施等常见工程的工程图。
2. 能使用计算机进行数据处理和分析。
3. 能根据有关标准的规定和要求，采用科学合理的检测手段，对建筑材料的性能参数进行检验和测定。
4. 能对建筑材料的技术性质和质量做出正确的评价。
5. 掌握建筑、道路、桥涵、隧道设施等常见工程施工的流程与工艺。
6. 掌握工程施工验收规范和质量标准以及检查方法。

对应或相关职业（工种）：物理性能检验员（6-31-03-02）、建筑材料试验工＊（6-31-03-02）、工程测量员 S（4-08-03-04）、建设工程质量检测员（4-08-05-09）

职业资格（职业技能等级）：物理性能检验员（建筑材料试验工）、工程测量员

专业主要教学内容：

建筑材料、材料力学、化学基础、材料化学、材料性能试验分析、土工检测、工程测量、建筑设计基础、土木施工管理等。

对应下一级专业编码：1109-4

1110　燃气热力运行与维护

1110-4　中级

专业编码：1110-4

专业名称：燃气热力运行与维护

培养目标：培养从事燃气输配、燃气具安装与维修、燃气与供热管道安装、供热系统运行及维护的中级技能人才。

学习年限：3 年（初中毕业生），2 年（高中毕业生）

职业能力：

具有积极的人生态度、健康的心理素质、良好的职业道德和较扎实的文化基础知识；具有获取新知识、新技能的意识和能力，能适应不断变化的职业社会；了解企业生产流程，遵守各项工艺规程，具有安全意识，重视环境保护，并能解决一般性专业问题。同时具有下列专业能力：

1. 熟悉燃气与供热的相关工作流程。
2. 能识读一般机械零件图、简单装配图和工程施工图，测绘简单的机械管件连接图。
3. 掌握各种管件的连接操作、管件施工工具的使用及各种仪表的操作。
4. 能识别、安装常用的室内燃气、供热管道，识别常用建筑基本材料。
5. 掌握燃气具的维修维护技术。
6. 掌握热力锅炉安全运行操作知识以及节能技术。
7. 熟悉有限空间作业的安全管理及操作技术，能预防中毒窒息等生产安全事故发生。
8. 熟悉烟气处理的方法。

对应或相关职业（工种）：燃气具安装维修工（4-12-04-05）、燃气供应服务员（4-11-02-00）、锅炉运行值班员（6-28-01-01）、锅炉操作工（6-28-01-11）、供热管网系统运行工（6-28-01-13）、管道工（6-29-02-15）

职业资格（职业技能等级）：燃气具安装维修工、燃气供应服务员、锅炉运行值班员、锅炉操作工

专业主要教学内容：

管道识图、热工学基础、建筑与管道材料、供热运行管理与节能技术、燃气应用技术、供热与空气调节、锅炉附属设备、热力锅炉运行与维修、采暖与供热管网安装与运行、有限空间作业等。

对应上一级专业编码：1110-3

1110-3　高级

专业编码：1110-3

专业名称：燃气热力运行与维护

培养目标：培养从事燃气输配、燃气具维修、燃气与供热管道安装施工、供热系统运行维护及检验的高级技能人才（高级工）。

学习年限：2 年（达到中级技能水平学生），3 年（高中毕业生），5 年（初中毕业生）

职业能力：

具有积极的人生态度、健康的心理素质、良好的职业道德和较扎实的文化基础知识；具有获取新知识、新技能的意识和能力，能适应不断变化的职业社会；熟悉企业生产流程，具有安全生产和环保意识，遵守各项工艺规程，并具有独立解决非常规问题的基本能力；能指导他人进行工作或协助培训一般操作人员。同时具有下列专业能力：

1. 熟悉燃气与供热的相关管理法规和安全操作规程。
2. 能绘制一般机械零件图、简单装配图和工程施工草图，绘制户内简单的管道安装图。
3. 熟练掌握各种管件的连接操作、管件施工工具的使用及各种仪表的操作。

4. 能选用、安装常用的室内燃气、供热管道，识别、选用常用建筑基本材料。

5. 能对热力锅炉及采暖系统按设计要求进行基本的安装施工。

6. 掌握锅炉供热系统的运行维修技能，能排除燃气具复杂故障。

7. 熟悉有限空间作业的安全管理，能预防、控制中毒窒息等生产安全事故发生。

8. 掌握烟气处理的方法。

9. 熟悉节能环保技术并能正确运用。

对应或相关职业（工种）：燃气具安装维修工（4-12-04-05）、燃气供应服务员（4-11-02-00）、锅炉运行值班员（6-28-01-01）、锅炉操作工（6-28-01-11）、供热管网系统运行工（6-28-01-13）、管道工（6-29-02-15）

职业资格（职业技能等级）：燃气具安装维修工、燃气供应服务员、锅炉运行值班员、锅炉操作工

专业主要教学内容：

工程制图、建筑与管道材料、供热运行管理与节能技术、供暖管理、燃气输配与应用技术、供热与空气调节、锅炉附属设备、热力锅炉维修、燃气施工、采暖与供热管网安装与运行、有限空间作业、烟气处理等。

对应下一级专业编码：1110-4

1111　消防工程技术

1111-4　中级

专业编码：1111-4

专业名称：消防工程技术

培养目标：培养从事消防安全管理以及消防设备安装、检测、维护等工作的中级技能人才。

学习年限：3 年（初中毕业生），2 年（高中毕业生）

职业能力：

具有积极的人生态度、健康的心理素质、良好的职业道德和较扎实的文化基础知识；具有获取新知识、新技能的意识和能力，能适应不断变化的职业社会；具有社会责任感，了解企事业单位工作和生产流程，严格执行工作管理规定与规程；具有良好的人际交往能力、团队合作精神和服务客户的意识；具有安全意识，重视环境保护，并能解决一般性专业问题。同时具有下列专业能力：

1. 能监管建筑消防中控室各种设备状态，并能对设备进行检查、记录。

2. 能使用与维护灭火器材、火灾自动报警系统、固定灭火系统、应急广播和消防专用电话、应急照明和疏散指示标志。

3. 能识读与绘制火灾自动报警系统、固定灭火系统图样，协助技术主管完成消防系统及相关设备的安装、检测、维护等工作。

4. 能根据火灾应急预案正确有效地应对突发火灾（及时报告火警、启动火灾应急预案、扑灭初期火灾等）。

对应或相关职业（工种）：消防设施操作员（4-07-05-03）、消防员（3-02-03-01）

职业资格（职业技能等级）：消防设施操作员、消防员

专业主要教学内容：

电工电子技术、电力拖动与控制、单片机原理与应用、消防燃烧学、消防法、火灾自动报警系统、消防联动系统施工（常用主机）、消防供水、智能楼宇基础、钳工技能、电工技能、消防综合技能等。

对应上一级专业编码：1111-3

1111-3　高级

专业编码：1111-3

专业名称：消防工程技术

培养目标：培养从事消防安全管理以及消防设备安装、检测、维护等工作的高级技能人才（高级工）。

学习年限：2年（达到中级技能水平学生），3年（高中毕业生），5年（初中毕业生）

职业能力：

具有积极的人生态度、健康的心理素质、良好的职业道德和较扎实的文化基础知识；具有获取新知识、新技能的意识和能力，能适应不断变化的职业社会；具有社会责任感，熟悉企事业单位工作和生产流程，严格执行工作管理规定与规程；具有良好的人际交往能力、团队合作精神和服务客户的意识；具有安全意识，重视环境保护，并具有独立解决非常规问题的基本能力；能指导他人进行工作或协助培训一般操作人员。同时具有下列专业能力：

1. 能熟练监管建筑消防中控室各种设备状态，并能对设备进行检查、记录。

2. 能熟练使用与维护灭火器材、火灾自动报警系统、固定灭火系统、应急广播和消防专用电话、应急照明和疏散指示标志。

3. 能使用与维护防火分隔设施、消防电梯、消防供配电设施。

4. 能识读与绘制火灾自动报警系统、固定灭火系统图样，完成消防系统及相关设备的安装、检测、维护等工作。

5. 能制定火灾应急预案并正确有效地应对突发火灾（及时报告火警、启动火灾应急预案、扑灭初期火灾等）。

对应或相关职业（工种）：消防设施操作员（4-07-05-03）、消防员（3-02-03-01）

职业资格（职业技能等级）：消防设施操作员、消防员

专业主要教学内容：

电工电子技术、电力拖动与控制、单片机原理与应用、建筑CAD、消防燃烧学、消防法、建筑防火设计规范、火灾自动报警系统、消防联动系统施工（常用主机）、消防供水、智能楼宇技术、消防电源、钳工技能、电工技能、消防综合技能等。

对应下一级专业编码：1111-4

1112　硅酸盐材料制品生产

1112-4　中级

专业编码：1112-4

专业名称：硅酸盐材料制品生产

培养目标：培养从事硅酸盐材料制品生产运行及控制管理的中级技能人才。

学习年限：3 年（初中毕业生），2 年（高中毕业生）

职业能力：

具有积极的人生态度、健康的心理素质、良好的职业道德和较扎实的文化基础知识；具有获取新知识、新技能的意识和能力，能适应不断变化的职业社会；遵守各项工艺规程，具有安全意识，重视环境保护，并能解决一般性专业问题。同时具有下列专业能力：

1. 能识读一般机械零件图与装配图。

2. 能识读硅酸盐材料制品生产工艺过程文件，以获取工艺的主要技术控制指标要求。

3. 能识读硅酸盐材料制品的原材料、半成品、成品的理化性能数据，并能据此对生产操作进行调节。

4. 能操作与维护硅酸盐材料制品生产设备，并正确利用控制仪器仪表指导操作。

5. 能依靠视觉、触觉等感官或借助仪器仪表、工量器具对硅酸盐材料制品生产设备的运行状况和加工对象的质量做出判断，并及时确定维持或调整操作的措施。

6. 能正确填写生产记录、交接班报告，准确清楚地描述生产工艺、设备运行状况。

对应或相关职业（工种）：水泥生产工（6-15-01-01）、水泥混凝土制品工（6-15-01-02）、石灰煅烧工（6-15-01-03）、石膏粉生产工（6-15-01-04）、石膏制品生产工（6-15-01-05）、预拌混凝土生产工（6-15-01-06）、耐火原料加工成型工（6-15-06-01）、耐火材料烧成工（6-15-06-02）、耐火制品加工工（6-15-06-03）、耐火纤维制品工（6-15-06-04）、玻璃配料熔化工（6-15-03-01）、玻璃及玻璃制品成型工（6-15-03-02）、玻璃加工工（6-15-03-03）、玻璃制品加工工（6-15-03-04）

职业资格（职业技能等级）：水泥生产工、水泥混凝土制品工、石膏制品生产工

专业主要教学内容：

计算机基础知识、机械制图、基础化学、胶凝材料工艺学、硅酸盐材料工业分析、硅酸盐材料物理性能检测、硅酸盐材料粉磨技术与设备、硅酸盐材料成型技术与设备、硅酸盐材料烧成技术与设备、钳工与焊工技能训练等。

对应上一级专业编码：1112-3

1112-3 高级

专业编码：1112-3

专业名称：硅酸盐材料制品生产

培养目标：培养从事硅酸盐材料制品生产运行及控制管理的高级技能人才（高级工）。

学习年限：2 年（达到中级技能水平学生），3 年（高中毕业生），5 年（初中毕业生）

职业能力：

具有积极的人生态度、健康的心理素质、良好的职业道德和较扎实的文化基础知识；具有获取新知识、新技能的意识和能力，能适应不断变化的职业社会；遵守各项工艺规程，具有安全意识，重视环境保护，并具有独立解决非常规问题的基本能力；能指导他人进行工作或协助培训一般操作人员。同时具有下列专业能力：

1. 能识读硅酸盐材料制品生产主辅机的装配图和工艺布置图。

2. 能识读硅酸盐材料制品生产工艺过程文件，根据生产需要调整个别控制指标。

3. 能依据经验对硅酸盐材料制品的原材料、半成品的理化性能是否符合技术要求做出判断，并采取有效措施保障产品的生产质量。

4. 能操作硅酸盐材料制品生产设备，评估设备技术状态；能及时发现并处理常见的工艺、设备故障，指导设备的维护、维修。

5. 能组织、协调本岗位人员对硅酸盐材料制品的生产准备、安全准备、生产工艺过程进行全面检查和监督。

6. 能指挥相关岗位硅酸盐材料制品生产主辅机设备的协同操作，保障设备连续安全运转。

7. 能在硅酸盐材料制品生产系统进行大修、技术改造后完成系统试车工作。

对应或相关职业（工种）：水泥生产工（6-15-01-01）、水泥混凝土制品工（6-15-01-02）、石灰煅烧工（6-15-01-03）、石膏粉生产工（6-15-01-04）、石膏制品生产工（6-15-01-05）、预拌混凝土生产工（6-15-01-06）、耐火原料加工成型工（6-15-06-01）、耐火材料烧成工（6-15-06-02）、耐火制品加工工（6-15-06-03）、耐火纤维制品工（6-15-06-04）、玻璃配料熔化工（6-15-03-01）、玻璃及玻璃制品成型工（6-15-03-02）、玻璃加工工（6-15-03-03）、玻璃制品加工工（6-15-03-04）

职业资格（职业技能等级）：水泥生产工、水泥混凝土制品工、石膏制品生产工

专业主要教学内容：

计算机应用、机械制图、机械零件、普通化学、分析化学、胶凝材料工艺学、硅酸盐材料物理化学、粉体工程及设备、硅酸盐材料热工过程与设备、硅酸盐材料分析与测试等。

对应下一级专业编码：1112-4

1113　城市燃气输配与应用

1113-4　中级

专业编码：1113-4

专业名称：城市燃气输配与应用

培养目标：培养从事城市燃气输配运行、城市燃气工程施工和城市燃气用户服务工作的中级技能人才。

学习年限：3年（初中毕业生），2年（高中毕业生）

职业能力：

具有积极的人生态度、健康的心理素质、良好的职业道德和较扎实的文化基础知识；具有获取新知识、新技能的意识和能力，能适应不断变化的职业社会；了解企业生产流程，严格执行设备操作规定，遵守各项工艺规程，具有安全意识，重视环境保护，并能解决一般性专业问题。同时具有下列专业能力：

1. 能识读、绘制简单的管道施工图，使用计算机绘图软件。

2. 熟悉场站工艺流程，能处置场站工艺操作、设备维护、场站运行操作过程中的小型故障。

3. 能进行场站各类设备各级别维护保养及各类设备小型维修作业。

4. 能进行场站设备、监控设施、仪器仪表各级别维护和故障判别，对异常运行、刚启动和新安装设备等进行重点巡查。

5. 能进行燃气场站内消防应急处置及消防安全设施各级别维护。

6. 能组织小型工程的施工，在管道施工、管道保护、城市燃气管道维修抢险作业中，解决一般安全隐患，独立进行燃气事故的前期控制。

7. 能正常维护和排除常用机械设备的一般性故障，进行地下燃气中压管网置换的通气作业。

8. 能发现燃气用户户内燃气管道和燃具的各类安全隐患，并解决较复杂的安全隐患。

9. 能正确使用机具与工具，为燃气用户提供设施及用具的安装、开通置换、安全维护服务，并能进行各类家用燃气设备小型维修作业。

对应或相关职业（工种）：燃气储运工（6-28-02-01）、燃气具安装维修工（4-12-04-05）、燃气供应服务员（4-11-02-00）

职业资格（职业技能等级）：燃气储运工、燃气具安装维修工、燃气供应服务员

专业主要教学内容：

管道制图与 CAD、燃气基础知识、燃气输配、燃气工程施工、管道加工、城镇燃气管道安全运行与维护、燃气输配场站安全运行与操作、室内燃气管道安装及用具安全检修、燃气用户营销管理、消防与安全、职业健康等。

对应上一级专业编码：1113-3

1113-3　高级

专业编码：1113-3

专业名称：城市燃气输配与应用

培养目标：培养从事城市燃气输配运行、城市燃气工程施工和城市燃气用户服务工作的高级技能人才（高级工）。

学习年限：2 年（达到中级技能水平学生），3 年（高中毕业生），5 年（初中毕业生）

职业能力：

具有积极的人生态度、健康的心理素质、良好的职业道德和较扎实的文化基础知识；具有获取新知识、新技能的意识和能力，能适应不断变化的职业社会；熟悉企业生产流程，严格执行设备操作规定，遵守各项工艺规程，重视环境保护，并具有独立解决非常规问题的基本能力；能指导他人进行工作或协助培训一般操作人员。同时具有下列专业能力：

1. 能审核图样，查阅有关技术资料，根据工程情况绘制图样内容。

2. 能熟练进行常用设备的操作、日常维护保养和定期维护保养，并熟练掌握常用设备常见故障处理方法。

3. 熟悉场站工艺，能处置场站运行过程中的应急情况。

4. 能协调指挥场站供气操作，进行场站各类型设备大、中型维修作业，并能进行场站各类型介质外泄处理。

5. 能独立进行各种管道施工机具的维护保养和维修，并能组织较大型或较复杂燃气管道工程的施工。

6. 能对协调、巡检、巡查资料进行归档与分析，并能编制一般安全隐患类应急预案，

且具备燃气管道的测量、检测技能，能对管道保护提出解决方案。

7. 能编制各类动火作业施工方案，并能进行一般阀门及管道截断阀的故障诊断和维修。

8. 能正确运用技术规程，准确提出停气、降压、充气的作业方案。

9. 能正确使用工具，安装、调试、维护和修理燃气灶具等燃气燃烧器具及其附属设备，诊断、排除、修理燃气燃烧器具的故障，能进行燃气燃烧器具及其附属设备燃气泄漏等事故的应急处理。

对应或相关职业（工种）：燃气储运工（6-28-02-01）、燃气具安装维修工（4-12-04-05）、燃气供应服务员（4-11-02-00）

职业资格（职业技能等级）：燃气储运工、燃气具安装维修工、燃气供应服务员

专业主要教学内容：

工程制图，燃气工程施工，场站应急处置及应急预案，城镇燃气设施运行、维护和抢修安全技术规程，安全管理，管道工程施工，室内燃气管道安装及用具安全检修，燃气用户营销管理，消防与安全，职业健康等。

对应下一级专业编码：1113-4

1114 给排水施工与运行

1114-4 中级

专业编码：1114-4

专业名称：给排水施工与运行

培养目标：培养从事室内外给排水工程施工和现场管理以及水厂、污水处理厂和泵站运行操作的中级技能人才。

学习年限：3 年（初中毕业生），2 年（高中毕业生）

职业能力：

具有积极的人生态度、健康的心理素质、良好的职业道德和较扎实的文化基础知识；具有获取新知识、新技能的意识和能力，能适应不断变化的职业社会；了解企业生产流程，严格执行设备操作规定，遵守各项工艺规程，具有安全意识，重视环境保护，并能解决一般性专业问题。同时具有下列专业能力：

1. 能正确识读给排水施工图样，使用 CAD 绘图软件。
2. 能熟练使用测量仪器进行简单的施工测量放样操作。
3. 能完成给排水管道施工相关工作，编制简单的给排水工程的施工组织设计及施工方案。
4. 能选用、安装、调试和检查给排水管道和设备。
5. 能正确使用常用仪器设备及试剂，正确检测常规水质指标。
6. 能掌握给排水工艺相关的电气安全知识和电气操作技能。
7. 能进行中小型泵站运行的基本操作和维护。
8. 能掌握典型给排水工艺，并能运行、管理和维护给排水设备。

对应或相关职业（工种）：水生产处理工 L（6-28-03-01）、水供应输排工 L（6-28-03-02）、司泵工（6-28-03-04）、管道工（6-29-02-15）、污水处理工 L（4-09-07-01）

职业资格（职业技能等级）：水生产处理工

专业主要教学内容：

给排水工程识图与CAD、电工与电气设备、工程测量、水力学与水泵、建筑给排水管道及设备安装、给排水管道施工、给排水工程施工组织与管理、给排水自动控制与仪表、水质检测与分析、给水处理与运行、污水处理与运行等。

对应上一级专业编码：1114-3

1114-3　高级

专业编码：1114-3

专业名称：给排水施工与运行

培养目标：培养从事室内外给排水工程施工和现场管理以及水厂、污水处理厂和泵站运行操作的高级技能人才（高级工）。

学习年限：2年（达到中级技能水平学生），3年（高中毕业生），5年（初中毕业生）

职业能力：

具有积极的人生态度、健康的心理素质、良好的职业道德和较扎实的文化基础知识；具有获取新知识、新技能的意识和能力，能适应不断变化的职业社会；熟悉企业生产流程，严格执行设备操作规定，遵守各项工艺规程，重视环境保护，并具有独立解决非常规问题的基本能力；能指导他人进行工作或协助培训一般操作人员。同时具有下列专业能力：

1. 能正确识读并绘制给排水施工图样，使用CAD绘图软件。
2. 能进行施工测量放样操作，维护保养测量仪器。
3. 能熟练编制给排水工程的施工组织设计及施工方案，并具备施工管理及施工现场组织协调的能力。
4. 能选用、安装、调试和检查给排水管道和设备，并能处理常见事故。
5. 能指导新员工进行常规水质指标检测，检修、维护常用仪器设备。
6. 能熟练掌握给排水工艺相关的电气操作技能，排除常见设备故障。
7. 能独立进行泵站运行操作和维护，排除常见故障。
8. 能根据水质特征选择给排水工艺，并能运行、管理和维护给排水设备。

对应或相关职业（工种）：水生产处理工L（6-28-03-01）、水供应输排工L（6-28-03-02）、司泵工（6-28-03-04）、管道工（6-29-02-15）、污水处理工L（4-09-07-01）

职业资格（职业技能等级）：水生产处理工

专业主要教学内容：

给排水工程识图与CAD、电工与电气设备、工程测量、水力学与水泵、建筑给排水管道及设备安装、建筑消防控制系统安装与调试、给排水管道施工、给排水工程施工组织与管理、建筑与安装工程造价、给排水自动控制与仪表、水质检测与分析、给水处理与运行、污水处理与运行、水的深度处理技术等。

对应下一级专业编码：1114-4

1115　城市水务技术

1115-4　中级

专业编码：1115-4

专业名称：城市水务技术

培养目标：培养从事给水排水管网维护管理、水质分析、水环境治理、水务工程施工和运行管理的中级技能人才。

学习年限：3 年（初中毕业生），2 年（高中毕业生）

职业能力：

具有积极的人生态度、健康的心理素质、良好的职业道德和较扎实的文化基础知识；具有获取新知识、新技能的意识和能力，能适应不断变化的职业社会；了解企业生产流程，严格执行设备操作规定，遵守各项工艺规程，具有安全意识，重视环境保护，并能解决一般性专业问题。同时具有下列专业能力：

1. 能正确识读城市水务技术专业施工图。
2. 能利用化学仪器检测水样水质。
3. 能对中小型泵站进行给排水处理、污水处理。
4. 能操作中央控制室监控系统。
5. 能进行管道施工。
6. 能独立查阅专业规范设计手册。

对应或相关职业（工种）：水供应服务员（4-11-03-01）、水供应输排工 L（6-28-03-02）、司泵工（6-28-03-04）、管道工（6-29-02-15）、污水处理工 L（4-09-07-01）、化学检验员（6-31-03-01）、水环境监测员＊（4-08-06-00）

职业资格（职业技能等级）：化学检验员

专业主要教学内容：

工程识图、水环境系统模型、水处理微生物、管道工实训、水质分析实训、中控室操作实训、水文学、工程流体力学、城市水环境与治污、水分析化学、水泵与水泵站等。

对应上一级专业编码：1115-3

1115-3　高级

专业编码：1115-3

专业名称：城市水务技术

培养目标：培养从事给水排水管网维护管理、水质分析、水环境治理、工程造价及水务工程施工和运行管理的高级技能人才（高级工）。

学习年限：2 年（达到中级技能水平学生），3 年（高中毕业生），5 年（初中毕业生）

职业能力：

具有积极的人生态度、健康的心理素质、良好的职业道德和较扎实的文化基础知识；具有获取新知识、新技能的意识和能力，能适应不断变化的职业社会；熟悉企业生产流程，严格执行设备操作规定，遵守各项工艺规程，重视环境保护，并具有独立解决非常规问题的基本能力；能指导他人进行工作或协助培训一般操作人员。同时具有下列专业能力：

1. 能利用 CAD 软件熟练绘制城市水务技术专业施工图。

2. 能利用化学仪器对各类水样水质进行检测和分析。

3. 能运用相关规范和技术标准对工程质量进行检验。

4. 能对中小型泵站进行给排水处理、污水处理，并对设备进行维护。

5. 能进行管道工程设计基本计算和管网平面图、纵断面图绘制。

6. 能管理工程技术资料。

7. 能参与施工图样会审及招投标工作。

8. 能对水务技术设施进行计价。

对应或相关职业（工种）：水供应服务员（4-11-03-01）、水供应输排工 L（6-28-03-02）、司泵工（6-28-03-04）、管道工（6-29-02-15）、污水处理工 L（4-09-07-01）、化学检验员（6-31-03-01）、水环境监测员 *（4-08-06-00）

职业资格（职业技能等级）：化学检验员

专业主要教学内容：

工程 CAD 制图、水务工程施工、水务工程项目管理、泵站运行与维护、工程造价、水质分析实训、管道工程设计实训、给排水工程、测量学、水务规划与管理等。

对应下一级专业编码：1115-4

1116 建筑设计

1116-3 高级

专业编码：1116-3

专业名称：建筑设计

培养目标：培养从事建筑设计和设计技术管理的高级技能人才（高级工）。

学习年限：2 年（达到中级技能水平学生），3 年（高中毕业生），5 年（初中毕业生）

职业能力：

具有积极的人生态度、健康的心理素质、良好的职业道德和较扎实的文化基础知识；具有获取新知识、新技能的意识和能力，能适应不断变化的职业社会；熟悉企业生产流程，严格执行设备操作规定，遵守各项工艺规程，重视环境保护，并具有独立解决非常规问题的基本能力；能指导他人进行工作或协助培训一般操作人员。同时具有下列专业能力：

1. 能熟练识读建筑施工图，熟悉有关房屋建筑制图的国家标准。

2. 能灵活运用建筑设计的基本语言，具备一定的建筑方案设计能力。

3. 能熟练掌握建筑设计表现的基本技法。

4. 能熟练运用手绘和计算机辅助设计技术进行建筑表现。

5. 能进行简单的建筑设计，用多种方式表达设计意图。

6. 能协助设计师绘图，管理电子文档和图样，绘制建筑结构工程图。

对应或相关职业（工种）：制图员（3-01-02-07）、建筑信息模型技术员 L/S（4-08-08-23）

职业资格（职业技能等级）：制图员、建筑信息模型技术员

专业主要教学内容：

AutoCAD/SketchUp/3dsMax 软件使用、建筑设计原理、建筑基础知识、建筑表现图技法、色彩构成、建筑力学与结构、建筑法规、建筑材料、建筑识图与构造等。

对应下一级专业编码：无

1117　建筑模型设计与制作

1117-4　中级

专业编码：1117-4

专业名称：建筑模型设计与制作

培养目标：培养从事建筑模型设计与制作的中级技能人才。

学习年限：3 年（初中毕业生），2 年（高中毕业生）

职业能力：

具有积极的人生态度、健康的心理素质、良好的职业道德和较扎实的文化基础知识；具有获取新知识、新技能的意识和能力，能适应不断变化的职业社会；了解企业生产流程，严格执行设备操作规定，遵守各项工艺规程，具有安全意识，重视环境保护，并能解决一般性专业问题。同时具有下列专业能力：

1. 能快速绘制创意草图，熟悉建筑模型的制作工艺流程。
2. 能利用计算机进行图形设计，熟悉 AutoCAD、Photoshop 等设计软件的操作。
3. 能对装饰材料的属性有一定认识。
4. 能对建筑模型设计与制作整体规划有初步认识。
5. 能认知园林景观中的植物搭配，熟悉花草特性与功能。
6. 能协助进行建筑模型的制作。
7. 能熟悉安全生产、质量验收的相关规定。

对应或相关职业（工种）：制图员（3-01-02-07）、建筑信息模型技术员 L/S（4-04-05-04）、建筑模型制作工 *（6-18-04-02）

职业资格（职业技能等级）：制图员、建筑信息模型技术员

专业主要教学内容：

办公软件应用、计算机图形图像处理软件应用、建筑摄影与后期处理、建筑装饰制图、构成基础、建筑室内外效果图手绘、计算机辅助设计、园林小景观、建筑 CAD、建筑模型制作（激光机、精雕机运用）等。

对应上一级专业编码：1117-3

1117-3　高级

专业编码：1117-3

专业名称：建筑模型设计与制作

培养目标：培养从事建筑模型设计与制作的高级技能人才（高级工）。

学习年限：2 年（达到中级技能水平学生），3 年（高中毕业生），5 年（初中毕业生）

职业能力：

具有积极的人生态度、健康的心理素质、良好的职业道德和较扎实的文化基础知识；具有获取新知识、新技能的意识和能力，能适应不断变化的职业社会；熟悉企业生产流程，严格执行设备操作规定，遵守各项工艺规程，重视环境保护，并具有独立解决非常规问题的基本能力；能指导他人进行工作或协助培训一般操作人员。同时具有下列专业能力：

1. 能快速绘制创意草图，掌握建筑模型的制作工艺流程。
2. 能利用计算机绘制施工图（平面图、立面图、剖面图）、大样图以及彩色效果图。
3. 能利用计算机进行图形设计，熟悉 AutoCAD、3dsMax、Photoshop 等设计软件的操作。
4. 能根据施工要求选用材料。
5. 能掌握园林植物的属性，完成模型景观的合理规划。
6. 能独立完成中小型建筑模型的制作。
7. 能对一般中小型建筑模型工程进行估价。
8. 能独立完成小型建筑模型设计方案并能与客户进行交流，熟悉安全生产、质量验收的相关规定。

对应或相关职业（工种）：制图员（3-01-02-07）、建筑信息模型技术员 L/S（4-04-05-04）、建筑模型制作工＊（6-18-04-02）

职业资格（职业技能等级）：制图员、建筑信息模型技术员

专业主要教学内容：

办公软件应用、计算机图形图像处理软件应用、建筑摄影与后期处理、建筑装饰制图、构成基础、景观规划设计、景观设计效果图手绘、沙盘模型制作、3dsMax 软件使用、SketchUp 软件使用、室内外空间设计、建筑 CAD、建筑模型制作（激光机、精雕机运用）、景观工程材料与施工等。

对应下一级专业编码：1117-4

1118　石材工艺

1118-4　中级

专业编码：1118-4

专业名称：石材工艺

培养目标：培养从事石材产品加工与工艺设计的中级技能人才。

学习年限：3 年（初中毕业生），2 年（高中毕业生）

职业能力：

具有积极的人生态度、健康的心理素质、良好的职业道德和较扎实的文化基础知识；具有获取新知识、新技能的意识和能力，能适应不断变化的职业社会；了解企业生产流程，严格执行设备操作规定，遵守各项工艺规程，具有安全意识，重视环境保护，并能解决一般性专业问题。同时具有下列专业能力：

1. 能读懂石材产品工艺图样及加工工艺文件。
2. 能根据石材加工工艺文件制定加工步骤。
3. 能根据产品加工工艺要求选用合适的石材原料。

4. 能手工或操作雕刻机床加工简单的石材雕刻产品。

5. 能根据工艺文件制作拼接产品。

6. 能规范操作石材加工设备加工板材及异形产品。

7. 能根据产品质量标准检测产品质量。

对应或相关职业（工种）：石材生产工（6-15-02-03）、石雕工＊（6-09-03-01）

职业资格（职业技能等级）：石材生产工

专业主要教学内容：

机械制图、石材装饰 CAD、Photoshop 图像处理、素描、色彩构成基础、雕刻编程、石材数控加工工艺、石材加工设备及工艺基础、石材养护、石材机械操作与编程等。

对应上一级专业编码：1118-3

1118-3 高级

专业编码：1118-3

专业名称：石材工艺

培养目标：培养从事石材产品加工与工艺设计的高级技能人才（高级工）。

学习年限：2 年（达到中级技能水平学生），3 年（高中毕业生），5 年（初中毕业生）

职业能力：

具有积极的人生态度、健康的心理素质、良好的职业道德和较扎实的文化基础知识；具有获取新知识、新技能的意识和能力，能适应不断变化的职业社会；熟悉企业生产流程，严格执行设备操作规定，遵守各项工艺规程，重视环境保护，并具有独立解决非常规问题的基本能力；能指导他人进行工作或协助培训一般操作人员。同时具有下列专业能力：

1. 能根据客户要求设计石材产品图样。

2. 能根据石材产品图样制定加工工艺。

3. 能编制石材数控雕刻加工程序并完成加工调整。

4. 能制作石材装饰及工艺产品。

5. 能对石材加工设备进行调试和维护保养。

对应或相关职业（工种）：石材生产工（6-15-02-03）、石雕工＊（6-09-03-01）

职业资格（职业技能等级）：石材生产工

专业主要教学内容：

国学传统文化、素描、色彩构成基础、石材产品图样设计与绘制、数控编程、石材加工工艺规程、石材工艺品设计、手工雕刻艺术、石材加工生产组织管理等。

对应下一级专业编码：1118-4

1119 古建筑修缮与仿建

1119-4 中级

专业编码：1119-4

专业名称：古建筑修缮与仿建

培养目标：培养从事古建筑修缮与仿建的中级技能人才。

学习年限：3 年（初中毕业生），2 年（高中毕业生）

职业能力：

具有积极的人生态度、健康的心理素质、良好的职业道德和较扎实的文化基础知识；具有获取新知识、新技能的意识和能力，能适应不断变化的职业社会；了解古建筑修缮与仿建相关工作流程，严格执行设备操作规定，遵守各项工艺规程，具有安全意识，重视环境保护，并能解决一般性专业问题。同时具有下列专业能力：

1. 能识读并绘制造型与施工工艺简单的古建筑常用施工图。

2. 能初步测量造型与施工工艺简单的古建筑并完成测绘图样。

3. 能编制造型与施工工艺简单的古建筑修缮与仿建施工方案。

4. 能编制造型与施工工艺简单的古建筑修缮与仿建概预算。

5. 能根据古建筑施工技术标准、规范和规程完成古建筑木作、瓦石作、油漆和彩画等基本施工操作。

6. 能管理造型与施工工艺简单的古建工程信息资料。

对应或相关职业（工种）：古建筑工（6-29-05-00）、工程测量员 S（4-08-03-04）、制图员（3-01-02-07）、手工木工（6-06-03-01）、砌筑工（6-29-01-01）

职业资格（职业技能等级）：工程测量员、手工木工、砌筑工

专业主要教学内容：

美术基础、风景建筑临摹、古建筑制图、中国建筑简史、古建筑修缮基础知识、古建筑测绘、古建筑材料与构造、古建筑木作技术、古建筑瓦石作技术、古建筑油漆彩画基础、园林建筑设计、仿古新建筑施工、古建筑复原模型制作、古建筑工程预算等。

对应上一级专业编码：1119-3

1119-3　高级

专业编码：1119-3

专业名称：古建筑修缮与仿建

培养目标：培养从事古建筑修缮与仿建的高级技能人才（高级工）。

学习年限：2 年（达到中级技能水平学生），3 年（高中毕业生），5 年（初中毕业生）

职业能力：

具有积极的人生态度、健康的心理素质、良好的职业道德和较扎实的文化基础知识；具有获取新知识、新技能的意识和能力，能适应不断变化的职业社会；熟悉古建筑修缮与仿建相关工作流程，严格执行设备操作规定，遵守各项工艺规程，重视环境保护，并具有独立解决非常规问题的基本能力；能指导他人进行工作或协助培训一般操作人员。同时具有下列专业能力：

1. 能识读并绘制造型与施工工艺较复杂的古建筑施工图样。

2. 能编制造型与施工工艺较复杂的古建筑修缮与仿建施工方案。

3. 能熟练操作 AutoCAD、3dsMax 等辅助绘图软件，进行古建筑相关图样绘制并辅助完成仿古新建筑设计方案。

4. 能编制古建筑修缮与仿建工程概预算。

5. 能根据古建筑施工技术标准、规范和规程，完成古建筑木作、瓦石作、油漆和彩画

的施工操作。

6. 能进行古建筑修缮与仿建工程现场施工管理。

对应或相关职业（工种）：古建筑工（6-29-05-00）、工程测量员 S（4-08-03-04）、制图员（3-01-02-07）、手工木工（6-06-03-01）、砌筑工（6-29-01-01）

职业资格（职业技能等级）：工程测量员、手工木工、砌筑工

专业主要教学内容：

艺术设计基础、风景写生、古建筑 CAD 制图、中外建筑简史、古建筑工程测绘、古建筑装饰构造与材料应用、古建筑木作工程修缮、古建筑瓦石工程修缮、古建筑油漆彩画技术、古建筑检测鉴定与维修技术、仿古新建筑设计、古建筑施工组织与管理、古建筑工程计量计价、3dsMax 效果图制作等。

对应下一级专业编码：1119-4

12 轻 工 类

1201 印刷（图文信息处理）

1201-4 中级

专业编码：1201-4

专业名称：印刷（图文信息处理）

培养目标：培养从事印前图文处理、版面设计和制版的中级技能人才。

学习年限：3 年（初中毕业生），2 年（高中毕业生）

职业能力：

具有积极的人生态度、健康的心理素质、良好的职业道德和较扎实的文化基础知识；具有获取新知识、新技能的意识和能力，能适应不断变化的职业社会；了解企业生产流程，遵守各项工艺规程，具有安全意识，重视环境保护，并能解决一般性专业问题。同时具有下列专业能力：

1. 熟练掌握计算机操作系统和熟悉 DTP 流程。
2. 能进行高速、准确的文字录入。
3. 能根据印刷要求使用软件对图文进行处理。
4. 能进行一般版面的编排和校对。
5. 能根据印刷要求制作胶片并进行胶片质量的判断。
6. 能进行拼版和晒版操作。
7. 能解决图文信息处理、设计和制版过程中的常见问题。
8. 能对制版设备进行常规保养。

对应或相关职业（工种）：印前处理和制作员（6-08-01-01）

职业资格（职业技能等级）：印前处理和制作员

专业主要教学内容：

计算机基本操作技能、计算机安装与维护、印刷基础知识、美术基础知识、印前制版工艺与实训、书刊装订与实训、图形图像处理实训、拼版和晒版实训等。

专业方向：计算机照排

对应上一级专业编码：1201-3

1201-3 高级

专业编码：1201-3

专业名称：印刷（图文信息处理）

培养目标：培养从事印前图文处理、版面设计和制版的高级技能人才（高级工）。

学习年限：2 年（达到中级技能水平学生），3 年（高中毕业生），5 年（初中毕业生）

职业能力：

具有积极的人生态度、健康的心理素质、良好的职业道德和较扎实的文化基础知识；具有获取新知识、新技能的意识和能力，能适应不断变化的职业社会；熟悉企业生产流程，具有安全生产和环保意识，遵守各项工艺规程，并具有独立解决非常规问题的基本能力；能指导他人进行工作或协助培训一般操作人员。同时具有下列专业能力：

1. 能进行印前设计部门局域网的设置和管理。
2. 能进行复杂版面的设计、计算和排版。
3. 掌握多种设计软件，并能解决不同软件之间的兼容性问题。
4. 掌握一定的美术知识，能根据要求进行设计。
5. 能进行数码打样和模拟打样。
6. 能进行拼版、晒版的数据化控制，并对印版的质量进行控制。
7. 掌握计算机直接制版工艺，能进行计算机直接制版操作。
8. 能根据印刷工艺要求调整制版参数的设置。
9. 能进行印前各类设备的维护保养。

对应或相关职业（工种）：印前处理和制作员（6-08-01-01）

职业资格（职业技能等级）：印前处理和制作员

专业主要教学内容：

计算机网络、计算机硬件与维修、CTP 技术、印刷工艺与实训、印刷材料、摄影、设计色彩与应用、分色原理与应用、印前图文处理实训、排版实训等。

专业方向：计算机照排

对应下一级专业编码：1201-4

1202　印刷（印刷技术）

1202-4　中级

专业编码：1202-4

专业名称：印刷（印刷技术）

培养目标：培养从事印刷应用技术和印刷设备操作的中级技能人才。

学习年限：3 年（初中毕业生），2 年（高中毕业生）

职业能力：

具有积极的人生态度、健康的心理素质、良好的职业道德和较扎实的文化基础知识；具有获取新知识、新技能的意识和能力，能适应不断变化的职业社会；了解企业生产流程，遵守各项工艺规程，具有安全意识，重视环境保护，并能解决一般性专业问题。同时具有下列专业能力：

1. 能识读生产工艺流程单，掌握生产工艺整体流程。
2. 能进行印前各种材料的准备和材料性能的判断。
3. 能进行印刷机常规部件的调节。
4. 能完成多色产品的印刷和质量控制。
5. 能解决印刷过程中出现的常见问题。

6. 能进行印刷品质量的常规检测和故障分析。

7. 能正确使用常见专业工具。

8. 能进行印刷设备的常规维护保养。

对应或相关职业（工种）：印刷操作员（6-08-01-02）

职业资格（职业技能等级）：印刷操作员

专业主要教学内容：

印前制版工艺与实训、印刷色彩、印刷材料、印刷工艺与实训、印刷机结构与操作、特种印刷、印后加工工艺与实训、印刷机操作技能实训等。

专业方向：平版印刷、计算机制版

对应上一级专业编码：1202-3

1202-3　高级

专业编码：1202-3

专业名称：印刷（印刷技术）

培养目标：培养从事印刷应用技术和印刷设备操作的高级技能人才（高级工）。

学习年限：2 年（达到中级技能水平学生），3 年（高中毕业生），5 年（初中毕业生）

职业能力：

具有积极的人生态度、健康的心理素质、良好的职业道德和较扎实的文化基础知识；具有获取新知识、新技能的意识和能力，能适应不断变化的职业社会；熟悉企业生产流程，具有安全生产和环保意识，遵守各项工艺规程，并具有独立解决非常规问题的基本能力；能指导他人进行工作或协助培训一般操作人员。同时具有下列专业能力：

1. 能制定生产工艺流程。

2. 能进行非常用印刷材料的选择和质量判断。

3. 掌握 CTP 制版工艺和印版各项质量判断标准。

4. 能进行印刷机复杂部件的调节。

5. 能完成非常用材料的印刷和质量控制。

6. 能排除印刷过程中出现的工艺和机械故障。

7. 能使用检测仪器检测印刷品质量，并对产品质量进行分析。

8. 能识读印刷机零配件图样，进行印刷机易损件的更换。

对应或相关职业（工种）：印刷操作员（6-08-01-02）

职业资格（职业技能等级）：印刷操作员

专业主要教学内容：

机械识图与 CAD、机械原理、电工电子技术、CTP 与数字印刷、印刷色彩、印刷材料检测、防伪印刷、印刷机维修与保养、印刷质量控制与标准化、印刷机操作技能实训等。

专业方向：平版印刷、计算机制版

对应下一级专业编码：1202-4

1203 印刷（包装应用技术）

1203-4 中级

专业编码：1203-4

专业名称：印刷（包装应用技术）

培养目标：培养从事印后加工设备操作和工艺管理的中级技能人才。

学习年限：3 年（初中毕业生），2 年（高中毕业生）

职业能力：

具有积极的人生态度、健康的心理素质、良好的职业道德和较扎实的文化基础知识；具有获取新知识、新技能的意识和能力，能适应不断变化的职业社会；了解企业生产流程，遵守各项工艺规程，具有安全意识，重视环境保护，并能解决一般性专业问题。同时具有下列专业能力：

1. 能识读印张上的各类标记。
2. 掌握印后加工工艺流程。
3. 能对印刷品的质量进行判断。
4. 能操作两类以上印后加工设备，熟悉其他加工设备的工作原理。
5. 能正确选用常见耗材和使用多种主要专业工具。
6. 能解决印后加工过程中出现的常见问题。
7. 能对包装品的加工质量进行常规性判断。
8. 能对印后加工设备进行常规保养。

对应或相关职业（工种）：印后制作员（6-08-01-03）、包装设计师（4-08-08-09）

职业资格（职业技能等级）：印后制作员、包装设计师

专业主要教学内容：

机械识图与 CAD、机械基础、包装材料、包装设备与实训、质量控制、印刷色彩、印刷基础知识、包装基础知识、版面设计、印后加工工艺与实训、书刊装订等。

对应上一级专业编码：1203-3

1203-3 高级

专业编码：1203-3

专业名称：印刷（包装应用技术）

培养目标：培养从事印后加工设备操作、包装产品结构设计和工艺管理的高级技能人才（高级工）。

学习年限：2 年（达到中级技能水平学生），3 年（高中毕业生），5 年（初中毕业生）

职业能力：

具有积极的人生态度、健康的心理素质、良好的职业道德和较扎实的文化基础知识；具有获取新知识、新技能的意识和能力，能适应不断变化的职业社会；熟悉企业生产流程，具有安全生产和环保意识，遵守各项工艺规程，并具有独立解决非常规问题的基本能力；能指导他人进行工作或协助培训一般操作人员。同时具有下列专业能力：

1. 能进行印后加工生产工艺流程的设计。
2. 能操作多种印后加工设备。
3. 掌握多种包装材料的特性，并能实现新型材料的印后加工。
4. 掌握一种包装设计软件的应用。
5. 能根据要求进行包装盒的结构设计。
6. 能对各种印后加工工序的质量进行控制，并解决常见问题。
7. 能进行印后加工设备的常规维修。
8. 掌握常规包装检测仪器的使用。

对应或相关职业（工种）：印后制作员（6-08-01-03）、包装设计师（4-08-08-09）

职业资格（职业技能等级）：印后制作员、包装设计师

专业主要教学内容：

包装印刷工艺、运输包装、包装材料、包装工艺、包装设计软件、包装容器与结构设计、质量控制、包装检测技术与实训、包装与环境、包装设备与实训、包装容器与结构设计实训等。

对应下一级专业编码：1203-4

1204 纺织技术

1204-4 中级

专业编码：1204-4

专业名称：纺织技术

培养目标：培养从事纺织设备操作、纺织工艺设计、纺织品性能测试、车间基层管理的中级技能人才。

学习年限：3 年（初中毕业生），2 年（高中毕业生）

职业能力：

具有积极的人生态度、健康的心理素质、良好的职业道德和较扎实的文化基础知识；具有获取新知识、新技能的意识和能力，能适应不断变化的职业社会；了解企业生产流程，严格执行设备操作规定，遵守各项工艺规程，具有安全意识，重视环境保护，并能解决一般性专业问题。同时具有下列专业能力：

1. 能识读简单的纺织工艺文件。
2. 能正确操作一两种纺纱设备。
3. 能正确测试纺纱半成品的结构参数。
4. 能完成纺纱设备的维护保养。
5. 能完成产品质量追踪、检验、评估、控制等技术工作。
6. 能从事车间基层管理工作。

对应或相关职业（工种）：纺纱工（6-04-02-01）、缫丝工（6-04-02-02）、纺织纤维梳理工（6-04-01-03）、并条工（6-04-01-04）、粗纱工（6-04-01-05）、整经工（6-04-03-01）、织布工（6-04-03-03）、纤维检验员（4-08-05-02）

职业资格（职业技能等级）：纺纱工、缫丝工、纺织纤维梳理工、并条工、整经工、织

布工、纤维检验员

专业主要教学内容：

机械识图与CAD、纺织材料与检测、纺织机械基础、棉纺操作、棉纺工艺、织物结构与设计、机织物CAD、纺织厂生产环境与安全生产、纺织生产实训等。

对应上一级专业编码：1204-3

1204-3 高级

专业编码：1204-3

专业名称：纺织技术

培养目标：培养从事纺织设备操作、纺织工艺设计、纺织品性能测试、车间基层管理的高级技能人才（高级工）。

学习年限：2年（达到中级技能水平学生），3年（高中毕业生），5年（初中毕业生）

职业能力：

具有积极的人生态度、健康的心理素质、良好的职业道德和较扎实的文化基础知识；具有获取新知识、新技能的意识和能力，能适应不断变化的职业社会；熟悉企业生产流程，严格执行设备操作规定，遵守各项工艺规程，并具有独立解决非常规问题的基本能力；能指导他人进行工作或协助培训一般操作人员。同时具有下列专业能力：

1. 能识读较复杂的纺织工艺文件。
2. 能熟练操作一两种纺纱设备。
3. 能熟练测试纺纱半成品的结构参数。
4. 能熟练完成纺纱设备的维护保养。
5. 能熟练完成产品质量追踪、检验、评估、控制等技术工作。
6. 能从事车间基层管理工作。
7. 能从事纺织产品营销工作。

对应或相关职业（工种）：纺纱工（6-04-02-01）、缫丝工（6-04-02-02）、纺织纤维梳理工（6-04-01-03）、并条工（6-04-01-04）、粗纱工（6-04-01-05）、整经工（6-04-03-01）、织布工（6-04-03-03）、纤维检验员（4-08-05-02）

职业资格（职业技能等级）：纺纱工、缫丝工、纺织纤维梳理工、并条工、整经工、织布工、纤维检验员

专业主要教学内容：

纺织材料与检测、纺织专业英语、纺织厂生产环境与安全生产、纺织技术管理、纺织机电控制、纺织机械基础、棉纺操作、棉纺工艺、织物结构与设计、机织物CAD、纺织生产实训、纺织市场营销、棉纺质量控制、纺纱新技术、纺纱工艺设计与计算等。

对应下一级专业编码：1204-4

1205 针织工艺

1205-4 中级

专业编码：1205-4

专业名称：针织工艺

培养目标：培养从事纬编、经编、织袜设备操作及针织品编织的中级技能人才。

学习年限：3 年（初中毕业生），2 年（高中毕业生）

职业能力：

具有积极的人生态度、健康的心理素质、良好的职业道德和较扎实的文化基础知识；具有获取新知识、新技能的意识和能力，能适应不断变化的职业社会；了解企业生产流程，严格执行针织设备操作规定，遵守各项工艺规程，具有安全意识，重视环境保护，并能解决一般性专业问题。同时具有下列专业能力：

1. 能识读针织工艺操作图并按照工艺要求进行安全生产。
2. 能完成针织设备安装、调试和维护保养，排除生产过程中针织设备的一般故障。
3. 能操作针织设备编织不同组织、不同原料的织物。
4. 能运用计算机横机程序进行生产加工。
5. 能正确使用工具对针织物进行质量检验。

对应或相关职业（工种）：纬编工（6-04-04-01）、经编工（6-04-04-02）、横机工（6-04-04-03）、纤维检验员（4-08-05-02）

职业资格（职业技能等级）：纤维检验员

专业主要教学内容：

针织学（纬编、经编）、织袜、羊毛衫生产、横机修理、针织大圆机操作指导、计算机横机操作指导、针织原料、针织生产工艺等。

对应上一级专业编码：1205-3

1205-3　高级

专业编码：1205-3

专业名称：针织工艺

培养目标：培养从事纬编、经编、织袜设备操作及针织品编织和车间基层管理的高级技能人才（高级工）。

学习年限：2 年（达到中级技能水平学生），3 年（高中毕业生），5 年（初中毕业生）

职业能力：

具有积极的人生态度、健康的心理素质、良好的职业道德和较扎实的文化基础知识；具有获取新知识、新技能的意识和能力，能适应不断变化的职业社会；熟悉企业生产流程，严格执行针织设备操作规定，遵守各项工艺规程，重视环境保护，并具有独立解决非常规问题的基本能力；能指导他人进行工作或协助培训一般操作人员。同时具有下列专业能力：

1. 能识读、评定针织工艺操作单，并按照工艺要求进行安全生产。
2. 能完成针织设备安装、调试和维护保养，针对设备在使用过程中出现的故障提出有效的解决方案并排除故障。
3. 能使用数字纺织技术及设备编织不同组织、不同原料的织物。
4. 能正确使用工具对针织物进行质量检验，并能对新型原料、特殊花型织物组织面料进行检验，诊断加工质量问题并提出解决方案。
5. 能完成跟踪试生产工作，包括质量跟踪、分析、检验、评估、控制等技术工作。

对应或相关职业（工种）：纬编工（6-04-04-01）、经编工（6-04-04-02）、横机工（6-04-04-03）、纤维检验员（4-08-05-02）

职业资格（职业技能等级）：纤维检验员

专业主要教学内容：

针织学（纬编、经编）、羊毛衫生产工艺编制、横机安装调试与维修、针织大圆机操作指导、计算机横机编程指导、针织原料、生产管理等。

对应下一级专业编码：1205-4

1206 染整技术

1206-4 中级

专业编码：1206-4

专业名称：染整技术

培养目标：培养从事染整工艺运行和生产操作的中级技能人才。

学习年限：3 年（初中毕业生），2 年（高中毕业生）

职业能力：

具有积极的人生态度、健康的心理素质、良好的职业道德和较扎实的文化基础知识；具有获取新知识、新技能的意识和能力，能适应不断变化的职业社会；了解染整企业生产工艺流程，具有安全生产和环保意识，遵守各项工艺规程，并能解决一般性专业问题。同时具有下列专业能力：

1. 能识读简单的染整工艺文件。
2. 能正确操作和维护染整生产常用设备。
3. 能正确使用现场染整仪器及控制仪表。
4. 能正确使用安全、环保设施和判断、分析及排除染整产品生产过程中的常见故障。
5. 能按要求填写操作记录和生产报表。
6. 能完成产品质量追踪、检验、评估、控制等技术工作。

对应或相关职业（工种）：印染前处理工（6-04-06-01）、纺织染色工（6-04-06-02）、印花工（6-04-06-03）、纺织印花制版工（6-04-06-04）、印染后整理工（6-04-06-05）、印染染化料配制工（6-04-06-06）、工艺染织品制作工（6-04-06-07）

职业资格（职业技能等级）：印染前处理工、纺织染色工、印花工、印染后整理工、印染染化料配制工

专业主要教学内容：

染整化学基础、染整材料化学、染整工艺、染整实验、染整设备、印染产品质量控制等。

对应上一级专业编码：1206-3

1206-3 高级

专业编码：1206-3

专业名称：染整技术

培养目标：培养从事染整工艺运行、生产操作和车间基层管理的高级技能人才（高级工）。

学习年限：2 年（达到中级技能水平学生），3 年（高中毕业生），5 年（初中毕业生）

职业能力：

具有积极的人生态度、健康的心理素质、良好的职业道德和较扎实的文化基础知识；具有获取新知识、新技能的意识和能力，能适应不断变化的职业社会；熟悉染整企业生产工艺流程，具有较强的安全生产和环保意识，自觉遵守各项工艺规程，并具有独立解决非常规问题的基本能力；能指导他人进行工作或协助培训一般操作人员。同时具有下列专业能力：

1. 能识读较复杂的染整工艺文件。
2. 能熟练操作和维护染整生产常用设备。
3. 能正确、熟练使用现场染整仪器及控制仪表。
4. 能正确、熟练使用安全、环保设施和判断、分析及排除染整产品生产过程中的常见故障和异常现象。
5. 能按要求准确填写操作记录和生产报表。
6. 能熟练完成产品质量追踪、检验、评估、控制等技术工作。
7. 能在安全、生产及质量控制等方面提出切实可行的建议和意见。
8. 能配合开发研制一般染整工艺和产品。
9. 能从事车间基层管理工作。

对应或相关职业（工种）：印染前处理工（6-04-06-01）、纺织染色工（6-04-06-02）、印花工（6-04-06-03）、纺织印花制版工（6-04-06-04）、印染后整理工（6-04-06-05）、印染染化料配制工（6-04-06-06）、工艺染织品制作工（6-04-06-07）

职业资格（职业技能等级）：印染前处理工、纺织染色工、印花工、印染后整理工、印染染化料配制工

专业主要教学内容：

染料化学、染整助剂、基础化学、染整废水处理、针织物染整工艺学、染整化学基础、染整材料化学、染整工艺、染整实验、染整设备、印染产品质量控制等。

对应下一级专业编码：1206-4

1207 化纤生产技术

1207-4 中级

专业编码：1207-4

专业名称：化纤生产技术

培养目标：培养从事化纤生产工艺运行和生产操作的中级技能人才。

学习年限：3 年（初中毕业生），2 年（高中毕业生）

职业能力：

具有积极的人生态度、健康的心理素质、良好的职业道德和较扎实的文化基础知识；具有获取新知识、新技能的意识和能力，能适应不断变化的职业社会；了解企业生产流程，具有安全生产和环保意识，遵守各项工艺规程，并能解决一般性专业问题。同时具有下列专业

能力：

1. 能识读化纤工艺流程图、设备结构图和常用仪器、仪表、装置说明书。

2. 能按规程开、停车。

3. 能操作与维护化纤生产中的常用设备。

4. 能按要求填写操作记录和生产报表。

5. 能根据分析结果调节多岗位的工艺参数。

6. 能按操作规程正确进行原材料、过程、产品的检验。

7. 能进行质量管理有关数据的统计、整理。

8. 能发现设备异常并能处理一般工艺和设备事故。

9. 能针对突发情况提出处理意见。

对应或相关职业（工种）：化纤聚合工（6-13-01-01）、纺丝原液制造工（6-13-01-02）、纺丝工（6-13-02-01）、化纤后处理工（6-13-02-02）、纤维检验员（4-08-05-02）

职业资格（职业技能等级）：纤维检验员

专业主要教学内容：

基础化学、机械识图、机械常识、电工基础、化纤工艺基础、化纤设备基础、化工安全生产知识、化纤生产基本操作、化学分析检验、专业实训等。

对应上一级专业编码：1207-3

1207-3　高级

专业编码：1207-3

专业名称：化纤生产技术

培养目标：培养从事化纤生产工艺运行和生产操作的高级技能人才（高级工）。

学习年限：2年（达到中级技能水平学生），3年（高中毕业生），5年（初中毕业生）

职业能力：

具有积极的人生态度、健康的心理素质、良好的职业道德和较扎实的文化基础知识；具有获取新知识、新技能的意识和能力，能适应不断变化的职业社会；熟悉企业生产流程，具有安全生产和环保意识，遵守各项工艺规程，并具有独立解决非常规问题的基本能力；能指导他人进行工作或协助培训一般操作人员。同时具有下列专业能力：

1. 能按规程开、停车并能处理开、停车异常情况。

2. 能完成生产负荷的调整工作。

3. 能完成产品质量的动态分析与调整。

4. 能判断工艺参数变化趋势，处理各种工艺波动，确保优质低耗。

5. 能根据生产运行参数、分析数据判断质量事故和设备事故的原因。

6. 能及时发现和消除事故隐患，并对事故隐患提出整改意见。

对应或相关职业（工种）：化纤聚合工（6-13-01-01）、纺丝原液制造工（6-13-01-02）、纺丝工（6-13-02-01）、化纤后处理工（6-13-02-02）、纤维检验员（4-08-05-02）

职业资格（职业技能等级）：纤维检验员

专业主要教学内容：

有机及高分子化学基础、化工原理、化工机械、机械制图与CAD、电工学、化纤生产工艺学、化纤生产设备、化纤改性、化学实验、行业安全标准、专业实训等。

对应下一级专业编码：1207-4

1208　服装制作与营销

1208-4　中级

专业编码：1208-4

专业名称：服装制作与营销

培养目标：培养从事服装制作与服装营销的中级技能人才。

学习年限：3 年（初中毕业生），2 年（高中毕业生）

职业能力：

具有积极的人生态度、健康的心理素质、良好的职业道德和较扎实的文化基础知识；具有获取新知识、新技能的意识和能力，能适应不断变化的职业社会；了解服装企业生产流程，遵守各项工艺规程，具有安全意识，重视环境保护，并能解决一般性专业问题。同时具有下列专业能力：

1. 能合理使用服装设备和工具，维护保养常用服装设备。
2. 能对服装进行简单装饰和搭配。
3. 能合理地选用服装材料。
4. 能完成常见服装成品的制作。
5. 能运用服装 CAD 软件制版。
6. 能解析常见服装的结构与工艺并进行成品制作。
7. 能运用商品营销技巧进行服装推销和业务洽谈。

对应或相关职业（工种）：服装制版师（6-05-01-01）、裁剪工（6-05-01-02）、缝纫工（6-05-01-03）、缝纫品整型工（6-05-01-04）、绒线编织拼布工（6-05-01-06）、裁缝（4-10-02-01）、营销员（4-01-02-01）

职业资格（职业技能等级）：服装制版师、裁剪工、缝纫工、裁缝、营销员

专业主要教学内容：

服装材料选用、服装质量标准应用、服装营销策略应用、服装色彩搭配、服装图案应用、服装制版、服装缝制与技能训练、服饰工艺与技能训练、服装 CAD 制版等。

对应上一级专业编码：1208-3

1208-3　高级

专业编码：1208-3

专业名称：服装制作与营销

培养目标：培养从事服装设计与制作、服装营销的高级技能人才（高级工）。

学习年限：2 年（达到中级技能水平学生），3 年（高中毕业生），5 年（初中毕业生）

职业能力：

具有积极的人生态度、健康的心理素质、良好的职业道德和较扎实的文化基础知识；具有获取新知识、新技能的意识和能力，能适应不断变化的职业社会；熟悉服装企业生产流

程，具有一定的人际交往能力和勇于创新能力，遵守各项工艺规程，重视环境保护，并具有独立解决非常规问题的基本能力；能指导他人进行工作或协助培训一般操作人员。同时具有下列专业能力：

1. 能正确使用专业设备和工具，对其进行维护并排除一般故障。
2. 能解析高档时装的结构与工艺，并进行服装成品制作。
3. 能针对不同的服装专题进行设计，并进行成品制作。
4. 能根据不同场合和要求对服装进行合理的搭配。
5. 能运用服装 CAD 软件制版及推版。
6. 能对常见面料进行改造，并进行合理的运用。
7. 能运用营销知识进行服装营销、品牌推广。

对应或相关职业（工种）：服装制版师（6-05-01-01）、裁剪工（6-05-01-02）、缝纫工（6-05-01-03）、缝纫品整型工（6-05-01-04）、绒线编织拼布工（6-05-01-06）、裁缝（4-10-02-01）、营销员（4-01-02-01）

职业资格（职业技能等级）：服装制版师、裁剪工、缝纫工、裁缝、营销员

专业主要教学内容：

服装专题设计、服装 CAD 制版和推版、品牌策略与应用、服饰设计与技能训练、服装设计与技能训练等。

对应下一级专业编码：1208-4

1209　服装养护

1209-4　中级

专业编码：1209-4

专业名称：服装养护

培养目标：培养从事服装养护的中级技能人才。

学习年限：3 年（初中毕业生），2 年（高中毕业生）

职业能力：

具有积极的人生态度、健康的心理素质、良好的职业道德和较扎实的文化基础知识；具有获取新知识、新技能的意识和能力，能适应不断变化的职业社会；了解企业生产流程，遵守各项工艺规程，具有安全意识，重视环境保护，并能解决一般性专业问题。同时具有下列专业能力：

1. 能识别各种织物面料及饰品、饰物，识别一般污渍并进行洗前预处理。
2. 能根据洗涤标志对织物进行分类并确定洗涤方法。
3. 能使用洗涤工具、设备和洗涤剂对布草和织物进行洗涤。
4. 能对皮革制品进行洗涤和保养。
5. 能使用常见熨烫工具和设备对织物进行整烫。
6. 能按成品质量要求对织物进行检验和包装。
7. 能对水洗、干洗设备进行日常维护保养，排除使用过程中的一般故障。

对应或相关职业（工种）：洗衣师（4-10-02-02）、皮革护理师（4-10-02-04）、织补

师（4-10-02-05）

职业资格（职业技能等级）：洗衣师、皮革护理师

专业主要教学内容：

服装检验及包装、服装面料鉴别、一般污渍识别与处理、衣物洗涤用品识别与应用、衣物洗涤设备使用与保养、布草洗涤、织物洗涤、织物熨烫、皮件清洗与保养等。

对应上一级专业编码：1209-3

1209-3 高级

专业编码：1209-3

专业名称：服装养护

培养目标：培养从事服装养护的高级技能人才（高级工）。

学习年限：2 年（达到中级技能水平学生），3 年（高中毕业生），5 年（初中毕业生）

职业能力：

具有积极的人生态度、健康的心理素质、良好的职业道德和较扎实的文化基础知识；具有获取新知识、新技能的意识和能力，能适应不断变化的职业社会；熟悉企业生产流程，遵守各项工艺规程，具有安全意识，重视环境保护，并具有独立解决非常规问题的基本能力；能指导他人进行工作或协助培训一般操作人员。同时具有下列专业能力：

1. 能识别新型织物、各种皮革制品，并能借助工具书看懂英文洗涤说明和标志。
2. 能识别织物、皮革制品上的污渍并能去除。
3. 能使用各种洗衣工具和设备、洗涤用剂对织物进行洗涤，制定洗涤工艺流程。
4. 能使用各种熨烫工具和设备对织物进行熨烫和整理。
5. 能使用各种熨烫工具和设备对皮革制品进行熨烫和整理。
6. 能对皮革制品进行洗涤、修复和涂饰保养。
7. 能对整烫设备进行日常维护保养，排除使用过程中的一般故障。
8. 能对洗涤、熨烫事故进行鉴别、分析和处理。

对应或相关职业（工种）：洗衣师（4-10-02-02）、皮革护理师（4-10-02-04）、织补师（4-10-02-05）

职业资格（职业技能等级）：洗衣师、皮革护理师

专业主要教学内容：

衣物洗涤用品配制、污渍的识别与处理、熨烫设备的使用与保养、织物洗涤、织物熨烫、皮件清洗与保养、皮件的熨烫和整理等。

对应下一级专业编码：1209-4

1210 服装设计与制作

1210-4 中级

专业编码：1210-4

专业名称：服装设计与制作

培养目标：培养从事服装生产加工、设计、销售的中级技能人才。

学习年限：3 年（初中毕业生），2 年（高中毕业生）

职业能力：

具有积极的人生态度、健康的心理素质、良好的职业道德和较扎实的文化基础知识；具有获取新知识、新技能的意识和能力，能适应不断变化的职业社会；了解服装制作流程，严格执行设备操作规定，遵守各项工艺规程，并能解决一般性专业问题。同时具有下列专业能力：

1. 能识读及绘制服装设计图与服装结构图，使用相应的计算机绘图软件。

2. 熟悉服装及布料市场，能根据设计师要求在市场上选配合适的服装原辅材料。

3. 能正确选用设计、打版、缝制的常用工具，维护保养设备，排除使用过程中的一般故障，并对场地进行清洁整理。

4. 能熟练操作常见成衣加工设备，制作常见款式成衣并检验其制作质量。

5. 能设计简单的服装款式造型，量体计尺码，打制样版，制定工艺流程，进行样版编号及复核。

6. 能绘制用料排料图，制作衣物半成品及样品并进行测试。

7. 能对常见款式服装进行缝制工艺分析，并制定其缝制加工顺序。

对应或相关职业（工种）：服装制版师（6-05-01-01）、裁剪工（6-05-01-02）、缝纫工（6-05-01-03）、缝纫品整型工（6-05-01-04）、绒线编织拼布工（6-05-01-06）、裁缝（4-10-02-01）、服装设计人员（2-09-06-02）

职业资格（职业技能等级）：服装制版师、裁剪工、缝纫工、裁缝

专业主要教学内容：

计算机基本操作技能、服装 CAD、CorelDRAW 软件使用、Photoshop 软件使用、服装设计基础、服装制版、服装制作工艺基础、服装立体裁剪、服装材料等。

对应上一级专业编码：1210-3

1210-3 高级

专业编码：1210-3

专业名称：服装设计与制作

培养目标：培养从事服装生产加工、设计、销售的高级技能人才（高级工）。

学习年限：2 年（达到中级技能水平学生），3 年（高中毕业生），5 年（初中毕业生）

职业能力：

具有积极的人生态度、健康的心理素质、良好的职业道德和较扎实的文化基础知识；具有获取新知识、新技能的意识和能力，能适应不断变化的职业社会；熟悉服装制作流程，严格执行设备操作规定，遵守各项工艺规程，并具有独立解决非常规问题的基本能力；能指导他人进行工作或协助培训一般工作人员。同时具有下列专业能力：

1. 具有服装色彩、图案的组织能力和实际应用能力。

2. 能正确进行人体测量，分析服装规格数据，根据不同服装款式完成服装样版制作；能熟练应用服装 CAD 软件打制服装样版，掌握服装 CAD 操作技能。

3. 能熟练应用服装立体裁剪操作技能完成服装立体造型。

4. 能依据款式特点、消费需求等合理选配服装材料。

5. 具有服装设计、绘制服装效果图的能力，并能熟练应用常用服装设计软件。

6. 能结合服装款式分析其工艺流程，运用服装加工技能进行服装制作，并具有质量管理和控制能力。

7. 能使用与服装生产相关的专用设备，并具备一定的维护保养知识。

对应或相关职业（工种）：服装制版师（6-05-01-01）、裁剪工（6-05-01-02）、缝纫工（6-05-01-03）、缝纫品整型工（6-05-01-04）、绒线编织拼布工（6-05-01-06）、裁缝（4-10-02-01）、服装设计人员（2-09-06-02）

职业资格（职业技能等级）：服装制版师、裁剪工、缝纫工、裁缝

专业主要教学内容：

服装材料、服装结构制图、服装制作工艺、服装 CAD、服装设计软件操作、服装设计、服装立体裁剪、服装生产管理等。

对应下一级专业编码：1210-4

1211 皮革加工与设计

1211-4 中级

专业编码：1211-4

专业名称：皮革加工与设计

培养目标：培养从事皮革加工与设计的中级技能人才。

学习年限：3 年（初中毕业生），2 年（高中毕业生）

职业能力：

具有积极的人生态度、健康的心理素质、良好的职业道德和较扎实的文化基础知识；具有获取新知识、新技能的意识和能力，能适应不断变化的职业社会；了解企业生产流程，严格执行皮革加工设备操作规定，遵守各项工艺规程，具有安全意识，重视环境保护，并能解决一般性专业问题。同时具有下列专业能力：

1. 能根据原料皮伤残程度、面积进行原皮分级，按照各种原皮防腐操作规程进行防腐操作，根据原皮的板别、重量、厚度、面积等进行组批，判断在制品及所用化工辅料的质量，处置和保管在制品及化工辅料，核实工艺文件的正确性和有效性。

2. 能将设备、仪表和计量器具调整到工作状态，判断机器、设备的运转状况，完成一般检修工作，更换机器、设备的易损件。

3. 能根据工艺规程要求，使用渗透剂、防腐剂、脱脂剂等化工材料进行浸水、浸灰、浸碱、脱毛操作，完成去肉、片皮、削匀操作。

4. 能配制各种鞣剂、鞣液，并能计算与调节需要的铬鞣液盐基度，使用醛鞣、油鞣、结合鞣等方法进行鞣制操作，调整鞣制过程中的 pH 值。

5. 能完成各种皮革的削匀操作，按工艺要求完成挤水、片兰皮、伸展、真空等机器的操作，进行各种艳色正面革及深色绒面革的染色操作。

6. 能完成在制品的修饰、手工和机器涂饰操作，依据不同的干燥方法，控制时间、温度、湿度、压力，达到不同品种干燥质量要求，按工艺配方进行涂饰材料的配制和使用。

7. 能按要求完成产品取样，通过感官判别产品的外观质量。

8. 能对不合格半成品进行返修操作，完成在制品的保管，防止出现风干、沾污、折叠、压折等质量问题。

对应或相关职业（工种）：皮革及皮革制品加工工（6-05-02-01）、皮具设计师（4-08-08-16）

职业资格（职业技能等级）：皮革及皮革制品加工工

专业主要教学内容：

有机化学基础、化工基础、美术基础、皮革制造工艺基础、皮革质量鉴定、皮革制品设计基础等。

对应上一级专业编码：1211-3

1211-3 高级

专业编码：1211-3

专业名称：皮革加工与设计

培养目标：培养从事皮革加工与设计的高级技能人才（高级工）。

学习年限：2 年（达到中级技能水平学生），3 年（高中毕业生），5 年（初中毕业生）

职业能力：

具有积极的人生态度、健康的心理素质、良好的职业道德和较扎实的文化基础知识；具有获取新知识、新技能的意识和能力，能适应不断变化的职业社会；熟悉企业生产流程，严格执行皮革加工设备操作规定，遵守各项工艺规程，具有安全意识，重视环境保护，并具有独立解决非常规问题的基本能力；能指导他人进行工作或协助培训一般工作人员。同时具有下列专业能力：

1. 能依据原料皮的质量和外观缺陷确定原料皮的质量等级，判断各工序在制品及化工材料的质量。

2. 能分析机器、设备故障原因，进行现场调整并排除故障，对修理后的机器、设备进行验收、调试。

3. 能通过感官检查并判断浸灰、浸碱、酶脱毛、氧化脱毛程度，处理浸水、浸灰、浸碱、酶脱毛、氧化脱毛等操作中的各种不正常现象。

4. 能根据在制品的加工质量状况，调整工艺技术参数，调整鞣制结束时的 pH 值，处理脱灰、软化、浸酸、鞣制过程中的不正常现象，对废鞣液进行回收及处理后的循环使用。

5. 能根据原料和辅料性能、在制品和成品质量要求及加工工艺，控制削匀厚度，根据工艺配方染出符合颜色要求的皮革，根据成品要求，完成贴板、真空、伸展、挂晾等干燥方法的操作。

6. 能根据产品要求调试、配制涂饰剂，完成磨砂革的磨革操作以及苯胺革的涂饰操作。

7. 能根据质量指标要求及市场要求对产品进行检验、分级，判断成品松面、脱层、裂浆、散光、脱色等质量缺陷程度。

8. 能对成品进行保管，防止发霉和六价铬超标，完成不合格成品的补修操作。

9. 能收集、整理皮革制品的市场需求信息，完成箱包等皮革制品的设计方案，利用计算机软件绘制设计图样，进行产品样板制作。

10. 能根据产品不同制作工艺，选择皮具主要生产设备，对产品的外观、内部质量和实用性进行检验。

对应或相关职业（工种）：皮革及皮革制品加工工（6-05-02-01）、皮具设计师（4-08-08-16）

职业资格（职业技能等级）：皮革及皮革制品加工工、皮具设计师

专业主要教学内容：

有机化学原理、化工工艺、皮革制造工艺、皮革防腐、皮革生产管理、美术设计基础、色彩构成、平面和立体构成、皮革制品设计、市场调查基础等。

对应下一级专业编码：1211-4

1212 鞋制品设计与制作

1212-4 中级

专业编码：1212-4

专业名称：鞋制品设计与制作

培养目标：培养从事鞋制品样板开板、鞋型设计、生产机器操作等工作的中级技能人才。

学习年限：3 年（初中毕业生），2 年（高中毕业生）

职业能力：

具有积极的人生态度、健康的心理素质、良好的职业道德和较扎实的文化基础知识；具有获取新知识、新技能的意识和能力，能适应不断变化的职业社会；了解企业生产流程，严格执行机械设备操作规定，遵守各项工艺规程，具有安全意识，重视环境保护，并能解决一般性专业问题。同时具有下列专业能力：

1. 能识读鞋帮、鞋底制作工艺图，完成帮面制作、帮底装配等工作。
2. 能判断设备运转状况，协助检修设备。
3. 能完成鞋制品质量检测工作。
4. 能辅助产品设计师完成鞋类样板设计以及样品制作。

对应或相关职业（工种）：制鞋工（6-05-04-01）、鞋类设计师（4-08-08-17）

职业资格（职业技能等级）：制鞋工

专业主要教学内容：

皮鞋设计学、制鞋工艺与操作、运动鞋设计、鞋用材料学、鞋靴设计与效果图技法、鞋类 CAD 等。

对应上一级专业编码：1212-3

1212-3 高级

专业编码：1212-3

专业名称：鞋制品设计与制作

培养目标：培养从事鞋制品样板开板、鞋型设计、生产机器操作及现场生产管理等工作的高级技能人才（高级工）。

学习年限：2 年（达到中级技能水平学生），3 年（高中毕业生），5 年（初中毕业生）

职业能力：

具有积极的人生态度、健康的心理素质、良好的职业道德和较扎实的文化基础知识；具有获取新知识、新技能的意识和能力，能适应不断变化的职业社会；熟悉企业生产流程，严格执行机械设备操作规定，遵守各项工艺规程，具有安全意识，重视环境保护，并具有独立解决非常规问题的基本能力；能指导他人进行工作或协助培训一般工作人员。同时具有下列专业能力：

1. 能熟练完成帮面制作、帮底装配等工作。
2. 能按工艺要求调换设备的夹具、模具，排除设备的一般故障。
3. 能熟练完成鞋制品质量检测工作。
4. 能进行常见鞋类样板设计、样品制作以及工艺造型。
5. 能从事现场生产管理工作。

对应或相关职业（工种）：制鞋工（6-05-04-01）、鞋类设计师（4-08-08-17）

职业资格（职业技能等级）：制鞋工、鞋类设计师

专业主要教学内容：

鞋靴设计基础、鞋类工艺学、常用鞋机使用与维护、运动鞋设计、鞋用材料学、鞋类CAD、平面设计软件应用、工业企业管理、工业化生产、鞋类质量与品质管理等。

对应下一级专业编码：1212-4

1213　制浆造纸工艺

1213-4　中级

专业编码：1213-4

专业名称：制浆造纸工艺

培养目标：培养从事制浆、制浆废液回收利用、各种纸张制造和整饰操作的中级技能人才。

学习年限：3年（初中毕业生），2年（高中毕业生）

职业能力：

具有积极的人生态度、健康的心理素质、良好的职业道德和较扎实的文化基础知识；具有获取新知识、新技能的意识和能力，能适应不断变化的职业社会；了解企业生产流程，严格执行制浆造纸设备操作规定，遵守各项工艺规程，具有安全意识，重视环境保护，并能解决一般性专业问题。同时具有下列专业能力：

1. 掌握现代制浆造纸生产工艺、设备结构和运行等基础知识，能应用相关知识进行生产操作。
2. 掌握制浆造纸设备的安全运行、维护保养知识，能对生产设备进行常规维护保养。
3. 能正确使用制浆造纸设备上的各种仪表。
4. 能根据操作规程正确运行生产设备，并按要求填写操作记录和生产报表。
5. 能识读制浆造纸工艺流程图、设备结构图和常用仪器、仪表、装置说明书。
6. 能正确使用安全、环保设施和判断、分析及排除生产过程中的常见故障。
7. 了解所生产产品的质量指标及其影响因素。

对应或相关职业（工种）：制浆工（6-07-01-01）、制浆废液回收利用工L（6-07-01-02）、造纸工（6-07-01-03）、纸张整饰工（6-07-01-04）、宣纸书画纸制作工（6-07-01-05）、纸箱纸盒制作工（6-07-02-00）

职业资格（职业技能等级）：

专业主要教学内容：

有机化学、分析化学、机械制图、植物纤维化学、化工原理、仪表与自动控制、制浆造纸工艺、制浆造纸设备与操作、制浆造纸分析与物检、化学助剂及其使用、设备安装与维修等。

对应上一级专业编码：1213-3

1213-3 高级

专业编码：1213-3

专业名称：制浆造纸工艺

培养目标：培养从事制浆、制浆废液回收利用、各种纸张制造和整饰操作的高级技能人才（高级工）。

学习年限：2年（达到中级技能水平学生），3年（高中毕业生），5年（初中毕业生）

职业能力：

具有积极的人生态度、健康的心理素质、良好的职业道德和较扎实的文化基础知识；具有获取新知识、新技能的意识和能力，能适应不断变化的职业社会；熟悉企业生产流程，严格执行制浆造纸设备操作规定，遵守各项工艺规程，重视环境保护，并具有独立解决非常规问题的基本能力；能指导他人进行工作或协助培训一般操作人员。同时具有下列专业能力：

1. 掌握现代制浆造纸生产工艺、设备运行、生产流程等专业知识，能应用相关专业知识进行生产操作。

2. 能熟练操作与维护生产常用设备，并能根据情况制订维护保养计划。

3. 能正确、熟练使用制浆造纸设备上的各种仪表。

4. 熟练掌握制浆造纸工艺流程、主要工艺参数，并能根据产品需要对参数进行调整。

5. 能排除制浆造纸生产过程中出现的异常现象和故障。

6. 能正确、熟练操作自动控制系统。

7. 掌握产品的主要质量指标，并能进行分析与检测；能识别纸病，分析产生的原因并及时排除。

8. 能对本专业工种工序进行各项管理，在安全、生产及质量控制等方面提出合理建议和改进意见。

对应或相关职业（工种）：制浆工（6-07-01-01）、制浆废液回收利用工L（6-07-01-02）、造纸工（6-07-01-03）、纸张整饰工（6-07-01-04）、宣纸书画纸制作工（6-07-01-05）、纸箱纸盒制作工（6-07-02-00）

职业资格（职业技能等级）：

专业主要教学内容：

仪表与自动控制、制浆造纸工艺、制浆造纸设备与操作、化学助剂及其使用、设备安装与维修、专业英语、环保概论、工厂设计概论、企业管理等。

对应下一级专业编码：1213-4

1214　食品加工与检验

1214-4　中级

专业编码：1214-4

专业名称：食品加工与检验

培养目标：培养从事食品加工与检验工作的中级技能人才。

学习年限：3 年（初中毕业生），2 年（高中毕业生）

职业能力：

具有积极的人生态度、健康的心理素质、良好的职业道德和较扎实的文化基础知识；具有获取新知识、新技能的意识和能力，能适应不断变化的职业社会；了解食品生产流程，遵守各项工艺规程，具有安全意识，重视环境保护，并能解决一般性专业问题。同时具有下列专业能力：

1. 具备本专业必需的无机与有机化学、生物化学、食品化学、分析化学及其实验技术、食品营养与卫生等基础知识。

2. 具备食品理化检验技术、食品微生物及其检验技术、焙烤食品加工技术、肉类与水产食品加工技术、果蔬加工技术、乳制品加工技术、发酵食品加工技术、软饮料加工技术、冷食品加工技术等专业知识。

3. 明确焙烤食品、肉类食品、水产品、果蔬制品、乳制品、软饮料、冷食品等食品的生产流程，在实际生产中能遵守各类食品的生产工艺规程。

4. 具备焙烤食品、肉类食品、水产品、果蔬制品、乳制品、软饮料、冷食品等食品生产相关岗位的操作能力，在实际生产中能严格执行设备操作规定。

5. 明确焙烤食品、肉类食品、水产品、果蔬制品、乳制品、软饮料、冷食品等检验标准，具备针对上述食品的生产原料、半成品、成品的基本检验能力。

对应或相关职业（工种）：农产品食品检验员 L（4-08-05-01）、糕点面包烘焙师（6-02-01-01）、肉制品加工工（6-01-04-03）、水产品原料处理工（5-05-06-07）、果蔬坚果加工工（6-01-06-00）、乳品加工工（6-02-04-01）、乳品评鉴师（6-02-04-02）、饮料制作工（6-02-06-09）、冷冻食品制作工（6-02-03-02）、酿酒师（6-02-06-01）、酒精酿造工（6-02-06-02）、白酒酿造工（6-02-06-03）、啤酒酿造工（6-02-06-04）、黄酒酿造工（6-02-06-05）、果露酒酿造工（6-02-06-06）、品酒师（6-02-06-07）等

职业资格（职业技能等级）：农产品食品检验员、乳品评鉴师、酿酒师、酒精酿造工、白酒酿造工、啤酒酿造工、黄酒酿造工、果露酒酿造工、品酒师

专业主要教学内容：

无机与有机化学基础、食品生物化学、食品化学、分析化学及其实验技术、食品营养与卫生、食品理化检验技术、食品微生物及其检验技术、焙烤食品加工技术、肉类与水产食品加工技术、果蔬加工技术、乳制品加工技术、发酵食品加工技术、软饮料加工技术、冷食品加工技术等。

对应上一级专业编码：1214-3

1214-3　高级

专业编码：1214-3

专业名称：食品加工与检验

培养目标：培养从事食品加工与检验工作的高级技能人才（高级工）。

学习年限：2 年（达到中级技能水平学生），3 年（高中毕业生），5 年（初中毕业生）

职业能力：

具有积极的人生态度、健康的心理素质、良好的职业道德和较扎实的文化基础知识；具有获取新知识、新技能的意识和能力，能适应不断变化的职业社会；熟悉食品生产流程，遵守各项工艺规程，具有安全意识，重视环境保护，并具有独立解决非常规问题的基本能力；能指导他人进行工作或协助培训一般操作人员。同时具有下列专业能力：

1. 具备食品生物化学、分析化学、食品营养与安全、食品分析与检验、食品机械与设备、焙烤食品加工工艺、肉制品加工工艺、果蔬加工工艺、水产食品加工工艺、乳制品加工工艺、发酵食品加工工艺、软饮料加工工艺、冷食品加工工艺、现代快餐与休闲食品等专业知识。

2. 掌握焙烤食品、肉类食品、水产品、果蔬制品、乳制品、软饮料、冷食品等食品的生产工艺流程，在实际生产中能自觉遵守各类食品的生产工艺规程。

3. 掌握焙烤食品、肉类食品、水产品、果蔬制品、乳制品、软饮料、冷食品等食品生产相关生产单元诸如流体输送、沉降、过滤、离心分离、混合、乳化、蒸发、结晶、干燥、冷冻、包装以及相关操作岗位的操作能力，在实际生产中能严格执行设备操作规定。

4. 掌握焙烤食品、肉类食品、水产品、果蔬制品、乳制品、软饮料、冷食品等食品的生产原料、半成品、成品的检验标准，具备较为独立的常规检验能力。

5. 了解焙烤食品、肉类食品、水产品、果蔬制品、乳制品、软饮料、冷食品等食品生产设备诸如物料输送机械与设备、原料预处理机械与设备、粉碎和匀质以及混合机械与设备、热加工机械与设备、冷加工机械与设备、成型机械与设备、包装机械与设备等的性能，具备维护设备的基本能力。

对应或相关职业（工种）：农产品食品检验员 L（4-08-05-01）、糕点面包烘焙师（6-02-01-01）、肉制品加工工（6-01-04-03）、水产品原料处理工（5-05-06-07）、果蔬坚果加工工（6-01-06-00）、乳品加工工（6-02-04-01）、乳品评鉴师（6-02-04-02）、饮料制作工（6-02-06-09）、冷冻食品制作工（6-02-03-02）、酿酒师（6-02-06-01）、酒精酿造工（6-02-06-02）、白酒酿造工（6-02-06-03）、啤酒酿造工（6-02-06-04）、黄酒酿造工（6-02-06-05）、果露酒酿造工（6-02-06-06）、品酒师（6-02-06-07）等

职业资格（职业技能等级）：农产品食品检验员、乳品评鉴师、酿酒师、酒精酿造工、白酒酿造工、啤酒酿造工、黄酒酿造工、果露酒酿造工、品酒师

专业主要教学内容：

食品生物化学、分析化学、食品营养与安全、食品分析与检验、食品机械与设备、焙烤食品加工工艺、肉制品加工工艺、果蔬加工工艺、水产食品加工工艺、乳制品加工工艺、发酵食品加工工艺、软饮料加工工艺、冷食品加工工艺、现代快餐与休闲食品、企业管理与经营常识等。

对应下一级专业编码：1214-4

1215　粮食工程

1215-4　中级

专业编码：1215-4

专业名称：粮食工程

培养目标：培养从事粮油加工、储藏、检验、购销和运输工作的中级技能人才。

学习年限：3 年（初中毕业生），2 年（高中毕业生）

职业能力：

具有积极的人生态度、健康的心理素质、良好的职业道德和较扎实的文化基础知识；具有获取新知识、新技能的意识和能力，能适应不断变化的职业社会；了解粮油加工等工作的基本流程，能遵守相关规范、工艺要求，具有安全意识，重视环境保护，并能解决一般性专业问题。同时具有下列专业能力：

1. 能阅读与粮油产品加工相关的技术图样和资料，使用计算机进行绘图。

2. 能按照操作工艺规程正确操作生产设备加工粮油产品，维护自动控制系统。

3. 能正确运用粮油储藏技术措施（如机械通风、干燥、低温储藏、气调储藏、计算机粮情测控、谷物冷却等），保证储粮品质。

4. 能开展储粮害虫防治技术工作（包括准确识别常见粮食昆虫，合理选择使用化学杀虫剂，采取安全、有效的储粮害虫防治方法等），实施常规熏蒸和环流熏蒸方案。

5. 能使用常规分析仪器进行粮油质量检验，准确测定粮油品质。

6. 能使用和维护常用粮仓机械与实验室电气设备。

7. 能参与实施粮油商品的合理调运经营。

对应或相关职业（工种）：制米工（6-01-01-01）、制粉工（6-01-01-02）、制油工（6-01-01-03）、粮油保管员＊（4-02-06-01）、粮油购销员＊（4-01-05-01）、农产品食品检验员 L（4-08-05-01）

职业资格（职业技能等级）：制米工、制粉工、制油工、（粮油）仓储管理员、农产品食品检验员

专业主要教学内容：

机械制图与 CAD、粮食生物化学、通风除尘与气力输送、粮油品质检验、谷物加工工艺与设备、粮油储藏学、储粮害虫防治、物流实务、市场营销、经济法、饲料工艺与设备、油脂加工工艺等。

专业方向：粮油储运与检验技术

对应上一级专业编码：1215-3

1215-3　高级

专业编码：1215-3

专业名称：粮食工程

培养目标：培养从事粮油加工、储藏、检验、购销和运输工作的高级技能人才（高

级工）。

学习年限：2 年（达到中级技能水平学生），3 年（高中毕业生），5 年（初中毕业生）

职业能力：

具有积极的人生态度、健康的心理素质、良好的职业道德和较扎实的文化基础知识；具有获取新知识、新技能的意识和能力，能适应不断变化的职业社会；熟悉粮油加工等工作的基本流程，能遵守相关规范、工艺要求，具有安全意识，重视环境保护，并具有独立解决非常规问题的基本能力；能指导他人进行工作或协助培训一般操作人员。同时具有下列专业能力：

1. 能阅读、使用与粮油产品加工相关的技术图样和资料，使用计算机进行绘图。
2. 能选择并改进粮油产品加工工艺流程，维护自动控制系统并排除常见故障。
3. 能综合运用粮油储藏技术措施（如机械通风、干燥、低温储藏、气调储藏、计算机粮情测控、谷物冷却等），降低粮油产品保管成本，保证产品品质。
4. 能组织制定安全、有效的害虫防治技术措施，设计和实施常规熏蒸、环流熏蒸方案。
5. 能使用常规分析仪器和常用检验方法进行粮油质量检验，准确测定粮油品质。
6. 能使用和维护保养粮仓机械与实验室电气设备。
7. 能组织实施粮油商品的合理调运经营。

对应或相关职业（工种）：制米工（6-01-01-01）、制粉工（6-01-01-02）、制油工（6-01-01-03）、粮油保管员＊（4-02-06-01）、粮油购销员＊（4-01-05-01）、农产品食品检验员 L（4-08-05-01）

职业资格（职业技能等级）：制米工、制粉工、制油工、（粮油）仓储管理员、农产品食品检验员

专业主要教学内容：

机械制图与 CAD、分析化学、粮食生物化学、通风除尘与气力输送、粮油品质检验、谷物加工工艺与设备、粮油储藏学、储粮害虫防治、物流实务、市场营销、经济法、饲料工艺与设备、油脂加工工艺、粮食加工厂安装设计等。

专业方向：粮油储运与检验技术

对应下一级专业编码：1215-4

1216　陶瓷工艺

1216-4　中级

专业编码：1216-4

专业名称：陶瓷工艺

培养目标：培养从事陶瓷制品的原料加工、陶瓷生产、质量检测的中级技能人才。

学习年限：3 年（初中毕业生），2 年（高中毕业生）

职业能力：

具有积极的人生态度、健康的心理素质、良好的职业道德和较扎实的文化基础知识；具有获取新知识、新技能的意识和能力，能适应不断变化的职业社会；了解企业生产流程，严格执行陶瓷生产设备操作规定，遵守各项工艺规程，具有安全意识，重视环境保护，并能解

决一般性专业问题。同时具有下列专业能力：

1. 能辨识陶瓷原料，根据外观特征判断原料的优劣。

2. 能操作原料加工设备，按工艺要求制备坯釉料。

3. 能操作成型设备，并能根据工艺文件完成各工序基本操作。

4. 能检测坯釉料的工艺参数，并判定其是否满足工艺要求。

5. 能根据不同模型要求调制膏水比，准确使用脱模剂。

6. 能识别窑具的材质和规格。

7. 能判断窑炉附属设备的运转是否正常。

8. 能独立完成装窑操作。

9. 能目测窑内气氛、温度、压力，出现明显不正常情况时能做出判断。

10. 能辨别成型和成瓷的主要缺陷。

对应或相关职业（工种）：陶瓷原料准备工（6-15-05-01）、陶瓷成型施釉工（6-15-05-02）、陶瓷烧成工（6-15-05-03）、陶瓷模型制作工＊（6-18-04-02）、陶瓷工艺师（4-08-10-01）

职业资格（职业技能等级）：陶瓷原料准备工、陶瓷烧成工

专业主要教学内容：

计算机基本操作技能、机械识图、陶瓷工艺学、陶瓷机械设备、陶瓷坯釉制备、陶瓷成型技术、陶瓷烧成技术等。

对应上一级专业编码：1216-3

1216-3　高级

专业编码：1216-3

专业名称：陶瓷工艺

培养目标：培养从事陶瓷制品的原料加工、陶瓷生产、质量检测的高级技能人才（高级工）。

学习年限：2 年（达到中级技能水平学生），3 年（高中毕业生），5 年（初中毕业生）

职业能力：

具有积极的人生态度、健康的心理素质、良好的职业道德和较扎实的文化基础知识；具有获取新知识、新技能的意识和能力，能适应不断变化的职业社会；熟悉企业生产流程，严格执行陶瓷生产设备操作规定，遵守各项工艺规程，重视环境保护，并具有独立解决非常规问题的基本能力；能指导他人进行工作或协助培训一般操作人员。同时具有下列专业能力：

1. 能辨识陶瓷原料，鉴别陶瓷原料中的主要杂质，并能根据陶瓷原料的化学分析和工艺检测报告鉴别陶瓷原料的优劣。

2. 能按配方计算坯釉料的实际用量并准确配料，能根据不同工艺要求调整工艺参数。

3. 能对加工设备进行日常维护保养，确定设备发生故障的部位。

4. 能检测坯料的性能，并判定其是否满足工艺要求。

5. 能根据制品的形状、规格和要求选用合理的成型方法。

6. 能判断石膏的质量，配制脱模剂，根据模型不同要求调整膏水比，鉴别修复石膏模的质量缺陷。

7. 能根据坯体的不同烧成要求确定装窑方法。

8. 能使用测温仪表测量温度，准确判断隧道窑、辊道窑的零压点位置。

9. 能按烧成制度进行烧成操作和控制。

10. 能对陶瓷制品的性能进行检测。

11. 能辨别成型和成瓷的主要缺陷，并能分析产生缺陷的主要原因。

12. 能按生产作业指导书指导各工序，从技术上指导班组进行生产。

对应或相关职业（工种）：陶瓷原料准备工（6-15-05-01）、陶瓷成型施釉工（6-15-05-02）、陶瓷烧成工（6-15-05-03）、陶瓷模型制作工 *（6-18-04-02）、陶瓷工艺师（4-08-10-01）

职业资格（职业技能等级）：陶瓷原料准备工、陶瓷烧成工

专业主要教学内容：

应用文写作、陶瓷物理化学、企业管理、机械制图、AutoCAD、陶瓷热工窑炉、陶瓷检测技术、陶瓷色釉制备技术等。

对应下一级专业编码：1216-4

1217　陶瓷美术

1217-4　中级

专业编码：1217-4

专业名称：陶瓷美术

培养目标：培养从事陶瓷制品彩绘的中级技能人才。

学习年限：3 年（初中毕业生），2 年（高中毕业生）

职业能力：

具有积极的人生态度、健康的心理素质、良好的职业道德和较扎实的文化基础知识；具有获取新知识、新技能的意识和能力，能适应不断变化的职业社会；了解企业生产流程，严格执行陶瓷生产设备操作规定，遵守各项工艺规程，具有安全意识，重视环境保护，并能解决一般性专业问题。同时具有下列专业能力：

1. 能制作贴花工具、改制保养彩绘用笔、配制普通花纸附着剂、调制彩绘颜料。

2. 能对塑造和雕刻工具进行修整、改制，对塑造材料进行陈腐、揉练处理，根据坯体湿度、厚度决定雕刻时机。

3. 能在壶类器型上贴花，根据要求完成组合贴花；能在平缓的器型上勾线、填色、晕染以及临摹简单的花鸟、山水纹样。

4. 能用拓蓝、反拓等方法将图稿复印到坯体上，雕刻坯体、图案。

5. 能检验贴花位置是否准确、引起爆花质量缺陷的原因、彩绘用色的均匀性和线条的流畅性，分析临摹纹样与原图的差距。

6. 能检验复杂图稿、反拓图稿的位置与清晰度，以及图案雕刻是否准确、生动、自然。

对应或相关职业（工种）：陶瓷装饰工（6-15-05-04）

职业资格（职业技能等级）：陶瓷装饰工

专业主要教学内容：

素描、色彩、白描、工笔花鸟、陶瓷彩绘、陶瓷工艺学等。

对应上一级专业编码：1217-3

1217-3　高级

专业编码：1217-3

专业名称：陶瓷美术

培养目标：培养从事陶瓷制品彩绘的高级技能人才（高级工）。

学习年限：2 年（达到中级技能水平学生），3 年（高中毕业生），5 年（初中毕业生）

职业能力：

具有积极的人生态度、健康的心理素质、良好的职业道德和较扎实的文化基础知识；具有获取新知识、新技能的意识和能力，能适应不断变化的职业社会；熟悉企业生产流程，严格执行陶瓷生产设备操作规定，遵守各项工艺规程，重视环境保护，并具有独立解决非常规问题的基本能力；能指导他人进行工作或协助培训一般操作人员。同时具有下列专业能力：

1. 能制作彩绘工具、选择喷彩工具，识别彩绘颜料的品种及呈色变化以及陶瓷坯体。

2. 能根据需要自制塑造、雕刻工具，调配和搭配使用塑造材料，以及选择适宜雕刻的坯体。

3. 能运用勾、填、点、染等彩绘技法，临摹复杂的花鸟、山水和人物纹样。

4. 能用拓蓝方法将图稿复印到坯体上，使用镂空技法雕刻坯体，完成人物及综合图案的雕刻。

5. 能分析装饰纹样可能产生爆、流等缺陷的原因以及判断其是否符合要求，检验镂空装饰的准确性和规整度，检验雕刻装饰的统一性和整体协调性。

对应或相关职业（工种）：陶瓷装饰工（6-15-05-04）

职业资格（职业技能等级）：陶瓷装饰工

专业主要教学内容：

素描、色彩、白描、工笔花鸟、陶瓷彩绘、陶瓷工艺学、计算机辅助设计等。

对应下一级专业编码：1217-4

1218　食品营养与卫生

1218-4　中级

专业编码：1218-4

专业名称：食品营养与卫生

培养目标：培养从事人群或个人膳食营养状况的评价与指导，以及进行食品检测的中级技能人才。

学习年限：3 年（初中毕业生），2 年（高中毕业生）

职业能力：

具有积极的人生态度、健康的心理素质、良好的职业道德和较扎实的文化基础知识；具有获取新知识、新技能的意识和能力，能适应不断变化的职业社会；了解食品检测流程，遵守各项操作规程，具有安全意识，重视环境保护，并能解决一般性专业问题。同时具有下列专业能力：

1. 能运用食物摄入量调查、膳食营养素摄入量计算、膳食营养分析和评价等方法，进行健康人群或个人膳食结构营养评价与指导。

2. 能进行食物营养评价和食物选购指导。

3. 能确定健康人群或个人的各类营养素和食物需要量，为其编制和调整一日三餐食谱，进行膳食营养搭配。

4. 能掌握食品中主要营养成分的常用检测方法，进行食品感官评价，对食品的常规理化指标和微生物指标进行检测和评价，并进行食品卫生分析。

5. 能提供食品营养与卫生相关知识的咨询和指导。

对应或相关职业（工种）：营养师（4-14-02-01）、营养配餐员（4-03-02-06）、食品安全管理师（4-03-02-11）、农产品食品检验员 L（4-08-05-01）

职业资格（职业技能等级）：营养师、营养配餐员、农产品食品检验员

专业主要教学内容：

中西餐饮文化概论、食品营养学、食品原料学、食品卫生学、食品感官评价、食品理化检测、食品微生物检测技术、营养与配餐等。

对应上一级专业编码：1218-3

1218-3 高级

专业编码：1218-3

专业名称：食品营养与卫生

培养目标：培养从事人群或个人膳食营养状况的评价与指导，以及进行食品检测的高级技能人才（高级工）。

学习年限：2 年（达到中级技能水平学生），3 年（高中毕业生），5 年（初中毕业生）

职业能力：

具有积极的人生态度、健康的心理素质、良好的职业道德和较扎实的文化基础知识；具有获取新知识、新技能的意识和能力，能适应不断变化的职业社会；熟悉食品检测流程，遵守各项操作规程，具有安全意识，重视环境保护，并具有独立解决非常规问题的基本能力；能指导他人进行工作或协助培训一般操作人员。同时具有下列专业能力：

1. 能运用膳食调查、人体体格测量、实验室检测以及营养失衡或缺乏的临床检验等方法，进行特定人群或个体营养状况评价，并提供指导。

2. 能收集营养与健康信息，建立和管理营养与健康档案，针对婴幼儿、儿童、青少年、成年、老年等人群设计和实施营养干预方案，进行有效的营养管理和干预。

3. 能测定人体营养和食物需要量，编制和调整产妇、孕妇、从事特殊工作等特殊人群一日三餐食谱。

4. 能运用食品营养与卫生知识，为患慢性疾病人群提供膳食营养指导。

5. 能掌握食品中各种成分的常用检测方法，使用精密高端的食品检测设备，对检测结果进行分析评价。

6. 能了解常规食品加工过程，了解加工中营养成分的变化，对加工食品进行营养评价。

对应或相关职业（工种）：营养师（4-14-02-01）、营养配餐员（4-03-02-06）、食品安全管理师（4-03-02-11）、农产品食品检验员 L（4-08-05-01）

职业资格（职业技能等级）：营养师、营养配餐员、农产品食品检验员

专业主要教学内容：

食品化学、功能食品、食品加工技术、疾病营养学、公共营养学、药膳学、仪器分析技术等。

对应下一级专业编码：1218-4

1219 食品质量与安全

1219-4 中级

专业编码：1219-4

专业名称：食品质量与安全

培养目标：培养从事利用检验仪器进行食品质量与安全检验及控制工作的中级技能人才。

学习年限：3 年（初中毕业生），2 年（高中毕业生）

职业能力：

具有积极的人生态度、健康的心理素质、良好的职业道德和较扎实的文化基础知识；具有获取新知识、新技能的意识和能力，能适应不断变化的职业社会；了解食品加工与销售流程，熟悉食品国家标准、法律法规和检验规范；遵守各项操作规程，具有安全意识，重视环境保护，并能解决一般性专业问题。同时具有下列专业能力：

1. 能独立查阅食品检测法律法规和有关标准。
2. 能按照操作规程对本专业常用分析仪器进行使用和维护。
3. 能根据相关标准操作文件，独立进行食品的理化检验、微生物检验和感官检验。
4. 能正确处理和分析实验数据，填写检验报告。
5. 能对食品加工过程和品质进行控制。
6. 能对突发的安全事故果断采取适当措施，进行人员急救和事故处理。

对应或相关职业（工种）：食品安全管理师（4-03-02-11）、农产品食品检验员 L（4-08-05-01）、营养师（4-14-02-01）、营养配餐员（4-03-02-06）

职业资格（职业技能等级）：农产品食品检验员、营养师、营养配餐员

专业主要教学内容：

食品感官检验、食品文化概论、食品微生物检验、食品理化检验技术、基础化学、实验室基础知识与操作、化学分析检验技术、仪器分析技术、食品营养与卫生、食品加工安全控制技术、食品标准与法规、食品检验综合实训等。

对应上一级专业编码：1219-3

1219-3 高级

专业编码：1219-3

专业名称：食品质量与安全

培养目标：培养从事利用检验仪器进行食品质量与安全检验及控制工作的高级技能人才（高级工）。

学习年限：2 年（达到中级技能水平学生），3 年（高中毕业生），5 年（初中毕业生）

职业能力：

具有积极的人生态度、健康的心理素质、良好的职业道德和较扎实的文化基础知识；具有获取新知识、新技能的意识和能力，能适应不断变化的职业社会；熟悉食品加工与销售流程，熟悉质量体系建立和维护的基本工作程序，遵守各项操作规程，具有安全意识，重视环境保护，并具有独立解决非常规问题的基本能力；能指导他人进行工作或协助培训一般操作人员。同时具有下列专业能力：

1. 能查阅食品检测法律法规和有关标准并运用于工作中。

2. 能按照操作规程对本专业常用分析仪器进行使用、检查、维护、调试，并能指导他人操作。

3. 能根据相关标准操作文件，独立进行食品的感官评定、理化检验、微生物检验和现代仪器分析操作。

4. 能正确处理和分析实验数据，规范填写检验报告，并能分析质量异常原因。

5. 能对食品保藏、加工等过程进行危害分析。

6. 能应用质量管理知识进行食品企业或检验实验室质量体系初步建立和维护。

对应或相关职业（工种）：食品安全管理师（4-03-02-11）、农产品食品检验员 L（4-08-05-01）、营养师（4-14-02-01）、营养配餐员（4-03-02-06）

职业资格（职业技能等级）：农产品食品检验员、营养师、营养配餐员

专业主要教学内容：

食品生物化学、食品感官评定、食品理化检验、食品微生物检验、基础化学、分析化学、现代仪器分析技术、食品安全与质量管理、食品添加剂、绿色食品、食品标准与法规、食品保藏与加工安全控制、食品经营与销售、实验室组织与管理、食品加工与检验综合实训等。

对应下一级专业编码：1219-4

1220　制糖技术

1220-4　中级

专业编码：1220-4

专业名称：制糖技术

培养目标：培养从事制糖设备操作、制糖工艺管理、糖品分析化验的中级技能人才。

学习年限：3 年（初中毕业生），2 年（高中毕业生）

职业能力：

具有积极的人生态度、健康的心理素质、良好的职业道德和较扎实的文化基础知识；具有获取新知识、新技能的意识和能力，能适应不断变化的职业社会；了解制糖生产流程，严格执行设备操作规定，遵守制糖工艺规程，重视环境保护，并能解决一般性专业问题。同时具有下列专业能力：

1. 能利用压榨机进行提汁。

2. 能按照加灰饱充、中和、沉降与上浮、过滤的步骤进行澄清操作。

3. 能利用加热器进行加热蒸发。

4. 能按照煮糖、助晶的步骤进行结晶操作。

5. 能利用分蜜机等进行分蜜与干燥操作。

6. 能使用各种工量具进行分析工作。

7. 能分析与处理生产过程中的异常情况。

8. 能操作制糖机械设备并对其进行日常维护保养。

对应或相关职业（工种）：食糖制造工（6-01-03-00）、农产品食品检验员 L（4-08-05-01）

职业资格（职业技能等级）：食糖制造工、农产品食品检验员

专业主要教学内容：

机械识图、机械基础、制糖工艺、糖品分析、安全生产技术、糖厂流体输送、制糖机械设备操作技能训练、企业管理常识等。

对应上一级专业编码：1220-3

1220-3 高级

专业编码：1220-3

专业名称：制糖技术

培养目标：培养从事制糖设备操作、制糖工艺管理、糖品分析化验的高级技能人才（高级工）。

学习年限：2 年（达到中级技能水平学生），3 年（高中毕业生），5 年（初中毕业生）

职业能力：

具有积极的人生态度、健康的心理素质、良好的职业道德和较扎实的文化基础知识；具有获取新知识、新技能的意识和能力，能适应不断变化的职业社会；熟悉制糖生产流程，严格执行设备操作规定，遵守制糖工艺规程，重视环境保护，并具有独立解决非常规问题的基本能力；能指导他人进行工作或协助培训一般操作人员。同时具有下列专业能力：

1. 能熟练利用压榨机进行提汁。

2. 能熟练按照加灰饱充、中和、沉降与上浮、过滤的步骤进行澄清操作。

3. 能熟练利用加热器进行加热蒸发。

4. 能熟练按照煮糖、助晶的步骤进行结晶操作。

5. 能熟练利用分蜜机等进行分蜜与干燥操作。

6. 能熟练使用各种工量具进行分析工作。

7. 能分析与处理生产过程中的异常情况，均衡生产。

8. 能操作制糖机械设备并对其进行检修。

9. 能编制制糖岗位操作规程。

对应或相关职业（工种）：食糖制造工（6-01-03-00）、农产品食品检验员 L（4-08-05-01）

职业资格（职业技能等级）：食糖制造工、农产品食品检验员

专业主要教学内容：

化学、机械制图、机械基础、制糖工艺、糖品分析、化工仪表及自动化、安全生产技术、糖厂流体输送、制糖机械设备操作技能训练、制糖设备安装与维修、糖厂生产管理等。

对应下一级专业编码：1220-4

1221 玩具设计与制造

1221-4 中级

专业编码：1221-4

专业名称：玩具设计与制造

培养目标：培养从事玩具设计与制造工作的中级技能人才。

学习年限：3 年（初中毕业生），2 年（高中毕业生）

职业能力：

具有积极的人生态度、健康的心理素质、良好的职业道德和较扎实的文化基础知识；具有获取新知识、新技能的意识和能力，能适应不断变化的职业社会；了解企业生产流程，严格执行设备操作规定，遵守各项工艺规程，具有安全意识，重视环境保护，并能解决一般性专业问题。同时具有下列专业能力：

1. 能看懂并绘制中等复杂程度的玩具手绘设计图，使用计算机绘制效果图。
2. 能对中等复杂程度的玩具设计图进行改进，并手绘效果图。
3. 能使用三维软件绘制简单的玩具外形图。
4. 能根据不同的需要，为玩具进行颜色搭配。
5. 能判断玩具使用的安全性。
6. 能编制简单的玩具制造工艺方案。
7. 能掌握玩具内部机械和电气部分的工作原理。

对应或相关职业（工种）：玩具设计师（4-08-08-10）、玩具制作工（6-09-05-00）

职业资格（职业技能等级）：玩具设计师

专业主要教学内容：

机械识图与 CAD、机械基础、电工电子技术基础、玩具手绘技能、三维软件使用、玩具材料与工艺、玩具安全标准与检验、玩具结构分析、玩具样板制作实训等。

对应上一级专业编码：1221-3

1221-3 高级

专业编码：1221-3

专业名称：玩具设计与制造

培养目标：培养从事玩具设计与制造工作的高级技能人才（高级工）。

学习年限：2 年（达到中级技能水平学生），3 年（高中毕业生），5 年（初中毕业生）

职业能力：

具有积极的人生态度、健康的心理素质、良好的职业道德和较扎实的文化基础知识；具有获取新知识、新技能的意识和能力，能适应不断变化的职业社会；熟悉企业生产流程，严

格执行设备操作规定，遵守各项工艺规程，重视环境保护，并具有独立解决非常规问题的基本能力；能指导他人进行工作或协助培训一般操作人员。同时具有下列专业能力：

1. 能绘制并改造中等复杂程度的玩具手绘设计图，使用计算机绘制效果图。
2. 能按设计要求改造中等复杂程度的玩具，并手绘效果图。
3. 能按要求使用三维软件绘制玩具外形图。
4. 能根据不同的需要，独立为玩具搭配对应的颜色。
5. 能制定玩具使用安全规范。
6. 能独立编制简单的玩具制造工艺方案。
7. 能对玩具内部机械和电气部分进行改造。

对应或相关职业（工种）：玩具设计师（4-08-08-10）、玩具制作工（6-09-05-00）

职业资格（职业技能等级）：玩具设计师

专业主要教学内容：

机械识图与 CAD、机械基础、电工电子技术、玩具手绘技能、三维软件使用、玩具材料与工艺、玩具安全标准与检验、玩具结构分析、玩具样板设计与制作实训等。

对应下一级专业编码：1221-4

1222　家具设计与制作

1222-4　中级

专业编码：1222-4

专业名称：家具设计与制作

培养目标：培养从事家具设计与制作的中级技能人才。

学习年限：3 年（初中毕业生），2 年（高中毕业生）

职业能力：

具有积极的人生态度、健康的心理素质、良好的职业道德和较扎实的文化基础知识；具有获取新知识、新技能的意识和能力，能适应不断变化的职业社会；了解家具设计与制作流程，严格执行设备操作规定，遵守各项工艺规程，具有安全意识，重视环境保护，并能解决一般性专业问题。同时具有下列专业能力：

1. 能识读和绘制家具三视图、结构图和立体图，并能使用计算机辅助设计软件进行绘图。

2. 能识别常用家具材料，了解其基本性能，掌握榫卯搭接、金属连接件接合等常见家具连接方式。

3. 能在设计师的指导下设计常用家具的外观形态与基本结构，并设定产品材质。
4. 能加工制作常见榫卯结构连接件，熟练组装各类常用家具。
5. 能正确使用常见手工木工工具和木工机械设备进行木材加工。
6. 能识别各种家具装饰图案，进行家具的色彩配置及家居风格搭配。

对应或相关职业（工种）：家具设计师（4-08-08-12）、家具制作工（6-06-04-00）、手工木工（6-06-03-01）、机械木工（6-06-03-02）

职业资格（职业技能等级）：家具设计师、手工木工、机械木工

专业主要教学内容：

家具制图和木工识图、家具 CAD、家具材料、3dsMax 效果图绘制、家具设计史、室内与家具设计人机工程学、设计素描、三大构成、家具设计与制作、家具制作工艺、家具与木工机械、实木家具制作技术、板式家具制作技术、软体家具制作技术等。

专业方向：古典家具设计与制作

对应上一级专业编码：1222-3

1222-3 高级

专业编码：1222-3

专业名称：家具设计与制作

培养目标：培养从事家具设计与制作的高级技能人才（高级工）。

学习年限：2 年（达到中级技能水平学生），3 年（高中毕业生），5 年（初中毕业生）

职业能力：

具有积极的人生态度、健康的心理素质、良好的职业道德和较扎实的文化基础知识；具有获取新知识、新技能的意识和能力，能适应不断变化的职业社会；熟悉家具设计与制作流程，严格执行设备操作规定，遵守各项工艺规程，重视环境保护，并具有独立解决非常规问题的基本能力；能指导他人进行工作或协助培训一般操作人员。同时具有下列专业能力：

1. 能在设计师的指导下撰写家具产品市场分析及用户研究分析报告。

2. 能绘制家具的轴测图和透视图。

3. 能根据用户需求并在设计师的指导下合理设计家具的功能、外观形态与基本结构，并设定产品材质。

4. 能运用草图进行快速手绘来表达家具创意，并能熟练使用计算机辅助设计软件对手绘草图进行三视图及立体表现，渲染出效果图。

5. 能制定家具零部件的加工工艺流程，并根据家具不同材料选择合适的连接方式。

6. 能熟练使用各种手工木工工具制作、维修家具，并能对家具产品表面进行涂装。

7. 能正确操作、维修和保养常见木工机械设备。

8. 能结合生产进行家具产品的生产管理及工艺编制，具备家具产品成本核算能力。

对应或相关职业（工种）：家具设计师（4-08-08-12）、家具制作工（6-06-04-00）、手工木工（6-06-03-01）、机械木工（6-06-03-02）

职业资格（职业技能等级）：家具设计师、手工木工、机械木工

专业主要教学内容：

家具制图和木工识图、室内与家具设计 CAD、家具材料、3dsMax 效果图绘制、家具设计史、室内与家具设计人机工程学、设计素描、手绘、三大构成、家具制作工艺、家具造型与结构设计、家具与木工机械、实木家具制作技术、板式家具制作技术、软体家具制作技术、家具涂料及涂装技术等。

专业方向：古典家具设计与制作

对应下一级专业编码：1222-4

1223 灯饰工艺与造型

1223-4 中级

专业编码：1223-4

专业名称：灯饰工艺与造型

培养目标：培养从事灯饰产品绘图、打样和设计的中级技能人才。

学习年限：3 年（初中毕业生），2 年（高中毕业生）

职业能力：

具有积极的人生态度、健康的心理素质、良好的职业道德和较扎实的文化基础知识；具有获取新知识、新技能的意识和能力，能适应不断变化的职业社会；了解灯饰产品制作流程，严格执行设备操作规定，遵守各项工艺规程，具有安全意识，重视环境保护，并能解决一般性专业问题。同时具有下列专业能力：

1. 能进行灯饰产品调研、分析、设计定位。
2. 能根据需求合理地定义灯饰产品的功能及使用方式。
3. 能应用草图表达创意。
4. 能设计灯饰产品的外观形态与基本结构，并设定灯饰产品材质。
5. 能从事灯饰产品仿真制作。
6. 能绘制灯饰产品工程图。
7. 能识读灯具工程图并根据工程图采购灯具零配件。
8. 能协助工程技术人员或灯饰设计师装配样灯。
9. 能运用展示版面表达设计方案。

对应或相关职业（工种）：灯具设计师（4-08-08-18）、灯具打样工＊（6-24-07-02）、制图员（3-01-02-07）

职业资格（职业技能等级）：

专业主要教学内容：

设计素描、设计色彩、设计构成、装饰图案、电工电子基础、灯具零件测绘、CAD 绘图、灯饰制图、图形图像处理、手绘快速表现、灯饰仿真制作、CI 设计、海报与型录设计、灯具设计等。

对应上一级专业编码：1223-3

1223-3 高级

专业编码：1223-3

专业名称：灯饰工艺与造型

培养目标：培养从事灯饰产品绘图、打样和设计的高级技能人才（高级工）。

学习年限：2 年（达到中级技能水平学生），3 年（高中毕业生），5 年（初中毕业生）

职业能力：

具有积极的人生态度、健康的心理素质、良好的职业道德和较扎实的文化基础知识；具有获取新知识、新技能的意识和能力，能适应不断变化的职业社会；熟悉灯饰产品制作流程，严格执行设备操作规定，遵守各项工艺规程，重视环境保护，并具有独立解决非常规问题的基本能力；能指导他人进行工作或协助培训一般操作人员。同时具有下列专业能力：

1. 能根据要求开展市场调研工作。
2. 能撰写灯饰产品市场分析、用户研究分析、设计定位等方面的调研报告。
3. 能根据需求合理地定义灯饰产品的功能及使用方式。
4. 能应用草图表达创意，并进行精确完整的视觉表达。
5. 能根据灯饰产品定位设计其外观形态与结构，并设定灯饰产品材质。
6. 能应用计算机软件，对手绘设计草图进行计算机立体表现，渲染出效果图。
7. 能熟练绘制灯饰产品工程图。
8. 能根据灯饰产品设计方案或工程图，采购或制作灯具零配件并装配样灯。
9. 能运用多媒体手段或展示版面表达出完整的设计方案。

对应或相关职业（工种）：灯具设计师（4-08-08-18）、灯具打样工＊（6-24-07-02）、制图员（3-01-02-07）

职业资格（职业技能等级）：

专业主要教学内容：

设计构成、电工电子基础、灯饰制图、图形图像处理、摄影、海报与型录设计、多媒体制作、灯具参数化建模、产品形态设计、设计方法、户外灯具设计、台灯设计、吊灯设计、风格灯具设计、照明产品设计等。

对应下一级专业编码：1223-4

1224 化妆品制造与营销

1224-4 中级

专业编码：1224-4

专业名称：化妆品制造与营销

培养目标：培养从事化妆品制造、产品检测及营销工作的中级技能人才。

学习年限：3 年（初中毕业生），2 年（高中毕业生）

职业能力：

具有积极的人生态度、健康的心理素质、良好的职业道德和较扎实的文化基础知识；具有获取新知识、新技能的意识和能力，能适应不断变化的职业社会；了解化妆品制造流程，严格执行设备操作规定，遵守各项工艺规程，具有安全意识，重视环境保护，并能解决一般性专业问题。同时具有下列专业能力：

1. 能阅读基本的化工工艺流程图。
2. 能操作常见的化妆品生产设备。
3. 能利用仪器对化妆品及原料进行定性分析、定量分析、形态分析。
4. 能对化妆品进行分类并管理库存。
5. 能运用组合营销手段进行化妆品营销。

对应或相关职业（工种）：化妆品制造工（6-11-10-04）、化学检验员（6-31-03-01）

职业资格（职业技能等级）：化妆品制造工

专业主要教学内容：

无机化学、有机化学、分析化学、仪器分析、化学实验技术基础、化工制图、精细化工概论、化妆品工艺学、营销基础知识、商品知识、网络营销等。

对应上一级专业编码：1224-3

1224-3　高级

专业编码：1224-3

专业名称：化妆品制造与营销

培养目标：培养从事化妆品制造与工艺技术管理、产品检测及营销工作的高级技能人才（高级工）。

学习年限：2 年（达到中级技能水平学生），3 年（高中毕业生），5 年（初中毕业生）

职业能力：

具有积极的人生态度、健康的心理素质、良好的职业道德和较扎实的文化基础知识；具有获取新知识、新技能的意识和能力，能适应不断变化的职业社会；熟悉化妆品制造流程，严格执行设备操作规定，遵守各项工艺规程，重视环境保护，并具有独立解决非常规问题的基本能力；能指导他人进行工作或协助培训一般操作人员。同时具有下列专业能力：

1. 能阅读化工工艺流程图，分辨各类化妆品的生产方法和工艺过程的不同。
2. 能操作化妆品生产设备。
3. 能根据检测物料确定检测方案，对化妆品的原料、中间体和成品，利用检测仪器或化学检验方法进行化学分析。
4. 能进行化妆品营销的渠道与区域拓展，组织化妆品营销活动。
5. 能进行网络市场调研并以此为依据制订营销战略与计划，利用组合营销策略、品牌策略、广告策略等策略进行化妆品网络营销活动。
6. 能进行新品与单品管理、陈列与库存管理、货款与费用管理、商品价格与销售管理。

对应或相关职业（工种）：化妆品制造工（6-11-10-04）、化妆品配方师（6-11-10-03）、化学检验员（6-31-03-01）

职业资格（职业技能等级）：化妆品制造工、化妆品配方师

专业主要教学内容：

化妆品工艺学、化学分析与检验、微生物检验、化工 DCS、化妆品营销实务、商品管理实务、客服管理、服务营销、营销策划、管理原理等。

对应下一级专业编码：1224-4

13 医 药 类

1301 中药

1301-4 中级

专业编码： 1301-4

专业名称： 中药

培养目标： 培养从事中药调剂工作的中级技能人才。

学习年限： 3 年（初中毕业生），2 年（高中毕业生）

职业能力：

具有积极的人生态度、健康的心理素质、良好的职业道德和较扎实的文化基础知识；具有获取新知识、新技能的意识和能力，能适应不断变化的职业社会；了解药店的经营流程，严格执行 GSP 要求，具有安全意识，重视环境保护，并能解决一般性专业问题。同时具有下列专业能力：

1. 能鉴别处方常用中药饮片及其外观质量，掌握市场常用重点中药材和饮片的产地及采收加工方法，鉴别市场常见重点中药材和饮片的伪劣品。
2. 能按中药饮片计价常规要求，准确计算中药处方的价格。
3. 能应用中药配伍的基本知识和中药饮片质量管理知识，独立完成中药处方的调配。
4. 能掌握中药调剂中需要临时捣碎的品种，熟练地进行捣碎操作。
5. 能按常用临方炮制的操作方法进行炒、炙。
6. 能对常用中药饮片及贵细中药进行养护与保管。
7. 能介绍中药汤剂的煎煮和服用方法。
8. 能介绍临床常用中成药的功效主治和中成药的处方组成。
9. 能按《处方药与非处方药分类管理办法》销售中成药，能填报首营药品的经营审批表，能进行调价操作，能处理销售中的咨询和投诉，能处理退换货事宜。

对应或相关职业（工种）： 中药炮制工（6-12-02-00）、药物制剂工（6-12-03-00）、中药调剂员 *（4-01-05-02）、中药材购销员 *（4-01-05-02）、中药质检员 *（6-31-03-05）

职业资格（职业技能等级）： 中药炮制工、药物制剂工

专业主要教学内容：

医药基础化学、中医学基础、中药学基础、药事法规、方剂学基础、中成药学基础、中药制剂技术、制剂设备技术、中药化学技术、药用植物学基础等。

专业方向： 中药制剂

对应上一级专业编码： 1301-3

1301-3　高级

专业编码：1301-3

专业名称：中药

培养目标：培养从事中药调剂工作的高级技能人才（高级工）。

学习年限：2年（达到中级技能水平学生），3年（高中毕业生），5年（初中毕业生）

职业能力：

具有积极的人生态度、健康的心理素质、良好的职业道德和较扎实的文化基础知识；具有获取新知识、新技能的意识和能力，能适应不断变化的职业社会；熟悉药店的经营流程，严格执行GSP要求，具有安全意识，重视环境保护，并具有独立解决非常规问题的基本能力；能指导他人进行工作或协助培训一般操作人员。同时具有下列专业能力：

1. 能鉴别常用中药材、中药饮片和评价其质量，掌握常用中药材和饮片的来源、产地及采收加工，鉴别中药材和饮片的常见伪劣品。
2. 能在执业药师指导下对中药处方按审方的常规要求进行审核。
3. 能掌握常用中药饮片的规范名称。
4. 能正确处理中药处方中需要特殊处理的品种。
5. 能掌握常用中药饮片不同炮制品的功效差异。
6. 能在执业药师指导下进行复核（错配、漏配、剂量、需特殊处理的药物、饮片质量等）。
7. 能介绍贵细药材的服用方法。
8. 能介绍中成药在疾病治疗中的应用。
9. 能对柜台中成药进行外观质量判别和处理，能运用促销技巧对症销售中成药，能处理与顾客的纠纷和矛盾。

对应或相关职业（工种）：中药炮制工（6-12-02-00）、药物制剂工（6-12-03-00）、中药调剂员＊（4-01-05-02）、中药材购销员＊（4-01-05-02）、中药质检员＊（6-31-03-05）

职业资格（职业技能等级）：中药炮制工、药物制剂工

专业主要教学内容：

中药制剂技术及实验实训、中药炮制技术、中药鉴定技术、中药调剂技术、GMP实施技术、GSP实施技术、药理学基础、医药商品营销、药店零售及实训、中药检验技术、中药制剂生产技术等。

专业方向：中药制剂

对应下一级专业编码：1301-4

1302　药物制剂

1302-4　中级

专业编码：1302-4

专业名称：药物制剂

培养目标：培养从事药物制剂生产的中级技能人才。

学习年限：3年（初中毕业生），2年（高中毕业生）

职业能力：

具有积极的人生态度、健康的心理素质、良好的职业道德和较扎实的文化基础知识；具有获取新知识、新技能的意识和能力，能适应不断变化的职业社会；了解企业生产流程，严格执行GMP要求，具有安全意识，重视环境保护，并能解决一般性专业问题。同时具有下列专业能力：

1. 能独立接受生产指令；能按生产指令领取生产用物料，并进行核对和复核；能按要求及时准确填写生产记录，并能独立进行工艺计算；明确清场与清洁的内容和要求；能正确处理头尾料、生产废弃物、容器工具、物料、文件；能在生产结束后进行彻底清洁和清场。

2. 能掌握本岗位设备的标准操作规程，能正确操作本岗位的主要设备，能对本岗位的设备进行常规维护保养，能正确清洁设备（包括灭菌消毒），了解本工种的其他设备。

3. 能发现本岗位污染和交叉污染。

4. 能进行物料外观检验、中间产品检验、本岗位产品检验。

5. 复核中发现物料外观、数量、品名、批号等异常时，能及时报告上一级人员；生产前和生产中厂房、设备、工器具出现异常时，能立即停止生产，并做好防污染措施，立即报告，对常见设备故障有一定的分析判断能力；生产过程中发现质量异常时，能立即停止、检验，属本岗位参数控制不当的能立即纠正，并能用可靠方法区分合格品与不合格品；物料平衡发生异常时，能主动查找原因。

对应或相关职业（工种）：药物制剂工（6-12-03-00）、药物检验员（4-08-05-04）

职业资格（职业技能等级）：药物制剂工

专业主要教学内容：

医药基础化学、医学基础、生药学基础、药事法规、药品检验与养护、药物制剂技术、制剂设备技术、药物化学等。

对应上一级专业编码：1302-3

1302-3　高级

专业编码：1302-3

专业名称：药物制剂

培养目标：培养从事药物制剂生产的高级技能人才（高级工）。

学习年限：2年（达到中级技能水平学生），3年（高中毕业生），5年（初中毕业生）

职业能力：

具有积极的人生态度、健康的心理素质、良好的职业道德和较扎实的文化基础知识；具有获取新知识、新技能的意识和能力，能适应不断变化的职业社会；熟悉企业生产流程，严格执行GMP要求，具有安全意识，重视环境保护，并具有独立解决非常规问题的基本能力；能指导他人进行工作或协助培训一般操作人员。同时具有下列专业能力：

1. 能接受生产指令，安排生产工序；能掌握本工序的标准操作规程；熟悉生产品种的工艺，能按照工艺要求进行生产过程中的质量控制；能按要求及时准确填写生产记录；能汇总审核本工序的生产记录；能处理清场、清洁不合格情况。

2. 能熟练操作本工序的主要设备；熟悉本工序及上下工序的设备，并能熟练操作；能与设备操作人员进行新设备的试车；能对本工序的设备进行常规维护保养；对设备出现的一般故障可以简单维修，能配合设备部门进行设备大修，查找问题。

3. 熟悉本岗位生产、质量、设备、物料、卫生管理文件；能进行本工序的物料平衡计算，会处理异常情况；能制定本工序防止污染和交叉污染的措施。

4. 能熟练进行物料外观检验、中间产品检验、本工序产品检验。

5. 能正确处理物料复核时发现的品名、数量、批号等异常；生产前和生产中厂房、设备、工器具出现异常时，能立即停止生产，并做好防污染措施，立即报告；对常见设备故障有一定的分析判断能力和处理能力；物料平衡发生异常时，能主动查找原因。

对应或相关职业（工种）：药物制剂工（6-12-03-00）、药物检验员（4-08-05-04）

职业资格（职业技能等级）：药物制剂工

专业主要教学内容：

药物制剂技术及实验实训、药物分析、药物制剂 GMP 仿真实训、GMP 实施技术、GSP 实施技术、药理学基础、医药商品营销、药店零售及实训、药物检验技术、药物制剂生产技术等。

对应下一级专业编码：1302-4

1303　化学制药

1303-4　中级

专业编码：1303-4

专业名称：化学制药

培养目标：培养从事原料药生产的中级技能人才。

学习年限：3 年（初中毕业生），2 年（高中毕业生）

职业能力：

具有积极的人生态度、健康的心理素质、良好的职业道德和较扎实的文化基础知识；具有获取新知识、新技能的意识和能力，能适应不断变化的职业社会；了解企业生产流程，严格执行 GMP 要求和机械设备操作规定，遵守各项工艺规程，具有安全意识，重视环境保护，并能解决一般性专业问题。同时具有下列专业能力：

1. 熟悉药物生产操作规程。

2. 能正确操作、维护及清洁常用反应设备、流体输送设备、分离设备、干燥设备、医药用纯水、清洁包装等设备。

3. 能在生产结束后按照操作规程完成清场与清洁工作，并能正确清洁设备。

4. 能按要求及时准确填写生产记录，并能独立进行工艺计算。

5. 能在生产过程中及时发现安全问题，并能正确处理。

6. 能按要求正确处理生产中产生的废液、废料。

对应或相关职业（工种）：化学合成制药工（6-12-01-00）、药物制剂工（6-12-03-00）、药物检验员（4-08-05-04）、有机合成工（6-11-02-15）

职业资格（职业技能等级）：药物制剂工、有机合成工

专业主要教学内容：

医药学基础、无机化学、有机化学、分析化学、药物化学、制药化工过程及设备、化工仪表与自动化、有机合成药物工艺学、药品生产质量管理、医药企业生产管理等。

对应上一级专业编码：1303-3

1303-3　高级

专业编码：1303-3

专业名称：化学制药

培养目标：培养从事原料药生产的高级技能人才（高级工）。

学习年限：2 年（达到中级技能水平学生），3 年（高中毕业生），5 年（初中毕业生）

职业能力：

具有积极的人生态度、健康的心理素质、良好的职业道德和较扎实的文化基础知识；具有获取新知识、新技能的意识和能力，能适应不断变化的职业社会；熟悉企业生产流程，严格执行 GMP 要求和机械设备操作规定，遵守各项工艺规程，具有安全意识，重视环境保护，并具有独立解决非常规问题的基本能力；能指导他人进行工作或协助培训一般操作人员。同时具有下列专业能力：

1. 能按照工艺要求及注意事项熟练操作各种制药生产设备。

2. 能根据工艺要求选择相应制药生产设备，根据设备特点编写制药设备操作规程及注意事项。

3. 能发现和简单处理常用制药设备在生产中出现的问题。

4. 能熟练进行物料外观检验、中间产品检验、本工序产品检验。

5. 能按要求及时准确填写生产记录，独立进行工艺计算，根据生产实际需要，对投料量、收率等进行简单调整。

6. 能在生产结束后按照操作规程熟练完成清场与清洁工作，并能正确清洁设备。

7. 能独立进行生产前安全检查，及时发现生产过程中的安全问题，并能正确组织处理。

对应或相关职业（工种）：化学合成制药工（6-12-01-00）、药物制剂工（6-12-03-00）、药物检验员（4-08-05-04）、有机合成工（6-11-02-15）

职业资格（职业技能等级）：药物制剂工、有机合成工

专业主要教学内容：

分析化学、药理学基础、药物合成技术、化学制药技术、药品生产质量管理、药物检验技术、制药工艺学、电工基础等。

对应下一级专业编码：1303-4

1304　生物制药

1304-4　中级

专业编码：1304-4

专业名称：生物制药

培养目标：培养从事以生物化学方法制造药品、疫苗并进行相关质量检测的中级技能

人才。

学习年限：3 年（初中毕业生），2 年（高中毕业生）

职业能力：

具有积极的人生态度、健康的心理素质、良好的职业道德和较扎实的文化基础知识；具有获取新知识、新技能的意识和能力，能适应不断变化的职业社会；了解企业生产流程，严格执行生化生产设备操作规定，遵守各项工艺规程，具有安全意识、质量意识，重视环境保护，并能解决一般性专业问题。同时具有下列专业能力：

1. 熟悉药物制剂、药事法规知识。

2. 能按照生产工艺及检验规程，使用相关生产设备、仪器、材料，进行生化药品的生产操作和检验。

3. 能对生物制药生产设备进行简单的维护保养。

4. 能记录生产及检验过程，判断产品质量。

5. 能判断、解决生化药品生产中的常见问题。

对应或相关职业（工种）：生化药品制造工（6-12-05-01）、发酵工程制药工（6-12-05-02）、疫苗制品工（6-12-05-03）、药物制剂工（6-12-03-00）、药物检验员（4-08-05-04）

职业资格（职业技能等级）：药物制剂工

专业主要教学内容：

无机化学、有机化学、生物化学基础、微生物学基础、生化制药工艺、疫苗生产工艺、药物制剂技术、GMP、发酵技术、生物制药设备与仪表、细胞培养、生物药物质量检测等。

对应上一级专业编码：1304-3

1304-3　高级

专业编码：1304-3

专业名称：生物制药

培养目标：培养从事以生物化学方法制造药品、疫苗并进行相关质量检测的高级技能人才（高级工）。

学习年限：2 年（达到中级技能水平学生），3 年（高中毕业生），5 年（初中毕业生）

职业能力：

具有积极的人生态度、健康的心理素质、良好的职业道德和较扎实的文化基础知识；具有获取新知识、新技能的意识和能力，能适应不断变化的职业社会；熟悉企业生产流程，严格执行生化生产设备操作规定，遵守各项工艺规程，具有安全意识、质量意识，重视环境保护，并具有独立解决非常规问题的基本能力；能指导他人进行工作或协助培训一般操作人员。同时具有下列专业能力：

1. 掌握药物制剂、药事法规知识。

2. 能按照生产工艺及检验规程，熟练使用相关生产设备、仪器、材料，进行生化药品的生产操作和检验。

3. 能对生物制药生产设备进行维护保养。

4. 能记录生产及检验过程，对产品质量进行分析，并能采取相应措施保证产品质量。

5. 具有一定的生产组织能力，并能解决生化药品生产中的一般性技术问题。

对应或相关职业（工种）：生化药品制造工（6-12-05-01）、发酵工程制药工（6-12-05-02）、疫苗制品工（6-12-05-03）、药物制剂工（6-12-03-00）、药物检验员（4-08-05-04）

职业资格（职业技能等级）：药物制剂工

专业主要教学内容：

有机化学、生物化学与生化药品、微生物学、药物制剂技术与设备、药事法规、发酵技术、生物制药设备与仪表、生物药物制备工艺技术、生物药物质量检测、细胞与分子生物学、免疫学等。

对应下一级专业编码：1304-4

1305　药物分析与检验

1305-4　中级

专业编码：1305-4

专业名称：药物分析与检验

培养目标：培养从事使用化学分析仪器和理化分析仪器，对原料药、制剂等化学药物的成品、半成品及原辅料进行检验、检查、检定、试验、分析的中级技能人才。

学习年限：3 年（初中毕业生），2 年（高中毕业生）

职业能力：

具有积极的人生态度、健康的心理素质、良好的职业道德和较扎实的文化基础知识；具有获取新知识、新技能的意识和能力，能适应不断变化的职业社会；了解企业生产流程，严格执行设备操作规定，遵守各项工艺规程，具有安全意识，重视环境保护，并能解决一般性专业问题。同时具有下列专业能力：

1. 能正确理解和执行药物分析与检验方面的国家标准、行业标准和企业标准，会查阅药物分析与检验专业文献。
2. 能对原料药、制剂等化学药物的成品、半成品及原辅料进行常规分析检验。
3. 能记录、计算、判断检验数据，协助主检人员完成检验报告。
4. 能解决检验过程中遇到的一般性技术问题。
5. 能熟练操作与分析仪器配套使用的计算机。
6. 能协助企业生产技术管理部门分析产生不合格品（批）的一般原因。
7. 能按标准要求测定本单位产生的“三废”中的主要环境监测项目。

对应或相关职业（工种）：药物检验员（4-08-05-04）、化学检验员（6-31-03-01）

职业资格（职业技能等级）：化学检验员

专业主要教学内容：

基础化学、微生物学、药物化学基础、药物制剂技术、化学分析、仪器分析、药物分析、分析检验技术、危险化学品安全技术、化验室管理、常用分析仪器维护等。

对应上一级专业编码：1305-3

1305-3　高级

专业编码：1305-3

专业名称：药物分析与检验

培养目标：培养从事使用化学分析仪器和理化分析仪器，对原料药、制剂等化学药物的成品、半成品及原辅料进行检验、检查、检定、试验、分析的高级技能人才（高级工）。

学习年限：2 年（达到中级技能水平学生），3 年（高中毕业生），5 年（初中毕业生）

职业能力：

具有积极的人生态度、健康的心理素质、良好的职业道德和较扎实的文化基础知识；具有获取新知识、新技能的意识和能力，能适应不断变化的职业社会；熟悉企业生产流程，严格执行设备操作规定，遵守各项工艺规程，重视环境保护，并具有独立解决非常规问题的基本能力；能指导他人进行工作或协助培训一般检验人员。同时具有下列专业能力：

1. 能在严格执行药物分析与检验方面的国家标准、行业标准和企业标准基础上，选择和改进药物分析方法。
2. 能针对非常规检验设计检验方法，验证其合理性，并执行检验。
3. 能协助企业生产技术管理部门分析产生不合格品（批）的原因，并提出改进建议。
4. 能制定一般检验仪器设备的操作规程，编写相关产品和原材料的检验操作规范。
5. 能监督生产控制区的环境条件，检查生产洁净区的尘埃粒子数和菌落数。
6. 能提出减少药物生产“三废”排放的技术措施。

对应或相关职业（工种）：药物检验员（4-08-05-04）、化学检验员（6-31-03-01）

职业资格（职业技能等级）：化学检验员

专业主要教学内容：

无机化学、有机化学、微生物学、药物制剂技术、药物化学、药理学、药事法规、GMP 实施技术、化学分析、仪器分析、药物分析、分析检验技术、危险化学品安全技术等。

对应下一级专业编码：1305-4

1306　药品营销

1306-4　中级

专业编码：1306-4

专业名称：药品营销

培养目标：培养从事药品采购、储存、销售工作的中级技能人才。

学习年限：3 年（初中毕业生），2 年（高中毕业生）

职业能力：

具有积极的人生态度、健康的心理素质、良好的职业道德和较扎实的文化基础知识；具有获取新知识、新技能的意识和能力，能适应不断变化的职业社会；了解企业生产流程，严格执行 GSP 要求和药品经营管理的相关规定，遵守各项操作规程，具有安全意识，重视环境保护，并能解决一般性专业问题。同时具有下列专业能力：

1. 能按照采购计划及市场需求情况，与生产、批发企业签订购货合同，购进医药商品，并填制、传递相关凭证。

2. 能按照 GSP 和购货合同要求验收采购的药品，合理规划库存，进行药品的在库养护工作，并填制、传递相关凭证与信息。

3. 能了解市场信息，运用营销方法与销售对象接洽，签订供货合同，进行供货和合同管理，及时回收货款，并进行推广新品、介绍代用、调剂余缺、缺货登记等工作。

4. 能根据处方或用户需要，销售医药商品（包括中药），填制、传递销售凭证，为用户提供咨询服务。

5. 能严格按《中华人民共和国药品管理法》等国家法律、法规及有关规定，采购、供应、销售特殊药品。

对应或相关职业（工种）：医药商品购销员（4-01-05-02）、医药商品物流员＊（4-02-06-03）

职业资格（职业技能等级）：医药商品购销员

专业主要教学内容：

医学基础、基础化学、药事管理学、药理学、药店销售技术、药学服务技术、物流与养护、医药市场营销学、中医药概论、中药商品学、中药调剂学、商业法规、药品经营质量管理、财务管理与会计学等。

专业方向：医药物流、中药营销

对应上一级专业编码：1306-3

1306-3　高级

专业编码：1306-3

专业名称：药品营销

培养目标：培养从事药品采购、储存、销售工作的高级技能人才（高级工）。

学习年限：2 年（达到中级技能水平学生），3 年（高中毕业生），5 年（初中毕业生）

职业能力：

具有积极的人生态度、健康的心理素质、良好的职业道德和较扎实的文化基础知识；具有获取新知识、新技能的意识和能力，能适应不断变化的职业社会；熟悉企业生产流程，严格执行 GSP 要求和药品经营管理的相关规定，遵守各项操作规程，重视环境保护，并具有独立解决非常规问题的基本能力；能指导他人进行工作或协助培训一般营销人员。同时具有下列专业能力：

1. 能依据公司发展计划、市场需求、销售进度和库存情况合理制订医药商品采购计划。

2. 能按照 GSP 要求对首营企业和首营品种进行审查，并建立客户档案、药品质量档案等，开展客户管理和药品质量管理工作。

3. 能根据 GSP 要求验收采购的药品，合理规划库存，进行药品养护工作，并填制、传递相关凭证与信息。

4. 能根据处方或用户需要，为用户提供咨询服务和用药指导。

5. 能利用现代信息技术，根据国家有关规定开展医药商品的电子商务活动。

对应或相关职业（工种）：医药商品购销员（4-01-05-02）、医药商品物流员＊（4-02-06-03）

职业资格（职业技能等级）：医药商品购销员

专业主要教学内容：

药理学、药店销售技术、药学服务技术、物流与养护、医药市场营销学、中药商品学、中药调剂学、商业法规、药品经营质量管理、财务管理与会计学、电子商务概论、商务礼仪、商务谈判、连锁药店管理等。

专业方向：医药物流、中药营销

对应下一级专业编码：1306-4

1307　口腔义齿制造

1307-4　中级

专业编码：1307-4

专业名称：口腔义齿制造

培养目标：培养从事口腔义齿制造工作的中级技能人才。

学习年限：3 年（初中毕业生），2 年（高中毕业生）

职业能力：

具有积极的人生态度、健康的心理素质、良好的职业道德和较扎实的文化基础知识；具有获取新知识、新技能的意识和能力，能适应不断变化的职业社会；了解企业生产流程，严格执行设备操作规定，遵守各项工艺规程，具有安全意识，重视环境保护，并能解决一般性专业问题。同时具有下列专业能力：

1. 掌握牙体解剖形态，常用口腔材料的种类、性质和适用范围。
2. 掌握口腔修复义齿的制作方法。
3. 掌握修复体的各种研磨材料及加工技术。
4. 掌握相关仪器和设备的操作并能进行维护保养。
5. 熟悉卫生消毒、灭菌的技术和标准。

对应或相关职业（工种）：口腔修复体制作师（4-14-03-02）

职业资格（职业技能等级）：口腔修复体制作师

专业主要教学内容：

口腔解剖生理学、口腔修复材料学基础、口腔医学美学、口腔固定修复工艺技术、可摘义齿修复工艺技术、口腔技工工艺学、口腔工艺技术实训等。

对应上一级专业编码：1307-3

1307-3　高级

专业编码：1307-3

专业名称：口腔义齿制造

培养目标：培养从事口腔义齿制造工作的高级技能人才（高级工）。

学习年限：2 年（达到中级技能水平学生），3 年（高中毕业生），5 年（初中毕业生）

职业能力：

具有积极的人生态度、健康的心理素质、良好的职业道德和较扎实的文化基础知识；具

有获取新知识、新技能的意识和能力，能适应不断变化的职业社会；熟悉企业生产流程，严格执行设备操作规定，遵守各项工艺规程，重视环境保护，并具有独立解决非常规问题的基本能力；能指导他人进行工作或协助培训一般操作人员。同时具有下列专业能力：

1. 掌握口腔解剖生理、牙体解剖形态、口腔修复和义齿制作的基础理论知识，修复材料的种类、性质、质量和适用范围。

2. 熟练掌握口腔修复义齿的制作方法，能对出现的问题进行处理。

3. 熟练掌握修复体的各种研磨材料及加工技术。

4. 掌握相关仪器和设备的操作与维护保养，并能检修常见故障。

5. 掌握卫生消毒、灭菌技术。

对应或相关职业（工种）：口腔修复体制作师（4-14-03-02）

职业资格（职业技能等级）：口腔修复体制作师

专业主要教学内容：

口腔解剖生理学、颌学、口腔内科学、口腔颌面外科学、口腔正畸学、口腔修复学、口腔材料学、口腔医学美学、口腔设备学、口腔技工工艺学、口腔工艺技术实训等。

对应下一级专业编码：1307-4

1308　眼视光技术

1308-4　中级

专业编码：1308-4

专业名称：眼视光技术

培养目标：培养从事验光配镜及眼镜销售的中级技能人才。

学习年限：3 年（初中毕业生），2 年（高中毕业生）

职业能力：

具有积极的人生态度、健康的心理素质、良好的职业道德和较扎实的文化基础知识；具有获取新知识、新技能的意识和能力，能适应不断变化的职业社会；了解企业生产流程，具有一定的分析、判断、沟通、表达和计算能力，具有服务理念，重视眼视光保健，并能解决一般性专业问题。同时具有下列专业能力：

1. 能独立接待、问诊顾客，评估顾客的眼部健康状况。

2. 能解答关于屈光不正的咨询，正确介绍眼镜验配常识及眼镜商品知识。

3. 能应用眼视光仪器和设备对顾客进行眼睛视力和一般性外观检查，进行视功能评估。

4. 能独立、完整实施眼睛屈光度检查，根据屈光度检测结果开具远用眼镜处方，并确定眼镜定配方案。

5. 能进行软性角膜接触镜验配和护理指导。

6. 能应用中和法或操作焦度检测仪，进行镜片顶焦度检测和鉴定。

7. 能进行球柱镜片联合、光学中心移位、三棱镜数值计算和光度转换。

对应或相关职业（工种）：眼镜验光师（4-14-03-03）、眼镜定配工（4-14-03-04）

职业资格（职业技能等级）：眼镜验光师、眼镜定配工

专业主要教学内容：

眼科学基础、眼镜光学、眼屈光学、眼镜销售学、验光技术、眼镜技术、软性角膜接触镜验配等。

对应上一级专业编码：1308-3

1308-3 高级

专业编码：1308-3

专业名称：眼视光技术

培养目标：培养从事验光配镜及眼镜销售的高级技能人才（高级工）。

学习年限：2 年（达到中级技能水平学生），3 年（高中毕业生），5 年（初中毕业生）

职业能力：

具有积极的人生态度、健康的心理素质、良好的职业道德和较扎实的文化基础知识；具有获取新知识、新技能的意识和能力，能适应不断变化的职业社会；熟悉企业生产流程，具有一定的分析、判断、沟通、表达和计算能力，具有服务理念，重视眼视光保健，并能独立解决非常规专业问题，能指导他人进行工作或协助培训一般操作人员。同时具有下列专业能力：

1. 能诊断屈光不正和常见眼病，对顾客进行初步的眼健康检查，指导屈光矫正。
2. 能依据国家质量标准进行镜片质量检测，解决顾客的眼镜质量问题。
3. 能正确认识不同年龄人群的验光特点，检测眼睛屈光度，开具处方，并确定眼镜定配方案。
4. 能准确测量顾客的配镜参数，为顾客开具多焦点眼镜的配镜处方，并确定眼镜定配方案。
5. 能进行软性角膜接触镜验配和护理指导，并能诊断及处治常见并发症。
6. 能进行眼镜戴用校配和指导。
7. 能维护保养并调校仪器和设备。

对应或相关职业（工种）：眼镜验光师（4-14-03-03）、眼镜定配工（4-14-03-04）

职业资格（职业技能等级）：眼镜验光师、眼镜定配工

专业主要教学内容：

眼保健知识、眼镜材料与工艺、视觉检查技术、验光技术、功能性眼镜原理与验配、软性角膜接触镜验配、眼镜调校与检测等。

对应下一级专业编码：1308-4

1309 医疗器械制造与维修

1309-4 中级

专业编码：1309-4

专业名称：医疗器械制造与维修

培养目标：培养从事医疗器械制造与维修的中级技能人才。

学习年限：3 年（初中毕业生），2 年（高中毕业生）

职业能力：

具有积极的人生态度、健康的心理素质、良好的职业道德和较扎实的文化基础知识；具有获取新知识、新技能的意识和能力，能适应不断变化的职业社会；了解医疗器械制造与维修相关工作流程，严格执行设备操作规定，遵守各项工艺规程，具有安全意识，重视环境保护，并能解决一般性专业问题。同时具有下列专业能力：

1. 能依据人体基本结构理解相关医疗设备和身体参数的关系。
2. 能依据医疗器械行业安全用电规范确保人和设备安全。
3. 熟悉典型医疗器械的分类、工作原理及调试方法。
4. 能运用机械制图基本知识及电气原理图基本知识，按工艺要求对零部件进行预处理。
5. 能进行电子电工的基本技能操作，看懂产品零部件图、电气原理图及装配图。
6. 能按照工艺要求和设计意图调整零部件的位置、间隙等。
7. 能按照技术要求对核心零部件进行检测。
8. 能排除常见医疗器械一般电路故障。

对应或相关职业（工种）：医疗器械装配工（6-21-06-01）、矫形器装配工（6-21-06-02）、假肢装配工（6-21-06-03）、医药材料产品生产工（6-21-06-04）

职业资格（职业技能等级）：矫形器装配工、假肢装配工

专业主要教学内容：

临床医学概论、电路基础、人体生理解剖学、医疗器械概论、机械原理、医疗器械监督管理条例、医用电气安全、无源医疗器械检验技术、有源医疗器械检验技术、医院医疗设备管理实务、金工技术、电子电工技术与技能、3D 打印基础等。

对应上一级专业编码：1309-3

1309-3　高级

专业编码：1309-3

专业名称：医疗器械制造与维修

培养目标：培养从事医疗器械制造与维修的高级技能人才（高级工）。

学习年限：2 年（达到中级技能水平学生），3 年（高中毕业生），5 年（初中毕业生）

职业能力：

具有积极的人生态度、健康的心理素质、良好的职业道德和较扎实的文化基础知识；具有获取新知识、新技能的意识和能力，能适应不断变化的职业社会；熟悉医疗器械制造与维修相关工作流程，严格执行设备操作规定，遵守各项工艺规程，重视环境保护，并具有独立解决非常规问题的基本能力；能指导他人进行工作或协助培训一般操作人员。同时具有下列专业能力：

1. 能对所用工具设备进行调试及校准，熟练使用各种调试设备。
2. 能看懂产品的原理图、总装配图、工艺说明书和生产工艺流程，独立对医疗器械产品进行整机装配。
3. 能独立对整机装配质量（虚焊、接地、屏蔽、绝缘等）进行检查。
4. 能对技术要求较高的零部件的质量及有关指标进行检测。
5. 能按整机技术要求，进行产品的质量检查和性能的逐项测试，能分析不合格项目产

生的原因，并排除有关故障。

6. 能对医疗器械有效性、安全性进行分析和检测，并能对仪器设备进行使用、管理和维护保养。

7. 能运用计算机对关键工序、关键工艺进行管理。

对应或相关职业（工种）：医疗器械装配工（6-21-06-01）、矫形器装配工（6-21-06-02）、假肢装配工（6-21-06-03）、医药材料产品生产工（6-21-06-04）

职业资格（职业技能等级）：矫形器装配工、假肢装配工

专业主要教学内容：

电气控制技术、医用传感器应用技术、医用电子仪器、医疗器械拆装实训、医用电子产品生产工艺与管理、医用电子产品组装与调试、3D 打印数据处理等。

对应下一级专业编码：1309-4

1310　药品服务与管理

1310-4　中级

专业编码：1310-4

专业名称：药品服务与管理

培养目标：培养从事药品服务与管理的中级技能人才。

学习年限：3 年（初中毕业生），2 年（高中毕业生）

职业能力：

具有积极的人生态度、健康的心理素质、良好的职业道德和较扎实的文化基础知识；具有获取新知识、新技能的意识和能力，能适应不断变化的职业社会；了解药品服务与管理相关工作流程，严格执行设备操作规定，遵守各项操作规程，具有安全意识，重视环境保护，并能解决一般性专业问题。同时具有下列专业能力：

1. 能进行药品陈列、药品销售、盘点等药店运营管理操作。
2. 能对药品进行入库验收、在库保管与养护、出库复核等质量管理。
3. 能进行非处方药用药咨询与推荐、处方药用药咨询。
4. 能诊断常见疾病并进行合理用药指导。
5. 能正确解读处方并按处方进行正确调配。
6. 能根据病情进行健康教育与营养保健指导。

对应或相关职业（工种）：医药商品购销员（4-01-05-02）、医药商品物流员 *（4-02-06-03）

职业资格（职业技能等级）：医药商品购销员

专业主要教学内容：

医学基础、药剂学、药店管理、临床医学概论、中医学基础、药学综合知识与技能、中药调剂技术、药品经营质量管理规范、药学服务技术、药品零售技术、药品储存与养护技术、医药商品学、药品销售技术、营养学基础等。

对应上一级专业编码：1310-3

1310-3　高级

专业编码：1310-3

专业名称：药品服务与管理

培养目标：培养从事药品服务与管理的高级技能人才（高级工）。

学习年限：2 年（达到中级技能水平学生），3 年（高中毕业生），5 年（初中毕业生）

职业能力：

具有积极的人生态度、健康的心理素质、良好的职业道德和较扎实的文化基础知识；具有获取新知识、新技能的意识和能力，能适应不断变化的职业社会；熟悉药品服务与管理相关工作流程，严格执行设备操作规定，遵守各项操作规程，重视环境保护，并具有独立解决非常规问题的基本能力；能指导他人进行工作或协助培训一般工作人员。同时具有下列专业能力：

1. 能进行药品陈列、药品销售、核算盘点、商品库存管理等药店运营管理操作。
2. 能根据药品性质进行储存养护和质量管理。
3. 能正确解读与审核处方，并按处方完成调配、发药和用药指导。
4. 能进行非处方药用药咨询与推荐，以及处方药用药咨询与指导。
5. 能进行各类疾病诊断、疗效判断并进行合理用药指导。
6. 能依据病情进行健康教育、营养保健指导以及慢病管理。
7. 能完成药品不良反应监测报告或收集反馈相关信息。

对应或相关职业（工种）：医药商品购销员（4-01-05-02）、医药商品物流员＊（4-02-06-03）

职业资格（职业技能等级）：医药商品购销员

专业主要教学内容：

人体解剖生理学、医药企业管理、中药学、药理学、临床药物治疗学、实用医药综合知识与技能、药品调剂技术、临床营养学、健康指导、药事管理与法规、医药市场营销实务、药品营销心理学、医药物流管理等。

对应下一级专业编码：1310-4

1311　公共卫生防疫与管理

1311-4　中级

专业编码：1311-4

专业名称：公共卫生防疫与管理

培养目标：培养从事公共卫生管理行业疾病预防、有害生物防制、公共场所卫生管理的中级技能人才。

学习年限：3 年（初中毕业生），2 年（高中毕业生）

职业能力：

具有积极的人生态度、健康的心理素质、良好的职业道德和较扎实的文化基础知识；具有获取新知识、新技能的意识和能力，能适应不断变化的职业社会；了解公共卫生防疫与管理工作流程，严格执行设备操作规定，遵守各项工艺规程，具有安全意识，重视环境保护，并能解决一般性专业问题。同时具有下列专业能力：

1. 能完成常见病媒生物的现场防制操作。

2. 能操作常见消毒器械、配置消毒剂，使用正确的消毒方式开展消毒。

3. 能开展公共场所的卫生检查、卫生知识宣传和教育，协助卫生行政部门开展公共场所卫生监管。

4. 能完成病媒生物的种类、数量和密度的监测。

5. 能对病害兽禽及其产品进行无害化处理。

6. 能协助进行疑似传染性疾病事件的现场人员管理及流行病学调查。

7. 能正确进行个人防护和相关的紧急救护。

对应或相关职业（工种）：有害生物防制员 L（4-09-09-00）、防疫员（4-14-04-01）、消毒员（4-14-04-02）、公共场所卫生管理员（4-14-04-03）、社群健康助理员（4-14-04-04）

职业资格（职业技能等级）：有害生物防制员、防疫员、消毒员、公共场所卫生管理员、社群健康助理员

专业主要教学内容：

服务礼仪与人际沟通、传染病、疾病预防与照护、病媒生物防制、消毒、公共场所卫生管理、食品卫生与营养、有害生物防制员实训等。

对应上一级专业编码：1311-3

1311-3　高级

专业编码：1311-3

专业名称：公共卫生防疫与管理

培养目标：培养从事公共卫生管理行业疾病预防、有害生物防制、公共场所卫生管理的高级技能人才（高级工）。

学习年限：2 年（达到中级技能水平学生），3 年（高中毕业生），5 年（初中毕业生）

职业能力：

具有积极的人生态度、健康的心理素质、良好的职业道德和较扎实的文化基础知识；具有获取新知识、新技能的意识和能力，能适应不断变化的职业社会；熟悉公共卫生防疫与管理工作流程，严格执行设备操作规定，遵守各项工艺规程，重视环境保护，并具有独立解决非常规问题的基本能力；能指导他人进行工作或协助培训一般工作人员。同时具有下列专业能力：

1. 能熟练操作各类监测器械完成常见病媒生物密度监测，并指导完成现场防制操作。

2. 能对病媒生物防制效果等级进行评估。

3. 能根据不同的传染病情况，快速选择正确的消毒器械，正确配置消毒剂；使用正确的消毒方式开展应急处理和消毒；做好预防性消毒，并开展消毒效果评估。

4. 能根据不同风险等级的消毒作业做好个人防护。

5. 能通过调查或卫生资料，判断与分析社区居民的健康问题，找出可通过健康教育改变的不健康行为；能通过制作海报、小册子等宣传媒介，健康宣讲等形式，有针对性地对社

区居民进行健康、卫生安全的宣导教育。

6. 能协助完成灾区消毒、无害化处理，开展病媒生物的综合防制，对大型活动进行病媒生物的风险评估和监测预警。

7. 能协助开展传染性疾病的流行病学调查。

对应或相关职业（工种）：有害生物防制员 L（4-09-09-00）、防疫员（4-14-04-01）、消毒员（4-14-04-02）、公共场所卫生管理员（4-14-04-03）、社群健康助理员（4-14-04-04）

职业资格（职业技能等级）：有害生物防制员、防疫员、消毒员、公共场所卫生管理员、社群健康助理员

专业主要教学内容：

传染病、卫生保健、病媒生物防制、疾病预防与照护、消毒、健康管理、突发公共卫生事件应急处置、公共卫生防疫宣导、社区服务与管理、有害生物防制员实训、防疫员实训、卫生统计、流行病学等。

对应下一级专业编码：1311-4

14 文化艺术类

1401 美术设计与制作

1401-4 中级

专业编码： 1401-4

专业名称： 美术设计与制作

培养目标： 培养从事平面设计与制作、广告设计与制作、室内装潢设计等相关美术设计与制作工作的中级技能人才。

学习年限： 3 年（初中毕业生），2 年（高中毕业生）

职业能力：

具有积极的人生态度、健康的心理素质、良好的职业道德和较扎实的文化基础知识；具有获取新知识、新技能的意识和能力，能适应不断变化的职业社会；了解美术设计与制作流程，遵守各项工艺规程，具有安全意识，重视环境保护，并能解决一般性专业问题。同时具有下列专业能力：

1. 具有一定的美术专业理论知识和造型能力。
2. 掌握图形设计的基本原理，图形的造型、构图、色彩的基本规律和图形设计与制作的基本技能。
3. 理解基本字体设计和创意字体设计的概念及法则，掌握制作方法。
4. 具有平面设计排版能力。
5. 具有一定的广告创意能力，并能根据创意进行设计与制作。
6. 具有室内设计平面图及效果图的绘制能力，了解一般装修制作工艺。
7. 具有计算机系统操作、文字处理的能力，熟练掌握相关的计算机图形处理技能。

对应或相关职业（工种）： 装饰美工（4-07-07-02）、装潢美术设计师（4-08-08-06）、室内装饰设计师（4-08-08-07）、广告设计师（4-08-08-08）、包装设计师（4-08-08-09）、会展设计师（4-08-08-21）

职业资格（职业技能等级）： 装饰美工、室内装饰设计师、广告设计师、包装设计师、会展设计师

专业主要教学内容：

美术基础、设计基础、图形创意、字体设计、版面编排、广告设计、室内效果图绘制、设计相关软件应用（CAD、CorelDRAW、Photoshop、3dsMax）等。

专业方向： 广告设计与制作

对应上一级专业编码： 1401-3

1401-3 高级

专业编码： 1401-3

专业名称：美术设计与制作

培养目标：培养从事平面设计与策划、广告策划与创意、室内外环艺设计、包装装潢设计、网络美术设计等相关美术设计与制作工作的高级技能人才（高级工）。

学习年限：2 年（达到中级技能水平学生），3 年（高中毕业生），5 年（初中毕业生）

职业能力：

具有积极的人生态度、健康的心理素质、良好的职业道德和较扎实的文化基础知识；具有获取新知识、新技能的意识和能力，能适应不断变化的职业社会；熟悉美术设计与制作流程，遵守各项工艺规程，具有安全和环保意识，并具有独立解决非常规问题的基本能力；能指导他人进行工作或协助培训一般操作人员。同时具有下列专业能力：

1. 具有一定的美术专业理论知识和较强的造型能力。
2. 掌握图形设计的基本原理与制作技能，能熟练进行图形创意设计。
3. 理解基本字体设计和创意字体设计的概念及法则，具备设计创作能力。
4. 能熟练进行计算机系统操作，熟练运用计算机进行文字处理排版、图形处理等工作。
5. 能熟练进行企业视觉形象识别的设计。
6. 具有较强的广告策划与创意能力，能独立设计制作各类广告。
7. 具有室内外设计图、建筑空间平面图、效果图的绘制能力，了解基本装修制作工艺及材料分类，具备一定的布展技能。
8. 具有包装装潢设计的能力。
9. 具有动画设计与制作的能力，能进行一般网页及多媒体设计与制作。

对应或相关职业（工种）：装饰美工（4-07-07-02）、装潢美术设计师（4-08-08-06）、室内装饰设计师（4-08-08-07）、广告设计师（4-08-08-08）、包装设计师（4-08-08-09）、会展设计师（4-08-08-21）

职业资格（职业技能等级）：装饰美工、室内装饰设计师、广告设计师、包装设计师、会展设计师

专业主要教学内容：

美术基础、设计基础、图形创意、字体设计、VI 设计、广告设计、包装设计、环艺设计、网页设计、多媒体设计与制作、设计相关软件应用（CAD、CorelDRAW、Illustrator、Photoshop、Flash、3dsMax）等。

专业方向：广告设计与制作

对应下一级专业编码：1401-4

1402　工艺美术

1402-4　中级

专业编码：1402-4

专业名称：工艺美术

培养目标：培养从事工艺美术品生产制作的中级技能人才。

学习年限：3 年（初中毕业生），2 年（高中毕业生）

职业能力：

具有积极的人生态度、健康的心理素质、良好的职业道德和较扎实的文化基础知识；具有获取新知识、新技能的意识和能力，能适应不断变化的职业社会；了解工艺美术品制作流程，遵守各项工艺规程，具有安全意识，重视环境保护，并能解决一般性专业问题。同时具有下列专业能力：

1. 能识别、挑选和使用工艺美术品生产常用工具、仪器和设备。
2. 能根据工艺美术品设计进行选材、配料。
3. 能识读设计图，绘制常规工艺加工图，使用相关计算机软件。
4. 能根据设计图进行工艺美术品制作，并对作品进行初级分析和检验。
5. 能对工艺美术品生产工具和设备进行常规维护保养。

对应或相关职业（工种）：工艺品雕刻工（6-09-03-01）、雕塑翻制工（6-09-03-02）、陶瓷工艺品制作师（6-09-03-03）、景泰蓝制作工（6-09-03-04）、金属摆件制作工（6-09-03-05）、漆器制作工（6-09-03-06）、壁画制作工（6-09-03-07）、版画制作工（6-09-03-08）、人造花制作工（6-09-03-09）、工艺画制作工（6-09-03-10）、抽纱刺绣工（6-09-03-11）、手工地毯制作工（6-09-03-12）、机制地毯制作工（6-09-03-13）、宝石琢磨工（6-09-03-14）、贵金属首饰制作工（6-09-03-15）、装裱师（6-09-03-16）、民间工艺品制作工（6-09-03-17）、工艺美术品设计师（4-08-08-05）

职业资格（职业技能等级）：工艺品雕刻工、景泰蓝制作工、金属摆件制作工、漆器制作工、手工地毯制作工、宝石琢磨工、贵金属首饰制作工、工艺美术品设计师

专业主要教学内容：

专业软件应用、造型基础、色彩基础、产品制作工艺、产品后期处理、设备维护保养等。

专业方向：玉石雕刻与鉴赏、青瓷工艺、刀剑工艺、葵艺

对应上一级专业编码：1402-3

1402-3 高级

专业编码：1402-3

专业名称：工艺美术

培养目标：培养从事工艺美术产品设计、制作、检验、技术支持、经营管理等工作的高级技能人才（高级工）。

学习年限：2年（达到中级技能水平学生），3年（高中毕业生），5年（初中毕业生）

职业能力：

具有积极的人生态度、健康的心理素质、良好的职业道德和较扎实的文化基础知识；具有获取新知识、新技能的意识和能力，能适应不断变化的职业社会；熟悉工艺美术品制作流程，遵守各项工艺规程，具有安全和环保意识，并具有独立解决非常规问题的基本能力；能指导他人进行工作或协助培训一般操作人员。同时具有下列专业能力：

1. 能熟练识别、挑选和使用工艺美术品生产常用工具、仪器和设备。
2. 能根据工艺美术品设计进行准确选材、配料。
3. 能使用相关计算机软件或手工进行工艺美术产品设计。

4. 能根据设计图进行工艺美术品制作，并对作品进行分析和检验。

5. 能对工艺美术品生产工具和设备进行调试、保养、维修。

6. 能对产品进行宣传、策划和市场开发，拓宽产品营销渠道。

对应或相关职业（工种）：工艺品雕刻工（6-09-03-01）、雕塑翻制工（6-09-03-02）、陶瓷工艺品制作师（6-09-03-03）、景泰蓝制作工（6-09-03-04）、金属摆件制作工（6-09-03-05）、漆器制作工（6-09-03-06）、壁画制作工（6-09-03-07）、版画制作工（6-09-03-08）、人造花制作工（6-09-03-09）、工艺画制作工（6-09-03-10）、抽纱刺绣工（6-09-03-11）、手工地毯制作工（6-09-03-12）、机制地毯制作工（6-09-03-13）、宝石琢磨工（6-09-03-14）、贵金属首饰制作工（6-09-03-15）、装裱师（6-09-03-16）、民间工艺品制作工（6-09-03-17）、工艺美术品设计师（4-08-08-05）

职业资格（职业技能等级）：工艺品雕刻工、景泰蓝制作工、金属摆件制作工、漆器制作工、手工地毯制作工、宝石琢磨工、贵金属首饰制作工、工艺美术品设计师

专业主要教学内容：

专业软件应用、设计基础、造型、色彩、产品制作工艺、产品后期处理、设备维护保养等。

专业方向：玉石雕刻与鉴赏、青瓷工艺、刀剑工艺、葵艺

对应下一级专业编码：1402-4

1403　珠宝首饰设计与制作

1403-4　中级

专业编码：1403-4

专业名称：珠宝首饰设计与制作

培养目标：培养从事珠宝首饰设计与制作的中级技能人才。

学习年限：3 年（初中毕业生），2 年（高中毕业生）

职业能力：

具有积极的人生态度、健康的心理素质、良好的职业道德和较扎实的文化基础知识；具有获取新知识、新技能的意识和能力，能适应不断变化的职业社会；遵守各项工艺规程，具有安全意识，重视环境保护，并能解决一般性专业问题。同时具有下列专业能力：

1. 能进行首饰效果图手绘素描表达、首饰效果图手绘色彩表达。

2. 能初步把握首饰市场潮流，并能对首饰作品进行鉴赏和评价。

3. 能进行首饰计算机二维设计和首饰 DIY 设计。

4. 能熟练掌握一种首饰三维设计软件。

5. 能识读珠宝首饰设计图稿，并能手工绘制简单的珠宝首饰平面图。

6. 能正确操作珠宝首饰制作焊接工具、执模工具、超声波清洗机，并能熟练进行执模、抛光首饰、点焊配件操作。

7. 能正确选用车针、砂纸、锉刀、锯条、飞碟轮，并能正确选用量具、金衡器、放大镜检验首饰加工质量。

8. 能识别常见的宝玉石。

9. 能进行首饰数控加工操作和首饰激光打印或喷蜡打印快速成型操作。

10. 能对首饰进行维护保养，能进行配石和镶嵌，能排除首饰制作常用工具和设备使用过程中的一般故障。

对应或相关职业（工种）：贵金属首饰制作工（6-09-03-15）、贵金属首饰与宝玉石检测员（4-08-05-03）

职业资格（职业技能等级）：贵金属首饰与宝玉石检测员

专业主要教学内容：

首饰素描、首饰色彩、中外首饰鉴赏、首饰起版技术基础、贵金属材料与检验、首饰手绘技巧、首饰计算机二维设计、首饰执模技术、首饰数控加工及快速成型技术等。

对应上一级专业编码：1403-3

1403-3　高级

专业编码：1403-3

专业名称：珠宝首饰设计与制作

培养目标：培养从事珠宝首饰设计与制作的高级技能人才（高级工）。

学习年限：2年（达到中级技能水平学生），3年（高中毕业生），5年（初中毕业生）

职业能力：

具有积极的人生态度、健康的心理素质、良好的职业道德和较扎实的文化基础知识；具有获取新知识、新技能的意识和能力，能适应不断变化的职业社会；遵守各项工艺规程，重视环境保护，并具有独立解决非常规问题的基本能力；能指导他人进行工作或协助培训一般操作人员。同时具有下列专业能力：

1. 能根据市场要求进行素金首饰、镶嵌首饰和礼品首饰设计。

2. 能进行概念首饰创作，并能采用三维设计软件进行效果图佩戴模拟和效果展示设计。

3. 能手工绘制各种款式珠宝首饰结构图（三视图及局部细节放大图）。

4. 能熟练进行手工制版（制银版及雕蜡版）和手工錾刻，并能熟练地机动批刻各式花纹、字体。

5. 能磨制及维修手工錾刻刀，正确装配、使用和维修批花夹具、刻刀，正确使用、维修手工制版设备工具。

6. 能正确操作珠宝首饰制作镶嵌工具和抛光机，正确选用布轮、抛光蜡。

7. 能对首版、錾刻批花工件质量进行检验，诊断制版、錾刻、批花质量问题并提出解决方案。

8. 能熟练分石、配石、镶嵌宝石，并能维护镶嵌、抛光设备及工具，排除使用过程中的一般故障。

9. 能进行首饰数控起版。

对应或相关职业（工种）：首饰设计师（4-08-08-11）、贵金属首饰制作工（6-09-03-15）、贵金属首饰与宝玉石检测员（4-08-05-03）

职业资格（职业技能等级）：首饰设计师、贵金属首饰与宝玉石检测员

专业主要教学内容：

素金首饰设计、镶嵌首饰设计、首饰计算机三维设计、艺术首饰设计、概念首饰设计与

制作、礼品首饰设计、首饰蜡雕技术、首饰数控起版、首饰镶嵌技术、首饰表面处理技术、首饰展示设计等。

对应下一级专业编码：1403-4

1404　珠宝首饰鉴定与营销

1404-4　中级

专业编码：1404-4

专业名称：珠宝首饰鉴定与营销

培养目标：培养从事珠宝首饰检验与营销的中级技能人才。

学习年限：3 年（初中毕业生），2 年（高中毕业生）

职业能力：

具有积极的人生态度、健康的心理素质、良好的职业道德和较扎实的文化基础知识；具有获取新知识、新技能的意识和能力，能适应不断变化的职业社会；了解企业生产流程，严格执行仪器设备操作规定，遵守各项工艺规程，具有货品安全意识，重视环境保护，并能解决一般性专业问题。同时具有下列专业能力：

1. 能收集整理珠宝首饰辅助检测接单资料、信息。
2. 能完成首饰样品相关信息采集、录入、输出等珠宝首饰辅助检验任务。
3. 能规范操作 10 倍放大镜、镊子、折射仪、偏光镜、二色镜等常规鉴定仪器。
4. 能使用比重天平、比重液测宝玉石密度。
5. 能运用常规鉴定仪器检测天然宝玉石，完成鉴定报告。
6. 能鉴别钻石和仿钻，并进行钻石分级。
7. 能对珠宝市场进行调查、分析和预测。
8. 能进行珠宝产品推销、营销策划。
9. 能对天然宝玉石进行清洗。
10. 能排除常规鉴定仪器使用过程中的一般故障。

对应或相关职业（工种）：贵金属首饰与宝玉石检测员（4-08-05-03）、珠宝首饰评估师＊（4-05-05-02）

职业资格（职业技能等级）：贵金属首饰与宝玉石检测员

专业主要教学内容：

珠宝首饰辅助检验、天然宝玉石检验、钻石分级、珠宝市场营销、珠宝市场调查、珠宝首饰导购、珠宝营销策划等。

对应上一级专业编码：1404-3

1404-3　高级

专业编码：1404-3

专业名称：珠宝首饰鉴定与营销

培养目标：培养从事珠宝首饰检验与营销的高级技能人才（高级工）。

学习年限：2 年（达到中级技能水平学生），3 年（高中毕业生），5 年（初中毕业生）

职业能力：

具有积极的人生态度、健康的心理素质、良好的职业道德和较扎实的文化基础知识；具有获取新知识、新技能的意识和能力，能适应不断变化的职业社会；熟悉企业生产流程，严格执行仪器设备操作规定，遵守各项工艺规程，具有货品安全意识，并具有独立解决非常规问题的基本能力；能指导他人进行工作或协助培训一般操作人员。同时具有下列专业能力：

1. 能熟练操作宝石显微镜、分光镜、紫外荧光灯、查尔斯滤色镜、热导仪等常规鉴定仪器，并能熟练使用测金仪等仪器进行贵金属成色分析。

2. 能熟练运用常规鉴定仪器，并能鉴别合成及优化处理宝玉石。

3. 能熟练进行钻石 4C 分级。

4. 能按照珠宝首饰的工艺标准、企业标准和企业产品规范，对珠宝首饰产品的外观形状、设计风格与创意、工艺水平进行评价。

5. 能熟练运用一定的谈判技巧进行珠宝销售谈判，并落实公司政策，建立客户档案，进行客户维护。

6. 能掌握珠宝材料或货品的需求，采购、配送材料或货品。

7. 能合理调配货品资源，熟练运用常用货品陈列方式，并设计货品陈列方案。

8. 能熟练运用一定的销售技巧进行产品销售推广。

9. 能分析产品市场需求，根据品牌形象进行产品线包装与推广。

10. 能使用至少一种珠宝销售管理软件。

对应或相关职业（工种）：贵金属首饰与宝玉石检测员（4-08-05-03）、珠宝首饰评估师＊（4-05-05-02）

职业资格（职业技能等级）：贵金属首饰与宝玉石检测员

专业主要教学内容：

人工及改善宝玉石检验、贵金属首饰质量检验、珠宝推销与谈判、珠宝销售管理、珠宝连锁经营等。

对应下一级专业编码：1404-4

1405　室内设计

1405-4　中级

专业编码：1405-4

专业名称：室内设计

培养目标：培养从事室内装饰工程设计的中级技能人才。

学习年限：3 年（初中毕业生），2 年（高中毕业生）

职业能力：

具有积极的人生态度、健康的心理素质、良好的职业道德和较扎实的文化基础知识；具有获取新知识、新技能的意识和能力，能适应不断变化的职业社会；了解室内设计流程，熟悉室内装饰施工工艺规程，重视环境保护，并能解决一般性专业问题。同时具有下列专业能力：

1. 能与客户进行有效交流，准确全面地记录、整理和理解客户要求。

2. 能协助进行室内装修设计、物理环境设计。

3. 能根据建筑结构图审核室内设计方案是否合理。

4. 能根据室内设计方案选择装饰和施工材料。

5. 能应用 AutoCAD、3dsMax、Photoshop 等软件绘制室内装修工程图和效果图。

对应或相关职业（工种）：室内装饰设计师（4-08-08-07）

职业资格（职业技能等级）：室内装饰设计师

专业主要教学内容：

计算机基本操作技能、室内设计基础、人体工程学、绘画基础、建筑识图、装饰材料与施工工艺、室内设计制图、AutoCAD、3dsMax、Photoshop 等。

对应上一级专业编码：1405-3

1405-3 高级

专业编码：1405-3

专业名称：室内设计

培养目标：培养从事室内装饰工程设计的高级技能人才（高级工）。

学习年限：2 年（达到中级技能水平学生），3 年（高中毕业生），5 年（初中毕业生）

职业能力：

具有积极的人生态度、健康的心理素质、良好的职业道德和较扎实的文化基础知识；具有获取新知识、新技能的意识和能力，能适应不断变化的职业社会；了解室内设计流程，熟悉室内装饰施工工艺规程，重视环境保护，并具有独立解决非常规问题的基本能力；能指导他人进行工作或协助培训一般设计人员。同时具有下列专业能力：

1. 能准确理解客户要求，向客户提出合理的室内设计建议。

2. 能进行室内空间形象设计、空间分隔组合、用品及成套设施配置等陈设艺术设计。

3. 能根据室内设计方案制定施工工艺流程。

4. 能进行室内装修工程预算。

5. 能绘制复杂的室内装修工程图，并对效果图进行复杂渲染。

对应或相关职业（工种）：室内装饰设计师（4-08-08-07）

职业资格（职业技能等级）：室内装饰设计师

专业主要教学内容：

计算机基本操作技能、室内设计、手绘效果图表现技法、室内设计制图、装饰材料与施工工艺、室内设计（各类主题空间设计）、建筑模型制作、装饰工程概预算、软装设计技术等。

对应下一级专业编码：1405-4

1406 环境艺术设计

1406-4 中级

专业编码：1406-4

专业名称：环境艺术设计

培养目标：培养从事室外建筑环境设计、园林设计的中级技能人才。

学习年限：3 年（初中毕业生），2 年（高中毕业生）

职业能力：

具有积极的人生态度、健康的心理素质、良好的职业道德和较扎实的文化基础知识；具有获取新知识、新技能的意识和能力，能适应不断变化的职业社会；了解企业工作流程，严格执行工作管理规定与规程，重视环境保护，并能解决一般性专业问题。同时具有下列专业能力：

1. 能快速绘制创意草图。
2. 能利用计算机软件进行计算机辅助图形设计。
3. 能运用空间审美能力对室外建筑环境空间进行设计处理。
4. 能对建筑装饰材料的性能特征进行一般性鉴别。
5. 能对环境艺术市场进行调查、分析，参与室外环境与园林景观设计和简单施工。
6. 能参与室外建筑环境、园林项目的施工策划、施工监理、工程管理。

对应或相关职业（工种）：花艺环境设计师（4-08-08-01）、园林绿化工 L（4-09-10-01）、草坪园艺师（4-09-10-02）、盆景工（4-09-10-03）、假山工（4-09-10-04）

职业资格（职业技能等级）：花艺环境设计师、草坪园艺师

专业主要教学内容：

中外建筑史、装饰美术、构成基础、人体工程学、摄影、建筑景观设计原理、环境艺术设计概论、制图基础、计算机辅助设计、景观工程材料与施工、工程预算、园林景观设计等。

对应上一级专业编码：1406-3

1406-3　高级

专业编码：1406-3

专业名称：环境艺术设计

培养目标：培养从事室外建筑景观设计、园林设计的高级技能人才（高级工）。

学习年限：2 年（达到中级技能水平学生），3 年（高中毕业生），5 年（初中毕业生）

职业能力：

具有积极的人生态度、健康的心理素质、良好的职业道德和较扎实的文化基础知识；具有获取新知识、新技能的意识和能力，能适应不断变化的职业社会；熟悉企业工作流程，严格执行工作管理规定与规程，重视环境保护，并具有独立解决非常规问题的基本能力；能指导他人进行工作或协助培训一般工作人员。同时具有下列专业能力：

1. 能快速绘制手绘效果图。
2. 能利用计算机软件绘制施工图（平面图、立面图、节点图）及彩色效果图。
3. 能辨别常用园林植物，并根据其特点进行选用。
4. 能根据施工要求选用材料和施工工艺。
5. 能独立完成各种建筑景观模型的制作。
6. 能对一般中小型工程进行准确估价。
7. 能独立完成小型景观设计方案，并能流畅地与客户进行交流。

对应或相关职业（工种）：花艺环境设计师（4-08-08-01）、园林绿化工 L（4-09-10-01）、草坪园艺师（4-09-10-02）、盆景工（4-09-10-03）、假山工（4-09-10-04）

职业资格（职业技能等级）：花艺环境设计师、草坪园艺师

专业主要教学内容：

计算机辅助设计、景观工程材料与施工、园林工程预算、城市园林景观设计、快速手绘表现技法、3dsMax 建筑景观效果图制作、Photoshop 建筑景观效果图后期处理、测量学、景观模型制作、植物配置学、综合实训等。

对应下一级专业编码：1406-4

1407　工业设计

1407-3　高级

专业编码：1407-3

专业名称：工业设计

培养目标：培养从事工业设计及产品开发的高级技能人才（高级工）。

学习年限：2 年（达到中级技能水平学生），3 年（高中毕业生），5 年（初中毕业生）

职业能力：

具有积极的人生态度、健康的心理素质、良好的职业道德和较扎实的文化基础知识；具有获取新知识、新技能的意识和能力，能适应不断变化的职业社会；了解企业生产流程，熟悉产品制造工艺，对市场需求有敏锐的感知，并具有独立解决非常规问题的基本能力；能指导他人进行工作或协助培训一般工作人员。同时具有下列专业能力：

1. 能撰写简单的产品市场分析及用户研究分析报告。
2. 能撰写产品分析定位报告。
3. 能根据需求合理定义产品的功能及使用方式。
4. 能设计产品定位的外观形态与基本结构，并设定产品材质。
5. 能应用草图表达创意，并进行精确完整的视觉表达。
6. 能绘制产品的外观六视图。
7. 能应用计算机软件，对手绘设计草图进行计算机立体表现，渲染出效果图。
8. 能使用各种手工工具制作简单模型，并对模型进行打磨、喷漆。
9. 能与设计团队进行沟通，运用多媒体手段法表达出完整的设计概念。

对应或相关职业（工种）：工业设计工艺师 S（4-08-08-26）、玩具设计师（4-08-08-10）、家具设计师（4-08-08-12）、包装设计师（4-08-08-09）、制图员（3-01-02-07）

职业资格（职业技能等级）：玩具设计师、家具设计师、包装设计师、制图员

专业主要教学内容：

工业设计原理、计算机制图渲染技巧、计算机辅助设计、造型设计、市场调查方法、人机工程学、工业材料、产品制造工艺、模型制作工艺、专题设计（玩具设计、家具设计、包装设计）等。

专业方向：产品外观设计、产品包装设计

对应下一级专业编码：无

1408 美术绘画

1408-4 中级

专业编码：1408-4

专业名称：美术绘画

培养目标：培养从事美术绘画创作、设计及辅导工作的中级技能人才。

学习年限：3 年（初中毕业生），2 年（高中毕业生）

职业能力：

具有积极的人生态度、健康的心理素质、良好的职业道德和较扎实的文化基础知识；具有获取新知识、新技能的意识和能力，能适应不断变化的职业社会；了解美术绘画创作流程，并能解决一般性专业问题。同时具有下列专业能力：

1. 掌握中外美术史的基础知识、美术绘画的基本理论和基础知识。
2. 掌握造型、色彩创作的基础知识。
3. 具有一定的艺术鉴赏能力及初步的艺术表达能力。
4. 具有初步的绘画创作能力及对美术作品完整构思的能力。
5. 了解相关绘画专业的制作工艺、材料与创作流程，具有选择或制作绘画材料的能力。
6. 能使用计算机图形设计软件进行与美术绘画专业相关的简单设计与制作。
7. 具有初步的油画、国画创作和复制能力。
8. 具有初步的壁画、雕塑制作能力。

对应或相关职业（工种）：装饰美工（4-07-07-02）、装潢美术设计师（4-08-08-06）、壁画制作工（6-09-03-07）、版画制作工（6-09-03-08）、雕塑翻制工（6-09-03-02）

职业资格（职业技能等级）：装饰美工

专业主要教学内容：

素描、色彩、中国画、速写、书法、美术基础、中外美术简史、透视学基础、人体解剖常识、版画、壁画、雕塑、写生训练等。

对应上一级专业编码：1408-3

1408-3 高级

专业编码：1408-3

专业名称：美术绘画

培养目标：培养从事美术绘画创作、设计及辅导工作的高级技能人才（高级工）。

学习年限：2 年（达到中级技能水平学生），3 年（高中毕业生），5 年（初中毕业生）

职业能力：

具有积极的人生态度、健康的心理素质、良好的职业道德和较扎实的文化基础知识；具有获取新知识、新技能的意识和能力，能适应不断变化的职业社会；熟悉美术绘画创作及设计流程，并具有独立解决非常规问题的基本能力；能指导他人进行工作或协助培训一般工作人员。同时具有下列专业能力：

1. 掌握美术、美术造型的基础知识及基本技能。

2. 具有美术造型设计的能力与创新设计意识。

3. 具有一定的艺术鉴赏能力、造型能力及色彩表达能力。

4. 具有美术专业艺术品设计和制作能力。

5. 能使用计算机图形设计软件进行与美术绘画专业相关的设计与制作。

6. 具有一定的油画、国画创作和复制能力。

7. 具有一定的壁画、雕塑制作的能力。

对应或相关职业（工种）：装饰美工（4-07-07-02）、装潢美术设计师（4-08-08-06）、壁画制作工（6-09-03-07）、版画制作工（6-09-03-08）、雕塑翻制工（6-09-03-02）

职业资格（职业技能等级）：装饰美工

专业主要教学内容：

素描、色彩、油画、版画、壁画、雕塑、艺术概论、造型设计基础、造型设计实训、创作构图训练等。

对应下一级专业编码：1408-4

1409 音乐

1409-4 中级

专业编码：1409-4

专业名称：音乐

培养目标：培养从事声乐表演、器乐表演、音乐伴奏及相关辅导工作的中级技能人才。

学习年限：3 年（初中毕业生），2 年（高中毕业生）

职业能力：

具有积极的人生态度、健康的心理素质、良好的职业道德和较扎实的文化基础知识；具有获取新知识、新技能的意识和能力，能适应不断变化的职业社会；了解声乐表演、器乐表演的基本流程，并能解决一般性专业问题。同时具有下列专业能力：

1. 掌握音乐理论的一般知识与中外音乐的基础知识。

2. 掌握人体发声器结构、发声方法和歌唱技巧、旋律及风格特征。

3. 掌握演唱的技能，具有一定的表现力。

4. 掌握器乐的演奏方法和技巧。

5. 掌握对乐器的初步测试技能。

6. 能演唱、演奏一定数量的中外优秀乐曲。

对应或相关职业（工种）：歌唱演员（2-09-02-07）、民族乐器演奏员（2-09-02-09）、外国乐器演奏员（2-09-02-10）

职业资格（职业技能等级）：

专业主要教学内容：

文艺学基础、声乐、乐理、视唱练耳、钢琴基础、音乐欣赏、形体训练、表演实训、舞台实训等。

对应上一级专业编码：1409-3

1409-3 高级

专业编码：1409-3

专业名称：音乐

培养目标：培养从事声乐表演、器乐表演、音乐伴奏及相关辅导工作的高级技能人才（高级工）。

学习年限：2年（达到中级技能水平学生），3年（高中毕业生），5年（初中毕业生）

职业能力：

具有积极的人生态度、健康的心理素质、良好的职业道德和较扎实的文化基础知识；具有获取新知识、新技能的意识和能力，能适应不断变化的职业社会；熟悉声乐表演、器乐表演的基本流程，并具有独立解决非常规问题的基本能力；能指导他人进行工作或协助培训一般工作人员。同时具有下列专业能力：

1. 掌握音乐理论的基本知识，熟悉音乐作品的语言、风格，具有一定的理解能力和表现能力。

2. 掌握正确的发声方法和歌唱技巧，具有舞台基本形体表演技能，能独立演唱和辅导他人演唱。

3. 掌握器乐的演奏方法和音乐表现技巧，具有独立演（伴）奏的能力。

4. 具有正确领会指挥对作品的阐释意图，并进行演唱和演奏的能力。

5. 具有根据社会需要进行艺术策划、舞台监督及一定的编排节目、指导等方面的能力。

6. 掌握乐器制作的基本知识与技能。

7. 能运用指挥初步知识与技巧，组织中小型合唱合奏演出。

对应或相关职业（工种）：歌唱演员（2-09-02-07）、民族乐器演奏员（2-09-02-09）、外国乐器演奏员（2-09-02-10）

职业资格（职业技能等级）：

专业主要教学内容：

声乐、乐理、视唱练耳、器乐演奏、和声、中外音乐史、声乐器乐演奏技能训练、乐器制作理论、舞台表演实训、音乐伴奏等。

对应下一级专业编码：1409-4

1410 民族音乐与舞蹈

1410-4 中级

专业编码：1410-4

专业名称：民族音乐与舞蹈

培养目标：培养从事实用型民族音乐与舞蹈表演、编导的中级技能人才。

学习年限：3年（初中毕业生），2年（高中毕业生）

职业能力：

具有积极的人生态度、健康的心理素质、良好的职业道德和较扎实的文化基础知识；具有获取新知识、新技能的意识和能力，能适应不断变化的职业社会；了解民族音乐与舞蹈表演的基本流程，并能解决一般性专业问题。同时具有下列专业能力：

1. 能掌握一种当地民族音乐与舞蹈的表演方法和表现技巧，做到台风端庄、大方。

2. 能完成一个升降号的五线谱视唱谱例，熟读简谱谱例，模唱旋律音程，分析并理解民族声乐作品内容；能基本完成把杆、中间、跳跃、旋转、打击、控制等民族舞蹈技巧。

3. 能理解民族音乐的内涵与风格，领会指挥对作品的阐释意图；能表现民族独舞的变奏特点，在民族舞蹈表演中体现变奏音乐内涵。

4. 能读懂民族声乐作品中的各类音乐标记，准确把握音准、节奏，根据自身特点选择练声曲，根据重唱、合唱与独唱的区别，运用相关的艺术表现手段；能理解民族舞蹈队形及构图，完成个人定位，与其他演员合作完成群舞表演。

5. 能按所标调号及正确的呼吸方法演唱民族声乐作品，具备较好的歌唱心理素质，无较大发声技术障碍，谐调声部的平衡关系；能理解民族音乐与民族舞蹈的特定意境，逐步使民族音乐与舞蹈动作两者融合，完善表演技巧。

对应或相关职业（工种）：歌唱演员（2-09-02-07）、舞蹈演员（2-09-02-04）

职业资格（职业技能等级）：

专业主要教学内容：

普通话、声乐、乐理、视唱练耳、基础和声、键盘乐器演奏、舞蹈基本功训练、形体训练、民族舞蹈（反排木鼓舞、锦鸡舞、芦笙舞等）、民族歌曲（苗族飞歌、侗族大歌等）、民族乐器等。

对应上一级专业编码：1410-3

1410-3　高级

专业编码：1410-3

专业名称：民族音乐与舞蹈

培养目标：培养从事实用型民族音乐与舞蹈表演、编导的高级技能人才（高级工）。

学习年限：2 年（达到中级技能水平学生），3 年（高中毕业生），5 年（初中毕业生）

职业能力：

具有积极的人生态度、健康的心理素质、良好的职业道德和较扎实的文化基础知识；具有获取新知识、新技能的意识和能力，能适应不断变化的职业社会；熟悉民族音乐与舞蹈表演的基本流程，并具有独立解决非常规问题的基本能力；能指导他人进行表演或协助培训一般演员。同时具有下列专业能力：

1. 能掌握两种以上当地民族音乐与舞蹈的表演方法和表现技巧，做到台风端庄、大方。

2. 能完成有两个升降号的五线谱视唱谱例（可用首调唱名法），听写、模唱大小三和弦及其转位，合理使用肢体动作辅助表现作品；能较好地完成民族舞蹈的组合动作、旋转技巧、跳跃等高难技术。

3. 能对民族声乐作品进行分析，并用口述方式准确表达，与钢琴或乐队伴奏密切配合；能在民族舞蹈表演中诠释变奏音乐的内涵，在群舞中完成领舞表演。

4. 能做到歌唱状态谐调、乐句流畅，做到高、中、低声区统一，无“声坎儿”，高音无负担，合理使用练声曲练习发声技巧；能根据民族音乐提示，自编舞蹈动作，诠释作品的音乐风格。

5. 能根据演出形式选择恰当的服装、发型，设计演唱方式，运用情感等艺术表现手段增强表现力；能理解民族音乐的意境，逐步使民族音乐与舞蹈两者达到水乳交融的境界。

6. 能理解民族音乐的内涵与风格，领会指挥对作品的阐释意图，并通过二度创作给予创造性的演唱；能按照民族舞蹈内涵，揣摩舞蹈段落，参与二度创作，学习、掌握、发展、完善其外在的动作和内在的神韵，达到形神兼备的程度。

对应或相关职业（工种）：歌唱演员（2-09-02-07）、舞蹈演员（2-09-02-04）

职业资格（职业技能等级）：

专业主要教学内容：

文艺学基础、民族音乐概论、民族民间舞蹈、形体训练、声乐、乐理、视唱练耳、钢琴、音乐理论、和声、民族舞蹈、民族歌曲、民族乐器、舞蹈创编、舞台艺术、合唱与指挥、剧目排练等。

对应下一级专业编码：1410-4

1411　服装模特

1411-4　中级

专业编码：1411-4

专业名称：服装模特

培养目标：培养从事各种服装展演，进行平面及动态造型的中级技能人才。

学习年限：3 年（初中毕业生），2 年（高中毕业生）

职业能力：

具有积极的人生态度、健康的心理素质、良好的职业道德和较扎实的文化基础知识；具有获取新知识、新技能的意识和能力，能适应不断变化的职业社会；了解模特行业发展趋势，对于流行时尚具有独特的审美能力并起到引领作用，能进行一般性业务交流。同时具有下列专业能力：

1. 掌握中国历代服饰的展演技巧，掌握各类服装饰品的展演方法。
2. 掌握平面广告摄影造型的种类与方法，能完成个性风格的造型拍摄。
3. 掌握动态表演的造型技巧，能完成动态广告的拍摄。
4. 掌握个性形象的表现形式和语言表达方法，掌握商品品牌的介绍方法。
5. 掌握在商展活动中连续的造型技巧，掌握个性造型的方法。
6. 掌握准确表达专业知识的方法，能与服装设计师和摄影师进行有效沟通与交流。

对应或相关职业（工种）：模特（4-07-07-03）

职业资格（职业技能等级）：

专业主要教学内容：

服装模特步态训练、服装模特理论、服装鉴赏理论、时装表演编排、镜前表演与造型、化妆技巧与形象塑造、形体训练、民间舞蹈训练等。

对应上一级专业编码：1411-3

1411-3　高级

专业编码：1411-3

专业名称：服装模特

培养目标：培养从事各种服装展演，进行平面及动态造型的高级技能人才（高级工）。

学习年限：2 年（达到中级技能水平学生），3 年（高中毕业生），5 年（初中毕业生）

职业能力：

具有积极的人生态度、健康的心理素质、良好的职业道德和较扎实的文化基础知识；具有获取新知识、新技能的意识和能力，能适应不断变化的职业社会；熟悉模特行业发展趋势，对于流行时尚具有独特的审美能力并起到引领作用，能进行业务交流和基础培训与动作示范。同时具有下列专业能力：

1. 能把握展演形象与品牌形象，掌握品牌形象的表演方法。

2. 能理解品牌的形象要求，明确拍摄创意的具体形象，完成指定创意下对品牌形象的镜前造型。

3. 能准确理解电视广告拍摄中编导的创意，掌握动态拍摄的表演特点，创造性地完成动态广告的拍摄。

4. 能以形象代言人的公众形象作为标准，掌握公众礼仪知识，在自然状态下保持良好的礼仪、仪态，应用于商展、新闻活动。

5. 具备理性理解能力，能根据创意的描述并通过与创作人员的沟通确定形象的创作方案与方法。

6. 能讲解各种展演风格的用途与要求，为模特理论训练提供可借鉴的形象，做出正确、多变的引导。

对应或相关职业（工种）：模特（4-07-07-03）

职业资格（职业技能等级）：

专业主要教学内容：

服装模特步态训练、服装模特理论、服装鉴赏理论、时装表演编排、广告表演策划、服装设计基础、中外服装史、素描与色彩、镜前表演与造型、化妆技巧与形象塑造、形体训练、民间舞蹈训练等。

对应下一级专业编码：1411-4

1412　演艺设备安装与调试

1412-4　中级

专业编码：1412-4

专业名称：演艺设备安装与调试

培养目标：培养从事灯光、视频、音响设备安装、使用、系统调试等工作的中级技能人才。

学习年限：3 年（初中毕业生），2 年（高中毕业生）

职业能力：

具有积极的人生态度、健康的心理素质、良好的职业道德和较扎实的文化基础知识；具有获取新知识、新技能的意识和能力，能适应不断变化的职业社会；严格执行设备操作规定，遵守各项工艺规程，具有安全意识，重视环境保护，并能解决一般性专业问题。同时具有下列专业能力：

1. 能理解舞台灯光、视频、音响常用术语和生产工艺。

2. 能看懂简单的设计图和技术要求，按图正确连接组装灯具设备、控制系统设备、效果器与灯光架。

3. 能正确使用和调整灯具，并通电检验和简单对光；能正确调试控制系统设备及其他灯光设备。

4. 能正确理解调音台信号流程图，看懂扩声系统连接图，根据系统连接图对音响及周边设备、功放与扬声器系统进行安装与调试。

5. 能正确操作小型调音台、周边设备、功放及音箱。

6. 能运用调音技术和技巧独立完成歌舞厅、会议厅等小型演出场所的音响调音工作。

7. 能对电声设备、舞台灯具、灯控设备、视频等演艺设备进行正确使用和维护。

8. 能判别和排除灯光、视频、音响设备及系统连接的常见故障。

9. 能正确使用除尘、除湿工具，正确进行设备的简单维护保养。

对应或相关职业（工种）：音响调音员（4-13-02-06）、照明工（4-13-02-07）

职业资格（职业技能等级）：音响调音员

专业主要教学内容：

演出场所知识、灯光视频等音视频工程知识、光学基础、视频设备安装与调试、电工基础、电子电路、音响基础、舞台灯光基础、灯光与音响基础技能实训、音响设备连接与调试、扩声技术与技巧、舞台灯具与灯位、舞台灯光安装与调试、音乐与乐器演奏等。

对应上一级专业编码：1412-3

1412-3　高级

专业编码：1412-3

专业名称：演艺设备安装与调试

培养目标：培养从事灯光、视频、音响设备安装、使用、系统调试、系统维护等工作的高级技能人才（高级工）。

学习年限：2年（达到中级技能水平学生），3年（高中毕业生），5年（初中毕业生）

职业能力：

具有积极的人生态度、健康的心理素质、良好的职业道德和较扎实的文化基础知识；具有获取新知识、新技能的意识和能力，能适应不断变化的职业社会；严格执行设备操作规定，遵守各项工艺规程，重视环境保护，并具有独立解决非常规问题的基本能力；能指导他人进行工作或协助培训一般操作人员。同时具有下列专业能力：

1. 能熟练使用数字调音台、数字调光台、计算机灯控制台设备及系统。

2. 能绘制简单的灯光、视频、音响系统连接图。

3. 能看懂设计图和技术要求，并能按图正确安装调试结构复杂的灯具和正确布光，进行灯光网络设备系统调试。

4. 能正确熟练使用、维修灯具，判断排除灯具的一般故障。

5. 能正确查找并排除音视频系统设备常见故障。

6. 能正确连接扩声系统，正确连接和使用音视频处理器。

7. 能正确搭建录音棚，熟练安装、使用录音软件，对音频资料进行简单的编辑。

8. 能运用调音技术和技巧独立完成中型演出音响系统的设计、设备安装、音响调音、现场录制等工作。

9. 能正确连接和使用视频切换台，并对音视频进行简单编辑。

对应或相关职业（工种）：音响调音员（4-13-02-06）、照明工（4-13-02-07）

职业资格（职业技能等级）：音响调音员

专业主要教学内容：

灯光视频等音视频工程知识、光学基础、视频设备安装与调试、电工基础、电子电路、音响基础、舞台灯光基础、灯光与音响技能实训、音响设备连接与调试、扩声技术与技巧、舞台灯具与灯位、舞台灯光安装与调试、音乐与乐器演奏等。

对应下一级专业编码：1412-4

1413　新闻采编与制作

1413-4　中级

专业编码：1413-4

专业名称：新闻采编与制作

培养目标：培养从事新闻采访、编辑以及多媒体新闻作品制作的中级技能人才。

学习年限：3 年（初中毕业生），2 年（高中毕业生）

职业能力：

具有积极的人生态度、健康的心理素质、良好的职业道德和较扎实的文化基础知识；具有获取新知识、新技能的意识和能力，能适应不断变化的职业社会；了解新闻采编和多媒体新闻作品制作流程，严格执行设备操作规定，遵守各项工艺规程，遵守相关法律法规，并能解决一般性专业问题。同时具有下列专业能力：

1. 能以观察、访问、调查等方式，收集有新闻价值的素材。

2. 能根据新闻主题，使用互联网收集需要的素材。

3. 能根据需要正确选择外围设备，正确安装外围设备的配套软件，使用扫描仪采集静态图像，使用图像、视频采集卡采集动态图像，利用声卡采集声音素材，使用数码相机、数码摄像机等数字设备采集素材。

4. 能运用文字处理软件进行文字录入和编辑。

5. 能正确安装和配置常用的音频处理软件，使用音频处理软件对音频素材进行编辑。

6. 能正确安装和配置常用的图像处理软件，对平面图像进行编辑。

7. 能正确安装和配置常用的二维动画制作软件，对二维动画素材进行简单的编辑。

8. 能正确安装和配置常用的视频编辑软件，进行存储、删除等基本的视频文件操作。

9. 能正确安装和配置常用的多媒体编著软件，合成多媒体素材。

10. 能根据要求对作品进行正确性调试。

对应或相关职业（工种）：文字记者（2-10-01-01）、摄影记者（2-10-01-02）、剪辑师（2-09-03-06）

职业资格（职业技能等级）：新闻记者职业资格

专业主要教学内容：

新闻采编基础、文字编辑基础、多媒体作品设计、多媒体制作硬件设备操作、音频处理技巧、视频处理技巧、动画制作技巧、多媒体制作软件、网页制作、信息检索等。

对应上一级专业编码：1413-3

1413-3　高级

专业编码：1413-3

专业名称：新闻采编与制作

培养目标：培养从事新闻采访、编辑以及多媒体新闻作品制作的高级技能人才（高级工）。

学习年限：2 年（达到中级技能水平学生），3 年（高中毕业生），5 年（初中毕业生）

职业能力：

具有积极的人生态度、健康的心理素质、良好的职业道德和较扎实的文化基础知识；具有获取新知识、新技能的意识和能力，能适应不断变化的职业社会；熟悉新闻采编和多媒体新闻作品制作流程，严格执行设备操作规定，遵守各项工艺规程，遵守相关法律法规，并具有独立解决非常规问题的基本能力；能指导他人进行工作或协助培训一般新闻采编与制作人员。同时具有下列专业能力：

1. 能以观察、访问、调查等方式收集有新闻价值的素材，根据收集的素材撰写报道或反映情况。

2. 能对新闻原作进行加工、整理等。

3. 能根据具体新闻报道要求，制定详细的脚本。

4. 能编辑复杂的图像、三维动画、视频等多媒体素材。

5. 能通过编程和使用相关软件整合多媒体素材。

6. 能将整合完成的多媒体新闻内容发布到网络上。

对应或相关职业（工种）：文字记者（2-10-01-01）、摄影记者（2-10-01-02）、剪辑师（2-09-03-06）

职业资格（职业技能等级）：新闻记者职业资格

专业主要教学内容：

新闻学基础、传播学基础、新闻采访与写作、编辑实务、广播电视技术基础、多媒体作品设计、多媒体素材编辑、脚本语言、计算机网络技术、信息检索等。

对应下一级专业编码：1413-4

1414　播音与主持

1414-4　中级

专业编码：1414-4

专业名称：播音与主持

培养目标：培养能在广播电台、电视台及其他单位从事广播电视播音与节目主持工作的中级技能人才。

学习年限：3 年（初中毕业生），2 年（高中毕业生）

职业能力：

具有积极的人生态度、健康的心理素质、良好的职业道德和较扎实的文化基础知识；具有获取新知识、新技能的意识和能力，能适应不断变化的职业社会；了解新闻和广播稿制作流程，了解广播和电视节目制作流程，严格执行播音和节目主持的技术要求，遵守各项相关法律法规，具有较高的政治觉悟和敏感性，具有团队精神，善于交流，并能解决一般性专业问题。同时具有下列专业能力：

1. 能向受众传播编辑部门发播的文字稿件。
2. 能按既定稿件主持现场新闻报道。
3. 能参与现场采访。
4. 能参与节目制作。
5. 能撰写或润色节目讲稿或串联词。
6. 能完成现场串场主持工作。

对应或相关职业（工种）：播音员（2-10-04-01）、节目主持人（2-10-04-02）

职业资格（职业技能等级）：广播电视播音员、主持人资格

专业主要教学内容：

现代汉语、古代汉语、播音学概论、新闻学概论、大众传播学、普通话语音、播音发声、播音创作基础、广播播音主持、电视播音主持、文艺作品演播等。

对应上一级专业编码：1414-3

1414-3　高级

专业编码：1414-3

专业名称：播音与主持

培养目标：培养能在广播电台、电视台及其他单位从事广播电视播音与节目主持工作的高级技能人才（高级工）。

学习年限：2 年（达到中级技能水平学生），3 年（高中毕业生），5 年（初中毕业生）

职业能力：

具有积极的人生态度、健康的心理素质、良好的职业道德和较扎实的文化基础知识；具有获取新知识、新技能的意识和能力，能适应不断变化的职业社会；了解新闻和广播稿制作流程，了解广播和电视节目制作流程，严格执行播音和节目主持的技术要求，遵守各项相关法律法规，具有较高的政治觉悟和敏感性，具有团队精神，善于交流，并具有独立解决非常

规问题的基本能力；能指导他人进行工作或协助培训一般播音和节目主持人员。同时具有下列专业能力：

1. 能将编辑部门发播的文字稿件创作成准确、鲜明、生动的语言，并向受众传播。

2. 能主持现场转播、报道及采访、编辑工作。

3. 能随机处置稿件差错，确保安全播音。

4. 能参与现场采访和现场评述。

5. 能参与节目的策划或编排、制作。

6. 能独立主持一般节目。

对应或相关职业（工种）：播音员（2-10-04-01）、节目主持人（2-10-04-02）

职业资格（职业技能等级）：广播电视播音员、主持人资格

专业主要教学内容：

现代汉语、中国现代文学、中国古代文学、大众传播学、新闻采访、普通话语音、播音发声、播音创作基础、广播播音主持、电视播音主持、文艺作品演播等。

对应下一级专业编码：1414-4

1415 数字出版

1415-4 中级

专业编码：1415-4

专业名称：数字出版

培养目标：培养从事数字出版物内容和形式设计、编辑和发行的中级技能人才。

学习年限：3 年（初中毕业生），2 年（高中毕业生）

职业能力：

具有积极的人生态度、健康的心理素质、良好的职业道德和较扎实的文化基础知识；具有获取新知识、新技能的意识和能力，能适应不断变化的职业社会；了解数字出版流程和推广发行方式，遵守各项工艺规程，遵守相关法律法规和政策，并能解决一般性专业问题。同时具有下列专业能力：

1. 能使用文字处理和图形图像处理软件。

2. 能进行计算机网络的基本操作。

3. 能使用适当的多媒体制作软件，将文字、图像、声音或动态影像等素材编辑整合，制成符合要求的数字化出版内容。

4. 能根据市场需求和出版单位的营销目的，选择适当的数字出版载体形式。

5. 能提出数字出版物的具体营销措施。

对应或相关职业（工种）：数字出版编辑 S（2-10-02-04）、网络编辑 S（2-10-02-05）、出版物发行员（4-01-05-03）

职业资格（职业技能等级）：出版专业技术人员职业资格

专业主要教学内容：

网站发布与维护、多媒体制作软件、图形图像处理软件、音频和视频编辑、HTML 语言、VBScript 客户端脚本语言、ASP. NET 服务器端编程语言、数据输入系统、信息查询系

统、统计分析系统和行业事务处理系统的设计与实现、数字出版物营销等。

对应上一级专业编码：1415-3

1415-3　高级

专业编码：1415-3

专业名称：数字出版

培养目标：培养从事数字出版物内容和形式设计、编辑和发行的高级技能人才（高级工）。

学习年限：2 年（达到中级技能水平学生），3 年（高中毕业生），5 年（初中毕业生）

职业能力：

具有积极的人生态度、健康的心理素质、良好的职业道德和较扎实的文化基础知识；具有获取新知识、新技能的意识和能力，能适应不断变化的职业社会；熟悉数字出版流程和推广发行方式，遵守各项工艺规程，遵守相关法律法规和政策，并具有独立解决非常规问题的基本能力；能指导他人进行工作或协助培训一般数字出版物编辑和发行人员。同时具有下列专业能力：

1. 能构建与数字出版物相关的网络平台。
2. 能通过编程，制作数字出版内容或实现数字出版物的功能。
3. 能基于不同平台开发适用于移动设备的数字出版物。
4. 能协助设计数字出版物的整体营销方案。
5. 能实现数字出版物营销方案的技术环节。

对应或相关职业（工种）：数字出版编辑 S（2-10-02-04）、网络编辑 S（2-10-02-05）、出版物发行员（4-01-05-03）

职业资格（职业技能等级）：出版专业技术人员职业资格

专业主要教学内容：

网站规划与设计、网站建设技术、动画设计、音频和视频编辑、ASP. NET 服务器端编程语言、Java 程序设计、移动平台应用开发、数据库技术、统计分析系统和行业事务处理系统的设计与实现、数字出版物营销等。

对应下一级专业编码：1415-4

1416　摄影摄像技术

1416-4　中级

专业编码：1416-4

专业名称：摄影摄像技术

培养目标：培养从事摄影、摄像艺术创作的中级技能人才。

学习年限：3 年（初中毕业生），2 年（高中毕业生）

职业能力：

具有积极的人生态度、健康的心理素质、良好的职业道德和较扎实的文化基础知识；具有获取新知识、新技能的意识和能力，能适应不断变化的职业社会；了解摄影摄像基本流程，严格执行摄影摄像设备操作规定，遵守相关法律法规，并能解决一般性专业问题。同时具有下列专业能力：

1. 能正确使用各类照相器材，拍摄各种不同曝光要求的作品。

2. 掌握影视短片制作、摄影技巧、数码图片后期处理等技术。

3. 能完成片头拍摄、动画制作以及数码短片、企业宣传片的拍摄和后期创意、合成。

4. 能应用 Photoshop、3dsMax、Flash、After Effects、Premiere 等软件。

5. 能完成后期的视频合成特效。

对应或相关职业（工种）： 商业摄影师（4-08-09-01）、电影电视摄影师（2-09-03-03）、剪辑师（2-09-03-06）

职业资格（职业技能等级）：

专业主要教学内容：

艺术概论、摄影技术、摄影构图、摄影造型、数码影像制作、照明技术、平面设计、速写基础、视听语言、电视摄影、DV 片创作、数字影视制作、视频特效制作与合成等。

对应上一级专业编码： 1416-3

1416-3　高级

专业编码： 1416-3

专业名称： 摄影摄像技术

培养目标： 培养从事摄影、摄像艺术创作的高级技能人才（高级工）。

学习年限： 2 年（达到中级技能水平学生），3 年（高中毕业生），5 年（初中毕业生）

职业能力：

具有积极的人生态度、健康的心理素质、良好的职业道德和较扎实的文化基础知识；具有获取新知识、新技能的意识和能力，能适应不断变化的职业社会；熟悉摄影摄像基本流程，严格执行摄影摄像设备操作规定，遵守相关法律法规，并具有独立解决非常规问题的基本能力；能指导他人进行工作或协助培训一般摄影摄像人员。同时具有下列专业能力：

1. 掌握各种相机的使用及相关配件的使用。

2. 掌握测光表的使用、灯光布置等专业技能，掌握各种不同曝光要求题材的拍摄技巧。

3. 熟练掌握影视短片制作、摄影技巧、数码图片后期处理等技术。

4. 能独立完成片头拍摄、动画制作以及数码短片、企业宣传片的拍摄和后期创意、合成。

5. 能熟练应用 Photoshop、3dsMax、Flash、After Effects、Premiere 等软件。

6. 能独立完成后期的视频合成特效。

对应或相关职业（工种）： 商业摄影师（4-08-09-01）、电影电视摄影师（2-09-03-03）、剪辑师（2-09-03-06）

职业资格（职业技能等级）：

专业主要教学内容：

摄影基础、摄影构图、摄影曝光控制、数码后期制作、摄影照明、影视摄影基础、速写基础、Flash 动画与制作、视听语言、电视摄影、DV 片创作、数字影视制作、视频特效制作与合成等。

对应下一级专业编码：1416-4

1417　文物修复与保护

1417-4　中级

专业编码：1417-4

专业名称：文物修复与保护

培养目标：培养从事文物修复与保护工作的中级技能人才。

学习年限：3 年（初中毕业生），2 年（高中毕业生）

职业能力：

具有积极的人生态度、健康的心理素质、良好的职业道德和较扎实的文化基础知识；具有获取新知识、新技能的意识和能力，能适应不断变化的职业社会；了解文物修复与保护的基本法律知识、理念及基本原则，严格执行文物修复与保护操作规范，遵守各项工艺规程，具有安全意识，并能解决一般性专业问题。同时具有下列专业能力：

1. 能分析文物本体材质、制作工艺、病理及发生机理，开展相关实验室与现场试验。
2. 能使用除尘、干湿、浸泡等方式方法清洗文物表面。
3. 能使用涂覆、注射、喷涂、灌浆等设备进行文物本体的预加固或加固。
4. 能使用湿式器皿、循环水槽等设施进行文物本体的脱盐。
5. 能使用专业工具及材料，进行文物残缺部位的补全、黏结及表面全色处理。
6. 能使用涂覆工具或设施封护文物表面。
7. 能进行有机物质的消毒、揭展、清洗、平整、修补等工作。
8. 能留存照片、绘图、文档等修复信息。

对应或相关职业（工种）：文物修复师（4-13-03-02）

职业资格（职业技能等级）：文物修复师、文物保护工程从业资格

专业主要教学内容：

文物保护法，文物保护学，陶瓷修复与保护，石质文物修复与保护，金属文物修复与保护，壁画及泥制彩绘修复与保护，纸张书画修复与保护，竹、木、漆、牙、角器等可移动和不可移动文物修复与保护等。

对应上一级专业编码：1417-3

1417-3　高级

专业编码：1417-3

专业名称：文物修复与保护

培养目标：培养从事文物修复与保护工作的高级技能人才（高级工）。

学习年限：2 年（达到中级技能水平学生），3 年（高中毕业生），5 年（初中毕业生）

职业能力：

具有积极的人生态度、健康的心理素质、良好的职业道德和较扎实的文化基础知识；具有获取新知识、新技能的意识和能力，能适应不断变化的职业社会；熟悉文物修复与保护的基本法律知识、理念及基本原则，严格执行文物修复与保护操作规范，遵守各项工艺规程，

具有安全意识，并具有独立解决非常规问题的基本能力；能指导他人进行工作或协助培训一般操作人员。同时具有下列专业能力：

1. 能掌握分析文物本体材质、制作工艺、病理及发生机理，开展相关实验室与现场试验，编写保护修复方案。

2. 能熟练使用除尘、干湿、浸泡等方式方法清洗文物表面。

3. 能熟练使用涂覆、注射、喷涂、灌浆等设备进行文物本体的预加固或加固。

4. 能熟练使用湿式器皿、循环水槽等设施进行文物本体的脱盐。

5. 能熟练使用专业工具及材料，进行文物残缺部位的补全、黏结及表面全色处理。

6. 能熟练使用涂覆工具或设施封护文物表面。

7. 能熟练进行有机物质的消毒、揭展、清洗、平整、修补等工作。

8. 能留存照片、绘图、文档等修复信息，编写修复档案。

9. 能承担文物修复与保护项目实施和管理工作。

对应或相关职业（工种）：文物修复师（4-13-03-02）

职业资格（职业技能等级）：文物修复师、文物保护工程从业资格

专业主要教学内容：

文物保护法，文物保护学，文物修复与保护方案编制，陶瓷修复与保护，石质文物修复与保护，金属文物修复与保护，壁画及泥制彩绘修复与保护，纸张书画修复与保护，竹、木、漆、牙、角器等可移动和不可移动文物修复与保护，文物修复与保护项目实施和管理等。

对应下一级专业编码：1417-4

1418　舞蹈表演

1418-4　中级

专业编码：1418-4

专业名称：舞蹈表演

培养目标：培养从事舞蹈表演、编导的中级技能人才。

学习年限：3 年（初中毕业生），2 年（高中毕业生）

职业能力：

具有积极的人生态度、健康的心理素质、良好的职业道德和较扎实的文化基础知识；具有获取新知识、新技能的意识和能力，能适应不断变化的职业社会；了解舞蹈表演基本流程，并能解决一般性专业问题。同时具有下列专业能力：

1. 能控制身体和肌肉，完成跳、转、翻等基础舞蹈技巧动作。

2. 能简述藏族、蒙古族、维吾尔族及东北秧歌等民族民间舞的历史文化特点，掌握以上舞种的基本动律、体态，具备舞台表现能力。

3. 能理解指挥对作品的阐释意图，准确把握节奏，与其他演员默契合作完成群舞表演。

4. 能分析、鉴赏舞蹈作品，具有初步的艺术审美能力。

5. 能初步编排舞蹈。

6. 能用舞蹈的形式参与社会文化活动。

对应或相关职业（工种）：舞蹈演员（2-09-02-04）

职业资格（职业技能等级）：

专业主要教学内容：

芭蕾舞基础训练、中国民族民间舞、中国古典舞身韵、毯技、现代舞基础训练、舞蹈创编、舞蹈艺术概论、舞蹈作品赏析等。

对应上一级专业编码：1418-3

1418-3 高级

专业编码：1418-3

专业名称：舞蹈表演

培养目标：培养从事舞蹈表演、编导的高级技能人才（高级工）。

学习年限：2 年（达到中级技能水平学生），3 年（高中毕业生），5 年（初中毕业生）

职业能力：

具有积极的人生态度、健康的心理素质、良好的职业道德和较扎实的文化基础知识；具有获取新知识、新技能的意识和能力，能适应不断变化的职业社会；熟悉舞蹈表演基本流程，并具有独立解决非常规问题的基本能力；能指导他人进行舞蹈表演或协助培训一般舞蹈演员。同时具有下列专业能力：

1. 能掌握两种以上的舞蹈表演方法和表演技巧，熟练运用舞蹈的组合动作、旋转技巧、跳跃等高难度动作。
2. 能理解舞蹈作品意境，运用情感来阐述舞蹈意境的虚与实，增强表现力。
3. 能理解指挥对作品的阐释意图，准确把握节奏，在群舞中完成领舞表演。
4. 能准确把握舞蹈作品的内涵与风格，参与再次创作。
5. 能掌握主要舞种的风格和特点，对各类舞蹈作品进行分析、鉴赏和评价。
6. 能策划、组织各种舞蹈表演活动。

对应或相关职业（工种）：舞蹈演员（2-09-02-04）

职业资格（职业技能等级）：

专业主要教学内容：

芭蕾舞基础训练、中国民族民间舞、中国古典舞身韵、毯技、舞蹈身体素质、现代舞基础训练、舞蹈创编、艺术概论、舞蹈艺术概论、中外舞蹈史、舞蹈作品赏析、舞蹈美学、舞蹈解剖学等。

对应下一级专业编码：1418-4

1419 影视表演与制作

1419-4 中级

专业编码：1419-4

专业名称：影视表演与制作

培养目标：培养从事影视表演、影视后期制作的中级技能人才。

学习年限：3 年（初中毕业生），2 年（高中毕业生）

职业能力：

具有积极的人生态度、健康的心理素质、良好的职业道德和较扎实的文化基础知识；具有获取新知识、新技能的意识和能力，能适应不断变化的职业社会；了解影视表演与制作基本流程，遵守相关法律法规，并能解决一般性专业问题。同时具有下列专业能力：

1. 能理解导演意图，运用适当的表演技巧完成影视剧群演。
2. 能在戏剧表演中运用创作技巧创造戏剧形象。
3. 能根据剧情选用适当的摄像器材拍摄不同要求的作品。
4. 能参与分镜头剧本讨论、外景场地选择、美术设计和灯光设计。
5. 能使用多媒体软件对影视素材进行剪辑、合成、添加特效等后期制作编辑工作。

对应或相关职业（工种）：电影电视演员（2-09-02-02）、电影电视摄影师（2-09-03-03）、剪辑师（2-09-03-06）

职业资格（职业技能等级）：

专业主要教学内容：

表演基础元素、气息与声音、芭蕾形体基础、台词课、小品创作、表演概论、影视作品赏析、计算机基础、图形图像处理、音频视频编辑、数码影像制作、电视摄影等。

对应上一级专业编码：1419-3

1419-3　高级

专业编码：1419-3

专业名称：影视表演与制作

培养目标：培养从事影视表演、影视后期制作的高级技能人才（高级工）。

学习年限：2 年（达到中级技能水平学生），3 年（高中毕业生），5 年（初中毕业生）

职业能力：

具有积极的人生态度、健康的心理素质、良好的职业道德和较扎实的文化基础知识；具有获取新知识、新技能的意识和能力，能适应不断变化的职业社会；熟悉影视表演与制作基本流程，遵守相关法律法规，并具有独立解决非常规问题的基本能力；能指导他人进行影视表演与制作或协助培训一般影视表演与制作人员。同时具有下列专业能力：

1. 能运用表演艺术的创作规律、技巧和方法独立进行角色创作、表演。
2. 能理解导演意图，正确塑造特定影视人物的艺术形象。
3. 能熟练运用影视短片制作、摄影、图片处理等技术。
4. 能熟练使用各类摄像器材，选取、布置拍摄场景，拍摄不同题材的作品。
5. 能独立完成影视片头、动画、广告等数码短片的拍摄和后期创意制作。
6. 能熟练使用多媒体软件对影视素材进行剪辑、合成、添加特效等后期制作编辑工作。

对应或相关职业（工种）：电影电视演员（2-09-02-02）、电影电视摄影师（2-09-03-03）、剪辑师（2-09-03-06）

职业资格（职业技能等级）：

专业主要教学内容：

表演基础元素、气息与声音、芭蕾形体基础、台词课、小品创作、艺术审美观、影视作品赏析、美术基础、剧目排练、静动速写、摄影基础、数码后期制作、摄影照明、视听语言、电视摄影、数字影视制作、视频特效制作与合成等。

对应下一级专业编码：1419-4

1420 平面设计

1420-4 中级

专业编码：1420-4

专业名称：平面设计

培养目标：培养从事平面设计工作的中级技能人才。

学习年限：3 年（初中毕业生），2 年（高中毕业生）

职业能力：

具有积极的人生态度、健康的心理素质、良好的职业道德和较扎实的文化基础知识；具有获取新知识、新技能的意识和能力，能适应不断变化的职业社会；了解平面设计流程，遵守各项工艺规程，具有安全意识，重视环境保护，并能解决一般性专业问题。同时具有下列专业能力：

1. 能熟练运用图形软件，完成图形绘制与插画。
2. 能熟练运用图像软件，完成图像艺术处理。
3. 能熟练运用排版制作软件，完成各类型平面媒体版式设计。
4. 能根据设计项目要求，完成字体的完稿设计与制作。
5. 能根据设计项目要求，完成标志从草图到正稿的设计与制作。
6. 能根据设计项目要求，完成海报设计与制作。
7. 能根据设计项目要求，确立开本形式，完成书籍版式整体设计与制作。
8. 能根据设计项目要求，完成包装刀模及包装外观设计与制作。
9. 能根据设计项目要求，合理选择印刷材料与制作工艺。

对应或相关职业（工种）：装饰美工（4-07-07-02）、装潢美术设计师（4-08-08-06）、广告设计师（4-08-08-08）

职业资格（职业技能等级）：装饰美工、广告设计师

专业主要教学内容：

图形绘制、图像处理、版式编排、字体设计、标志设计、海报设计、书籍装帧、包装设计等。

对应上一级专业编码：1420-3

1420-3 高级

专业编码：1420-3

专业名称：平面设计

培养目标：培养从事平面设计工作的高级技能人才（高级工）。

学习年限：2 年（达到中级技能水平学生），3 年（高中毕业生），5 年（初中毕业生）

职业能力：

具有积极的人生态度、健康的心理素质、良好的职业道德和较扎实的文化基础知识；具

有获取新知识、新技能的意识和能力，能适应不断变化的职业社会；熟悉平面设计流程，遵守各项工艺规程，具有安全和环保意识，并具有独立解决非常规问题的基本能力；能指导他人进行工作或协助培训一般工作人员。同时具有下列专业能力：

1. 能充分运用艺术设计手段，独立完成视觉形象设计创意。
2. 能根据设计项目要求，完成视觉识别系统设计。
3. 能根据设计项目要求，完成网络宣传图像设计。
4. 能综合运用网页制作软件，完成网页前端设计。
5. 能根据设计项目要求，完成各类型图标设计。
6. 能根据设计项目要求，完成用于不同系统平台的界面设计。
7. 能综合运用各种设计制作软件，独立完成视觉设计项目。

对应或相关职业（工种）： 装饰美工（4-07-07-02）、装潢美术设计师（4-08-08-06）、广告设计师（4-08-08-08）

职业资格（职业技能等级）： 装饰美工、广告设计师

专业主要教学内容：

图形绘制、图像处理、版式编排、字体设计、标志设计、海报设计、书籍装帧、包装设计、网页前端设计、视觉识别系统设计、用户界面设计等。

对应下一级专业编码： 1420-4

1421 运动训练

1421-4 中级

专业编码： 1421-4

专业名称： 运动训练

培养目标： 培养从事运动训练的中级技能人才。

学习年限： 3 年（初中毕业生），2 年（高中毕业生）

职业能力：

具有积极的人生态度、健康的心理素质、良好的职业道德和较扎实的文化基础知识；具有获取新知识、新技能的意识和能力，能适应不断变化的职业社会；了解运动训练相关工作流程，严格执行设备操作规定，遵守各项操作规程，具有安全意识，重视环境保护，并能解决一般性专业问题。同时具有下列专业能力：

1. 能从事专项或竞技体育运动。
2. 能参与组织管理专项或竞技体育活动。
3. 能根据专项或竞技体育运动计划和方案开展运动训练。
4. 能通过讲解、示范指导他人掌握或提高专项或竞技运动技能。
5. 能参与评价专项或竞技体育运动训练效果。
6. 能从事竞技体育运动助理裁判工作。

对应或相关职业（工种）： 社会体育指导员（4-14-05-01）、运动员（2-09-07-03）、教练员（2-09-07-01）、裁判员（2-09-07-02）

职业资格（职业技能等级）： 社会体育指导员

专业主要教学内容：

运动人体科学概论、运动生理学基础、运动心理学基础、社会体育学基础、运动训练学基础、体育保健、运动裁判基础、专项训练等。

对应上一级专业编码：1421-3

1421-3 高级

专业编码：1421-3

专业名称：运动训练

培养目标：培养从事运动训练的高级技能人才（高级工）。

学习年限：2 年（达到中级技能水平学生），3 年（高中毕业生），5 年（初中毕业生）

职业能力：

具有积极的人生态度、健康的心理素质、良好的职业道德和较扎实的文化基础知识；具有获取新知识、新技能的意识和能力，能适应不断变化的职业社会；熟悉运动训练相关工作流程，严格执行设备操作规定，遵守各项操作规程，重视环境保护，并具有独立解决非常规问题的基本能力；能指导他人进行工作或协助培训一般工作人员。同时具有下列专业能力：

1. 能从事较高水平专项或竞技体育运动。
2. 能组织管理专项或竞技体育活动。
3. 能制订专项或竞技体育运动计划和方案。
4. 能通过实施训练计划提高他人专项或竞技运动技能。
5. 能评价专项或竞技体育运动训练效果。
6. 能从事竞技体育运动裁判工作。

对应或相关职业（工种）：社会体育指导员（4-14-05-01）、运动员（2-09-07-03）、教练员（2-09-07-01）、裁判员（2-09-07-02）

职业资格（职业技能等级）：社会体育指导员

专业主要教学内容：

运动人体科学概论、运动生理学、运动心理学、社会体育学、运动训练学、体育测量与评价、体育保健、运动裁判、专项训练等。

对应下一级专业编码：1421-4

1422 乐器制造与维修

1422-4 中级

专业编码：1422-4

专业名称：乐器制造与维修

培养目标：培养从事乐器制造与维修的中级技能人才。

学习年限：3 年（初中毕业生），2 年（高中毕业生）

职业能力：

具有积极的人生态度、健康的心理素质、良好的职业道德和较扎实的文化基础知识；具有获取新知识、新技能的意识和能力，能适应不断变化的职业社会；了解乐器制造与维修相关工作流程，严格执行设备操作规定，遵守各项操作规程，具有安全意识，重视环境保护，并能解决一般性专业问题。同时具有下列专业能力：

1. 能识读构造简单乐器的零部件图和装配图。
2. 能用机床、加工工具等设备加工构造简单的乐器零部件。
3. 能用专用工具、装配工具、装配零部件、黏合剂等装配构造简单的乐器。
4. 能对完成装配的乐器进行质量检查及初步测试。
5. 能检查、分析、判断报修乐器的故障部位及损坏程度。
6. 能用专用工具维修构造简单的乐器、更换零部件。
7. 能初步调试修复后的乐器，进行具有发音装置的乐器调音、定律和检查。

对应或相关职业（工种）： 钢琴及键盘乐器制作工（6-09-02-01）、提琴吉他制作工（6-09-02-02）、管乐器制作工（6-09-02-03）、民族拉弦弹拨乐器制作工（6-09-02-04）、吹奏乐器制作工（6-09-02-05）、打击乐器制作工（6-09-02-06）、电鸣乐器制作工（6-09-02-07）、乐器维修工（4-12-05-01）

职业资格（职业技能等级）： 管乐器制作工、民族拉弦弹拨乐器制作工

专业主要教学内容：

音乐欣赏、乐理与视唱练耳、乐器识图、乐器制造与维修基础、乐器制造工艺与技能训练、乐器养护与维修技能训练、乐器演奏技能训练等。

对应上一级专业编码： 1422-3

1422-3　高级

专业编码： 1422-3

专业名称： 乐器制造与维修

培养目标： 培养从事乐器制造与维修的高级技能人才（高级工）。

学习年限： 2 年（达到中级技能水平学生），3 年（高中毕业生），5 年（初中毕业生）

职业能力：

具有积极的人生态度、健康的心理素质、良好的职业道德和较扎实的文化基础知识；具有获取新知识、新技能的意识和能力，能适应不断变化的职业社会；熟悉乐器制造与维修相关工作流程，严格执行设备操作规定，遵守各项操作规程，重视环境保护，并具有独立解决非常规问题的基本能力；能指导他人进行工作或协助培训一般操作人员。同时具有下列专业能力：

1. 能识读构造较复杂乐器的零部件图和装配图。
2. 能用机床、加工工具等设备加工构造较复杂的乐器零部件。
3. 能制造及维修简易工装夹工具。
4. 能用专用工具、装配工具、装配零部件、黏合剂等装配构造较复杂的乐器。
5. 能对完成装配的乐器进行质量检查及测试。
6. 能检查、分析、判断报修乐器的故障部位及损坏程度，并制订维修方案。
7. 能根据维修的难易程度和更换零部件的价值，计算乐器维修价格和期限。
8. 能用专用工具维修构造较复杂的乐器、更换零部件。
9. 能调试修复后的乐器，进行具有发音装置的乐器调音、定律和检查。

对应或相关职业（工种）： 钢琴及键盘乐器制作工（6-09-02-01）、提琴吉他制作工（6-09-02-02）、管乐器制作工（6-09-02-03）、民族拉弦弹拨乐器制作工（6-09-02-04）、吹奏乐器制作工（6-09-02-05）、打击乐器制作工（6-09-02-06）、电鸣乐器制作工（6-09-02-07）、乐器维修工（4-12-05-01）

职业资格（职业技能等级）： 管乐器制作工、民族拉弦弹拨乐器制作工

专业主要教学内容：

中外乐器史、乐理、视唱练耳、乐器识图与 CAD、乐器构造、音乐声学力学计算、乐器制造理论与工艺、乐器材料与工艺、乐器制造设备与工具、乐器制造技能训练、乐器养护与维修技能训练、乐器演奏技能训练等。

对应下一级专业编码： 1422-4

1423　文物数字化技术应用

1423-4　中级

专业编码： 1423-4

专业名称： 文物数字化技术应用

培养目标： 培养从事文物二维及三维数字化采集、文物摄像、三维模型设计、文物数字化展示、文物复仿制、文物 VR 交互的中级技能人才。

学习年限： 3 年（初中毕业生），2 年（高中毕业生）

职业能力：

具有积极的人生态度、健康的心理素质、良好的职业道德和较扎实的文化基础知识；具有获取新知识、新技能的意识和能力，能适应不断变化的职业社会；了解文物数字化技术应用相关工作流程，严格执行设备操作规定，遵守各项操作规程，具有安全意识，重视环境保护，并能解决一般性专业问题。同时具有下列专业能力：

1. 能使用三维扫描仪进行文物数据采集，导出数据文件。
2. 能使用文物（书画类）二维数据采集设备进行数据采集，导出数据文件。
3. 能使用专业摄影设备，完成文物影像数据采集。
4. 能使用专业数据处理软件，完成简单采集模型的修复、修补，导出结果。
5. 能使用专业纹理贴图软件，将采集的三维模型与二维影像数据进行匹配，完成纹理映射，导出结果。
6. 能使用文物复仿制设备，根据文物材质选取不同的工艺设备，进行文物复现。
7. 能使用专业后处理技术，根据不同的艺术表现方式，还原简单文物表面特征。
8. 能运用专业软件进行文物展示 VR 交互。

对应或相关职业（工种）： 文物修复师（4-13-03-02）

职业资格（职业技能等级）： 文物修复师

专业主要教学内容：

文物数字化保护概述、文物鉴赏、文物二维数字化采集技术（书画类）、文物三维数字化采集技术、摄影技术基础、文物数字化建模技术、文物数字化展示技术、文物数字化复仿制技术基础、文物 VR 技术应用等。

对应上一级专业编码：1423-3

1423-3　高级

专业编码：1423-3

专业名称：文物数字化技术应用

培养目标：培养从事文物二维及三维数字化采集、三维模型设计、文物贴图展示、文物复仿制、文物 AR 交互、文物数字化项目管理实施的高级技能人才（高级工）。

学习年限：2 年（达到中级技能水平学生），3 年（高中毕业生），5 年（初中毕业生）

职业能力：

具有积极的人生态度、健康的心理素质、良好的职业道德和较扎实的文化基础知识；具有获取新知识、新技能的意识和能力，能适应不断变化的职业社会；熟悉文物数字化技术应用相关工作流程，严格执行设备操作规定，遵守各项操作规程，重视环境保护，并具有独立解决非常规问题的基本能力；能指导他人进行工作或协助培训一般工作人员。同时具有下列专业能力：

1. 能掌握文物（藏品）三维数据采集技术，根据文物特征选取合适的扫描仪进行数据采集，导出数据文件。
2. 能熟练使用文物（油画、壁画类）二维数据采集设备进行数据采集，导出数据文件。
3. 能掌握文物数据技术，利用专业数据处理软件，完成复杂采集模型的修复、修补，导出结果。
4. 能掌握文物逆向建模技术，利用专业逆向建模软件，根据采集数据，按照技术要求进行模型建模。
5. 能掌握文物纹理贴图原理，运用专业纹理贴图软件，将采集的复杂三维模型与二维影像数据进行匹配，完成纹理映射，导出结果。
6. 能掌握文物复仿制技术，使用文物复仿制设备，根据文物材质选取不同的工艺设备，进行器型复杂文物复现。
7. 能使用专业后处理技术，根据艺术表现形式，最大限度地还原文物表面特征。
8. 能运用专业软件进行文物展示 AR 交互。
9. 能独立承担相关文物数字化项目实施与管理工作。
10. 能撰写文物数字化项目方案与预算。

对应或相关职业（工种）：文物修复师（4-13-03-02）

职业资格（职业技能等级）：文物修复师

专业主要教学内容：

文物数字化保护技术应用、文物二维数字化采集技术（油画、壁画类）、近现代文物三维数字化采集技术、文物二维影像处理技术、文物数字化建模技术、文物逆向建模技术、文物数字化展示技术、文物数字化复仿制技术应用、文物 AR 技术应用、文物数字化项目管理等。

对应下一级专业编码：1423-4

1424　文化产业经营与管理

1424-4　中级

专业编码：1424-4

专业名称：文化产业经营与管理

培养目标：培养从事文化产业宣传、策划、营销、管理工作的中级技能人才。

学习年限：3 年（初中毕业生），2 年（高中毕业生）

职业能力：

具有积极的人生态度、健康的心理素质、良好的职业道德和较扎实的文化基础知识；具有获取新知识、新技能的意识和能力，能适应不断变化的职业社会；了解文化产业经营与管理相关工作流程，具有安全意识，重视环境保护，并能解决一般性专业问题。同时具有下列专业能力：

1. 掌握文化产业管理专业基础知识。
2. 了解文化活动组织策划相关流程。
3. 了解文化产业管理相关法律、法规。
4. 掌握文化产业相关策划文案的写作方法和媒体广告语言的编辑技巧。
5. 具有宽阔的文化视野和现代管理意识。

对应或相关职业（工种）：文化经纪人（4-13-01-04）、群众文化指导员（4-13-01-01）

职业资格（职业技能等级）：

专业主要教学内容：

文化资源概论、文化产业概论、文化传播学、艺术基础、艺术品市场概论、文化政策与法规、文化产业战略与商业模式、电子商务与网络营销等。

对应上一级专业编码：1424-3

1424-3　高级

专业编码：1424-3

专业名称：文化产业经营与管理

培养目标：培养从事文化产业宣传、策划、营销、管理工作的高级技能人才（高级工）。

学习年限：2 年（达到中级技能水平学生），3 年（高中毕业生），5 年（初中毕业生）

职业能力：

具有积极的人生态度、健康的心理素质、良好的职业道德和较扎实的文化基础知识；具有获取新知识、新技能的意识和能力，能适应不断变化的职业社会；熟悉文化产业经营与管理相关工作流程，重视环境保护，并具有独立解决非常规问题的基本能力；能指导他人进行工作或协助培训一般工作人员。同时具有下列专业能力：

1. 掌握文化产业管理专业知识。
2. 熟悉文化活动组织策划相关流程。
3. 具备社会调研和信息处理能力。

4. 具备一定的规划、决策、组织、策划、创意以及沟通表达能力。

5. 具备文化产业现代管理及业务处理能力。

6. 具有文化遗产保护推广意识。

对应或相关职业（工种）：文化经纪人（4-13-01-04）、群众文化指导员（4-13-01-01）

职业资格（职业技能等级）：

专业主要教学内容：

文化产业管理、文化市场调查与分析、文化创意与项目策划、文化市场营销、管理学基础、会展策划与实务、艺术鉴赏、商务谈判与礼仪、文化遗产保护等。

对应下一级专业编码：1424-4

15 其　他

1501　幼儿教育

1501-4　中级

专业编码：1501-4

专业名称：幼儿教育

培养目标：培养从事幼儿园日常保育、辅助性实施教育教学活动的中级技能人才。

学习年限：3 年（初中毕业生），2 年（高中毕业生）

职业能力：

具有积极的人生态度、健康的心理素质、良好的职业道德和较扎实的文化基础知识；具有获取新知识、新技能的意识和能力，能适应不断变化的职业社会；了解幼儿园的保教工作流程，遵循幼儿园教育与管理工作规律，重视环境教育，能解决幼儿园保育和教育中的一般性专业问题。同时具有下列专业能力：

1. 能进行幼儿园的日常保育工作。
2. 能在教育教学中使用标准普通话。
3. 能独立进行部分学科的教育与教学活动。
4. 能组织开展幼儿园游戏活动。
5. 能积极为幼儿创设与教育相适应的良好环境。

对应或相关职业（工种）：幼儿园教师（2-08-03-00）、保育师（4-10-01-03）

职业资格（职业技能等级）：教师资格、保育师

专业主要教学内容：

学前教育、学前心理、学前卫生、幼儿园活动设计与指导、儿童文学、幼儿园教育课件制作、教师口语、美术、手工制作、声乐、琴法、舞蹈、幼儿园环境创设等。

对应上一级专业编码：1501-3

1501-3　高级

专业编码：1501-3

专业名称：幼儿教育

培养目标：培养从事幼儿教育教学活动，承担幼儿园部分管理与科研任务，进行学前阶段幼儿教育的高级技能人才（高级工）。

学习年限：2 年（达到中级技能水平学生），3 年（高中毕业生），5 年（初中毕业生）

职业能力：

具有积极的人生态度、健康的心理素质、良好的职业道德和较扎实的文化基础知识；具有获取新知识、新技能的意识和能力，能适应不断变化的职业社会；熟悉幼儿园中的各科教育教学，遵循教育教学规律，重视环境教育，能指导保育师、助理教师进行工作或协助幼儿

园领导做好教学与管理，承担幼儿园部分教育教学研究活动任务。同时具有下列专业能力：

1. 能在教育教学中使用标准普通话。

2. 能对幼儿进行体、智、德、美诸方面的教育工作。

3. 能遵循幼儿身心发展的规律和年龄特点，注重个体差异，因人施教，引导幼儿个性健康发展。

4. 能合理地综合组织各方面的教育内容，并渗透于幼儿一日生活的各项活动中，充分发挥各种教育手段的交互作用进行教育。

5. 能根据幼儿的年龄特点选择、组织与指导游戏活动，因地制宜地为幼儿创设游戏条件，寓教育于各项活动之中。

6. 能采取合理的教育措施，培养幼儿的良好习惯和初步的生活自理能力。

7. 能进行幼儿园和小学两个教育阶段的衔接工作。

对应或相关职业（工种）：幼儿园教师（2-08-03-00）、保育师（4-10-01-03）

职业资格（职业技能等级）：教师资格、保育师

专业主要教学内容：

学前教育、学前心理、学前卫生、儿童文学、幼儿园教育课件制作、学前儿童语言教育、学前儿童数学教育、学前儿童美术教育、学前儿童科学教育、学前儿童音乐教育、学前儿童健康教育、学前儿童社会教育、美术、手工制作、声乐、琴法、舞蹈、幼儿园环境创设等。

对应下一级专业编码：1501-4

1502　环境保护与检测

1502-4　中级

专业编码：1502-4

专业名称：环境保护与检测

培养目标：培养利用化学检验方法、仪器分析方法及常用检验仪器从事环境监测工作的中级技能人才。

学习年限：3 年（初中毕业生），2 年（高中毕业生）

职业能力：

具有积极的人生态度、健康的心理素质、良好的职业道德和较扎实的文化基础知识；具有获取新知识、新技能的意识和能力，能适应不断变化的职业社会；了解企业工作流程，遵守各项工艺规程，具有安全意识，重视环境保护，并能解决一般性专业问题。同时具有下列专业能力：

1. 能独立查阅环境保护法律法规和有关标准。

2. 能准确配制常用标准溶液，准确选用常用玻璃仪器，按照标准测定常用环境样品含量。

3. 能按照操作规程操作常用化工单元设备。

4. 能按照操作规程对本专业常用分析仪器进行使用和维护。

5. 能独立进行现场环境监测取样、样品检验分析。

6. 能准确处理实验数据。

7. 能依照实例对相关污染源、环境质量进行初步的监测、分析和综合评价。

对应或相关职业（工种）：化学检验员（6-31-03-01）、工业废水处理工 L（6-28-03-03）、工业废气治理工 L（6-28-02-05）、污水处理工 L（4-09-07-01）、工业固体废物处理处置工 L（4-09-07-02）、危险废物处理工 L（4-09-07-03）、环境监测员 L（4-08-06-00）

职业资格（职业技能等级）：化学检验员、工业废水处理工、工业废气治理工、工业固体废物处理处置工

专业主要教学内容：

无机化学、有机化学、分析化学、环保基础知识、环境工程原理、水质检测技能、室内空气监测技能、噪声监测技能、生态文明教育等。

专业方向：水质检测与处理、环保设施运营与管理

对应上一级专业编码：1502-3

1502-3　高级

专业编码：1502-3

专业名称：环境保护与检测

培养目标：培养利用化学检验方法、仪器分析方法及常用检验仪器从事环境监测工作的高级技能人才（高级工）。

学习年限：2 年（达到中级技能水平学生），3 年（高中毕业生），5 年（初中毕业生）

职业能力：

具有积极的人生态度、健康的心理素质、良好的职业道德和较扎实的文化基础知识；具有获取新知识、新技能的意识和能力，能适应不断变化的职业社会；熟悉企业工作流程，遵守各项工艺规程，具有安全操作和环境保护意识，并具有独立解决非常规问题的基本能力；能指导他人进行工作或协助培训一般操作人员。同时具有下列专业能力：

1. 能熟练运用环境保护法律法规、环境保护相关标准。

2. 能编制采样方案，进行现场环境监测取样。

3. 能对复杂样品进行前处理和检验分析。

4. 能正确处理实验数据及出具实验报告。

5. 能对相关污染源、环境质量进行初步的监测、分析和综合评价。

6. 掌握化学分析和仪器分析理论知识及实验方法，具有熟练的化学分析和仪器分析操作技能。

7. 能对实验室进行初步管理。

8. 能熟练掌握主要分析仪器和设备的使用及维护保养技能。

对应或相关职业（工种）：化学检验员（6-31-03-01）、工业废水处理工 L（6-28-03-03）、工业废气治理工 L（6-28-02-05）、污水处理工 L（4-09-07-01）、工业固体废物处理处置工 L（4-09-07-02）、危险废物处理工 L（4-09-07-03）、环境监测员 L（4-08-06-00）

职业资格（职业技能等级）：化学检验员、工业废水处理工、工业废气治理工、工业固体废物处理处置工

专业主要教学内容：

环境工程技术、环境监测实验室管理、统计基础知识、化学分析技能、仪器分析技能、水质在线监测技术、水质检测综合技能、大气检测综合技能等。

专业方向：水质检测与处理、环保设施运营与管理

对应下一级专业编码：1502-4

1503　应急救援技术

1503-4　中级

专业编码：1503-4 中级

专业名称：应急救援技术

培养目标：培养从事消防灭火、城市及野外救援等工作的中级技能人才。

学习年限：3 年（初中毕业生），2 年（高中毕业生）

职业能力：

具有积极的人生态度、健康的心理素质、良好的职业道德和较扎实的文化基础知识；具有获取新知识、新技能的意识和能力，能适应不断变化的职业社会；了解应急救援工作流程，具有安全意识，重视环境保护，并能解决一般性专业问题。同时具有下列专业能力：

1. 能讲解本地易发灾害的应急救援知识，向群众示范自救、互救技能。
2. 能识别本地突发事件风险，收集事故地形、地貌、建筑、人口、灾害特点等基本信息，判断灾情并向有关部门报送信息。
3. 能使用常见消防设备处置一般火警。
4. 能准备个人防护装备和常用救援装备。
5. 能根据灾情和救援条件进行合适的救援。
6. 能对伤病员进行清创、包扎、止血等现场医疗处置，并正确搬运伤员。
7. 能对遇险人员进行心理抚慰，疏导缓解救援人员心理压力。

对应或相关职业（工种）：应急救援员（3-02-03-08）

职业资格（职业技能等级）：应急救援员

专业主要教学内容：

消防灭火技术装备、消防与救援通信、抢险救援技术、灾害现场救护、灾害事故应急处置、建筑物救援、山地（绳索）救援、消防技术、紧急医学救援等。

对应上一级专业编码：1503-3

1503-3　高级

专业编码：1503-3

专业名称：应急救援技术

培养目标：培养从事应急管理、消防灭火、城市及野外救援等工作的高级技能人才（高级工）。

学习年限：2 年（达到中级技能水平学生），3 年（高中毕业生），5 年（初中毕业生）

职业能力：

具有积极的人生态度、健康的心理素质、良好的职业道德和较扎实的文化基础知识；具有获取新知识、新技能的意识和能力，能适应不断变化的职业社会；熟悉应急救援工作流程，具有安全和环境保护意识，并具有独立解决非常规问题的基本能力；能指导他人进行工作或协助培训一般工作人员。同时具有下列专业能力：

1. 能制定应急救援演练的技术操作方案并按方案组织演练。
2. 能整理汇总灾害现场信息，分析灾情，上报信息。
3. 能制定现场救援行动方案和安全技术措施，并组织小组完成单项救援任务。
4. 能保养维护常见救援工具，排除常见故障。
5. 能记录伤病员信息，指导或协助转移并向专业医护人员移交。
6. 能进行心肺复苏，初步处置骨折等外伤。
7. 能评估遇险人员心理干预效果，并提出改进意见。
8. 能制定撤离方案，撰写救援行动总结。

对应或相关职业（工种）：应急救援员（3-02-03-08）

职业资格（职业技能等级）：应急救援员

专业主要教学内容：

消防灭火技术装备、消防与救援通信、抢险救援技术、灾害现场救护、灾害事故应急处置、建筑物救援、山地（绳索）救援、消防技术、紧急医学救援等。

对应下一级专业编码：1503-4

附录

专业主要信息汇总表

专业类	专业编码	专业名称	对应或相关职业（工种）	职业资格（职业技能等级）
01 机械类	0101	机床切削加工（车工）	车工（6-18-01-01）	车工（普通车床）
	0102	机床切削加工（铣工）	铣工（6-18-01-02）	铣工（普通铣床）
	0103	机床切削加工（磨工）	磨工（6-18-01-04）	磨工
	0104	铸造成型	铸造工（6-18-02-01）	铸造工
	0105	锻造成型	锻造工（6-18-02-02）	锻造工
	0106	数控加工（数控车工）	车工（6-18-01-01）	车工（数控车床）
	0107	数控加工（数控铣工）	铣工（6-18-01-02）	铣工（数控铣床）
	0108	数控加工（加工中心操作工）	多工序数控机床操作调整工（6-18-01-07）、加工中心操作工＊（6-18-01-07）、铣工（6-18-01-02）	多工序数控机床操作调整工
	0109	数控机床装配与维修	机床装调维修工（6-20-03-01）、数控机床装调维修工＊（6-20-03-01）、机修钳工（6-31-01-02）、电工（6-31-01-03）	机床装调维修工
	0110	数控编程	车工（6-18-01-01）、铣工（6-18-01-02）、多工序数控机床操作调整工（6-18-01-07）	车工（数控车床）、铣工（数控铣床）、多工序数控机床操作调整工
	0111	工量具制造与维修	工具钳工（6-18-04-06）、模具工（6-18-04-01）、量具和刃具制造工（6-18-04-05）、铣工（6-18-01-02）、磨工（6-18-01-04）	钳工
	0112	机械设备维修	机修钳工（6-31-01-02）、电工（6-31-01-03）	钳工
	0113	煤矿机械维修	机修钳工（6-31-01-02）	钳工
	0114	化工机械维修	机修钳工（6-31-01-02）、化工检修钳工＊（6-31-01-02）	钳工
	0115	机械装配	装配钳工（6-20-01-01）、铣工（6-18-01-02）、磨工（6-18-01-04）	钳工
	0116	机械设备装配与自动控制	装配钳工（6-20-01-01）、电工（6-31-01-03）	钳工、电工

续表

专业类	专业编码	专业名称	对应或相关职业（工种）	职业资格（职业技能等级）
01 机械类	0117	模具制造	模具工（6-18-04-01）、工具钳工（6-18-04-06）	模具工、钳工
	0118	模具设计	模具工（6-18-04-01）、工具钳工（6-18-04-06）、模具设计工程技术人员（2-02-07-06）	模具工
	0119	焊接加工	焊工（6-18-02-04）、冲压工（6-18-01-12）	焊工
	0120	冷作钣金加工	冲压工（6-18-01-12）、冷作钣金工*（6-18-01-12）、焊工（6-18-02-04）	冲压工
	0121	制冷设备运用与维修	制冷空调系统安装维修工（6-29-03-05）、制冷工（6-11-01-04）、制冷空调设备装配工（6-20-05-07）、电工（6-31-01-03）	制冷空调系统安装维修工、制冷工
	0122	数控电加工	电切削工（6-18-01-08）	电切削工
	0123	机电设备安装与维修	电工（6-31-01-03）、装配钳工（6-20-01-01）	电工、钳工
	0124	机电产品检测技术应用	质检员（6-31-03-05）、无损检测员（6-31-03-04）、物理性能检验员（6-31-03-02）	质检员、无损检测员、物理性能检验员
	0125	金属热处理	金属热处理工（6-18-02-03）	金属热处理工
	0126	汽车制造与装配	汽车生产线操作工（6-22-01-01）、汽车饰件制造工（6-22-01-02）、汽车零部件再制造工L（6-22-01-03）、汽车装调工（6-22-02-01）、汽车回收拆解工L（6-22-02-02）、汽车维修工（4-12-01-01）	汽车装调工、汽车维修工
	0127	机电一体化技术	电工（6-31-01-03）、装配钳工（6-20-01-01）	电工、钳工
	0128	多轴数控加工	多工序数控机床操作调整工（6-18-01-07）	多工序数控机床操作调整工
	0129	计算机辅助设计与制造	制图员（3-01-02-07）、多工序数控机床操作调整工（6-18-01-07）	制图员、多工序数控机床操作调整工
	0130	3D 打印技术应用	增材制造设备操作员L/S（6-18-01-13）、制图员（3-01-02-07）	增材制造设备操作员、制图员
	0131	金属材料分析与检测	金属热处理工（6-18-02-03）、物理性能检验员（6-31-03-02）、无损检测员（6-31-03-04）	金属热处理工、物理性能检验员、无损检测员

续表

专业类	专业编码	专业名称	对应或相关职业（工种）	职业资格（职业技能等级）
01 机械类	0132	新能源汽车制造与装配	汽车生产线操作工（6-22-01-01）、汽车饰件制造工（6-22-01-02）、汽车零部件再制造工 L（6-22-01-03）、汽车装调工（6-22-02-01）、汽车回收拆解工 L（6-22-02-02）、汽车维修工（4-12-01-01）	汽车装调工、汽车维修工
	0133	飞机制造与装配	飞机装配工（6-23-03-01）、装配钳工（6-20-01-01）、冲压工（6-18-01-12）	钳工、冲压工
	0134	产品检测与质量控制	质检员（6-31-03-05）、无损检测员（6-31-03-04）、物理性能检验员（6-31-03-02）	质检员、无损检测员、物理性能检验员
	0135	工业机械自动化装调	装配钳工（6-20-01-01）、机床装调维修工（6-20-03-01）、电工（6-31-01-03）、工业机器人系统运维员 S（6-31-07-01）	钳工、机床装调维修工、电工、工业机器人系统运维员
	0136	数字化设计与制造	制图员（3-01-02-07）、车工（6-18-01-01）、铣工（6-18-01-02）、多工序数控机床操作调整工（6-18-01-07）、增材制造设备操作员 L/S（6-18-01-13）	制图员、车工、铣工、多工序数控机床操作调整工、增材制造设备操作员
	0137	智能制造技术应用	装配钳工（6-20-01-01）、工业机器人系统操作员 S（6-31-07-03）、工业机器人系统运维员 S（6-31-07-01）、工业视觉系统运维员 S（6-31-07-02）、物联网安装调试员（6-25-04-09）、智能硬件装调员（6-25-04-05）、数字孪生应用技术员 S（4-04-05-10）、智能制造工程技术人员 S（2-02-38-05）	钳工、工业机器人系统操作员、工业机器人系统运维员、物联网安装调试员
	0138	智能装备安装与调试	装配钳工（6-20-01-01）、机床装调维修工（6-20-03-01）、工业机器人系统操作员 S（6-31-07-03）、智能硬件装调员（6-25-04-05）、智能制造工程技术人员 S（2-02-38-05）	钳工、机床装调维修工、工业机器人系统操作员
	0139	智能装备运行与维护	电工（6-31-01-03）、车工（6-18-01-01）、铣工（6-18-01-02）、工业机器人系统运维员 S（6-31-07-01）、工业视觉系统运维员 S（6-31-07-02）、智能制造工程技术人员 S（2-02-38-05）	电工、车工、铣工、工业机器人系统运维员
	0140	智能装备工业视觉技术应用	工业视觉系统运维员 S（6-31-07-02）、工业机器人系统运维员 S（6-31-07-01）、智能制造工程技术人员 S（2-02-38-05）	工业机器人系统运维员
	0141	数字孪生技术应用	数字孪生应用技术员 S（4-04-05-10）、计算机程序设计员 S（4-04-05-01）、工业机器人系统操作员 S（6-31-07-03）	计算机程序设计员、工业机器人系统操作员

续表

专业类	专业编码	专业名称	对应或相关职业（工种）	职业资格（职业技能等级）
01 机械类	0142	原型制作	装配钳工（6-20-01-01）、制图员（3-01-02-07）、车工（6-18-01-01）、铣工（6-18-01-02）、多工序数控机床操作调整工（6-18-01-07）、增材制造设备操作员 L/S（6-18-01-13）	钳工、制图员、车工、铣工、多工序数控机床操作调整工、增材制造设备操作员
02 电工电子类	0201	变配电设备运行与维护	变配电运行值班员（6-28-01-14）	变配电运行值班员
	0202	电机电器装配与维修	电机制造工（6-24-01-00）、高低压电器及成套设备装配工（6-24-02-02）	高低压电器及成套设备装配工
	0203	电气自动化设备安装与维修	电工（6-31-01-03）	电工
	0204	煤矿电气设备维修	电工（6-31-01-03）	电工
	0205	楼宇自动控制设备安装与维护	智能楼宇管理员 S（4-06-01-04）	智能楼宇管理员
	0206	工业自动化仪器仪表装配与维护	仪器仪表制造工（6-26-01-01）、仪器仪表维修工（6-31-01-04）	仪器仪表制造工
	0207	化工仪表及自动化	仪器仪表制造工（6-26-01-01）、仪器仪表维修工（6-31-01-04）、化工检修电工＊（6-31-01-03）	仪器仪表制造工
	0208	工业机器人应用与维护	工业机器人系统操作员 S（6-31-07-03）、工业机器人系统运维员 S（6-31-07-01）、电工（6-31-01-03）	工业机器人系统操作员、工业机器人系统运维员、电工
	0209	电子技术应用	电子产品制版工（6-25-01-12）、印制电路制作工（6-25-01-13）、电子设备装接工（6-25-04-07）、电子设备调试工（6-25-04-08）、家用电器产品维修工（4-12-03-01）、家用电子产品维修工（4-12-03-02）	电子产品制版工、印制电路制作工、电子设备装接工、电子设备调试工、家用电器产品维修工、家用电子产品维修工
	0210	音像电子设备应用与维修	家用电子产品维修工（4-12-03-02）、电子设备装接工（6-25-04-07）、电子设备调试工（6-25-04-08）	家用电子产品维修工、电子设备装接工、电子设备调试工
	0211	通信终端设备制造与维修	信息通信网络终端维修员 S（4-12-02-03）	信息通信网络终端维修员
	0212	办公设备维修	办公设备维修工（4-12-02-02）	办公设备维修工
	0213	光伏应用技术	太阳能利用工 L（5-05-03-03）、光伏组件制造工 L（6-24-02-04）、光伏发电运维值班员 L（6-28-01-10）	太阳能利用工
	0214	工业网络技术	电工（6-31-01-03）、信息通信网络运行管理员 S（4-04-04-01）、网络与信息安全管理员 S（4-04-04-02）	电工、信息通信网络运行管理员、网络与信息安全管理员

续表

专业类	专业编码	专业名称	对应或相关职业（工种）	职业资格（职业技能等级）
02 电工 电子类	0215	电线电缆制造技术	电线电缆制造工（6-24-03-01）	电线电缆制造工
	0216	电梯工程技术	电梯安装维修工（6-29-03-03）、电梯装配调试工（6-20-04-00）	电梯安装维修工
	0217	光电技术应用	电子设备装接工（6-25-04-07）、灯具制造工（6-24-07-02）、太阳能利用工 L（5-05-03-03）	电子设备装接工
	0218	工业互联网与大数据应用	电工（6-31-01-03）、信息通信网络运行管理员 S（4-04-04-01）、工业互联网工程技术人员 S（2-02-38-06）、大数据工程技术人员 S（2-02-38-03）	电工、信息通信网络运行管理员
	0219	服务机器人应用与维护	服务机器人应用技术员 S（4-04-05-07）、电工（6-31-01-03）	服务机器人应用技术员、电工
	0220	集成电路技术应用	半导体分立器件和集成电路装调工（6-25-02-06）、电工（6-31-01-03）、智能硬件装调员（6-25-04-05）、集成电路工程技术人员 S（2-02-38-09）	半导体分立器件和集成电路装调工、电工
03 信息类	0301	计算机网络应用	信息通信网络运行管理员 S（4-04-04-01）、网络与信息安全管理员 S（4-04-04-02）、计算机维修工（4-12-02-01）	信息通信网络运行管理员、网络与信息安全管理员、计算机维修工、计算机技术与软件专业技术资格
	0302	计算机程序设计	计算机程序设计员 S（4-04-05-01）、计算机软件测试员 S（4-04-05-02）	计算机程序设计员、计算机技术与软件专业技术资格
	0303	计算机应用与维修	计算机维修工（4-12-02-01）	计算机维修工、计算机技术与软件专业技术资格
	0304	计算机信息管理	信息通信网络运行管理员 S（4-04-04-01）、网络与信息安全管理员 S（4-04-04-02）、信息通信信息化系统管理员 S（4-04-04-03）、计算机程序设计员 S（4-04-05-01）、数字化管理师 S（2-06-07-13）	信息通信网络运行管理员、网络与信息安全管理员、计算机程序设计员、计算机技术与软件专业技术资格
	0305	计算机游戏制作	动画制作员（4-13-02-02）	动画制作员、计算机技术与软件专业技术资格
	0306	计算机动画制作	动画制作员（4-13-02-02）	动画制作员、计算机技术与软件专业技术资格
	0307	计算机广告制作	广告设计师（4-08-08-08）	广告设计师、计算机技术与软件专业技术资格

续表

专业类	专业编码	专业名称	对应或相关职业（工种）	职业资格（职业技能等级）
03 信息类	0308	多媒体制作	动画制作员（4-13-02-02）	动画制作员、计算机技术与软件专业技术资格
	0309	通信网络应用	信息通信网络运行管理员 S（4-04-04-01）、信息通信网络终端维修员 S（4-12-02-03）、信息通信网络机务员 S（4-04-02-01）、信息通信网络线务员（4-04-02-02）	信息通信网络运行管理员、信息通信网络终端维修员、信息通信网络机务员、信息通信网络线务员
	0310	通信运营服务	信息通信营业员（4-04-01-01）、信息通信业务员（4-04-01-02）、呼叫中心服务员（4-04-05-03）、信息通信网络终端维修员 S（4-12-02-03）、信息通信网络机务员 S（4-04-02-01）、信息通信网络线务员（4-04-02-02）	呼叫中心服务员、信息通信网络终端维修员、信息通信网络机务员、信息通信网络线务员
	0311	网络安防系统安装与维护	安全防范系统安装维护员（4-07-05-04）、智能楼宇管理员 S（4-06-01-04）、计算机网络设备装配调试员＊（6-25-03-00）	智能楼宇管理员
	0312	计算机速录	速录师（3-01-02-06）	速录师
	0313	物联网应用技术	物联网安装调试员（6-25-04-09）、信息通信网络运行管理员 S（4-04-04-01）、物联网工程技术人员 S（2-02-38-02）	物联网安装调试员、信息通信网络运行管理员
	0314	网络与信息安全	网络与信息安全管理员 S（4-04-04-02）、信息通信网络运行管理员 S（4-04-04-01）、信息安全测试员 S（4-04-04-04）、网络安全等级保护测评师 S（4-04-04-06）	网络与信息安全管理员、信息通信网络运行管理员、信息安全测试员、计算机技术与软件专业技术资格
	0315	云计算技术应用	云计算工程技术人员 S（2-02-38-04）、信息通信网络运行管理员 S（4-04-04-01）	信息通信网络运行管理员
	0316	工业互联网技术应用	电工（6-31-01-03）、信息通信网络运行管理员 S（4-04-04-01）、网络与信息安全管理员 S（4-04-04-02）、信息通信信息化系统管理员 S（4-04-04-03）、工业互联网工程技术人员 S（2-02-38-06）	电工、信息通信网络运行管理员、网络与信息安全管理员
	0317	虚拟现实技术应用	虚拟现实产品设计师 S（4-04-05-11）、虚拟现实工程技术人员 S（2-02-38-07）	
	0318	人工智能技术应用	人工智能训练师 S（4-04-05-05）、通信系统设备制造工（6-25-04-01）、通信终端设备制造工（6-25-04-02）、计算机程序设计员 S（4-04-05-01）、人工智能工程技术人员 S（2-02-38-01）	人工智能训练师、计算机程序设计员
	0319	数字媒体技术应用	动画制作员（4-13-02-02）、剪辑师（2-09-03-06）、数字媒体艺术专业人员 S（2-09-06-07）	动画制作员

续表

专业类	专业编码	专业名称	对应或相关职业（工种）	职业资格（职业技能等级）
03 信息类	0320	区块链技术应用	区块链应用操作员 S（4-04-05-06）、区块链工程技术人员 S（2-02-38-08）	区块链应用操作员
04 交通类	0401	汽车驾驶	客运车辆驾驶员 L（4-02-02-01）、道路货运汽车驾驶员 L（4-02-02-02）	客运车辆驾驶员、道路货运汽车驾驶员
	0402	交通客运服务	道路客运服务员（4-02-02-03）、港口客运员（4-02-03-03）	
	0403	汽车维修	汽车维修工（4-12-01-01）	汽车维修工
	0404	汽车电器维修	汽车维修工（4-12-01-01）	汽车维修工（汽车电器维修工）
	0405	汽车钣金与涂装	汽车维修工（4-12-01-01）	汽车维修工（汽车车身整形修复工、汽车车身涂装修复工）
	0406	汽车装饰与美容	汽车维修工（4-12-01-01）	汽车维修工（汽车美容装潢工）
	0407	汽车检测	机动车检测工（4-08-05-05）、汽车维修工（4-12-01-01）	机动车检测工、汽车维修工（汽车维修检验工）
	0408	汽车营销	营销员（4-01-02-01）、汽车维修工（4-12-01-01）	营销员
	0409	工程机械运用与维修	工程机械维修工（6-31-01-09）、机修钳工（6-31-01-02）	工程机械维修工、钳工
	0410	公路施工与养护	筑路工（6-29-02-03）、公路养护工（6-29-02-04）	筑路工
	0411	桥梁施工与养护	桥隧工（6-29-02-05）、筑路工（6-29-02-03）、公路养护工（6-29-02-04）	桥隧工
	0412	公路工程测量	工程测量员 S（4-08-03-04）	工程测量员
	0413	筑路机械操作与维修	筑路工（6-29-02-03）	筑路工
	0414	高速公路收费与监控	路况信息监控员（4-02-02-06）	
	0415	现代物流	物流服务师 L（4-02-06-03）、理货员（4-02-06-02）、仓储管理员（4-02-06-01）、供应链管理师 S（4-02-06-05）、货运代理服务员（4-02-05-03）	物流服务师、供应链管理师
	0416	船舶驾驶	船舶甲板设备操作工（6-30-04-01）、客运船舶驾驶员（4-02-03-01）、渔业船员（5-04-03-02）	船员资格

续表

专业类	专业编码	专业名称	对应或相关职业（工种）	职业资格（职业技能等级）
04 交通类	0417	船舶轮机	船舶机舱设备操作工（6-30-04-02）、渔业船员（5-04-03-02）	船员资格
	0418	船舶建造与维修	金属船体制造工（6-23-02-01）、船舶机械装配工（6-23-02-02）、船舶电气装配工（6-23-02-03）、船舶附件制造工（6-23-02-04）、船舶木塑帆缆制造工（6-23-02-05）、船舶修理工（6-31-02-01）、装配钳工（6-20-01-01）、电工（6-31-01-03）、焊工（6-18-02-04）	钳工、电工、焊工
	0419	港口与航道施工	水运工程施工工（6-29-02-09）、水工建构筑物维护检修工（6-29-02-10）	
	0420	水运业务	船舶业务员（4-02-03-02）、仓储管理员（4-02-06-01）、理货员（4-02-06-02）	
	0421	港口机械操作与维护	起重装卸机械操作工（6-30-05-01）、起重工（6-30-05-02）	起重装卸机械操作工
	0422	邮轮乘务	前厅服务员（4-03-01-01）、餐厅服务员（4-03-02-05）、客房服务员（4-03-01-02）	餐厅服务员
	0423	铁道运输管理	铁路车站客运服务员（4-02-01-03）、铁路车站货运服务员（4-02-01-05）、轨道交通调度员（4-02-01-06）、铁路车站行车作业员（6-30-02-01）	
	0424	电力机车运用与检修	轨道交通列车司机 L（4-02-01-01）、铁路机车制修工（6-23-01-01）、铁路车辆制修工（6-23-01-02）、铁路机车车辆制动钳工（6-23-01-04）	轨道交通列车司机、铁路机车制修工、铁路车辆制修工、铁路机车车辆制动钳工
	0425	内燃机车运用与检修	轨道交通列车司机 L（4-02-01-01）、铁路机车制修工（6-23-01-01）、铁路车辆制修工（6-23-01-02）、铁路机车车辆制动钳工（6-23-01-04）	轨道交通列车司机、铁路机车制修工、铁路车辆制修工、铁路机车车辆制动钳工
	0426	铁路工程测量	工程测量员 S（4-08-03-04）	工程测量员
	0427	铁路施工与养护	铁路线桥工（6-29-02-02）、筑路工（6-29-02-03）、桥隧工（6-29-02-05）	筑路工、桥隧工
	0428	电气化铁道供电	牵引电力线路安装维护工（6-29-02-13）	
	0429	铁道信号	轨道交通信号工（6-29-03-10）	轨道交通信号工
	0430	铁路客运服务	铁路列车乘务员（4-02-01-02）、铁路车站客运服务员（4-02-01-03）、铁路行包运输服务员（4-02-01-04）、客运售票员（4-02-05-02）	

续表

专业类	专业编码	专业名称	对应或相关职业（工种）	职业资格（职业技能等级）
04 交通类	0431	城市轨道交通运输与管理	轨道交通调度员（4-02-01-06）、城市轨道交通服务员（4-02-01-07）、铁路车站行车作业员（6-30-02-01）	城市轨道交通服务员
	0432	城市轨道交通车辆运用与检修	轨道交通列车司机 L（4-02-01-01）、城市轨道交通检修工（6-29-02-17）、铁路机车制修工（6-23-01-01）、铁路车辆制修工（6-23-01-02）、铁路机车车辆制动钳工（6-23-01-04）	轨道交通列车司机、铁路机车制修工、铁路车辆制修工、铁路机车车辆制动钳工
	0433	航空服务	民航乘务员（4-02-04-01）、航空运输地面服务员（4-02-04-02）	民航乘务员
	0434	飞机维修	航空器机械维护员（6-31-02-02）、航空器部件修理工（6-31-02-03）、航空发动机修理工（6-31-02-04）、航空器外场维护员（6-31-02-05）、机修钳工（6-31-01-02）、电工（6-31-01-03）	钳工、电工
	0435	新能源汽车检测与维修	机动车检测工（4-08-05-05）、汽车维修工（4-12-01-01）、新能源汽车维修工＊（4-12-01-01）	机动车检测工、汽车维修工
	0436	汽车技术服务与营销	汽车维修工（4-12-01-01）、营销员（4-01-02-01）	汽车维修工、营销员
	0437	汽车保险理赔与评估	保险代理人（4-05-03-01）、机动车鉴定评估师＊（4-05-04-02）	鉴定评估师（机动车鉴定评估师）
	0438	起重装卸机械操作与维修	起重装卸机械操作工（6-30-05-01）、起重工（6-30-05-02）	起重装卸机械操作工
	0439	无人机应用技术	无人机驾驶员（4-02-04-06）、无人机测绘操控员 L（4-08-03-07）、无人机装调检修工（6-23-03-15）	无人机驾驶员、无人机测绘操控员、无人机装调检修工
	0440	工程安全评价与管理	工程测量员 S（4-08-03-04）、公路水运工程试验检测员（4-08-05-08）、筑路工（6-29-02-03）、桥隧工（6-29-02-05）、安全员（6-31-06-00）	工程测量员、公路水运工程试验检测专业技术人员职业资格
	0441	航空物流	物流服务师 L（4-02-06-03）、理货员（4-02-06-02）、仓储管理员（4-02-06-01）、货运代理服务员（4-02-05-03）	物流服务师
	0442	交通运输安全检查	安检员（4-07-05-02）	安检员

续表

专业类	专业编码	专业名称	对应或相关职业（工种）	职业资格（职业技能等级）
04 交通类	0443	道路智能交通技术应用	路况信息监控员（4-02-02-06）、电子设备装接工（6-25-04-07）、电子设备调试工（6-25-04-08）、信息通信网络运行管理员 S（4-04-04-01）	电子设备装接工、电子设备调试工、信息通信网络运行管理员
	0444	智能网联汽车技术应用	汽车维修工（4-12-01-01）、智能汽车运维工＊（4-12-01-01）、物联网安装调试员（6-25-04-09）	汽车维修工、物联网安装调试员
	0445	重型车辆运用与维修	汽车维修工（4-12-01-01）	汽车维修工
	0446	铁道车辆运用与检修	轨道交通列车司机 L（4-02-01-01）、铁路机车制修工（6-23-01-01）、铁路车辆制修工（6-23-01-02）、铁路机车车辆制动钳工（6-23-01-04）	轨道交通列车司机
	0447	港口机械智能控制	起重装卸机械操作工（6-30-05-01）、起重装卸机械智能控制员＊（6-30-05-01）、起重工（6-30-05-02）	起重装卸机械操作工
05 服务类	0501	烹饪（中式烹调）	中式烹调师（4-03-02-01）、中式面点师（4-03-02-02）	中式烹调师
	0502	烹饪（西式烹调）	西式烹调师（4-03-02-03）	西式烹调师
	0503	烹饪（中西式面点）	中式面点师（4-03-02-02）、西式面点师（4-03-02-04）	中式面点师、西式面点师
	0504	饭店（酒店）服务	餐厅服务员（4-03-02-05）、前厅服务员（4-03-01-01）、客房服务员（4-03-01-02）、旅店服务员（4-03-01-03）	餐厅服务员、前厅服务员、客房服务员
	0505	导游	导游（4-07-04-01）	导游资格
	0506	商务礼仪服务	前厅服务员（4-03-01-01）	前厅服务员
	0507	美容美发与造型（美发）	美发师（4-10-03-02）、美容师（4-10-03-01）、化妆师（2-09-04-04）	美发师
	0508	美容美发与造型（美容）	美容师（4-10-03-01）、美发师（4-10-03-02）、化妆师（2-09-04-04）	美容师
	0509	美容美发与造型（化妆）	化妆师（2-09-04-04）、美发师（4-10-03-02）、美容师（4-10-03-01）	美发师、美容师
	0510	休闲体育服务	社会体育指导员（4-14-05-01）、体育场馆管理员（4-14-05-02）、康乐服务员（4-14-05-04）	社会体育指导员

续表

专业类	专业编码	专业名称	对应或相关职业（工种）	职业资格（职业技能等级）
05 服务类	0511	物业管理	物业管理师（4-06-01-01）、中央空调系统运行操作员（4-06-01-02）、停车管理员（4-06-01-03）	物业管理师
	0512	家政服务	家政服务员（4-10-01-06）、养老护理员（4-10-01-05）、保育师（4-10-01-03）	家政服务员
	0513	公共营养保健	营养师（4-14-02-01）	营养师
	0514	保健按摩	保健按摩师（4-10-04-02）、保健调理师（4-10-04-01）、芳香保健师（4-10-04-03）	保健按摩师
	0515	护理	养老护理员（4-10-01-05）、保育师（4-10-01-03）、孤残儿童护理员（4-10-01-04）、医疗护理员（4-14-01-02）	养老护理员、保育师、孤残儿童护理员
	0516	会展服务与管理	会展服务师（4-07-07-01）、装饰美工（4-07-07-02）、会展设计师（4-08-08-21）	装饰美工、会展设计师
	0517	茶艺	茶艺师（4-03-02-07）	茶艺师
	0518	邮政业务	邮政营业员（4-02-07-01）、邮件分拣员（4-02-07-02）、邮件转运员（4-02-07-03）、邮政投递员（4-02-07-04）、报刊业务员（4-02-07-05）、集邮业务员（4-02-07-06）、邮政市场业务员（4-02-07-07）、快递员（4-02-07-08）、快件处理员（4-02-07-09）、国际快递业务师（4-02-07-10）、快递站点管理师（4-02-07-11）、邮政储汇业务员＊（4-05-01-01）	快递员、快件处理员
	0519	酒店管理	餐厅服务员（4-03-02-05）、客房服务员（4-03-01-02）、前厅服务员（4-03-01-01）、旅店服务员（4-03-01-03）	餐厅服务员、前厅服务员、客房服务员
	0520	旅游服务与管理	导游（4-07-04-01）、旅游团队领队（4-07-04-02）、旅行社计调（4-07-04-03）、旅游咨询员（4-07-04-04）	导游资格、旅行社计调
	0521	老年服务与管理	养老护理员（4-10-01-05）	养老护理员
	0522	健康服务与管理	健康管理师（4-14-02-02）	健康管理师
	0523	休闲服务与管理	餐厅服务员（4-03-02-05）、前厅服务员（4-03-01-01）、康乐服务员（4-14-05-04）	餐厅服务员、前厅服务员
	0524	快递运营管理	快递员（4-02-07-08）、快件处理员（4-02-07-09）、国际快递业务师（4-02-07-10）、快递站点管理师（4-02-07-11）	快递员、快件处理员
	0525	保安	保安员（4-07-05-01）、安检员（4-07-05-02）	保安员、安检员

续表

专业类	专业编码	专业名称	对应或相关职业（工种）	职业资格（职业技能等级）
05 服务类	0526	形象设计	形象设计师（4-08-08-20）、美发师（4-10-03-02）、美容师（4-10-03-01）、化妆师（2-09-04-04）	形象设计师、美发师、美容师
	0527	美容保健	美容师（4-10-03-01）、保健按摩师（4-10-04-02）、保健调理师（4-10-04-01）	美容师、保健按摩师
	0528	康复保健	保健按摩师（4-10-04-02）、保健调理师（4-10-04-01）、芳香保健师（4-10-04-03）、健康管理师（4-14-02-02）	保健按摩师、健康管理师
	0529	健康与社会照护	健康照护师（4-14-01-03）	健康照护师
	0530	电子竞技运动服务与管理	电子竞技运营师（4-15-05-06）、电子竞技员 S（4-14-05-07）	电子竞技运营师、电子竞技员
	0531	快递安全管理	快递员（4-02-07-08）、快件处理员（4-02-07-09）、安检员（4-07-05-02）、邮件快件安检员＊（4-07-05-02）	快递员、快件处理员、安检员
	0532	婚庆服务	婚礼策划师（4-10-05-02）	
	0533	健身指导与管理	社会体育指导员（4-14-05-01）、体育场馆管理员（4-13-04-02）、游泳救生员（4-13-04-03）、康乐服务员（4-14-05-04）、健康管理师（4-14-02-02）	社会体育指导员、游泳救生员、健康管理师
	0534	烹调工艺与营养	中式烹调师（4-03-02-01）、中式面点师（4-03-02-02）、西式烹调师（4-03-02-03）、西式面点师（4-03-02-04）、营养配餐员（4-03-02-06）	中式烹调师、中式面点师、西式烹调师、西式面点师、营养配餐员
	0535	婴幼儿托育服务与管理	婴幼儿发展引导员（4-10-01-01）、保育师（4-10-01-03）、孤残儿童护理员（4-10-01-04）	婴幼儿发展引导员、保育师、孤残儿童护理员
	0536	服装陈列与展示设计	陈列展览设计人员（2-09-06-09）、色彩搭配师（4-08-08-04）、营销员（4-01-02-01）	营销员
	0537	殡葬设备检修	殡仪服务员（4-10-06-01）、仪器仪表维修工（6-31-01-04）、锅炉设备检修工（6-31-01-05）	殡仪服务员
06 财经 商贸类	0601	市场营销	营销员（4-01-02-01）、商品营业员（4-01-02-03）、互联网营销师 S（4-01-06-02）	营销员、互联网营销师
	0602	商务文秘	秘书（3-01-02-02）	秘书
	0603	电子商务	电子商务师 S（4-01-06-01）、互联网营销师 S（4-01-06-02）	电子商务师、互联网营销师

续表

专业类	专业编码	专业名称	对应或相关职业（工种）	职业资格（职业技能等级）
06 财经商贸类	0604	会计	会计专业人员（2-06-03-00）、收银员（4-01-02-04）	会计专业技术资格、收银员
	0605	工商企业管理	营销员（4-01-02-01）、企业人力资源管理师（4-07-03-04）	营销员、企业人力资源管理师
	0606	人力资源管理	企业人力资源管理师（4-07-03-04）、劳动关系协调师（4-07-03-02）、职业指导师（4-07-03-01）、创业指导师（4-07-03-03）、职业培训师（4-07-03-05）、劳务派遣管理员（4-07-03-06）、招聘师（4-07-03-07）	企业人力资源管理师、劳动关系协调师、职业指导师、职业培训师
	0607	国际贸易	国际商务专业人员（2-06-07-01）、电子商务师 S（4-01-06-01）、报关人员（2-06-07-12）、营销员（4-01-02-01）	电子商务师、营销员
	0608	商务外语	翻译（2-10-05-01）、国际商务专业人员（2-06-07-01）、报关人员（2-06-07-12）	翻译专业资格
	0609	房地产经营与管理	房地产经纪人（4-06-02-01）、房地产策划师（4-06-02-02）、验房师（4-06-02-03）、房地产估价专业人员（2-06-06-02）	房地产经纪专业人员职业资格、房地产估价师
	0610	网络营销	互联网营销师 S（4-01-06-02）电子商务师 S（4-01-06-01）、营销员（4-01-02-01）	互联网营销师、电子商务师
	0611	连锁经营与管理	连锁经营管理师（4-01-02-06）、营销员（4-01-02-01）、商品营业员（4-01-02-03）、电子商务师 S（4-01-06-01）	连锁经营管理师、电子商务师
	0612	行政管理	秘书（3-01-02-02）、企业人力资源管理师（4-07-03-04）	秘书、企业人力资源管理师
	0613	财务管理	会计专业人员（2-06-03-00）、税务专业人员（2-06-05-00）、审计专业人员（2-06-04-00）	会计专业技术资格、税务师、审计专业技术资格
07 农业类	0701	种植	农艺工（5-01-02-01）、园艺工（5-01-02-02）、农业技术员（5-05-01-01）	农艺工、农业技术员
	0702	现代农艺技术	农艺工（5-01-02-01）、种子繁育员（5-01-01-01）、种苗繁育员（5-01-01-02）、农作物植保员 L（5-05-02-01）、农业技术员（5-05-01-01）	农艺工、农作物植保员、农业技术员
	0703	果蔬花卉生产技术	园艺工（5-01-02-02）、农业技术员（5-05-01-01）	农业技术员
	0704	畜禽生产与疫病防治	家畜饲养员（5-03-02-01）、家禽饲养员（5-03-02-02）、家畜繁殖员（5-03-01-01）、家禽繁殖员（5-03-01-02）、动物疫病防治员（5-05-02-03）、动物检疫检验员（5-05-02-04）	家畜繁殖员、动物疫病防治员、动物检疫检验员

续表

专业类	专业编码	专业名称	对应或相关职业（工种）	职业资格（职业技能等级）
07 农业类	0705	畜牧兽医	动物疫病防治员（5-05-02-03）、动物检疫检验员（5-05-02-04）、家畜饲养员（5-03-02-01）、家禽饲养员（5-03-02-02）、家畜繁殖员（5-03-01-01）、家禽繁殖员（5-03-01-02）	动物疫病防治员、动物检疫检验员、家畜繁殖员
	0706	水产养殖	水生动物饲养工（5-04-02-01）、水生动物苗种繁育工（5-04-01-01）、水生物病害防治员（5-05-02-05）	水生动物饲养工、水生物病害防治员
	0707	野生动物保护	野生动物保护员 L（4-09-06-01）	
	0708	农产品保鲜与加工	畜禽副产品加工工（6-01-04-02）、肉制品加工工（6-01-04-03）、蛋类制品加工工（6-01-04-04）、水产品加工工（6-01-05-01）、果蔬坚果加工工（6-01-06-00）、豆制品制作工（6-01-07-03）、农产品食品检验员 L（4-08-05-01）	农产品食品检验员
	0709	棉花加工与检验	棉花加工工（5-05-06-02）、纤维检验员（4-08-05-02）	棉花加工工、纤维检验员
	0710	现代林业技术	林草种苗工 L（5-02-01-00）、造林更新工 L（5-02-02-00）、森林抚育工 L（5-02-03-02）、林业有害生物防治员 L（5-05-02-02）	林业有害生物防治员
	0711	园林技术	园林绿化工 L（4-09-10-01）、草坪园艺师（4-09-10-02）、盆景师（4-09-10-03）、假山工（4-09-10-04）、插花花艺师（4-09-10-05）	草坪园艺师、插花花艺师
	0712	木材加工	机械木工（6-06-03-02）、制材工（6-06-01-01）、木竹藤材处理工（6-06-01-02）	机械木工
	0713	林产品加工	植物原料制取工（5-05-06-04）、果露酒酿造工（6-02-06-06）、活性炭生产工（6-11-08-14）、栓皮制品工（6-11-08-17）、松香工（6-11-08-12）、松节油制品工（6-11-08-13）、栲胶生产工（6-11-08-15）、紫胶生产工（6-11-08-16）、植物原料水解工（6-11-08-18）	果露酒酿造工
	0714	森林资源保护与管理	护林员 L（5-02-03-01）、林业有害生物防治员 L（5-05-02-02）、野生植物保护员 L（4-09-06-02）、野生动物保护员 L（4-09-06-01）	护林员、林业有害生物防治员
	0715	森林采运工程	林木采伐工（5-02-04-01）、集材作业工（5-02-04-02）、木材水运工（5-02-04-03）	

续表

专业类	专业编码	专业名称	对应或相关职业（工种）	职业资格（职业技能等级）
07 农业类	0716	农业机械使用与维护	农机修理工（5-05-05-02）、农机驾驶操作员（5-05-05-01）	农机修理工
	0717	农村能源开发与利用	沼气工 L（5-05-03-01）、农村节能员 L（5-05-03-02）、太阳能利用工 L（5-05-03-03）、微水电利用工 L（5-05-03-04）、小风电利用工 L（5-05-03-05）	沼气工、太阳能利用工
	0718	农业与农村用水	灌区管理工（4-09-04-00）、河道修防工（4-09-01-01）、水工混凝土维修工（4-09-01-02）、水工土石维修工（4-09-01-03）、水工监测工（4-09-01-04）、水工闸门运行工（4-09-01-05）、微水电利用工 L（5-05-03-04）	河道修防工、水工监测工、水工闸门运行工
	0719	航海捕捞	水产捕捞工（5-04-03-01）、渔业船员（5-04-03-02）、渔网具工（5-04-03-03）	船员资格
	0720	中草药种植	中药材种植员（5-01-02-05）	中药材种植员
	0721	农村电气技术	电工（6-31-01-03）	电工
	0722	农村经济综合管理	营销员（4-01-02-01）、会计专业人员（2-06-03-00）、统计专业人员（2-06-02-00）、经济规划专业人员（2-06-01-01）	营销员、会计专业技术资格、统计专业技术资格、经济专业技术资格
	0723	农资连锁经营与管理	商品营业员（4-01-02-03）、收银员（4-01-02-04）、农产品购销员（4-01-05-01）、农业经理人 L（5-05-01-02）、农产品经纪人（4-01-03-01）	农业经理人、农产品经纪人
	0724	农产品营销与储运	农业经理人 L（5-05-01-02）、营销员（4-01-02-01）、仓储管理员（4-02-06-01）、物流服务师 L（4-02-06-03）	农业经理人、营销员、（粮油）仓储管理员、物流服务师
	0725	茶叶生产与加工	茶叶加工工（6-02-06-10）、评茶师（6-02-06-11）	评茶师
	0726	生态农业技术	农业技术员（5-05-01-01）、农艺工（5-01-02-01）、农业数字化技术员 L/S（5-05-01-03）	农业技术员、农艺工
	0727	宠物医疗与护理	宠物健康护理员（4-10-07-01）、宠物驯导师（4-10-07-02）、宠物美容师（4-10-07-03）、动物疫病防治员（5-05-02-03）	宠物健康护理员、宠物驯导师、动物疫病防治员
	0728	农业经营与管理	农业经理人 L（5-05-01-02）、农业技术员（5-05-01-01）、农业数字化技术员 L/S（5-05-01-03）、农产品经纪人（4-01-03-01）	农业经理人、农业技术员、农产品经纪人

续表

专业类	专业编码	专业名称	对应或相关职业（工种）	职业资格（职业技能等级）
08 能源类	0801	矿物开采与处理	露天采矿工（6-16-01-01）、矿井开掘工（6-16-01-04）、井下采矿工（6-16-01-05）、井下支护工（6-16-01-06）、选矿工（6-16-01-15）	井下支护工
	0802	煤矿技术（采煤）	井下采矿工（6-16-01-05）、输送机操作工（6-30-05-03）、露天采矿工（6-16-01-01）、井下支护工（6-16-01-06）、爆破工（6-29-02-07）	井下支护工
	0803	煤矿技术（综合机械化采煤）	井下采矿工（6-16-01-05）、输送机操作工（6-30-05-03）、井下支护工（6-16-01-06）、爆破工（6-29-02-07）	井下支护工
	0804	煤矿技术（综合机械化掘进）	矿井开掘工（6-16-01-04）、输送机操作工（6-30-05-03）、井下支护工（6-16-01-06）	井下支护工
	0805	矿山测量	工程测量员 S（4-08-03-04）、矿山测量员＊（4-08-03-04）	工程测量员
	0806	矿井通风与安全	矿井通风工（6-16-01-09）、矿山安全防护工（6-16-01-10）、矿山安全设备监测检修工（6-16-01-11）、矿山救护工（6-16-01-12）、安全员（6-31-06-00）	矿井通风工、矿山救护工
	0807	矿山机械操作与维修	井下机车运输工（6-16-01-07）、矿山提升设备操作工（6-16-01-08）、矿井泵工＊（6-16-01-06）、主扇风机操作工＊（6-16-01-09）、机修钳工（6-31-01-02）	钳工
	0808	矿山机电	机修钳工（6-31-01-02）、电工（6-31-01-03）	钳工、电工
	0809	钻探工程技术	地勘钻探工（4-08-07-01）、地勘掘进工（4-08-07-02）、物探工（4-08-07-03）	地勘钻探工、地勘掘进工、物探工
	0810	石油钻井	钻井工（6-16-02-02）、钻井协作工（6-16-02-03）、井下作业设备操作维修工（6-16-02-04）、石油勘探工（6-16-02-01）	钻井工、钻井协作工、井下作业设备操作维修工、石油勘探工
	0811	石油天然气开采	石油开采工（6-16-02-07）、天然气开采工（6-16-02-08）、油气水井测试工（6-16-02-06）	石油开采工、天然气开采工、油气水井测试工
	0812	石油天然气储运与营销	天然气处理工（6-16-02-10）、油气输送工（6-16-02-11）、油气管道维护工（6-16-02-12）、油品储运工（6-10-01-10）	天然气处理工、油气输送工、油气管道维护工

续表

专业类	专业编码	专业名称	对应或相关职业（工种）	职业资格（职业技能等级）
08 能源类	0813	地质勘查	地质调查员 L（4-08-07-04）、地质实验员（4-08-07-05）、工程测量员 S（4-08-03-04）、地质测量员＊（4-08-03-04）	地质调查员、地质实验员、工程测量员
	0814	地图制图与地理信息系统	大地测量员 L（4-08-03-01）、摄影测量员 L（4-08-03-02）、地图绘制员（4-08-03-03）、工程测量员 S（4-08-03-04）、不动产测绘员（4-08-03-05）	大地测量员、摄影测量员、地图绘制员、工程测量员、不动产测绘员
	0815	水利水电工程施工	混凝土工（6-29-01-03）、钢筋工（6-29-01-04）、架子工（6-29-01-05）	混凝土工、钢筋工、架子工
	0816	水文与水资源勘测	水文勘测工（4-09-02-01）、水文地质调查员＊（4-08-07-04）	水文勘测工
	0817	发电厂及变电站电气设备安装与检修	电气设备安装工（6-29-03-02）、电力电气设备安装工（6-29-03-08）、变电设备检修工（6-31-01-08）、变配电运行值班员（6-28-01-14）	电气设备安装工、变电设备检修工、变配电运行值班员
	0818	输配电线路施工运行与检修	送配电线路工（6-29-02-12）、电力电缆安装运维工（6-29-02-11）	电力电缆安装运维工
	0819	供用电技术	供电服务员（4-11-01-00）、变配电运行值班员（6-28-01-14）	变配电运行值班员
	0820	火电厂集控运行	发电集控值班员（6-28-01-05）	发电集控值班员
	0821	火电厂热力设备运行与检修	锅炉运行值班员（6-28-01-01）、汽轮机运行值班员（6-28-01-03）、燃气轮机值班员（6-28-01-04）、供热管网系统运行工（6-28-01-13）、发电集控值班员（6-28-01-05）、锅炉设备检修工（6-31-01-05）、汽轮机和水轮机检修工（6-31-01-06）	锅炉运行值班员、汽轮机运行值班员、燃气轮机值班员、发电集控值班员、锅炉设备检修工
	0822	风电场机电设备运行与维护	风力发电运维值班员 L（6-28-01-12）、风力发电机组安装工＊（6-29-03-07）、风力发电机检修工＊（6-31-01-07）	
	0823	水电厂机电设备安装与运行	水力发电运行值班员 L（6-28-01-09）、水轮机安装工＊（6-29-03-07）、水轮发电机组安装工＊（6-29-03-07）、汽轮机和水轮机检修工（6-31-01-06）	
	0824	储能材料制备	电池制造工（6-24-04-00）	
	0825	核电设备安装与检修	电工（6-31-01-03）、机修钳工（6-31-01-02）	电工、钳工
	0826	氢能制备与应用	工业气体生产工（6-28-02-03）、制氢工＊（6-28-02-03）	工业气体生产工

续表

专业类	专业编码	专业名称	对应或相关职业（工种）	职业资格（职业技能等级）
08 能源类	0827	水利机电设备智能管理	水力发电运行值班员 L（6-28-01-09）、水供应输排工 L（6-28-03-02）、司泵工（6-28-03-04）、水工闸门运行工（4-09-01-05）、电工（6-31-01-03）	水工闸门运行工、电工
	0828	智慧水利技术	水工监测工（4-09-01-04）、物联网安装调试员（6-25-04-09）、信息通信网络运行管理员 S（4-04-04-01）	水工监测工、物联网安装调试员、信息通信网络运行管理员
09 化工类	0901	石油炼制	原油蒸馏工（6-10-01-01）、催化裂化工（6-10-01-02）、蜡油渣油加氢工（6-10-01-03）、渣油热加工工（6-10-01-04）、石脑油加工工（6-10-01-05）、炼厂气加工工（6-10-01-06）、润滑油脂生产工（6-10-01-07）、石油产品精制工（6-10-01-08）、油制气工（6-10-01-09）、油品储运工（6-10-01-10）、油母页岩提炼工 L（6-10-01-11）	润滑油脂生产工、石油产品精制工
	0902	化工工艺	化工总控工 S（6-11-01-03）、无机化学反应生产工（6-11-02-10）、有机合成工（6-11-02-15）、化工原料准备工（6-11-01-01）、化工单元操作工（6-11-01-02）、制冷工（6-11-01-04）、工业清洗工（6-11-01-05）、腐蚀控制工（6-11-01-06）、合成氨生产工（6-11-03-01）	化工总控工、无机化学反应生产工、有机合成工、制冷工、腐蚀控制工、合成氨生产工
	0903	化工分析与检验	化学检验员（6-31-03-01）、有机合成工（6-11-02-15）、农产品食品检验员 L（4-08-05-01）、药物检验员（4-08-05-04）	化学检验员、有机合成工、农产品食品检验员
	0904	精细化工	化工总控工 S（6-11-01-03）、有机合成工（6-11-02-15）、化工单元操作工（6-11-01-02）、农药生产工（6-11-04-00）、涂料生产工（6-11-05-01）、染料生产工（6-11-05-04）、催化剂生产工（6-11-08-01）、总溶剂生产工（6-11-08-02）、化学试剂生产工（6-11-08-03）、化工添加剂生产工（6-11-08-06）、合成洗涤剂制造工（6-11-10-01）、肥皂制造工（6-11-10-02）、化妆品配方师（6-11-10-03）、化妆品制造工（6-11-10-04）、口腔清洁剂制造工（6-11-10-05）	化工总控工、有机合成工、农药生产工、涂料生产工、染料生产工
	0905	生物化工	化学合成制药工（6-12-01-00）、生化药品制造工（6-12-05-01）、发酵工程制药工（6-12-05-02）、疫苗制品工（6-12-05-03）、基因工程药品生产工（6-12-05-05）、药物检验员（4-08-05-04）、酶制剂制造工（6-02-05-05）、化工总控工 S（6-11-01-03）、化工单元操作工（6-11-01-02）、有机合成工（6-11-02-15）	化工总控工、有机合成工

续表

专业类	专业编码	专业名称	对应或相关职业（工种）	职业资格（职业技能等级）
09 化工类	0906	高分子材料加工	合成树脂生产工（6-11-06-00）、合成橡胶生产工（6-11-07-00）、化纤聚合工（6-13-01-01）、纺丝原液制造工（6-13-01-02）、纺丝工（6-13-02-01）、化纤后处理工（6-13-02-02）、橡胶制品生产工（6-14-01-01）、轮胎翻修工 L（6-14-01-02）、塑料制品成型制作工（6-14-02-00）	化纤聚合工、纺丝工、化纤后处理工
	0907	煤化工	炼焦煤制备工（6-10-02-01）、炼焦工（6-10-02-02）、煤制烯烃生产工（6-10-03-01）、煤制油生产工（6-10-03-02）、煤制气工（6-10-03-03）、水煤浆制备工（6-10-03-04）、工业型煤工（6-10-03-05）、煤提质工 L（6-10-03-06）、燃气储运工（6-28-02-01）	炼焦煤制备工、炼焦工、水煤浆制备工、工业型煤工、燃气储运工
	0908	磷化工	磷酸生产工（6-11-02-04）、过磷酸钙生产工（6-11-03-05）、钙镁磷肥生产工（6-11-03-07）、黄磷生产工＊（6-11-02-10）、化工总控工 S（6-11-01-03）、无机化学反应生产工（6-11-02-10）	化工总控工、无机化学反应生产工
	0909	火炸药制造与应用	雷管制造工（6-11-09-01）、索状爆破器材制造工（6-11-09-02）、火工品装配工（6-11-09-03）、火工品管理工（6-11-09-04）	
	0910	花炮生产与管理	烟花爆竹工（6-11-09-05）	
	0911	化工安全管理	安全员（6-31-06-00）、化工安全员＊（6-31-06-00）	
10 冶金类	1001	钢材轧制与表面处理	轧制原料工（6-17-09-01）、金属轧制工（6-17-09-02）、金属材涂层机组操作工（6-17-09-04）、金属材热处理工（6-17-09-05）、金属材精整工（6-17-09-07）、金属挤压工（6-17-09-09）、铸轧工（6-17-09-10）	轧制原料工、金属轧制工、金属材热处理工、金属材精整工、金属挤压工、铸轧工
	1002	钢铁冶炼	炼钢原料工（6-17-02-01）、炼钢工（6-17-02-02）、炼钢浇铸工（6-17-02-03）、炼钢准备工（6-17-02-04）、整模脱模工（6-17-02-05）、烧结球团原料工（6-17-01-01）、粉矿烧结工（6-17-01-02）、球团焙烧工（6-17-01-03）、烧结成品工（6-17-01-04）、高炉原料工（6-17-01-05）、高炉炼铁工（6-17-01-06）、高炉运转工（6-17-01-07）	炼钢原料工、炼钢工、高炉原料工、高炉炼铁工、高炉运转工

续表

专业类	专业编码	专业名称	对应或相关职业（工种）	职业资格（职业技能等级）
10 冶金类	1003	有色金属冶炼	重冶备料工（6-17-05-01）、重金属物料焙烧工（6-17-05-02）、重冶火法冶炼工（6-17-05-03）、重冶湿法冶炼工（6-17-05-04）、电解精炼工（6-17-05-05）、氧化铝制取工（6-17-06-01）、铝电解工（6-17-06-02）、镁冶炼工（6-17-06-03）、硅冶炼工（6-17-06-04）、钨钼冶炼工（6-17-07-01）、钽铌冶炼工（6-17-07-02）、钛冶炼工（6-17-07-03）、稀土冶炼工（6-17-07-04）、稀土材料生产工（6-17-07-05）、贵金属冶炼工（6-17-07-06）、锂冶炼工（6-17-07-07）	重冶火法冶炼工、重冶湿法冶炼工、电解精炼工、氧化铝制取工、铝电解工
11 建筑类	1101	建筑设备安装	管工（6-29-03-04）、电工（6-31-01-03）	管工、电工
	1102	建筑施工	砌筑工（6-29-01-01）、混凝土工（6-29-01-03）、钢筋工（6-29-01-04）、架子工（6-29-01-05）、装配式建筑施工员（6-29-01-06）、工程测量员 S（4-08-03-04）	砌筑工、混凝土工、钢筋工、架子工、工程测量员
	1103	建筑装饰	装饰装修工（6-29-04-01）、砌筑工（6-29-01-01）、手工木工（6-06-03-01）	砌筑工、手工木工
	1104	建筑测量	工程测量员 S（4-08-03-04）、不动产测绘员（4-08-03-05）	工程测量员、不动产测绘员
	1105	工程监理	工程测量员 S（4-08-03-04）、监理工程技术人员（2-02-30-07）、建设工程质量检测员（4-08-05-09）	工程测量员
	1106	工程造价	工程测量员 S（4-08-03-04）、工程造价工程技术人员（2-02-30-10）	工程测量员
	1107	建筑工程管理	工程测量员 S（4-08-03-04）、项目管理工程技术人员（2-02-30-04）	工程测量员
	1108	市政工程施工	筑路工（6-29-02-03）、公路养护工（6-29-02-04）、桥隧工（6-29-02-05）、工程测量员 S（4-08-03-04）	筑路工、桥隧工、工程测量员
	1109	土建工程检测	物理性能检验员（6-31-03-02）、建筑材料试验工*（6-31-03-02）、工程测量员 S（4-08-03-04）、建设工程质量检测员（4-08-05-09）	物理性能检验员（建筑材料试验工）、工程测量员
	1110	燃气热力运行与维护	燃气具安装维修工（4-12-04-05）、燃气供应服务员（4-11-02-00）、锅炉运行值班员（6-28-01-01）、锅炉操作工（6-28-01-11）、供热管网系统运行工（6-28-01-13）、管道工（6-29-02-15）	燃气具安装维修工、燃气供应服务员、锅炉运行值班员、锅炉操作工

续表

专业类	专业编码	专业名称	对应或相关职业（工种）	职业资格（职业技能等级）
11 建筑类	1111	消防工程技术	消防设施操作员（4-07-05-03）、消防员（3-02-03-01）	消防设施操作员、消防员
	1112	硅酸盐材料制品生产	水泥生产工（6-15-01-01）、水泥混凝土制品工（6-15-01-02）、石灰煅烧工（6-15-01-03）、石膏粉生产工（6-15-01-04）、石膏制品生产工（6-15-01-05）、预拌混凝土生产工（6-15-01-06）、耐火原料加工成型工（6-15-06-01）、耐火材料烧成工（6-15-06-02）、耐火制品加工工（6-15-06-03）、耐火纤维制品工（6-15-06-04）、玻璃配料熔化工（6-15-03-01）、玻璃及玻璃制品成型工（6-15-03-02）、玻璃加工工（6-15-03-03）、玻璃制品加工工（6-15-03-04）	水泥生产工、水泥混凝土制品工、石膏制品生产工
	1113	城市燃气输配与应用	燃气储运工（6-28-02-01）、燃气具安装维修工（4-12-04-05）、燃气供应服务员（4-11-02-00）	燃气储运工、燃气具安装维修工、燃气供应服务员
	1114	给排水施工与运行	水生产处理工 L（6-28-03-01）、水供应输排工 L（6-28-03-02）、司泵工（6-28-03-04）、管道工（6-29-02-15）、污水处理工 L（4-09-07-01）	水生产处理工
	1115	城市水务技术	水供应服务员（4-11-03-01）、水供应输排工 L（6-28-03-02）、司泵工（6-28-03-04）、管道工（6-29-02-15）、污水处理工 L（4-09-07-01）、化学检验员（6-31-03-01）、水环境监测员＊（4-08-06-00）	化学检验员
	1116	建筑设计	制图员（3-01-02-07）、建筑信息模型技术员 L/S（4-08-08-23）	制图员、建筑信息模型技术员
	1117	建筑模型设计与制作	制图员（3-01-02-07）、建筑信息模型技术员 L/S（4-04-05-04）、建筑模型制作工＊（6-18-04-02）	制图员、建筑信息模型技术员
	1118	石材工艺	石材生产工（6-15-02-03）、石雕工＊（6-09-03-01）	石材生产工
	1119	古建筑修缮与仿建	古建筑工（6-29-05-00）、工程测量员 S（4-08-03-04）、制图员（3-01-02-07）、手工木工（6-06-03-01）、砌筑工（6-29-01-01）	工程测量员、手工木工、砌筑工
12 轻工类	1201	印刷（图文信息处理）	印前处理和制作员（6-08-01-01）	印前处理和制作员
	1202	印刷（印刷技术）	印刷操作员（6-08-01-02）	印刷操作员

续表

专业类	专业编码	专业名称	对应或相关职业（工种）	职业资格（职业技能等级）
12 轻工类	1203	印刷（包装应用技术）	印后制作员（6-08-01-03）、包装设计师（4-08-08-09）	印后制作员、包装设计师
	1204	纺织技术	纺纱工（6-04-02-01）、缫丝工（6-04-02-02）、纺织纤维梳理工（6-04-01-03）、并条工（6-04-01-04）、粗纱工（6-04-01-05）、整经工（6-04-03-01）、织布工（6-04-03-03）、纤维检验员（4-08-05-02）	纺纱工、缫丝工、纺织纤维梳理工、并条工、整经工、织布工、纤维检验员
	1205	针织工艺	纬编工（6-04-04-01）、经编工（6-04-04-02）、横机工（6-04-04-03）、纤维检验员（4-08-05-02）	纤维检验员
	1206	染整技术	印染前处理工（6-04-06-01）、纺织染色工（6-04-06-02）、印花工（6-04-06-03）、纺织印花制版工（6-04-06-04）、印染后整理工（6-04-06-05）、印染染化料配制工（6-04-06-06）、工艺染织品制作工（6-04-06-07）	印染前处理工、纺织染色工、印花工、印染后整理工、印染染化料配制工
	1207	化纤生产技术	化纤聚合工（6-13-01-01）、纺丝原液制造工（6-13-01-02）、纺丝工（6-13-02-01）、化纤后处理工（6-13-02-02）、纤维检验员（4-08-05-02）	纤维检验员
	1208	服装制作与营销	服装制版师（6-05-01-01）、裁剪工（6-05-01-02）、缝纫工（6-05-01-03）、缝纫品整型工（6-05-01-04）、绒线编织拼布工（6-05-01-06）、裁缝（4-10-02-01）、营销员（4-01-02-01）	服装制版师、裁剪工、缝纫工、裁缝、营销员
	1209	服装养护	洗衣师（4-10-02-02）、皮革护理师（4-10-02-04）、织补师（4-10-02-05）	洗衣师、皮革护理师
	1210	服装设计与制作	服装制版师（6-05-01-01）、裁剪工（6-05-01-02）、缝纫工（6-05-01-03）、缝纫品整型工（6-05-01-04）、绒线编织拼布工（6-05-01-06）、裁缝（4-10-02-01）、服装设计人员（2-09-06-02）	服装制版师、裁剪工、缝纫工、裁缝
	1211	皮革加工与设计	皮革及皮革制品加工工（6-05-02-01）、皮具设计师（4-08-08-16）	皮革及皮革制品加工工、皮具设计师
	1212	鞋制品设计与制作	制鞋工（6-05-04-01）、鞋类设计师（4-08-08-17）	制鞋工、鞋类设计师
	1213	制浆造纸工艺	制浆工（6-07-01-01）、制浆废液回收利用工L（6-07-01-02）、造纸工（6-07-01-03）、纸张整饰工（6-07-01-04）、宣纸书画纸制作工（6-07-01-05）、纸箱纸盒制作工（6-07-02-00）	

续表

专业类	专业编码	专业名称	对应或相关职业（工种）	职业资格（职业技能等级）
12 轻工类	1214	食品加工与检验	农产品食品检验员 L（4-08-05-01）、糕点面包烘焙师（6-02-01-01）、肉制品加工工（6-01-04-03）、水产品原料处理工（5-05-06-07）、果蔬坚果加工工（6-01-06-00）、乳品加工工（6-02-04-01）、乳品评鉴师（6-02-04-02）、饮料制作工（6-02-06-09）、冷冻食品制作工（6-02-03-02）、酿酒师（6-02-06-01）、酒精酿造工（6-02-06-02）、白酒酿造工（6-02-06-03）、啤酒酿造工（6-02-06-04）、黄酒酿造工（6-02-06-05）、果露酒酿造工（6-02-06-06）、品酒师（6-02-06-07）等	农产品食品检验员、乳品评鉴师、酿酒师、酒精酿造工、白酒酿造工、啤酒酿造工、黄酒酿造工、果露酒酿造工、品酒师
	1215	粮食工程	制米工（6-01-01-01）、制粉工（6-01-01-02）、制油工（6-01-01-03）、粮油保管员＊（4-02-06-01）、粮油购销员＊（4-01-05-01）、农产品食品检验员 L（4-08-05-01）	制米工、制粉工、制油工、（粮油）仓储管理员、农产品食品检验员
	1216	陶瓷工艺	陶瓷原料准备工（6-15-05-01）、陶瓷成型施釉工（6-15-05-02）、陶瓷烧成工（6-15-05-03）、陶瓷模型制作工＊（6-18-04-02）、陶瓷工艺师（4-08-10-01）	陶瓷原料准备工、陶瓷烧成工
	1217	陶瓷美术	陶瓷装饰工（6-15-05-04）	陶瓷装饰工
	1218	食品营养与卫生	营养师（4-14-02-01）、营养配餐员（4-03-02-06）、食品安全管理师（4-03-02-11）、农产品食品检验员 L（4-08-05-01）	营养师、营养配餐员、农产品食品检验员
	1219	食品质量与安全	食品安全管理师（4-03-02-11）、农产品食品检验员 L（4-08-05-01）、营养师（4-14-02-01）、营养配餐员（4-03-02-06）	农产品食品检验员、营养师、营养配餐员
	1220	制糖技术	食糖制造工（6-01-03-00）、农产品食品检验员 L（4-08-05-01）	食糖制造工、农产品食品检验员
	1221	玩具设计与制造	玩具设计师（4-08-08-10）、玩具制作工（6-09-05-00）	玩具设计师
	1222	家具设计与制作	家具设计师（4-08-08-12）、家具制作工（6-06-04-00）、手工木工（6-06-03-01）、机械木工（6-06-03-02）	家具设计师、手工木工、机械木工
	1223	灯饰工艺与造型	灯具设计师（4-08-08-18）、灯具打样工＊（6-24-07-02）、制图员（3-01-02-07）	
	1224	化妆品制造与营销	化妆品制造工（6-11-10-04）、化妆品配方师（6-11-10-03）、化学检验员（6-31-03-01）	化妆品制造工、化妆品配方师

续表

专业类	专业编码	专业名称	对应或相关职业（工种）	职业资格（职业技能等级）
13 医药类	1301	中药	中药炮制工（6-12-02-00）、药物制剂工（6-12-03-00）、中药调剂员＊（4-01-05-02）、中药材购销员＊（4-01-05-02）、中药质检员＊（6-31-03-05）	中药炮制工、药物制剂工
	1302	药物制剂	药物制剂工（6-12-03-00）、药物检验员（4-08-05-04）	药物制剂工
	1303	化学制药	化学合成制药工（6-12-01-00）、药物制剂工（6-12-03-00）、药物检验员（4-08-05-04）、有机合成工（6-11-02-15）	药物制剂工、有机合成工
	1304	生物制药	生化药品制造工（6-12-05-01）、发酵工程制药工（6-12-05-02）、疫苗制品工（6-12-05-03）、药物制剂工（6-12-03-00）、药物检验员（4-08-05-04）	药物制剂工
	1305	药物分析与检验	药物检验员（4-08-05-04）、化学检验员（6-31-03-01）	化学检验员
	1306	药品营销	医药商品购销员（4-01-05-02）、医药商品物流员＊（4-02-06-03）	医药商品购销员
	1307	口腔义齿制造	口腔修复体制作师（4-14-03-02）	口腔修复体制作师
	1308	眼视光技术	眼镜验光师（4-14-03-03）、眼镜定配工（4-14-03-04）	眼镜验光师、眼镜定配工
	1309	医疗器械制造与维修	医疗器械装配工（6-21-06-01）、矫形器装配工（6-21-06-02）、假肢装配工（6-21-06-03）、医药材料产品生产工（6-21-06-04）	矫形器装配工、假肢装配工
	1310	药品服务与管理	医药商品购销员（4-01-05-02）、医药商品物流员＊（4-02-06-03）	医药商品购销员
	1311	公共卫生防疫与管理	有害生物防制员 L（4-09-09-00）、防疫员（4-14-04-01）、消毒员（4-14-04-02）、公共场所卫生管理员（4-14-04-03）、社群健康助理员（4-14-04-04）	有害生物防制员、防疫员、消毒员、公共场所卫生管理员、社群健康助理员
14 文化 艺术类	1401	美术设计与制作	装饰美工（4-07-07-02）、装潢美术设计师（4-08-08-06）、室内装饰设计师（4-08-08-07）、广告设计师（4-08-08-08）、包装设计师（4-08-08-09）、会展设计师（4-08-08-21）	装饰美工、室内装饰设计师、广告设计师、包装设计师、会展设计师

续表

专业类	专业编码	专业名称	对应或相关职业（工种）	职业资格（职业技能等级）
14 文化艺术类	1402	工艺美术	工艺品雕刻工（6-09-03-01）、雕塑翻制工（6-09-03-02）、陶瓷工艺品制作师（6-09-03-03）、景泰蓝制作工（6-09-03-04）、金属摆件制作工（6-09-03-05）、漆器制作工（6-09-03-06）、壁画制作工（6-09-03-07）、版画制作工（6-09-03-08）、人造花制作工（6-09-03-09）、工艺画制作工（6-09-03-10）、抽纱刺绣工（6-09-03-11）、手工地毯制作工（6-09-03-12）、机制地毯制作工（6-09-03-13）、宝石琢磨工（6-09-03-14）、贵金属首饰制作工（6-09-03-15）、装裱师（6-09-03-16）、民间工艺品制作工（6-09-03-17）、工艺美术品设计师（4-08-08-05）	工艺品雕刻工、景泰蓝制作工、金属摆件制作工、漆器制作工、手工地毯制作工、宝石琢磨工、贵金属首饰制作工、工艺美术品设计师
	1403	珠宝首饰设计与制作	首饰设计师（4-08-08-11）、贵金属首饰制作工（6-09-03-15）、贵金属首饰与宝玉石检测员（4-08-05-03）	首饰设计师、贵金属首饰与宝玉石检测员
	1404	珠宝首饰鉴定与营销	贵金属首饰与宝玉石检测员（4-08-05-03）、珠宝首饰评估师＊（4-05-05-02）	贵金属首饰与宝玉石检测员
	1405	室内设计	室内装饰设计师（4-08-08-07）	室内装饰设计师
	1406	环境艺术设计	花艺环境设计师（4-08-08-01）、园林绿化工L（4-09-10-01）、草坪园艺师（4-09-10-02）、盆景工（4-09-10-03）、假山工（4-09-10-04）	花艺环境设计师、草坪园艺师
	1407	工业设计	工业设计工艺师S（4-08-08-26）、玩具设计师（4-08-08-10）、家具设计师（4-08-08-12）、包装设计师（4-08-08-09）、制图员（3-01-02-07）	玩具设计师、家具设计师、包装设计师、制图员
	1408	美术绘画	装饰美工（4-07-07-02）、装潢美术设计师（4-08-08-06）、壁画制作工（6-09-03-07）、版画制作工（6-09-03-08）、雕塑翻制工（6-09-03-02）	装饰美工
	1409	音乐	歌唱演员（2-09-02-07）、民族乐器演奏员（2-09-02-09）、外国乐器演奏员（2-09-02-10）	
	1410	民族音乐与舞蹈	歌唱演员（2-09-02-07）、舞蹈演员（2-09-02-04）	
	1411	服装模特	模特（4-07-07-03）	
	1412	演艺设备安装与调试	音响调音员（4-13-02-06）、照明工（4-13-02-07）	音响调音员

续表

专业类	专业编码	专业名称	对应或相关职业（工种）	职业资格（职业技能等级）
14 文化 艺术类	1413	新闻采编与制作	文字记者（2-10-01-01）、摄影记者（2-10-01-02）、剪辑师（2-09-03-06）	新闻记者职业资格
	1414	播音与主持	播音员（2-10-04-01）、节目主持人（2-10-04-02）	广播电视播音员、主持人资格
	1415	数字出版	数字出版编辑 S（2-10-02-04）、网络编辑 S（2-10-02-05）、出版物发行员（4-01-05-03）	出版专业技术人员职业资格
	1416	摄影摄像技术	商业摄影师（4-08-09-01）、电影电视摄影师（2-09-03-03）、剪辑师（2-09-03-06）	
	1417	文物修复与保护	文物修复师（4-13-03-02）	文物修复师、文物保护工程从业资格
	1418	舞蹈表演	舞蹈演员（2-09-02-04）	
	1419	影视表演与制作	电影电视演员（2-09-02-02）、电影电视摄影师（2-09-03-03）、剪辑师（2-09-03-06）	
	1420	平面设计	装饰美工（4-07-07-02）、装潢美术设计师（4-08-08-06）、广告设计师（4-08-08-08）	装饰美工、广告设计师
	1421	运动训练	社会体育指导员（4-14-05-01）、运动员（2-09-07-03）、教练员（2-09-07-01）、裁判员（2-09-07-02）	社会体育指导员
	1422	乐器制造与维修	钢琴及键盘乐器制作工（6-09-02-01）、提琴吉他制作工（6-09-02-02）、管乐器制作工（6-09-02-03）、民族拉弦弹拨乐器制作工（6-09-02-04）、吹奏乐器制作工（6-09-02-05）、打击乐器制作工（6-09-02-06）、电鸣乐器制作工（6-09-02-07）、乐器维修工（4-12-05-01）	管乐器制作工、民族拉弦弹拨乐器制作工
	1423	文物数字化技术应用	文物修复师（4-13-03-02）	文物修复师
	1424	文化产业经营与管理	文化经纪人（4-13-01-04）、群众文化指导员（4-13-01-01）	
15 其他	1501	幼儿教育	幼儿园教师（2-08-03-00）、保育师（4-10-01-03）	教师资格、保育师
	1502	环境保护与检测	化学检验员（6-31-03-01）、工业废水处理工 L（6-28-03-03）、工业废气治理工 L（6-28-02-05）、污水处理工 L（4-09-07-01）、工业固体废物处理处置工 L（4-09-07-02）、危险废物处理工 L（4-09-07-03）、环境监测员 L（4-08-06-00）	化学检验员、工业废水处理工、工业废气治理工、工业固体废物处理处置工
	1503	应急救援技术	应急救援员（3-02-03-08）	应急救援员